KB261599

한국 교회
발전사

전택부
선집 **6**

한국 교회 태동·성장과 변천의 발자취

한국 교회 발전사

전택부 지음

홍성사

일러두기

◦ 이 책은 《한국 교회 발전사》(대한기독교출판사, 1987)를 토대로 엮은 것입니다.

◦ 원문 가운데 역사상 인물, 사건에 관계된 인명이나 일부 용어는 오늘날 통용되는 것으로 바꾸었고,

  필요한 경우 괄호 안에 한자나 설명을 덧붙였습니다.

차례

간행사

　　한국 기독교는 1985년, 100년의 역사적 기념식을 성대히 가진 바 있다. 우리는 한국 기독교 100년을 기념할 때, 과거 100년의 역사를 현 시점에서 재검토하고 앞으로 선교 2세기를 전망하도록 했다. 현재의 역사는 과거의 역사와 미래의 역사의 가교(架橋)이다.

　　이런 의미에서 대한기독교서회 편집부에서는 한국 개신교가 선교한 이래 각 분야에 끼친 영향의 발자취를 발굴하여 오늘의 한국 기독교를 새로 조명하기로 했다. 대한기독교서회는 1890년 창립되어 1990년에는 창립 100년을 맞이하게 된다. 미국 장로교회와 감리교의 초대 선교사들은 선교를 시작한 지 5년 후 문서선교의 필요를 느끼고 대한기독교서회를 창립한 것이다. 대한기독교서회는 한국 기독교와 함께 걸어온 역사의 증언자이다.

　　해방 후 한국 교회는 한국 기독교 역사에 깊은 관심을 가지고 연구하게 되었다. 선교사의 입장에서가 아니라 한국 민족교회의 주체성을 가지고 다루게 된 것이다. 그러므로 '한국 선교 100년사'가 아니고 '한국 기독교 100년사'이다.

　　지금까지 한국 기독교회사나 한국 교회사는 학자들이 낸 것이 여러 종류가 있다. 그러나 한국 기독교가 한국 근대사와 근

대화에서 각 방면에 끼친 영향을 총체적으로 다룬 것은 없다. 본
서회 편집부에서 1980년부터 한국 기독교 100년사 대계를 기획
편집했다. 한국 기독교사를 연구하는 각 분야의 권위자들이 모
여 이 작업을 진행했다. 최종적으로 책명과 집필자를 다음과 같
이 정하고 1982년부터 집필에 착수하여 출간하게 되었다.

제1권 한국 교회 발전사(전택부 선생)
제2권 한국 신학 사상사(송길섭 교수)
제3권 한국 기독교 문화운동사(이만열 교수)
제4권 한국 기독교 사회운동사(민경배 교수)

　　　한국 기독교 100년사 대계의 편집과 발행을 위한 프로젝
트를 세계기독교커뮤니케이션 협의회(W. A. C. C.)에 제출했는데,
1981년에 허락되어 연구비를 보조받게 되었다. 이를 후원해 주
신 W. A. C. C. 전 총무 플로리 박사와 활자 미디어의 총무 매
뉴엘 박사에게 특별히 감사하는 바다.
　　　이 대계의 총서가 한국 기독교 100년사의 초석과 기둥이
되어 한국 기독교교회가 새로 건축되어 가기를 기원한다. 뿌리가
얕고 약한 나무는 큰 나무로 자랄 수 없다. 겨자씨의 비유는 한
국 교회에 주신 말씀으로도 볼 수 있다.
　　　"모든 씨보다 작은 것이로되 자란 후에는 풀보다 커서 나
무가 되매 공중의 새들이 와서 그 가지에 깃들이니라"(마 13:32).
　　　한국 기독교회의 선교를 통하여 하나님의 나라가 한국
민족의 역사와 사회 안에 실현되기를 기원하는 바다.

1987년 2월
성갑식(대한기독교서회 총무)

머리말

    대한기독교서회가 '한국 기독교 100년사 대계'의 편찬을 계획하고 나에게 먼저 의논해 온 것이 어느덧 5년 전 일이다. 이에 나는 몇몇 교회사가들과 여러 차례 만나 의논한 결과 함께 나서기로 했으며, 우리 집필진은 숙식을 같이하면서 집필 계획을 짰다. 드디어 네 사람의 집필자가 결정됨과 아울러, 첫째 권은 한국 교회 발전사, 둘째 권은 한국 신학 사상사, 셋째 권은 한국 기독교 문화운동사, 넷째 권은 한국 기독교 사회운동사를 쓰기로 하고, 각자 맡은 부문의 집필을 서둘렀다.

    그러나 한두 집필자의 해외여행 등 피치 못할 사정으로 탈고 마감인 1983년 말까지 원고가 다 모이지 않았으며, 기독교서회 출판부에도 업무에 차질이 생겨 이 책을 제때 낼 수 없었던 것을 매우 유감스럽게 생각한다. 어쨌든 이 책이 늦게나마 빛을 보게 된 것을 무척 다행스럽게 생각한다. 그리고 이때를 즈음하여 나는 몇 마디 말해 둘 필요를 느낀다.

    첫째로, 내가 맡은 제1권 '한국 교회 발전사'는 한국 개신교의 '통사'의 성격을 띨 수밖에 없다는 점이다. '통사'라 함은 부분적인 역사가 아니라 전체적이며 종합적인 역사를 뜻한다. 그러므로 제1권 '발전사'에는 제2권부터 제4권까지의 신학 사상사·

문화운동사·사회운동사의 내용을 포괄적으로 균형 있게 담는 동시에, 중첩되지 않으면서도 내용 전체를 간단명료하게 다루어야 하는 어려움이 있었다. 아울러 제1권은 '한국 기독교 100년사 대계'의 4분의 1의 역사가 아니라 그 전체이며 종합이 되어야 한다는 점에 고충이 많았다.

둘째로, 한국 개신교 100년사를 한국 기독교 200년사를 쓰는 자세로 썼다는 점을 말해 두고 싶다. 그래서 이 책에서는 천주교 역사가 상당 부분을 차지하게 되었고, 개신교의 배경사와 관련사 차원에서 다루었으며, 그것을 개신교의 전사로서만 아니라 개신교사의 사이사이에 끼워 넣게 된 것이다.

셋째로, 나는 나 자신의 어떤 역사관보다 역사적 사실과 고증을 앞세웠다. 그리고 사료에서는 선교사들의 사료보다 한국인의 사료에 치중했다. 한국인의 사료에서도 평신도와 토박이 신앙인에 치중했다. 내가 '토박이 신앙산맥'이란 역사 수필을 여러 해를 두고 주간 신문에 연재한 까닭도 여기 있었다. 그래서 내 역사관을 말한다면 토박이 신앙사관이라 해도 상관없을 것이다.

넷째로, 나의 '발전사'는 이름 그대로 한국 개신교의 양적·수적·외적 면을 무시할 수 없었다. 위에서 밝힌 바와 같이 교회의 영적·질적 성장과 외적·양적 성장은 서로 배타적인 것이 아니라 상호 관련되며 보완적이기 때문이다. 더욱이 나는 자칫하면 추상적이며 이념적으로 흐르기 쉬운 우리 역사 서술이 더 구체적이며 실제적인 것이 되게 하고자 되도록 많은 역사적 사실과 통계와 보통 사람들의 명단·도표·연대표를 작성하는 데 신경을 썼다. 이 때문에 고증과 각주 면도 자연 늘게 되었다.

다섯째로, 이 책은 개신교 100년사이긴 하나 1970년대 중반까지만 다루었으며, 8·15해방 이후의 역사도 간략히 다루는 동시에 1970년대의 역사는 윤곽만 그리는 데 그쳤다. 그러나

1984년 말 현재의 교세 통계만은 작성함으로써 최종 역사의 개황(槪況)을 알 수 있게 했다.

여섯째로, 나는 모든 역사 서술을 한글만으로 탈고했었다. 그것이 당초 집필자 회의에서 설정한 원칙이었다. 그럼에도 표제와 차례 등에 한자가 섞인 것은 기독교서회 당국의 편집 방침 때문이며, 조판 기일이 자꾸 연기되는 바람에 한동안 편집부와 집필자의 만남이 뜸해졌기 때문이었다는 사실을 말해 둔다.

끝으로, 한국 개신교 100년사를 총정리하는 이 대사업을 계획 추진한 성갑식 목사에게 진심으로 경의를 표한다. 그리고 편집에서 교정까지 혼자 맡아 수고해 주신 허창식 장로에게 마음속 깊이 사의를 표하는 바다.

감사합니다.

1987년 4월
전택부

서론: 성장 발전을 향한 기독교의 의지

먼저 '발전'의 개념부터 짚고 넘어갈 필요가 있다. 철학사전을 보면, 발전이란 첫째로 단순하고 낮은 단계로부터 복잡하고 높은 단계로 올라가는 것, '운동'과 '변화'의 가장 높은 형식이라고 되어 있다. '운동'이 좁은 의미로는 물체의 위치 이동으로 이해되고 '변화'는 위치만 아니라 널리 사물(事物)의 상태의 이동으로 이해된다고 하는데, 그러므로 '발전'은 단순히 사물의 상태만 아니라 그 본질적 변화까지 포함해서 이해하려는 경우에 쓰인다고 한다.

둘째로는 비변증법적인 입장에서 본 발전의 개념인데, 그것은 모순 없이 점진적인 양적 증대를 의미하는 경우다. 즉 자연계의 진화·사회 진보·그 밖에 이와 비슷한 종류의 개념들과 위 두 개념을 합한 의미로 사용되어, 진화는 생물의 간단한 체계에서 복잡한 체계로 변화되어 간다는 의미로, 진보는 인류의 기술·지식·예술·도덕·종교 등이 야만적 상태에서 문화적 상태로 전진한다는 의미로 쓰인다고 한다.

셋째로 발전의 본질은 변증법적 입장에서 보아야 바로 볼 수 있는 것이다. 발전과 변화는 동일한 개념이 아니기 때문에, 이 두 개념을 구분해서 보아야 하는 것이다. 그러므로 발전의 개념은 ① 점진적인 양적 변화가 쌓이고 쌓인 결과로 발생하는 비 양적인 질적 변화로서, ② 순환운동이 아니라 점진적인 향상운동으로, ③ 사물에 내재하는 모순의 발현과 이들 모순으로 인한 상호대립과 투쟁·상호 역학 관계에서 이해되어야 하는 것이다.

이상 발전 개념의 세 가지 분류를 통해 본다면, 한국 기독교의 발전사는 양적 향상이나 변화만 아니라 질적 향상과 변화, 전통문화와 외래문화와의 상호 역학관계에서 발생하는 제3의 변화 같은 것을 눈여겨보면서 연구해야 할 것이다.

《한국 교회 성장사》의 저자 서명원 박사는 1890년대 한국 교회의 성장 발전상을 "교회의 폭발적인 증가"라는 말로 표현했다.[1] 그는 머리말에서 "이 책 전체에 걸쳐 사용된 '교회의 성장(Church growth)'이라는 용어는 우선 교회의 양적 성장을 의미한다"고 했으며, "그러나 교회의 양적 성장과 영적 성장은 서로 배타적인 것이 아니다"라고 풀이했다. 그는 이 이론을 뒷받침하기 위해 세계교회협의회(W.C.C.) 선교연구부(Department of Missionary Studies)가 작성한 "교회 성장에 관한 진술"을 인용했다. 즉 "기독교적 생활의 양적 팽창과 질적 내용은 서로 참되게 관련되어 있기 때문에 이는 양자택일 문제가 아니라 상호 관련된 문제이다. 교회의 자연적 팽창은 영적 생활을 촉진시키며, 한편 은혜에 있어서 참으로 성장하는 교회는 선교활동에 대한 관심에서도 성장한다는 것이 재삼 인증되어 왔다."[2]

무엇보다 먼저 우리는 한국 교회의 발전상을 교회의 양적 증가 면에서 찾아볼 수 있다. 더욱이 그 증가가 단시일 내에 이루어진 것이라는 사실을 발견하게 된다. 다시 말해 그리스도의 복음이 사도들에 의해 동으로 동으로 전파되어 아시아 여러 나라에 번져 갔는데, 한국 교회가 다른 모든 나라에서보다 얼마나 빨리, 많이 성장했는지를 다음 비교표[3]에서 알 수 있다. 즉 한국 천

주교회의 선교 개시 연도를 1784년으로 잡고, 개신교의 선교 개
시 연도를 1884년으로 잡아서 다른 나라와 비교해 보면, 한국보
다 천주교가 늦게 전파된 나라는 하나도 없고, 한국보다 개신교
가 늦게 전파된 나라는 인도차이나와 필리핀밖에 없다. 이 비교
표에서 보면 천주교의 경우, 몽골에는 한국보다 538년 일찍 전
파되었으며, 인도에는 493년, 중국에는 490년, 인도네시아에는
294년, 이웃 나라 일본에도 235년, 만주에도 102년 일찍 전파
되었다.

교회 국가	천주교	개신교	
		선교개시	성경번역
중국	1294	1807	1811
몽골	1246	1817	
만주	1682	1868	
일본	1549	1859	
인도	1291	1706	1801
실론	1544	1642	
미얀마	1692	1807	
태국	1662	1828	
인도차이나	1658	1911	
말레이시아	1546	1813	
필리핀	1546	1899	
인도네시아	1490	1822	

그리고 개신교의 경우, 242년 먼저 들어간 실론을 비롯
하여, 인도에는 178년 먼저, 중국과 미얀마에는 77년 먼저, 말레
이시아에는 71년 먼저, 몽고에는 67년 먼저, 이웃 나라 일본에도
25년 먼저, 만주에도 16년 먼저 들어갔다. 한국보다 15년 늦게
들어간 필리핀과 27년 늦게 들어간 인도차이나에는 그 대신 천
주교가 124년 또는 220년이나 먼저 들어갔기 때문에 개신교가
조금 늦게 들어간 것이 그리 문제가 될 수 없다.

　　이상 연대의 대비는 외국 선교사의 입국 연대를 기준으로 만든 것인데, 한국에는 외국 선교사가 가장 늦게 들어갔음에도 아시아에서 유일한 기독교국인 양 평가받게 되는 것은 무슨 까닭일까? 1981년도 브리태니커 연감에 나타난 한국 교회 신도 통계를 보면, 개신교 신도는 7,180,627명, 천주교 신도는 1,321,293명, 도합 8,501,920명으로 되어 있다. 이 숫자는 남한 총인구 4천만 명의 약 20퍼센트에 해당하는 것으로, 놀라운 성장이라 아니할 수 없다.

　　따라서 불교의 도래를 고구려 소수림왕 2년, 즉 서기 372년으로 잡고, 유교의 도래도 그 무렵으로 잡는다면, 한국 불교문화와 유교문화의 역사는 약 1,600년인데 비해 한국 천주교의 역사는 200년, 한국 개신교의 역사는 100년밖에 안 된다. 그럼에도 어떻게 기독교가 장구한 불교문화와 유교문화권 속에서 빨리 뿌리내리고 성장 발전할 수 있었나 하는 것이 우리의 관심거리다. 더욱이 기독교가 들어올 때는 숭유척불(崇儒斥佛)의 국시(國是)에 의하여 모든 문화·정치·경제·사회 체제가 유학(儒學)을 토대로 형성되어 있었으며, 또한 유학의 부패로 무종교 상태에 있었던 상황을 틈타 동학(東學)이 판을 치고 있었다.

　　어떤 나라 치고 기독교가 들어가서 그 나라 전통문화와 마찰하지 않거나 박해받지 않고 성장한 예는 없다. 한국 기독교의 경우는 더 말할 나위도 없다. 한국 기독교는 당초부터 불교와 유교 등 전통문화의 박해하에서, 특히 동학과의 치열한 마찰과 경쟁 속에서 자랐다. 한국 천주교가 서학(西學)으로 불리게 된 것은 유학 측의 배타정신에서 연유했지만, 동학은 당시 요원의 불길처럼 일어나는 서학에 대하여 아시여비(我是汝非), 즉 "나는 옳고 너는 그르다"[4]는 식의 배타의식을 바탕으로 해서 "네가 서학이면 나는 동학이다"라는 식으로 등장한 것이 사실이다.

　　이러한 긴장과 갈등 속에서 한국 기독교는 자라 왔다. 알다시피 기독교는 성장과 발전에 대한 의지가 강한 종교다. 기독교의 세계 선교는 "그러므로 너희는 가서 모든 민족을 제자로 삼아 아버지와 아들과 성령의 이름으로 세례를 주고 내가 너희에게 명한 모든 것을 가르쳐 지키게 하라"는, 부활 후 예수님의 당부 말씀으로 시작된 것이다. 이 말씀에 따라 사도 베드로는 로마에 가서 이방민족에게 복음을 전하다가 네로 황제의 박해로 십자가에 못 박혀 죽었다.

　　아시아에 복음을 전한 대표적인 사람으로는 프란치스코 하비에르(Francisco Xavier, 1506~1552)를 들 수 있다. 그는 '동양 선교의 사도'라는 칭호를 받은 사람으로, 1542년 인도의 고아에 상륙하여 로마 가톨릭 교회 선교의 기반을 닦아 놓았다. 한편 1544년에는 실론의 한 섬에 상륙하여 30군데 마을에서 500여 명의 어부에게 세례를 주었으며, 일본에는 1549년에 상륙하여 일본 선교의 초석이 되었다. 1551년 말 그는 다시 인도에 가서 전도하다가 이듬해 아시아 선교의 종착지 중국으로 향했으나, 뜻을 이루지 못하고 중국 상촨 섬(上川島)에서 세상을 떠났다.

　　개신교의 동양 선교는 영국의 런던 선교협회(London Missionary Society), 네덜란드 선교회(Netherland Missionary Society) 등의 선교사들에 의해 개척되었으며, 한국에도 런던 선교협회가 접근했으나 그 뒤 미국 외지선교협회(American Board of Commissioners of Foreign Missions) 선교사들이 주도권을 잡게 되었다.

　　그러나 한국 영토 안에서의 선교는 한국인 자신에 의해 시작되었다. 천주교의 경우도 마찬가지다. 한국인이 외국에 나가 영세 또는 세례를 받고, 거기서 교리를 연구하고 성경을 번역해 가지고 밀입국하여 선교를 개시한 것이다. 이것은 아시아의 다른 어느 나라에서도 찾아볼 수 없는 현상이다. 다시 말해 외국 선교사들이 입국하기 전에 벌써 한국 땅에는 복음의 씨가 뿌려져 있었고, 그 씨를 뿌린 일꾼이 외국 선교사가 아니라 바로 한국의 토박이 신자들이었다는 말이다.

당시 한국은 대외적으로 완전히 닫혀 있는 나라였다. 그래서 나라 안은 암흑세계였다. 그만큼 박해와 고난의 요인은 크고 많았다. 안에서 도사리고 있는 전통문화의 반동세력은 어느 나라보다 강했다. 이런 여건에서 어떻게 기독교 선교가 가능했던가? 어떻게 해서 한국 교회가 세계 교회 사상 유례없는 빠른 성장과 발전을 하게 되었는가?

그리하여 한국 개신교의 초대 선교사들은 결국 한국에 복음의 씨를 뿌리러 온 것이 아니라 이미 뿌려진 씨의 열매를 거두러 온 사람이 된 것이다. 그러므로 이러한 특징을 지닌 한국 기독교사 연구에서 무엇보다 큰 관심거리가 되는 것은 복음의 씨를 먼저 뿌린 우리 토박이 신자들이 아닐 수 없다. 이 토박이 신자들에게 어떻게 그리스도의 복음이 전해졌으며, 그들에게 어떻게 그리스도의 사도직 전승이 와 닿았으며, 그것이 어떻게 이 나라 국토와 전통문화 속에서 성장 발전했는가 하는 것이 우리의 우선적인 연구과제다. 즉 기독교에 대한 강한 의지, 이에 대한 전통문화, 이 둘의 상호대립과 마찰에서 승화된 제3의 세계 같은 것, 이런 것이 우리의 과제가 되어야 할 것이다.

제 1부 한국 천주교회

1.

한국 천주교회 창설과
그 과정

초기 한국 천주교회의 특징은 외래 선교사 없이 자발적으로 창설되었다는 점과, 종교가 아닌 학(學)으로 받아들였다는 점으로 볼 수 있다. 다시 말해서 약 100년간은 학으로 연구하다 교회가 창설된 것이다.

1) 학(學)으로 받아들여진 한국 천주교

천주교에 제일 먼저 관심을 갖고 접촉한 한국인은 중국으로 가는 사신들이다. 건국 이래 명(明)나라에 대한 사대(事大)의 예를 위해 해마다 정기적으로 또는 필요에 따라 이른바 부연사(赴燕使)를 파견하게 되었다. 부연사에는 목적에 따라 주청사(奏請使)·진하사(陳賀使)·성절사(聖節使)·천추사(千秋使)·동지사(冬至使)·진위사(陳慰使) 등이 있었다. 부연사 일행은 마부·시종 등을 합하여 약 200명에 이르렀는데, 여기에는 정사(正使)·부사(副使)·서장관(書狀官) 등 세 층의 우두머리가 있었다.

부연사를 파견하는 목적은 문화적인 면도 있었다. 그들은 서울을 떠나 육로로 만주를 거쳐 목적지 베이징에 이르는 동안 명승지도 구경하고 문물도 살피게 되었다. '팔연도십구경(八燕道十九景)'이란 말은 이때 생긴 것이다.

부연사 일행이 유숙하는 베이징의 객사와 가까운 곳에는 남당(南堂)이란 천주교 성당이 있었다. 조선 사신들은 단순한 호기심으로 구경차 가끔 남당에 가서 서양 선교사들과 만나 사귀는 가운데 그들로부터 천문(天文)·역법(曆法)·지리 등 새로운 지식에 관한 책들을 얻게 되었는데, 이 책들이야말로 진서(珍書)요 신기(新機)였다. 그리하여 사신들 중 정두원(鄭斗源)은 1631년 명나라에 갔다가 화포(火炮)·천리경(天里鏡, 망원경)·자명종(自鳴鐘, 시계) 등 신기와 서양 풍속·지리·천문학에 관한 서적과 그 밖의 천주교 관계 서적을 가지고 왔으며, 병자호란 이후 인질로 베이징에 끌려가 있던 소현세자(昭顯世子)는 1645년(인조 23년) 당시 청나라에서 활동 중이던 아담 샬(Adam Schall, 湯若望탕약망, 1591~1666) 신부로부터 과학과 천주교 관계의 많은 서적을 얻어 가지고 돌아왔다.

서학 접촉시대(西學接觸時代)를 광해군부터 숙종 때까지의 17세기로 잡는다면, 이때의 가장 유명한 학자로는 교산(蛟山) 허균(許筠, 1569~1618)과 지봉(芝蜂) 이수광(李睟光, 1563~1628)을 들 수 있다. 이수광은 임진왜란 후 세 번이나 중국에 사신으로 갔다 와서 처음으로 서양 과학과 《천주실의(天主實義)》를 소개했으며, 유명한 《지봉유설(芝峰類說)》이란 저서도 냈다. 그는 1625년(인조 3년) 국왕에게 무실십이조(務實十二條)의 만언소(萬言疏)를 주장하여 경국제민(經國濟民)의 치도(治道)는 무실(務實)에 있음을 역설하고, 병란으로 파괴된 국가의 재건은 오직 과감한 경제적 개선과 내핍생활에 있음을 주장하여 이를 몸소 실천에 옮겼다.

허균은 이수광보다 앞서 1575년 베이징에 갔을 때, 세계 지도와 게십이장(偈十二章)을 얻어 가지고 돌아와 그것을 연구한 끝에 은근히 그 가르침을 신봉하여, 실제적인 한국 최초의 천주교 신자가 되었다.[1] 유명한 《홍길동전》의 작가인 그는 임진왜란을 겪고도 반성하지 못하는 위정자들을 개탄하여 밤이면 혼자 산에 올라가 "북으로 청만(淸滿)의 세력과 남으로 유구인(琉球人)의 내침을 어찌하려는가" 하고 부르짖었으며, 이처럼 부패정치를 개혁하려다 역적으로 몰려 처형당했다.

서학은 영조(英祖) 시대에 들어와서 가장 활발했다. 서학자들은 당시 주자학에 염증을 느낀 사상계에 새로운 정기를 불어넣었다. 이때부터 서학은 학문으로서의 지반이 다져지게 되었으며, 지식인들은 진지하고도 자유스런 시대, 이른바 서학점성시대(西學漸盛時代)를 이루게 되었다.

이 새 학풍인 서학에 가장 깊은 관심을 가지고 연구한 학자들은 남인(南人)계 학자들이다. 남인계 학자들이란 붕당별로 따지자면 벼슬하지 않고 초야에 묻혀 학문을 닦는 선비들인데, 대표적인 학자가 성호(星湖) 이익(李瀷, 1681~1763)과 그의 제자 순암(順菴) 안정복(安鼎福, 1712~1791) 등이다. 이들의 노력과 연구로 주자학 만능의 사상계에 큰 파문을 일으키게 되었으며, 이때 천주교는 종교나 신앙으로서보다 하나의 학문으로 받아들여졌다. 젊은 유생들은 서학에 관한 서적을 숨겨 돌려가며 읽었고, 왕실 서고에 소장된 신간 외국서적을 읽지 못하면 시대에 뒤떨어진 사람으로 스스로 개탄할 정도였다.[2]

그런데 이 서학도들의 공헌은 실학운동(實學運動)에서 찾아볼 수 있다. 실학운동이란 일종의 신사상운동으로, 임진왜란과 병자호란 등 양대 전란으로 인한 경제적·정치적 파탄, 공론공리를 일삼는 주자학에 대한 학문적 반성, 그리고 서양 문물의 접촉에 따른 근대 지향적인 자아의식 등이 복합적인 원인이다.

좀더 엄밀히 말하여 실학운동은 영·정조 양대에 걸친 학문 보호정책의 혜택을 입고, 밖으로는 서양 과학 및 청나라 고증학(考證學)에 자극되었을 뿐 아니라, 전통적인 주자학의 퇴폐적인 풍조에도 자극받아 유학(儒學) 본연의 모습으로 돌아가자는 이른바 원시 유학의 복구 형식으로 일어난 것이다. 사실상 조선 중기와 말기의 주자학자들은 도교(道敎)에서 넘어온 애매하고 막연한 개념인 태극(太極), 음양(陰陽), 이기(理氣) 등의 이론으로 밑도 끝도 없는 논쟁을 일삼으며, 궤변과 중상모략으로 정적을 거꾸러뜨리는 당파 싸움의 수단으로 복잡하고 까다로운 예법과 맹목적인 복종만을 요구하는 사회 윤리체제를 구축했다. 남인 학자들은 이런 공론공리에서 벗어나 유학의 원천, 즉 공자의 경전에 의한 유학으로 돌아가 연구함으로써 참다운 인간의 도리를 밝혀내고, 실생활에서 유용하고 사회에 도움이 되는 실사구시(實事求是)의 학풍을 일으키자는 운동의 중심에 있었다.[3]

그중에 박지원(朴趾源)·홍대용(洪大容)·홍양호(洪良浩)·박제가(朴齊家)·이덕무(李德懋) 등은 베이징으로부터 청구문명(淸歐文明)을 수입·섭취할 것을 주장하여 후세 학자들이 그들을 북학파(北學派)라 부르게 되었는데, 이렇게 많은 학자들이 100년 이상이나 매년 3~4차씩 파견되는 부연사신 일행에 끼어 베이징을 방문하여 천주당(天主堂)을 찾아 서양인 신부와 교제하는 기회를 얻었고, 이에 따라 서양 과학의 지식을 배우는 한편 천주교 교리 연구의 기회를 가졌다.[4]

그리하여 처음에 천주교는 서학(西學)·천주학(天主學)·천학(天學)·양학(洋學)으로 통했으며, 천주교를 반대하고 욕하는 쪽에서도 '학(學)' 자를 붙여 가지고 요학(妖學)·사학(邪學)·이학(異學)·무군무부지학(無君無父之學)·패륜지학(悖倫之學) 등으로 정죄했던 것이다.

1784년 한국 천주교의 창설자로 이름난 이벽(李蘗)·권철신(權哲身)·권일신(權日身)·이가환(李家煥)·정약전(丁若銓)·정약종(丁若鍾)·정약용(丁若鏞)·이승훈(李承薰) 등도 다 남인계 학자이며, 그들도 처음에는 천주교 교리를 하나의 학문으로 연구했지

결코 신앙이나 종교로 받아들이지는 않았다.

2) 한국 천주교 창설

남인계 학자들의 서학 연구열은 1777년에 이르러 새로운 양상을 띠게 되었다. 권철신·정약전 등은 산속 외딴 절로 찾아가 연구 활동을 계속했다. 최근 연구에 따르면 그 절은 천진암(天眞庵, 경기도 광주시 퇴촌면)과 주어사(走魚寺, 여주군 산북면 하품리)였다는데,[5] 이 연구회에 뒤늦게 참석한 이벽은 1783년 초여름 4월 15일에 정약전·약용 형제와 배를 타고 서울로 향하는 도중 하나님의 존재와 유일성, 천지창조, 영혼의 신령성과 불멸성, 후세의 상선벌악(賞善罰惡) 등 문제를 차례로 검토하고 해석하게 되었다.[6]

때마침 1783년 겨울 남인계 학자 중의 이승훈은 서장관으로 임명된 그의 아버지 이동욱(李東旭)을 따라 베이징으로 가게 되었다. 이승훈은 1756년생으로, 이벽보다 두 살 아래지만 이 두 사람은 아주 가까운 친구 사이였다. 그는 24세 때(1780) 진사(進士)가 되었고, 이미 이벽 등과 함께 서학 연구에 열중하고 있었다.

이벽은 이승훈이 베이징 사절단 일행에 끼게 된 것을 기뻐하며 찾아가 이렇게 부탁했다.

자네가 베이징에 가게 된 것은 천주께서 우리나라를 불쌍히 여기사 구원코자 하는 표적일세. 베이징에 가거든 즉시 천주당을 찾아가서 서양인 학자들과 상의하여 모든 것을 물어보고, 그들과 교리를 파고들어 그 종교의 모든 예배 행위를 자세히 알아 가지고 필요한 서적들을 가져오게! 삶과 죽음의 큰 문제와 영혼의 큰 문제가 자네 손에 있으니, 가서 무엇보다도 경솔하게 행동하지 말게![7]

그리하여 이승훈은 1783년 말경 베이징을 향해 떠났다. 그는 베이징에 도착하자 천주당을 찾아가 예수회의 그라몽(Jean-Joseph de Grammont) 신부를 만나 그에게 천주교 교리를 배우고, 귀국길에 오르기 전인 1784년 2월 그에게 영세를 받게 되었다. 아울러 이승훈은 한국 천주교회의 주춧돌이 되라는 바람으로 베드로라는 세례명을 받게 되었다.

이승훈 베드로는 귀국하자 곧 많은 교리서와 십자고상(十字苦像)을 이벽에게 보여 주었다. 이벽은 교리서를 받자 곧 외딴집을 세내어 가지고 독서와 명상에 들어갔다. 얼마 후 그는 이승훈과 정약전·정약용 형제를 찾아가 이렇게 선언했다.

> 이것은 참으로 훌륭한 도리이고 참된 길이오. 위대하신 천주께서는 우리나라의 무수한 사람들을 불쌍히 여기셔서, 우리가 그들에게 구속의 은혜에 참여케 하기를 원하시오. 이것은 천주의 명령이오. 우리는 천주의 부르심에 귀를 막고 있을 수 없소. 천주교를 전파하고 모든 사람에게 복음을 전해야 하오.[8]

마침내 이벽은 복음을 전하기 시작했다. 그는 우선 중인 계급의 친구들 중 학식과 덕망이 뛰어난 사람들에게 접근했다. 최창현(崔昌顯), 최인길(崔仁吉), 김종교(金宗敎) 등이 그들이다. 다음에는 뛰어난 유학자이며 명문 출신인 이가환, 권철신, 권일신 형제 등에게 접근했다.

놀라운 점은, 이벽이 이승훈으로 하여금 자기와 권일신에게 영세를 베풀게 한 사실이다. 세례명은 각각 요한 세자(洗者)(세례 요한)와 주보(主保)라 했는데, 이벽의 세례명 요한 세자는 한국 전도사업을 시작하여 그리스도의 오시는 길을 예비하신 세례 요한을 상징한 것이며, 권일신의 주보는 동양의 사도 프란치스코 하비에르를 상징한 것이다.

더 놀랍게도 권일신은 주교(主敎)로 추대되었고, 이승훈,

이단원(李端源), 유항검(柳恒儉), 최창현 등 몇 사람은 신부(神父)가 되어 성무를 맡아 보며 신품권(神品權)을 행사하기 시작했다.

이들의 조직은 약 1년 남짓 계속되었는데, 비록 이것은 비합법적인 조직이긴 하나 많은 미(未)신자에게 복음을 전했고, 교우들의 신앙생활을 영도했다.[9]

이러한 사실은 세계 교회사상 처음 보는 일이었다. 이에 대하여 선교사가(宣敎史家) 스티븐 니일(S. Neill) 교수는 "이벽은 주교(主敎)로까지 부른 것으로 본다고 했으며", "교회를 스스로 조직하고 미사를 집행하여 고해성사에 임하고, 가톨릭교회의 다른 여러 가지 실천 사항들을 구현해 갔는데, 이는 실로 멀고도 요원한 지역(교회의 손이 닿지 않는)에서 스스로 세우고 꾸며 간, 성직자 없는 교회의 놀라운 예다"[10]라고 단언했다.

그리고 이원순은 한국 최초의 외국인 선교사 주문모(周文謨) 신부가 입국한 1794년까지 10년간 약 4,000명의 신도가 있었다고 했는데, 이는 숫자적으로는 큰 것이 아니나 이승훈, 권일신, 이벽 등 조선 교회 창설 공로자의 열성어린 결과이며, 교회에는 어긋나나 조선 교회를 자발적으로 조직하여 신앙생활의 조직화를 꾀했다는 사실은 오직 우리나라만의 얘기[11]라고 평했다.

2.

초대교회의
모습

1) 외국인 신부의 첫 순교

초기 천주교 창설자들의 자치활동은 그 뒤 교리를 연구하는 가운데 차츰 의문을 자아내게 되었다. 그래서 그들은 일단 전도활동을 중지하고 베이징 주교에게 문의하게 되었다. 그들은 윤유일(尹有一) 바오로를 부연사 일행에 잠복시켜 구베아(A. de Gouvea, 1751~1808) 주교에게 편지를 띄웠다.

구베아 주교의 회답은 놀라움과 문책을 겸한 엄중한 지시였다. 신부 한 사람을 파송한다는 것이었다. 그래서 파송된 신부가 곧 주문모라는 중국인 신부다. 그는 1852년 쑤저우(蘇州) 태생으로, 베이징 천주교 신학교 제1회 졸업생이며, 무엇보다 용모가 한국인과 비슷하여 가장 적당한 인물로 뽑힌 것이다. 그는 1794년(정조 18년) 2월 베이징을 출발, 20일 만에 책문(柵門)에 도달했으나 국경의 경계가 너무 심하여 후퇴하고, 다시 그해 12월에 얼어붙은 압록강의 어둠을 타고 잠입했다. 국경을 돌파하자 그는 조선옷으로 변장하고 12일 만에 수도 한양에 도착하여 미리 준비해 두었던 비밀 숙소에 숨어들게 되었다.

그보다 먼저 한국 땅을 밟은 외국인 신부가 있었다. 임진왜란 때 일본군 종군 신부로 남해안에 상륙했던 세스페데스(Gregorio de Cespedes) 신부다. 그는 한국인 상대의 신부가 못 되고 왜병 상대의 종군 신부였기 때문에 주문모 신부가 한국 최초의 외국인 선교사로 손꼽히는 것이다.

주문모 신부는 입국한 1795년(정조 19년) 처음으로 부활절 미사를 집례하게 되었다. 그는 철저히 숨어서 전교활동을 했다. 지황(池璜) 사바, 윤유일 바오로, 최인길 마티아 등 중인(中人) 출신 교우들이 마련해 주는 은신처에서 비밀리에 전교활동을 계속했다.

그는 주로 강완숙(姜完淑) 콜롬바(1760~1801)가 제공하는 은신처를 중심으로 전교활동을 계속했다. 충청도 예산의 양반집 딸로 태어난 강완숙은 장성한 뒤에는 덕산(德山)의 홍지영(洪芝榮)의 후실로 출가했는데, 그곳에서 천주교에 입교했다.

강완숙은 주 신부를 자기 집 나무광에 숨겨 두고 시식을 제공했다. 미신자였던 남편이 겁을 먹고 반대하여 그는 시어머니와 딸, 전실 자식들을 데리고 서울로 이사했다.

서울에 이사 와서도 강완숙은 주 신부를 계속 숨겨 주었으며, 그로 인하여 한국 최초의 부인회 회장으로 임명되었다. 당시 사회 풍습에 의하면 양반집은 관헌이 함부로 수색할 수 없었고, 더욱이 여자 혼자 사는 집안에 외간 남자의 출입이란 거의 불가능했으므로, 이를 이용하여 강완숙은 주 신부를 철저히 숨겨 줄 수 있었다. 처음에는 나무광에 숨겨 두었다가 3개월 뒤에는 자기 시어머니를 움직여 사랑방으로 모셔 들이게 되었다.

교회의 주요 간부 외에는 아무도 그의 거동을 아는 사람이 없었다. 주 신부는 가끔 지방 순회를 했으나 철저히 변장하고 다녔다. 이렇게 불편한 가운데서도 주 신부는 놀랄 만한 업적을 남겼다. 낮에는 밀실에서 우리말을 공부하고 서적을 번역하며 밤에는 성무를 집행했는데, 멀리 충청도·전라도 등의 교회를 순방하기도 했다. 그 결과, 주 신부가 입국할 당시 약 4천 명밖에 안 되던 신도가 5년 뒤인 1800년에는 약 1만 명을 헤아리게 되었다.[1]

주 신부는 약 6년간이나 강완숙 집에 숨어 있었다. 그동안 여러 차례 위기를 모면했다. 그러나 1801년(순조 원년)에 이르러 이른바 신유박해(辛酉迫害)가 일어났다. 김대왕대비(金大王大妃)의 수렴정치(垂簾政治) 때인데, 김대왕대비 즉 영조 계비(繼妃) 정순왕후(貞純王后) 김씨가 자기 오빠 김구주(金龜柱)의 원수를 갚으려는 앙심을 품은 데다, 당쟁과 정권욕이 복합적으로 작용하여 초기 교회 창설자의 대부분은 물론, 왕족으로부터 종에 이르기까지 많은 신도가 잡혀 들어가게 되었다.

최후의 목적은 주 신부의 행방을 알아내는 것이었다. 한편 주 신부는 자기 때문에 한국 교우들이 가혹한 형벌을 받는다는 것을 알고, 1801년 4월 9일 의금부(義禁府)에 자수했다. 그럼으로써 주 신부는 박해가 누그러지기를 원했다. 그는 마침내 1801년 음력 5월 31일 새남터에서 군문효수형(軍門梟首刑)으로 순교했다.

2) 33년간 목자 없던 평신도 교회

주문모 신부가 순교당한 1801년부터 33년 후인 1834년(순조 34년)에 이르러 베이징 천주교 당국에서는 다시 유방제(劉方濟)라는 중국인 신부를 한국에 잠입시켰다. 한편 로마 교황청 당국은 조선교구의 전교 책임을 중국교구에서 분리하여 파리외방전교회(巴里外邦傳敎會)에 위촉한 동시에, 브뤼기에르(Barthélemy Bruguière) 신부를 조선교구 초대 주교로, 샤스탕(Jacques Honore Chastan) 신부를 보좌신부로 임명하게 되었는

데, 유방제 신부는 선발대로 파송된 것이다.[2]

그러니까 주문모 신부가 순교한 1801년부터 유방제 신부가 입국한 1834년까지의 33년간은 목자 없는 공백기였으므로, 교회는 오로지 한국 평신도들의 손으로 운영·유지될 수밖에 없었다.

이에 대해 이원순은 "목자는 없었을망정 오히려 교회는 발전되었으며 조선교구 독립의 대성과를 가져왔다. …… 이것은 천주교사의 빛나는 자랑"[3]이라고 잘라 말했는데, 그러면 어떻게 하여 그러한 대성과를 거둘 수 있었는가? 이를 우리는 다음 몇 가지로 분석할 수 있을 것이다.

첫째로 신유박해 때 살아남은 평신도들이 전국 각지로 확산되었기 때문이다. 신유박해에 대해서는 따로 말하겠지만, 우선 희생된 주요 인물들로는 유일한 목회자였던 주문모 신부를 비롯하여 이승훈·권철신·이가환·이단원·황사영(黃嗣永)·최창현 등이 참수형을 당하거나 옥사했고, 주 신부를 숨겨 두었던 강완숙도 새남터의 이슬로 사라졌다. 그리고 정약용의 3형제도 희생되었는데, 그의 셋째 형 정약종은 참수형을 받았고, 정약용 자신은 둘째 형 정약전과 함께 유배당했다.

이처럼 주요 인물들이 모조리 희생되자 살아남은 자녀들과 어린 신도들은 사방으로 피해 다닐 수밖에 없었다. 예를 들어 정약종의 아들 정하상(丁夏祥)은 7세 때 고아가 되자 어머니와 누나와 같이 양근(楊根) 땅으로 피난 갔다가, 친척들로부터 배교 권유를 받았으나 이를 거부하고 더 멀리 함경도 무산(茂山) 땅에 유배되어 있던 조(趙)유스티노를 찾아가서 그의 보호와 지도를 받았다. 그때 정하상의 나이는 불과 20세 안팎이었다.

이는 하나의 실례에 불과하지만, 신유박해로 서울과 그 주변 및 충청, 전라 일대에만 있던 신도들은 전국 각지와 심산유곡에까지 퍼져 나가게 되었다. 따라서 과거에는 양반·중인 등 지식층에게만 국한되었던 신앙의 씨가 신유박해 후에는 가난한 농부·상인 등을 비롯한 일반 서민은 물론, 관직을 가진 자 안 가진 자, 남녀 구별 없이 널리 뿌려지게 된 것이다.

이는 마치 불을 끄려고 몽둥이로 치면 불이 더 확산되는 것과 같은 현상이었다. 살아남은 어린 자녀들과 약한 부녀자들은 희생된 남편 또는 어버이들의 유지를 받들어 신앙을 굳게 지킬 뿐 아니라, 무서운 인내와 우애, 갸륵한 정성과 용기로 차츰 교세를 강화시키게 되었다. 더욱이 신유박해 후 10여 년간은 비교적 평온한 때였으므로, 그동안 살아남은 신도들은 강한 동지애와 신앙으로 기독교 공동체를 이룰 수 있었다.

둘째로 신유박해 후 신도들은 한글로 신앙 지도 및 교리 연구를 계속함으로써 민족문화 사상 신기원을 이룩하게 되었다. 흔히 기독교를 가리켜 한글 보급의 공로자라 하는데, 그 공로는 개신교보다 먼저 천주교에 돌려져야 할 것이다. 이미 천주교는 우리나라에서 창설 당시부터 한글로 신앙 서적을 펴내는 동시에 쉬운 민중의 언어로 신앙생활을 하게 했기 때문이다.

예를 들어, 〈텬쥬공경가〉와 《셩교요지(聖敎要旨)》를 지은 광암(曠菴) 이벽의 경우, 그는 무반(武班) 출신 양반 자제로서 무술을 통하여 장군이 되게 하려는 부친의 뜻을 종내 거역했으므로 너무 고집이 세다 하여 본래의 이름 덕조(德操)에서 벽(蘗)이라는 이름자를 얻게 되었다. 1785년 이른바 을사추조적발사건(乙巳秋曹摘發事件)으로 중인 김범우(金範禹)가 잡혀 옥고를 치르다 죽는 바람에 그 부친은 아들에게 배교를 강요했지만 그는 완강히 거부했다. 하루는 그 부친이 아들 앞에서 줄로 목을 매어 죽으려 했다. 아들 된 사람으로서 어찌 가만있을 수 있었겠는가? 드디어 이벽은 신도들 회중에 일체 나타나지 않고 골방에 감금된 채 고민하다 당시 유행하던 흑사병에 걸린 지 8일 만에 33세를 일기로 작고했다.

그의 죽음에 대하여 달레(Dallet)는 "아버지에게 양보했다" 또는 "배교자다"라고 낙인찍었으나, 그것은 동양의 전통적인 윤리와 풍습에 대한 서구인의 몰이해에서 온 일방적인 표현에 불과하며, 실은 아들 된 사람으로서 부친의 자살을 막기 위해 어쩔 수 없이 일시적인 근신 행위를 한 것으로 볼 수밖에 없다.[4]

이러한 인물이 제일 먼저 한글로 된 신앙서적을 써냈다는 것은 놀라운 사실이 아닐 수 없다. 이벽은 1779년 천진암과 주어사 강학회가 끝난 뒤 〈텬쥬공경가〉라는 짤막한 노래를 지었다.[5] 그러니까 이 노래의 작사 연대는 조선 천주교회 창설 연대보다 5년이나 앞섰다. 말하자면 이벽은 교회 창설 이전에 벌써 한글로 신앙 지도서를 펴냈다는 얘기다.

알다시피 그때는 일반 서민과 부녀자들만 한글을 사용했다. 양반은 한글을 손에 대지도 않았다. 그럼에도 양반 출신인 이벽은 손수 한글로 신앙을 노래했다니!

> 어와 세상 벗님네야, 이 내 말 좀 드러보쇼, 지분에는 어른 잇고, 노라에는 임군 잇네, 네 몸에는 영혼 잇고. 훗날에는 텬쥬 잇네. 부모에게 효도하고, 임군에는 츙성하세, 삼강오륜 지켜가자. 텬쥬 공경 웃듬일세 ……

이렇게 노래한 목적은 일반 서민층에게 하나님에 대한 공경심을 불어넣고자 함이며, 그럼으로써 기독교 신앙이 온 민중에게 전파되기를 원했던 것이다.

이벽의 《셩교요지》는 본래 한문으로 되어 있었다. 저작연대는 조선 천주교 창설 연대인 1784년경인가 싶다. 〈텬쥬공경가〉가 주로 서민 대중을 상대로 쓴 데 비해 《셩교요지》는 양반과 선비계급을 상대로 썼다. 처음에는 순 한문으로 쓰되 고대 중국 종교문학의 효시인 《시경(詩經)》의 형식으로 되어 있었다. 신구약 성서 내용과 사상에 입각한 저자 자신의 정도관(正道觀)을 읊은 한문 정형시(定形詩)로, 기독교 성서를 주제로 한 한국 최초의 시라고 할 수 있다. 시대적인 의미로는 흔히 조선시대의 '교훈문학'

으로, 지식층 유학자들 사이에 널리 유행하던 명(銘)·잠제문(箴祭文) 등의 형식으로 된 운문체(韻文體)에 속한다.[6]

양반과 선비계급을 상대한 만큼 내용도 진유사상(眞儒思想)인 수사학적(洙泗學的)인 정신체계를 기반으로 하는 기독교 사상의 수용이라는 사상사적인 문제를 함축하고 있다.[7] 그러나 이것이 한글로 번역 출간됨으로써 또 다른 의미를 띠게 되었다. 한글 번역 연대를 1812년으로 잡는데,[8] 이때는 신유박해가 있은 지 10여 년 뒤요, 전국 각지에 확산된 신도들이 교리 연구와 신앙생활을 숨어서 할 때였다. 그러므로 《성교요지》는 양반 선비 지식층만 아니라 일반 서민·부녀자들·무지한 대중도 즐겨 읽을 수 있는 좋은 신앙서적으로 이용된 것이다.

이벽의 《성교요지》는 국문학사에서 볼 때 단테의 《신곡》이나 밀턴의 《실락원》을 연상케 하는 고시경체(古詩經體)의 장대한 사시(史詩)이며, 반(反)주자학적인 기독교 사상을 완전히 수용·소화하여 동양적 관조의 세계를 심원하게 연역 표출한 점에서 사상적 의의가 크다[9]고 절찬한 국어학자도 있거니와, 이 신앙서적이야말로 목자 잃은 평신도들의 신앙을 북돋아 주는 좋은 영적 양식이 되지 않을 수 없었다.

이벽의 《성교요지》와 함께 고전적 가치를 지닌 문헌으로 정약종의 《성교전서》는 한문으로 되었다가 나중에 한글로 옮겨졌지만, 정약종의 《쥬교요지》는 당초부터 순 한글로 쓰였다. 정약종은 다산 정약용의 셋째 형(맏형은 약현若鉉, 둘째 형은 약전若銓)으로, 1760년 진주목사(晉州 牧使) 정재원(丁載遠)의 셋째 아들로 태어나 신유박해 때 순교한 열렬한 신자다. 양반 가문의 재간둥이로 태어난 그는 처음에는 유학자로서 주자학에 심취했다가 차츰 그 사상의 허구성과 공리성에 회의를 느끼면서 한때는 도가(道家) 사상에 기울기도 했다. 그리하여 그는 선학(仙學) 장생(長生)의 길을 걷다가 서학(西學)에 심취했고, 이내 신앙심이 깊어지자 주문모 신부는 그를 평신도 단체인 명도회(明道會)의 초대

회장으로 삼았다.

《쥬교요지》는 상·하편으로 되어 있다. 내용은 ① 천주의 존재 증명, ② 천주의 속성, ③ 도교와 불교에 대한 비판, ④ 상선벌악과 천당 지옥의 문제, ⑤ 천지창조, ⑥ 그리스도의 강생과 구속, ⑦ 예수의 부활과 승천, ⑧ 원조 아담과 하와의 범죄, ⑨ 영혼불멸, ⑩ 천주교회에 대한 설명 등으로 되어 있는데, 상편은 주로 철학적 원리를, 하편은 신학적 구속론을 다루었다.

정약종은 제일 먼저 "인심이 스스로 천주 계신 줄을 아나니라"라는 제목 하에 "무릇 사람이 하늘을 우러러보매 그 위에 임자 계신 줄을 아는 고로 질통(疾痛) 고난을 당하면 앙천축수(仰天祝手)하여 면하기를 바라고, 번개와 우레를 만나면 자기 죄악을 생각하고 마음이 놀랍고 송구하니 만일 천상에 임자 아니 계시면 어찌 사람마다 마음이 이러하리오"로 시작하여, 맨 나중에 가서 "사람이 천주교를 들으면 즉시 믿어 봉행할지니"라는 제목 하에 "…… 슬프다 오늘 한 시각 사이에 죽는 사람이 얼마 되는 줄을 모르되, 그중에 내년을 기다리다가 지옥에 들어간 이가 무수할지니 너도 내년이란 말을 다시 말지어다. 사람이 개과천선하면 주 그 죄를 사하심을 허락하여 계시나 내년을 기다리는 사람에게는 내년을 허락하지 아니하시나니 너도 오늘부터 시작하여 미루어 핑계하지 말지어라"라고 끝을 맺었다.[10]

요컨대 정약종은 심오한 종교철학과 신학 이론을 아주 쉽고 수수한 민중의 언어로 설명했다는 점이 중요하다. 이것이 산간벽지를 숨어 다니는 평신도들에게 귀한 읽을거리가 되지 않을 수 없었다. 이 책은 천주교 사상 가장 많이 읽히고 가장 많은 영향을 끼친 신앙서적의 하나이며, 1897년 활판본이 나오기까지는 신도들이 필사본을 만들어 나누어 가졌던 것이다.

주문모 신부는 목회활동의 중점을 문서 전교에 두지 않을 수 없었다. 자신이 언어 장벽에 부딪혔을 뿐만 아니라, 선교사 없이 스스로 학문적 연구만을 통하여 자란 일반 신도들에게는 교리에 대한 정확한 지식과 실천적 신앙 규범이 필요하다고 느꼈기 때문이다. 또한 자유로이 지방 순회와 설교를 하지 못하고 주로 강완숙 등 신도들 집에 숨어서 목회하는 몸인 그에게는 문서를 통한 전교 활동이 가장 효과적인 방법일 수밖에 없었다. 그리고 양반과 선비계급보다 어린 신도들과 서민대중을 가르치기 위해서는 대부분 한글로 책을 쓸 수밖에 없었다. 그리하여 교회사가 최석우(崔奭祐)는 "그렇게도 많고 다양한 천주교 서적이 대부분 언문으로 번역되어 교인들 사이에 널리 보급되어 있다는 사실은 문서 전교에 대한 주문모 신부의 특별한 관심을 전제하지 않고는 이해키 어려울 것이다"[11]라고 했는데, 이로써 우리는 한국 천주교가 1800년 전후 이미 민중화되었음을 알 수 있다.

그 증거로 최석우는 신유박해 당시 신자들로부터 압수하여 불살라진 신앙서적이 200여 권이나 되며, 지방 도시인 전주에서 압수된 것만도 100권에 이른다고 했다.[12] 그리고 압수된 서적 중에는 진서(眞書) 즉 한문으로 된 서적 73책, 언서(諺書), 즉 한글로 된 서적은 128책이 있었다고 했으며, 《천주실의》나 《직도자증(直道自證)》이나 《교요서론(敎要序論)》 같은 어려운 교리서는 보이지 않고 기도와 실천생활에 필요한 대중적인 서적들만 많았다고 했다.[13]

이처럼 많은 한글 신앙 서적이 있었기 때문에 살아남은 어린 평신도들이 신앙을 유지 확장시킬 수 있었다. 더욱이 달레나 황사영 같은 사람들이 초대교회가 부녀자 중심의 교회였다[14]고 단정하리만큼 부녀자 신도들이 많았던 것은 한글을 통한 전교 활동의 결과라 아니할 수 없다. 이미 말한 바와 같이 신유박해 후 살아남은 신도들이란 아들 잃은 노약자, 어버이 잃은 어린 자녀들, 부녀자들이 대부분이다. 그들은 대개 지방과 심산유곡 두메산골에 숨어 살면서 신앙생활을 유지했는데, 이 신앙 서적을 하나 얻으면 서로 베끼고 또 베껴서 필사본으로 만들어 나누어 가졌으며, 그것을 다시 다른 신도에게 전하여 베끼고 또 베껴

쓰게 했다.

당시 신앙 지도에 힘쓴 지도자들로는 7세 때 아버지를 잃은 정하상을 비롯하여 권철신의 조카 권요안, 내포(內浦) 사람 최 모르스, 이여진(李如眞), 신태보(申太甫), 현석문(玄錫文), 유진길(劉 眞吉) 등을 들 수 있다. 그들의 인내와 용기, 신앙과 동지애는 놀라운 것이었다. 이때 교회는 벌써 양반·중인, 유식한 사람·무식한 사람, 남자·여자의 구별 없이 모든 평신도들로 구성된 하나의 강력한 신앙 공동체였다.

한글로 된 신앙서적 중에는 《초힝공부》·《성 아타시오 신경》·《셩모를 찬숑하는 경》·《예수 셩심송》·《텬쥬셩교공과》·《요리 문답》·《침례하는 규식》·《쥬년 쥬일과 첨례의 추셔》 같은 신앙 생활에 필요한 지침서 외에, 《셩경직히》·《셩경광익》·《셩경직히광익》같이 성경 원문을 번역하고 해석한 주석서도 있었다.

한글로 된 서적 중에는 불교의 경서를 번역한 것도 있었다. 예를 들어 세종대왕은 훈민정음 창제 후 곧 궁중에다 이른바 언문청(言文廳) 또는 정음청(正音廳)을 두어 용비어천가(龍飛御天歌)·월인천강지곡(月印千江之曲) 등 불교의 가사문헌을 발간했다. 그리고 세조와 성종대에는 간경도감(刊經都監)을 두어 능엄경(楞嚴經) 등 불교 경서를 번역 출판하여 한글 대중화를 꾀했다.[15] 그러나 이 사업은 끝내 성공하지 못하고, 5백년이 지난 오늘에 이르기까지 불경의 한글 번역은 흐지부지한 상태에 있는 것이 사실이다.

반대로 초대 한국 천주교회는 국가의 원조는커녕 가혹한 박해를 받으면서 순 민간인의 힘으로 한글 서적 출간을 성공시킨 것이다. 그럼으로써 한국 천주교회는 종교의 경서를 쉬운 우리말과 한글로 번역하여 이를 대중화·토착화시킨 역사상 최초의 단체가 되었다. 이는 선교사적 의미로서만 아니라 민족사적·문화사적 의미로서도 높이 평가되어야 할 것이다.

3) 천주교 학자들의 보유론·호교론·실학운동

　　우선 실학이란 무엇인가? 우리는 실학이 조선조 후기의 새 학문임을 안다. 즉 16세기 중엽부터 17세기 중엽에 이르는 약 100년간(선조·광해군·인조)은 실학의 '준비기'라 할 수 있고, 17세기 중엽부터 18세기 중엽에 이르는 약 100년간(인조·효종·현종·숙종·경종·영조)은 그 싹이 트는 '붕아기'라 할 수 있으며, 18세기 중엽부터 19세기 중엽에 이르는 약 100년간(영조·정조·순조·헌종·철종)은 '전성기'라 할 수 있다.[16]

　　이러한 시대 구분에서 그 '전성기'의 주인공이 곧 천주교 계통 실학자들이다. 그러나 천주교 실학자들이 실학운동의 전성기를 꽃피운 주인공들이라 할지라도 그 스승들과 전대의 운동과 관계없이 독자적으로 자라난 것은 아니다. 아무리 전성기의 대표적인 실학자 다산 정약용을 망측(罔測)의 대재(大才)·현대사상의 선구자(안재홍, 《신조선》, 1935, 8)·근세적 자유주의의 선구자(백남운, 《신조선》, 1935, 8) 등으로 높이 평가했다 할지라도 그 위에는 성호 이익 같은 스승이 있었고, 더 위에는 반계(磻溪) 유형원(柳馨遠, 1622~1673)이라는 대학자가 있었으며,[17] 또한 위당(爲堂) 정인보(鄭寅普)는 명저 《담원국학산고(薝園國學散藁)》에서 "조선 근고의 학술사를 종계(綜系)하여 보면, 반계가 일조(一祖)요, 성호가 이조(二祖)요, 다산이 삼조(三祖)"라 평했던 것이다.[18]

　　그러므로 위 3기 곧 준비기, 붕아기, 전성기 등 300년간의 실학운동을 통틀어 알기 위해서는 위 3조 곧 반계, 성호, 다산 등 3대 인물의 생애와 사상으로 접근할 수밖에 없다.

　　첫째로 반계 유형원의 경우. 그의 학문은 한마디로 엄청난 것이었다. 그는 성리학에서부터 정치·경제·역사·지리·군사·언어·문학 심지어 선술(仙術)에까지 관심이 있었다. 조선조 말 이규경(李圭景)이 《오주연문장전산고(五洲衍文長箋散稿)》에서 "동국(東國) 제1의 경륜가"로 손꼽으리만큼 반계는 뛰어난 대학자요 경

류가였다. 20여 종의 저서 중 《반계수록(磻溪隨錄)》은 실학사상
상, 특히 경국제민(經國濟民, '경제'라는 현대어는 이 말의 준말)사상에
서 대종을 이루는데, 여기서는 토지제도, 국가 재정, 향약, 관료
제도, 정부기구, 군사기구, 축성, 병기, 교통, 통신, 지방제도 등에
대한 개혁이 제시되었다. 얼핏 생각하면 반계는 큰 벼슬을 한 사
람같이 보이나 실은 정반대였다. 그는 두 번 과거를 보았으나 모
두 실패했고, 33세 때 다시 과거를 보아 겨우 진사과(進士科)에
급제했으나, 그 뒤로는 과거를 단념하고 전라도 부안(扶安)에 가
서 20년간이나 은둔생활을 하다 거기서 생을 마쳤다.

　　그가 부안으로 내려간 이면에는 병자호란의 충격이 컸다.
그가 14세 되던 해에 병자호란이 일어났는데, 그때 그의 조부가
부안으로 피난 갔고, 전란이 끝난 뒤에도 자유로운 입장에서 정
부 시책을 비판하며 개혁을 시도하려는 뜻에서 은둔생활을 계속
했다. 그의 경륜이 세상에 알려지자 재상들의 천거로 관직에 오
를 기회도 여러 번 있었으나 그는 "내가 재상들을 알지 못하는데
재상들은 어떻게 나를 아는가" 하면서 거절했다.

　　그의 부국부민론(富國富民論)은 곧 경제개혁론으로, 핵심
은 토지개혁에 있었다. 토지는 천하의 대본(大本)인데 "부자의 땅
은 경계가 서로 잇닿아 끝이 없고, 빈자는 송곳 하나 세워 놓을
만한 땅도 없게 되어, 부익부 빈익빈으로, 급기야 모리배들이 이
토지를 모조리 갖게 되는 한편, 양민은 식솔을 이끌고 떠돌아다
니다 머슴살이로나 들어간다"고 하면서 경자유전(耕者有田)의 토
지 개혁을 주장했다.

　　이런 식으로 경제 문제를 부르짖은 다음 그는 세금 문제,
교육 문제, 병역 문제 등 국가의 현실적 정책론으로 일관했다. 이
와 같은 경세치인(經世治人) 등에서 반계는 율곡(栗谷) 이이(李珥)
의 영향을 많이 받은 것은 사실이나, 이익의 평과 같이 "율곡의
주장은 태반이 현실 가능한 것이요, 반계의 주장은 근본으로 들
어가 일제히 파헤친 것"[19]이었다. 율곡의 경세학을 치자(治者)의

수양을 강조한 정치철학, 정치윤리였다고 한다면, 반계의 경세학은 그러한 치자의 윤리만 아니라 현실 타개의 정착론이 구체화된 것이라 할 수 있으며, 그럼으로써 그는 국가체계의 전면적·근본적 개혁을 주장했던 것이다.

다음으로 성호 이익의 경우. 무엇보다 그의 생애와 학문적 동기는 반계와 비슷했다. 성호의 가문도 남인계(南人系)였고, 부친 이하진(李夏鎭)은 사헌부(司憲府) 대사헌(大司憲)까지 역임한 양반이었으나 17세기 후반기의 격심한 사화에 휘말려 남인계의 숙청 바람이 몰아치는 통에 운산(雲山)으로 유배당한 점도 비슷하다. 그때(숙종 7년) 성호는 그 유배지에서 태어났다. 한편 성호는 26세 때 둘째 형 이잠(李潛)이 당시 집권 세력인 노론을 비판하다 역적으로 몰려 참살당했다. 이를 목격한 뒤 그는 과거와 벼슬은 아예 단념하고 오로지 학문 연구와 저술에 힘쓰는 초야 서생이 되었다. 성호의 실학사상의 일면을 이루는 경세치용(經世致用)의 정경의식은 바로 이러한 그의 시대적·사회적 상황과 직결된 것이다.

성호의 학문 연구는 크게 두 분야로 나눌 수 있는데, 첫째는 전통 유학과 퇴계(退溪) 유학에 이르는 성리학이며, 둘째는 율곡·반계류의 직무(職務) 경세치용의학과 아울러 대륙으로부터 수입된 한역서학서(漢譯西學書) 등의 연구다.

다시 그의 서학 연구를 두 분야로 나눌 수 있는데, 하나는 과학 분야요, 또 하나는 철학·종교 분야다. 우선 과학 분야에서 성호는 반계와 달리 서구의 과학서적을 다독했다. 역학(曆學)·천문학, 지리, 지도, 기계, 수리 등에 이르는 광범위한 것이었다. 성호 이전에도 서학에 대한 기록을 남긴 사람이 없지 않았고, 베이징 현지에서 서사(西士)들과 접촉을 가졌으며, 기적(器的) 측면의 도입에 노력한 선각자들이 없지 않았다. 그러나 그것은 특정 부문에 관한 것이었고, 단편적 이해에 불과했다. 성호에 이르러 비로소 다각적으로, 다수의 서학 자료에 의하여, 확고한 서학

정신에서 관찰하고 검토되었으며, 자기 식견에 의하여 파악되고 논술됨으로써 이른바 서학이라는 새로운 학문 경향을 조선 후기 사회에 조성케 된 것이다. 또한 그의 문하에서 배출되는 많은 고제(高弟)들에게 그것이 계승되어 학문의 폭이 광대해지고, 질이 심화되어 마침내는 서학의 수용·실천과 서학에 대한 벽사위정(闢邪衛正)의 이론적 배경이 성숙된다.

상반되는 두 흐름이긴 하나 그 흐름의 상충에서 조선 서학은 학문적 발전을 보았으며, 이런 점에서 성호는 실학운동의 조종(祖宗)인 동시에 서학의 사조(師祖)인 것이다.[20] 또한 "전통적 유학의 공리화(空理化)·어용화와 현실생활과의 괴리, 악순환을 거듭하는 당쟁과 정치 문란, 그리고 수탈과 천욕(賤辱)에 곤비(困憊)한 민생 등 숨 막히는 듯한 시대 상황에서 성호는 궁경장이치용(窮經將以致用)의 새로운 경학정신을 가지고 "주자어류(朱子語類)라 할지라도 일시(一時)의 우언(偶言)이어서 계승할 만한 가치가 없는 것에 대하여는 학자불가불감이정지(學者不可不勘以正之)"라는 실정적(實正的) 비판의식을 가지고 정주학적(程朱學的) 권위에 맞섰다. 한편 "군자는 진력탄력(盡力彈力) 성구박방(誠求搏訪)하여야 한다"는 실리적(實利的) 박학정신에서 현실 모순의 극복 방책을 모색함에 열성적이었던 성호는 마침내 외래의 이질적 문화체계에까지 학문활동을 넓혔다.[21]

그는 철학과 종교 분야에서는 그다지 공감하며 신앙심을 가지고 읽지 못했다. 그가 읽은 철학·종교·윤리서로는 《천주실의》·《칠극(七克)》·《주제군징(主制群徵)》 등이 있는데, 그는 이러한 윤리서를 탐독하는 가운데 서교(西敎)가 선유(先儒)의 상제사상(上帝思想)과 상통하는 일종의 보유론적(補儒論的) 문화체계임을 이해하면서도 그것이 천당·지옥 등을 논하는 점에 이르러서는 불교와 똑같은 오류를 범한다고 매섭게 비판했다. 다시 말해 성호는 《천주실의》의 발문(跋文)에서 "중국의 한제(漢帝) 이전에는 죽었다가 다시 살아난 사람으로 천당이니 지옥이니 증명할 수 없었다면 어찌 유독 불교의 윤회(輪廻)만을 잘못이라 하고 천주교의 천당 지옥은 옳다고 할 것인가?"[22]라며 불만을 표했다.

그러나 우리는 그의 서학세계를 통하여 실정(實正)·실증(實證)·실리(實利)를 토대로 한 비판적 실학 정신의 각성을 볼 수 있으며, 서학이 실학의식에 수긍될 수 있는 것이라면 전통적인 권위의 굴레를 과감히 벗어던지고 이질적 문화체계를 수용·섭취하는 그의 정신세계를 높이 평가하지 않을 수 없다.

셋째로 다산 정약용의 경우. 반계·성호·다산 이 세 거인은 생존했을 때 서로 만난 적이 없다. 성호가 태어났을 때 반계는 이미 작고했고, 성호가 작고했을 때 다산은 겨우 두 살 난 아기였기 때문이다.

이 세 거인은 모두 당시 남인계 학자였다. 물론 실학은 남인들의 독점물은 아니었지만, 대표적인 학자들이 다 남인이었다. 또한 반계의 어머니가 성호의 당숙모였고, 성호와 다산의 가정도 먼 통혼관계였다. 그리고 다산은 반계와 성호와 달리 과거에 급제하여 참의(參議) 등 비교적 높은 벼슬을 잠시 했지만 정조(正祖)가 승하하자 곧 유배당하여 유배지 강진에서 19년간 갇혀 살며 학문 연구와 저술에 힘썼는데, 이 점에서는 다 같이 일맥상통하는 점이 있다.

다산은 16세 때 《성호유고(星湖遺稿)》에서 큰 감명을 받아 경세치용(經世致用)의 학을 시작했다. 정치적으로는 당쟁이 그치지 않았고, 경제적으로는 도탄상태였으며, 사상적으로는 공백상태였던 당시 상황에서 다산은 현실 타개책으로 우선 서학을 실용(實用)의 학으로 받아들였다.

그리고 다른 실학자들이 그랬듯이 다산의 실학도 갱신(更新) 유학(儒學)의 형식으로 출발했다. 다시 말해서 지나친 철학적 굴착과 왈리왈기(曰理曰氣)에만 쏠려 공리공론에 빠졌던 주자학적 굴레에서 벗어나 공·맹자의 원시 유교로 돌아가자는 운동으로서 실학을 일으킨 것이다. 그래서 다산의 실학은 먼저 수기치인(修己治人)의 학일 수밖에 없었다.

흔히 실학을 실정(實正)·실증(實證)·실용(實用)의 세 개념으로 이해하며, 경세치용(經世致用)·실사구시(實事求是)·무실역행(務實力行) 등 세 개념으로 나누는데, 위 세 요소 중 어느 하나도 빠져서는 안 되며, 또 어느 하나만 있어도 실학이라 할 수 없다. 그런데 다산의 실학은 그 모든 것을 망라할 뿐 아니라, 특히 마지막 실용과 무실역행에 더 비중을 둔 것이다.

이에 대하여 박종홍은 "무실역행이 민주적인 사상과 결부되어 보다 구체적인 현실성을 띠며 요구할 때, 경세제민(經世濟民) 사상이 뚜렷한 시대 사조를 형성하게 되어, 그것은 다시금 새로운 서구적 과학을 도입 섭취하는 기틀을 마련하게 되었다"[23]고 했으며, 김양선(金良善)도 "실학적 정신과 고증학적 방법을 가지고 방대한 유교 경전에 신해석을 가하고 공리공담에 흐른 유학을 실천적 철학 내지 이용후생의 정치이념으로 개조하는 데 노력했으며, 처참한 농민생활을 친히 보고서 관료 지주적 경제의 불합리한 제도를 분석·비판한 결과, 전제(田制), 세제, 학제, 병제 내지 정체(政體)에 이르기까지 이상적인 고안과 이론을 발표했다"[24]라고 말했다.

이렇듯 실증과 실리를 비롯하여 실용을 중시한 다산은 결국 실심사천(實心事天)이란 새 세계로 인도되었다. 이는 곧 인간의 내면적 충실을 의미하는 것이며, 이로써 경국제민은 수기치인(修己治人)과 사천제민(事天濟民)으로 번졌다. 여기서 우리는 다산 실학의 특징을 볼 수 있다. 여기서는 실심(實心)이라는 새로운 개념이 덧붙었기 때문이다.

이에 대해 이을호(李乙浩)는 "수기치인이란 말하자면 이론이 아니라 실천이다. 수기도 실천이요, 치인도 실천이 아닐 수 없다. 다산 실학이란 수기치인의 실천을 토대로 하고, 실증(實證)·실리(實理)·실용(實用)·실심(實心)을 본질로 하여 짜여 있음을 알 수 있다. 이는 그의 실학이 어느 일방적인 특색만 갖춘 것이 아니

라, 이른바 많은 실학적인 조건을 집약하여 간직한 것을 의미한
다고 했다. 그러므로 다산학은 실학적인 입장에서도 집대성자임
을 그대로 나타낸다고 할 수 있을 것이다"[25]라고 결론지었다.

　　끝으로 다산의 실학은 실사구시와 경세치인을 비롯하여
무실역행과 실심사천(實心事天)에 이른 것이 특징이며, 공·맹자
의 원시 유교의 수사학(洙泗學)을 기초로 출발했기 때문에 정주
학(程朱學)을 초탈한 것이다. "그러므로 다산 실학은 유형원의 그
것처럼 치용(致用)의 학에만 그치지 않았고, 이익의 그것처럼 존
신주자학(尊信朱子學)과 경세학풍(經世學風)과의 부조화를 이루
지도 않았다. 아울러 박지원이나 박제가 등처럼 북학(北學) 일변
도가 되지도 않았던"[26] 것이다.

　　실학운동의 제3기, 즉 전성기에 속하는 실학자로 다산 말
고도 여럿이 있다. 그리고 남인계 학자 말고도 서인계(西人系)·
노론계(老論系)·서인 소론계(小論系) 학자들도 있다. 그러나 전성
기의 실학자들은 초기 한국 천주교 창설기 인물들이 대종을 이
루었다는 점이 돋보인다. 이벽·황사영·정약전·정약종·윤지충
(尹持忠)·윤지헌(尹持憲)·이가환·이승훈·권철신·권일신·정하
상 등이 다 남인계 실학자들이다. 이들은 모두 열렬한 초대 천주
교도들이며, 신앙생활에 충실하다 일찍이 순교했거나 아니면 가
혹한 박해를 당했다. 그러나 이 모든 사람을 하나하나 다룰 수는
없고 그들의 사상을 통틀어서 풀이할 수밖에 없다.

　　우선 그들의 보유론(補儒論)을 살펴보자. 보유론이란 유
교의 부족한 점을 보충하고 불교의 탄망불탄(誕妄不誕)을 척(斥)
하기 위하여 쓴[27] 마테오 리치(Matteo Ricci, 1552~1610)의 《천
주실의》에서 비롯했다. 마테오 리치는 1601년 중국에 선교사로
입국하여 중국의 문화를 연구하는 가운데 유교 경전인 《시경》
이나 《서경》에 나타나는 천제(天帝)와 천(天)이 기독교의 데우스
(Deus), 즉 천주(天主)와 동질의 개념임을 발견했고, 그래서 기독
교는 유교를 배척하는 것이 아니라 그것들을 보충·완성하는 데

필요한 종교임을 주장한 것이다.

이러한 마테오 리치의 보유론은 초대 천주교인들의 호교론(護敎論)의 바탕이 되었다. 이 호교론은 광암(曠菴) 이벽(李蘗, 1754~1786)에게서 뚜렷하게 나타났다. 앞에서 말한 대로 그의 〈턴쥬공경가〉는 그리스도의 말씀을 유교적인 언어와 사상으로 표현한 것이며,《셩교요지》는 더욱 그러했다. 〈턴쥬공경가〉는 일반 대중을 그리스도교인으로 회개시키기 위하여 쓰인 데 반하여 《셩교요지》는 양반계급과 유학자들에게 호소하는 하나의 보유론적 호교론적 장편시다.

이 시의 내용을 요약하면 다음과 같다. "인간 실존과 우주 만물의 바탕이고 근본 원리가 되는 분으로서 하나님을 소개한 다음(1장), 구체적인 역사적 사실로서 비참한 인간 실존을 그리고(2장), 이러한 인간 조건에서 구세주로 내려오신 예수 그리스도를 성서 내용에 따라 기술하되 동양의 군자나 성왕(聖王)과 같은 모습으로 내세우고(3-15장), 이 구세주를 통해 또 그분 안에서 이루어지는 새로운 인간의 완성이 전통적인 유교의 가르침인 '수신제가 치국평천하'의 교육과정을 거쳐 정점에 이르는 중용(中庸)의 성(誠)의 사상 안에서 공통점을 발견하며, 그리스도를 천도(天道)와 인도(人道)의 완성자인 성인(誠人)으로 보고, 그리스도인은 이 성(誠)을 받아들이고 모방하려 애를 쓰며 새로운 인간 완성을 모색해 가는 사람으로 본다(16-30장). 마지막으로 우주 만물이 모두 자연의 고유한 법칙을 따르면서 하나님의 감추어진 신비를 드러냄으로 인간 구원을 위해 필요한 그리스도교회의 갖가지 가르침과 윤리적 교훈을 아름다운 자연시(自然詩)로 호소하고 있는 것이다(31-49장)."[28]

다산의 보유론도 광암의 영향이 절대적이었다. 이는 다산의 문집들에서 잘 나타난다. 정조(正祖)가 중용에 관한 의문점을 가지고 태학생(太學生)들에게 답안을 올리게 했는데, 이것을 읽고 정조는 "정약용은 누구요 …… 홀로 약용의 조대(條對)

만은 특이하니 그는 반드시 유식한 선비일 거요"[29]라고 칭찬했으며, 다산은 중용강의보성(中庸講義補成)을 끝낸 뒤 감회를 말하는 가운데 "지금 성상은 승하하여 옥음(玉音)의 길이 막혔으니 질문할 곳이 없으며, 광암과 토론한 것도 헤아리면 30년이다. 광암이 지금까지 살았으면 그 진덕박학(進德博學)이 어찌 나에게 비하겠느냐? 신구본을 합쳐 보고는 반드시 명확한 말이 있었을 것이다. 그런데 나는 살고 그는 죽었으니 이런 슬픔이 또 어디 있으랴? 책을 어루만지며 눈물을 금치 못하겠다"[30]고 탄식했던 것이다.

요컨대《천주실의》의 천주라 함은 상제(上帝)를 말하는 것이요, 실(實)이라 함은 불공(不空)을 말하는 것이니, 노불(老佛)의 공(空)과 무(無)를 배격하는 것"[31]이었으며, 광암과 다산 등 천주교 계통 실학자들은 다른 유학자들과는 전혀 다른 입장에서 참다운 유학 이론을 전개하기 위하여 성리학이 아닌 원시 유학을 바탕으로 그리스도교 사상을 이해하려 한 것이다. 그리하여 천주교 실학자들이 "공론공리에 흐르는 학풍에서 벗어나 유학의 원천, 즉 공자 자신의 경전에 의한 유학으로 돌아가 연구함으로써 참다운 인간의 도리를 밝혀내고, 실생활에서 유용하고 사회에 도움이 되는 실사구시(實事求是)의 학풍을 일으킨 것이 실학이다."[32]

더 나아가 천주교 계통의 실학은 선대의 스승들이 수립한 실증·실리·실용 외에 실심(實心)을 추가함으로써 그리스도교 실천 신학으로 하나의 길을 터놓은 것이다.[33]

천주교 계통 실학자들의 호교론과 그리스도교 신학은 정약종의《쥬교요지》에서도 찾아볼 수 있다. 이벽의《성교요지》가 양반과 유학자들을 상대로 쓰인 데 반하여 정약종의《쥬교요지》는 처음부터 순한글로 일반 대중을 상대로 쓰였다. 그는 뛰어난 양반 출신 학자임에도 쉬운 민중의 언어와 사고방식으로 이 책을 썼다.

그런데 정약종의《쥬교요지》는 마테오 리치의《천주실

의》의 몇 편을 그대로 옮겼다고 할 수 있으리만큼 《천주실의》의 영향을 크게 받았으며,[34] 그런 점에서 《쥬교요지》는 한국판 《천주실의》라고도 할 수 있다. 즉 정약종의 《쥬교요지》는 보유론으로 시작하여 호교론으로 발전되며, 그의 논법과 천주사상은 후일 동학의 천주사상과 그 논법에 영향을 주었다고도 할 수 있는 것이다.[35]

한편 정하상의 《상재상서(上宰相書)》에서 호교론은 가장 조리 있고 정열적으로 전개되었다. 그중 한 구절을 인용하면 다음과 같다.

> 또 말하기를 천주학은 임금도 아비도 모르는 학(學)이라 하오니, 이는 성교(聖敎)의 도리를 온전히 모르는 말이옵니다. "부모에게 효도하여 공경하라" 했으니 이는 충(忠)과 효(孝)가 하나로 겸한 말이라. 봉교(奉敎)는 사람이 어찌 삼가고 조심하지 아니하리오? 예절에 힘쓰고 정성을 극진히 하여 부모에게 효도하고 공경하며, 임금에게 충성할새, 비록 끓는 물과 타는 불이라도 오히려 피하지 아니하옵니다. 어쩨 이러한 옳은 도리를 모르고 임금도 부모도 모르는 학(學)이라 하옵니까?[36]

이렇게 호소하면서 그는 기독교의 십계명이 삼강오륜에 조금도 어긋나는 도리가 아니며 공맹(孔孟)의 정학에도 배치되는 교리가 아님을 역설했다. 더욱이 그는 "주역에 이르기를 이향상제(以享上帝)라 했으니 이향상제의 상제는 곧 성교인이 공경하는 천주이시니, 세속 사람이 부르는 '하나님'이란 글자는 비록 다르지만 뜻은 한뜻이옵니다"라고 했으며, 경교(景敎)가 이미 당나라에 들어와 왕의 보호 아래 널리 퍼졌음을 말하고, 천주교가 중국 밖에서 왔기 때문에 오랑캐라고 정죄하는 것은 부당하다는 것을 지적했다.

한편 그는 우매한 민속신앙과 불교에 대해서는 가차 없

이 비판하고 더 나아가 제사도 배격했다. 《상재상서》 제일 마지막 〈우사(又辭)〉에서 이렇게 정연한 논리로 조상 제사의 허구성을 지적한 것이다.

> 좋은 사람 앞에 술과 음식을 바치고 제사 지내는 일은 천주교에서는 금하고 있나이다. 살아 생전의 영혼도 술이나 밥을 받아먹지 못하거늘, 하물며 죽은 뒤에 어찌 그 영혼이 먹으리오? 음식이라 하는 것은 육신을 먹이는 것이요, 영혼의 양식은 도덕이라, 아무리 지극한 효자라도 좋은 음식은 잠든 부모에게는 드리지 못하나이다. 잠자는 때는 음식을 먹을 때가 아니나이다. 세상에서 잠자는 때도 이러하거든 하물며 죽어서 크게 자는 때에 무엇을 먹사오리까? 채소와 죽과 같은 것을 죽은 부모에게 드리는 것은 헛일이 아니면 거짓 일이니, 어찌 사람의 자식이 되어 헛되고 거짓된 예로써 아무리 죽은 이에게일지라도 가히 할 일이오리까?[37]

그리하여 유홍렬은 "《상재상서》는 신유박해 때 만들어진 황사영 백서와 아울러 우리 교회사상 귀중한 자료일 뿐만 아니라, 유교 사상을 성경의 입장에서 비판하고 '척사윤음(斥邪綸音)' 같은 글에서 보인 바와 같은 천주교에 대한 그릇된 비난을 통쾌하게 논박한 점에서 우리 겨레의 손으로 만들어진 유일의 호교론이라 하겠다. 그러기에 이 책은 1887년에 이르러 청국 홍콩교구의 고요안(高若望)에 의하여 발간되어 중국의 전교상에도 크게 이바지하게 되었다"[38]고 높이 평가했던 것이다.

이와 같이 전성기의 실학은 천주교 계통 실학자들에 의해 유지·발전되었다. 따라서 그들의 실학은 단순한 서학, 즉 실증·실리·실용의 범위를 넘어 실심(實心)의 경지를 개척했다. 여기서 실학의 개념은 새로운 방향으로 발전된 것이다.

흔히 18세기까지의 한국 실학을 근대 지향적인 데 그치고, 실질적인 민중의식이라든가 평등, 자유, 사회개혁 정신 같은 근대정신은 찾아볼 수 없다고 보는 것이 일반적인 견해인데, 이는 초대 천주교인들의 공동생활을 보아 잘못된 견해임을 알 수 있다. 역사가 이능화(李能和)는 다산 정약용에 대하여 "선생의 본뜻은 다름 아니라 신학문과 신종교로 개물성무(開物成務)하여 화민성속(化民成俗)이로다"[39] 운운했는데, 여기서 개물성무와 화민성속은 개화(開化)를 뜻하는 것이며, 개화는 곧 근대화의 대명사이기 때문이다. 또한 대왕대비(大王大妃) 김씨(金氏)의 이른바 유사불가(有四不可)[40] 중 제4의 불가(不可)가 무엇이냐 하면 "무론 남녀노소가 한자리에 모여"라는 말이 있는데, 이는 남녀평등과 신분 계급 철폐를 의미한 것이다. 그리고 당시 관헌이 천주교인들을 처단하는 죄목으로 남녀혼처(男女混處)·호칭교우(互稱敎友)·귀천이등위불별(貴賤而等威不別)·농화리이유무상주(籠貨利而有無相周)[41]·점지자유평등지본자천부(漸知自由平等之本自天賦)[42] 등이 지적되었는데, 이는 그때 이미 자유·평등 사상이 있었을 뿐 아니라 이 사상이 천주교 신앙 공동체에서는 이미 생활화되어 있었기 때문이다.

3.

박해 속의
교회 성장

1) 조선교구 설정

목자 없는 33년간 조선 자치교회가 이룩한 또 하나의 놀라운 업적은 신부 영입 운동이다. 이 운동의 결과로 1831년 로마 교황청 당국은 조선교구의 전교(傳敎) 책임을 중국교구에서 독립시켜 파리 외방전교회(外方傳敎會)에 위촉하는 동시에 조선교구의 초대 주교로 프랑스인 브뤼기에르 소(Bathelemy Bruguire, 蘇) 신부를 임명했으며, 3년 뒤인 1834년에 그의 선발대원으로 중국인 유방제 신부가 입국할 수 있게 되었다.

로마 교황청 당국의 이런 조처는 획기적인 것이었다. 당시 조선 교회를 맡아 도와주던 중국교구의 "구베아 주교는 조선 교회를 프랑스 전교회에 맡기지 않고 베이징 주교 밑에 직속시킨다"[1]고 강하게 주장했기 때문이며, 조선 교회로서도 주문모 신부를 파송받았을 때와 마찬가지로 이번에도 중국교구의 책임 하에 새로운 신부를 파송받을 줄만 알았기 때문이다.

그럼에도 조선 교회를 중국교구에서 독립시킬 뿐만 아니

라 독립교구로 승격시키게 되었으니 이는 너무나 뜻밖의 일이었다. 당시 조선을 중국의 속국으로 보던 일반적인 통념으로 보든지, 조선 교회를 자기네 전도 구역의 하나로 보고 이미 인연을 맺고 있던 중국교구의 입장에서 보든지, 로마 교황청의 그러한 파격적인 결단은 너무나 뜻밖이었으며, 조선 교회로서는 큰 은혜로 여길 수밖에 없었다.

그러나 이러한 뜻밖의 은혜는 결코 우연한 것이 아니었다. 오래전부터 조선 교회는 신부 영입을 호소하는 편지를 교황청 당국에 냈기 때문이다. 이 편지가 교황을 감동시켰는데, 이에 대하여 달레의 《한국 천주교사》를 통하여 더듬어 보면 다음과 같다.

첫째로 권(權)요안의 호소 편지의 경우, 권요안은 신유박해 때 순교한 권철신의 조카로, 박해 때 서울에 잠복해 이여진 요한, 신태보 베드루 등 교우들과 비밀리에 연락하며 베이징 주교와 교황에게 신부 영입을 위한 편지를 썼다. 우선 베이징 주교에게는 "소인 프란치스코와 다른 조선 교우들은 비록 불쌍한 죄인에 지나지 않사오나 고통으로 찢어지는 가슴을 안고, 주교님 앞에 이마를 조아리며, 공경스럽게 삼가 이 글월을 올리나이다"라고 시작한 뒤 "…… 형벌을 면한 사람이나 숨어 있던 사람들은 겁에 질려 마음이 허탈하다시피 되었나이다. 그들은 모든 가산과 가진 물건을 잃고, 겨우 동냥질로 목숨을 이어 나가게 되었나이다 ……"[2]라고 했다. 그리고 교황에게는 이렇게 썼다.

…… 10년 전부터 저희들은 간난신고에 눌려 있사오며, 늙고 병들어 죽는 이가 많아 그 수를 헤아릴 수 없사옵고, 살아남아 있는 자들은 …… 은혜를 마치 목이 타는 자가 물을 갈망하듯 하오며, 그 은혜 바라기를 마치 가뭄에 비를 빌듯 하나이다. 그러하오나 하늘은 너무 높아 붙잡을 수 없사오며, 바다는 너무 넓고 구원을 청하러 건너갈 만한 다리도 없나이다. 저희들이 성서에서 읽은 것이 있사온데, 성교(聖教)

는 온 세계에 설교되었사오며, 오직 저희 동방 나라에만 선교사에 의하지 않고 다만 책으로 전하여졌나이다. 선교사가 오기 전후 여러 백 명의 순교자들이 천주를 위하여 목숨을 바쳤사오며, 지금 있는 신입 교우 수효도 1만 명이 넘나이다. …… 저희들은 어떤 곳에 교우 천 명 이상이 있을 때는 신부 한 분을 보내야 하고, 만 명 이상이 있을 때는 주교 한 분을 보내야 한다는 말을 들었나이다. …… 저희들은 천주교를 아는 사람이 만 명이 넘사온데, 아직 주교님의 다스림을 받지 못하나이다. …… 예수 그리스도의 자비에 의지하여 지극히 간절히 구하오니, 교황 성하(聖下)께서는 저희들의 영혼을 구하기 위하여 할 수 있는 대로 빨리 스승을 보내 주시옵소서! …… 구원이 하루 늦으면 저희는 하루를 고생할 것이옵고, 이틀이 늦으면 이틀을 괴로워할 것이옵니다. 만약 서양에서 배가 오는 것을 보지 못한다면, 만민을 가르치고 세(洗)를 주라고 하신 예수 그리스도의 계명도, 이웃을 사랑하고 사람들의 영혼을 구하기에 열심하라는 복음의 말씀도, 모두 낡은 모자나 누더기 옷처럼 되고 말 것이옵니다. …… 지속적인 박해 상태로 인하여, 저희들은 신자가 옷 속에 감추기 쉽도록 이 글월을 비단에 쓸 수밖에 없나이다. 이 밀사는 십중팔구는 목숨을 잃을 위험이 있나이다. …… 저희 순교자들의 공로를 의지하여 저희들은 천만 줄기 피눈물로 영신적 구원을 빨리 받기를 바라나이다.[3]

베이징 주교에게 보낸 이 편지는 1811년 12월 18일자이고, 교황에게 보낸 편지는 동 12월 9일자이며, 이 편지는 이여진 요한에 의해 전달되었다. 이때 로마 교황 비오 7세는 나폴레옹 1세에 의하여 퐁텐블로(Fontainbleau) 감옥에 갇혀 있었기에 이 편지를 거기서 받아 읽었는지 여부는 확실히 알 수 없다. 그러나 비록 옥중에서 읽었다손 치더라도 "이 예수 그리스도의 대리자는 그저 기도나 드리고 하느님께 호소하는 길밖에 다른 방법이 없었으며, 십자가에 못박히사 버림받으신 예수의 성심(聖心)을 향하여 옥중에서 탄식을 보내드리는 수밖에 없었다."[4]

그 뒤 권요안은 낙심하지 않고 1813년 다시 이여진 요한을 베이징에 보내 호소했다. 그러나 아무런 효과를 보지 못했다.

다음으로 정하상·유진길 등이 계속 노력했다. 이들은 베이징 교회만을 상대로 거듭 신부 파견을 호소했으나 뜻대로 되지 않았으므로 1825년에는 여러 교우의 공동명의로 로마 교황에게 편지를 써 보냈다.

이보다 더 앞서 정하상은 1816년 말에 간절한 편지를 몸에 지니고 베이징으로 갔다. 그때 정하상은 22세의 새파란 젊은이로, 선배 이여진과 마찬가지로 양반 신분임에도 역관의 종으로 가장하여 동지사 일행에 끼었다. 베이징 교회 당국자들은 3년 만에 다시금 조선 교회의 밀사를 맞이하게 되니 그 기쁨이 얼마나 컸으랴!

그 뒤 그는 제1차 베이징행 경험을 토대로 9차에 걸쳐 베이징을 오가며 신부 영입 운동을 벌였다. 그리하여 달레는 "정하상 바오로만큼 널리 알려져 있는 사람은 아무도 없으니, 그는 모든 이의 구원을 위하여 굽힐 수 없는 열성과 정력으로 이 사업에 헌신했다"[5]라고 감탄했으며, "베이징으로 가는 사신 행차가 있을 때마다 거의 거르지 않고 따라가서 그곳 주교를 만나 뵙고, 그의 무수한 양떼 중에서 가장 비참한 처지에 있는 조선의 신입 교우들에게 목자를 보내 줄 것을 청했다"[6]라고 말했다.

한편 유진길은 정식 역관 신분이었는데, "입교한 이듬해, 즉 1824년 그는 과연 사신 일행의 역관 자격으로 베이징에 들어가게 되었다. 이곳에 이르러 유(진길) 아우구스티노는 정(하상) 바오로와 같이 주교와 신부들을 찾아보고 성세를 청하여 받고, 그런 다음 성난 이리떼 앞에 버려진 양떼들과 같은 조선 신자들의 처지를 주교와 신부들에게 자세히 설명하며, 할 수 있는 모든 방법을 강구하여 저들의 구원을 보살펴 주기를 간청했다. …… 그 후 어떤 해에 써 보냈다고 생각되는데(1824년 말이거나 1825년 말), 어떻든 교황께 편지를 한 장 올렸다."[7] 그것은 정하상이 다섯 번째 베이징에 갔을 때였다.

그 편지가 드디어 로마에 도착했다.[8] 이런 내용이다.

구세주 예수께서 강생하사 세상을 구속하시고 부활 승천하신 후 1천 8백 년 동안 땅의 극변(極邊)까지 복음을 전하여 어둠 속에 앉아 있는 백성들을 비추어 준 성인들과 학자들이 끊이지 않나이다. …… 주(문모)야고보 신부님이 돌아가신 후, 조선에는 끊임없는 박해로 말미암아 교회의 전파가 막히게 되어 이제는 1천 명가량 되는 교우가 숨어서 교를 전하고 그것을 증거해 나가는 데 지나지 않나이다 …… 그러므로 저희는 교황 성하(聖下)께 두 가지 일을 겸손되이 제안하옵는데 …… 우선 신부들을 보내어 저희의 긴박한 사정을 돌보게 하고 …… 천주교 서적을 읽어보면, 배를 이용하여 일본 사람들같이 멀리 떨어진 지방에 사는 미개한 민족들과 땅의 극변까지 복음을 전했다 하옵니다. 그러하오나 슬프게도 저희 나라는 이 구석에서 잊혀진 채 암흑 속에 외로이 남아 있사오며, 여기에는 하늘조차 빛을 잃고 있나이다 …… 저희는 무식하고 마음이 어린 자들이옵니다. 그러하오나 우리 주 예수 그리스도께서 저희를 위하여 흘리신 성혈과 주인의 식탁에서 떨어지는 음식 부스러기를 우러러 보나이다. 높은 지혜를 가지신 성하께서는 이와 같이 급박한 위험에서 저희를 구원해 주시고, 저희를 집어 삼키려는 구렁에서 건져 주실 방법을 취하여 주시기 바라나이다.[9]

이 편지가 당시 교황 레오 12세의 손에 들어가게 되었다. 교황은 교황청 포교성성(布敎聖省) 추기경들과 함께 뜨거운 동정의 눈물을 흘렸다. 따라서 당시 포교성 성장이던 카펠라리(Capelari) 추기경은 추기경회의의 결정에 따라, 1827년 9월 1일자로 파리 외방전교회 신학교장인 랑글루아(P. Langlois) 신부에게 서한을 보내 "급속히 그리고 영구적으로" 조선 교회의 정신적 곤궁을 구제할 방도를 강구케 했다. 그러나 조선과 같이 위험한 나라에 갈 사람이 어찌 쉬 나타날 수 있었겠는가? 그리고 필요한

경비며 장비가 있었겠는가? 때는 프랑스 대혁명이 한창이었으므로 누구 하나 선뜻 나서는 사람이 없었다.

그러나 드디어 조선으로 가겠다는 신부 한 사람이 나타났다. 이름은 브뤼기에르. 그는 1793년 프랑스의 한 자작농의 아들로 태어나, 외방전교회 신학교를 졸업한 뒤 샴 왕국에 선교사로 파송되어 방콕에서 일하고 있었는데, 외방전교회 신학교로부터 조선 포교지에 관한 제안 설명을 듣고 즉시 장문의 편지 한 장을 쓰게 되었다.

> 친애하는 동료 여러분, …… 돈도 없고 선교사 수도 적고 …… 그 나라를 뚫고 들어가기가 힘들고, 이 점이야말로 여러 가지 반대 이유 중에서 가장 그럴듯하다는 것을 나도 인정합니다. 그러나 결국 어떤 계획이 어렵다 하여 그것이 불가능한 것이 아니고, 또 세속의 자식들은 그들의 이해관계가 개재하여 있을 때는 곤란 때문에 물러서는 법이 없습니다. 그러면 광명의 자식들만이 천주의 영광과 사람의 구령사업에서 겁을 내고 소극적이어야 하는 것입니까? …… 그러나 이런 위험한 사업을 맡을 신부가 누구이겠습니까? 내가 하겠습니다. …… 방콕에서 1829년 5월 19일[10]

드디어 로마 교황은 1831년 9월 9일자 친서로 조선을 독립교구로 설정했고, 또 하나의 친서로 브뤼기에르 신부를 초대 교구장으로 임명하게 되었다. 교친서 내용은 이런 것이었다.

> 본인은 포교사업을 주관하는 로마 성교회의 존경하올 추기경 형제들의 권고로 지금 당장 조선 나라를 새로운 교구로 설정하고, 거기에 베이징 주교로부터 완전히 독립한 교구장을 세우는 것이 적당한 줄로 생각합니다. 그러므로 본인은 자진하여, 그리고 확실한 지식과 깊은 고려 끝에 교황의 충만한 직권을 가지고 이 교황 친서로써 조선왕국을 지금 당장 새 교구로 설정하며, 이 교구에 베이징 주교로부터 완전

히 독립한 교구장을 세울 것을 선언하는 바입니다. …… 1831년 본 교
황 재위 제1년 9월 9일 반포함.[11]

거듭 말하지만, 교황의 이 조처는 한국 천주교사뿐만 아
니라 한국 전체 역사에서도 획기적인 의미가 있는 것이다. 당시
조선은 중국과 종주관계였음에도 완전 독립 국가의 대우를 받게
했기 때문이다. 당시 베이징에 있던 포르투갈계 신부들마저 조선
교회를 중국 교회 밑에 두려 했던 고정관념을 깨뜨리고 조선 교
회는 당당한 독립교회로 인정받게 한 것이다.

교구장으로 임명된 브뤼기에르 소 신부는 곧 행동을 개시
했다. 그는 방콕을 떠나 마닐라·마카오·푸젠(福建)까지 배를 타
고 갔으며, 거기서부터는 안내인도 없이 광막한 중국 대륙을 걸
어서 위험을 무릅쓰고 북진하여 몽고 서만자(西灣子)까지는 약
반년의 세월을 소비했다. 그는 약 1년간 거기 머물러 있으면서 입
국 기회를 노리고 있었는데, 드디어 1835년 초에 조선 교우와 교
섭이 이루어졌다. 그때 브뤼기에르 소 신부는 가슴이 메어질 듯
기뻤다. 그러나 불행히도 그 해 10월 20일, 남만주의 한 천주교
부락을 지나다 갑자기 뇌일혈로 세상을 떠나게 되었다.

한편 그의 보조 신부로 자원했던 모방 라(Pierre Philibert
Maubant, 羅伯多祿) 신부는 서만자에서 이 비보를 듣고 급히 달
려와 11월 21일 정중한 장례식을 거행했고,[12] 그 유지를 받들어
1836년 12월에 압록강의 얼음을 타고 국경을 넘어 잠입하는 데
성공했다. 그리고 이듬해 1837년 1월 샤스탕 정(Jacques-Honore
Chastan, 鄭牙名伯) 신부가 상복 차림으로 변장하여 잠입했고,
1838년 겨울에는 앵베르 범(Laurent Marie-Joesph Imbert, 范世
亨) 신부가 입국하여 전교활동을 본격화시켰다.

이보다 앞서 브뤼기에르 소 신부의 선발대원으로 자원했
던 중국인 유방제 신부는 1834년(순조 3년) 먼저 입국했다. 주문
모 신부가 순교한 뒤 33년 만의 일이다.

유방제 신부는 브뤼기에르 신부의 선발대원으로 왔음에
도 그를 "조금도 자기의 주교라고 여기지 않고, 한시 바삐 조선
입국의 뜻을 버리고 돌아가기를 권하는가 하면, …… 베이징에
신학교를 세워서 조선 교우 중의 똑똑한 소년을 입학시켜 신부로
만들게 하여 달라……"[13]는 등의 말을 했는데, 얼핏 보면 조선 교
회를 위하는 듯하나 속으로는 조선 교회의 독립과 파리전교회의
직속을 불쾌하게 여긴 것이다. 이에 대하여 그 뒤 서양 신부로서
는 제일 먼저 입국한 모방 신부가 수차 충고했으나 끝내 듣지 않
았으며, 조선 교우들은 유방제 신부 편을 드는 사람이 한 사람도
없었기 때문에 그는 1836년 12월에 고향인 중국 산서성으로 물
러가고 말았다.

그런데 안타깝게도 새로 들어온 이 프랑스 신부들은
1839년 이른바 기해박해(己亥迫害) 때 사로잡혀 새남터의 이슬이
되고 말았다.

2) 교난과 박해

한국 천주교를 바로 이해하려면 천주교회가 겪은 교난과
박해를 바로 알아야 한다. 다른 나라에 비해 한국 천주교회의 역
사는 짧지만 많은 고난과 박해를 받았기 때문이다. 그러므로 일
본 교회사가 우라가와 와사부로(浦川和三郎)는 《조선순교사(朝鮮
殉敎史)》 첫 장 첫머리에 "조선 천주교사는 순교담으로 시종되었
다"[14]라고 했으며, "본인이 특히 순교담에 중점을 두고 가급적 자
세히 쓰고자 함은 조선 신도의 강담(剛膽)·용왕매진·불굴불요
의 신념을 감탄하기도 하고, 경모하기도 하고, 금후로도 어떠한
난관에 부딪쳐 간고(艱苦)에 직면했을 때도 충분히 그들을 신뢰
할 수 있으며, 기대할 만한 국민임을 세상에 소개하고자 원하고
있기 때문이다"[15]라고 자못 감동어린 어조로 말했다.

박해의 배경은 대략 세 가지 방향으로 고찰할 수 있다. 이 념적인 배경, 사회적인 배경, 정치적인 배경이다. 유교적인 전통 사회에 이질적인 기독교 이념이 끼어듦으로써 발생하는 여러 가지 마찰 가운데 사회적·정치적인 마찰은 험할 수밖에 없었으며, 그 마찰로 피해를 받는 사람은 신도들일 수밖에 없었다.

그런데 흔히 역사가들은 3대 박해를 든다. 즉 1801년의 신유박해·1839년의 기해박해·1866년의 병인박해(丙寅迫害)다. 이 3대 박해는 거의 1세대(30년) 간격으로 일어났다. 그러나 이들 박해는 1년에 그친 것이 아니라 몇 해를 계속해서 일어났다. 가령 1801년의 신유박해는 서울에서 처음 일어났으나 지방으로 번져 1815년의 이른바 을해교난(乙亥敎難)과 정해교난(丁亥敎難)으로 이어졌으며, 그 이전에는 1785년의 을사추조적발사건과 1791년의 신해박해 등이 선행된 것이다. 다시 말해서 한국 천주교사는 교난과 박해의 연속사이며, 신도들의 순교의 피는 잠시도 그치지 않았던 것이다.

이 박해의 배경과 원인을 고찰하는 데는 두 가지 방법으로 접근할 수 있다. 국왕의 교서와 정부 측 포고문 또는 고발문, 그리고 천주교 신도 측의 진정서나 공술 내용을 통해서다. 특히 1801년 신유박해 때 발표된 토사교문(討邪敎文)은 주문모 신부를 죽이게 된 사연을 청나라 황제에게 올리는 진정서인 만큼 사대주의·왕도정치·삼강오륜과 숭유척사 정신 등이 체계적으로 진술되어 있기 때문에 이 교문은 그 이후 80년간 천주교 박해를 위한 표본적인 교문으로 인용되었다. 그러나 여기서 박해의 원인을 일일이 분석할 수는 없고, 중요한 박해 사건 중심으로 관계된 문헌을 인용하면서 연대순으로 간략히 살펴본다.

(1) 을사추조적발사건(1785년)

한국 천주교회가 창설된 다음 해 서울 한복판 명동의 관청 앞에서 살던 역관 김범우의 집에서 교우 수십 명이 모여 도장

을 베풀고 이벽(李檗)을 신부로 하여 교회의식을 행할 때, 관헌이
이를 습격해 보니 모두 얼굴에 분을 바르고 책건을 쓰고 행동함
이 해괴하고 이상하므로 잡아 가두었다.[16] 그러나 모두가 이름난
양반 자제였으므로 감히 손대지 못하고, 집주인 김범우만은 양
반이 아닌 역관 출신이므로 잡아다가 고문 끝에 단양(丹陽)으로
귀양 보냈다. 그러나 김범우의 집은 오늘날 명동성당 터가 되었
으며, 그는 2년 후 고문 탓으로 귀양지에서 죽으니, 이로써 천주
교 사상 최초의 순교자가 되었다.

(2) 신해박해(1791년)

조상 제사 문제로 일어난 최초의 박해다. 조선은 처음부
터 척불숭유(斥佛崇儒)를 국시로 하여 주자가례(朱子家禮)로써 모
든 생활양식을 규제함에 이르러, 배공제조(拜孔祭祖)를 으뜸가는
생활윤리로 삼았다. 그런데 전라도 양반 출신의 신자 윤지충·권
상연(權尙然) 등이 부모의 위패와 제사를 폐하게 되자, 평소부터
그들에게 감정을 품고 있던 홍낙안(洪樂安)이 좌의정 채제공(蔡
濟恭)에게 두 차례나 고발문을 내어 박해가 시작되었다. 그 고발
문은 부모의 위패를 폐하고 제사 지내지 않는 것을 가장 큰 죄목
으로 지적했다.[17] 그리하여 윤지충·권상연 등은 참수당했는데,
이때부터 천주교 신자에게는 "조상도 부모도 모르는 금수 같은
천작쟁이(천주학쟁이)"라는 낙인이 찍히게 되었으며, 이로써 양반
을 잡아 죽인 최초의 사건이 되었다.

(3) 신유박해(1801년)

3대 박해 중 최초의 큰 박해인 신유박해는 최초의 외국인
신부 주문모에게 체포령이 떨어짐으로써(그것도 배교자의 밀고에 따
라) 포문이 터졌다. 주 신부는 1794년 말에 밀입국하여 1801년 5
월 31일 새남터의 이슬로 사라지기까지 6년간의 철저한 지하전
교를 통하여 4천 명의 신도 수를 1만 명까지 끌어올려 놓았다.

그때 이승훈·권철신·정약종·이단원·이가환 등 양반 출신의 교회 창설자들을 비롯하여, 주 신부를 숨겨 준 강완숙·최인길·윤유일·지황, 그리고 유명한 백서(帛書)를 쓴 황사영 등이 있고, 위로는 왕족으로부터 궁녀·귀부인·양반·중인·상인 심지어 종에 이르기까지 약 300명의 신도가 순교했다.

신유박해는 김대비(金大妃)의 수렴정치와 함께 비롯했는데, 오빠의 원수를 갚으려는 마음과 당쟁에 얽힌 정권욕이 발단이다.[18] 그는 궁중 최고 감독 책임자로서 1801년 1월(음력) 이른바 사학(천주교)을 금하는 제1차 교서를 공포했고, 동 2월에 제2차 교서를 공포했다. 그 교서에서 그는 "이른바 사학은 무군무부(無君無父)ᄒ야 훼괴인륜(毀壞人倫) …… 불존부모(不尊父母)ᄒ야 멸기난상(蔑紀亂常)……"[19]함을 문제 삼았다. 그리고 첫머리에 선왕이 매양 말하기를 정학(正學, 유학)이 밝아지면 사학은 스스로 그칠 것이라는 원칙론을 들었으나, 사실 박해의 주된 동기는 당쟁과 정권욕이다. 이에 대하여 황사영 백서는 다음과 같이 말했다.

선왕이 돌아가매 뒤를 이은 임금이 어리어, 대왕대비 김씨가 발을 내리고 정사를 들었다. 대왕대비는 곧 선왕의 계조모이니, 본시 벽파(辟派) 사람이다. 그 본가는 일찍이 선왕 때 없애버린 바 되었으므로 여러 해 동안 한을 품고 있었으나, 겉으로 나타내지는 못했다. 뜻밖에도 정치에 간섭할 기회를 얻자 벽파를 끼고 …… 일찍부터 교회를 해치던 악한 놈들은 벽파와 손을 잡고 …… 큰 박해를 일으킬 형세가 보였다.[20]

(4) 을해교난(1815년)

신유박해 때 살아남은 신도들은 서울과 경기도·강원도·경상도 등지의 산골에 숨어들었다. 이리하여 10여 년 뒤에는 우리나라에서 이른바 추로지향(鄒魯之鄕, 공자·맹자가 살던 곳)이며 유학의 본고장이라고 불리던 경상도 지방에도 천주교의 씨가 뿌려져 순이 나게 되었다.

박해는 한 배교자의 밀고로 시작되었다. 때마침 전국적으로 극심한 기근 때문에 굶주렸던 관헌들은 1815년 2월 청송군(靑松郡) 매래산 신도 마을을 습격했다. 잠깐 사이 안동과 경주 등지의 감옥은 신도들로 만원을 이루었으며, 그중에는 고문과 굶주림으로 배교하는 자들도 있었으나 꿋꿋이 신앙을 지키다 옥사한 사람도 많았다. 그중 국사범으로 지목된 수십 명의 신도는 옥사하거나 순교했고, 대구 감옥으로 이송된 신도는 백여 명이나 되었다.

(5) 정해교난(1827년)

이 교난은 전라도를 중심으로 일어났다. 비교적 규모도 작고 기간도 짧았다. 중앙정부의 지시에 의해서가 아니라 지방 관료와 포졸들의 개인적 감정, 공명심, 탈취욕이 원인이며, 약 4개월 동안 계속되었다. 처음 동기 중에는 1826년 일본 도쿠가와 막부(幕府)가 우리나라에 대하여 "천주교도 6명이 조그마한 배를 타고 조선으로 도망했으니 그들을 잡아 돌려보내 달라"[21]고 한, 외교상 문제도 있었다.

(6) 기해박해(1839년)

헌종 즉위 후 5년째 되는 1839년에 있었던 대 박해사건이다. 1834년 순조가 죽은 후 8세의 어린 나이로 왕위에 오른 헌종을 위하여 순조비(純祖妃)였던 순원왕후(純元王后)가 수렴정치를 시작했고, 1839년에는 천주교를 원수시하던 이지연(李止淵)이 집권했다. 박해는 1838년부터 약 3년간 계속되었는데, 그동안 서울과 경기도에서만도 기록에 나타난 희생자 중 참수된 사람이 70명, 고문에 시달려 옥사한 사람이 60명이니 전국적으로는 상당히 많은 순교자가 있었다고 볼 수 있다. 참수자 70명이란 그 뒤 로마 교황이 복잡한 조사와 절차를 거쳐 순교자로 인정·공포한 79위의 복자[22] 중 70위를 말한다. 그중 1명은 1838년에,

54명은 1839년, 15명은 1840년에 각각 순교했으며, 제2대 주교로 입국했던 앵베르 신부와 샤스탕 신부와 모방 신부 등도 포함되어 있다. 《상재상서》의 저자이며 신부 영입의 주역이었던 정하상과 유진길 등도 이 복자 명단에 있다. 정하상의 어머니 류소사(柳召史)와 김대건 신부의 아버지 김제준(金濟俊)도 이때 순교하여 복자위에 올랐다.

이때 김 대왕대비는 우의정 이지연의 살기에 찬 주장에 따라 1839년 11월 23일 이른바 척사윤음을 내리게 되었다. 내용은 1801년 신유박해 때 내린 교서와 큰 차이는 없고 이번에는 순 한문과 순 한글의 두 문장으로 쓰였다. 이는 당시 천주교가 일반 민중과 부녀자들 사이에 널리 전파되었음을 의미하는데, 어리석은 민중을 계몽하면 민중이 깨닫고 흉흉한 민심이 바로잡히리라는 의도도 개재되어 있다.

그러나 거의 1만 명이나 되던 천주교 신도들은 도리어 이 윤음을 보고 냉소했을 뿐이며, 더 역효과를 내었다. 그 윤음에는 유치하고 잘못된 말이 있었기 때문이다. 예를 들어 이런 대목이 있다.

저들은(천주교 신부들) …… 말하자면 여우나 무당, 요술쟁이가 세상을 속임과 같다. 조금이라도 식견을 가진 자라면 어찌 속아 넘어가랴? …… 어리석은 버러지도 웃을 일이다. 한마디로 말하면 터무니없는 거짓말이다. 이것이 만약 공명정대한 교라면 어찌하여 어두운 밤에 골방 속에서 강론을 듣고, 심산유곡 사이에 모이며, 핏줄이 마른 첩의 자식과, 뜻을 잃은 무리와 어리석은 하류들과, 재물을 탐내고 음란함을 가르치는 무리들이 서로 교우라 일컫고, 각각 사호(邪號)를 붙여서 머리와 꼬리를 숨겨 한패가 될 것이라? ……

그 딴에는 어리석은 민중을 선도하는 듯한 어구로 되어 있으나 이는 도리어 천주교에 대한 집권자의 무식을 폭로하는 결과가 되고 만 것이다.

(7) 병오년 교난(1846년)

최초의 한국인 신부 김대건(金大建)의 순교 때 사건이다. 이때 김대건 신부와 다른 8명의 복자가 나서 모두 79명의 순교 복자가 추존되었다. 이 9명의 복자 중에는《기해일기》의 저자 현 석문도 있다. 이리하여 우리나라에 최초로 입국한 주문모 신부 를 비롯하여 최초로 영세를 받은 이승훈, 최초의 주교 앵베르 범 신부 그리고 최초의 한국인 신부 김대건 등, 모두가 주님을 위하 여 순교한 것이다.

(8) 병인박해(1866년)

교회사상 가장 참혹하고 가장 오랫동안 계속된 박해로, 1866년 봄부터 1871년까지 계속되었다. 공식 기록된 순교자만 도 2,000명이며, 살해당한 신도까지 합하면 8,000명의 희생자 를 낸, 교회사상 최대 최악의 박해다.

박해의 동기는 과거와 같이 국시 또는 건국정신과 관계된 이념 문제나 사회 문제보다는 정치 문제가 거의 전부였다. 발단 은 천주교도 남종삼(南鍾三)의 이이제이(以夷制夷)의 방아책(防俄 策), 즉 러시아의 침략을 어떻게 막느냐 하는 문제에 귀가 솔깃했 던 대원군이 청국의 양이정책(攘夷政策)과 서교탄압(西敎彈壓)의 소문을 듣고 갑자기 쇄국양이(鎖國洋夷)와 사교금압책(邪敎禁壓 策)을 강화했기 때문이다.

이때 정부는 몇 가지 금압령을 내렸는데, ① 3월 4일 사 교서(천주교 서적)를 태워 버리고 서적 수색령을 전국에 선포했고, ② 3월 7일 오가작통(五家作統)의 구법(舊法, 신유박해 때 김 대왕대 비의 교서에 있는)을 시행케 했으며, ③ 3월 10일 수검 체포를 독촉 하고 고발자에 대한 상공제(賞功制)를 실시했으며, ④ 3월 10일 해방(海防)을 엄중히 하고 통외자(通外者)는 선참후계(先斬後啓)도록 시달했다.

이렇게 하여 수많은 교우가 색출되어 무수한 순교자가 났으니, 결국 "수구문 밖에 시체가 산더미처럼 쌓였고", "곤장으로 때려죽이고 목을 베어 강물에 던졌다"는 기록이 있을 만큼 악착스럽고 잔인한 박해가 되었다. 그리고 프랑스 함대가 양화진에 진입했을 때 대원군은 "천주학군으로 말미암아 오랑캐가 이곳까지 와서 우리의 맑은 강물을 그 배로 더럽혔으니, 불가불 서학군의 피로써 그 더럽힌 것을 씻음이 옳을 것이다"[23]라며 닥치는 대로 잡아 죽인 것이다.

이때 12명의 프랑스인 성직자 중 제4대 주교였던 베르뇌(Simeon-François Berneus, 張敬一) 주교와 그 후임 제5대 주교 다블뤼(Marie-Antine Nicolas Daveluy, 安敦伊) 신부를 비롯한 9명의 신부가 순교했으며, 이 때문에 프랑스 함대가 출동하여 병인양요(丙寅洋擾)가 터지고 만 것이다. 또 이 때문에 대원군의 콧대는 더욱 높아져 "서양 오랑캐가 침입하는데 싸우지 아니하면 화해할 수밖에 없고, 화해를 주장하면 나라를 파는 것이니 자손만대에 고하노라"(洋夷侵犯, 非戰則和, 主和賣國, 戒我 萬年子孫)라는 내용의 척화비(斥和碑)를 세우는 등, 쇄국정치를 더욱 강화하게 되었다.

끝으로 1901년 제주도에서 일어난 신축교난(辛丑敎難)이 있는데, 이는 개국(開國) 이후 일어난 것인 만큼 생략하고 다만 이때 700명이 학살되었다는 것과, 이 박해는 중앙정부보다 지방 관료들의 횡포에 의하여 일어났다는 것과, 그 동기 중에는 개화와 보수의 충돌, 미신과 유언비어가 뒤섞였던 점도 컸다는 것만 말해 둔다.

신축교난을 제외하고 1886년 한불조약까지 100여 년간 희생자는 약 1만에 달했다.

3) 최초의 한국인 신부 김대건

기해박해로 세 성직자를 잃고 살아남은 신도들은 다시금 목자 없는 양떼처럼 이리저리 흩어지게 되었다. 지도적 인물이란 《기해일기》를 쓴 현석문, 이재의(李在誼)·정베드루 등 3명이 있었을 뿐인데, 그들은 고난 속의 교우들을 격려하는 한편 해마다 연락원을 베이징으로 밀파하여 조선 교회의 사정을 보고하고 구원을 청했다. 그러다가 1845년 11월 초에 한국인으로서 최초의 신부가 된 김대건을 맞이하게 된 것이다.

김대건은 1821년(순조 21년) 충남 당진군 중강면(中江面) 태생이다. 조부 김진후(金震厚)는 10년간 옥중생활 끝에 1814년 76세를 일기로 순교했고, 아버지 김제준은 1839년 기해박해 때 순교했다. 김대건은 1836년 7월 모방 신부에 의하여 신학생으로 피택, 그해 12월 최양업(崔良業)·최방지거 두 신학생과 중국으로 돌아가는 유방제 신부를 따라 출국하여 1837년 6월부터 1842년 2월까지 6년간 마카오 신학교에서 수학했다.

신학교를 졸업한 뒤 귀국길에 오른 것은 1842년 2월, 처음에는 의주 변문을 돌파하여 입국을 시도했으나 위험하여 퇴각, 다시 북간도쪽 국경 도시 훈춘을 거쳐 국제상인 행세로 입국코자 했으나 실패했다. 그러나 제3차 모험으로 1845년 1월 의주 국경선을 돌파하여 서울에 입성하는 데 성공했다. 그리하여 그는 출국한 지 8년 만에 고국땅을 밟게 되었으며, 그중 3년이란 세월을 만주에서 죽을 고생을 했다.

만주에서 입국의 길을 탐색하고 있을 때 그는 제3차로 베이징에 파송되었던 교우 김방지거를 만나 기해박해의 참상과, 아버지의 순교, 어머니는 각지를 헤메고 다닌다는 쓰라린 소식을 들었다. 그리고 입국한 뒤에는 제3대 주교로 임명된 페레올 고(Jean-Joseph Ferreol, 高) 주교를 모셔 들여야 한다는 사명감에서 그해 4월에 출국했다. 그때 그는 작은 목선에 목수 한 사람,

뱃사공 네 사람, 그리고 배를 처음 탄 교우 다섯 사람, 모두 10명과 함께 나침판 하나를 가지고 15일간의 사투 끝에 황해를 건너 중국 우송(吳松)에 도착했다. 그 후 영국 군함과 그곳 교회 당국자의 보호를 받아, 급보를 받고 마카오에서 달려온 페레올 주교와 다블뤼 신부를 극적으로 만나 입국을 서두르게 되었다.

그때 김대건은 아직 부제(副祭)였으므로 우선 상하이에서 1845년 8월 17일 정식 신부 서품을 받았다. 그 후 8월 31일, 페레올 주교와 다블뤼 신부를 모시고 입국 길에 올라, 배로 제주도까지 표류했다가 북상하여 금강 하류의 강경(江景) 근처에 간신히 상륙했다. 1845년(헌종 11년) 10월 12일의 일이다. 여기서부터 두 신부는 방갓과 상제옷으로 변장한 뒤 어두운 밤을 틈타 상륙하는 데 성공했다.[24]

상륙 후 다블뤼 신부는 강경 지방의 교우촌에 숨어서 조선말을 배우는 한편 2~3개월간 7백 명의 교우를 심방하면서 성사를 집행했고, 페레올 고 주교와 김대건 신부는 서울로 상경하자 만주에 머물러 있던 메스트르 이(Ambroise Maistre, 李) 신부와 최양업 부제를 하루 빨리 맞아들이는 작업을 시작했다. 페레올 주교는 김대건 신부로 하여금 그들을 중국 배에 태워서 은밀히 입국시키는 길을 찾아보게 했다. 그래서 김 신부는 1846년 5월 14일 마포를 떠나 연백 앞바다 백령도에 이르렀다. 그는 여기서 중국인 뱃사람을 만나, 페레올 고 주교와 자기가 쓴 편지와 조선 지도 두 장과, 황해도 연안의 작은 섬들을 그린 지도를 만주에 있던 베르뇌 장 신부와 메스트르 이 신부에게 전해 달라고 부탁했다.

그러나 불행히도 관헌에게 발각되어 김대건 신부는 1846년 6월 5일 밤에 체포되어 옹진, 해주 감영을 거쳐 서울로 압송되었다. 급보를 받은 헌종은 6월 14일 중신회의를 열고 대책을 강구하여, 중국 뱃사람에게 맡겨졌던 여섯 통의 편지를 압수해 오는 동시에 그 소지품을 조사하기 시작, 기해박해 때 좌우 포도

대장을 겸했던 임성고(林聖皐)를 형조판서에서 우포대장으로 전임시키는 동시에 천주교 박해를 위한 강경 태세를 갖추게 했다.

심문이 시작되자 판관이 "임금의 명령에 따라 배교하라"고 권하니 김대건 신부는 "천주를 숭배해야 합니다. 이를 거절하면 죄를 면치 못합니다"라고 대답했고, 교우의 이름을 대라는 명령에는 "그것은 이웃을 사랑하라는 천주의 가르침에 어긋나는 짓이옵니다"라고 답변했다.[25]

감옥에 있을 때 김대건 신부는 숨어 있던 페레올 고 주교와 교우들에게 편지를 썼다. 고 주교에게는 프랑스 함대가 온 것에 대한 의견을 말한 다음 이렇게 말했다.

제 어머님 울슬라(Ursula)를 주교님께서 보살펴 주시옵기 바라나이다. 10년 동안이나 같이 있지 못하다가, 겨우 며칠 동안 자식과 만나는 일이 허락되었습니다. 그리고 얼마 동안도 못 가서 이 자식은 다시 떨어져 갑니다. 요컨대 주교님은 어머님의 슬픔을 위로하여 주옵소서!

한편, 교우들에게는 다음과 같이 설교했다.

가장 사랑하는 형제들이여, …… 우리들의 주 예수 그리스도께서는 이 세상에 내려오사 스스로 헤아릴 수 없는 고난을 참아 받으셨습니다. 그 고난으로 성교회가 세워지고, 이 성교회도 십자가와 많은 고난 속에서 발전하지 않으면 안 됩니다. …… 우리 조선에 성교가 퍼지게 된 이래 50~60년 동안 거듭한 폭풍우에 쓸리고 시달려도 교우는 여전히 존속하고 있습니다. 방금 이때에도 박해가 일어나서 나도 많은 교우와 함께 잡혔습니다. …… 그러므로 천주의 뜻에 따라 우리 머리 위에 계신 예수 그리스도의 편이 되어 세속과 마귀에 대하여 항상 싸워 나갑시다. …… 오로지 성인들의 자취를 밟아서 성교회의 영광을 늘이고 주의 충실한 병사이며 참된 시민임을 증명하여 주십시오 …… 사랑으로 한 몸과 한마음이 됩시다. 그렇게 하면 죽은 후 영원히 주의

앞에서 서로 만나 끝없는 즐거움에 들어갈 수 있을 것이오. 나는 천
번이고 만 번이고 이를 바랍니다.[26]

드디어 김대건 신부는 그해 9월 15일, 사교의 괴수라는
죄목으로 군문효수(軍門梟首)의 사형선고를 받게 되었다. 전후 3
개월의 옥중 생활을 마치고 9월 16일, 앞서 3명의 프랑스 성직자
들이 피 흘린 한강 여가리 새남터에서 사형이 집행되었다. 그는
마지막으로 군중을 향하여 다음과 같이 힘차게 설교했다.

나의 마지막 때가 왔습니다. 여러분, 귀 기울여 들어 주시오. 내가 외
국 사람과 통한 것은 오직 종교를 위해서입니다. 천주를 위하여입니
다. 그 천주를 위하여 나는 죽어 갑니다. 여기서 영원의 생명이 시작되
는 것입니다. 여러분도 죽은 후 행복을 얻고자 하시면 천주교 신자가
되십시오. 천주는 당신을 업신여기는 자에게 끝없는 괴로운 벌을 주
시는 것입니다.[27]

이 설교가 끝나자 김대건 신부의 목은 형리의 칼에 맞아
새남터 모래사장에 떨어졌다. 이리하여 우리나라 최초의 신학생
이며, 최초의 프랑스어·라틴어 등 서양어 체득자이며, 우리 역사
상 최장의 장거리 여행자이며, 우리나라 최초로 서양 지식에 정
통한 사람인 김대건 신부는 26세를 일기로 이승을 떠나게 되었
다. 비록 그의 일생은 짧았지만 조선 교회의 기초는 더욱 굳게 다
져지게 되었고, 그가 뿌린 복음의 씨는 싹이 트고 꽃을 피워 암
흑 속에서 방황하는 백성들을 구원하게 되었다. 그의 유해는 교
우들에 의하여 비밀리에 새남터에서 안성군 미리내(美山里)에 모
셔졌다가 서울 용산 성심신학교 성당을 거쳐 지금은 가톨릭대학
신학부 성당에 모셔져 있다.

4.

쇄국과 개국의
사이

1) 흥선대원군의 대박해까지

1801년 신유 대박해 이후 살아남은 어린 조선 교우들이 목자 없는 33년간 자치교회를 이끌며 놀라운 공헌을 한 사실을 보았다. 이번에는 1846년 병오교난, 즉 김대건 신부의 순교 이후 살아남은 교우들과 외국인 성직자들이 교회를 크게 발전시킨 것을 보게 된다. 특히 철종 재위 14년간(1850-1864) 교회 발전은 놀랄 만한 것이다.

여기에는 외적인 이유 하나를 들 수 있다. 우선 철종은 다른 임금과 달리 즉위한 지 뒤 얼마 되지 않아 친정(親政)을 펼 수 있었다. 신유박해는 순조 2년에 일어났는데, 순조는 정순왕후(貞純王后) 김 대왕대비가 수렴정치를 할 수밖에 없었다. 기해박해는 헌종 5년에 일어났는데, 헌종은 겨우 8세 때 즉위했기 때문에 순원왕후(純元王后) 김 대비가 수렴정치를 할 수밖에 없었다. 병인박해는 고종 3년에 일어났는데, 고종은 겨우 12세 때 즉위했기 때문에 흥선대원군이 대신 정사를 맡아 섭정을 할 수밖에 없었다.

　　반면 철종은 남달리 천주교와 인연이 깊은 임금이었다. 첫째로, 영조의 손자이며 철종의 조부인 은언군(恩彦君) 인(裀)은 아들 상계군(常溪君) 담(湛)이 반역을 꾀했다 하여 1786년(정조 10년) 아들과 강화도로 귀양 갔다. 그의 처 송(宋)씨와 며느리 신(申)씨는 서울 옛집에서 쓸쓸한 나날을 보내고 있었는데, 그때 강완숙의 간절한 권유로 주문모 신부에게 두 분 모두 '마리아'라는 세례명을 받고 천주교에 입교했다. 이 사실이 신유박해 때 드러나 두 귀부인은 사약을 받아 죽었으며, 그 앙화로 미신자였던 은언군마저 귀양 간 곳에서 사약을 받아 죽을 수밖에 없었다.

　　그러나 1850년 그의 손자 철종이 왕위에 오르자 사태는 달라졌다. 김 대왕대비는 철종이 즉위하는 날 천주교 관계로 사형된 은언군 내외의 죄명 문서를 지워 버리는 동시에 그 사당에서 제사를 지내도록 지시했다.[1] 이어 철종 자신도 신해박해 때 순교한 이승훈 베드루의 아들 이신규(李身逵)가 자기 부친의 죄 없음을 주장하는 탄원서를 받고 그 탄원대로 죄명을 씻어 주었다.[2] 이리하여 철종은 "즉위하매, 조부 이래 사교의 오명을 쓰고 죽은 이들을 무고(誣告)했다는 이유로 오명을 씻어 줌으로써 천주교에 유리한 징조를 마련해 준 것이다."[3]

　　철종이 즉위할 당시에는 국내에 성직자가 2명밖에 없었다. 김대건 신부는 이미 처형당한 뒤였으므로 간신히 죽음을 면한 페레올 고(Ferreol, 高) 주교와 다블뤼 안 신부만 살아남아 숨어 있었다. 그러나 이들은 위와 같은 유리한 정치적 풍토를 이용하여 새 성직자들을 많이 영입하는 한편 교세 확장에 심혈을 기울이게 되었다. 그 결과 2명뿐이던 성직자가 1863년 철종 승하 직전까지는 14명으로 늘었으며, 그 뒤 1866년 병인박해 직전까지는 18명으로 늘었다. 이들을 셋으로 구분하여 명단을 작성하면 다음과 같다.

철종 즉위 전에 입국한 신부(2명)

이름	입국 연도
1. 페레올 고(Jeon-Joseph Ferrol, 高)	1845
2. 다블뤼 안(Marie-Antoine Nicolas Daveluy, 安)	1845

철종 재위 중에 입국한 신부(12명)

이름	입국 연도
1. 도마 최양업(崔良業)	1850
2. 메스트르 이(Joseph Ambroise Maisre, 李)	1852
3. 쟝수 양(François Stanislas Jansou, 楊)	1854
4. 베르뇌 장(Simeon François Berneux, 張)	1856
5. 푸르티에 신(Jean Antoine Pourthie, 申)	1856
6. 프티니콜라 박(Michel Alexandre Petinicolas, 朴)	1856
7. 페롱 권(Stanislas Feron, 權)	1857
8. 리델 이(Felix Clair Ridel, 李)	1861
9. 랑드르 홍(Jean-Marie Pierre-Eliain Landre, 洪)	1861
10. 조안노 오(Pierre-Marie Joanno, 吳)	1861
11. 칼레 강(Alphonse Nicholas Calais, 姜)	1861
12. 오메트르 오(Pierre Aumaitre, 吳)	1863

철종 승하 후 입국한 신부(4명)

이름	입국 연도
1. 브르트니에르 백(Simon Marie Breteniere, 白)	1865
2. 볼리외 서(Bernard Louis Beaulieu, 徐)	1865
3. 도리 김(Pierre Henry Dorie, 金)	1865
4. 위엔 민(Martin Luc Huin, 閔)	1865

그러므로 철종 승하 직전까지는 14명의 성직자만 살아 있었고, 당시 제3대 교구장이던 페레올 고 주교는 1853년 2월 5일 과로로 병사했기 때문에 베르뇌 장 신부가 제4대 주교가 되어 성사를 이어 갔다. 그러나 그들의 환란과 고생은 이만저만이 아니었다. 1853년 페레올 고 주교의 병사에 이어 쟝스 양 신부가 1855년

입국하자 3개월 만에 병사했으며, 메스트르 이 신부가 1857년에 병사했고, 유일한 한국인 성직자 최양업 신부는 1861년 6월에, 그리고 조안노 오 신부와 랑드르 홍 신부는 1863년에 각각 병사했기 때문이다.

베르뇌 장 주교는 교구장이 된 후 교회 발전책으로 다음 네 가지 정책을 수행했다. ① 1845년 이래 11년간이나 국내에서 활동한 다블뤼 안 신부를 1857년부터 보좌주교로 임명했고, ② 1857년에 교구회의를 소집하여 3일간 교회 발전책을 토의했고, ③ 장차 한국 교회를 짊어지고 나갈 한국인 성직자 양성을 위해 1855년 설립된 신학교[4]를 계속 운영하기로 했으며, ④ 출판사업의 기초작업으로 교리 관계 서적을 편찬케 했다.

그때 베르뇌 장 주교는 서울에 주거하면서 서울·경기·강원·황해 및 평안도를 주관했고, 다블뤼 안 보좌주교는 충청도 내포에 자리 잡고 충청·전라·경상 각도와 출판사업을 주관케 했으며, 푸르티에 신(申) 신부와 프티니콜라 박(朴) 신부는 신학교를 주관케 했다.

그중 다블뤼 안 보좌주교는 1845년 입국하여 1866년 순교할 때까지 무려 21년간의 전교활동을 통하여 빛나는 업적을 남겼다. 그는 일곱 권에 이르는 조선 순교자들의 전기 자료를 수집하여 후일 달레의 《한국천주교사》 편술에 귀중한 자료를 제공했으며, 1866년 베르뇌 장 주교가 순교했을 때는 21일 동안 단기 주교(제5대)를 역임하기도 했다.

그때까지 교세를 보면, 신도는 총 2만 3천 명으로 늘어났고, 이러한 추세에 응하여 베르뇌 장 주교는 외방전교회에 다음과 같은 내용의 서한을 보냈다. "…… 그러나 현재의 단계로 만족할 수는 없으니, 최대의 후원단을 파견하여 주십시오. 수요에 응하기 위하여 앞으로 2년간 계속 10명씩의 성직자를 파송해 주십시오." 그 결과로 위 명단과 같은 4명의 성직자가 추가 파송되어 온 것이다.

　　불행히도 이 4명의 성직자는 입국한 뒤 8개월 만에 병인박해가 터져 모두 순교하게 되었지만, 철종 즉위 당시 신도가 1만 3천 명밖에 안 되던 것이 13년 후인 철종 승하 시에는 2만 3천 명으로 늘어난 것이다.

　　병인박해는 제정 러시아의 남하정책이 노골화된 때부터 시작되었다. 러시아는 1860년부터 영토 확장과 부동항(不凍港) 확보의 야욕으로 남침정책을 강행했는데, 이때 홍봉주(洪鳳周)·김면호(金勉浩) 등이 주동이 되어 한·영·불 삼국동맹안(三國同盟案)을 골자로 한 방아건의안(防俄建議案)을 흥선대원군에게 상정하는 동시에 국내에 잠복하여 활동 중이던 프랑스 성직자들을 이용할 것을 건의했다. 뒤이어 당시 대원군의 지면(知面) 인사이며 대표적인 천주교인이던 남종삼도 재차 이이제이(以夷制夷)의 방아책(防俄策)을 작성하여 대원군에게 직접 수교하는 동시에 하루 빨리 프랑스 성직자를 만나 보라고 권한 것이다.

　　흥선대원군은 이 제의에 처음에는 귀가 솔깃해져 응할 기미였다. 그리하여 시골에 숨어 있던 베르뇌 장 주교와 다블뤼 안 보좌주교의 상경을 초조하게 기다리고 있었다. 그러나 대원군은 그들이 상경을 자꾸 머뭇거리는 바람에 무성의한 줄 알고 분개했으며, 주변 정객 대다수가 배외사상과 서학 반대론을 강하게 주장하는 바람에 선왕 철종 이래의 천주교에 대한 완화정책을 바꾸어 철저한 쇄국양이(鎖國洋夷)와 사교금압(邪敎禁壓) 정책을 취하기에 이르렀다. 더군다나 청국(淸國)이 양이정책(洋夷政策)과 서교탄압(西敎彈壓)을 강행하여 많은 서양인을 처단했다는 소식을 전해 듣고는 심경에 결정적인 변화가 온 것이다.

　　마침내 1866년 2월 19일 최형(崔炯)·전장운(全長雲) 두 교우가 사로잡히게 됨으로써 병인박해가 터지게 되었다. 이때 베르뇌 장 주교는 2월 23일 홍봉주 집에서 잡혔고, 남종삼도 2월 말에 잡혀 박해는 크게 확대되기에 이르렀다. 종전과 달리, 이때는 한 사람이 잡혀 죽으면 앙화가 온 가족에 미쳤다. 한 여자가 걸리

면 그 부모도 잡혀 죽었고, 부모가 죄인으로 몰리면 그 처자들
은 노비가 되거나 학살되었다. 그리하여 모두 8천 명의 희생자를
냈으며, 베르뇌 장 신부를 포함한 12명의 성직자 중 9명이 살해
당했다. 그중 리델 이(Ridel, 李) 신부 등 3명의 신부만이 겨우 숨
어서 죽음을 면했다. 살해당한 9명의 성직자 명단은 아래와 같
다.(순교 일자에서 연도는 모두 1866년이다.)

직위	이름	입국 연도	활동 기간	순교 장소	나이	순교 일자
주교	베르뇌 장	1856	10년	새남터	52	3. 8.
주교	다블뤼 안	1845	21년	보령	48	3. 20.
신부	푸르티에 신	1856	10년	새남터	36	3. 11.
신부	프티니콜라	1856	10년	새남터	38	3. 11.
신부	오메트르 오	1863	2년	보령	29	3. 30.
신부	브르티니에르	1865	8개월	새남터	28	3. 8.
신부	볼리외 서	1865	8개월	새남터	26	3. 8.
신부	도리 김	1865	8개월	새남터	27	3. 8.
신부	위엔 민	1865	8개월	새남터	30	3. 8.

2) 신앙 자유의 계기가 된 한불조약

병인박해가 일어난 해부터 1886년 한불수호통상조약이
체결된 해까지 20년간 조선은 그야말로 참상과 혼미와 파란곡절
의 시기였다. 피비린내 나는 6년간의 대박해는 고사하고, 그 박
해로 인하여 1886년 프랑스 함대가 출동하여 강화도를 거쳐 양
화진까지 밀고 들어온 이른바 병인양요를 비롯하여, 그해 평양
대동강에서 일어난 미국 상선 제너럴 셔먼(General Sherman)호
사건, 1868년 독일인 오페르트(Oppert)가 아산만에 상륙하여
대원군의 아버지 남연군(南延君)의 무덤을 도굴한 이른바 덕산굴
총사건(德山掘塚事件), 1871년 미국 아시아 함대가 강화도에 나타
나 제너럴 셔먼호 사건을 추궁함으로써 일어난 이른바 신미양요

(辛未洋擾), 1873년 흥선대원군의 실각과 명성황후 세력의 등장, 1875년 일본 군함 운양호(雲揚號)가 부산 앞바다에 나타나 위협함으로써 그 이듬해 1876년 강제적으로 체결된 병자수호조약(丙子修護條約), 1881년 일본의 개화상을 보기 위하여 파견된 신사유람단, 1882년 역사상 최초의 서양에 대한 개국조약인 한미수호조약(韓美修好條約), 또 그해 국내 군인들의 변란인 임오군란(壬午軍亂), 1884년 개화당의 이른바 갑신정변(甲申政變), 그리고 같은 해에 최초의 개신교 선교사 알렌(H. N. Allen, 安連)과 매클레이(R. S. McLay, 1824~1907)의 입국, 마지막으로 1886년 체결된 한불수호통상조약 등, 세상이 활가닥 뒤집히는 크고 작은 정변과 사건들이 잇달아 일어났는데, 이 동안 천주교는 어떻게 살아남았으며, 전교활동은 어떠했는가?

무엇보다 먼저 병인박해 초년도의 사건 하나를 살펴보자! 외국인 성직자들이 모조리 색출되어 살해당하는 판국에 3명의 성직자가 구사일생으로 해외로 탈출하여 죽음을 면했다. 충청도 목천(木川)에 근거를 두고 활동 중이던 페롱 권(Feron, 權) 신부, 충청도 진밭(辰田)에 근거를 두고 때마침 경상도를 순회 중이던 리델 이 신부, 그리고 충청도 진천(鎭川)에서 활동 중이던 칼레 강(Calais, 姜) 신부 등인데, 특히 리델 이 신부는 삼엄한 경계망을 뚫고 그의 본거지 진밭으로 돌아와, 숨어 다니던 페롱 권 신부와 극적으로 다시 만났다. 그 뒤 그 지방의 열성적인 교우들의 은밀한 주선으로 3명의 성직자가 회집하여, 페롱 권 신부를 조선교구 임시 책임자로 선출하는 동시에 전후 대책을 강구했다. 이때 리델 이 신부로 하여금 빨리 국내를 탈출하여 청국 주재 프랑스 외교기관에 이 참상을 보고하고 구원을 요청케 했다.

이런 중대 사명을 띠게 된 리델 이 신부는 11명의 신도들과 오직 한 개의 나침반에 생명을 의지하여 일엽편주 만경창파의 황해를 건너 7월 7일 청국 산동성 지푸(芝罘)에 도착했다. 그는 곧바로 프랑스 동양함대 사령관에게 조선 사태를 보고하고 구원을 요청했다. 그 결과로 프랑스 함대가 출동하여 강화도를 거쳐 양화진까지 이르게 되었는데, 이 함대의 길 안내와 통역을 맡은 사람이 리델 이 신부다.

한편 페롱 권 신부와 칼레 강 신부 등은 강화도에 프랑스 함대가 출동했다는 소식을 듣고 구사일생으로 강화도 가까이까지 이르렀으나 이미 그때는 프랑스 함대가 물러간 뒤였다. 그들은 낙심하지 않고 결사적인 탈출을 기도하여, 마침내 10월 26일 청국 지푸에 도착하게 되었다. 그중 페롱 권 신부는 재입국을 강행하는 방법으로 1868년 5월 이른바 독일인 오페르트의 덕산굴총사건 때 안내와 통역 책임을 맡은 것이다.

그들이 한결같이 천주교도 박해의 참상을 호소하기 위하여, 또한 재입국하기 위하여 그러한 모험을 한 것은 충분히 이해가 되나, 그러한 세속적인 방법이 온당한가, 또 비록 그것이 성공되었다손 치더라도 성과가 좋았을까 하는 것은 재론의 여지가 있다.

남종삼 등이 전교 자유를 위한 방안의 하나로 대원군에게 이이제이(以夷制夷)의 방아책(防俄策)을 건의한 사건, 더 거슬러 올라가 1801년 신유박해 때의 황사영 백서 사건 등이 떠오른다. 황사영은 조선 교회의 박해상을 깨알 같은 1만 3천여 자로 집약하여 쓴 편지(백서帛書)를 베이징 주교에게 밀송코자 했다. 그 목적 역시 박해의 참상을 보고하여 구원을 요청하는 것이었으나, 마지막 부분에는 사술지최심(邪述之最甚) 즉 서구의 여러 기독교 국가를 움직여서 선박 수백 척에 정병 5~6만, 그리고 대포와 군사물자 등을 가득 싣고 우리나라를 쳐, 선교의 승인을 얻도록 건의하고, 맨 나중에 가서는 "우리나라가 망하여 없어지더라도 성교(聖敎)의 표는 남아 있어야 할 것이다"5라고 썼던 것이다.

이러한 황사영의 건의 내용은 1839년 기해박해 때 정하상이 《상재상서》에 쓴 말과는 크게 대비된다.

우리 성교회는 사람이 인의예지(仁義禮智)의 가르침을 받지 않은 사람이 없사와, 착하지 아니한 생각과 착하지 아니한 행실이 없으며, 효제충신(孝悌忠信)과 오륜삼강(五倫三綱)에서 벗어나지 아니하며, 유도(儒道)와 백성에게 해될 일이 없사오니, 어째 나라와 백성에게 털끝만큼이라도 해가 되며 염려가 되오리까?[6]

더욱이 신유박해 뒤 성직자 영입운동을 위하여 이여진 요한과 그의 사촌 신태보 베드루, 홍낙민(洪樂敏) 루가의 아들 홍우송, 정약용 요한 등 교우들이 자주 모여 대책을 강구하는 가운데, 특히 권철신의 조카 권기인 요한이 썼다고 짐작되는 편지, 즉 1811년 12월 9일자 로마 교황에게 보낸 편지에서 다음과 같이 말한 것과도 크게 대비된다.

그러므로 배에는 슬기롭고 유능하고 경험 있고 한문을 잘 쓸 줄 아는 사람이 있어, 이 글로 저희들이 그와 의논할 수 있게 되어야 할 것입니다. 그뿐 아니라 교황성하(敎皇聖下)께서와 임금님(당시 마카오의 지배자인 포르투갈 왕을 가리킴)께서 저희 상감(순조)께 선물과 정중한 편지를 보내심이 바람직하겠나이다. 상감께 올리는 편지에는 성하(聖下)와 임금님의 의향은 오직 하나이신 천주를 흠숭하고, 성교가 전파되고, 모든 사람이 자유를 누리고, 나라들이 보존되고, 여러 국민들 사이에 평화가 깃드는 데 있다는 말씀을 쓰심이 좋겠나이다. 또한 천주교의 도리를 명백히 설명하시고, 온갖 성의와 온갖 예의를 갖추어, 신부들은 조금도 나라를 정복하려 들지 않고 다만 박애의 일을 하러 온다는 것을 설득시켜야 할 줄로 아나이다. …… 저들은 서양 선교사들이 온 세계를 두루 다니니, 그들 중의 아무도 외국을 탈취할 생각은 하지 않는다는 것을 알고 있나이다.…… 그러하온즉 저희 임금님과 조정 대신들은 아무것도 두려울 것이 없을 것이옵고, 따라서 이 사자를 환영할 것이 틀림없나이다 ……[7]

이에 대하여 백낙준은 황사영이 6~7만 대군(5~6만 대군
의 오기)을 파송하여 조선을 정복하게 해 달라고 청했다고 쓴 다
음 "이 문서가 발각되면서 금교령이 내려졌다. 박해가 더 격화된
것은 필연적 결과였다"[8]라고 평했으며, 민경배(閔庚培)는 "한 백성
된 자의 양심으로서는 상상도 못할 문구까지 구사하고 있었다"[9]
라고 혹평한 바도 있다.

어쨌든 리델 이 신부는 1870년 제6대 주교로 임명된 뒤
부터 더욱 결사적으로 재입국을 꾀하다가, 1876년에 이르러
블랑 백(Jean Marie Gustave Blanc, 白圭三) 신부와 드게트 최
(Victor-Marie Deguette, 崔東鎭) 신부를 데리고 해로를 택했다.
다만 조선 교우들의 충고에 따라 블랑 백 신부와 드게트 최 신부
만 입국하고 리델 이 주교는 만주로 돌아갔다가 1877년 9월 두
세 정(Camille Eugène Doucet, 丁加彌) 신부, 로베르 김(Achille
Paul Robert, 金保祿) 신부를 데리고 또다시 해로를 택하여 황해
도 장연(長淵)을 거쳐 서울에 잠입하는 데 성공했다.

블랑 백, 드게트 최 두 신부가 입국한 것은 병인박해 후
10년 만이요, 리델 이 주교가 입국한 것은 11년 만이다. 그러나
리델 이 주교는 입국한 다음 해인 1878년 1월 28일 서울 새문밖
(新門外)에 있는 은신처에서 그 집주인 최지혁(崔智爀)과 함께 체
포되고 말았다.

그러나 다행히도 이번에는 살해는 모면했다. 이미 그때는
박해의 장본인 대원군이 실각하여 정계에서 물러났고, 새 집권
자 민씨 일파가 개국정책을 폈으며, 2년 전인 1876년 병자수호
조약으로 외국과의 국교가 개시되었으며, 주교가 체포된 후 베
이징 주재 교회 당국자와 프랑스 공사가 적극적으로 구명운동을
했기 때문이다. 그래서 리델 이 주교는 학살당하지 않고 국외로
추방되기만 했는데, 이때부터 외국 선교사들은 국외로 추방당할
지언정 살해당하는 일은 없었다.

리델 이 주교는 체포된 뒤 약 6개월간 옥고를 치르다가 6

월 11일 추방되어 만주를 거쳐 일본으로 건너가서 코스트 고 (Eugene Jean George Coste, 高宜善) 신부 주관 하에 추진 중이던 《한불자전(韓佛字典)》과 《한어문전(韓語文典)》의 편찬 사업을 지도함으로써 1880년 12월에 이르러 우리나라 최초의 사전인 《한불자전》(Dictionaire Coréen Français)이 발간되었고, 이듬해인 1881년 최초의 서양식 문법책인 《한어문전》(Grammaire Coréène)이 간행되기에 이르렀다.

그러나 리델 이 주교와 함께 체포되었던 최지혁은 옥중에서 고생하다 굶어 죽음으로써 순교했다. 그는 병인박해 이후 여러 차례 청국을 왕래하며 신부 영입에 노력했으며, 문필의 재능이 뛰어나 청국 차쿠(岔溝)에 있을 때는 한문사전과 《한어문전》 편찬에 필요한 자모체(字母體)를 씀으로써 우리나라 근대 인쇄사업 발전에 획기적인 기록을 남겼다.

사전 편찬 사업이 끝난 뒤 리델 이 주교는 본국에 귀국했다가 1884년 6월 20일 병사하고, 후임으로 블랑 백 신부가 제7대 주교로 임명되었다. 그러나 리델 이 주교가 이미 1878년에 추방되었기 때문에 블랑 백 신부는 그때부터 사실상 주교 대리가 되었으며, 1879년 공주에서 14명의 신도들과 체포되었으나 간신히 학살은 면하고 추방되어 만주에서 국내 교회를 지도했다.

이후 1880년 뮈텔 민(Gustave-Charles Marie Mutel, 閔德孝) 신부와 리우빌 류(Lucien-Nicolas Liouville, 柳達榮) 신부가 황해도에 상륙했고, 1881년에 그중 리우빌 류 신부가 체포되었으나 국외로 추방당하지 않고 석방된 사건이 있었다. 이해 즉 1881년 6월 11일에는 조선왕조 마지막 척사윤음이 선포되었는데, 그 내용은 매우 온건하여 박해를 표명하지 않았다. 이때부터 박해의 검은 구름은 공식적으로 사라지게 된 것이다.

신교의 자유는 1882년부터 싹트기 시작했다. 1882년 6월 미국과의 한미수호조약보다 한 달가량 늦게 통상조약을 체결한 영국과 독일은 다음 해에 이 조약을 재수정하여 조인하게 되었는데,

그때 비로소 영국과 독일은 조약 제4조 2항에 각기 "지정된 지역에서 자국민에 한한 신교의 자유"를 규정해 놓게 되었다.

그 뒤 프랑스는 1886년 3월에 이르러 한불수호통상조약을 체결하게 되었다. 이와 같이 다른 나라에 비해 뒤늦게 체결된 것은 프랑스 정부가 오랫동안 종교 문제로 한국 정부와 사이가 나빴던 탓이며, 프랑스 정부로서는 이 기회에 정치 경제 문제만 아니라 종교 문제와 신앙의 자유를 조문화시키고 싶었기 때문이다. 드디어 조금 모호한 조문이긴 하나 제9조 2항에 "학습혹교회(學習或敎誨) 어음문자격치율례기예자(語音文字格致律例技藝者) 균득보호(均得保護)"라는 문구를 삽입하게 됐는데, 여기서 교회(敎誨)라는 문구는 다른 나라와의 조문에서는 찾아볼 수 없는 새 문구로, '가르쳐 깨우친다'는 뜻이다. 즉 넓게 해석하여 종교적으로 가르쳐 깨우치는 기독교 신앙을 고루 보호하게 하자는 것이었다(균득보호).

이로써 신교의 자유는 1784년 한국 천주교회가 창설된 이래 102년 만에 이루어졌으며, 1831년 조선교구가 설정된 때부터는 55년 만이요, 1866년 병인박해부터는 20년 만이었다.

이때 교세를 보면, 프랑스 성직자 11명, 신학생 10명, 교인 총수는 14,247명이다. 이미 말한 바와 같이 충청도 배론(舟論) 땅에 세운 신학교는 병인박해로 문을 닫을 수밖에 없었다. 그 뒤 차츰 박해가 누그러짐에 따라 1882년부터 수년간 멀리 말레이시아의 페낭(Penang, 彼南)으로 21명의 신학생을 파송했으며, 1885년부터는 원주 부흥골(현 경기도 여주군 강천면 부평리)에 설립하고 페낭에서 돌아온 신학생 일부와 신입생을 모집하여 신학 교육을 계속했다. 이 신학교가 한불수호통상조약 체결 이후 1887년 3월 서울 용산으로 자리를 옮겼는데, 바로 이 무렵의 학생은 10명이었다.

이때까지의 역대 주교 명단은 다음과 같다.

역대 주교 명단

대	이름	주교 성성식
1	브뤼기에르 소(Barthelemy Bruguiere, 蘇)	1829. 5. 방콕
2	앵베르 범(Laurent-Marie Joseph Imbert, 范世亨)	1837. 3. 쓰촨 성
3	페레올 고(Jean Joseph Ferreol, 高)	1843. 12.
4	베르뇌 장(Simeon François Berneux, 張敬一)	1854. 12.
5	다블뤼 안(Marie-Nicolas Antoine Daveluy, 安敦伊)	1866. 3.
6	리델 이(Felix Clair Ridel, 李福明)	1870. 6.
7	블랑 백(Jean Marie Gustave Blanc, 白圭三)	1884. 7.

3) 한불조약 이후 1890년까지의 교세 일반

1886년 한불조약이 체결된 해부터 1890년까지 약 15년
은 제7대 주교 블랑 백 교구장 관할 하에 있었다. 블랑 신부는
1867년 외방전교회에서 조선교구로 부임 발령을 받았다. 그러나
이때는 병인박해가 한창이었으므로 국내에 들어오지 못하고 만
주에 설치된 조선교구의 임시 본부이던 차쿠에 나와 리델 이 주
교의 일을 돕고 있었다. 그러다가 1876년 5월에야 입국에 성공
했다. 블랑 신부는 동료인 드게트 최동진 신부와 해로로 초도(椒
島)에 이르러 조선 교우 권치문(權致文) 다두(Thaddaeus) 일행의
안내로 서울에 숨어들 수 있었다.
　그리하여 조선 교회는 병인박해 후 10년 만에 다시금 성
직자를 맞이하게 되었다. 한편 리델 이 주교는 블랑 백 신부보다
1년 늦게 두 신부를 데리고 11년 만에 입국했으나, 1878년 1월에
체포되었고, 옥고를 치르다 그해 6월 만주로 추방되었다. 리델
이 주교는 병으로 프랑스 본국으로 귀국했는데, 1884년 6월에
작고하게 되자 블랑 백 신부를 제7대 주교로 임명했다. 1884년
주교로 임명된 때부터 1890년 2월 작고하기까지 블랑 백 신부의
6년간의 업적을 요약하면 다음과 같다. ① 성직자 보강 ② 성당
대지 확보와 성당 건축, 즉 종현(鐘峴)·약현(藥峴)교회, 용산 함

벽정(涵碧亭) 신학교 부지 확보와 건축 ③ 성직자 양성기관 설치 ④ 성 바오로 수녀회 유치 ⑤ 지도서 공포와 통일된 교회 법전 제정 공포 ⑥ 성서 출판소 설치, 교리 서적의 대량 인쇄 보급.

　　블랑 백 주교가 조선교구 책임자가 될 때의 성직자 진용은 주교 밑에 두세 정 신부, 로베르 김 신부, 뮈텔 민 신부, 리우빌 류 신부 등이 국내에 있었고, 드게트 최 신부는 체포되어 만주로 추방되었으며, 코스트 고 신부는 나가사키(長崎)에서 출판 사업에 종사하고 있었다. 그러나 블랑 백 주교는 성직자 증원을 요청하여 1885년까지 포아스넬 박(Victor Louis Poisnel, 朴道行) 신부, 조스 조(Jean Babtiste Josse, 趙) 신부, 마라발 서(Gabriel Emond-Joseoph Maraval, 徐若瑟) 신부, 보두네 윤(Calixte Xavier Baudounet, 尹沙勿) 신부 등의 증원을 보았고, 드게트 최 신부가 재입국하고 코스트 고 신부가 일본에서 들어오게 되어 모두 11명의 성직자가 있는 대교구가 된 것이다.

　　블랑 백 주교의 재직 중 가장 획기적인 업적은 성당을 지은 일일 것이다. 첫째로 명동성당인데, 이 성당을 위해 먼저 대지가 마련되었다.[10] 1883년경, 한미수호조약 체결 직후의 일이다. 신교의 자유가 아직도 주어지지 않았을 때인 만큼 블랑 백 주교는 우선 조선 교우들의 이름으로 땅을 사들였다. 명동성당의 집터는 본래 천주교가 성행했던 철종대에 이조판서 등 높은 벼슬자리에 있다가 1874년 82세로 죽은 윤정현(尹定鉉)의 집이 있던 곳인데, 이것을 이 가밀로라는 조선 교우의 이름으로 사들인 것이다.[11] 일찍이 천주교 창설 초기부터 교우들이 정기적으로 집회를 했던 김범우의 집도 이 집 근처에 있었는데, 1886년 한불조약이 체결된 해부터 그 집의 정지 작업을 시작했던 것이다.

　　1892년 8월부터는 성당 건축이 시작되었다. 그러나 건축 기술자들이 거의 다 청인들이어서 1894년 청일전쟁으로 일시 중단되었다가, 다시 건축을 계속하여 기공한 지 7년 만인 1898년 5월에야 준공을 보게 되어 축성식(祝成式)이 거행되었다.

그런데 이보다 먼저 된 성당이 있었다. 오늘날의 중림동(中林洞)성당이다. 1892년에 우선 극비밀리에 집터를 마련했다. 이보다 앞서 1888년에는 일찍이 수많은 순교자의 피로 물들여졌던 서소문밖 네거리 바로 북쪽에 있는 수렛골(車峴)에 교리를 가르치기 위한 강당이 설치되었고, 1892년 프랑스 신부가 이곳에 배속되면서 바로 그 서쪽에 있던 합동의 언덕까지 땅을 사들여 약현성당, 즉 오늘날의 중림동성당을 세우게 되었다. 그러므로 1893년 9월에 준공된 약현성당이 한국 최초의 천주교 성당이라 할 수 있다. 이때 활약한 조선 교우로는 권치문 다두, 오치옥(吳致玉) 베드로 등을 들 수 있다.[12]

1891년에는 용산 함벽정에 신학교 건물이 세워졌다. 이 집터를 사들이는 데는 권치문 다두의 공이 컸고, 벽돌 만드는 데는 김요한의 공이 컸다. 그런데 이 벽돌을 만들 진흙땅이 있던 용산 한강로의 연와소라는 곳은 정부가 개와를 굽고 있던 와서현(瓦署峴) 땅으로, 병인박해 때 순교한 베르뇌 장 주교의 시신이 묻혀 있던 곳이다. 그래서 이 터를 일부러 사서 신학교 건물을 위한 벽돌을 굽게 되었는데, 이 신학교는 1885년 강원도 원주 부흥골에 세워진 신학당의 후신이다.

성바오로 수녀회(La Communauté de Saint-Paul)를 불러들인 것도 블랑 백 주교다. 이 수녀회는 일찍부터 파리외방선교회의 활동을 뒷받침해 주던 단체로, 블랑 백 주교가 1887년부터 불러들이게 되었다. 그 4명의 수녀들은 1888년 제물포에 도착하여 3개월 후 명동에 수녀원 건물이 세워지자 그리로 가서 곤당골 집에 수용하고 있던 145명의 고아를 데리고 가 사회사업을 시작했다. 이때는 4명의 외국인 수녀와 4명의 한국인 연습수녀가 있었으며, 수녀원 건물이란 명동성당 터 서쪽에 있던 60여 간의 두 채 집을 말한다.[13]

또 하나의 큰 공헌은 출판사업이다. 블랑 백 주교는 한국인 성직자 양성을 위해 출판사업에 주력했다. 우선 그는 1887년

9월 21일 일종의 교회 법전(法典)이라 할 수 있는 지도서(指導書)를 공포했다. 앞서 조선을 탈출한 리델 이 주교가 청국 쓰촨(泗川)에서 열린 종교회의의 결정에 따라 만든 것을 기초로 한 것으로, 조선 교회는 비로소 통일된 법전을 갖게 되어, 어느 지방에서나 통일된 규칙으로 모든 행사를 할 수 있게 되었다. 또한 그는 1888년 일본에서 현대식 인쇄술을 도입하여 성서출판소를 차려 가지고, 여러 가지 교리서를 출판하기 시작했다.

끝으로 블랑 백 주교는 1888년 6월 8일, 조선교구를 예수 성심께 봉헌하는 장엄한 미사를 서울 종현성당에서 성대히 거행했다. 이 미사에서 그는 신교의 자유를 알게 된 최후의 승리를 온 천하에 자랑하는 한편, 이때부터 성직자들은 과거에 입고 다니던 상제옷과 방갓과 포선(布扇)을 벗어 버리고 떳떳하게 검은 수단옷을 입고 어느 곳에서나 버젓이 다닐 수 있게 되었다. 이에 따라 교우들이 갑자기 늘게 되었는데, 1887~1888년 두 해의 통계와 1890년 블랑 백 주교가 45세의 아까운 나이로 별세한 다음 해인 1891년의 통계는 다음과 같다.[14]

연도	성직자 수(명)	신학생 수(명)	교인 수(명)
1887	11	10	14,247
1888	16	20	15,416
1891	20	?	18,000

제2부

조선조 말기의 한국 개신교

1.

한국 개신교 창설 이전의
선교활동(~1884)

편의상 1784년 한국 천주교의 창설 연대부터 1910년 한 일합병까지 약 125년간을 조선조 말기로 잡는다. 따라서 1882년 한미수호조약 체결 이전과 이후의 기간을 가름해서, 그 이후를 개국의 시대로 잡고, 그 이전을 쇄국의 시대로 잡는다. 쇄국의 시대에서 개국의 시대로의 변화 과정은 단순한 정책상의 변화만이 아니라 민족의 운명과 직결되는 문제가 많았던 만큼 이 문제를 먼저 다루고자 한다.

1) 쇄국주의 왕조, 애꿎은 나라의 운명

500년 조선 왕조의 국시를 숭유(崇儒)와 배불(排佛)로 보고, 그 국시로 해서 굳어진 정치·경제·외교·국방·사회·교육·종교면의 사상적인 성격을 크게 둘로 분석하면 하나는 존화사대주의 사상(尊華事大主義思想)이라 할 수 있다.

존화사대주의의 사상은 철저히 유교사상의 결과다. 조선

조 학자와 지도자들은 유교를 지나치게 존숭한 나머지 알지 못하는 사이에 제 나라 고유사상과 자립정신은 잃어버리고 춘추대통(春秋大統) 존주사상(尊周思想)을 존화사상(尊華思想)으로 바꿔치는 동시에, 제 나라는 소국(小國)과 이적(夷狄)이라 하고 중국을 천국(天國)·상국(上國)·대국(大國)으로 존숭하는 버릇이 체질화되었으며, 따라서 유교가 아닌 모든 종교는 이적금수지도(夷狄禽獸之道)로 철저히 배척하게 되었다.

이런 경향은 주자학·성리학과 더불어 더 굳어져 갔다. 이에 대하여 역사가 이능화는 "儒之爲道는 觀基所由ㅎ면 形式浮於情神ㅎ고 政治卽於宗敎ㅎ야 以慕中華奉朱子로"[1] 전제한 다음, 그 실례로 천주교를 배척할 때 정부가 발표한 두 개의 포고문을 내세워 표본으로 삼았다.

그중 하나는 순종 때 공포된 유명한 토사교문(討邪敎文)인데, 내용의 일부를 인용하면 다음과 같다. "…… 其民은 士農工商이오, 其文은 詩書禮樂이오, 所誦法者는 堯舜禹湯文武孔孟周程之訓이오, 所修明者는 君臣父子夫婦長幼朋友之倫이라 …… 洪惟我先王(先王은 正宗임금을 말함)은 二紀光繩에 一念正學이라, 崇儒重道ㅎ야 表章朱夫子全書ㅎ고 尊華攘夷ㅎ야 昭揭魯春秋大統ㅎ니 ……"[2]

그중의 또 하나는 헌종 때 공포된 유명한 척사윤음이다. 내용의 일부를 인용하면 "…… 不幸有西洋之書ㅎ야 號爲天主之學ㅎ니 非先生之法言이오, 而潛相誑誘ㅎ니 非聖人之正道라 而致此耽惑ㅎ야 駸駸然入於夷狄禽獸之域이라"[3]라고 했는데, 여기서 정학(正學)이라 함은 요순우탕문무공맹주정(堯舜禹湯文武孔孟周程)의 교훈을 말하며, 주자학의 정신을 가리킨다.

그러나 존화사대주의 사상의 가장 극단적인 표현은 토사주문(討邪奏文)에서 찾아볼 수 있다. 토사주문은 위에서 말한 토사교문(討邪敎文)과는 별개의 것이다. 이 두 글은 1801년 신유박해 때 발표되었는데, 토사교문은 국왕이 백성에게 공포한 것임에

반하여 토사주문은 청나라 황제 인종(仁宗)에게 보낸 일종의 진정서다. 이 진정서는 신유박해 때 살해당한 주문모 신부가 청나라 사람이므로 그것을 변명하기 위한 것이었다. 당시 실권자이던 김 대왕대비는 주문모 신부를 죽인 것 때문에 무척 신경과민이 되어 청나라 황제에게 이렇게 말했다. "주문모는 처음 잡아 조사할 때, 옷 입은 모양과 말씨가 우리나라 사람과 조금도 다름이 없는지라, 다만 요사스러운 무리들의 큰 우두머리인 줄만 알고, 소방(小邦, 우리나라를 낮추어 하는 말)의 형벌을 그에게도 같이 가했다. 이제 황사영의 공술(供述)에도 아직 그가 중국 사람인가 하는 의심이 풀리지 않아 진짜인지 가짜인지 헤아리기 어렵다. 그러나 그가 상국(上國, 중국을 높여 하는 말) 사람이라는 말이 이미 적도(賊徒)의 공술에서 나왔으니, 그 말의 참되고 거짓됨을 논하기 전에, 소방(小邦)은 후도(侯度)의 도를 삼가 지키어 감히 아뢰지 않을 수 없다."[4]

참으로 창피하고 한심한 짓이다. 이보다 앞서 150여 년 전 병자호란 때만 해도 청나라를 오랑캐 나라라 해서 그들에게 결사 항거하던 유학자들과 위정자들이 이제 와서는 그 오랑캐 나라인 청나라에 이와 같이 창피하고 꼴사나운 교태를 부리는 진정서를 올리게 된 것이다.

다음으로 도피·은든주의 사상의 뿌리도 유교사상에서 찾게 된다. 즉 인간의 수양 방법으로 《논어》의 '구사(九思)'와 《예기(禮記)》의 '구용(九容)'이라는 것이 있는데, 구용이란 ① 족용중(足容重), 발은 무겁게 놀리고 경하게 놀리지 말 것, ② 수용공(手容恭), 손은 공손히 놀리고 망동하지 말 것, ③ 목용단(目容端), 눈은 단정히 가지고 바르게 볼 것, ④ 구용지(口容止), 입은 말할 때와 먹을 때가 아니면 다물고 있을 것, ⑤ 성용정(聲容靜), 말소리는 조용하고 점잖게 할 것, ⑥ 두용직(頭容直), 머리는 바르게 몸은 곧게 가질 것, ⑦ 비용숙(鼻容肅), 호흡을 가다듬고 소리를 내지 말 것, ⑧ 입용덕(立容德), 설 때는 덕 있는 기상이 드러나게 할

것, ⑨ 색용장(色容莊), 안색은 씩씩하고 태만한 빛이 보이지 않게
할 것 등이다.

그리고 구사(九思)란 ① 시사명(視思明), 보는 데 편견이나
욕심이 없도록 할 것, ② 청사총(聽思聰), 듣는 데 편견이나 가리
움이 없도록 할 것, ③ 색사온(色思溫), 안색이 온화하도록 할 것,
④ 모사공(貌思恭), 몸 모양을 단정하게 취할 것, ⑤ 언사충(言思
忠), 말은 충신함이 있게 할 것, ⑥ 사사경(事思敬), 일은 불경함이
없도록 할 것, ⑦ 의사문(疑思問), 의심나는 것은 마음에 물어서
알도록 할 것, ⑧ 분사난(忿思難), 분이 나거든 이성으로 억제할
것, ⑨ 견득사의(見得思義), 재물을 볼 때는 의에 마땅한 것만 취
할 것 등이다.

구용(九容)과 구사(九思)를 율곡 이이는 좌우명으로 늘 암
송하라고 제자들에게 가르쳤다. 그는 또한 예의(禮義)를 강조하
여, 예가 아니거든 듣지도, 보지도, 말하지도 말며, 예에 벗어나
거든 움직이지도 말라고 가르쳤다. 이를 행하는 사람이 곧 군자
요 그 행위가 선이라 했다.

이와 같이 유교사상과 배불(拜佛)정책이 가미되어 도피·
은둔주의 사상이 형성되어 간 것이다. 그러므로 삼국시대나 고
려시대에는 유능한 인재들이 푸대접 받으면 초야에 묻혀 사는
경우가 많아졌으며, 조선시대에 들어와서는 승려들의 사회적 지
위가 천민으로 격하, 몰락함에 따라 불문(佛門)에 들어오는 사람
은 대개 가난하고 무능한 사람이 많아졌다. 한편 어릴 때 부모를
잃거나 서자로 태어나 인생의 고통과 덧없음을 느껴 불문에 들
어오는 사람도 많았다. 조선조의 유명한 승려 "서산대사(西山大
師)나 송운대사(松雲大師)도 그런 사람이며, 송월(松月) …… 춘파
(春坡) 등 명승들도 이런 부류의 사람들이다."5

게다가 공무사상(空無思想)이 가미되어 그들은 더욱 도
피·은둔주의 경향으로 치닫게 되었다. 그리고 이 경향은 선교(仙
敎)와 도교의 운명사상과 접붙게 됨으로써 더욱 심화되었다. 다

시 말해 진정한 의미의 종교가 아닌 유교가 불교를 몰아냄으로 생긴 종교의 공백상태에서 미신·무술·기복·점복·풍수사상이 판을 치게 되었고, 유교의 공론공리 사상으로 백성은 더욱 가난과 궁핍과 기근을 면할 수 없게 되었으며, 명분(名分)을 중시하는 유교의 계급사상으로 백성은 꼼짝도 못하게 얽매여 살게 된 것이다. 이러한 얽매임 속에서 국민들은 신음할 수밖에 없었다.

이 사실을 달레(Charles Dallet)의《한국천주교회사》에서 인용하면 다음과 같다.

① 경제적 얽매임의 경우: "상업 발전에 큰 장애가 되는 것의 하나는 화폐제도의 불비(不備)이다. 금화나 은화는 없다 …… 금리는 조선에서는 엄청나다. 3할 이자로 빌려주는 사람은 거저 주는 것으로 생각된다. 대개는 5할, 6할, 또 어떤 때는 10할까지도 요구한다. …… 1871년과 1872년에 조선은 무서운 기근을 겪었다. 하도 곤궁한 나머지 서해안 주민들은 중국 밀수업자들에게 그들의 어린 딸들을 한 사람 앞에 쌀 한 말을 받고 팔았다. …… 길마다 송장이 널려 있었다. 그러나 서울 정부는 중국이나 일본에서 식량을 사들이는 것을 허락하기보다는 차라리 백성의 반수를 죽게 내버려 둘 것이다. …… "[6]

② 사회적 얽매임의 경우: "조선의 양반계급은 세계에서 비교적 가장 강력하고 가장 오만한 것이다. 다른 나라에서는 군주·사법관 등 여러 부류의 사람들이 귀족계급을 견제하여 권력과 균형이 잡히게 하는 세력이 된다. 조선에서는 양반이 하도 많고, 내부의 싸움에도 불구하고 그들의 계급적 특권을 보존하고 확대하기 위하여 하도 잘 뭉칠 줄 알아서 양인(良人)도 수령들도, 심지어 임금까지도 그들의 권력에 대항하여 싸우지 못한다. …… 조선 양반은 도처에서 지배자와 폭군 행세를 한다. …… 여자는 남자의 반려가 아니라 노예에 불과하고, 쾌락이나 노동의 연장에 불과하며, 법률과 관습은 여자에게 아무런 권리도 부여

하지 않고, 말하자면 아무런 정신적 존재도 인정하지 않는다. 남편이나 부모의 지배 아래 있지 않은 여자는 누구나 주인 없는 짐승처럼 먼저 차지하는 사람의 소유물이 되는 것은 널리 인정되고, …… 여자는 이름이 없다. …… 그들은 남편의 허가 없이는 외출도 할 수 없고 거리에 눈길을 던질 수조차도 없다. …… 이 엄중한 감금이 극도로 과장되어 외간 남자들의 손가락이 닿았다고 해서 아버지가 딸을, 남편이 아내를 죽이기도 하고, 여자가 자살하는 일도 있었다."7

③ 종교적 얽매임의 경우: 달레는 유교와 불교를 각각 다른 무신론으로 보았다. 특히 유교는 종교가 아니라고 보았다. 그래서 불교를 배척하는 조선조는 무종교시대라고 했는데, 그는 이렇게 말했다. "유교와 불교는 사실상 무신론의 두 가지 다른 형태에 불과하다. …… 모든 사람이 신주 앞에 꿇어 엎드리고 제사를 드리나, 그 효과를 진정으로 믿는 사람은 적다 …… 그들은 어디서나 귀신을 본다. 그들은 길일과 흉일, 상서로운 곳과 불길한 곳을 믿으며, 그들에게는 모든 것이 길흉을 나타내는 것이다. 끊임없이 그들은 운명을 점치고 점쟁이들을 찾아간다. 집마다 출생과 생명의 보호신인 성주와 거주의 보호신인 터주 등의 가신을 넣어 두는 단지가 한두 개 있고, 때때로 그 단지 앞에서 큰절을 한다. …… 뱃사공들은 더욱 그렇게 한다. 왜냐하면 그들은 하늘의 모든 바람·별·땅·물에 제사와 제물을 바치기 때문이다. …… 어떤 때는 그들의 오막살이 지붕이나 담 속에 사는 뱀들에게 음식을 규칙적으로 많이 가져다주는 일까지 있다. 상중에 있는 사람은 어떤 짐승도 죽이지 못한다. 이가 물어도 감히 잡아 없애지 못한다. ……"8

④ 문화적 얽매임의 경우: "조선은 수세기 전부터 중국의 공손한 예속국이었고, 다른 어떤 국민과도 관계를 맺은 일이 없으므로, 중국의 종교·문명·사상 및 풍속이 조선에 미치는 강력한 영향을 쉽게 이해할 수 있다. …… 그러나 중국과 조선은 문학

연구와 국가시험에서 두 가지 현저한 차이가 있다. 첫째로 조선에서는 학문이 절대로 민족적인 것이 아니라는 점이다. 읽는 책은 중국책이요, 공부하는 말은 조선어가 아니라 중국어요, 연구하는 역사는 조선 역사를 제외한 중국 역사요, 신봉자를 얻게 되는 철학체계는 중국의 체계다. …… 두 세기도 더 전부터 조선은 너무나 중국에 예속되어 와서 한문이 조선 정부와 상류사회의 공용어가 되기에 이르렀다. 정부의 모든 관리는 보고서를 한문으로 써야만 된다. 국왕과 왕국의 연대기, 포고, 수령의 명령, 재판소의 판결, 과학서적, 비문, 통신, 상인들의 회계장부, 상점 간판 등 모든 것이 한자로 쓰인다. ……"[9]

⑤ 정치적 얽매임의 경우: 달레는 쇄국정책을 논하며 말했다. "과연, 해군소장 로즈(Rose)의 탐험 이래 조선은 어느 때보다도 나머지 세상에서 격리되어 있다. 해마다 사신 일행이 통과할 때 변문에 서던 장도 1867년에는 폐지되었고, 여느 때처럼 연안에 고기잡이하러 오는 중국 배들은 선창 밑바닥까지 검색당하고, 체류 허가를 받지 못하고 송환되었다. 이듬해인 1868년에는 어떤 구실로 그랬는지는 모르나, 70척 이상의 이런 중국배가 불살라지고, 선원 300명이 학살당했다. 한두 척의 미국 배도 같은 운명을 당했으므로, 이번에는 미국이 1871년에 원정을 했으나, 1866년 프랑스 원정처럼 아무 소용이 없었다. 이때부터 조선 연안에는 청어잡이가 중국 배들에게 금지되었으며, 아무도 감히 거기 가지를 못했다."[10]

이상 달레의 현실 묘사를 통해 우리는 당시 백성의 경제적·사회적·종교적·문화적·정치적 얽매임이 얼마나 지독하고 비참했는지 넉넉히 짐작할 수 있다. 이 나라는 외부 세계와 철저히 격리되어 그 속은 아주 캄캄했던 것이다. 서양에서 밀어닥치는 개화의 태풍은 일본이나 중국에는 빨리 상륙할 수 있었지만, 한국에만은 상륙이 불가능했다.

이것을 단순히 역사의 운명이라 할까? 중국은 1842년 아편전쟁으로 영국에 항복할 때 몹시 억울했으나 이 때문에 빨리 개화될 수 있었고, 일본은 1854년 미국의 페리 제독에게 굴복할 때 통분했으나, 이 때문에 빨리 개화될 수 있었다. 반면 조선의 흥선대원군은 1866년 병인양요와 1871년 신미양요 때 이겼기 때문에, 도리어 그것이 불행이 된 것이다. 그때 우리나라가 싸움에 졌다면 얼마나 좋았을까? 참으로 애꿎은 운명이라 아니할 수 없다.

그때 흥선대원군은 더욱 콧대가 높아져 척화비를 세우면서 천하에는 자기밖에는 아무도 없는 것으로 생각했다.

이보다 앞서 그는 섭정 10년 동안 굉장한 일을 했다. 역사가 이능화는 대원군이 네 가지 굉장한 일을 했다고 논평했다. 즉 "유가관자(有可觀者)하며, 유가소자(有可笑者)하며, 유가탄자(有可歎者)하며, 유가한자(有可恨者)하니"[11]라고 했는데, 유가탄자와 유가한자라 함은 권세를 남용하여 사람 죽이기를 삼대 베듯 하고 문호를 굳게 달아매어 서양을 배척하고 사대(事大)를 하늘처럼 했다는 것이며, 유가소자라 함은 국방상 무기제조를 위하여 전국 가가호호에서 새털을 모아들여 비행선을 만들려 했고, 무당 판수와 천신지신을 신봉하여 관악산 꼭대기에다 우물을 파고 구리로 만든 용을 잠겨 두고 국운을 비는 따위의 무지 허망한 짓을 한 것 등을 말한다.

2) 철벽을 뚫으려다 실패한 선교사들

조선 왕조의 쇄국주의 세력이 어찌나 드세었던지 국제사회에서는 조선에 대한 몇 가지 별명이 유행되고 있었다. 예를 들어 어떤 사람은 조선을 은둔국(隱遁國, Hermit Nation) 또는 은거지 고려국, 은사국(隱士國), 금단의 나라(Forbidden Land)라 했고, 어떤 사람은 더 심하게 조개껍질(Sea Shell)이라 했다. 그만큼 국경이 뚫고 들어가기 어려운 나라로 정평이 났으며, 외부 세계와 완전히 격리된 암흑의 나라로 알려진 것이다. 이웃 중국이나 일본은 일찍이 외국과 접촉이 있었던 데 비해 유독 조선만은 외국 선박을 보면 무조건 배척하고 원수시 했던 것이다. 이에 대하여 이능화는 "歐羅巴諸國은 自有蒸氣船以來로 航海之術이 日以發達ᄒᆞ야 貿易之商船과 測探之軍艦이 行驅海洋ᄒᆞ야 …… 惟我朝鮮半島는 …… 堅閉門戶ᄒᆞ여 不通外國故로 於世界大勢에 最屬暗昧ᄒᆞ며 且爲遲後ᄒᆞ야 若或有外國船舶이 漂泊我海之時에는 輒呼爲異樣船ᄒᆞ야 或曰荒唐船하니 ……"라고 했는데, 여기서 이양선(異樣船) 또는 황당선(荒唐船)이라 함은 생김새가 하도 괴상하고 속도가 비호같아서 그러한 별명이 붙게 된 것이다.

그런데 이런 이양선 및 황당선과 더불어 프로테스탄트 신앙이 처음으로 이 땅에 상륙한 사건이 일어났다. 이는 1668년 네덜란드의 수도 암스테르담에서 발행된 《하멜 표류기》에서 밝혀졌다.

이 책이 처음 발행되었을 때의 책 이름은 다음과 같은 장문으로 되어 있었다. 즉 "스패로우 호크(Sparrow Hawk) 호의 불행한 항해 일기, 1653년 바타비아를 출항한 이 배는 타이완을 거쳐 일본으로 향하던 중 폭풍우를 만나 제주도라는 섬에 표착한다. 탑승원 64명 중에서 생존자는 겨우 36명뿐이었으며, 이들은 섬의 야만인들에 의해 억류되었다가 다시 배를 타고 조선국이라고 불리는 '꼬레'로 이송된다. '꼬레'에 도착한 표류인들은 야만인들 틈에서 13년 28일 동안이나 노예 생활을 하게 된다. 그동안 16명을 제외한 사람들은 모두 죽고 그 중 8명만이 1666년에 작은 배를 타고 탈출에 성공, 1668년 조국에 돌아왔으나 8명은 아직도 '꼬레'에 남아 있다. 이와 같은 모든 이야기는 스패로우 호크 호의 서기이며 호르큼 출신인 헨드릭 하멜(Handrik Hamel)이 집필한 것이다."[12]

서양의 사상과 과학 지식이 한국에 본격적으로 흘러 들
어오기 시작한 것은 18세기 이후의 일인데, 남쪽 바다가 아니라
북쪽 대륙을 통해 간접적으로 들어왔다. 15세기를 전후하여 일
기 시작한 유럽의 르네상스 운동은 이탈리아·스페인·포르투갈
·프랑스·독일·네덜란드 및 영국 등이 로마 교황청의 지배로부
터 해방되려는 독립운동이었으며, 마르틴 루터(Martin Luther,
1483~1546)와 장 칼뱅(John Calvin, 1509~1564)의 종교개혁은
유럽 각국에 산업자본주의의 발달을 촉진시켰다. 이리하여 가톨
릭 국가 포르투갈과 스페인 등이 동양에서의 무역 경쟁에서 밀
려나고, 영국·네덜란드 같은 신교(Protestantism) 국가들이 동
양 각국의 무역 시장을 독점하게 되었다.

이 무렵 하멜은 네덜란드 출신의 신교도로, 한국에 표류
해 온 것이다. 1581년 구교 국가 스페인으로부터 독립을 쟁취한
네덜란드는 1602년 동인도회사(東印度會社)를 설립하는 동시에
(영국은 1600년 동인도회사를 설립), 동인도 여러 섬나라 즉 현재의
인도네시아를 점령하고, 1623년에는 타이완을 지배하기에 이르
렀다.

또한 네덜란드는 일본이 천주교를 몰아내려고 포르투갈
과 스페인의 무역 상인들을 추방한 뒤에는 일본의 히라도(平戶)·
나가사키·하카다(博多)·효고(兵庫)·사카이(堺) 등에 무역 사무소
를 차리고 일본과 교역을 시작했다. 한때 네덜란드가 차지한 선
박의 총수는 유럽 전체 선박의 4분의 3에 이르렀다 하니 그 위세
는 과연 당당했다.

스패로우 호크(Sparrow Hawk)라는 익살맞은 이름(스패
로우는 참새, 호크는 독수리)을 가진 네덜란드 무역선이 일본을 향해
타이완을 출발한 것은 1653년 7월, 제주도에 표착한 것은 1653
년 8월이다. 그 무역선의 서기였던 하멜은 장로교인으로,[13] 13년
간 한국에 억류되어 있는 동안 한국인의 종교 생활에도 깊은 관
심이 있었다. 실제로 기독교 신앙을 전한 흔적은 보이지 않지만[14]

개신교인으로서 한국과 접촉한 것으로는 의의가 자못 크다.

또 하나의 놀라운 사실은 그보다 먼저 한국에 표착한 네덜란드인이 있었다는 것이다. 하멜 일행이 제주도에 표착하기 26년 전인 1627년에 표착한 사람이 있었다. 얀 얀세 벨테브레(Jan Janse Weltevree), 그는 일본으로 가는 도중 역풍을 만나 한국 해안에 밀려와, 동료 두 사람과 함께 물을 구하기 위해 상륙했다가 붙잡혔다. 그 뒤 그는 박연(朴燕)[15]이란 한국 이름을 갖게 되었고, 한국 여성과 결혼하여 살면서 군대에 정식 편입되어 훈련도감에까지 배속되어 안락한 생활을 영위하고 있었다.[16] 그의 두 동료는 1636년 병자호란 때 전사했으나 일평생 그는 좋은 대우를 받으며 살았다.

이런 사람을 하멜이 한국에서 만난 것이다. 그때 박연은 33세로, 박연에 대하여 정재륜(鄭載崙, 1648~1720)은 《한거만록(閑居漫錄)》에서 "선악(善惡)과 행복과 천재지변에 관한 이야기가 나오면 그는 언제든지 모든 것은 하늘이 알아서 보상할 것이다"[17]라고 했으며, 성해응(成海應, 1760~1839)은 하멜 일행과 박연의 극적인 면담 내용을 적는 가운데 "양인들에게 서양의 기리시탄을 아느냐고 일본말로 물었더니 모두가 열심히 그리고 기쁜 표정으로 야! 야! 하고 대답했다"[18]라고 했을 뿐, 그들이 한국 땅에 억류되어 있는 동안 기독교 신앙을 얼마나 전했는지는 알 도리가 없다. 더욱이 박연은 제주도에 표착한 것이 아니라 "경상도 경주 지방에 도착한 것으로 되어 있으며,"[19] 사로잡힐 때 "그는 해적이었다."[20] 그는 우베르케르크 호에 의해 나포된 정크선에 타고 있다가 한국 사람들에게 사로잡힌 것이 아니라, 이 정크선의 승무원이었을지도 모르는 중국인들에게 배신당했을 거라고 한다.

끝으로 《하멜 표류기》의 최초의 제목에 나타난 대로 그 출판업자들은 한국인을 야만이라 했지만, 하멜 자신은 그런 말은 쓰지 않았으며, 박연은 융숭한 대접을 받으며 산다고 한 데 비해 한국인들은 그들을 도리어 남만국인(南蠻國人)[21] 따위로 멸시했다. 그리고 하멜 일행은 본국으로 돌려보내 줄 것을 여러 번 간청했으나 번번이 거절당하고 말았다. 만약 그들이 정식 허가를 받아 귀국했더라면, 네덜란드 정부와 우리 정부 사이에는 국교가 열려 서양문명뿐 아니라 개신교 신앙을 빨리 받아들일 수 있었을 것이다.

(1) 귀츨라프 목사의 해안선교

그러나 개신교 신앙의 선교 목적으로 한국 땅에 입국을 시도했던 최초의 사람은 칼 프리드리히 아우구스트 귀츨라프(Karl Friedrich August Gützlaff, 1803~1851, 중국식 이름은 郭實獵 또는 甲利) 목사다. 그는 독일인으로 프러시아의 피리츠(Pyritz)에서 태어나, 열여덟 살 때 시를 써서 프러시아 왕에게 올려 선교사가 되겠다는 열망을 호소할 만큼 정열적인 신앙가였다.[22] 그는 베를린에 있는 제니크스 미숀 스쿨(Janichs Mission School)에서 공부했고, 이어 17세기 독일 경건주의 신앙의 중심지로 수많은 선교사를 길러 낸 할레(Halle)에서 신학을 공부했다.

그가 동양 선교의 꿈을 꾸게 된 것은 영국에서 모리슨(Robert Morrison) 목사를 만나서부터였다. 그는 1826년 네덜란드 선교회 소속 선교사로 바타비아(Batavia, 오늘날의 인도네시아의 수도 자카르타)에서 잠시 선교 사업에 종사하다가, 1928년 네덜란드 선교회와의 관계를 끊고 동남아시아 선교에 깊숙이 뛰어들었다. 그는 1831년에 중국인이 많이 사는 타이(사이암Siam)의 수도 방콕으로 옮겨 갔다가 다시 마카오로 옮겼는데, 그곳에서 중국 최초의 개신교 선교사인 모리슨 목사를 다시 만나 그의 친절한 지도를 받게 되었다. 그는 1831년·32년·33년 세 번에 걸쳐 중국 해안을 탐색했는데, 한국 해안에 도착한 것은 두 번째 항해 때인 1832년 7월 17일이다. 이에 대한 기록은 그의 《항해기》(*Journal of the Three Voyages along the Cost of China, in 1831, 1832 & 1833, With Notices of Siam, Corea and Loo-Choo Island*)에 수록

되어 있는데, 이 밖에도 그는 어학에 특출난 재주가 있어 《복음지잠규(福音之箴規)》·《야소(耶蘇)의 보훈(寶訓)》·《개국지지나(開國之支那)》 등의 한역복음서를 냈다.[23] 또한 요한복음을 일본말로 번역하기도 했으며, 이때부터 그는 곽실렵(郭實獵)이란 중국명으로 행세하게 되었다.

이와 같이 중국어 지식과 "상당한 의술까지 겸비한"[24] 귀츨라프는 1832년 영국 동인도회사 소속인 로드 암혜르스트(Lord Amherst) 호를 타고 황해도 서해안 장산곶(長山串) 근해의 백령도(白翎島)에 닻을 내렸다가 뱃머리를 남쪽으로 돌려 충청도 서해안에 있는 창선도(昌善島)[25]에 도착했다. 이에 대하여 우리 정부 측 기록도 있지만, 교회사가 샤를르 달레는 다음과 같은 흥미 있는 기사를 썼다.

> 그해 여름 조선 해안에는 영국 국기가 나타났다. 성서협회 몇몇 간부들이 보낸 듯싶은 상선 한 척이 충청도 서쪽 해안에 있는 만(灣)의 어귀 가까이에 있는 원산도(元山島)에 접근해 왔다. 주민들이 모두 놀란 가운데, 특히 천주교인들의 감격은 대단했으니, 그 배에는 한자로 야소교(耶蘇敎)라고 쓴 깃발이 휘날리고 있었기 때문이다. 몇몇 교우들은 교형(敎兄)들을 만날 수 있으리라는 생각으로 정부로부터 어떤 곤란을 겪게 될까 하는 것은 걱정도 하지 않고 급히 배에 올라가 보았다. 그러나 오르고 보니 어떤 개신교 목사가 '지신(地神)의 축복을 많이 받으시오' 하고 외교인들의 즐겨 쓰는 인사말을 하는 바람에 몹시 의아한 생각이 들었다.
>
> 이 말을 듣자 신입 교우들은 자기들이 잘못 생각했다는 것을 깨닫고, 또 자기들의 선의가 악용당할 염려가 있다는 것을 눈치채고, 인사도 받지 않은 채 급히 배를 떠나 다시는 거기에 나타나지 않았다."[26]

이야말로 한국 천주교인과 개신교인의 최초의 만남이다.

이에 반하여 귀츨라프 목사는 한국인들을 만난 뒤 다음

과 같이 말했다. "현재 우리가 수집한 정보에 의하면 서울에는 한 사람의 유럽인도 없고 가톨릭교라는 이름조차 알지 못하는 상태였다. 한국 교도가 용감하고 의연하게 박해를 겪었다는 박해의 상보(詳報)를 믿어야 할지 판단하기 어려운 상태다. 들리는 바와 같이 수천 명의 교우가 살해당했다면 적어도 추방령으로 한국인의 기억 속에 가톨릭이라는 것이 남아 있을 터인데 그 흔적은 발견할 수 없다."[27] 그런데 위 두 가지 기록 중 달레의 "성서협회"는 네덜란드 선교회의 잘못인 듯하며, 천주교 초신자들이 "지신의 축복을 많이 받으시오"라는 말을 듣고 다시는 찾아가지 않았다 함은, 그들이 귀츨라프를 천주교 신부인 줄 알고 찾아갔다가 아니니까 그와 같은 허위 고백을 함으로써 자기네들의 정체를 감추기 위해 그렇게 말한 듯싶다.

어쨌든 당시 국내 천주교인들은 외국 신부의 영입을 몹시 고대하고 있었으며,[28] 혹시나 자기네들이 천주교인임이 발각될 것이 두려워 숨어 살았다. 그러나 귀츨라프 목사는 천주교인들의 열광적인 환영을 받고 "그들의 말은 한 마디도 알아들을 수 없었으나 그 태도는 매우 간절했다"[29]라고 했으며, 국왕에게 예물과 함께 통상 개시에 대한 청원서를 올린 뒤, 회답을 기다리는 동안 주민들에게 전도를 했다. 그는 "가끔 기회를 얻어 인류의 구원자에 대해 그들에게 알아들을 수 있도록 말했으며, 그리스도교의 기원에 대하여도 설명했다. 만물의 신인 예수는 그들에게도 구원자임을 설명하고 …… 그러나 원하는 사람에게는 복음서를 모두 나누어 주었으며, …… 또한 정중히 책을 보존할 것을 약속받았다"[30]고 한 것이다.

또한 어학에 특별한 재주가 있던 귀츨라프 목사는 주민들과 한문으로 필담(筆談)을 하는 가운데 "일행 중 한 사람은 한문을 자유롭게 한글로 번역하여 우리에게 유창하게 설명했다"[31]고 하기에 이 나라 말과 글이 중국과 다르다는 것을 깨달았으며, "해변가에 이르러 감자를 심는 한편 틀림없는 재배법을 기술하여 이를 그들에게 교부했다"[32]라고 했으며, "포도즙에서 미주(美酒)를 얻는 방법을 적어서 주었다"[33]라고 했다.

그는 거의 한 달 동안 머물며 국왕으로부터 반가운 회답을 기다렸지만 한국을 떠날 수밖에 없었다. 8월 9일 귀츨라프 목사 일행은 중앙정부 예부(禮部, 탁지아문度支衙門)에서 파견된 고위 관리로부터 국법에 따라 "귀하의 국서와 헌상품을 수령함은 위법이며 …… 그러기 때문에 이를 귀하에게 반환하는 바이다"라는 최후통첩을 받게 되었다.

"성자이며 괴짜이고, 몽상가요 개척자, 그리고 하나의 열광자"[34]인 귀츨라프 목사, 또한 처음에는 전능하신 하나님께서 반드시 이들 정치상의 장애를 제거하고 유명한 이 나라에 들어갈 수 있게 허락될 것이라고 확신했던 귀츨라프 목사는 결국 한국을 떠남에 다음과 같이 썼다.

> 영겁(永劫)의 하나님에 의한 위대한 계획 가운데 성총이 넘칠 구령(救靈)이 그들을 찾을 날이 반드시 있을 것이다. 이를 예기(豫期)하기 때문에 우리는 전신 전령을 바쳐 영광스러운 십자가의 가르침을 선포하여 그날이 하루 빨리 올 것을 바라는 바다. 한국 국왕은 처음에 가납하기를 거절한 성서를 갖고 있는지 모른다. 이를 읽었는지 안 읽었는지 물론 단언할 수 없다. 그러나 강경(江景)에서의 관리 및 민중은 이를 받았다. 하나님은 이와 같이 작은 단서도 축복하여 줄 것으로 믿는 바다. 성서는 우리에게 가르친다. 오로지 우리는 사랑하는 한국의 여명이 하루 빨리 올 것을 희망한다.[35]

우리는 여기서 두 가지 사실을 발견하게 된다. 하나는 개신교 선교사들도 철벽같은 한국 땅을 뚫고 들어가지 못했다는 사실, 또 하나는 개신교 선교사들은 천주교 신부들과 달리 직접 전도를 최선의 선교 방법으로 삼았다는 사실이다.

(2) 토마스 목사의 대동강 순교

다음은 이 땅을 뚫고 들어오려다 순교한 토마스(Robert Jeremain Thomas, 1840~1866) 목사 이야기다. 그는 영국인으로, 1840년 9월 7일 웨일즈(Wales)의 라야드(Rhayade)에서 회중교회 목사의 아들로 태어나 1859년 런던대학의 뉴칼리지(New College)를 졸업했다. 1863년 6월 4일 고향인 하노버(Hanover) 교회에서 목사 안수를 받았는데, 이때 그는 24세의 청년이었다. 이후 그는 중국 선교의 뜻을 품고 그해 7월 21일 부인과 함께 배를 탔다. 떠나기 앞서 그는 "나는 좋은 교육을 받고, 훌륭한 재질과 품격을 갖추고, 외국어를 숙달할 수 있는 능력을 구비한 인물들을 선교지에서는 요청한다고 확신했기 때문에, 무엇보다도 자기 부정의 정신을 가지고 이 선교의 길에 오른 것입니다. …… 나는 이교(異敎)의 잔멸과 이교도의 회심을 향한 선교사로서 하나님께서 나를 임명했다는 사실을 믿습니다"[36]라고 말했다.

그러나 그는 중국 상하이에 도착하자 곧 그의 아내가 병사했다는 소식을 본국에 전해야 했고, 이때 심경의 변화를 입어 청국의 해상세관(海上稅關) 통역이 되었다가 다시 선교회에 복귀하게 되었다. 산동(山東) 성 옌타이(煙台, 지푸芝罘)에 일시 왔다가 "황해도 장연(長淵)에서 상업 차 건너온 두 사람의 천주교인"[37]을 만났기 때문이다. 토마스 목사는 그들을 통하여 "한국말도 배우고, 한국인 중 학자들은 한문 성경을 읽을 수 있다는 것을 알게 되자 그들의 인도로 한국에 전도하기를 결심하게 되었다."[38] 또한 이 두 청년은 "그(토마스 목사)를 인도하며, 선주는 어떤 모험을 해서라도 그를 숨겨 주며, 선객으로 태워다 주며, 모든 편의를 보아 주고, 나중에는 그가 베이징까지 가기를 원하므로 만주 수부(首府)로부터 2~3일 여정이 되는 지점에 상륙시켜 주기를 약속했다."[39] 이러한 한국 천주교인과의 만남이야말로 1832년 귀츨라프 목사가 충청도의 원산도에서 한국 천주교인들과 만난 이후 두 번째 만남이라 할 수 있다.

　　이리하여 토마스 목사는 이들 한국 청년들의 안내로 1865년 9월 4일 삼죽당선(三竹唐船)을 타고 지푸를 떠나 13일 황해도 웅진 자라리(紫羅里) 근포(近浦)에 도착했다.[40] 그는 여기서 두 달 반 동안 머물러 있으면서 한국 천주교인들의 도움으로 불쌍한 백성에게 복음의 가장 귀한 진리를 발표하기에 충분한 한국어 지식을 습득하게 되었으며,"[41] 성경과 역서(曆書)를 주민들에게 나누어 주었다.

　　제2차 여행은 그 이듬해에 이루어졌다. 민경배는 "1856년 1월 베이징에 온 조선의 동지사 일행 중 한 사람이 토마스 목사의 포켓 속에 한문으로 된 쪽지 하나를 넣어 주었다. 거기에는 '어느 외국인이 서해안에서 배포한 것과 같은 마태복음 책 하나를 구독해 달라'는 글이 있었다. 토마스 목사 자신이 뿌린 씨앗의 결실이었다. 토마스 목사는 여기서 용기백배하여 조선을 다시 찾게 된 것이다"[42]라고 했으며, 오문환은 "맛참 드르매 조선셔 박규수(朴珪壽)라 하는 이가 동지사로 드러와서 베이징에 우거한다고 했다. 이 소식을 들은 토마스 목사는 급거히 그를 차져갔다. 가셔 박규수씨를 회견한 후 성경 일권을 드리면서 …… '내가 다시 조선으로 갈 터이니 만일 가면 당신은 좀 잘 지도하여 주시오' 했다 ……"[43]라고 하면서 출발 준비를 서둘렀다고 쓴 것이다.

　　때마침 조선에서는 천주교 대박해(병인박해)가 일어나, 리델 이(Ridel, 李) 신부 등 세 프랑스 신부가 중국으로 탈출, 프랑스 해군 제독 로즈(Rose) 사령관에게 이 참상을 보고하며 구원을 요청했다. 그리하여 로즈 제독은 긴급 출동을 결심하고 토마스 목사의 간청을 받아들여 그를 데리고 가려 했으나 토마스 목사는 다시 생각한 끝에 "프로테스탄트 선교사가 다른 나라의 정치 문제에 상관하는 것을 꺼려"[44] 이를 단념하고, 윌리엄슨(A. Williamson) 목사의 뜻에 따라 스코틀랜드 성서공회 파견원 자격으로 미국 상선 제너럴 셔먼호를 타게 되었다.

　　제너럴 셔먼호는 "한국이 필요로 하리라는 상품을 많이

신고 통상 개시의 가능성 유무를 시탐(試探)하기 위해 파견된 무장 상선이다."45 토마스 목사는 이 배의 통역이 아니라 선객의 하나로서46 1866년 8월 9일(음 6월 27일) 중국 지푸를 떠났으며, 승무원은 토마스 목사까지 합하여 백인 5명, 중국인·말레이시아인 19명 등 모두 24명이었다.47 그들은 8월 20일(음 7월 10일) 대동강 하류에 있는 강서군 초리면 포리(江西郡 草里面 浦里)에 닻을 내리게 되었다. 여기서 10여 명의 천주교 교인들의 영접을 받는 동시에 몇몇 불신자들에게는 성경을 주었으며,48 거기서 하루를 지낸 후 대동강을 거슬러 올라가 석호정(石湖亭)과 만경대(萬景臺)에 상륙하여 백여 권의 성경과 전도문서를 뿌렸다.

그러나 8월 25일 봉황진(鳳凰津)에 이르러 선장은 중군(中軍) 이익현(李翼鉉)을 선상으로 유치하고 "중군의 인신(印信)을 탈취하고 또한 중군을 집치(執置) 하야 …… 상하(上下) 제관원(諸官員)은 적개심이 흥분되야 전쟁 준비를 하게 되얐스니 이것이 평양양요의 전단(戰端)이다. 양선(洋船)은 약 2주간 버티어 싸우다가 9월 2일에 세(勢) 궁(窮)함을 지(知)하고 도피하려고 수정하거(收錠下去) 하엿스나 본래 창수시(漲水時)에 상래(上來)하엿든 거선(巨船)인지라 수락(水落)된 차시(此時)에 하거(下去)키 난(難)함은 분명한 사실인데 …… 맛침내 수로(水路)를 탐지치 못하고 한 사정(閑似亭) 상편(上便) 사상(沙上)에 걸리었다."49

드디어 제너럴 셔먼호는 9월 3일(음 7월 24일) 불세례를 받고 선원은 모두 살해되었는데, 토마스 목사는 칼에 맞아 죽기 직전 "두 무릎을 사장(沙場)에 꿇고 머리를 숙여 땅에 댄 후 얼마 동안 최후의 기도를 올리고 다시 일어나서 군인에게 성경 받기를 권했다."50 이에 대하여 평양감사 박규수는 급히 조정에 보고했는데, 만약 그가 이때 최난헌(崔蘭軒)이란 양인(洋人)이 1년 전 베이징에서 만났던 바로 그 사람인 줄 알았다면 그와 같은 불행은 일어나지 않았을지도 모른다.51

끝으로 토마스 목사가 순교할 때 뿌린 복음의 씨는 많은 열매를 맺었다. 이에 대하여 오문환은《토마스 목사전》에서 많은 실례를 열거했다.[52] 그리고 한국 측 기록에는 토마스 목사의 이름을 최난헌이라 했지만 이는 제너럴 셔먼호의 중국어 명칭 '챌난센(崔蘭軒)'을 오해한 것 같다고 했으며, 중국에서는 다마(多馬), 1865년 8월 31일자 그의 여권 신청서에서는 탁마사(托瑪涘)로 썼다고 주장했다.[53]

어쨌든 1867년 그의 순교 사실을 조사하기 위해 미국 극동 해군사령관 로완(Rowan) 제독은 와추셋(Wachusett)호를 파견하여 백령도 맞은편 대동만구(大東灣口)에 정박했는데, 사령관은 슈펠트(R. W. Shufelt) 장군이었고, 통역은 산동 주재 미국 북장로교회 선교사 코벳(Hunter Corbett, 郭顯德) 목사였다. 그리고 1868년에 특파원 세난도아(Shenandoa, 選安多) 함정 위에는 산동 성 등주(登州) 주재 미국 북장로회 선교사 매티어(Calvin Wilson Matier, 狄敎) 목사가 통역으로 탑승하고 있었는데, 그 함정이 약 1개월 동안 머물러 있는 동안 그는 매주일 함상에서 예배 보며 설교했고, 장련 오리포(長連 五里浦)에 나리어서는 훈학인(訓學人) 임병정(林秉正)에게 마가복음과 신약전서를 전했으며, 이한(離韓) 직전 석도(席島)에 나리어서는 산상에 올라가 꽂혀 있는 십자가를 발견했다[54]고 했다.

한편 1912년 9월 서울에서 열린 재한 미국 북장로교 선교부 연회에서는 그의 행적을 수집하여 기록하기를 결의한 바 있으며,[55] 1926년에는 그의 순교 60주년에 즈음하여 기념회가 조직되었고, 1928년에는 오문환이 단독으로《토마스 목사전》을 출간하기에 이르렀다.

3) 나라 밖에서 복음의 씨를 뿌린 선교사들

귀츨라프나 토마스처럼 한국의 철벽을 뚫으려 애쓰지 않

고 나라 밖에서, 그러나 용감하게 복음의 씨를 뿌린 몇몇 선교사
들이 있다.

(1) 윌리엄슨 목사

윌리엄슨(Alexander Williamson, 韋廉臣) 목사는 런던선
교회(London Missionary Society) 소속 선교사로 1855년 중국에
와서 그리피스 존(Griffith John) 등과 상하이에서 활동했으나 과
로로 2년 뒤 귀국했으며, 1863년에는 스코틀랜드 성서공회(The
National Bible Society of Scotland) 대표자로 다시 중국에 파송
되어[56] 산동 성 지푸에 자리 잡고 내륙지방을 탐색하며 개척전도
를 했다.

1865년 그는 "옌타이에서 무역을 목적으로 산동(山東)에
건너온 한국인 두 명을 우연히 만났다. 그들은 발각되면 본국으
로 돌려보내져 죽임을 당할 각오를 하고 온 사람들이었다. 위(韋,
Williamson) 목사는 어떤 친구의 소개로 그들을 만났다. 그리고
그들은 위 목사 집에서 몇 시간을 같이 지냈다. 그들은 천주교인
으로, 염주·십자고상과 천주교인임을 표시하는 다른 소지품을
옷 속에 숨기고 있었다. 회담하는 동안 그들은 구주께서 우리 죄
를 대속하신 것을 믿으며, 매일 하나님께 예배하며, 좋은 생활을
하려고 노력한다고 했다. 다과를 들기 전에 기도를 청하니 한국
어로 기도드렸다. 그중 젊은 사람은 신구약 성경을 자기 교우들
도 사용한다고 했으며, 자기 신앙을 고백하는 교리문답서를 보여
주었다"[57]라고 했는데, 윌리엄슨 목사는 그들을 발견하자 매우 기
뻐하면서 "분명히 조선은 위대한 가능성의 나라다"[58]라고 선언했
던 것이다.

또한 그는 1866년 4월에는 천장대(天莊臺, 영어로는 Tien-
Chwang-tai)에서 귀국 도상의 한국 동지사 일행을 만났는데, 한
국 천주교 박해를 익히 알고 있던 그로서는 그 일행 중 두세 사
람이 로마 가톨릭 교인으로 베이징에 있는 신부들에 관한 얘기

를 노골적으로 하는 것에 깜짝 놀랐다. 그리고 그들에게서 "서울에 영어를 학습하는 선택된 소수의 청년, 상류층 자녀들이 있는데, 그중 하나가 가톨릭 교인이며, 그가 베이징에 오게 되면 으레 런던선교회지부의 인사와 친근하게 지낸다"[59]라는 말을 들었다. 그래서 토마스 목사의 순교 사실을 익히 알고 있었던 그로서는 더 이상 앉아만 있을 수가 없었다.

드디어 그는 1867년 9월 9일 여행을 떠났다. 한국 국경 가까이 갈 수 있는 데까지 가볼 작정이었다. 결국 그는 고려문 즉 봉황산(鳳凰山) 밑 세관까지 갔다. 이 세관을 통과하는 한국 상인들을 만나면 한국에 대한 더 자세한 정보를 얻을 수 있으리라 생각했기 때문이다. 그는 거기서 한인들에게 한문 성경[60]을 전파했다.

(2) 로스 목사와 매킨타이어 목사

스코틀랜드 성서공회 파송으로 만주에 와서 처음부터 한국인 상대로 개척선교를 시작한 스코틀랜드 출신 선교사들이 있다. 존 매킨타이어(John McIntyre, 馬勤泰, 1837~?) 목사와 존 로스(John Ross, 1841~1915, 羅約翰)[61] 목사다. 우선 로스 목사는 1841년 8월 9일 갈릭어(Gallic Language)를 사용하는 인버네스(Inverness) 지방의 북쪽 마을 닉(Nigg)에서 출생했고, 펀(Fearn) 교구의 힐튼(Hilton) 마을에 있는 학교에서 비로소 영어를 배우게 되었다. 이를테면 그는 영어와 갈릭어의 혼혈아다.

그는 1847년부터 스코틀랜드 연합장로교회 소속이었고, 신학은 1860년부터 에든버러 연합장로회 신학대학교에서 했으며, 선교사 지망은 1868년부터 했다.

1872년 외국 선교부는 그를 중국에 파송키로 결정했으며, 그는 그해 3월 20일 목사 안수를 받았다. 3월 25일 스튜어트(M. A. Stewart) 양과 결혼했는데, 그때 그는 31세의 새파란 젊은이였다.

　　이 신혼부부는 그해 늦은 여름 영국을 떠나 8월 23일 중국 지푸 항에 도착했다. 이후 개척선교사 윌리엄슨 목사의 안내로 영구(營口)로 이주하여 거기서 중국어와 사서삼경(四書三經)을 배우기 시작. 어떻게 하면 중국의 전통문화 속에서 효과적인 선교를 할 수 있나 고민하며 중국문화 연구에 골몰했다.

　　그런데 그해 불행히도 그의 아내가 첫 아기를 낳다가 세상을 떠났다. 사랑하는 사람을 만주 땅에 묻은 그는 1881년에 재혼했으나 갓난아기 양육과 선교사업을 위해 생각다 못해 자기 여동생 캐더린을 고향에서 데려오는 어려움을 겪게 되었다.

　　한국인 선교에 대한 관심은 이미 1873년부터 무르익었다. 그는 윌리엄슨 목사에게서 토마스 목사의 순교 사실을 듣고 탐색 여행을 떠났다. 그는 압록강 상류 임강(臨江) 부근에 이르러 그곳에서 한인 마을을 발견했다. 그곳 사람들에게 도강(渡江) 월경(越境)하는 데 안내자가 되어 줄 것을 간청해 보았으나 엄중한 쇄국 정책 때문에 아무도 응해 주는 사람이 없을뿐더러 배를 빌려주는 사람조차 없었으므로 할 수 없이 멀리 조선 땅을 바라보기만 했다.[62]

　　"1874년 10월, 그는 영구를 떠나 처음으로 고려문(高麗門, Corean Gate)을 방문했다. 그곳에서 축 늘어진 흰 두루막을 입은 한국 사람들이 떼를 지어 푸른 언덕길을 유유히 걷고 있는 모습과, 거리마다 모여 서성대는 그들의 장자풍의 행동거지"[63]를 보고 퍽 흥미 있게 느꼈다.

　　로스 목사는 1876년 9월 두 번째로 고려문으로 여행을 떠났다. 이번에는 중국인 서기를 데리고 떠났는데, 주목적은 한국어 선생을 물색하는 데 있었다. 단순한 장사꾼이 아니라, 상당한 지식이 있고 한문을 잘 읽을 수 있는 사람을 구하자니 그리 쉬운 일이 아니었다. 그런데 중국인 서기는 우연히 한국인 상인 한 사람을 만났다. 그는 압록강을 건너다 배가 뒤집히는 바람에 물건은 죄다 물에 빠뜨린 채 겨우 목숨만 건지고 거지꼴이 되었다. 그는 중인 출신의 유식한 사람으로, 어학선생이 되기에 알맞은 사람이었다.[64] 그가 바로 의주 태생의 이응찬(李應贊)인데, 하루는 로스 목사를 여관으로 찾아와 어학선생이 되어 줄 것을 약속했다.

이때부터 로스 목사의 한국어 공부는 급진전되었다. 동시에 그는 성서번역을 위하여 최초의 어학선생인 이응찬을 비롯하여 이성하(李成夏)·백홍준(白鴻俊)·김진기(金鎭基)·서상륜(徐相崙) 등 5명을 차례로 맞이하여 성서 번역에 박차를 가했다.

그중 4인에게는 1876년에 세례를 주고, 서상륜에게는 1879년에 세례를 주었다. 위 5명은 모두 의주 태생 청년인데, 1883년 서간도 한인 마을 사람 김청송(金靑松)에게 세례를 줌으로써 그때까지 세례를 준 한인이 모두 6명이 되었다.[65]

위 6명의 초신자들을 데리고 로스 목사는 한국어 성경 번역[66]과 출판사업을 밀고 나간 것이다.

스코틀랜드 성서공회의 1879년도 보고에 따르면 누가복음은 1878년까지 로스 목사와 이응찬·김진기·백홍준 등의 공역으로 번역되었는데, 이해에 로스 목사는 안식년으로 귀국하게 되었으므로 매킨타이어 목사가 그 업무를 맡아 가지고 전기(前記) 한인 번역자들과 다시 구구절절 재수정을 했다. 매킨타이어 목사는 한글성서 번역 방법을 다음과 같이 말했다. "한글성서 번역은 나의 성경반에서 진행되었는데, 먼저 한국인 번역자들이 나와 함께 한문 성경을 읽고 나서 그것을 한글로 번역하면 나는 그것을 다시 헬라 원문과 대조하여 될 수 있는 대로 헬라 원문에 가깝게 했다. ……"[67] 1879년 로스 목사가 영국에서 돌아오자 매킨타이어 목사가 수정한 누가복음과 요한복음을 다시 일일이 재검토하여 최종 원고를 작성했다.

그러므로 이른바 로스 역 한국말 성경(Ross Version)의 원본은 우선 중국어 성경을 비롯하여 헬라어 성경과 두 가지 영어성경(King James Version과 English Revised Version) 등 네 가지였다. 엄밀히 말하여 이 성경은 두 선교사와 여섯 명의 한국인 초신자들의 공동 번역이며, 성경 반포의 공헌도로 보자면 서상륜 역이라 해도 무방할 것이다.

어쨌든 1882년에 누가복음의 뒤를 이어 요안내(요한)복음이 간행되었고, 1887년에 이르러 《예수성교전서》라는 이름의 신약전서가 단행본으로 간행되었다. 이것이야말로 한국 개신교의 빛나는 업적이라 아니할 수 없으며, 세종대왕이 훈민정음을 반포한 이래 한국 역사상 획기적인 계기가 되었다. 다시 말해 1460년대와 70년대 언문청(諺文廳) 또는 정음청(正音廳) 같은 정부기관이 국비로 몇몇 불경을 한글로 번역했으나 실패했으며, 또한 천주교회는 성경을 부분적으로 번역했으나 개신교는 온갖 위험과 악조건 하에서 순 민간인의 힘으로 이런 거창한 사업에서 개가를 올린 것이다.[68]

아울러 로스 목사는 성경 번역 준비 작업으로 한국어와 한국의 역사·지리·문화 등에 관한 저서를 많이 내게 되었다. 우선 그는 《예수 성교문답》과 《예수 성교요령》 같은 전문도서를 비롯하여 한국어 입문서 등 한국에 관한 여러 가지 저서와 논문을 썼다.

끝으로 로스 목사는 한국인 전도를 위해 서간도 한인 마을들(Corean Villages)을 여러 차례 찾아갔는데, 주로 그 지방 출신 한인 전도인 김청송의 도움으로 초신자들에게 세례를 주고 성경을 반포했다. 1884년 6월까지 34명에게 세례를 준 것을 비롯하여, 그해 12월에는 75명에게, 1885년에 104명, 1886년에는 100명, 이렇게 해서 그가 만주 땅에 온 이래 600여 명에게 세례를 주어[69] 한국 교회의 토대를 닦아 놓았다.

그는 봉천(奉天, 또는 심양瀋陽)을 거점으로 하여, 성경은 주로 우장(牛莊)에서 번역했으며, 교회는 봉천시 동문외(東門外)에 있는 동관교회(東關敎會)를 중심으로 하여 평생을 선교에 바쳤다. 그는 "노고가 너무 심한 탓으로 70세에 직을 사임하고 고국에 돌아가서도 전도사업에 힘쓰기를 마지않더니 뜻밖에 하나님의 정한 바 기약"이 차서 1915년 8월 6일 숨을 거두어 에든버러 뉴윙턴(Newington) 묘지에 안장되었다.[70]

이 비보를 들은 봉천 동관교회는 그 교회 강당 뒷벽에다 기념비문을 새겨 붙였다.[71]

한편 매킨타이어 목사는 로스 목사보다 네 살 위로, 1837년 7월 18일 스코틀랜드 록 로먼드(Lock Lomond) 지방 러스(Luss)에서 태어났다. 에든버러 연합장로교회 신학대학을 거쳐 1865년에 목사 안수를 받고, 1871년에 중국 선교사로 파송받아 로스 목사와 합류했다. 더욱이 그는 그때까지 총각이었는데, 때마침 어미 잃은 로스 목사의 갓난아기를 양육하기 위해 데려왔던 로스 목사의 누이동생과 결혼했다.

이때부터 매킨타이어 목사와 로스 목사는 이신동체의 짝 일꾼이 되었다. 비록 전자는 후자보다 네 살 위이고, 중국에는 1년 먼저 왔으나 후자의 누이동생의 남편이 된 만큼 이들은 한국어도 같이 배우고, 성경도 같이 번역하고, 전도도 같이 했다.

이미 말한 바와 같이 그네들의 최초의 공동 어학선생이던 이응찬·이성하·백홍준·김진기 등 4명에게는 1876년에 전자가 세례를 주고, 서상륜에게는 1879년에 후자가 주었지만, 성경 번역에서 전자는 후자가 안식년으로 자리를 떴을 때 가장 어려운 작업을 도맡아 해냈다.

성서 출판에서 우선 인쇄는 스코틀랜드 성서공회와 영국 성서공회의 재정적 후원으로 이루어졌다. 1881년 상하이에서 인쇄기를 구입하여 봉천에다 설치했고, 한국인 번역자들이 만든 나무 활자를 일본에 보내 4만여 자의 연활자(鉛活字)로 바꾸어 그 해 우장(牛莊)을 거쳐 봉천으로 이송했으며, 중국인 인쇄공과 김청송이란 한국인 식자공의 정성과 노력에 의해 최초의 성경이 출판되었다.

매킨타이어 목사는 로스 목사보다 많이 책을 쓰지는 못했지만 아주 무게 있는 책을 썼다고 할 수 있다. 그는 1879년에 《한국언어론(*Notes on the Corean Language*)》을 썼고, 1880년에는 404면이나 되는 《한국의 역사·상태·관습(*Corea, Its History, Manners and Customs*)》이란 책을 런던에서 간행했다.

이처럼 이 두 사람은 한국 선교사이기에 앞서 뛰어난 한국 연구자들임을 보여 주었다. 그리하여 로스 목사는 한글에 대해 "그들이 사용하는 글자는 표음문자인 데다가 매우 단순하고 아름다워 누구나 쉽고 빨리 배울 수 있다"[72]라고 감탄어린 말로 찬양했다. 김양선은 그들의 한국말 성서 번역에 대해 "한문의 본고장에서 한문 성서를 가지고 번역하는 저들로서는 국한문 성서를 만들 법한데도 순수한 한글 성경을 만들어 냈다. 그들의 높은 뜻은 만고에 빛날 것이다"[73]라며 최고의 찬사를 아끼지 않았다.

(3) 루미스 목사

로스와 매킨타이어, 두 선교사의 선교활동이 북쪽에서 이루어진 데 반해 루미스(Henry Loomis, 1839~1920) 목사의 선교활동은 남쪽에서 이루어졌다. 전자는 만주에서, 후자는 일본에서 활동했다. 그리고 전자는 스코틀랜드 성서공회 소속인데 비해 후자는 미국 성서공회 소속이었으며, 전자는 1871년과 1872년에 각각 만주에 도착한 데 비해 후자는 1872년 일본에 도착했다.

루미스 목사가 일본에 처음 파송되었을 때는 요코하마에서 선교활동을 개시하여, 요코하마 교회를 일본 최초의 장로교회로 만들었다. 그러나 1876년 귀국했다가 1881년 다시 파견될 때는 일본 주재 미국 성서공회 총무가 되었으며, 1882년부터 한국 주재 총무를 겸하게 되었다.[74] 그는 1885년에 가서야 한국을 방문했으나 그때까지 나라 밖에서 한국인을 위한 간접 선교활동을 계속했다.

때마침 국내에서 1882년 임오군란이 일어나자, 이 때문에 일본에 가게 된 이수정(李樹廷)을 만나 그에게 성경을 번역하게 했다. 루미스는 1883년 미국 성서공회로부터 3,300달러의 성경 번역자금을 받아 가지고 이수정을 도와주었으며, 그로 인해 마가복음 1,000부가 1885년 초에 발간되었다.

또한 감리교 선교사 올링거(F. Ohlinger)가 한국에서 1891년에 삼문출판사(三文出版社)를 개설했는데, 루미스 목사는 그가 인쇄기와 활자 등을 장만하는 데 결정적인 구실을 했다.[75] 루미스 목사의 미국 성서공회 한국 총무직은 1903년에 끝났다.

4) 나라 밖에서 입교한 한국인 초신자들과 성서 번역 활동

위에서 언급한바 몇몇 외국 선교사들의 피눈물 나는 활동과 희생의 결과로 한국인 초신자들이 생겼다. 만주에서 생겼고, 일본에서도 생겼다. 이들은 복음을 받아들여 가지고 신자가 됨과 동시에 성경을 우리말로 번역하기 시작했다.

세종대왕이 훈민정음을 반포한 이래, 세조와 성종 때는 불교의 경서를 번역하기 위해 학자들을 동원했고, 한국 천주교회에서는 일부 성경을 번역하기 위해 중인과 양반 출신 교인들이 앞장섰지만, 개신교에서는 평민들이 앞장서서 성경을 번역했다. 여기에 한국 개신교의 특징이 있고, 여기서부터 한국 개신교는 새 문화 창조의 선구자적 구실을 하기 시작했다.

(1) 만주에서의 경우—이응찬, 백홍준, 서상륜

거기서 제일 먼저 성서를 번역하기 시작한 사람은 이응찬이다. 그는 평안북도 의주 태생인 중인 계급의 젊은이였다.[76] 국내에서는 병인양요와 신미양요 두 차례에 걸친 난리 통에 수많은 천주교 신자들이 목숨을 잃었고, 흥선대원군은 전국 주요 도시 요소에 척화비를 세우고 서양인과 접촉하는 사람을 발견하면 먼저 목을 벤 뒤 보고해도 상관없다는 요지의 무자비한 법령을 공포했다.

그럼에도 의주 사람들 중에는 극성스럽게 국경을 넘나들며 외국인과 접촉하는 사람들이 있었으니, 그중 한 사람이 이응찬이다. 대개 역사적으로는 합법적으로 국경을 넘나드는 경우가 몇 가지 있었는데, 그중 하나가 사신을 따라 중국을 왕래하는 것이다. 예를 들어 동지사 일행의 수원(隨員) 또는 그 수원들의 심부름꾼으로 뽑혀 따라가는 경우가 있었다. 또 하나의 예는 만주 고려문(高麗門)에서 장이 설 때 장사꾼으로 갔다가 서양인들을 만나는 것이다. 청 태조(太祖)가 중원(中原)을 통일한 뒤 남만주 서북쪽 일대에 긴 울타리를 치고 조선 사람의 내침을 막기 위하여 위원(威遠)·영액(英額)·왕청(旺淸)·성창(成廠)·요양(遼陽)·고려(高麗)의 육문(六門)을 설치했는데, 조선 사신과 상인들이 넘나드는 통로를 고려문으로 국한시킨 것이다. 그때부터 고려문은 한·청 두 나라의 유일한 관문이 되었으며, 그곳에서는 해마다 네 차례 정기적으로 장이 서게 되었다. 음력 3월에 시작하여 3~4개월간 국제시장이 섰고, 8월에 3주간, 9월에 약 6주간, 섣달에 한 달 동안, 모두 네 차례 장이 섰다.

이는 한·청 두 나라의 공인된 국제시장으로, 이때가 되면 두 나라 상인들은 여기 모여들어 물물교환도 하고 돈 주고 사고팔기도 했다.

이응찬은 1874년쯤부터 이런 장이 설 때 한약재를 가지고 장사차 중국을 왕래했다. 어찌하여 중인 출신 선비인 그가 장사꾼이 되었는지, 아니면 어떤 다른 목적으로 장사꾼 행세를 했는지는 확실히 알 수 없으나, 그는 1876년 봄 "신문화에 접촉해보려는 큰 뜻을 품고 고려문으로"[77] 길을 떠났다고 했다. 그러나 배에다 한약재를 싣고 압록강의 거센 물결을 건너다 갑자기 강한 서남풍을 만나 배가 뒤집히는 바람에 물건은 죄다 수장(水葬)해버리고 겨우 목숨만 건지게 되었다. 알거지가 된 그는 외지에서

빌어먹자니 말이 안 통하고 귀국하자니 창피해서 망설이고 있던 터에 한 중국인을 만나게 되었다. 그는 로스 목사의 서기로, 로스 목사의 한국말 선생을 물색 중이었다. 때마침 궁지에 빠진 이응찬을 만나자 그에게 로스 목사의 의향을 전하는 동시에 어학선생이 되어 줄 것을 요청한 것이다.

이응찬으로서는 이보다 더 좋은 기회가 있을 수 없었다. 그러나 같은 장사꾼 친구들의 눈이 무서워 귓속말로 우선 응낙한다는 말을 전하고, 한 주일 후 다시 만나기로 하고 헤어졌다. 그는 자기 친구들이 여관에서 "코를 골며 깊이 잠든 사이에 여관을 탈출하여 서편을 향하여 가겠다는 짧은 말을 남기고,"[78] 로스 목사가 유하는 여관으로 찾아갔다. 그리하여 그 이튿날 그는 로스 목사를 따라 우장(牛莊)으로 갔다. 그가 이처럼 비밀리에 어학선생이 된 것은, 그가 서양인의 어학선생이 된다는 사실이 관청에 알려지는 날이면 그의 일가친척은 모두 사로잡혀 처형되며, 장사를 떠난 일행의 우두머리는 목이 달아날 것이기 때문이었다. 특히 프랑스와 미국 함대가 강화도를 침범한 후로는 서양인과의 접촉이 엄금되어 있었기 때문이다.

이응찬은 로스 목사의 어학선생이 된 뒤 1876년에 같은 고향 의주 태생인 백홍준·이성하·김진기 등 세 청년과 함께 매킨타이어 목사에게 세례를 받았다. 이 세 청년은 이응찬의 주선으로 그곳에 있는 선교사들과 외국인 세관 관리와 병원 원장의 어학선생으로 채용되었다가,[79] 예수를 믿기 시작하여 세례교인이 된 것이다.

한국어 성서 번역은 1877년부터 시작된 것으로 볼 수 있다.[80] 이응찬이 백홍준·이성하·김진기 등과 세례를 받은 지 1년 뒤, 로스 목사와 매킨타이어 목사에게 한국말을 가르쳐 주기 시작한 지 1년 뒤다.

백홍준도 1874년쯤부터 고려문으로 장을 보러 다닌 듯싶다. 그러나 그는 1876년부터는 세례받은 신자가 되어 한국 개신교의 큰 신앙 산맥을 이루었는데, 이응찬이 일으켜 놓은 대사업에 동참하여 마침내 한국 최초의 성경 번역자들의 반열에 들게 되었다.

성서 번역사업에 동참했던 또 하나의 의주 태생 한국인이 서상륜이다.[81] 그는 이응찬보다 1년 먼저, 즉 1873년쯤부터 고려문에 장을 보러 다닌 듯싶다. 그러다가 동생 상우(相祐, 후에 경조景祚라 부름)를 데리고 갔다가 로스 목사에게 세례를 받고 초신자가 되었는데, 그 경우에 대해 그는 다음과 같이 썼다.

"1878년 영구(營口)에 갔다가 열병에 걸려 위지사경(危至死境)이 된지라 이때 동향 친구들의 주선으로 영구 선교사의 병원에 입원하여 치료할새 마근태(馬勤泰, McIntyre) 목사가 매일 병원에 와서 절절히 위로하여 주면서 예수를 믿으라 권하므로 병이 나으면 예수를 믿겠다고 약속했더니 월여(月餘) 동안 의사의 정성어린 치료로 완쾌된지라. 약속대로 예수를 믿기로 작정했더니 나(羅, Ross) 목사가 영국으로부터 돌아오며 1879년에 그에게 세례를 받았고, 그의 권고로 그 익년에 심양으로 올라가서 일편으로 성경을 우리나라 말로 번역하고, 일편으로 번역된 성경을 인쇄하기 시작했다."[82]

이미 말한 바와 같이 스코틀랜드 성서공회는 1860년대부터 만주 선교에 손을 대어 국제항 지푸를 거점으로 내륙지방의 개척 전도를 시작했다. 그리하여 영구·봉천·우장 등지에 교회와 병원과 학교를 세우고 선교활동을 추진하고 있었는데, 마침 이 무렵 한국 상인들이 그곳에 갔다가 선교사들과 만나게 된 것이다. 해마다 네 차례씩 한·청 두 나라 사이에 국제 장이 서는 고려문, 즉 봉황성은 의주에서 압록강을 건너 120리가량 되는 곳에 있었고, 고려문에서 영구와 봉천까지는 서와 북으로 각각 250리가량이며, 우장은 영구에서 봉천 사이 80-90리 되는 지점에 있었다. 로스 목사는 봉천시 동문 밖에 있는 동관교회(東關敎會)를 거점으로 만주 선교를 하고 있었다.

　　그런데 이상하게도 하나님의 특별한 섭리가 있었음인지, 이응찬이 폭풍을 만나 물건을 압록강에다 수장하여 알거지가 되고 서상륜은 영구에서 열병에 걸려 사경에 이르렀을 때 다 같이 선교사들을 만나 그들의 어학선생이 되었으며, 그러다가 예수 믿고 세례 받는 동시에 성경 번역에 손을 댄 것이다.

　　이때 누가 먼저 우리말과 한글로 번역하자고 제창했는지는 확실히 알 수 없다. 어쨌든 그들이 사용한 성경 원문은 희랍어 성경이 아니고 중국어 성경이다. 그리고 로스 목사와 매킨타이어 목사는 "한국인이 사용하는 글자는 표음문자인 데다가 매우 단순하고 아름다워 누구나 쉽고 빨리 배울 수 있다"[83]는 것을 발견했다. 한편 이응찬·서상륜 등은 혁명가 기질을 타고난 서북인들로, 한자의 구속과 지배계급의 횡포에서 빨리 벗어나는 것만이 이 나라를 가난과 무지에서 건져내는 길이라고 확신한 것이 사실이다.

　　성경 번역을 위해 로스 목사가 한국말을 열심히 배운 흔적이 뚜렷하다. 그는 1877년에 벌써 《한국어 초보(*A Korean Primer*)》라는 89면의 우리말 회화책을 출판했고, 1882년에는 그것을 101면으로 늘린 《한국어 독본, 문법과 낱말(*Korean Speech, with Grammar and Vocabulary*)》을 냈다. 그의 어학선생은 평안북도 의주 태생이므로 위 두 책은 평안도 사투리집 같은 인상마저 주며, 표준말이 못 된다.

　　어쨌든 로스 목사와 그의 짝일꾼 매킨타이어 목사는 열심히 한국말 공부를 했고, 특히 로스 목사는 태어나면서부터 '영어와 갈릭어의 혼혈아'인 데다가 어학에는 특별한 재능이 있었다. 그러나 어찌 그가 혼자 힘으로 한국말로 성경을 번역할 수 있었겠는가? 로스 목사 자신이 고백했듯 "한글성서 번역은 나의 성경반에서 진행되었는데, 먼저 한국인 번역자들이 나와 함께 한문 성경을 읽고 나서 그것을 한글로 번역하면 나는 그것을 다시 헬라 원문과 대조하여……"[84] 진행했다고 했으며, 그중에도 서상륜의 공이 컸던 것이다.

이에 대하여 와그너(Ellasue Wagner)는 이렇게 말했다. "우리는 로스 박사에 대해 잘 모른다. 아니, 어학자로서 그의 실력을 잘 모른다. 그러나 다른 여러 가지 무거운 짐을 어깨에 짊어진 그가 어떻게 그 어려운 한국말을 배울 수 있는 충분한 기회를 가질 수 있어서 중국말 성경을 한국말로 번역할 수 있었겠는지 더욱이 의심스럽다. 더 신빙성 있는 결론은 이른바 《로스 번역 성경(Ross Version)》은 이 두 한국 청년의 노작이라 함이 타당할 것이다. 그들이 어릴 때부터 습득한 한문 실력으로 선교사들을 잘 도와주었기에 가능했을 것이다."[85] 와그너는 "이른바 '로스 번역 성경'이라는 것은 '서상륜 번역 성경(Suh Version)'이라 해야 더 옳을 것이 아닌가?"[86]라고도 했다.

성서 번역 준비 작업으로 그들은 먼저 한국말 전도문서를 번역했다. 《예수 성교 문답》과 《예수 성교 요령》이라는 두 책인데, 전자는 1881년에 인쇄기계가 장만되자 곧 시험삼아 인쇄되었고, 후자는 다음 해에 누가복음이 간행되기 직전에 인쇄되었다. 드디어 1882년에 이르러 누가복음이 나오고, 이어 요안ᄂᆡ(요한)복음이 나왔다. 그리고 1883년에는 다시 교정된 누가복음과 데자힝젹(사도행전) 각 3,000권이 한문으로 간행되었고, 같은 해 다시 교정된 요안ᄂᆡ(요한)복음 5,000권이 간행되었으며, 1884년에 말코(마가) 복음과 맛ᄃᆡ(마태)복음이, 1885년에는 로마인셔·코린돗젼후셔(고린도전후서)·가라탸셔(갈라디아서)·이비소셔(에베소서)가, 1887년에는 《예수성교전서》라는 제목의 신약전서 전권이 간행되었다. 아깝게도 이응찬은 1884년 작고했으므로[87] 서상륜이 거의 도맡아 하다시피 했다.

인쇄에서는 한국인 번역자들이 식자공·조판공·인쇄공을 겸해서 서둘렀지만, 1883년 봉천에서 로스 목사에게 세례를 받은 서간도 한인 마을 사람 김청송의 공이 컸다. "그는 너무 둔하고 느려서 무슨 일이나 네 번 이상 가르쳐 주어야 비로소 깨달아 들었고, 손이 너무 떨어서 두 인쇄공이 3,000장을 인쇄하는 동안 겨우 4페이지밖에 조판을 하지 못했다. 그러나 그는 매우 성실한 사람이고 치밀한 성격이므로, 인쇄되어 나오는 복음서들을 자세히 읽고 나서 마침내 스스로 기독교에 개종했다"[88]라고 로스 목사는 칭찬했다.

(2) 일본에서의 경우—이수정

1881년 4월 10일 이른바 신사유람단(紳士遊覽團) 일행이 일본에 가서 4개월 동안 일본의 문교·내무·농상·외교·재정·군정 등과 산업시설을 연구 조사한 뒤 귀국한 일이 있거니와, 그 이듬해인 1882년 임오군란 뒤 9월 28일 수신사(修信使) 박영효(朴泳孝, 1861~1939) 일행을 따라 이수정[89]이 일본에 상륙하게 되었다. 그는 임오군란 당시 명성황후의 생명을 구해 준 공로로 고종황제의 특허를 얻어 가지고 가게 되었다.[90] 특허를 받아 간 만큼 이수정은 다른 수신사의 수원(隨員)들보다는 자유로운 시간을 가질 수 있었다.[91]

이수정은 제일 먼저 당시 일본의 농업 정책 권위자 쓰다 센(津田仙)을 찾아갔다. 1년 전 신사유람단의 일원으로 일본에 갔던 안종수(安宗洙)가 그에게서 받아 가지고 온 "산상수훈의 족자"에서 "공자의 빛은 부분적이므로 일본의 어두운 곳까지 비치지 못하나, 예수의 빛은 해와 같아서 일본 방방곡곡, 전 세계, 지구의 이 끝부터 저 끝까지 비친다는 말부터 시작하여 기독교의 설명을 듣고 호기심"[92]을 가졌기 때문이다. 그는 쓰다를 만나고 돌아올 때 《농정신편(農政新編)》 같은 서양 농법에 관한 책뿐만 아니라 한문 성경을 받아 가지고 와서 열심히 성경을 읽기 시작했다. 그리하여 일본에 간 지 약 3개월 뒤인 크리스마스 때는 쓰다의 안내로 쓰키지(築地)교회 크리스마스 축하예배에 참석하게 되었다. 이때의 감격과 기쁨은 이루 헤아리기 어려웠다. 그는 그 교회 야스가와 도오루(安川亨) 목사의 극진한 지도하에 신앙이

급속도로 자라, 마침내 1883년 4월 29일 쓰유쓰키초(露月町)교
회에서 존 녹스(John Knox) 목사의 입회하에 야스가와 목사에
게 세례를 받게 되었다.[93] 이때 그는 일본에 온 지 불과 9개월밖
에 안 되었으나 일어를 유창하게 했고, 두 번이나 훌륭하게 그리
고 정확하게 설교를 하여 모든 사람을 놀라게 했다. 그는 모두가
감탄할 정도로 한시를 잘 지었다. 이에 따라 일본의 일류 신문사
에서는 그가 쓴 것을 얻으려고 애썼다. 그는 타고난 예술가라고
할 수 있다.[94]

　　　일본 체류 4년 동안 그의 최대의 공헌은 역시 성서 번역이
다. 기독교에 대한 그의 관심은 쓰다의 산상수훈 족자에서만 아
니라, 이보다 더 근본적으로 "그의 가족과 친지가 천주교 신자로
대원군 시대에 희생되었다"[95]는 사실 때문이다.

　　　성서 번역에 자극을 준 사람은 누구보다 미국 선교사 루
미스 목사인데, 그는 미국 장로교회 소속 목사로 1872년부터 일
본에 와서 일하다가 1881년부터는 미국 성서공회 선교사가 되어
성서 번역과 성서 반포사업을 전담하고 있던 미국성서공회 주일
(駐日) 총무였다. 때마침 그는 이수정의 탁월한 재능과 세례까지
받은 독실한 신자임을 발견하고, 그를 찾아가서 한국말 성서 번
역을 권했다. 이수정은 일본 정부 기관이나 신문사의 모든 원고
청탁을 거절하고[96] 성서 연구와 번역에만 몰두하게 되었다.

　　　그리하여 그는 한문 성경과 일본어 성경을 번갈아 대조하
면서 우선 신약성서 마태전(馬太傳)·마가전(馬可傳)·누가전(路加
傳)·요한전(約翰傳)·사도행전(使徒行傳)을 번역했는데, 이는 완전
한 우리말 번역이 아니라 한자에 토를 달아 한문에 익숙한 사람
들이 읽기 쉽게 한 이른바 현토한한 신약전서(懸吐韓漢新約全書)[97]
라는 것이었다. 이것을 그는 1883년에 완역해 가지고, 1884년
미국 성서회사 일본 요코하마 인행(印行)에서 출판한 것이다.[98]

　　　한편 그는 완전한 우리말 번역도 시도했다. 제일 먼저 마
가복음에 손을 대었다. 마가복음은 분량이 적고 문체가 보다 간

결했기 때문이다. 일본어 성경 번역도 마가복음이 제일 먼저 나왔으며, 한문 성경보다 그것이 더 참고가 되었기 때문이다.[99] 이 번역은 일종의 국한문 혼용으로, 《신약 마가젼복음셔 언히》가 1885년에 출판되었는데, 1885년 언더우드(H. G. Underwood, 元杜尤)·아펜젤러(Henry Gerhart Appenzeller, 亞扁薛羅) 두 목사가 일본에 도착하자 이것을 발견하고 가슴에 품고 입국했다는 성경이 바로 이것이다.

이수정이 그다음 한 일은 선교사 초치(招致)운동이다. 그는 일본인들이 한국에서 선교활동을 하겠다는 것을 단호히 반대하고, 미국 선교부에 한국에 선교사를 파견 것을 호소했다.[100] 1883년과 이듬해에 미국 교회에 호소 편지를 썼다. 녹스 목사의 이름으로 '조선의 사정(Condition in Korea)'이라는 제목의 편지가 〈세계 선교 평론(*The Missionary Review of the World*)〉이라는 외국 선교 잡지에 발표되어 많은 미국 신학생의 마음을 설레게 했다.[101] 결국 언더우드 목사와 아펜젤러 목사도 이 호소 편지에 감동받아 한국에 오게 되었는데, 그것이 곧 유명한 '그리스도의 종 리쥬떼이(A Servant of Christ Rijutei)'[102]의 호소문이다.

그러나 안타깝게도 그의 최후는 불행했다. 갑신정변 이후 정부는 이수정의 친구 안종수를 1885년 4월 일본에 파송하여 이수정을 데려오게 했으며, 그것이 실패하자 1886년 통리교섭통상사무아문(統理交涉通商事務衙門) 박준우(朴準禹)를 파송하여 귀국케 했다. "그러나 불행히도 수십 명을 싣고 가던 배가 부산에 도착하자마자 그를 붙잡아다 죽여 버렸다."[103] 때는 1886년 5월경으로,[104] 일본 체류 약 4년 뒤의 일이다.

2.

교회 창설과
선교활동(1884~1890)

　　1876년 만주에서 이응찬·백홍준·이성하·김진기 등 네 젊은이가 매킨타이어 목사에게 세례를 받고 입교한 사실, 이는 곧 한국 개신교회의 시작이라고 볼 수 있으며, 1784년 만주에서 이승훈이 드 그라몽 신부에게 영세를 받고 최초의 신자가 된 경우와 흡사하다. 이승훈이 영세 받고 그 해 귀국한 데 비하여, 이응찬 등은 귀국하지 않고 만주에 머물러 있었을 뿐, 네 사람이 한꺼번에 세례를 받고 외지에서나마 함께 모여 예배를 보기 시작했다는 것은 중대한 사건이 아닐 수 없다. 아울러 그들이 만주에 있는 한인 마을과 국내 마을에서 전도를 개시하여 예배를 보기 시작한 사실 또한 중대한 사건이 아닐 수 없다. 다시 말해서 그들은 1884년부터 자기들끼리 예배를 보기 시작했는데, 이는 천주교의 경우, 이승훈이 귀국하여 1784년부터 국내에서 친구들끼리 성사를 행하기 시작한 것과 비슷한 사건이다. 또한 그네들의 모임은 최초의 기독교인 공동체였는데, 이것이 곧 한국 개신교 최초의 평신도 교회이며, 한국 개신교의 특징이라 할 수 있다.

1) 한국인의 평신도 교회들

(1) 서간도 한인 마을 평신도교회

이 교회는 김청송[1]의 전도로 시작되었다. 그는 1882년 식자공 일을 다른 사람에게 맡기고 매서인(賣書人) 자격으로 자기 고향인 즙안현(輯安縣) 한인 마을(평안북도 강계에서 압록강 건니에 있는)에 돌아가서 6개월간 수천 권의 한글 성경과 전도 문서를 뿌린 결과 많은 초신자가 생기게 되었다. 그래서 그는 봉천으로 로스 목사를 찾아가 이 사실을 알리고 자기 고향으로 와서 세례를 베풀어 줄 것을 요청한 바 있으며, 1884년 늦은 여름 어느 날에는 김청송에게서 성경을 받은 이 마을 사람들이 기독교의 진리를 알기 위해 로스 목사를 찾아간 것이다. "그들은 임오군란 때 변경(邊境)으로 좌천된 고급 군인이었는데, 이에 불만을 품고 즙안현 한인촌으로 망명해 온 사람들이다."[2] 그들은 한글 복음서와 전도문서를 읽는 동안 마음의 변화를 입어 로스 목사를 찾아 갔으며, 아울러 서구 문화에 대한 동경심에 불타게 되었다. 그리하여 로스 목사는 1884년 11월 중순께 웹스터(Webster) 목사와 함께 이 마을로 찾아갔는데, 그때의 일을 로스 목사는 다음과 같이 썼다.

우리는 첫번 7일 동안은 마차를 타고 여행했으나 눈이 너무 깊게 쌓이고 길이 좁아서 그다음 한 주일 동안엔 나귀를 타고 갔다. 영하 20도의 추위는 우리를 몹시 괴롭혔다. 해질 무렵 우리는 첫 한인 마을에 도착했는데, 약 30명의 흰 두루마기 입은 한인들이 우리를 반겨 맞아 주었다. 우리는 그중 가장 우두머리 되는 사람의 집에 유숙했는데, 그들의 호의와 친절은 말로 다할 수 없었다. 이 순박한 농민들은 과거 20년간 이 골짜기를 개간하고 농사를 지어 왔다. 그들은 그저 아무 병고 없이 하루하루를 살아가는 것이 유일한 낙이었다.

그런데 2년 전 그들의 생활에 큰 변화를 일으킨 일이 생겼다. 그리스

도의 복음이 이 골짜기에 들어왔기 때문이다. 그리하여 수백 명의 한
인들이 구원의 길을 찾아 날마다 즐거운 생활을 보내고 있다. 그들의
신앙의 동기와 과정 그리고 결과를 생각하면 과연 놀라지 않을 수 없
다. 한 사람의 선교사도 찾아간 일이 없는 그곳, 다만 한글 성서와 전
도문서가 들어간 그곳에 놀랄 만한 결과를 가져오게 되었다. 그들은 2
년 전까지 타종교의 암흑 속에서 살고 있었는데. 지금은 예수 안에서
죄 사함 받고 하나님의 구원을 확신하면서 기쁨에 찬 생활을 하고 있
다. 우리가 심방한 네 마을에서 모두 75명이 세례 받고 입교했다. 이
교회가 자라서 수년 안에는 모국에 복음을 전파하여 북한 전체가 복
음화될 것을 기대해 마지않는다. 이로써 저들의 말로 만들어진 복음
서와 전도문서가 끼친 힘이 얼마나 큰가 하는 것을 짐작할 수 있다.[3]

위 한인 마을은 고구려의 수도였던 즙안현 이양자(李楊
子) 그리고 광개토대왕비가 세워져 있는 데서 과히 멀지 않은 곳
인 만큼, 비록 압록강 국경 너머 만주 땅이긴 하나 우리 땅과 마
찬가지이며, 오래전부터 한인들이 모여 사는 집단 마을이었던 만
큼 국내 교회와 다름없는 곳이었다. 1884년 75명의 한인이 세례
를 받고 1885년에는 25명이 세례를 받아 약 100명의 평신도 교
회가 섰다. 그리하여 1898년에는 교인들 중에서 이성삼(李聖三),
임득현(林得賢) 등이 집사가 되어[4] 교회 구실을 제대로 하기 시작
했다.

(2) 의주 평신도교회
　　1883년부터 이성하와 서상륜은 국내 선교를 위해 모험
을 개시했다. 특히 이성하는 비밀리에 압록강을 넘어 고향 의
주에 잠입하여 전도를 개시했다. 그는 많은 복음서와 전도문서
를 갖고 봉천을 떠났다. 그러나 국경의 경계가 어찌나 심한지, 갖
고 간 전도문서를 의주 대안(對岸) 구련성(九連城)에 있는 중국
인 객주집 주인에게 오랫동안 맡겨 두고 도강하여 기회만 엿보면

서 한동안 "비밀리에 복음을 구설(口舌)로 상전(相傳)"[5]했는데, 불행히도 그 많은 복음 서적을 모조리 잃어버린 것이다. 그 중국인 객주집 주인은 "그 서적이 축년첨적(逐年添積)됨을 혐기(嫌忌)하야 이거(移去)하기를 독촉함에 세무나하(勢無奈何)라, 부득이 그 성서를 혹 강에 투기(投棄)하며 혹 화(火)에 소멸하야 다년 적치(積置)했던 것이 일조(一朝)에 오유(烏有, *아무것도 없게 됨)에 귀(歸)케 된지라."[6] 그러나 이 소식을 전해 듣고 매우 낙심할 줄 알았던 로스 목사는 적이 자위하면서 "성경 씻은 물을 마시는 한국 사람마다 생명을 얻게 될 것이며, 좋은 비료가 됨으로써 장차 한국 교회가 크게 발전할 것이다"[7]라고 했다.

그 뒤 이성하는 조금도 낙심하지 않고 열심히 전도를 계속했다. 그러나 불행히도 그는 신병으로 사면하고[8] 백홍준이 뒤를 이어 전도를 계속했다. 그는 집 떠난 지 근 10년 만에 우장을 출발하여 고국 강산을 향해 희망과 호기심에 찬 여행을 계속했다. 그는 10일 후 의주의 대안인 '싸하지'에 도착했다. 중국 주막에다 여장을 푼 그는 국내 사정을 살피는 가운데 성경책을 가지고 입국하기란 매우 어려움을 직감하고 한 계교를 꾸며냈다. 갖고 온 책을 헤쳐서 한 장씩 말아 가지고 노끈을 꼬은 것이다. 다음은 낡은 종이를 많이 얻어가지고 그 속에 얼마의 책을 감추고, 마치 고지(古紙)를 사오는 것처럼 위장하여 국경을 넘었다.

집에 돌아온 그는 고지 속에서 복음서를 꺼내고 노끈을 풀어 다시 책으로 만든 뒤, 이것을 가지고 사방을 순회하며 전도했다. 그는 의주를 비롯하여 멀리 위원(渭原)·강계(江界)·구성(龜城)·삭주(朔州) 등지까지 찾아가 복음을 전했다. 반년이 못 되어 10여 명의 신자를 얻은 그는 주일마다 자기 집에서 교인을 모아 예배드렸다. 말하자면 이는 한국 국내에서 맨 처음 교회다.[9]

아깝게도 백홍준은 1893년 외국인과 잠통했다는 죄명으로 검속되어 봉천 감옥에서 2년간 옥고를 겪은 뒤 작고했다.[10]

(3) 소래마을 평신도교회

소래마을은 황해도 장연군 대구면 송천리(長淵部 大救面 松川里)의 토박이 명칭이다.[11] 이곳에 교회가 서게 된 사연은 서상륜에게서 알 수 있다. 서상륜은 1879년 만주에서 로스 목사에게 세례를 받은 뒤 잠시도 성경 번역 사업에서 손을 뗀 적이 없다. 드디어 그는 1882년 만주에서 누가복음과 요한복음을 번역 출간하는 데 성공했고, 1883년부터는 국내 전도의 중대 사명을 띠고 장도에 올랐다. 친구들은 그를 봉천 시외에 있는 십리하(十里河)까지 환송해 주었다. 물론 그의 보따리 속에는 많은 쪽복음서와 중국어 성경이 비장되어 있었다. 그때 그는 36세의 한창 젊은 나이로, 만주 땅 허허벌판의 맹수와 강도의 위험을 무릅쓰고 강행군을 계속한 끝에 드디어 고려문에 당도했다. 거기서 그는 중국 관헌에게 불심검문을 당했다. 불행히도 성경책이 발각되는 바람에 사로잡혀 한국 측 검문소에 넘겨져 투옥되었다. 이렇게 되면 국법을 어긴 죄로 최고 사형까지 받게 되는 법이다.

그러나 천만다행으로 그 검문소 담당 관리인 김효순(金孝淳)과 김천련(金天鍊)이 의주부(義州府) 집사이며 그의 먼 일가 되는 사람들이기에 그들의 도움으로 죽음을 면하게 되었다.[12] 그 관리들은 그로 하여금 밤중에 옥사를 탈출하여 말을 타고 도망치게 한 것이다. 서상륜은 도망쳐 나올 때 성경책을 달라고 애걸했으나 전부 빼앗기고 겨우 열 권만 되찾아 가지고 탈출했다.

그는 고향 의주에 숨어들었다. 그의 친척들은 5~6년 만에 고향에 돌아온 그를 반가이 맞아 주었다. 그러나 그는 자기 죄상이 드러날까 봐 오래 있을 수 없었다. 더욱이 그는 서울 지방에 가서 전도할 목적이었으므로 더 이상 머뭇거릴 수가 없었다. 그는 당숙이 살고 있던 황해도 장연으로 떠났다. 때는 1883년 말경, 그의 동생 경조(景祚)의 식솔까지 전부 데리고 황해도 소래마을로 갔다.[13]

그가 정착한 곳은 소래마을의 아랫마을,[14] 그곳에 그의 당숙이 먼저 와 살고 있었기에 숨어 사는 데는 안성맞춤이었다. 그럭저럭 1884년에 접어들면서 본격적으로 전도를 개시했다. 우선 그는 보따리 속에 비장해 두었던 쪽복음서를 끄집어내어 가족과 친척들에게 읽게 했다. 한편 그는 중국으로부터 또 다른 복음서가 도착하기를 고대했다. 봉천에 있는 로스 목사가 다른 경로로 복음서를 보내 주리라 믿고 있었기 때문이다.

그 무렵 인천 해관(海關)에서는 큰 소동이 일었다. 수취인을 알 수 없는 6천 권의 한글 복음서 상자가 중국에서 들어왔기 때문이다. 해관 관리들은 그것이 금서(禁書)일 뿐만 아니라 이 금서의 수취인이 반드시 국내에 숨어들었으리라 확신했다. 그러면 그 수취인이 누구이며 누가 이 금서를 퍼뜨리려는 것인가? 이처럼 야단법석이 일어났을 때 당시 해관 고문이던 묄렌도르프(P. G. von Möllendorff, 穆仁德)에게 편지 한 장이 날아들었다. 봉천에 있는 로스 목사로부터 온 편지였다. 내용인즉 이 성경을 서상륜이라는 한국 사람에게 전해 달라는 간곡한 부탁이었다. 다행히도 그의 부인은 독실한 기독교 신자로, 남편으로 하여금 사건이 더 이상 확대되지 않도록 당부하는 동시에 비밀리에 서상륜을 찾아내어 그 책을 전해 주게 했다. 이에 대하여 《조선 예수교 장로회사기》의 저자는 이렇게 썼다.

> 서상륜은 …… 후에 한성에 잠도(潛到)하야 복음 전포(傳布)키를 경영하더니 봉천 선교사 로스 요한이 상하이 성서공회에 위탁하야 선문(鮮文)으로 역간(譯刊)한 성경 6천여 본을 조선 경성 서저(徐邸)에 우송케 한 것이 인천 해관에서 발각되야 압수하고 불측(不測)의 사(事)가 생(生)케 되얏더니 적기시(適其時) 외아문협판(外衙門協辨) 목인덕(穆仁德)의 부인은 독실한 신자라 전도에 유의하더니 로스 목사의 치서(致書) 촉탁(囑托)으로 목협판(穆協辨)이 서상륜을 밀초(密招)하야 사유(事由) 문지(聞知)하고 정부에 선언(善言)하야 무사히 되얏스며 서상(書箱)은 서저(徐邸)에 송치됨으로 서군은 은밀히 전도에 종사하다가

> 그 후에난 원두우(元杜尤) 목사의 내경(來京)을 기회로 하여 한성에서
> 전도의 문이 점개(漸開)케 되니라.[15]

이로써 우리는 서상륜이 이 성경 상자를 받아 가지고 먼저 소래로 갔으며, 거기서 그 상자를 열어 성경을 뿌리기 시작했음을 알 수 있다. 때는 1884년 봄쯤,[16] 이때까지 그는 솔내(松川)에서 한동안 지내면서 신자 몇 사람을 얻었으며,[17] 1884년 9월 20일 알렌 의사가 입국했고, 1885년 4월 5일에는 언더우드 목사 등이 입국했다는 사실을 알면서도 "로스 목사를 서울로 오게 하여 자기가 인도한 새 신자들에게 세례를 베풀어 주기를 원했기 때문에, 미국 선교사들에게 아무런 보고도 하지 않았다."[18]

이에 대하여 그의 동생 서경조는 이렇게 고백했다.

> 상경(上京)하라는 하서(下書)를 받고 상경하니 맛참 그때 심양으로부터 칙샹즈가 청상편(清商便)으로 비밀이 나온지라. 신약젼셔와 덕혜입문 등셔를 가지고 하래(下來)하야 비밀이 신약을 두어 번 보아도 알 수 업는지라. 그러나 이 칙 속에 긔이한 슐법(術法)이 잇스리라 ᄒ고 츠츠 모를 거슨 심히 싱각ᄒ여 보기를 수ᄎ 는려보니 더러 알거시 잇는 동시에 젼에 긔이ᄒ 슐법을 엇어보랴 ᄒ던 ᄆ음은 업서지고 예수 교 홀 ᄆ음이 깁히 드러가는 동시에 ······ [19]

이로 미루어 보아 1884년부터 소래마을에는 이미 성서가 많이 뿌려지고 신자가 생겨, 서경조 집에서 예배를 보기 시작한 것이 확실하다.[20] 다만 서경조는 "1885년 을유춘(乙酉春)에 백씨의 하셔를 보고 상경ᄒ니 원두우(元杜尤) 목사가 젼년(前年)에 나왓는듸 셔울 사름 1인과 의쥬 사름 1인이 세례를 밧앗더라"[21]라고 했는데, 여기서 원두우 목사가 '젼년' 즉 1884년에 내한한 것으로 되어 있지만 이는 1885년의 잘못이 확실하며, 1884년에 내한

한 알렌 의사의 오기(誤記)인 듯하다. 세례를 받았다는 서울 사람 1인과 의주 사람 1인이 누구인지는 밝히지 않았으나 "하래(下來) 후 그 히 9월에 원 목ㅅ가 유람공문을 가지고 슝천에 ㄴ려온 지라, 병호(丙浩)가 난지 셕돌되여 유ㅇ세례를 밧으니라"[22]라고 한 것으로 미루어 보아 그해 봄에 상경했을 때 이미 세례를 받은 것 같다.

이에 대하여 《조선 예수교 장로회사기》도 "1885년(己酉… 是夏)에 경조(景祚)는 상경하야 원두우 목ㅅ의게 세례를 받고 시추(是秋)에 원두우 목ㅅ난 송천에 순왕(巡往)하야 경조의 유자(幼子) 병호(丙浩)의게 세례를 주어스니 차(此)가 조선 교회의 아세(兒洗)의 시(始)니라"[23]라는, 거의 같은 기사를 쓰고 있다.

소래교회 창설 연대에 관해서도 엇갈린 기사와 주장이 있다. 《조선 예수교 장로회사기》는 "1885년(乙酉)에 의주인 서경조가 …… 그 형 상륜의게 성서 서적을 다수 청득(請得)하야 인리(隣里)에 전파하야 신자를 초집(招集)하엿스니 차(此)가 송천교회의 창립이니라"[24]라고 했으며, 역사가 김양선은 서상륜의 전도 효과를 높이 평가하는 가운데 "로스 목사의 1885년도 보고서에 의하면, 동년 서울에는 70명의 세례 지원자가 생겼고, 의주에는 18명의 세례 지원자와 예배처소가 생겼고, 송천에는 20명의 세례 지원자가 생겼다"라고 했다. 동지(同誌)는 이 놀랄 만한 결과의 이유를 다음과 같이 논평했다. 즉 "로스 목사에 의하여 역간된 복음서들은 누구나 읽으면 곧 그 뜻을 알게 되기 때문에 이처럼 개종자가 급속하게 증가된다. 남자들뿐 아니라 여자들도 열심으로 책을 얻어서 읽고 있는 현상은 놀랄 만한 일이라"[25]라고 기록함으로써 한국 교회의 창설은 평신도들의 독자적인 전도와 한글역 성경 산포에 원인이 있었음을 강조했다. 사실 1895년 선교사들에 의해 4복음서가 나오기까지는 이 한글 성서가 유일한 성서였으며, 이 책이야말로 한국 교회의 기초가 된 것이다.

(4) 성서 중심의 부산 교회

　　이미 말한 바와 같이 한국 교회는 성서 중심으로 시작된 교회다. 1865~66년 토마스 목사가 대동강에서 성서를 뿌린 것이라든지, 1867년 윌리엄슨 목사가 고려문에서 한인들에게 성서를 전파한 것이라든지, 그해에 코벳(Corbett) 목사가 황해도 해안에 와서 성서를 뿌린 것이라든지, 1868년 매터어 목사가 다시 와서 성서를 뿌린 것 등, 이 모든 것은 스코틀랜드 성서공회의 적극적인 후원 아래 이루어졌다. 그리고 이성하·백홍준·서상륜 등이 매서인 또는 권서인 자격으로 국내에 잠입한 것도 모두 동 성서공회 소속으로 성서를 전파하기 위한 모험이었던 것이다.

　　이 모든 성서의 전파는 만주를 시발점으로 한 북으로부터의 전파인 데 비해 일본을 시발점으로 하여 남으로부터 전파된 사실이 있다. 곧 부산의 경우다. 이것도 마찬가지로 스코틀랜드 성서공회의 후원하에 이루어진 것이다.

　　이미 말한 바와 같이 로스 목사는 누가·요한복음 인쇄를 위해 일본 도쿄 주재 스코틀랜드 성서공회 총무 릴리(Lilly) 목사로 하여금 4만 자의 연활자(鉛活字)를 부어 우장으로 보내게 했고, 상하이 주재 성서공회로 하여금 인쇄기를 봉천으로 이송토록 했다. 이와 같이 최초의 한글 성서를 출판하는 데 일본과 중국에 있는 성서공회들이 힘을 합하였는데, 그 성서가 1882년 이른 봄 첫 선을 보이게 되자 총 발행 부수의 3분의 1인 1천 부를 일본 주재 스코틀랜드 성서공회 총무 톰슨(Thomson) 목사에게 보냈다.

　　때마침 그해에는 한미수호조약이 체결되었으며, 이미 부산·인천·원산 등 항구가 개항되어 있었기 때문에 한국 선교에 대한 선교사들의 꿈은 한층 더 부풀어 오른 것이 사실이다. 그리하여 중국에 있던 로스 목사는 1883년에 이성하·백홍준·서상륜 등 짝일꾼들을 매서인·권서인 자격으로 국내에 잠입토록 했고, 일본에 있던 톰슨 목사도 같은 해인 1883년 6월 드디어 도쿄 대리점 직원인 일본인 신자 나가사카(長坂)에게 매서인의 사명을 띠고 부산에 상륙토록 했다.[26] 이같이 스코틀랜드 성서공회는 한국에 복음을 전파하기 위하여 남과 북으로부터 동시 공세를 취한 것이다.

1884년 4월에는 스가노(管野) 부처와 미우라(三浦)라는 일본인 매서인들이 부산에 상륙하여 성서 보급소를 설치했다. 미우라는 얼마 후 사면됐으나 스가노는 1886년 부산에서 작고할 때까지 열심으로 성서를 뿌렸다. 스가노는 부산을 중심으로 동래와 대구까지 보급망을 확장했다. 그들이 얼마나 한국말을 잘하고 전도인다운 자세를 갖추었는지는 잘 알 수 없으나, 어쨌든 일본인이 한국에 파송된 것은 스코틀랜드 성서공회에서 천주교의 베이징 주재 프랑스인 주교가 한국에 첫 신부를 파송할 때 한국인과 모습이 비슷한 중국인 신부 주문모를 뽑아 보낸 것과 비슷했다.

이리하여 1884년 부산에 설치된 성서 보급소는 마침내 성서공회의 성립을 가능케 했다. "스가노는 보급소 앞뜰에다 돗자리를 깔아 놓았다. 일종의 노천 예배당이다 …… 장날이면 장터 한편에 누가복음과 요한복음을 펼쳐 놓고 장꾼들에게 읽도록 만들었다. 부산의 보급소는 마침내 이동 보급소가 되어 성서는 더 많은 사람에게 보급되었다. 스가노는 이해 사망하기 직전까지 1,250부의 복음서를 전파했다."[27]

한편 대영성서공회도 1883년부터 동 누가·요한복음의 국내 전파를 위해 북중국의 총무 브라이언트(Evan Bryant)로 하여금 한국 총무를 겸하게 함으로써 이성하·백홍준·서상륜 등 매서인의 파송을 공동사업으로 시작했다.[28]

2) 선교사들의 입국과 교회 설립

위에서 본 바와 같이, 이응찬·백홍준·이성하·서상륜 등은 1876년부터 1879년 사이 만주 땅에서 세례를 받고 성서 번역에 열을 올리다 국내에 잠입하여 1884년 크리스천 공동체 형성에 성공했다. 그때까지 국내에 입국한 선교사는 없었고, 감히 입국할 용기조차 내지 못했다.

그런데 선교의 새 바람이 불어오기 시작했다. 이 바람은 한미수호조약 체결과 더불어 세차게 일기 시작했다. 1882년 5월 22일, 조선 대표 신헌(申櫶)과 미국 대표 슈펠트(R. W. Shufeldt) 제독이 제물포에서 조약에 서명했다. 주요 내용은 한국 공개 항구에서 미국 시민의 거주권·교역권·창고 시설권을 보장하며, 영사·공사를 교환하고 상호원조하는 것으로, 특히 제1조에서 미 합중국은 한국의 정치적 독립과 영토적 보장을 위해 원조할 것을 약속했다. 그러나 이 조약에서는 종교의 자유 문제에 대해서는 아무런 언급이 없었다.

그러나 이 조약으로 여기저기서 선교 개시에 대한 새 바람이 일기 시작했다. 이때까지 한국에 대해 공포와 의심만 품고 있던 해외 선교사들은 갑자기 움직이기 시작했다. 특히 일본과 중국에 와 있던 미국 선교사들은 본국 선교본부와 성서공회 본부에 청원서를 보냈다. 그중 몇 가지 예를 들면, 첫째로 일본에 와 있던 미국 장로교회 녹스(George W. Knox) 목사는 1883년 장로회 선교 본부에 다음과 같은 편지를 썼다.

한국 수도에는 영국 태생의 중국인 몇을 선생으로 초빙하여 영어학교를 설립했는데, 벌써 70명의 학생이 수용되어 있다고 한다. …… 한국 사람들은 서양 학문의 중요성을 깨닫고 있는 것이 사실이다. 이 도쿄에는 일본어와 영어와 각종 기술을 배우는 학생들이 적어도 30명은 되며, 전번에도 소생이 편지한 바와 같이 그중 두 학생이 세례를 받았으며, 기독교에 깊은 관심을 가지고 있는 학생들이 많다고 한다. '밋숀 스쿨'을 설립하기만 하면 설립하기가 바쁘게 큰 성과를 거둘 것은 틀림없는 사실이다. 목사 두 사람과 의사 한 사람만 있으면 사업 개척이 가능할 줄 안다. …… 될 수만 있으면 수도에 학교를 속히 설립하시오. …… 명춘 4월에는 선교사가 그 나라 땅에 상륙하여야 된다. ……[29]

중국에 있는 선교사들에게서도 호소 편지가 왔는데, 리드(Gilbert Reid) 목사는 편지에 다음과 같이 썼다.

나는 지금도 한국 선교지의 즉시 점유를 열망하고 있다. 나의 의견은 선교사로서가 아니라 교사와 의사 자격으로 선교사업을 시작해야 한다는 것이다. …… 외국인들이 벌써 서울과 기타 항구에 모여 들어가고 있다. …… 상업이 먼저 들어가고 전도는 뒤떨어져서야 되겠는가? 만약 전도를 계획한다면 지금부터 곧 시작해야 한다. …… 한국이 독일과 영국과 더불어 체결한 조약에 외국인은 개항장에서 예배할 수 있게 인정되었으니, 병원 사업과 영어 교수는 각국인들의 환영은 물론이고 많은 본토민의 기대에 웅하게 될 것이다. …… 의사의 봉급은 거기 있는 거류민의 치료비로 대부분 충당할 수 있을 것이다.[30]

한미수호조약이 체결된 뒤 미국은 대표 사절로 푸트(Licius H. Foote)를 한국 주재 초대 공사로 파송했으며, 아울러 한국 정부는 민영익(閔泳翊)을 수반으로 하는 답례 사절을 미국에 파송하게 되었는데,[31] 때는 1883년 7월, 일행이 워싱턴으로 가는 도중 차 안에서 볼티모어의 가우처 대학 총장이던 가우처(John F. Goucher) 목사를 만나게 되었다. 광대한 미 대륙을 횡단하는 장거리 여행 중에 민영익 대사와 가우처 목사가 친밀하게 사귀는 동안, 가우처 목사는 한국이 선교 개척지가 될 수 있다고 확신하게 되어, 마침내 1883년 11월 6일자로 감리교 외지 선교 본부에 편지를 쓰게 되었는데, 그 속에 그들 즉 "재일본 선교사들이 큰 지장이 없겠다고 생각한다면, 그들의 사업을 '은둔의 나라'에 뻗쳐 한국에서 선교사업을 하기 바란다"[32]라는 말이 있었으며, 2,000달러의 기부금까지 보내면서 한국 선교에 대한 열의를 보여 준 것이다.

끝으로 일본에 있던 한국인의 편지가 크게 작용했다. 위에서 말한바 이수정은 한반도에서 선교 사업계획을 세워달라는 간곡한 편지를 낸 것이다. 그의 호소문은 1884년 3월 《세계선교평론(*The Missionary Review of the World*)》이라는 선교 기관지에 "한국의 실정(The Condition of Korea)"이라는 제목으로 발표되었다.[33] 이 기사로 한국 선교에 대한 관심은 급속도로 고조되었다.

(1) 감리교

가우처 목사는 미 감리회 선교본부로부터 시원한 회답을 받지 못했기에 이번에는 재일본 감리교 선교부에 편지를 띄웠다. 때는 1884년 1월 31일, "한국에 찾아가서 그 나라 실정을 답사한 후 선교사업에 착수하면 좋겠다"[34]라는 내용이었다. 이 편지를 받은 재일본 감리교 선교부 대표자 매클레이 목사는 부인과 1884년 6월 19일 일본 나가사키를 떠나 23일 인천에 상륙, 24일 서울에 입성하여 미국 공사 관저에 여장을 풀게 되었다.[35] 매클레이 부처는 여러 해 전부터 친분이 있었던 한국 정부의 고관 김옥균의 주선으로 고종 임금에게 선교에 대한 청원서를 낼 수 있었다. 그는 그 청원서[36]에서 한국에서 학교사업과 병원사업을 할 수 있도록 윤허 것을 간청했다.

청원서를 올린 지 나흘째 되는 7월 3일, 매클레이 목사는 김옥균으로부터 고종 임금이 선교회가 한국에서 병원사업과 학교사업을 하는 것을 윤허했다는 소식을 듣게 되었다. 한편 푸트 공사는 매클레이 목사가 다녀간 뒤 9월 8일자 편지로 매클레이 목사에게 다음과 같은 기쁜 소식을 전했다.

나는 군주 폐하(His Majesty)로부터 확실한 새 소식을 받았습니다. 폐하께서는 당신이 하고자 하는 선교사업에 반대하지 아니하고 도리어 서울에 기독교 학교와 병원을 설립하는 데 지장이 없도록 하며, 은연중 밀어 주겠다고 말씀하셨습니다. 내가 이곳에 있으면서 당신을 보게 될는지 몰라도(그는 1885년 귀국) 나도 당신을 위하여 선교사업을 준비하는 데 최선을 다할 것이며, 그 일이 잘 성취될 것입니다. 김옥균 씨와 그 밖의 인사도 나를 도와 무엇이나 그들이 할 수 있는 것을 원조해 주고 있습니다.[37]

매클레이 목사는 일본으로 돌아가자 곧 선교본부에 이 기쁜 소식을 전하고 "우선 교육사업과 의료사업부터 시작하지만 궁극 목적은 전도에 있다"는 것을 강조했다. 이리하여 매클레이 목사는 한국 선교의 막을 열게 된 것이다. 1824년 2월 7일 펜실베이니아 주에서 태어난 그는 1847년에 중국 선교사로, 1872년부터는 일본 개척 선교사로 피명되었는데, 마침내 1884년에 이르러 한국 선교의 개척자가 되었다.

(2) 장로교

미국 장로교회는 이수정의 간곡한 호소를 받은 이후 활발한 움직임을 보이기 시작했다. 특히 한 특지가(特志家)로부터 5,000달러의 기금을 얻게 되자 더 활기를 띠어 "의술이 훌륭하고 헌신적인 젊은 의사 헤론(John W. Heron)이 한국에 가기로 자원했으므로 1884년 봄에 최초의 장로교파 한국 선교사로 임명하게 되었다."[38] 그러나 선교본부는 한국에 들어가서 선교를 하기에는 시기상조라는 이유로 먼저 일본에 가서 한국말을 익히도록 지시했다.

이 무렵 상하이에 가 있던 한 의료 선교사로부터 선교본부에 편지가 왔다. 그의 이름은 알렌으로, 그는 1883년 10월 미국 북장로회 선교사로 중국 상하이에 파송되어 있었으나, 그곳에서 재미를 보지 못하고 방황하고 있던 중 몇몇 유력 인사들로부터 한국에 가보라는 권면을 듣게 되었다. 즉 한국 주재 미국 공사관 식구들을 비롯한 여러 나라 외교관 및 외국 거류민들의 공의(公醫)가 되는 것이 어떠냐는 것이었다. 그래서 그는 선교본부에 1884년 6월 8일자로 한국에 가도 좋으냐고 전보를 쳤다. 다행히도 7월 22일, 한국에 가도 좋다는 전신을 받게 되었다.[39] 그는 그해 9월 14일 상하이에서 배로 떠나 9월 20일 제물포에 상륙했다.

이리하여 알렌[40]은 장로교 최초의 선교사가 되었는데, 감리교의 매클레이 목사는 고종 임금으로부터 교육과 의료사업의 윤허를 받았으나 알렌은 외국 공관원들의 공의를 가장하고 몰래 입국했다는 점, 전자는 목사인 데 비해 후자는 평신도 의사라는 점, 전자는 왔다가 곧 돌아간 데 비해 후자는 그대로 머물러 정착했다는 점, 전자는 41세의 원숙한 목사인 데 비해 후자는 27세의 초년생 평신도였다는 점 등이 달랐다.

그는 한국 주재 미국 공사관 및 외교관들의 공의로 임명되었으나 감히 자기가 선교사임을 공언하지 못한 채 숨어 살았다. 그러다가 그해 12월 4일 갑신정변이 일어났다. 이 정변이야말로 한국 개신교 선교 개시의 천재일우의 호기회가 된 것이다. 다시 말해 그는 개화파 자객의 칼에 맞아 거의 죽게 된 수구파의 거물 민영익을 살린 의공(醫功) 때문에 10만 냥의 상금을 받고, 임금의 시의가 되고, 이로 인하여 입국한 지 불과 반년이 조금 지난 1885년 4월 10일 정식으로 광혜원(廣惠院), 즉 국립병원(뒤의 세브란스병원)을 설치함으로써 한국 개신교 선교의 한 길을 터놓게 되었다. 이에 대하여 《연세대학교사》는 다음과 같이 썼다.

알렌은 명성이 높아짐에 따라 그의 치료를 받고자 하는 사람들이 나날이 늘어감으로 근대식 병원을 개설할 필요를 절실히 느끼게 되었다. 1885년 1월 22일 미국 공사관 무관 포크(G. C. Foulk) 중위를 만나 상의한 다음 그를 통하여 관립병원 설립을 한국 정부에 제의했다. 포크 중위는 자기 추천서를 첨부하여 이 제안을 당시 한국 정부 외부대신 조병호에게 올렸다. 알렌이 제안한 내용을 보면, 외국인 의사인 자기를 찾아오는 환자가 날로 늘어가는 데 대처하기 위해 병원이 필요하며, 자신은 무보수로 이 병원에서 진료를 책임지고 젊은 한국인에게 서양 의학을 가르칠 뜻이 있으니 병원으로서 청결한 곳에 적당한 건물과 경영비와 약값으로 연간 3,000달러를 제공하여 주도록 제의했다 …… 포크는 이 문제에 열중하여 수차례 협의를 계속한 결과 한국 정부와 고종도 그 필요성을 인정하고 1885년 이른 봄에 병원 설립을 허가하고 …… 한성 북부 재동에 왕립병원 광혜원(House of Extended Grace)을 설치하게 돼 …… 1885년 4월 10일 개원하게 되었는데, 이것이 곧 우리나라 최초의 근대식 병원이고 왕립병원이며, 현 연세의료원의 전신이다.[41]

(3) 선교사들 입국의 배경

알렌 의사와 매클레이 목사가 닦아 놓은 터전 위에 1885년부터는 장로교와 감리교 선교사들이 잇따라 입국하여 선교활동을 개시했다. 그러면 그들이 어떤 배경과 동기로 한국을 찾아왔는가? 이런 문제를 먼저 알아볼 필요가 있다.

간단히 말해서 한국에 온 초대 선교사들은 미국의 이른바 선교정신(Missionary Spirit)과 개척정신(Frontier Spirit)의 후예들이다. 또한 그들은 모두가 신학교를 갓 나온 새파란 젊은이들이며, 재학 시절 학생운동에 열렬했던 청년들이다. 한 예를 들어 1888년 저 유명한 '학생 외지선교 자원단(Student Volunteer Movement for Foreign Missions)'이 정식으로 발족했는데, 이 단체의 구성원은 대학 YMCA·대학 YWCA·미국 신학교 선교 연맹(American Inter-Seminary Missionary Alliance)·캐나다 대학 선교연맹(Canadian Inter-Collegiate Missionary Alliance) 등 4개의 초교파 학생 연합 단체들이었다.

이보다 앞서 1880년 미국 프린스턴(Prinston) 신학교와 하트포드(Hartford) 신학교 학생들은 "진정한 선교 부흥운동이 교회에서, 특히 신학생들 중에서 요구된다"[42]라고 선언하는가 하면, 기도주간을 정하여 금식기도를 하는 등, 선교를 위하여 열띤 신앙 운동을 전개하기 시작했다.[43] 그리고 시카고 YMCA 지도자 무디(Dwight Lyman Moody, 1837~1899) 주도하에 1886년 7월 6일부터 8월 1일까지 미국 매사추세츠 주 마운트 허먼(Mount Herman)에서 제1회 학생 하령회(夏令會)가 열렸을 때 미국과 캐나다의 87개 대학에서 251명의 학생들이 모여 "모두가 다 가자, 그리고 모두 다에게로(All should go, and go to all)"[44]라는 구호를 외치면서 외지 선교를 자원하고 나섰다. 그리하여 1890년 모트(John Raleig Mott, 1854~1925)는 "최소한 320명의 학생이 이미 여러 선교단체의 후원으로 외국을 향해 배를 탔으며, 어떤 유명한 선교사의 말에 의하면, 일반 교회 관계 지망자들은 불과 2퍼센트만 출발한 데 비해 학생들은 5퍼센트가 출발했으며, 그중 캐나다 학생들은 10퍼센트가 출발했다. 그리고 당시 통계에 의하면, 아시아 여러 나라에 파송된 학생 출신 선교사들이 모두 229명인 데 비해, 그중 중국에 69명, 일본에는 46명, 한국에는 7명이 파송되었다"[45]라고 회고하기에 이른 것이다.

이러한 배경하에 1885년 4월 5일 장로교와 감리교 선교사들이 제물포 부두 위에 발을 올려놓게 되었다. 그들은 장로교의 언더우드[46] 목사와 감리교의 아펜젤러[47] 목사다. 이 두 목사는 1883년 10월 커넥티커트 주 하트포드(Hartford)에서 열린 신학교연맹(The Inter-Seminary Alliance) 대회에 참석했다가 거기서 외국 선교에 대한 큰 자극을 받은 것이 사실이다.[48]

이들이 제물포에 상륙한 1885년 4월 5일은 이와 같이 장로교 목사와 감리교 목사가 한날한시에, 그것도 부활절 아침에 같은 체리오마루(Tserio Maru)라는 배를 타고 와서 상륙한 것이다. 다만 다른 점은, 장로교 목사는 총각이고 감리교 목사는 홀몸이 아닌 것이었다. 이 때문에 전자는 서울에 곧 입성할 수 있었

고, 후자는 입성하지 못하고 다시 일본으로 돌아갈 수밖에 없었
다. 한국 주재 미국 공사가 후자에게 이런 낯선 땅에 임신한 부인
을 데리고 오는 것은 아주 위험하다며 서울 입성을 거부했기 때
문이다. 아펜젤러 목사는 제물포에 머물며 미국 공사의 선처를
기다리는 동안 다음과 같은 역사적인 기도를 올렸다.

> 오, 하나님 아버지, 우리는 부활절 날 아침에 여기 도착했습니다. 이
> 아침에 사망의 장벽을 무너뜨리고 일어나신 주여, 이 나라 백성들의
> 얽매인 쇠사슬을 끊으시고, 그들에게 하나님의 광명과 자유를 주시
> 사 하나님의 자녀로 삼아 주소서![49]

이 기도를 올린 뒤 아펜젤러 내외는 하는 수 없이 일본으
로 물러났다가 그해 6월 20일 재입국하여 임지에 정착하는 데
성공했다.

(4) 장로교 새문안교회 설립

언더우드 목사는 한국 개신교 사상 제일 먼저 입국·정착
한 목사이며, 최초의 조직교회 설립자다. 다시 말해 그는 한국
에 온 지 약 2년 뒤인 1887년 9월 27일을 기하여 새문안교회, 즉
한국의 어머니교회(Parent Church)[50]를 설립했다. 이 공헌을 더
잘 이해하려면 그 전에 뿌려진 복음의 씨와 열매를 눈여겨보지
않으면 안 된다. 다시 말해 그가 입국하기 이전에 이미 복음이 널
리 전파되어 있었으므로, 그는 결국 복음의 씨를 뿌리러 온 사람
이 아니라 그 열매를 거두러 온 사람이 되고 만 것이다.

이미 말한 대로 그는 한국으로 오는 도중 일본에 들렀다
가 이수정을 만나서 그에게 한국말로 번역된 성경을 받아 그것을
가슴에 품고 입국했으며, 입국하자 만주에서 번역된 누가복음과
요한복음이 널리 뿌려져 있었다는 사실에 크게 놀랐다.[51]

그 장본인이 곧 위에서 말한 서상륜이다. 또 그 배후에는

로스 목사가 있었다. 로스 목사는 1887년 9월에 비로소 한국 땅을 밟았으며, 새문안교회 창립을 지켜본 증인인 동시에 서상륜의 전도활동을 뒤에서 밀어준 후원자였다. 로스 목사는 서상륜의 전도활동에 대해 이렇게 썼다.

> 다음 해(1884년) 나는 그(서상륜)에게서 빨리 서울로 오라는 편지를 받았다. 자기 친구들 중 13명이 신자가 되기를 원한다는 것이었다. 당시 나는 서구인으로서 비록 이 닫혀진 나라에 입국 허가를 받을 수 있다 할지라도 도저히 오랫동안 시간을 낼 수 없었기 때문에 갈 수가 없었다. 다음 해(1885년)에 이 도시로 와달라는 또 다른 편지 한 장을 받았는데, 그때는 79명의 신자가 있다는 것이었다. 그러나 그때도 갈 수가 없었다.[52]

위 편지에서 우리는 서상륜이 1884년에 국내에서 13명의 신자를, 1885년에는 79명의 신자를 얻었다는 사실을 알게 된다. 다시 말해 그때부터 이미 국내에는 크리스천 공동체가 형성되어 있었는데 그것이 곧 평신도 교회가 아니었겠는가? 물론 이 공동체는 세례 받지 못한 사람이 거의 전부였지만, 5~6년 전에 세례를 받은 서상륜이 중심이 되어 있었고, 213명 또는 79명이 서울 지방 사람들뿐이냐 아니면 소래마을과 의주 사람들까지 합한 숫자냐 하는 것은 별문제로 치고 어쨌든 1885년 4월 5일 언더우드 목사가 입국하기 전에 벌써 크리스천 공동체 즉 평신도 교회가 형성되어 있었음이 확실하다.

그렇다면 1887년 9월 27일 언더우드 목사에 의해 설립된 새문안교회는 결국 서상륜의 평신도 교회의 후신이라 할 수 있다. 새문안교회가 창립될 때의 광경을 그때의 증인, 즉 로스 목사를 통해 들어 보자.

> 신약성서와 관계된 일로 배편으로 서울에 갔다. 배편이 더 쉽고 가능

했기 때문이다. 도착한 날 저녁에 아주 감명 깊은 일을 목격했다. 나는 언더우드 목사의 손님으로 가 있었는데, 그는 그날 밤 그의 소수 교인 무리들과 함께 한 장로교회를 조직하기 위하여 예배 처소로 간다고 내게 말했다. 나는 그의 초청을 기꺼이 받아들여 그와 그의 의료 선교사 친구와 함께 갔다. 해는 이미 기울어 도시는 컴컴해졌을 때였다. 동양에서 흔히 볼 수 있는 넓고 어둠침침한 중심가를 건너, 우리 일행은 한국 사람이 초롱을 들고 우리를 인도하는 대로 조그만 골목길을 지나 나중에 널찍한 마당에 들어섰다. 문을 두드리니 열렸다. 곱게 종이로 바른 문을 열고 안방에 들어가 보니 깨끗한 옷차림을 한, 지성인답게 보이는 14명의 사람이 앉아 있었다. 그중 한 사람이 그날 밤에 세례를 받았지만, 주요 행사는 그들이 두 사람의 장로를 택하는 일이었다. 그 두 장로는 만장일치로 택함을 받았으며, 다음 주일날 안수를 받았다.[53]

그는 계속해서 이렇게 말했다.

돌이켜 보면 이 두 사람은 묵덴(봉천)에서 출발했던 사람의 친척들(cousins)이다. 그들은 6년간 신앙 체험을 한 신자들이며, 그래서 그들이 이 첫 모임에 들게 되었을 줄 안다. 그 교회를 조직한 14명의 세례 교인 중 13명은 앞서거니 뒤서거니 하며 묵덴을 떠났던 사람들의 전도로 신자가 된 사람들이 틀림없었다. 그러나 나의 가장 큰 관심사는, 그 도시에는 300명 이상의 신자들이 있으며 그들은 비록 완전히 성숙되진 못했을지라도 어쨌든 교회에 속하기를 원했다는 것이다.[54]

그러면 위에서 본 2명의 장로는 누구인가? 서상륜과 백홍준이라는 설도 있는데,[55] 만약 "묵덴에서 출발한 사람"이 서상륜이라면 서상륜이 아닌 다른 어떤 매서인, 즉 최명오(崔明悟)·최성균(崔成均) 등 중의 하나일 것이다. 그러나 여기서 분명한 사실은 이 14명의 신도 중 13명의 새문안교회 창설 교인은 모두 언더우드 목사가 입국하기 전에 신자가 된 사람들이라는 점이다. "언더우드는 다만 목회적인 관심으로 그들의 신앙을 확인하고 돌본, 기성 교회의 사도적 계승의 한 연결점이었을 뿐이다. 언더우드 자신도 이 점을 솔직히 시인하고 있다. 곧 그는 만주의 존 매킨타이어에게 편지를 보내면서 '한국 최초의 교인들이 내 현전에서 그들 교회를 조직했는데, 이들의 거의 전부(almost entirely)가 당신의 매서인 서(상륜)씨의 결실들입니다'라고 했다."[56]

　　　끝으로 새문안교회의 최초 명칭과 장소 문제다. 본래 명칭은 '장로교 정동교회' 또는 '대정동교회'였다. 새문안교회는 정동에서 시작되었기 때문이다. 정확히 말해서 현재의 정동 13번지, 감리교 그레이하우스가 있던 곳, 당시 알렌의 집 오른쪽에 있었던 강로(姜魯) 강정승(姜政丞)의 흉가인데, 정승이 살던 집인 만큼 뜰이 천여 평에다 안채·바깥채·사랑채·행랑 등이 있었다. 이 집을 언더우드가 알렌의 알선으로 얻어 안채에서 살고 있었는데, 30평가량의 기역(ㄱ)자 모양 사랑채에서는 한국말도 배우고 손님들을 접대하기도 하다가 거기서 14명이 모여 교회를 창설한 것이다.[57] 예배 장소는 1895년 옛날 돈의문(敦義門), 즉 '새문'의 안쪽으로, 옛날 '피어선성경학원' 앞자리였다. 이곳에다 새 예배당을 짓고 옮겨 갈 때까지 거기서 '장로교 정동교회'로 통하고 있었다. 그러므로 초창기에는 장로교 정동교회와 감리교 정동교회가 길 하나를 사이에 두고 마주보고 있었다.

(5) 감리교 정동교회 설립

　　　일본으로 물러갔다가 1885년 6월 20일 다시 제물포에 상륙한 아펜젤러 목사 내외는 7월 19일 서울에 입성하여 오늘날 정동교회가 있는 자리에 정착하게 되었다.[58] 그러나 그는 선교사업보다는 교육사업에 더 역점을 두었다. 그의 선배 선교사 매클레이 목사가 고종 임금으로부터 윤허 받은 것이 교육사업과 의료사업이었기 때문이다. 또 하나의 이유는 일본에 망명해 있던 박영효가 스크랜튼(William B. Scranton) 선교사에게 다음과 같은 말을 했기 때문이다.

> 선교사들이 우리나라에서 할 일은 얼마든지 있습니다. 우리 백성이 지금 필요로 하는 것은 교육과 기독교입니다. 선교사들과 선교사들이 세운 학교를 통하여 우리 백성을 교육하고 향상시켜 주어야 합니다. 우리의 재래 종교는 지금 기운이 진(盡)했습니다. 이 백성이 기독교로 돌아오게 할 수 있는 길은 지금 환히 열려 있습니다. 기독교 교사들은 우리나라 어느 모퉁이에서도 필요합니다. 합헌적인 개혁을 하기 전에 우리는 반드시 교육과 기독교화를 서둘러야만 하겠습니다.[59]

그리하여 감리교 선교사들은 장로교 선교사들보다 교육에 먼저 눈을 돌렸다. 그리고 언더우드가 서상륜 등이 뿌린 씨와 열매를 거둬들여 교회를 세운 데 반하여, 아펜젤러는 먼저 학생들을 얻어 가르치다가 그들을 통하여 교회를 세우는 순서로 진행시켰다.

드디어 그는 1885년 8월 3일을 기하여 이겸라(李謙羅)·고영필(高永弼)이란 두 학생을 얻어 가지고 교육을 시작하게 되었고, 그 이듬해인 1886년 6월 8일 정식 인가를 받는 동시에 고종 임금으로부터 배재학당(培材學堂)이란 교명과 액자 곧 학교 간판을 받게 되었다.[60]

직접 전도는 1886년 6월 24일, 배재학당에서 두 학생에게 세례를 준 것으로 시작되었다.[61] 한편 스크랜튼 의사의 어머니 스크랜튼 부인도 정동에다 1885년 가을에 6,120평이나 되는 땅과 그곳에 있던 18채의 집을 사가지고 이듬해인 1886년 5월 31일부터 오늘의 대(大) 이화를 시작하게 되었는데, 아펜젤러 목사는 이 두 학교, 즉 배재와 이화의 학생들을 초대 교인이 되게 했다.[62]

입국한 지 3년째인 1887년에 들어서면서부터는 두 가지

꿈을 이루어 보려 했다. 배재학당의 학교 건물과 교회 건물을 짓는 것이었다. 첫째 꿈은 그해 9월 한국 최초의 서양식 벽돌집을 짓는 데서 이루어졌으며,[63] 둘째 꿈은 1887년 4월 4일 정규 선교사 월례회에서 "서울 중심부의 어떤 곳에다 성경공부하는 학생들이 쓸 수 있는 집 한 채를 사도록"[64] 하여 그해 9월 서울 남쪽 부분에 하나의 작은 집을 사서 이것을 '벤엘예배당'[65]이라 불렀다. 이 집이야말로 감리교 정동교회의 요람이요 정식 예배를 본 역사적인 건물이다.

정동교회 창설 날짜에 대해서는 여러 가지 엇갈린 설이 있다. "아펜젤러 전기를 쓴 그리피스(Griffis)는 이 날을 1887년 4월 8일, 즉 그해 부활절로 잡았고(A Modern Pioneer in Korea, p.209), 케이블(E. M. Cable) 감리사는 더 앞당겨서 1886년 10월 11일로 보며(C. A. Sauer, *Within the Gate*, p.11), 《50년의 빛 (*Fifty Years of Light*)》 저자는 1년 늦추어 1888년으로 잡고 있다"(Women's Foreign Missionary Society of the M. E. C., *Fifty Years of Light*, Seoul YMCA Press, 1938, p.9).[66] 그리고 빈톤(C. C. Vinton)도 "한국 개신교의 통계"라는 기사에서 감리교 정동교회는 1888년, 동대문교회는 1892년, 상동교회는 1893년의 순으로 잡고 있다.[67]

그러나 정동교회 창립일은 역시 창설자 아펜젤러 목사의 말을 기준으로 삼는 것이 옳을 것이다. 그는 그 날짜를 10월 9일로 잡아 다음과 같이 보고했다.

우리는 9월에 작은 집 한 채를 샀다. …… 여기서 일요일마다 예배를 보았다. 10월 9일, 나는 한국 사람들을 위한 첫 공중예배를 드렸다. 나 외에 네 사람이 참석했다. 그리고 이 모임은 우리 모두에게 유별나게 재미있는 집회의 하나였다. 다음 일요일, 나는 성서 매서인의 아내인 28세의 젊은 부인에게 세례를 베풀었다. 이분은 한국에서 개신교 선교사에 의해 세례 받은 첫 부인이 된다. 그의 남편은 우리 주님을 믿

는 사람이다.[68]

　그리고 1년 후의 보고서에서 아펜젤러 목사는 다음과 같이 되풀이해서 보고했다.

　이 보고서는 작년 9월 와렌 감독이 우리를 방문했을 때부터 시작합니다. 우리는 바로 이때, 서울 남쪽 부분에 작은 집 한 채를 사서 교회 일을 위해 썼습니다. …… 나는 여기서 한국에서는 감리교에 의해 처음으로 집행된 공식 예배를 드렸습니다. 1887년 10월 9일, 이날 우리는 한국에서 개신교 선교사에 의해 처음으로 여자에게 세례를 주었습니다. 일주일 후 밤에 같은 방에서 스크랜튼 의사와 내가 5명의 교회원과 더불어 성만찬을 집행했습니다. 이런 조용한 방법으로 감리교는 은둔의 나라에서 그의 공적인 사업을 시작했습니다. 몇 주일 후 우리는 또 이 집 곁에 있는 집을 사서 …… 여기서 매주일 정규예배를 드렸고, 금년(1888년) 5월 황제의 명령에 의해 예배가 중지될 때까지 계속했습니다.[69]

　그런데 위 보고서에서 "나 외 네 사람", "28세의 여인", "5명의 교회원"이 누구인지 언급이 없는 것이 큰 유감이라 아니할 수 없다.

3) 학교와 병원을 앞세운 개신교의 특징

　이미 말한 바와 같이 감리교 초대 선교사 매클레이 목사는 1884년 6월 23일 한국 땅에 상륙하자 우선 학교사업과 병원 사업의 윤허를 청원했다. 한편 초대 장로교 선교사 알렌 의사는 1884년 9월 20일 상륙할 때, 선교사 신분을 감추고 미국 등 외국 공사관 소속 공의(公醫)로 행세했다. 이와 같이 개신교는 직접 선교보다 간접 선교를 했다. 이는 천주교가 처음부터 "하나님의 존재와 유일성, 천지 창조, 영혼의 신령성과 불멸성, 후세의 상선벌악(賞善罰惡) 등 문제를 차례차례 검토하고 해석한 것"이나, 신부도 아닌 평신도 신분으로 친지들에게 세례를 주고 그중 어떤 사람은 주교, 어떤 사람은 신부가 되어 스스로 신품권(神品權)을 행사한 사실과는 엄청난 대비를 이룬다.

천주교와 개신교의 차이를 말하는 가운데 "천주교 신자들은 성경 말씀을 배우지 못한 반면, 개신교 신자들의 최우선적인 계획은 성서 전파와 복음서 번역이었다. 천주교는 정치적 사건에 많이 관계한 반면, 개신교 신자들은 정치 문제에는 관계하지 않았다. 가톨릭 신부들은 불법적으로 숨어 입국한 반면, 프로테스탄트 선교사들은 한국이 정식으로 조약을 맺고 개국하기를 기다려 조심조심 입국했다. 초대 가톨릭 선교사들은 신도들 속에 섞여 살았다. 직접 회중을 인도하고 교회의 통일성을 수립했다. 그러나 프로테스탄트 선교사들은 자기들 독자의 생활수준을 유지하며 별개 구역에서 따로 살았다. 그들은 한국인 가운데 지도자를 택하여 훈련시켜 목회하게 함으로써 독립교회론의 길을 닦아 놓았다"[70]라는 분석이 있는데, 어쨌든 가톨릭은 직접 선교를 먼저 한 데 비하여 프로테스탄트는 간접 선교를 먼저 했다는 사실은 무엇보다 두드러진 현상이다.

이미 말한 바와 같이 개신교는 선교 개시 후 2년 만인 1885년에 병원을 설립했는데, 교회는 4년 만인 1887년에 비로소 창설했다. 반면 천주교는 1784년 선교 개시와 교회 창설을 동시에 하고 병원 설립은 생각조차 못했다. 1801년 신유박해 때 순교한 이중배(李中培)에게서 병자 치료 문제를 엿볼 수 있는데, 그는 소론(少論)에 속하는 전주 이씨 가문의 자손으로, 의술과 비상한 힘과 용기, 분에 넘치는 야심으로 유명했다. 그에 대해 달레(Charles Dallet)는 "하나님은 이 영웅적인 신앙을 병 고치는 은혜로 상 주신 듯하다"라고 평하는 동시에 그가 옥에 갇혔을 때

옥리들이 그의 의학 서적을 보고자 했을 때 다음과 같이 말했다고 했다. "나는 독특한 처방은 아무것도 없고 다만 천주를 섬기기만 할 뿐이오. 당신들이 의술을 배우고 싶으면 우선 나처럼 천주를 믿어야 하오."[71] 이런 식으로 대답하면서 많은 병자를 치료해 주었다는 기록이 있을 뿐이다.

개신교 측의 의료 봉사는 알렌 의사의 최초 국립병원 보고서에서 찾아볼 수 있다. 그는 1885년 4월 국립병원을 개원하면서 매일 100명가량의 환자를 받았다는 사실과, 환자는 거지·나병환자를 비롯하여 왕족과 양반에 이르는 모든 계층이었다는 것을 보고했다.[72] 그리고 개원 이후 1886년 4월 10일까지 1년간 치료 내용을 상세히 보고했다. 간추리면 다음과 같다.

① 발진 티푸스 등 고열병 환자 1,147명 ② 소화불량 등 소화기 계통 환자 2,032명 ③ 동맥경화 등 혈액 순환에 관한 환자 114명 ④ 폐결핵 등 호흡기 관계 환자 476명 ⑤ 신경쇠약 등 신경 계통 환자 833명 ⑥ 임파선 계통 환자 214명 ⑦ 성병 등 생식기 계통 환자 1,902명 ⑧ 빈혈증 등 일반 질병 환자 7명 ⑨ 백내장 등 안질 환자 629명 ⑩ 귀병 환자 318명 ⑪ 위암 등 악성 종양 계통 환자 145명 ⑫ 골상 등 뼈와 관절 계통 환자 105명 ⑬ 부상 등 외상 계통 환자 140명 ⑭ 언청이 등 신체 기형 계통 환자 37명 ⑮ 결체조직(結締組織) 계통 환자 363명 ⑯ 피부 계통 환자 845명 ⑰ 유산 등 부인병 환자 10,460명 ⑱ 각종 입원 수술 환자 394명 (총 20,529명)

이 통계는 장로교 측의 국립병원 즉 광혜원의 경우만이고, 1885년 9월 10일부터 스크랜튼 의사가 시작한 감리교 측의 정동 제일병원도 그해 말까지 250명의 환자를 치료했다.[73] 이 병원은 1886년 6월 15일 시병원(施病院)이란 간판을 걸게 되었는데, 고종 임금이 이 명칭을 지어 준 것에 스크랜튼 의사는 감격하여 "한국에도 미국의 흑노 해방자 링컨과 같은 훌륭한 임금(고종)이 계셔 한국의 모든 노예를 해방시켰다"[74]라고 찬양했다. 스크랜튼 의사는 동대문 시약소(施藥所)를 차리기도 했다.

학교 설립의 경우, 감리교 측의 배재학당이 현대교육의 효시가 된다. 1885년 8월 3일, 이겸라·고영필 두 학생으로 문을 열어 "너희 중에 누구든지 크고자 하는 자는 너희를 섬기는 자가 되고, 너희 중에 누구든지 으뜸이 되고자 하는 자는 너희 종이 되어야 하리라", "인자가 온 것은 섬김을 받으려 함이 아니라 도리어 섬기려 하고 목숨을 많은 사람의 대속물로 주려 함이니라"(마 20:26-28)라는 창립 이념에 고종은 감동하여 1886년 6월 8일 배재학당(培材學堂)이란 교명을 지어 하사했다.[75]

이렇듯 배재학당은 왕의 신임을 받아 1887년에는 벽돌로 당사(堂舍) 즉 교사까지 짓게 되었다.[76] 한편 감리교 측 여선교사 스크랜튼(Mary Benton Scranton) 여사는 밤중에 제 발로 찾아온 한 명의 부인을 데리고 1886년 5월 31일부터 이화학당(梨花學堂)을 열었고,[77] 장로교 측의 언더우드 목사는 고아를 데려다가 1886년부터 이른바 언더우드 학당, 즉 경신학교를 창설했으며,[78] 여선교사 엘러스(Miss Annie J. Ellers) 양은 다섯 살 난 여아 정네를 데려다가 1887년 6월부터 정신여학당을 창설했다.[79]

이와 같이 교육기관은 1887년 새문안교회와 정동교회가 서기 전에 먼저 창설되었다.

4) 쟁이와 꾼으로 받아들여진 개신교의 특징

한국 개신교는 천주교와 달리 선교할 때 하층계급에서 출발했다. 이를테면 천주교의 복음의 씨는 문전옥답에, 개신교의 복음의 씨는 버려진 땅에 뿌려진 것이다. 그리하여 문전옥답에 뿌려진 복음의 씨는 곧 싹이 나와서 무럭무럭 자랐으나 자꾸 뽑혔고, 버려진 땅에 뿌려진 복음의 씨는 땅 임자가 업신여기는 사이에 땅 속 깊이 뿌리내리기 시작했다. 그리하여 초대 천주교

신자들은 대개 양반 출신인 데 비해 초대 개신교 신자들은 노비
나 서민 출신이다.

조선왕조는 사농공상(士農工商)에 의하여 철저히 규제된
차별사회였다. 그리고 학문과 문화는 중국 문화의 테두리를 벗어
나지 못했다. 그러므로 집권자가 천주교를 박해하기 위해 이른바
토사교문(討邪敎文)을 내릴 때는 반드시 첫머리에 "기민(其民)은
사농공상이요, 기문(其文)은 시서예악(詩書禮樂)이요, 소송법자
(所誦法者)는 요순우탕문무공맹주정지훈(堯舜禹湯文武孔孟周程之
訓)이요, 소수명자(所修明者)는 군신부자부부장유붕우지륜(君臣
父子夫婦長幼朋友之倫)이라"는 말을 썼고 이것을 죄인을 다스릴 때
의 대원칙으로 삼은 것이다.

이와 같이 중국 문화로 철저히 규제된 사회에서 천주교를
도입하려니까 자연 중국 문화의 형식을 취할 수밖에 없었으며,
당대의 유명한 유학자와 양반들이 앞장설 수밖에 없었다. 이에
대해서는 앞에서 충분히 언급한 바 있거니와,[80] 천주교는 서학(西
學)·천주학(天主學)·천학(天學)·양학(洋學) 등으로 발전되었으며,
천주교를 박해하는 쪽에서도 요학(妖學)·사학(邪學)·이학(異學)·
패륜지학(悖倫之學)·무군무부지학(無君無父之學) 등 '학'자를 붙
여서 욕했던 것이다.

이에 반하여 그 뒤 개신교를 욕하는 쪽에서는 '쟁이' 또는
'꾼'이란 말을 붙였다. '예수쟁이'·'예수꾼'·'천주학쟁이' 등이다.
서학·천주학·천학·양학·무군무부지학 등이 당시 학문계에 유
행어가 된 것처럼 일반사회에서는 예수쟁이·예수꾼·천주학쟁이
란 말이 유행어로 등장했다. 전자는 17세기 초부터, 후자는 19세
기 말부터 등장했다.

그러면 어찌하여 천주교에는 '학'자가 붙었는데 개신교에
는 '쟁이', '꾼' 등 수치스런 말이 붙게 되었는가? 내가 조사한 바
에 의하면 우리말 중에 '쟁이'란 말이 붙어서 된 것이 무려 80여
개나 있고 '꾼'이란 말이 붙어서 된 말도 50여 개나 있다.[81] 그런

데 우리의 관심거리는 하필이면 왜 예수교 신자들에게 '쟁이'와 '꾼'이란 말이 붙었는가 하는 문제다. 쟁이[82]는 사농공상(士農工商)의 사(士)를 제외한 농공상(農工商)에 관계된 말이며, 양반·중인·상민·천민 등 네 계급 중 양반과 중인 계급을 제외한 상민과 천민 그리고 칠천역(七賤役),[83] 즉 사람 대우를 제대로 받지 못하는 천민들에게 붙이는 말이었다. 이런 말이 어찌해서 예수교 신자들에게 붙었을까?

우선 '쟁이'는 세 종류로 분석된다. 우선 갓쟁이·망건쟁이·붓쟁이·돌쟁이·옹기쟁이·미쟁이·화쟁이 등 기술자나 수공업 노동자를 낮게 부르는 말이 있고, 옴쟁이·매독쟁이·폐병쟁이·헌디쟁이·지랄쟁이 등 전염병 환자를 일컫는 말이 있으며, 욕심쟁이·심술쟁이·거짓말쟁이·멋쟁이·말쟁이·요술쟁이·침쟁이 등 사람을 현혹시키거나 깜짝 놀라게 하는 말이 있다. 초대 기독교인들, 특히 초대 선교사들은 손수 돌쟁이·미쟁이 노릇을 하고 집안에서는 설거지까지 했기 때문에 그런 별명이 붙게 되었다. 기독교 신앙이 한 동네나 가문에 들어가면 호열자 같은 전염병이 온 동네를 결딴내는 것처럼 무서운 세력으로 퍼져 간 것도 이런 이름이 생겨난 원인이며, 기독교 선교사들을 아이들의 눈알을 빼어다가 사진알을 만드는 양(洋)도깨비 즉 양귀자(洋鬼子)로 여긴 것도 원인이 된다. 더욱이 초대 교인들은 거의 모두가 농공상(農工商)의 삼민(三民)들과, 양반·중인·상민·천민 중 양반과 중인을 제외한 상인, 천민들과 칠천역, 즉 등외 계급 출신들뿐이었기 때문이다.

'예수꾼'의 경우도 마찬가지다. 그러나 '꾼'[84]은 '쟁이'에 비해 조금 더 강한 의미가 있다. 예를 들어 쌈꾼·목도꾼·씨름꾼·장사꾼·협잡꾼·정탐꾼·길꾼·배행꾼·개화꾼·독립꾼 등 '꾼'은 '쟁이'에 비해 도전적이며 활동적인 의미가 있는데, 초대 교인들은 모름지기 개화꾼·독립꾼 구실을 했기 때문이다. 그만큼 초대 기독교인들은 사회 개혁과 혁명의 기수 역할을 했으며, 당시 어두운 사회에서 선구자적인 구실을 했기에 '예수꾼'·'개화꾼' 따위의 이름으로 불리게 된 것이다.

5) 성서 번역과 문서선교의 토대 다짐

1887년 새문안교회와 정동교회를 설립한 뒤, 선교사들의 임무는 무엇보다 성서 번역과 문서 선교에 있었다. 아니, 그보다 더 급선무는 한국말과 글을 익히는 일이었다. 그러므로 선교사들의 성서 번역과 문서 선교는 어차피 한국말과 한국 문화의 연구와 더불어 시작할 수밖에 없었으며, 그 일과 불가분리의 관계에서 진행될 수밖에 없었다.

이미 말한 바와 같이 장로교의 언더우드와 감리교의 아펜젤러가 1885년 일본에 들렀다가 뜻밖에도 이수정이 변역 출간한 마가복음서를 발견하고 그것을 가슴에 품고 입국했는데, 이것이야말로 그들에게는 더할 나위 없이 귀중한 선교 밑천이었다. 그리고 그들이 입국한 다음 서상륜이 번역한 쪽복음서가 북으로부터 쏟아져 들어오는 것을 발견하고는 이 나라의 말과 글은 중국과는 전혀 다른 것이고, 문화와 전통은 한국인 고유의 것임을 절실히 깨달은 것이다.

이런 깨달음과 동시에 그들의 한국말과 글 공부는 급진전되었으며, 한국 문화에 대한 연구열도 한층 높아지기 시작했다. 최초의 선교사 중 한 사람인 스크랜튼은 《한국 감리교 선교회 약사(*Historical Sketch of the Korea Mission of Methodist Episcopal Church*)》에서 이렇게 말했다.

우리는 누구나 프랑스 선교사들에게 경의를 표하지 않으면 아니 된다. 그들은 용기와 인내를 가지고 순교하면서까지 우리에게 최초의 사전 즉 《한불사전》을 마련해 주었기 때문이다. 아울러 로스(John Ross)를 잊을 수 없다. 그의 《한국어 입문서》는 우리 몇 사람에게 한글을 깨칠 수 있게 했고, 그의 성서사업의 결과로 우리가 만주로부터 몇 사람을 협조자로 얻을 수 있게 했다. 또 그는 매킨타이어 목사와 함께 성서 번역사업을 개척함으로써 '성서적인 나라 한국(Biblical Korea)'의 토대를 닦아 주었는데, 이에 대하여 나는 무한한 기쁨과 사의를 표하는 바다.[85]

다시 말해서 초대 선교사들은 한국말과 글 공부를 먼저 시작했다. 언더우드는 천주교도 송덕조(宋德祚)를 어학선생으로 맞이하여 그의 도움으로 1890년 요코하마에서 《한국어 회화 입문서(*An Introduction to the Korean Spoken Language*)》를 펴냈으며,[86] 헐버트(H. B. Hulbert, 흘법), 게일(J. S. Gale, 기일) 등 동료 선교사들의 협조로 《간이한국어사전(*A Concise Dictionary of the Korean Language*)》을 펴냈다.

이와 같이 선교사들은 말과 글을 먼저 배우는 동안 이수정과 서상륜이 번역한 성서 외에 천주교가 펴낸 성서 즉 《성경직히》를 발견하게 되었다. 부분적이나마 신약성서를 번역한 이 《성경직히》를 읽는 가운데 언더우드와 아펜젤러는 일대 용단을 내어 1887년 2월 7일 "성서의 한국말 번역이나 그 번역의 감수를 목적으로 위원회를 구성하자는 점에 합의를 보고,"[87] 상임위원회를 조직하는 동시에 그 헌장과 세칙을 통과시켰다. 상임위원회는 장로교의 언더우드를 위원장으로, 감리교의 아펜젤러를 서기로, 장로교의 헤론과 감리교의 스크랜튼을 위원으로 선정하게 되었고, 헤론이 작고한 뒤에는 게일이 그 자리에 보선되었는데, 이로써 선교사들은 본격적인 성서 번역의 토대를 닦아 놓는 데 성공했다. 이것이야말로 선교사들이 이룬 획기적인 공헌이다.

이 기간 중에 선교사들이 이룬 또 하나의 중요한 공헌이 있다. 문서 선교를 위하여 조선성교서회(朝鮮聖敎書會, The Korean Religious Tract Society, 오늘날의 대한기독교서회)를 창설한 일이다. 그들은 1889년 10월 정동에 있던 언더우드 집에서 모여 협의한 뒤, 1890년 6월 25일에 준비된 헌장을 통과시키는 동시에 '조선성교셔회'를 조직하게 되었다. 창설 위원으로는 아펜젤러·베어드(W. M. Baird)·기포드(D. L. Gifford)·존스(G. H. Jones)·게일·헐버트·마페트(S. A. Moffett)·레이놀즈(W. D. Reynolds)·언더우드·헤론·올링거·벙커(D. A. Bunker, 1905~1908, 房巨) 등 장·감 두 교파의 초대 선교사들이 망라되었다.

초대 회장으로는 올링거가 피선되었는데, 헤론은 기안(起案)의 공이 있었고, 언더우드는 영국과 미국에 있는 종교문서회(The Tract Society)의 재정 원조를 도입하는 데 공을 세웠으며, 올링거는 '조직'의 공을 각각 세웠다.

초대 회장 "올링거는 오랫동안 중국 선교의 경험자로서 이 사업을 한국에서 개시하는 데 큰 도움을 주었다. 그는 1893년 여름에 한국을 떠날 때까지 회장직을 맡아 일했다."[88] 그는 문서 선교를 위하여 감리교 선교부의 삼문출판사를 설립하는 데도 결정적인 공헌을 했다. 그가 1887년 내한하자 감리교 선교부는 그 해 가을부터 삼문출판사를 차리고자 했다가 1891년부터 정식 출발을 보게 되었는데,[89] 올링거는 당시 상황을 다음과 같이 보고했다.

> 우리가 겪고 있는 역경이란 이루 다 헤아릴 수 없을 정도다. 물건은 거의 다 중국과 일본에서 사들여 와야 했고, 수입과 운반비 때문에 우리 제품은 비싸진다. 미성년자들을 많이 고용하고 있는 일본의 대규모 인쇄 시설과 경쟁할 수도 없다. 더욱이 가끔 일감이 달려서 식자공 일을 하면서 고학하는 학생들의 임금을 겨우 지불할 정도다.[90]

3.
19세기말의 선교활동(1890~1900)

1) 한국 천주교의 교세 일반(1890~1910)

제7대 블랑 백 주교가 1890년 2월에 작고한 뒤 뮈텔 민[1] 신부가 그해 8월 제8대 주교로 서임(敍任)되었다. 그때부터 뮈텔 민 주교는 43년간이나 조선교구 책임자로 있었는데, 1829년부터 1890년까지 61년 동안 주교가 7명이나 바뀐 것에 비하면 실로 엄청난 장기(長期) 사목(司牧)이라 아니할 수 없다. 그만큼 뮈텔 민 주교는 장수했을 뿐만 아니라, 과거와 같은 박해시대가 지나가고 신교 자유시대를 누리는 동안 한국 천주교의 발전·토착화 및 교세 확장의 빛나는 금자탑을 쌓는 데 성공했다. 그의 사목 기간 중 교세 통계를 살펴보면 다음과 같다.

종별 \ 연대	1891년	1900년	1910년	1933년
교구 수	1	1	1	7
주교	1	1	1	3
외국인 성직자	20	40	46	98

한국인 성직자		12	15	85
성당 수	7	69	212
수녀			59	336
교인 수	18,000여 명	42,441명	73,500여 명	127,600여 명

뮈텔 민 주교는 "무엇보다 먼저 그해(1891)에 낙성된 용산 예수성심신학교의 축성식을 드리고 다음 해(1892)부터는 종현 대성당과 약현성당을 세우게 했다."[2] 그리하여 종현 대성당은 1896년 6월 29일 축성식을 올리게 되었는데, 이 두 성당이야말로 한국 최초의 서양식 벽돌 건물이다. 그리하여 "1894년 동학혁명 직전까지 조선에는 25명의 프랑스 성직자와 32명의 신학생과 24,733명의 교우가 있게 되었고, 다음 해까지는 32명의 프랑스 성직자와 3명의 조선인 신부와 32,217명의 교우가 있게 되었다."[3] 그리고 인천·대구·수원·전라도 함열·강원도 횡성·부산·전주·충청도 강경·경상도 칠곡 등지까지 신부가 파송되었다. 1894년 갑오개혁과 더불어 이때까지 차별대우를 받고 있던 함경도·평안도 지방에까지 복음이 전파되었으며, 북간도 지방에는 이른바 '북관의 12종도'[4]의 희생적인 전교 활동의 결과로 "1908년 10월 24일까지는 간도 지방에 175명의 한국인 교우가 있게 되고 여러 곳에 교우촌을 이루게 되었다."[5]

그러나 전교활동이 늘 순탄치는 않았다. 선교 자유 이후에도 몇 차례의 박해와 교난이 있었는데, 우선 평양 지방에서 전교하던 이득보(李得甫) 두마 등은 박해로 순교했고, 1901년의 유명한 신축교난 즉 제주도에서 일어난 민란과 대교난 때는 교우 700여 명이 살해되었다.

이 기간 중에는 문화사업도 꽤 많이 추진되었다. 1904년을 전후하여《기해일기》등 땅 속에 묻혀 있던 순교 행적을 발굴했으며, 이보다 앞서 뮈텔 민 주교는 1895년에《치명일기(致命日記)》를 편찬함으로써 1925년 로마의 베드로 대성당에서 거행된

79명 순교복자 시복식의 토대를 마련했다. 그리고 1906년에는 주간신문 〈경향신문(京鄕新聞)〉이, 1909년에는 월간 잡지 〈경향잡지(京鄕雜誌)〉가 창간되었으며, 1908년부터는 프랑스 파리 외방전교회 외에 독일 계통의 성 분도(St. Benedictus. 聖芬道) 수도회가 입국하여 전교활동을 시작하게 되었다.

2) 선교지 탐색, 교회 설립, 초대교회의 수난

이미 말한 미국 북장로회와 북감리회 외에, 1900년까지 입국·정착한 각파 주요 선교사들을 연대순으로 꼽아 보면 다음과 같다. ① 1889년 호주장로회 데이비스(J. H. Davies) ② 1890년 영국 성공회 코르프(C. J. Corfe) 등 ③ 1892년 미국 남장로회 레이놀즈 등 ④ 1894년 미국 침례교의 폴링(E. C. Pauling) ⑤ 1895년 미국 남감리회 리드(C. F. Reid) 등 ⑥ 1898년 캐나다 장로회 푸트(W. R. Foote) 등. 그리고 일정한 선교회 파송은 아니지만 개인적으로 입국한 선교사들로는 ① 1889년 캐나다 토론토대학 학생 YMCA의 게일과, 독립선교사로서 캐나다의 펜위크(Malcolm C. Fenwick, 片益, 1861~1935)가 입국했고, ② 1894년에는 캐나다 교회의 독립선교사 매켄지(W. J. Mckenzie)가 입국했다. 개신교는 아니지만 1899년에는 러시아 희랍정교회(The Russian Greek Orthodox Church) 선교부가 서울에 설치되었다.

그러고 보면 1900년까지 입국한 개신교 선교단체로 북장로회 및 북감리회를 합해서 모두 8개 선교회가 한국에 있게 되었으며, 이미 사업을 벌이고 있던 스코틀랜드 성서공회·대영성서공회·미국성서공회 등 3개 성서공회를 합해서 모두 6개의 일반 선교단체가 있었다.

이들 개척 선교사들은 입국하자마자 선교지 탐색 여행을 감행했다. 그들은 저마다 먼저 좋은 전도지역을 차지하려고 애썼으며, 한국의 풍토와 민정(民情)을 알고 싶어 했다. 그리하여 제일 먼저 서울 밖으로 나간 사람이 북장로회 언더우드 목사였다. 그는 말했다. "1886년 말경 권서인 서상륜 씨가 로스 씨의 소개장을 써갖고 내 집에 찾아와서 자기 동네(소래) 사람들 중에 꽤 많은 사람이 세례를 받기 원한다는 말을 했기 때문이다."[6] 언더우드는 1886년[7] 장도에 올라 개성·소래·평양·의주까지 갔는데, "장기간의 여행이었으나 도중 모든 마을을 방문할 수는 없었다. 그러나 점심때나 저녁때 유숙하는 객주집에서 책 보따리를 풀어 헤쳐 놓고 구경꾼들에게 성경을 거저 주기도 하고, 팔기도 하고, 가르치기도 했다. 그리고 약도 주었다."[8]

1888년 봄 언더우드 목사는 북감리회 아펜젤러 목사와 제2차 관서지방 탐색 여행을 감행했다. 그러나 두 주일 만에 평양까지 갔을 때 중앙정부로부터 여행 금지령을 받아 돌아오고 말았다. 다음에는 1889년 봄, 언더우드 목사가 신혼여행을 겸하여 개성·소래·평양·강계·의주 등지를 다녀왔다. 이 여행기는 언더우드 목사의 부인(L. H. Underwood)[9]이 능숙한 필치로 썼다. 다음에는 1888년 8월 북감리회 아펜젤러 목사와 존스(조원시趙元始) 목사가 15일간 대구, 부산까지 총 380마일을 주파했다.[10]

이리하여 1890년까지 관서지방, 충청도와 강원도 일부 그리고 영남지방의 주요 도시를 모조리 탐색했는데, 1891년 봄에는 캐나다 토론토대학 출신의 게일 씨와 북장로회의 마페트(마포삼열馬布三悅) 목사 두 사람이 개성·평양·의주까지 갔다가 압록강을 넘어 남만주 일대를 두루 거쳐 봉천까지 갔으며, 돌아올 때는 백두산을 구경하려다 춘빙(春氷) 때문에 단념하고 강계를 지나 함경도 땅에 들어가 함흥·원산을 통과하여 서울에 돌아오는, 3개월간 장장 1,400여 마일의 장거리 여행을 했다. 서울을 떠날 때는 서상륜과 함께했고, 의주에서는 백홍준을 만나 그의 안내를 받으며 만주로 들어갔다. 그들의 여행 목적은 전도, 어학공부, 지리와 주민에 관한 연구, 그리고 의주와 만주 등지에 산재한 한인 마을에서 시작된 선교사업을 답사하는 데 있었는데,[11] 이에 대하여 게일은 다음과 같이 말했다.

> 우리는 로스 목사가 번역한 신약성서의 흔적을 발견했다. 이미 이에 대하여 들은 적도 있고 그것을 본 사람도 만나 봤지만 이번에 우리는 그것을 직접 눈으로 보았다. 그 신약성서를 뜯어서 오두막집 벽지로 사용했던 것인데, 어떤 것은 거꾸로 붙이고 어떤 것은 뒤집어 붙이기도 했다.[12]

그 뒤 장로회의 스왈론(W. L. Swallon, 蘇安連)·감리회의 맥길(W. B. McGill) 등이 다시 관북지방을 탐색했고, 미답사 지대이던 호남지방은 남장로회 선교사들이 답사했다. 1892~1893년 레이놀즈와 테이트(L. B. Tate, 崔儀德)가 공주와 전주 등지를 두루 답사했고, 1899년까지는 그리어슨(R. G. Grierson, 具禮善) 등 캐나다장로회 소속 선교사들이 함경북도 성진까지 답사함으로써 전국 각지를 완전 답사한 셈이 되었다.

위와 같은 지방 탐색의 궁극적인 목적은 전도에 있었다. 이미 말한 바와 같이 선교사들은 그들이 입국하기 전에 벌써 한국인들에 의하여 성경이 번역되었을 뿐만 아니라 의주·소래·부산 등지에 평신도 교회가 설립되어 있음을 알고는 지방 탐색을 급히 서두르지 않을 수 없었다. 그들은 우선 1887년 서울 정동에다 장로교 정동교회(새문안교회)와 감리교 정동교회를 설립했는데, 그 뒤 교회의 치리와 운영을 위한 공식기구가 필요함을 느끼게 되었다. 그리하여 장로교 선교사들로 1893년 선교사연합공의회(宣敎師聯合公議會)를 조직했으며, 1900년에 가서는 합동공의회(合同公議會), 즉 선교사들과 한국인 장로 및 조사들로 합동공의회를 조직했는데 이것이 곧 1907년에 '대한예수교장로회 로회'가 조직될 때까지 일체의 치리권을 가진 유일한 상회(上會) 구실을 하게 되었다.

감리교는 장로교와 달리 감독제로, 초대 감리사는 일본 주재 선교사인 매클레이 목사였으며, 아펜젤러 목사에게 감리사직이 이양된 뒤 1889년에 이르러 감리사제 밑에 한국 최초의 구역회가 조직되었다. 1897년부터는 서울구역회 외에 제물포 및 강화구역회·평양 및 삼화구역회·수원 및 공주구역회·원산구역회 등이 조직되었다. 성공회의 경우, 코르프 주교는 영국의 대주교로부터 한국교구 설립의 사명을 받고 1916년 대한성공회의 신앙과 전례(典禮)에 관한 헌장 및 법규가 제정되기까지 영국 성공회의 한 교구장으로 활동했다.

교파와 장소 연대	감리교회	장로교회
1892	서울, 동대문교회 처음에는 볼드윈(Baldwin) 기념 예배당 으로 출발	
1893	서울, 상동교회[13] 인천, 내리교회[14]	서울, 곤당골교회[15] 평양, 동대문교회[16] 부산, 부산교회[17] 원산, 창앞교회[18]
1894		서울, 약연교회[19] 황해도, 소래교회[20]
1895		서울, 연못골교회[21]

그리하여 각 지방에는 비 온 뒤의 죽순처럼 교회가 설립되었는데, 우선 1895년까지 빈톤의 공식 집계를 보면 위 표와 같다.

이상 10개 교회와 이미 설립된 새문안교회와 정동교회를 합한 12개 교회가 1895년까지의 정식 교회였는데, 보고자 빈톤은 "그중 4개는 감리교 선교사들로 구성된 구역회에서 인정된 공식 교회이며, 8개는 한국 안의 하나의 교회(어머니교회 즉 새문안교회, 필자 주)의 지교회이다"[22]라고 집계했다. 그리고 빈톤은 단순한 예배소로 서울 종로·제중원·남대문·작골·모화관·아오기 등 6개소와 서울 근교의 잔다리 1개를 들었으며, 경기도 5개, 전라도 2개, 부산 근처 1개, 황해도 3개, 평안도 10개, 평양 1개, 원산 1개, 총 30개 예배소를 들었다.

위 30개 예배소는 거의 한국인의 힘으로 설립·유지되었으며, 이와 같이 비 온 뒤의 죽순처럼 일어나는 교회에 대해 빈톤은 "과거 10년 동안 이 같은 성과를 낸 선교지역이 한국 외에 또 어디 있었던가? 이 집계는 아주 대강대강 만든 것인데, 있는 대로 전부 집계한다면 교회 수는 이보다 훨씬 많아질 것이다"[23]라고 말했다.

이 사실을 《조선예수교장로회사기》[24]에서도 잘 볼 수 있다. 이 책에 나타난 장로교의 교회 설립을 연대순과 지방별로 헤아려 보면 다음 표와 같다.[25]

연수	연도	교회 수
1	1893	19
2	1894	12
3	1895	18
4	1896	25
5	1897	33
6	1898	19
7	1899	19
8	1900	46
8년간 191개		

지방 수	지방	교회 수
1	경기도(서울 포함)	9
2	전라도	8
3	경상도	9
4	함경도	12
5	북간도	1
6	황해도	56
7	평안도	96
7개 지방에 191개		
*강원도와 충청도는 감리교의 선교구역이므로 설립된 교회가 없다.		

선교사들이 새문안교회와 정동교회를 설립한 뒤 서상륜, 백홍준 등 만주에서부터 전도를 하기 시작한 사람들 외에 공식 전도인 또는 조사(助事)의 자격을 받은 사람들이 1888년부터 있게 되었다.[26] 그리고 1892년에는 "한성 정동(貞洞)에서 전국 신자를 초치하야 일삭간 성경을 사구(査究)하얏난대 내회자(來會者)

합 16인이니, 한성에 서상륜·홍정후(洪正厚), 의주에 한석진(韓錫晉)·송석준(宋錫俊), 구성(龜城)에 김관근(金灌根)·양전백(梁甸伯), 문화(文化)에 우종서(禹鐘瑞), 해주에 최명오, 장연(長淵)에 서경조, 자성(慈城)에 김병갑(金秉甲)"[27] 등이 전부 초창기 조사 도는 전도인이다.

그 밖에 1900년까지 활약한 주요 전도인을 꼽아 보면, 서울을 포함한 경기도 지방에서는 김영옥(金泳玉)·천광실(千光實)·신화순(申和淳)·도정희(都正熙)·김흥경(金興京) 등을, 평안도에서는 방기창(邦基昌)·송인서(宋麟瑞)·김종섭(金鐘燮)·김두형(金斗瀅)·길선주(吉善宙)·최치량(崔致良)·박정찬(朴禎燦) 등을, 황해도에서는 한치순(韓致淳)·김백영(金伯榮)·최형신(崔亨信)·전광희(田光熙)·최명오 등을, 전라도에서는 김창국(金昶國)·김내윤(金乃允)·변창연(邊昌淵)·마서규(馬瑞奎) 등을, 경상도에서는 서두찬(徐斗燦)·김기원(金基源) 등을, 함경도에서는 전군보(田君甫)·이기풍(李基豊)·모학수(毛鶴壽)·전계은(全啓殷)·차을경(車乙經)·홍순국(洪淳國) 등을 들 수 있다.

감리교의 전도 범위는 장로교보다 좁아서 그만큼 초창기의 전도인 수도 많지 못하다. 그러나 주요 전도인을 대략 헤아려 보면, 서울 지방의 김창식(金昌植), 김흥순(金興順), 최병헌(崔炳憲), 노병일(盧丙日), 전덕기(全德基) 등을 비롯하여 조한규(趙閑奎), 강재형(姜在馨), 김기범(金基範), 이명숙(李明淑), 복정채(卜正采), 김상림(金商林), 박능일(朴能一), 김봉일(金奉一) 등을 들 수 있다.

이들 개척 전도인들은 수난도 많이 겪었다. 그 수난은 전통사상과 구시대의 사회질서 및 정치적 이유 때문에 오는 수난, 미신·질병·무지로 오는 수난, 동학(東學)으로 오는 수난, 천주교로 오는 수난 등으로 구분할 수 있는데, 그중 몇 가지만 들어 보면, 1888년의 이른바 영아 소동이라는 것이 있다. 명성황후의 정적들이 "외국인들이 한국인 악질분자들을 매수하여 아이들을 꾀어다가 잡아먹으며, 그 눈알은 사진을 현상하는 데 쓴다"는 등의 허무맹랑한 소문을 퍼뜨려 마침내 민요(民擾)가 일어나 제물포에 주둔했던 미국 해병대가 동원되기까지 했다.[28] 이 무렵부터 개신교 신자들은 '천주악쟁이'라는[29] 악명으로 불리게 되었다.

조상숭배와 제사 문제 때문에 당한 박해는 초대교회의 전반적인 현상이지만, 함경도 문천(文川)읍교회를 설립한 전계은은 그 아버지에게 작두로 목이 잘릴 뻔했으며,[30] "한 여신도난 독신심신(獨身深信)함으로 시가전족(媤家全族)이 매일 구타하여 전신에 완부(完膚)가 업스며 두부(頭部)에 여발(餘髮)이 업스되 오히려 신종(信從)"[31] 했다.

정부 고관의 지시로 일어난 박해로는, 1894년 "평양 관찰사 민병석(閔丙奭)이 교회를 박멸할 정책으로 엄령을 발하여 군관을 견(遣)하야 장로회의 조사 한석진과 교인 최치량·송인서·신상호·우지룡(禹志龍)과 감리회의 김창식과 교도 수인을 포박압수하고 형언키 난한 당시의 가혹한 형"[32]을 가했으며, 황해도 소래 지방에서는 "법부대신 김영준(金永俊)이 각 도 각 군에 있는 유향(儒鄕)을 니르켜 합하야 니러나 경내에 있는 교회를 박멸키로 한"[33] 적도 있다.

동학과 천주교의 박해도 심했다. 1900년 황해도 재령군 신환포(新煥浦)의 "천주교인이 해(該)교당을 건축할 시에 우리 예수교인의게 강제로 혹 부역 혹 연금케 하되 약불능(若不能)하면 남녀를 물론하고 해 교당에 초치하야 혹 옥량(屋糧)에 도현(倒懸)하며 혹 태형을 남시(濫施)하얏난대 당시 군내에 천주교당 삼십오처가 잇고 매 교당 강장(講長)이 잇셔서 재판을 임의 행사하야 민형사(民刑事)를 자의처단하고 …… 당시 군수난 수수방관하니 비단 야소교인이랴 일반 인민의 곤란이 극에 지(至)하얏다."[34] 그리고 황해도 신천·재령·안악·풍산·황주·서흥·장연 등지에서 자행된 천주교도의 예수교인 박해는 가위 대경실색할 정도에까지 이르렀다. 그들의 만행으로 정부가 해주에 재판소를 설치하여 사태를 판정하려 했더니 천주교 신부들과 교도들이 오히려 관리들을 구타·사형(私刑)·감금하는 변까지 부렸을 정도였기 때문이다. 황해 관찰사 이용직(李容稙)이 저 악명의 빌헬름 홍(Wilhelm, 洪) 신부를 사사로이 만나 그런 차원에서 사건을 처리하려 했지만 그것도 여의치 않았다.[35]

이런 박해에도 불구하고 평양 널다리골교회의 여신도 이신행(李信行) 등은 1898년에 한국 최초의 부인전도회를 조직했고,[36] 1900년 선천교회에서는 김원유(金元瑜), 양전백 등 신도들이 사경회를 갖는 가운데 한국 최초의 관서전도회를 조직했다.[37]

3) 선교사들의 선교정책과 선교구역 분할

선교사들이 깊숙이 탐색 여행을 함과 아울러 언어·풍속·역사 연구에 어느 정도 자신을 가진 다음에는 선교 개시에 필요한 두 가지 작업을 했다. 선교구역 분할 협정과 선교정책 수립이다.

위에서 본 바와 같이 각 파 선교사들이 각 지방의 탐색을 감행한 이면에는 저마다 큰 욕망이 있었다. 이 욕망으로 인해 각 파 선교사들은 불필요한 마찰이나 경쟁을 피하고, 더 나아가 "한국 안의 모든 교인 집단을 묶어 한국에 하나의 기독교회를 만들 수 있을 것"[38]이라는 생각으로 당시 국내에 있던 두 장로회파인 북장로회와 호주장로회(빅토리아교회)가 우선 합의를 보고, 1889년 '미국 북장로회 선교부 및 호주(빅토리아) 선교부 연합공의회'를 조직했다. "이것이 교회 연합기관으로는 우리나라 최초"[39]이며, 1893년에 가서는 국내 모든 장로회파 선교부가 가담하여 장로교 선교사 연합공의회, 즉 '장로회 정치를 사용하는 미션공의회(The Council of Missions Holding the Presbyterian Form of Government)'를 조직하게 되었다. 이 공의회의 공헌을 두 가지로 말할 수 있다.

첫째로 이른바 교계예양(敎界禮讓, Comity Arrangements), 즉 "선교사회에서 감리회와 협의하야 호상협조하고 저애치 안키로 초차(初次) 계약을 성립"[40]하여 한국 전 선교구역을 분할 점거케 하는 데 성공했다. 이 협약에 따라 남장로회파는 전라도와 충청도, 호주장로회파는 경상도, 캐나다 장로회파는 함경도, 북장로회파는 평안도와 황해도를 맡게 되었으며, 이보다 앞서 장로회와 감리회는 1892년 원칙적으로 인구 5천 명 이상의 읍 정도 이상인 지역에서는 두 교파가 함께 선교하지만, 그 이하의 지역에서는 기득권을 인정하는 선에서 협상이 이루어져, 감리회파는 강원도 전역과 함경도 일부, 경기도 및 충청도 일부, 황해도 및 평안도 일부 등을 맡게 되었다.

둘째로 선교정책 수립에서 장로회는 구체적으로 이를 진행시켰다. 장로교 선교사들은 1890년 봄 중국 지푸에 있던 네비우스(John Nevius) 박사 내외의 방한을 계기로 두 주일간의 강의를 듣는 동시에[41] 그의 명저 《선교교회의 설립과 발전(The Planning and Development of Missionary Church)》을 탐독하게 되었다. 그의 이른바 네비우스 방법의 4대 요점은 다음과 같다.[42]

첫째, 각 사람으로 하여금 본래의 직장이나 업종에 남아 있으면서 자급 자립하며 그리스도를 위한 한 몫의 일꾼이 되게 하고, 인근 친척 중에서 누군가에게 그리스도인다운 생활을 실천하도록 가르친다.

둘째, 본토교회의 운영과 기구 조직은 그 교회의 능력 범위 안에서 발전시킨다.

셋째, 교회가 인물과 재정을 공급할 수 있을 때만 전도사업에 필요한 유자격자를 세운다.

넷째, 본토인으로 하여금 자력으로 교회 건물을 짓게 하되, 건축 양식은 본토식으로 하고 규모는 교회가 유지할 수 있을 정도로 한다.

위 네비우스 방법을 그들은 다시 '삼자 원칙(3Self, 三自原則)' 즉 자력 유지(Self-supporting), 자주 치리(Self-governing), 자진 전도(Self-propagating) 등으로 이해하기로 했는데,[43] 네비우스 박사도 저 유명한 영국의 헨리 벤(Henry Venn)의 영향을 받았다고 볼 수 있다. "그는 19세기 선교사들의 사회적 생태와 심리를 예리하게 분석해서 결국 선교사들은 부르주아 곧 시민적인 중류계급의 운동이란 점을 밝히고, 선교사 자신들의 생리가 그대로 아시아와 아프리카에 반영되어 이들 지역 사람들을 근대화하고 시민층으로 형성하는 의미에서 선교정책은 자연히 시민적인 책임과 도덕, 자기의식이 형성되는 과정을 거친다고 보고 저 유명한 자력 유지, 자주 치리 그리고 자진 전도의 3대 원칙(필자의 삼자 원칙)으로 귀납시킨 것이다."[44]

드디어 장로교 선교사들은 중대한 문제에 합의를 보게 되었다. 1893년 1월, 제1회 장로교 선교사 연합공의회는 다음과 같은 선교정책을 채택하게 되었다.

> 가. 전도 목표를 상류 계급보다 근로자 계급에 두는 것이 더 낫다.
> 나. 어머니들이 후대에 끼치는 영향이 자못 중대하기 때문에 부녀자들에게 전도하고 크리스천 소녀들을 교육하는 것을 특수 목표로 삼는다.
> 다. 시골 읍촌에다 초등학교를 설치함으로써 기독교 교육에 효과를 낼 수 있을 것이므로, 이런 남학교에서 젊은이들을 유자격자로 길러 그들을 교사로 파송해야 한다.
> 라. 장차 한국인 교역자도 결국 이런 데서 배출되는 것이 우리의 희망이니 이 점에 항상 관심을 두어야 한다.
> 마. 사람의 힘이 다하는 곳에서 하나님의 말씀이 회개시키는 것이므로 가장 중요한 일은 우리가 되도록 빨리 전력을 다하여 정확하게 번역된 성서를 세상에 내어놓는 것이다.
> 바. 모든 문서 사업은 한자 관용어에서 벗어나 순 한국말로 하는 것을

목표로 삼아야 한다.

사. 진취적인 교회는 자력 유지의 교회가 되어야 하며, 우리 선교사들의 도움을 받는 사역자의 비율은 줄이고, 자력 유지의 사역자, 그럼으로써 스스로 공헌하는 사람들을 늘려야 한다.

아. 한국인 대다수가 한국인 자신들에 의하여 그리스도에게 인도되어야 하므로, 우리 자신이 대중 앞에서 설교하는 것보다 소수 전도인을 철저히 훈련시켜야 한다.

자. 우리 의료 선교사업은 장기 입원 환자 또는 장기간 환자의 집을 심방하면서 치료 때, 그럼으로써 가르칠 기회를 갖게 되고 깊이 생각할 수 있는 실례를 보여 줄 때 가장 좋은 효과를 낼 수 있다. 시약(施藥)만 하는 진료사업은 그리 효과를 낼 수 없다.

차. 시골에서 와서 장기간 입원 치료를 받은 환자들은 자기 마을에 자주 왕래하게 해야 한다. 그들이 의료 선교사들에게서 받은 사랑에 넘친 경험을 본받아 전도의 문을 열도록 해야 하기 때문이다.[45]

장로교의 이런 기본적인 선교정책에 비해 감리교의 정책은 도식화되지는 못했다. 그러나 감리교는 어떤 정책을 문서화하기보다 그 이상을 실천에 옮겼다. 이에 대하여 백낙준은 "장로교인들은 정부의 비호하에 선교사업을 시작했다. …… 그들은 국립병원 설립을 통하여 발붙일 터를 얻게 되었고, 현상유지와 동시에 수구파의 반대를 회피하는 정책을 썼다. …… 장로교의 정책은 보수적인 동시에 신중을 기했으나 감리교인들은 이보다 공세적이었다"[46]라고 했다. 그리고 "감리교는 한인들의 편견을 깨어버리기 위하여 시내 여러 곳에다 병원과 진료소를 차렸으며, 수도 중심부에다 최초의 훌륭한 학교 건물을 지었으며, 동시에 부녀자를 위하여 폭넓은 교육사업을 시작했다"[47]고 평가했다.

말하자면 감리교는 장로교처럼 네비우스 방법에는 무관심했지만, 여성교육 같은 획기적인 사업은 먼저 개척한 것이다. 이에 대하여 민경배는 1893년 장로교·감리교 선교사의 업무별

배당 상황을 집계했는데, 다음과 같다.[48]

교파 \ 사업	복음전도	교육	의료	출판	부녀	합계
감리교 남자	1.5	2	3.5	1	8	16
감리교 여자	3		2			5
장로교 남자	8	1	2		9	20
장로교 여자	3					3
합계	15.5	3	7.5	1	17	44

4) 평신도들의 인권사상과 독립운동

천주교회가 평신도들에 의하여 창설되었듯이 개신교도 평신도에 의하여 시작되었다는 사실은 이미 상술한 바 있거니와, 이번에는 개신교 평신도들의 또 다른 운동을 말하고자 한다.

이는 곧 1896년 창설된 독립협회의 운동이다. 흔히 이 운동은 "자주민권 자강사상(自主民權 自彊思想)과 자주민권 자강운동(自主民權 自彊運動)이 이룬 높은 봉우리"[49]였으며, "이 봉우리가 하나의 분수령을 이루어 그 후 외세 침략 속에서 20세기 초엽 우리나라 사회사상의 발전과 민족운동 전개에 큰 원동력의 하나로 공급된 것"[50]이라고 평가된다.

그리고 문일평(文一平) 같은 역사가는 "독립협회라면 조선에서 미국류의 민권사상을 수입한 효시"[51]라고 전제한 다음, "갑신정변이 폭력에 의하여 정치개혁을 꾀했음에 반하여 독립협회는 언론에 의하여 정치개혁을 꾀했다"[52]라고 평하기도 했다.

그러나 독립협회의 운동을 민권운동으로만 보았지 인권사상을 기초로 평가한 예는 그리 많지 못하다. 특히 이 운동의 주동인물인 서재필(徐載弼)의 사상을 개신교의 인권사상을 배경으로 설명한 사람은 거의 찾아보기 어렵다. 이에 비하여 이광린

(李光麟)은 서재필의 개화사상을 논하는 가운데 "그의 개화사상의 중심 내용은 무엇이었을까? …… 좀 당돌한 감이 있지만 필자는 다음 세 가지, 즉 실용적 학문론·천부인권론·법치주의론이 그의 사상의 중심 내용이 되지 않았던가?"[53] 하는 식의 표현을 한 바 있다. 그러면서도 이광린은 〈개화되어 개신교관〉이란 논문에서 김옥균·박영효·유길준 등은 다 같이 개신교에 호감이 있었다는 사실과, "김옥균이 철저한 불교 신자였음에도 기독교를 높이 받든 것은 서양의 부강(富强)이 기독교와 깊은 관계가 있다고 믿었기 때문"[54]이라며 개화파 지도자들의 개방성을 역설했다. 더욱이 이광린은 1897년 1월 26일자 〈독립신문〉에 실린 서재필의 논설 가운데 "그리스도의 교를 착실히 ᄒᆞᄂᆞᆫ 나라들은 지금 세계에 뎨일 부요ᄒᆞ고 뎨일 문명ᄒᆞ고 뎨일 기화가 되야 하ᄂᆞ님의 큰 복음을 닙고 살더라"[55]라는 말을 인용하면서 서재필의 개신교관을 주요시했다.

그렇다면 서재필은 그리스도교 곧 개신교와는 어떤 관계가 있는가? 그는 어느 정도 기독교 신자였으며, 그의 이른바 인권사상은 어디서 나왔는가? 알다시피 서재필은 갑신정변 이후 10년간 미국에서 망명 생활을 하는 가운데 초년도부터 기독교 신자가 된 것이 사실이다. 그는 낮에는 노동을 하고, 밤에는 YMCA에서 공부했으며, 교회에는 빠짐없이 참석했다.[56] 한때는 목사가 되어 선교 목적으로 모국에 파송될 뻔도 했다.[57] 다시 말해 서재필은 철두철미 개신교 신앙인이고, 그 신앙과 전통을 배경으로 사상과 정신이 형성된 것이다.

흔히 개신교라 하면 루터와 칼뱅을 연상케 되는데, 그것이 유럽에서 아메리카 대륙으로 건너갈 때는 퓨리터니즘 (Puritanism) 즉 청교도의 신앙으로 짙게 채색된 것이다. 다시 말해서 영국 교회도 하나의 개신교파이긴 했으나 아직 로마 가톨릭 교회적인 제도와 관습에 젖어 있는 것에 불만을 품고 종교의 자유를 위해 싸우기 시작한 것이 영국의 퓨리터니즘이다. 이

때부터 영국에는 자유교회가 많이 생겼으며, 그들의 싸움은 시민적 자유의 요구와 결합되어 나중에는 신앙의 자유를 찾아 새로운 미국식 퓨리터니즘을 형성하기에 이른 것이다.

이 새로운 퓨리터니즘이 결국 미국 건국 이념의 기초가 되었으며, 미국 제3대 대통령 제퍼슨(T. Jefferson)의 저 유명한 독립선언(Declaration of Independance)도 결국 프로테스탄티즘의 '양심의 자유' 및 자유교회 정신이 기초가 되어 이루어진 것이 사실이다.

서재필은 이러한 신앙적·정신적 풍토에서 10년간 고등학교와 대학 과정을 보냈으며, 그런 동안 스피노자·아리스토텔레스 같은 고전을 비롯하여 벤담·로크·루소·몽테스키외 같은 합리주의·공리주의·자연법·민주주의 사상을 체득했다. 그리하여 〈독립신문〉에는 "사람마다 가진 자유권"이니, "텬생 권리"니, "천부의 권리"니 하는 말이 많이 나타나는데, 이는 모두 위 서구 시민사회의 인권사상·자연법 사상에서 기인한 것이 틀림없다. 그러므로 〈독립신문〉의 논설은 "그 나라에 사는 사름은 모도 그 나라 빅셩이라. 빅셩마다 얼마큼 하나님이 주신 권리가 잇는듸 그 권리는 아모라도 쎗지 못ᄒᆞ는 권리요 그 권리를 가지고 빅셩 노르슬 잘 ᄒᆞ여야 ……"[58]라고 했으며, "나라의 법률과 규칙과 쟝졍을 ᄆᆞᆫ든 본의는 첫ᄌᆡᆺ는 사름의 권리를 잇게 졍히 놋코 사름마다 가진 권리를 남의게 쎗기지 안케 흠이요 ᄯᅩ 남의 권리를 아모나 쎗지 못ᄒᆞ게 함이라 ……"[59] 했다. 이것은 요컨대 개인의 생명·자유·재산·권리는 불가침적인 것이며, 루소의 《사회계약론》 중의 "사람은 날 때부터 자유롭다"라는 말이라든가, 미국 독립선언서 중의 "모든 사람은 날 때부터 평등하며 조물주로부터 몇 가지 권리를 부여받았고, 그 권리 중에는 생명과 자유와 행복의 추구가 들어 있다는 것을 자명한 진리로서 주장한다"는 말과 일치되는 사상인 것이다.

서재필은 어찌나 강경하게 자유와 인권을 주장했던지,

1897년 11월 30일 배재학당 협성회(協成會, Debating Society) 창립 1주년 기념 강연을 할 때 "그는 개인의 권리를 옹호하기 위해서는 국왕이나 아버지까지라도 죽일 수 있다는 정도로 과격했다"[60]고 당시 같은 자리에서 기념 강연을 한 윤치호(尹致昊)가 일기에 증언했다.

마침내 서재필은 러시아 공사 웨버(Karl Waeber)와 친러파 보수정객들의 모략으로 한국을 떠날 수밖에 없었지만, 그로부터 〈독립신문〉의 편집과 운영권을 인계받은 윤치호는 1898년 5월 19일자 영문판〈독립신문〉에 '정직한 고백(An Honest Confession)'이란 제목의 글을 실었다. 서재필의 '작별 인사의 말(Aparting Word)'에 대한 답사 형식으로 발표된 글인데, 이런 말이 있다.

> 독립신문의 영문판·국문판을 통한 서재필의 활동, 그중에서도 특히 국문판을 통한 활동에 대해서는 아무리 높이 평가해도 과하지 않다. 한글 논설과 기사를 써 압박 받고 있는 한국 국민들에게 다음과 같은 사실들을 가르쳤음을 지적하고 싶다. 즉 모든 사람은 날 때부터 평등하다는 것, 이 진리는 앵글로 색슨족이나 라틴족에서 나온 것이 아니라 하나님께서 누구에게나 준 것이라는 것, 또 오늘날 국왕과 양반들을 위해 소처럼 일하면서 고통 받고 있는 사람이 한국에는 너무나 많다는 것, 그리고 외국인들이 향유하고 있는 개인의 권리와 번영은(한국의 독립처럼) 길가에서 우연히 얻어진 것이 아니라 다년간의 노력과 연구와 투쟁을 거쳐 얻어진 것이었다는 것. 만약 앞으로 한국인들이 이러한 권리와 번영을 누리기를 원한다면 노력하고 투쟁해야 된다는 것이었다.[61]

그럼에도 서재필의 독립협회 운동을 단순한 자주 민권운동이니 자주 독립운동이니 하며 간단히 처리하는 것은 본질과는 거리가 멀다고 아니할 수 없다. 그의 독립협회 운동은 프로테스탄티즘의 양심의 자유와 인권사상에 깊이 뿌리박은 것으로 어디까지나 성서적인 것이며, 이러한 사상이 정치·경제·문화운동으로 구현된 것은 놀라운 일이다.

역사가 문일평은 "갑신혁명당에 4거두가 있는 것과 같이 독립협회에는 3거두가 있었으니, 서재필·윤치호 및 이상재(李商在)다. …… 서씨를 창시자라 한다면 윤씨는 계승자요 이씨는 확충자다"[62]라고 했는데, 프로테스탄티즘의 양심의 자유·인권사상은 윤치호·이상재의 경우도 마찬가지다. 특히 윤치호는 미국에서 신학을 공부했고, 남감리교를 한국으로 끌어들인 장본인이다. 그는 비록 독립협회 창립 당시에는 앞장서지 못했으나 1898년 5월 14일 서재필이 출국한 뒤, 그해 8월 28일부터는 독립협회 회장으로서 〈독립신문〉을 주 3회 격일간지에서 일간지로 발전시키기도 했다.

이상재는 초대 주미 한국 공사관의 서기관으로 1887년부터 약 1년간 외교관 생활을 할 때 미국의 민주주의 사상을 체험한 대표적인 개화파 지도자이며, 독립협회 운동을 범국민적인 자유 민권수호 투쟁으로 키워 나갈 때는 언제나 선두에서 지휘를 했다.

위 3거두는 다 같이 열렬한 평신도였다. 그러므로 독립협회 운동은 한국 교회의 대표적인 평신도 운동의 하나로 봄이 마땅하다. 예를 들어 1896년 11월 21일, 5~6천 명 회중과 귀빈이 모인 가운데 거행된 독립문 정초식은 기독교식 정초식이었다. 배재학당 합창단의 조선가(朝鮮歌)와 진보가(進步歌)를 비롯하여 아펜젤러 목사의 기도, 서재필 고문의 축사 등으로 진행되었으며,[63] 배재학당의 협성회 회원들은 독립협회의 기간단체로서 독립협회가 토론회를 조직 운영할 때는 단결정신·민족정신·자유주의 인생관·교육의 중요성을 고취하는 데 앞장섰다.[64] 그리고 그 회원 중에는 시내 각 교회 교인들이 많이 참석했으며, 만민 공동회, 탐관오리 규탄대회, 민권수호 투쟁 등 민중대회가 있을 때는 교인들이 큰 구실을 했다. 예를 들어 서울 곤당골교회(승동교회의 전신) 교인이며 백정들의 인권과 해방운동의 우두머리였던 박성춘(朴成春)[65]은 관민공동회 연단에 올라가 이렇게 열변을 토했다.

> 나는 대한의 가장 천한 사람이고 무지몰각한 자입니다. 그러나 충군 애국의 뜻은 대강 알고 있습니다. 이에 이국편민(利國便民)의 길인즉 관민이 합심한 연후에야 가하다고 생각합니다. 저 차일(遮日)에 비유하건대 한 개의 장대로 받친즉 역부족이나 많은 장대를 합한즉 그 힘이 심히 견고합니다. 원컨대 관민 합심하여 우리 대황제의 성덕에 보답하고 국조(國祚)로 하여금 만만세를 누리게 합시다.[66]

이에 대하여 신용하는 "수만 명이 모인 대관민 공동회의 개막 연설을 종래 가장 천대받던 해방된 천민인 백정(白丁, 宰設軍)이 시작했다는 사실부터가 역사적 사건"[67]이라고 높이 평가했다.

끝으로 독립협회의 독립(獨立)이란 말 자체가 한국 역사상 처음으로 등장한 새 말이다. 독립협회가 그처럼 심한 탄압을 받게 된 것은 이 '독립'이란 말이 당시 집권자들에게는 위험 용어로 느껴졌기 때문이다. 이에 대하여 게일은 《선봉(Vangard)》이라는 실화소설에서 임금과 총리대신의 담화 내용을 다음과 같이 묘사했다.

> 임금이 묻기를 "그 사람들이 무엇을 하고 있더냐?" 하자 총리대신은 "그들은 독립협회를 하고 있습니다"라고 대답했다. 그러자 임금은 "독립? 그게 도대체 무슨 소리냐?" 하고 물었다. 총리대신이 답했다. "독립의 '독(獨)'은 홀로 독 자이며, '립(立)'은 설 립 자이므로 홀로 서는 운동을 하고 있습니다." 그러자 임금은 "그게 될 말이냐? 그런 말은 사서삼경에도 없는 말이 아니냐?"라고 했다. 이때부터 정부는 독립협회를 탄압하기 시작했던 것이다.

이렇듯 독립협회 운동은 하나의 혁명이었으며, 이 혁명은 자유와 성서적 토대 위에서 출발한 것이다. 아울러 이 운동은 한국 초대교회의 평신도 운동이다.

5) 성서 번역 과정과 새문화 개척운동

선교사들에 의하여 신약성서가 완역 출간되기는 1900년, 구약성서 완역은 1910년, 그러니까 그들이 입국한 지 16년 만에 신약이, 26년 만에 구약이 나온 것이다. 우선 신약성서의 경우, 그들이 본격적으로 번역 활동을 개시하기는 1887년부터니까 13년 만에 된 셈이다.

이미 말한 바와 같이 그들은 처음에는 서상륜 역이나 이수정 역을 수정하면 되려니 했다. "그러나 그 과장된 문체며, 한자말투성이며, 사투리 말이며, 빈번한 오역, 모호한 번역, 괴팍한 철자와 문체 등은 초대 선교사들로 하여금 기존 번역을 고쳐 만드느라 시간을 허비하느니 새로 번역하는 것이 낫겠다는 결론을 내리게 한 것이다."[68] 그리하여 제일 먼저 발 벗고 나선 사람이 언더우드·아펜젤러인데, 후자는 어찌나 일에 열을 냈던지 자기가 창설한 배재학당의 교장직을 한때 물러나기도 했다.[69]

1900년 신약성서가 완역되기까지는 3단계 과정이 있었다. 제1단계는 각 선교사들이 한국인 조역자와 초고를 만드는 일, 제2단계는 각자의 초고를 피차 비판·조언하면서 준비 역본을 만드는 일, 제3단계는 작성된 준비 역본을 번역위원회가 재검토한 뒤 잠정적인 역본을 만드는 일이다. 그런데 1896년까지는 마태복음을 제외하고는 제2단계를 통과한 역본이 없었다. 그러나 교계의 긴급한 요구에 응하고자 그해에 4복음서와 사도행전을 출판·배포했으며, 1897년 번역위원회가 모였을 때는 제2단계 과정을 밟지 않고 껑충 뛰어넘어 제3단계 과정에서 3년간

독회를 계속한 결과 "1900년 5월 초에는 대자(大字) 신약성서 12,000부가 감리교출판사에서 인쇄되었고, 소자(小字) 신약성서 15,000부와 복음서와 사도행전 합본 10,000부가 일본 요코하마에서 인쇄되었다."[70]

여기까지 대략 세 가지 역사적 공헌을 찾아볼 수 있다. 첫째로 성서 번역을 순 우리말과 글로 한다는 것이었다. 이미 지적한 바와 같이 1893년 1월에 모인 '재한 장로회 선교사 연합공의회'는 10개 항의 선교정책을 세웠는데, 제6항에서 "모든 문서사업은 한자투 관용어를 떨어버리고 순 한국말로 하는 것을 우리의 목표로 삼는다"[71]라고 결정했다. 이 결정이야말로 선교사들의 큰 공헌이라 하지 않을 수 없다.

백낙준은 이 공헌을 "한국 문자의 부흥"이라고 지적한 다음 "한글은 한국 문화에서 가장 훌륭한 도구의 하나로 이용되었어야 할 것인데 종래 학자들은 이를 도리어 멸시하고 그 대신 한자를 써왔다"고 비판했으며, "성서와 기독교 문헌의 순 한국어 번역은 한국어 부흥의 계기가 되게 했다"[72]고 평했다.

물론 성서의 순 한글 번역은 서상륜 등에 의하여 개척된 것이 사실이다. 그러나 그의 순 한국어 번역은 로스·매킨타이어 등의 도움을 무시할 수 없으며, 따라서 그 전통을 계승한 국내 개척 선교사들의 도움 또한 무시할 수 없다. 그리고 이 개척 선교사들은 천주교 선교사들에게 많은 도움을 받은 것이 사실이며, 그들은 먼저 한국 문화 연구, 말과 글 연구를 열심히 했다는 사실이 중요하다.

그 한 예로 1892년 1월 창간된, 한국의 언어·풍속·문화 전반에 걸친 연구를 목적으로 한 〈코리안 레포지토리(*The Korean Repository*)〉, 즉 〈한국유기(韓國留記)〉[73]라고도 불리는 연구지의 창간호 제1면에는 헐버트의 연구 논문이 연재되기 시작했으며, 2월호의 "한국의 교육기관들(Korean Schools)"이란 논문에서는 "한국에는 진사학당(進士學堂)·경학원(經學院) 그리고 사설 서당 등 세 종류의 학교가 있는데, 이 모든 학교에서는 한문만 배워 주고 한국어를 배워 주는 학교는 없다. 제 나라 말 즉 한국어는 아이들이 그 부모에게서 주워듣고 아는 정도이다. 한국어 교육은 교육에서 전혀 고려되지 아니하며, 한문을 아는 사람이라야 학자라고 존경받게 된다"[74]라는 논설이 게재되었다. 그리고 3월호에 실린 로드웨일러(L. C. Rothweller)의 논문, 즉 "우리 여학교에서는 무엇을 배워 주어야 할 것인가"에서는 "유럽이나 미국 학생들을 위해서는 사어(死語, The dead language, 히브리어나 라틴어) 연구가 좋게 여겨진다면, 어찌하여 한국인들 특히 한국 여성들을 위해서는 산 언어(The living language) 연구가 좋게 여겨지지 않겠는가?"[75]라고 하면서 한글, 즉 반절(反切) 교육의 필요성을 강조했다.

둘째로 개신교는 천주교와 달리 기독교의 창조신의 칭호를 '하느님'으로 결정했다는 사실이다. 개척 선교사들 간의 가장 큰 논쟁거리는 기독교의 창조신의 호칭을 천주(天主)로 하느냐, 아니면 상제(上帝)·천제(天帝) 또는 하느님 중 어느 말을 택하느냐 하는 문제였다. 다시 말해서 어느 칭호가 "히브리어의 '엘로힘'과 희랍어의 '데우스'에 해당하여 기독교 신관을 밝힐 수 있는 칭호이겠느냐"[76] 하는 문제였다. 중국 교회에서는 천주·상제·신·천제·천 등으로 갈팡질팡하다가 천주(天主)로 낙착되었으며, 일본 교회에서는 '가미(神)'로 낙착되었지만 한국 개신교는 이 모든 것을 물리치고 '하느님'이라는 토박이말을 채용한 것이다. 물론 처음에는 논란과 시비가 많았다. 가령 언더우드가 네비우스 여사의 《구세교문답(Saving Faith Catechism)》을 번역할 때 이 칭호 문제가 있었는데,[77] 이 문제는 1898년까지 합의되지 않았기 때문에 마가복음을 비롯한 사도행전·고린도 전후서·베드로 전후서·요한 1, 2, 3서·히브리서 등 거의 모든 성서에서 어떤 선교사는 '텬쥬(天主)'로, 다른 선교사는 '하느님'으로 번역했다.[78] 그러나 이 논쟁은 결국 '하느님'으로 통일됨으로써 선교사들은 한국 개신교의 토착화를 위해 결정적인 공헌을 한 것이다.

셋째로 개신교는 한국어 문장의 순화와 전통 문화를 계승 발전시키는 데 큰 공헌을 했다. 이미 보았듯이 서상륜의 성서는 순 우리말로 되었지만 문장은 사투리투성이이고 조잡한 데가 있었으며, 이수정 번역은 꽤 세련되지만 문장은 한문투와 국한문 혼용으로 되어 있었다. 이를 지양하여 개신교 선교사들은 훌륭한 번역을 완성했는데, 주로 천주교의 《성경직히》에서 많은 영향을 받은 것이 사실이다.[79]

선교사들은 성경만 아니라, 1897년에는 〈죠션 크리스도인 회보〉(감리교)와 〈그리스도신문〉(장로교)이란 주간 신문까지 내기 시작했는데, 문장과 표현 양식 역시 기독교 특유의 문장과 표현 양식을 개척했다.

평신도들이 시작한 〈독립신문〉의 문장과 위 교회 신문의 문장이 비슷한 것과, 그 문장이 성서의 문장과 비슷하다는 것은 한국의 새 문화 창조가 기독교로 인해 비롯했음을 증명하는 것이며, 이로써 한국 개신교는 한국문화사의 새 기원을 열어 준 종교라고 볼 수 있다.

4.

20세기초의
선교활동(1900~1910)

1) 험악한 정국하에서의 조용한 전진

19세기말부터 20세기초에 이르는 약 10년간의 정국은 그야말로 복잡다단하고도 험악했다. 1894년의 동학농민운동·청일전쟁·갑오개혁 등의 소용돌이, 1895년의 명성황후 시해사건, 1896년의 아관파천과 아울러 독립협회와 만민공동회의 민중운동 바람을 타고 고종이 1897년 국호를 '대한'으로 고치고 황제위에 오르고 연호를 광무(光武)라 고치는 동시에 중국과의 종주관계를 끊고 완전 독립을 선언했다. 그러나 아깝게도 독립협회는 1898년에 해산되고 말았다.

갑오개혁 이후 세상은 많이 달라졌다. 1899년에 경인선(京仁線) 철도가 가설되었고, 1898년에 전차가 등장했으며, 1900년부터 전깃불이 켜지기 시작했고, 1902년부터 전화가 개통되었다. 서양식 건물의 효시는 1887년 세워진 배재학당 강당이나, 1896년 프랑스의 개선문을 본따 영천에 독립문을 세웠고, 1898년에는 종현에 천주교 성당이 섰으며, 1907년에는 종로에

YMCA회관이 세워져 세상을 깜짝 놀라게 했다. 서양 음악은 선교사들이 맨 처음 들여다가 보급했으나, 1900년부터는 정부 측에서도 독일 출신의 에케르트(Franz Eckert)를 초빙해서 군악대를 조직했다.

이때 강대국들의 각축전은 더욱 치열해 갔다. 1895년 청일전쟁에서 이긴 일본은 러시아가 적이었기에 방아책(防俄策)으로 1902년 영일동맹(英日同盟)을 맺었고, 그래도 러시아의 위협이 만만치 않자 차라리 한국 땅을 둘이서 나누어 먹자 해서 1903년 이른바 39도선을 그어 놓고 중립지대니 완충지대니 하는 음모를 계속했다. 이때 우리 정부는 어느 누구의 독점 지배도 막아야겠다는 결심으로 1903년 스위스와 같이 영세 중립국임을 선언하기도 했다. 고종황제는 현상건(玄尙健)·현영운(玄暎運) 등 밀사를 러·일 양국에 파견하여 비밀 외교를 벌였으나 자체의 힘도 국방력도 없는 외교가 먹혀 들어갈 리 없었다. 결국 그들은 냉담과 우롱 속에 돌아오고 만 것이다.

그러면 이 동안 교회는 무엇을 했던가? 흔히 이 기간을 기독교의 침묵기나 침체기로 보지만 반드시 그렇게만 볼 수 없다. 도리어 교회는 내적인 성장 또는 조용한 전진을 계속했다고 볼 수 있다. 이를 몇 가지로 분석해 보자.

첫째로 교회는 성서 번역사업을 계속하는 한편 찬송가 편찬, 예배 의식 제정 등 기본사업에 열중했다. 이미 앞 장에서 말한 바와 같이 교회는 3단계 작업과정을 거쳐 1900년 신약성서 완역 출간을 보게 되었다. 따라서 선교사들은 찬송가 편찬에 온 힘을 쏟았다. 이보다 앞서 찬송가는 서상륜·백홍준 등 만주에서 예수를 믿고 국내에 잠입한 초대 교인들에 의해 비밀 예배장소에서 불렸으며,[1] 찬송을 부를 때는 반드시 집 밖에 파수꾼을 세워 놓고 불렀다.

그러다가 1892년 아펜젤러가 악보 없는 찬송가를, 같은 해에 존스와 로드웨일러(L. C. Rothweiler)가 악보 없는 27곡의

《찬양가》를 번역 출간했고, 1893년 언더우드가 117곡의 악보 있는《찬미가》를 번역 출간했으며, 1895년에 리(G. Lee)와 기포드(M. H. Gifford) 여사가 54곡의《찬성시》를 번역 출간함으로써 "1896년에는 세 가지 찬송가가 교회에 쓰이고 있었다."[2] 이 세 가지 찬송가의 증보상(增補相)은 다음과 같다.

①《찬미가》는 1892년 27곡(초판)을 비롯하여 1895년에 81곡(재판), 1899년에 176곡(3판), 1902년에 205곡(5판)이 수록되어 나왔고, ②《찬양가》는 1893년에 117곡(초판)을 비롯하여 1895년에 154곡(재판), 1900년에 182곡(3판)이 수록되어 나왔고, ③《찬성시》는 1895년에 54곡(초판)을 비롯하여 1898년에 83곡(재판), 1900년에 87곡(3판)이 수록되어 나왔다.[3] 그리고 1908년에는 위 세 가지 찬송가를 합동할 뿐만 아니라 장로교와 감리교의《합동찬송가》가 나왔는데, 무려 262곡의 찬송가가 수록되었다. 또 하나 놀라운 사실은, 1895년 발간된《찬성시》(초판)에는 "한국 최초의 신자 백홍준이 지은 찬송가 한 편이, 1905년 곡보가 붙은《찬성시》에는 한국 교회 음악의 선구자 김인식(金仁湜)이 지은 찬송가 한 편이 있었을 뿐이라는 것이다."[4]

둘째로 성서 번역 출판을 위하여 영국성서공회는 1895년 한국에 처음으로 대영성서공회 한국 지부를 공식 개설하고 켄뮤어(Alex Kenmure)가 초대 총무로 들어앉아 사업을 추진하게 되었으며, 문서사업을 위해서는 1890년 조선성교셔회(The Korean Tract Society, 현 대한기독교서회의 전신)가 창설되어,《성교촬리(聖敎撮理)》·《인가귀도(引家歸道)》·《그리스도 문답》을 비롯하여 "서회가 설립된 지 약 10년을 지난 1903년에 이르러서는 출판하여 판매된 서적의 총부수가 25만여에 달하였다."[5] 그중 게일의《천로역정(天路歷程)》·헐버트의《사민필지(士民必知)》·마페트의《장원양우상론(張袁兩友相論)》등은 교회 안에서는 말할 것도 없고 전 국민에게 널리 읽혔다.

셋째로 신학 교육은 감리교가 앞장섰다. 우선 감리교는

1896년경부터 신학회(神學會, Theological Class)라는 것을 조직하여 서울·인천·평양 등 세 지방 사경회에서 신학이론을 가르치기 시작했으며, 1900년부터는 하디(R. A. Hardie, 1865~1949, 河鯉泳)·최병헌 등이 〈신학월보(神學月報)〉를 펴내기 시작했다.[6] 순한글로 된 이 월보는 1910년까지 약 10년간 속간됨으로써[7] 한국 신학의 금자탑을 쌓기 시작했는데, 그 월보는 창간사에서 이렇게 말했다.

> …… 월보른 거슨 신문도 아니오 고담 이야기칙도 아니오 다만 교육과 학문을 쥬장으로 슴고 귀흔 글을 엇어 츌판ᄒ고 사름의 명오(明悟)를 여러줄지니라 …… 신학월보는 우리 그리스도교신학을 론리ᄒ고 셩경도리와 교회ᄉ긔와 대한교회의 진보흠과 교인이 신명(神命)을 력힝흠과 덕힝 긔졍ᄒ는 각식일을 긔지홀거시니 이 일로 우리 교회 목ᄉ들과 션싱들이 도와주시기를 ᄇ라노라 ……

특히 이 월보 창간인의 한 사람인 최병헌[8]은 《예수 텬쥬양교 변론》, 《종교변증론》, 《만종일연(萬宗一臠)》 등 많은 신학서를 저술한 학자로, 〈신학월보〉에 게재한 글만도 1901년의 "죄 도리", 1907년의 "셩산유람긔", 1909년의 "사교고략(四敎考略)" 등 여러 가지가 있다.

신학회와 〈신학월보〉의 본래 목적은 한국인 목회자 양성에 있었으므로 1899년 인천 우각동(牛角洞)에서 처음 신학회가 개강했을 때는 "학원(學員)은 최병헌·로병션·리은승·김창식·오석형(吳錫亨)·김기범(金箕範)·변정채(卞正采)·金(김상임金商壬의 잘못—저자)·이명숙 제씨(諸氏)오 과정은 사기신학(史記神學)과 영혼학(靈魂學), 전도법(傳道法)"[9] 등이었으며, 드디어 1901년 5월 김창식·김기범 등 두 사람이 한국 개신교 사상 최초의 목사 안수(집사)를 받게 되었다.[10]

그러나 신학교 간판을 정식으로 내걸기는 1907년 6월에 가서였다. 남북 두 감리교회가 연합하여 성경학원·성서학회·신학당을 경영하다가 "남감리회 선교회에서 한국인 교역자를 양성하기 위해 북감리교회와 연합하여 신학당(神學堂)을 설립하기로 결의하니 차(此)가 즉 서울에 있는 협성신학교(協成神學校)의 시작"[11]이다.

반면 장로교회는 신학반(神學班)이란 이름으로 출발했다. 즉 1890년부터 언더우드는 신학반을 조직하여 교역자 양성을 시작했으나, 그것은 단순한 사경회 정도를 벗어나지 못하고 있다가,[12] 1901년에 이르러서는 "평양 장대현교회 장로 2인을 장래의 목사 장립 후보자로 택하여 신학교육을 받게 하였으며,[13] 그들은 지방 교회에서 일하는 현직 교역자들이었으므로 1년에 3개월씩 공부[14]하고 5년 만에 신학교 전 과정을 마치게 하는 신학교육안을 작성하게 되었다. 그리하여 "1905년 대한 장로교회 치리기구 준행 선교부협의회(이른바 조선야소교장로교회공의회朝鮮耶蘇教長老會公議會)는 이 5개년안을 승인하고 평양에 '장로교 연합신학교'를 정식으로 개설하였다."[15] 이것이 곧 평양신학교인데, 1907년에 "신학교 졸업 학ᄉ 셔경조·방긔챵·리긔풍·길션쥬·송린셔·량뎐뷕·한셕진, 칠인의" 졸업생에게 목사 안수를 하게 되었다.

넷째로 감옥과 정부 내의 변화도 컸다. 위에서도 말한 바와 같이 1898년 독립협회가 해산된 뒤의 정국은 험악하고도 갈피를 잡을 수 없는 혼미상태에 있었다. 그러나 신문명의 거센 물결이 몰아칠 때 우리 정부는 조용하고도 우렁찬 변혁을 하고 있었다. 가령 1896년 러시아 황제 니콜라이 2세 대관식에 참석했다가 돌아온 민영환·윤치호 등의 강력한 제안으로 1901년부터 군악대가 창설되었으며, 바로 그해 7월 25일(음력) 고종황제의 제50회 탄신 잔치 때 군악대장 에케르트로 하여금 대한제국 국가를 제정 연주케 했다. 이는 한국 역사상 최초의 국가(國歌) 제정인 동시에 최후의 서양식 군악대 연주였다. 이에 대해 헐버트는 이렇게 말했다.

이 나라는 역사상 과거 어느 때보다 이때만큼 큰 충동을 느낀 때가 없다. 과격파 정치가들의 개혁운동은 죄다 실패로 돌아갔고 요술쟁이 같은 정치가들은 물러나고 이제는 만사가 정상 궤도에 올라 있다. …… 사회 변화는 일어나지 않을 수 없었던 것이며, 비록 완만하지만 우렁차게 진행되고 있다.[16] …… 이 탄신 잔치를 위하여 은으로 만든 기념 메달이 수여되었는데, 메달 한쪽에는 왕관상(王冠像)이 그려져 있으며, 또 한쪽에는 '대한제국 황제폐하 오십회 탄신 기념으로 이 은제 메달을 하사하노라. 광무 오년 구월 칠일'이라는 명문이 새겨져 있었다. 이 명문은 한자 대신 순 한글로 새겨져 있으며, 이로 인하여 한글은 온 국민이 천시할 수 없는 훌륭하고 알기 쉬운 글자라는 것을 알게 되었던 것이다. 그리고 이 한글이야말로 한국민의 유일한 문자생활 수단이라는 인식과 함께 밝은 내일이 눈앞에 보였던 것이다. 이 기념 메달을 수천 개 제조하여 한국 정부의 고관으로부터 각국 외교관 및 한국 주재 외국인들에게 모두 수여했다.[17]

감옥 안에서도 영적 변화가 일어나게 되었다. 독립협회와 국사범 혐의로 옥고를 치르고 있던 이상재·김정식(金貞植)·유성준(兪星濬)·이원긍(李源兢)·홍재기(洪在箕)·안국선(安國善)·이승만(李承晩)·신흥우(申興雨) 등은 감옥 안에서 일제히 기독교 신앙에 귀의하게 되었다. 옥고 생활은 3~7년간 계속되었는데, 그들은 선교사들이 차입해 준 성서와 종교서적을 읽는 가운데 영적 변화를 입음으로써 역사가 이능화의 이른바 관신사회신교지시(官神社會信教之始)를 이루게 된 것이다.[18] 그뿐만 아니라 그들은 감옥 안에다 학교를 설립하고 동료 잡범 죄수들에게 개과천선하는 도리를 가르치게 되니, 이것이 이른바 지옥즉천당(地獄卽天堂)이다.[19]

다섯째로 황성기독교청년회(皇城基督教靑年會)가 창설되었다. 때는 1903년 10월 28일. 초대 회장은 헐버트, 초대 총무는 질레트(P. L. Gillett, 吉禮泰)였고, 12명의 창립 이사 중에는 김필수(金弼秀)·여병현(呂炳鉉) 등 한국인이 있었다. 그러나 이와 같이 초대 회장과 총무가 모두 외국인이었던 것은 일제의 탄압에 대한 방어책[20]으로, 결코 주체의식 결여에서 비롯한 것은 아니었다.

그런데 청년회가 창설된 지 약 5개월 뒤인 1904년 3월 12일, 옥고를 치르고 있던 이상재·김정식 등 독립협회 관계 지도자들이 석방되어 다 같이 연못골교회(오늘날의 연동교회)에 입교하는 동시에 청년회에 집단가입하게 되었다.[21] 그중 이상재는 초대 교육부 위원장, 유성준·이원긍 등은 교육부 위원이 되었고, 김정식은 부총무(한인 총무)가 되었으며, 윤치호는 부회장이 됨으로써 황성기독교청년회 운동은 이때부터 하나의 변모된 독립협회 운동, 즉 독립협회 운동의 계승자 구실을 하게 되었다.[22] 그리하여 평신도 운동으로서의 독립협회 운동은 황성기독교청년회로 맥이 이어져 기독교적인 인권운동과 민권운동의 전통을 계승하는 동시에 천민과 서민층에게만 보급되었던 복음의 씨가 지식인과 상류층에도 깊이 뿌리박기 시작했다. 황성기독교청년회야말로 한국 역사상 처음으로 '청년'이란 말을 발견하고 그 개념을 유지·발전시킨 최초의 단체다.[23]

2) 을사늑약부터 한일합방까지의 항거

1904년 2월 일본 해군이 인천 앞바다에서 먼저 포성을 터뜨림으로써 러일전쟁이 일어났다. 이때 러시아 함대 두 척이 포화에 맞아 침몰했다. 9월부터는 일본 군대가 무단 상륙하여 우리 국토를 짓밟았고, 12월에는 러시아 공사 파블로프가 보따리를 싸들고 서울을 탈출했으며, 일본 군대만이 수도 서울을 휩쓸었으니, 이 어찌 500년 조선 왕조 패망의 순간이 아니겠는가?

일본은 우선 우리 정부를 위협하여 1904년 2월 22일 한일의정서(韓日議定書)에 날인케 했다. 그리하여 일본은 군대 주둔

권, 외교 통제권, 재정 감독권, 통신·교통기관 시설권, 척식사업
과 식민권 등을 장악했고, 1905년 5월 러시아 해군을 완전 격파
한 뒤에는 침략의 원흉 이토 히로부미(伊藤博文)가 한국에 와서
그해 11월 17일 이른바 을사보호조약(*이 책의 다른 곳에서는 '을사
늑약'으로 표기했다)을 맺었다. 즉 보호조약이라 함은, 한국은 약해
서 어떤 강대국에게 먹힐지 모르니 일본이 '보호'해 주마 하면서
꾸며진 강제 조약인 것이다.[24]

　　이 조약이 체결되기 직전 YMCA에 대한 가장 강력한 지
지자이자 다액 기부자의 한 사람이던[25] 민영환은 11월 30일 다
음과 같은 유서를 남겼다.

　　　아아, 나라와 겨레의 치욕이 이에 이르러 장차 생존경쟁에서 다 죽으
　　　오리. 무릇 살고자 하면 죽고 죽으려 하면 살게 되나니 여러분은 어찌
　　　이를 모르리오. 영환은 한갓 죽음으로써 황은(皇恩)에 보답하옵고 우
　　　리 이천만 동포 형제께 사죄하오. 영환은 죽어도 죽지 않고 구천(九泉)
　　　아래에서도 여러분을 돕도록 하오리. 다행히 우리 동포형제 이천만이
　　　곱절이나 더 분발하고 뜻을 굳게 하고 학문에 힘쓰며 일치단결하여
　　　온갖 힘을 내어 자유독립을 되찾게 되면 죽은 이 몸이 저승에 가서도
　　　기뻐 웃사오리. 아아, 조금도 실망 마르시오. 대한제국 이천만 동포에
　　　게 마지막 말씀드리오.

　　당시 〈황성신문(皇城新聞)〉 사장 장지연(張志淵)은 이 조
약이 체결되자 바로 11월 20일 '시일야 방성대곡(是日也放聲大哭)'
이라는 사설에서 "…… 천만 뜻밖에도 어데로부터 제출되었는
고 …… 대황제 폐하의 강경하신 성지로 거절했음에도 불구하고
…… 우리 2천만 동포가 노예가 되었으니 동포여 살았는가 죽었
는가, 통재라 통재라……"라고 써서 서울 장안을 울음바다가 되
게 했다.

　　선교사들도 이 무렵 의분을 참지 못했다. 1905년 7월 27

일 루즈벨트 대통령의 비밀 사절 태프트(Taft)가 일본 수상 가쓰라 타로(桂太郎)와 만나 한국에 불리한 비밀 협정을 맺자 국내 선교사들은 물론, 당시 국내 미국 시민들과 주한 미국 공사 알렌마저 본국 정부의 불의를 지탄하다 소환되고 말았다.[26] 이에 대하여 데네트(T. Dennett)는 "미국 외교사상 가장 주목을 끄는 이례적 행정협정"[27]이라고 비난했으며, 이 파문은 하와이 동포 사회까지 번져, 그들은 1905년 6월 21일 교민대회를 개최하고 "미국 대통령 각하 …… 유감스럽게도 일본은 러시아와 마찬가지로 침략자가 되었습니다. …… 우리는 귀 국민이 공명정대하고 정의를 사랑하는 국민인 줄 믿습니다. …… 우리는 한미수호조약의 정신에 따라 귀국의 원조를 요청할 권리가 있습니다"[28]라는 진정서를 냈다.

한편 고종황제는 일제의 불의를 세계에 호소하기 위하여 두 차례나 밀사를 해외에 파송했다. 1905년 10월 헐버트를 미국 대통령에게 파송하였고, 1907년 6월 이준(李儁)·이상설(李相卨)·이위종(李瑋鍾) 그리고 그 선봉대원으로 다시 헐버트를 만국평화회의(萬國平和會議)에 파송했는데, 헐버트는 황성기독교청년회 회장이었고, 이준도 같은 청년회 간부인 동시에 연못골교회(현 연동교회) 교인이었다.

이 때문에 고종황제는 1907년 7월 20일 강제로 왕위에서 밀려나게 되었는데, 이상재 등 황성기독교청년회 회원들과 학관 생도들은 동우회(同友會)·대한자강회(大韓自強會)·대한구락부 등 회원들과 같이 대한문 앞 광장에 모여든 시민들 앞에서 양위 반대 연설을 하는 동시에 "만약 도일(渡日)을 위한 황제의 어가(御駕)가 궁궐을 나설 때에는 모두 궤도에서 깔려 죽자"고 외치면서 이를 저지하려는 일본 헌병들과 정면충돌했다.[29]

상동교회(尙洞敎會)를 중심한 항일운동도 맹렬했는데, 우선 1905년 을사늑약이 체결되자 "제1회 상소하는 글은 이준이 짓고 최재학(崔在學, 황성기독교청년회 초대 간사)이 소주(訴主)가 되

었고[30] 1907년에는 전덕기·양기탁(梁起鐸)·이동녕(李東寧)·이승
훈(李昇薰)·이동휘(李東輝)·안창호(安昌浩)·최광옥(崔光玉)·김구
(金九) 등이 신민회(新民會)를 조직했는데,[31] 이들은 모두 열렬한
예수교 신자들이다.

　　　　천주교 교우들의 항일운동도 맹렬했다. 예를 들어 황해도
신천(信川) 출신의 독실한 교우 안중근(安重根)은 1909년 10월
26일 만주 하얼빈 역두에서 침략의 원흉 이토 히로부미를 암살
했다. 그는 간도 명동(明東)을 중심한 교우촌에 숨어서 준비했다
가 마침내 이 웅지를 이룬 것이다.

　　　　그 밖에도 이 기간 중에 기독교인들이 의병이 되어 싸운
예도 많으며, 국내에는 더 이상 있을 수 없어서 이회영(李會榮) 형
제를 비롯한 신민회 계통 신자들은 만주로 망명 가서 신흥군관
학교를 세우기도 했다.[32]

3) 하나의 기독교회를 위한 선교사들의 용단

　　　　한국에 있는 각 파 교회를 단일교회로 만들자는 구체적
인 운동은 제일 먼저 교육에서 시작되었다. 1905년 6월 북감리
교 재한 선교부 총회가 서울에서 열렸을 때, 선교사들은 감리교
교육 문제 토의회에 다른 교파 선교사들도 초청하기로 했다. 남
북 감리교회는 연합해서 서울에서 학교 운영을 하고 있었을 뿐
만 아니라, 그 세력은 장로교보다 훨씬 우세했기 때문이다. 그리
하여 이 총회에서 교육사업의 합동 운영을 강력하게 주장하던
평양의 베어드 박사가 연설을 했고, 다른 여러 선교사들이 같은
내용의 발언을 했다.[33] 그리고 "감리교 부인병원을 맡아 보던 의
학박사 메리 커틀러(Mary Cutler) 양은 새 병원 건물을 지을 수
있는 건축기금이 전부 마련되어 있음에도 자기 병원과 장로교 병
원이 합동하기를 원했다. 또한 당시 감리교 여자학교의 책임자이

던 힐맨(M. R. Hilman) 양도 건축비를 준비하여 가지고 새 여 학교를 또 건축하려는 장로교 선교부와 합동할 것을 제창했다."[34]

이와 같이 여선교사들이 먼저 나서서 합동운동을 추진하는가 하면, 남자 선교사들도 이에 못지않게 연합 전도사업과 신학교육 합동 문제를 진지하게 토의하였다. 그 뒤 감리교 총회는 위원을 선출하여 장로교 측이 같은 목적으로 선출한 위원들과 협의했다. 이를 찬양하여 무어(S. F. Moore)는 "한국의 획기적인 총회(An Epoch-making Conference in Korea)"라는 제목의 기사를 썼으며,[35] 〈코리아 리뷰(*The Korea Review*)〉는 "한국 안의 두드러진 운동(A Notable Movement in Korea)"이라는 사설을 게재하기도 했다.[36]

이처럼 교회 연합운동이 활발해지자 서울에 있던 장·감 두 교파의 거의 모든 선교사는 벙커 집에서 회의를 가졌다. 때는 1905년 6월 26일, 사회는 감리교의 해리스(M. C. Harris) 감독이 하여 단일 교회안을 채택했는데, 이에 대하여 감리교회 재한 선교부 총회록은 "레이놀즈(남장로교 선교사)가 동의했다. 즉 이 비공식적인 모임에 출석한 선교사들의 총의는 한국민들의 단일 교회를 창립할 시기가 무르익었다고 전제하고, '한국 그리스도 교회'라는 명칭하에 단일 교회 설립을 촉진하자는 동의안을 제출하였다. 에비슨(O. R. Avison, 魚丕信, 캐나다 선교사) 박사의 제청에 따라 만장일치로 전원 기립하여 이 동의안을 채택하였다. 뒤이어 벡크(S. A. Beck, 영국 성서공회 선교사)는 이 모임에서 나타난 총의를 보아 개신교파 기독교인 전부가 한국에서 교육사업을 합동해야 한다는 것을 동의하여 진지한 토의 끝에 그 동의가 가결되었다"[37]는 사실을 성문화시켰다.

그 결과로 "장로교공의회와 감리교 선교부에서 취한 공동 조처에 의하여 1905년 9월 15일, 6개 선교부 관계 인사 약 150명의 선교사들이 모인 가운데 '재한 복음주의 선교단체 통합공의회(The General Council of Evangelical Missions in

Korea)'가 조직되었다."[38] 이 새 단체의 헌장 제2조에는 "이 공의회의 목적은 기독교 사업에 협조하고 나중에는 한국에 단일 복음주의 교회를 조직함에 있다"고 했으며, 제3조 권한 조항에는 "자문권과 각 선교부가 위임하는 기타 권한"이라고 규정했다. 또한 6개 선교부 대표자 한 명씩으로 구성된 실행위원회로 하여금 폐회 후 제출되는 각 선교부 안건을 처리하게 했다. 초대 회장에는 북장로교의 언더우드, 서기 겸 회계에는 북감리교의 벙커가 선임되었는데, 이야말로 한국 교회 합동을 위한 최초의 공식적이며 성공적인 시도였다.[39]

이 통합공의회 창립 직후 평양과 서울에 있던 두 남자학교는 합동으로 경영되었고, 서울의 병원사업도 대체로 합동 경영체를 구성했으며, 주일학교 공과와 찬송가, 공의회 기관지 〈코리아 미숀 필드(The Korea Mission Field)〉와 교회 신문 발간도 협동사업으로 추진되었다.

이미 말한 바와 같이 각 선교부 간에 선교 구역 분할 및 점거 문제가 협의되었는데, 통합공의회가 창설된 다음 해인 1906년부터는 본격적인 합의가 이루어졌다. 즉 선교 구역 분할 권한을 위임받은 통합공의회는 적극적인 조정에 나선 결과, 평안도 내에서 북감리교 선교부와 북장로교 선교부의 분계가 성립되었으며, 1907년에는 남감리교 선교부와 북장로교 선교부 간에 합의가 성립되어, 전자는 강원도 북쪽의 3분의 2와 서울 이북에 있던 북장로교 사업을 이양받고, 후자는 강원도 남쪽 2분의 1과 서울 경서(京西) 양단(兩端) 지역에 산재한 남감리교 교인들을 인계받게 되었다. 1908년에는 남감리교 선교부와 캐나다 장로교 선교부 간에 합의가 이루어져, 전자는 원산 북부지방을 후자에게 넘겨주었고, 남감리교 선교부는 서울에서 송도까지와 서울에서 원산까지의 지역을 차지하게 되었다. 그리고 캐나다 선교부는 함경도 전 지역과 북간도까지의 지역을 차지하게 되었다. 서울 이남은 북장로교와 북감리교 그리고 남장로교 간에 합의가 성립되

어, 충청북도는 북장로교가, 충청남도는 북감리교가, 전라남북
도는 남장로교가 각각 차지하게 되었다. 영남지방에서는 북장로
교가 경상남도의 동남부와 서울 남부 지역을 호주 선교부에 넘겨
주었고, 그 밖의 경상남도 지역과 경상북도 전 지역을 차지했다.

이처럼 선교 구역 분할은 미점거 지역의 분할만 아니라
기존 교회나 교인 집단이 산재한 지역 간 협정도 이루어짐으로
써, 각 교단 간에는 소속 교인들을 서로 넘겨주고 넘겨받는 일과
재산을 주고받는 일도 없지 않았다.[40] 이 같은 협동사업은 통합
공의회가 창설됨으로써 가능했던 것이며, 이 통합공의회는 한국
에큐메니칼 운동사의 아름다운 꽃이라고 볼 수 있는데, 오늘날
과 같은 교회 난립과 무질서 현상은 곧 에큐메니칼 운동의 부재
에서 오는 현상이라고 볼 수밖에 없다.

4) 민족교회와 민족교육의 정착 과정

우선 '민족교회'의 개념부터 짚고 넘어갈 필요가 있다. 민
족교회의 개념은 〈청년〉 1923년 6월호에 실린 "나의 이상하는
바 민족적 교회"라는 이대위(李大偉)의 논문에서 찾아볼 수 있으
며, 교회사가 김양선은 "3·1운동과 민족교회로서의 성장"[41]이란
논문에서 '민족교회'란 말을 쓰기 시작했다. 교회사가 민경배는
1972년 《한국기독교회사》의 부제로 '한국 민족교회 형성 과정'
이란 말을 씀으로써 민족교회사관을 선교사관과 대립되는 개념
으로 썼다.[42]

민족교회 형성의 직접적인 동기는 한말의 비운이다. 이에
대하여 민경배는 "복음이 이때 교회를 거쳐 전파된 통로는 민족
의식 강화와 겨레의 무궁한 장래를 소망으로 빛내는 약속, 다듬
어진 뜨거운 결속력, 이런 것들을 종교적 차원에서 끌어내는 독
특한 역사적 사명의 수행에서 더듬어지고 있었다. 한국에서 선

교와 토착은 처음부터 몸에 배듯 민족사적 사건이었다. 따라서 기독교가 한국에서는 필연적으로 민족교회로서 형성될 터였다. 구한말의 비운이 격하면 격할수록 그 정서의 넘치는 호소력의 통로는 혈성(血誠)으로 뚫리듯 넓어졌고, 그 아픈 체험에서 맺힌 일체감과 혈연감은 독실해져 솟아오르는 신앙고백은 단일성과 현실감으로 훨씬 토착적일 수 있었다"[43]라고 감정어린 말로 표현했다.

몇 가지 예를 들면, 1898년 독립협회가 해산된 뒤 이상재·김정식·이원긍·유성준·홍재기 등 지사들이 감옥 안에서 기독교 신자가 된 사실에서도 볼 수 있다. 그들은 1903년 "걷잡을 수 없는 나라의 비운이 드디어 창상(滄桑)의 변까지 몰아왔음을 몸소 겪으면서, 그래도 낙심하지 않고 나라 구원의 길을 찾아보려는 일념이 기독교의 '믿음'을 갖게 했으며, 나라의 장래를 기약하기 위해서는 낡은 세대를 제쳐놓고 젊은 세대를 길러야겠다는 또 하나의 '믿음'으로 발돋움하게 된 것이다."[44] 그리하여 이들 독립협회 관계 지사들은 1904년 출감 즉시 연동교회에 입교하는 동시에 황성기독교청년회에 집단 가입하게 된 것이다.

군대 해산과 함께 신자가 되어 입교한 사람도 많았다. 대표적으로 강화 진위대장(江華 鎭衛隊長)으로 있던 참령(參領, 현 소령) 이동휘는 1905년경부터 기독교 신자가 되어, 1907년 군대가 해산되자 "동포여, 예수를 믿으라, 나라를 구할 수 있는 길은 오직 이 길밖에 없다"[45]고 외치며 전도전선에 나섰다. 그리고 부교(副校)에서 시위대장까지 되었던 이필주(李弼柱) 목사, 포도대장까지 지낸 유한익(劉漢翼) 목사 등이 있다. 양반 출신으로는 헤이그 밀사 사건 때 국내부 차관으로 큰 구실을 했던 박승봉(朴勝鳳) 같은 사람이 있는데, 이와 같이 군인들과 양반들이 많이 교회에 몰려들자 '양반교회' 또는 '주병(走兵)교회'[46]라는 별명의 교회들이 나타나기까지 했다. 한편 첩살이를 하는 비천한 여성들과 백정들이 많이 모여 교회가 되었다고 해서 '첩장교회'라는 별명의

교회도 있었는데, 그 교회 목사 이재형(李載馨)은 왕족 출신이기
도 했다.[47]

　　민족교육 개념도 민족교회의 경우와 동일한 배경에서 형
성되었다. 1905년을 전후하여 비 온 뒤의 죽순처럼 일어난 사립
학교는 1908년 현재 5천을 헤아릴 수 있었다. 그러나 그해 민족
교육 탄압을 위해 사립학교령이 공포된 이후 1910년 5월 현재 간
신히 살아남은 사립학교가 2,250개였으며,[48] 그중 기독교계 학교
가 796개(1910년 2월 현재)였다. 이를 종파별로 분류하면 장로교
계 학교가 501개로 제일 많고, 감리교계가 158개, 성공회계 4개,
안식교계 2개, 천주교계 46개로, 기독교계 학교는 전체 학교의
3분의 1을 훨씬 넘는 엄청난 수였다.
　　기독교계 학교는 대략 세 가지로 나뉘는데, 첫째로 순복
음 전도의 목적으로 세워진 학교로, 예를 들어 야학교·성경학교
·신학교 등이다. 그중 야학교는 문맹자들에게 한글을 배워줌으
로써 성경을 읽을 수 있게 하려 했으며, 주간학교도 그런 목적에
서 출발했다. 둘째로 신교육 즉 탈봉건주의 정신교육을 표방하
고 나선 학교들로, 예를 들어 배재학당 창설자 아펜젤러는 "우리
는 관공립학교들처럼 통역관을 양성하거나 우리 학교의 일꾼을
가르치는 것이 아니라 자유의 교육을 받은 사람을 내어보내는
것"이라고 언명했다.
　　이에 비하여 민족 독립과 항일을 표방하고 나선 학교들이
있었는데, 이 학교들은 대개 선교사들이 경영하는 학교가 아니
었다. 예를 들어 1895년 설립된 민영환의 흥화학교(興化學校)를
비롯하여 1906년 설립된 남궁억(南宮檍)의 현산학교(峴山學校),
1907년 설립된 안창호의 대성학교(大成學校)와 이승훈(李昇薰)의
오산학교(五山學校) 등이 있다. 그중 몇 개를 간략히 살펴보면 다
음과 같다.

(1) 황성기독교청년회 학관

1903년 황성기독교청년회 창설과 더불어 YMCA학관의 성격을 띠고 출발했으나 1904년 이상재·윤치호·김정식·이원긍 등 독립협회 지도자의 집단 가입과 동시에 민족교육 성격을 띠기 시작했으며, 김규식(金奎植)·이승만·최재학·백상규 등 미국통 애국지사들을 교사로 맞이함으로써 급진적인 개화·독립·신문화 운동의 온상 구실을 했다.

학생들은 대개 양반 지식층 자제였으며, 학과목은 목공·철공·인쇄·제화·사진 등 천민들만이 하던 기술교육을 위주로 했는데, 이는 일종의 교육혁명이자 실학운동의 재발족을 의미했다. 그리고 체조·축구·야구·농구 등 현대 스포츠의 선구자가 되는 한편, 맹렬히 군사교련을 시킴으로써 항일 독립정신을 길렀다. 담당 교사는 구한국 군대 출신인 이필주·이하종(李夏鐘) 등이었다.

(2) 상동청년학원

1904년 감리교 상동교회의 부속학교 성격을 띠고 출발했으나 주도권이 전덕기·이회영·주시경 등 평신도들에게 넘어감으로써 탈선교사적 성격을 띠게 되었다. 학생도 서민층이었으며, 황성기독교청년회에 이어 역사상 두 번째로 '청년'이란 명칭을 달고 출발한 데 특색이 있다. 그리고 황성기독교청년회가 목공·철공 등 기술교육과 실학교육 위주인 데 비하여 이 학관은 국어·말의 소리·국어문전음학(國語文典音學) 등 국학운동의 기초가 되는 과목을 가르쳤다. 이필주 등의 군사 훈련도 맹렬히 하여 이 때문에 한때 폐교당하기도 했다.[49]

(3) 대성학교와 오산학교

대성학교는 안창호가, 오산학교는 이승훈이 다 같이 1907년에 설립했는데, 전자는 점진적으로 대성하는 인물의 양성을 위하여 무실(務實)·역행(力行)·충의(忠義)·용감(勇敢)이란 실학정신을 토대로 한 데 비하여, 후자는 민중의식과 구국이념이 토대가 되었다. 또한 전자는 미국에 가서 서구 민주주의와 실용주의 철학을 배우고 돌아온 지식인이 창설한 데 비하여, 후자는 국내 서민 출신으로 이상향 건설에 강한 의지가 있는 사람이 설립했다. 이 두 학교는 모두 독립협회 운동의 후예들이다.

(4) 명동학교

1904년 북간도에서 김약연(金躍淵)이 설립했으나, 그 명칭은 더 거슬러 올라가 1901년 이상설의 규암재(圭巖齋)에서 출발하여 1908년에는 명동의숙(明東義塾)으로 이름을 바꾸게 되었고, 1909년에 비로소 명동(明東)학교가 되었다. 이와 같이 학교 명칭이 바뀐 것은 설립자 김약연의 교육이념이 유학·실학·동학을 거쳐 1909년에는 기독교에 귀착되었기 때문이다. 교육 목적은 철저히 조국 광복에 있었기 때문에 충렬대(忠烈隊)·단지동맹(斷指同盟)·독립단·암살단 등 실력파 인물들을 배출하여, 1909년 이토 히로부미를 죽인 안중근을 비롯하여 1920년 '조선은행 15만 원 탈취 의거사건'의 주모자 윤준희(尹俊熙)·임국정(林國幀) 등의 훈련장소 구실을 하게 되었다. 그리고 이 학교는 장지영(張志映)·박태환(朴兌煥)·황의돈(黃義敦) 등을 주축으로 한 국학운동의 도장이 되기도 했다.[50]

(5) 신흥무관학교

1910년 상동교회 교인 이회영·이동녕 등 망명객들이 세운 학교다. 이름 그대로 독립군 양성을 위주로 한 학교로 서간도 유하현 삼원보(柳河縣三源保)에 있었으며, 변영태(卞榮泰)도 제1회 졸업생 11명 중의 한 사람이다.

(6) 강화 지방 학교

강화읍 보창(普昌)학교는 윤명삼(尹明三)과 유경근(劉景根), 양도면 흥천(興天)학교는 김용하(金容夏)와 전병규(田炳奎) 등 지방 유지에 의해 설립되었는데, 강화진위대장으로 있던 이동휘[51]가 군대 해산과 함께 교육입국으로서 '일리(一里)에 일학교(一學校)'를 부르짖고 나섰다. 그는 우선 강화 지방에만도 73개 학교를 설립했으며, 전국을 순회하면서 부르짖은 결과 개성·평양·원산·단천 등지에 170여 개의 학교를 설립했다.[52] 그는 예수 믿는 사람은 다 같이 합하여 하나가 되어야 한다는 뜻에서 우선 강화읍 보창학교를 '강화읍 합일(合一)학교'로 교명을 바꾸기도 했으며, 이 기독교의 합일정신과 민족의 단결정신이 밀착되어 군사 훈련교육을 하게 되었다. 이에 대하여 1906년 케이블(E. M. Cable, 奇怡富)이라는 선교사는 《교육열(*The Longing for Education*)》이란 책에서 이렇게 말했다.

강화도에 이동휘가 설립한 학교는 훌륭한 일을 하고 있다. 이 학교에는 10명의 교사진이 있어 영어·한문·국어·일어 등 여러 과목을 가르치고 있다. 교사 중 몇 명은 외국 유학생이며 아주 유능한 교사들이다. 학생 수는 210명이다. 이 학교에서는 학생들의 신체 훈련에 힘쓰고 있다. 그는 이미 3개 소학교를 세웠고 또 오래지 않아 몇 개 더 세울 예정이다. 그는 교회의 보조도 받지 아니하고 전부 자력으로 학교를 운영하고 있다. 지난 계삭회(季朔會) 석상에서 그는 학부모들에게 자녀교육에 관심을 가져달라고 호소하면서 이것만이 한국의 마지막 희망이라고 눈물로 호소했다.[53]

데밍(C. S. Deming, 都伊明)이란 선교사는 이 학교의 운동회 광경을 보고 이렇게 썼다.

학생들이 모여 군사 교련을 하는데, 그 정확하고 규율 있는 동작은 다른 어떤 군대도 따를 수 없는 것이다. 이 교련이 끝난 뒤 학생들은 3개 중대로 나뉘어 한 중대는 진지를 지키고 나머지 중대는 이를 공격해 왔다. 그들은 죽창과 흰 공, 붉은 공을 무기로 사용했다. 한동안 성 주위에서 공격작전·후퇴작전·돌격작전·적십자활동 등을 하며 격전을 벌이면서 성을 함락시키고 불태워 버림으로써 교련을 마쳤다.[54]

5) 부흥운동과 100만 명 구령운동 사이

"아메리카 인민의 종교생활사에는 몇 개의 뚜렷한 융성기가 있는데, 이 융성기는 대체로 신앙의 부흥과 함께 시작되었다."[55] 마찬가지로 한국 개신교의 종교생활사에도 몇몇 융성기가 있었는데, 이 융성기의 하나가 바로 1903년부터 일어난 신앙 부흥운동이다. 그리고 북아메리카 인민의 부흥운동의 불은 먼저 기성 청교도 지도자들에게 점화되었다가 학생들과 청년들에게 번져 나간 데 비해 한국 개신교 부흥운동의 불은 먼저 청교도 출신 선교사들에게 점화되었다가 토박이 교인들에게 번져 갔다.

우선 아메리카의 경우, 조나단 에드워즈(Jonathan Edwards)의 주도하에 이루어진 18세기의 대부흥은 19세기 중엽의 유명한 무디의 부흥운동으로 이어졌다. 이보다 앞서 부흥의 불은 학생들에게 인화되어 1806년에는 미국 윌리엄스대학(Williams College)에 신앙동우회(Society of Brethren)가 조직되었으며, 1810년에는 미국 외지선교회(The American Board of Commissioners for Foreign Mission)가 조직되었고, 남북전쟁이 끝난 뒤 1886년에는 매사추세츠 주 마운트 허먼(Mount Hermon)에서 제1회 학생 하령회(夏令會, Summer Conference)가 열렸다. 이 하령회의 주도자는 유명한 부흥사인 동시에 시카고 YMCA 지도자이던 무디였으며, 미국과 캐나다의 87개 대학에서 251명의 학생이 운집했다. 그들이 외친 구호는 "모두 다 가자, 모두 다에게로(All should go, and go to all)"였다.

　　이 학생 하령회가 있은 지 3년째 되는 해(1888~1889)에
는 유명한 '학생 외지선교 자원단(Student Volunteer Movement
for Foreign Mission)'이 정식 발족되었다. 구성원은 대학 YMCA
·미국 신학교 선교연맹·캐나다 대학선교연맹 등 4개 초교파 학
생단체였으며, 이때 학생대표로 활약했던 모트(John R. Mott,
1865~1955)와 라이언(D. Willard Lyon, 1870~1949)은 한국
YMCA 창설에 결정적인 구실을 했다. 이때 아시아 여러 나라에
파송된 선교사들이 229명이었는데, 그중 69명은 중국에, 46명
은 일본에, 7명은 한국에 파송되었다.[56]

　　한국의 초대 선교사들은 거의 모두가 이 '학생 외지선교
자원단'의 영향하에 성장한 인물들이다. 그중 캐나다 토론토대
학 YMCA 파송으로 온 게일은 무디가 주재했던 마운트 허먼 학
생 하령회에 참석했으며, 그의 동창생 하디도 그러한 분위기에서
성장했다. 하디는 1890년 9월에 내한하여 처음에는 선배 게일과
부산에 있다가 서울을 거쳐 원산에 갔으며, 1898년부터는 거기
서 남감리교 선교사로 적을 옮겨 의료사업에 종사했다.

　　1901년부터는 원산과 강원도 통천 지방의 개척 선교사가
되어 3년간 전도했으나 사사건건 실패하였다. 이 실패와 좌절감
이 그들로 하여금 새로운 신앙 체험을 할 수 있게 했다. 이 하디
가 바로 1903년 원산 성신 강림 운동의 제1인자다.

　　제2의 인물 역시 캐나다 선교사인데, 그는 1901년 입국한
캐나다장로회 소속 선교사 럽(A. F. Robb, 鄴亞力, 1872~1935)이
다. 그는 원산을 포함한 함경남북도 전역과 간도 지방이 캐나다
선교구역으로 배정되면서 원산에 정착, 창전예배당(倉前禮拜堂,
후의 광석동교회廣石洞敎會) 교우들과 열심히 기도했다. 그리고 제
3의 인물이 있는데, 그는 1889년 입국한 캐나다 출신 선교사 펜
위크로, 그도 '학생 외지선교 자원단' 운동의 영향으로 내한하여
처음에는 독립선교사로 활동했으나 침례교 소속 선교사가 되었

고, 1899년부터 원산에 정착하여 자립 전도에 나섰다.

제4의 인물 역시 매컬리(Louise H. McCully, 李墢義施. 또는 李夫人, 1864~1945)라는 캐나다 출신 미혼 여선교사로, 그는 본래 중국 선교사로 갔으나 1900년 의화단의 난을 피하여 내한했다가 그 전해에 입국한 푸트·그리어슨·맥래(Duncan M. MacRae, 馬具禮) 등 캐나다 선교회에서 정식으로 파견한 3총사와 원산에서 합류했다.

이와 같이 원산에는 미국 남감리교·미국 침례교·캐나다 장로교 선교회에 속한 캐나다 출신 선교사들의 크리스천 공동체가 형성되었는데, "1903년부터 거기서 기도 모임이 시작되었다. 제일 먼저 매컬리는 선교 사업을 위하여 중국에서 온 친구들과 매일 기도회를 가졌다. 이 기도회가 발전하여 원산에서는 동료 선교사들과 함께 매년 정기 사경회(Annual Bible Conference)가 열리게 되었다. 1904년에는 미국 남감리회 소속의 하디가 인도자가 되었는데, 그는 자신이 선교사업에 실패한 원인이 믿음이 약하여 아직 성신 강림 체험이 없는 데 있었다고 고백했다. 이 사경회로 그는 선교사들과 한국인 전도인들 앞에서 자신의 무능을 고백하게 되었으며, 신앙적 부흥을 위해 기도에 힘써야겠다고 결심하게 되었다."[57]

이미 말한 바와 같이 1905년에는 서울에서 '재한 복음주의 선교단체 통합공의회'가 조직되어 하나의 기독교회를 위한 성신의 역사가 나타나고 있었는데, 이에 발맞추어 원산과 함흥 지방의 부흥운동은 더욱 열을 올리게 되었다. 1905년 1월 25일 모인 사경회에 대하여 업아력 선교사는 "난생 처음으로 하나님의 권능과 역사를 체험했다. 선교사들, 한국 사람들, 남녀노소가 다수 모여 울면서 죄를 통회하고 죄 사하여 주실 것을 호소했다"[58]고 말했다. 이에 대하여 차재명(車載明) 목사도 "원산의 제직 사경회는 부흥회로 변하게 되야 업아력이 인도하난 중 회개 애통하난 자도 다(多)하고 기이한 능력을 밧은 자도 다하얏스며, 차(此)가

인도선(引導線)이 되야 그 후 전국 교회가 점차 부흥함으로 교회 발전의 일대 전기를 작(作)하니라"59라고 했다.

1906년 8월에는 하디가 평양 선교사들의 강사로 초빙되어 갔다. 그들은 "원산에서 일어난 사실을 듣고 사경기도회를 열기로 하고 …… 한 주일 동안 함께 모여 저들의 영적 생활을 심화하는 체험을 얻으려 하였다. …… 다음 북장로회 선교부는 서울에서 연차 선교부회로 모였다. …… 그 후 평양에 있는 한국 교인들에게 이 이야기를 여러 차례 해주었다 …… 사실상 선교사들은 한인 교인들로 하여금 깊고 신령한 체험을 얻게 하려고 노력하고 있었다"60라고 말했다.

이와 같이 1903년에 일어난 부흥운동은 선교사들만의 공로인 것처럼 이해되어 왔지만 반드시 그렇지만은 않다. 아니, 그보다 이 부흥운동은 선교사들에 의해 시작되었다가 한국인 교인들에 의해 심화되고 토착화되었다. 왜냐하면 하디가 "3년간 열심히 전도했으나 사사건건 실패하였다"고 고백한 것은, 그가 한국인의 종교적·문화적 배경을 무시하고 우월감을 가지고 가르쳤기 때문이다. 선교사들은 원산 창전예배당의 전계은 같은 초대 교인의 힐책과 비판의 대상이 되기도 했다.61 한편 업아력 선교사는 "한국 사람들, 남녀노소가 다수 모여 흐느껴 울면서 죄를 통회하고 죄 사하여 주실 것을 호소했다"고 했는데, 이는 선교사들이 한국인 초대 교인들의 죄 고백과 통회 기도에 크게 놀랐음을 의미한다.

이에 대하여 차재명은 더 자세히 말했다. "1903년 …… 장·감 양 교파와 침례회까지 연합하야 창전예배당에서 1주간 매야(每夜) 집회하는 중 하리영은 은혜가 특수하얏고 익년 정월에 우삼파(右三派) 교회가 연합사경 중 장로회 선교사 업아력이 특은을 밧아 다일간 금식 통회하며 가로상에서도 간구부절(懇求不絶)함으로 …… 월이년하(越二年夏) 제직사경회 중에 특별한 부흥이 기(起)하야 혹자는 40일간을 정하고 기도하난 중 이상(異常)

을 보기도 하얏스며, 업아력 사택에서 3~4인이 기도하난 중 통회하난 곡성이 상가(喪家)와 동(同)하얏고.”[62] 여기서 3~4인이라는 것은 전계은 등을 두고 하는 말이다.

전계은은 1869년 11월 11일(음력) 문천 태생으로, 유학 출신[63]이나 신자가 되기까지는 민간 신앙가였다. 엄격한 가정에서 태어난 그는 자식을 얻기 위하여 백일기도와 입산수도에 지성을 다했다. 그러다가 1894년 26세 때 신자가 되자, 우선 럽(업아력)의 어학선생이 되어 성경을 열심히 읽는 중 “동족의 핍박으로 구타와 후욕(詬辱)을 무수히 당하야스나 신심을 불변”[64]하여, 1903년 부흥운동 때는 오순절 성신 강림의 은사를 받아 관북지방의 기도회와 사경회의 인도자가 되었다. 1920년대 최태용(崔泰瑢)·김교신(金敎臣) 등의 무교회주의의 기도운동과 1930년대의 이용도(李龍道)·백남주(白南柱)·한준명(韓俊明) 등의 ‘새 예수 교회’ 신비주의 신앙운동은 전계은이 닦아 놓은 신앙적 토대가 있었기에 가능했다.[65] 그는 1914년 목사가 되어 1942년 2월 11일 작고할 때까지 관북의 영적 지도자로 추앙받았다.[66] 그는 부흥사라기보다는 성서학자로서 유명한 요한복음 주석을 비롯하여 요한서간·로마인서 주석 같은 귀중한 저서를 남겼으나 아깝게도 모조리 공산당에게 압수되고 말았다.

평양지방 부흥운동의 불은 주로 길선주(吉善宙, 1869~1935)에 의하여 점화 확산되었다. 그는 본래 선문(仙門)에 들어가 산신차력주문(山神借力呪文)·옥경(玉經)의 삼령주문(三靈呪文)을 배워 23세 때 이미 신차력(神借力)·약차력(藥借力) 등에 통달한 초인간적인 인물이 되었다. 그러나 1896년 28세 때 기독교 신자가 된 뒤부터는 이 초인간적인 힘과 종교적 체험이 기독교의 성신 강림 은사를 받는 데 밑천이 되었다. 그리하여 1905년부터 동료 장로 박치록(朴致錄)과 처음으로 새벽기도회를 시작했으며,[67] 1906년 8월 원산에서 하다가 평양에 와서 일주일간 부흥집회를 인도할 때는 누구보다 빨리 성령을 받게 되었다.

드디어 그는 1907년 1월 6일, 장대현교회를 비롯한 평양 시내 네 곳의 교회와 각 기독교학교의 부흥집회에서 불을 질렀다. 이러한 열기 속에 1907년 6월 장로교 평양신학교가 길선주를 비롯한 서경조·한석진·송인서·양전백·방기창·이기풍 등 7명의 졸업생을 배출하자 길선주는 한국 초유의 부흥사로 등장하는 동시에 부흥운동은 서울·의주·만주까지 번져 나가 전국적인 운동으로 확산되었다.

1907년의 부흥운동은 1909년과 1910년의 백만 명 구령운동으로 이어졌다. 그 사이의 4년간은 우리 민족에게 비통과 처절의 역사였다. 헤이그 밀사 사건, 고종황제의 강제 양위, 군대 해산, 교육 탄압, 언론 탄압, 하얼빈 역두에서 안중근 의사의 총격 사건 등 무수한 정치적·경제적·종교적 소용들이 속에서 한국 교회는 비통과 처절을 체험했다. 그러다가 1909년 9월 개성에서 모인 '남감리교 재한 선교부' 연차대회가 '20만 명의 심령들을 그리스도에게로'라는 구호를 채택하게 되었으며, 뒤이어 '재한 복음주의 선교단체 통합공의회'가 이를 확대시켜 '100만 명 심령을 그리스도에게로'라는 표어를 채택하여 초교파적·전국적인 구령운동으로 발전시킨 것이다.[68]

그런데 1903년부터 1910년까지의 부흥운동에서 몇 가지 특징을 발견하게 된다. 첫째로 이 운동은 선교사들이 이질 사회와 부딪치는 가운데 심한 자아분열, 패배의식, 우월감의 좌절, 죄의식이 동기가 되었으며, 둘째로 토박이 초대 교인들이 선교사들과 모여 기도하는 가운데 민간 종교의 '신 내림' 신앙과 오순절의 '성신 강림' 신앙과 만나는 체험을 하게 되었으며, 셋째로 오순절의 성신 강림은 제일 먼저 전계은과 길선주같이 유교 윤리와 민간 종교, 선교(仙教), 산신 신앙에 심취되어 있던 영적 지도자들에게서 이루어졌으며, 넷째로 한국 민족의 패망의식과 위기의식이 크게 작용했으며, 다섯째로 이 운동은 처음부터 교파를 초월한 각파 선교사들의 만남, 선교사들과 토박이 교인들의 만

남, 기독교와 타종교의 만남에서 이루어진 것이다. 특히 전계은
같은 지도자는 그리스도 외에는 구원이 없다는 기성 교회의 주
장에 대해 "그리스도가 오시기 전 구약시대에는 모세의 율법을
통하여, 그리스도의 복음을 듣지 못한 동양에서는 유교 같은 종
교 윤리에 의하여 구원의 역사가 있을 수 있었다"고 주장했다.

6) 새 문화 창조의 선구자들

국권 상실 등 일련의 정치적 사건은 민족교회, 민족교육,
부흥운동에 결정적인 자극제가 되었다. 마찬가지로 초대 교인들
이 새 문화를 창조하게 하는 데도 커다란 자극제가 되었으니, 몇
가지 경우를 들면 다음과 같다.

(1) 황성기독교청년회(YMCA)

탈봉건주의, 자주독립, 개화, 근대화, 서구 문화 도입을
목적으로 출발한 이 단체는 호랑이를 잡으려면 호랑이 굴에 들
어가야 한다는 정신으로 일본으로 유학 간 한국 학생들을 위하
여 '재일본 한국기독교청년회'를 조직했다. 때는 1906년, 초대
총무는 김정식, 초대 회장은 조만식(曹晚植)이다. 이어 1907년 일
본 도쿄에서 제7회 세계기독학생연맹(WSCF) 세계대회가 열렸
을 때는 당시 부회장 윤치호를 비롯하여 김정식·김규식·김필수
·민준호(閔濬鎬)·강태응(姜泰膺)·브로크만(F. M. Brockman) 등
을 대표로 파송했는데, 그중 윤치호는 한국인으로서 남감리회를
국내에 끌어들인 최초의 인물이며, 위 학생연맹 세계대회 때는
유창한 영어로 연설하여 청중을 놀라게 했다. 그 후 그는 1910년
에든버러 선교대회에 참석함으로써 한국 에큐메니칼 운동의 선
구자가 되었다.[69]

황성기독교청년회는 1907년을 기하여 "높기가 산과 같고

종현(鐘峴)의 천주교당과 함께 남과 북에 우뚝 마주 서서 장안에 제일 큰 집"[70]을 지음으로써 국민의 눈과 눈이 기독교에 쏠리게 했으며,[71] 이상재는 60 고령임에도 종교부 간사로서 새 회관 안에서 연극을 개척했다. 그는 각본도 쓰고 연출도 했는데, 미신, 조혼, 봉건사회의 악습, 부정부패, 일제의 탄압, 민족의 비애 등을 소재로 풍자극을 함으로써 YMCA회관을 웃음과 울음의 무대로 장식했다.[72] 백만 명 구령운동 때는 전도대를 조직하여 대원들로 하여금 "동포여 각성하라"[73]라는 전도지를 뿌리게 했다.

이에 대하여 청년회 총무 질레트는 "종교부 간사 이상재 씨는 우리 주님 예수 그리스도처럼 날마다 위험과 곤란에 부딪쳤지만 이 모든 것을 용감하게 슬기롭게 해결해 주었다"[74]고 찬사를 아끼지 않았다. 그리고 역사가 최남선(崔南善)은 청년회의 역사적 공헌으로 강연회·토론회·환등회·음악회·직업교육·체육 등 일곱 가지를 들었는데,[75] 그중 토론회에는 이준이 심판원으로 활약했고, 환등회는 민충식(閔忠植) 등 사진과 졸업생들에 의하여 활동사진으로 발전됨으로써 한국 영화의 기초를 다지게 되었으며, 음악회는 김인식·홍난파(洪蘭波)·김영환(金永煥) 등 저명한 음악가들에 의하여 개척되었다.

(2) 엡윗청년회

1897년부터 감리교 정동교회에서 시작된 엡윗청년회(Epworth League)는 감리교 상동교회의 청년학원과 쌍벽을 이루어 항일운동의 선봉에 섰다. 예를 들어, 1905년 을사늑약이 체결되자 김구(金九)가 진남포 엡윗청년회 총무 자격으로 상경하여 동지들과 상소문을 낼 때, "글은 이준이 짓고 최재학이가 소주(訴主)가 되고 그 밖에 네 사람이 더 서명하였으며 ……"[76] 그 회원들은 상동교회 내의 청년학원 학생들과 함께 항일을 위하여 군사훈련을 맹렬히 했다. 이 때문에 엡윗청년회와 청년학원은 1906년과 이듬해에 차례로 폐쇄되었지만, 그 공헌은 크게 두 가지로 말할 수 있다. 신민회 창설과 국학운동의 시작이다. 다 같이 상동교회 전도사 전덕기를 비롯하여 안창호·양기탁·안태국(安泰國)·이동녕·최광옥·주시경(周時經) 등이 중심이 되어 이루어진 것이다.

특히 국학운동에 대해서는 이미 역사가들에 의해 많이 고증된 바 있으므로 생략하고, 이때까지 숨겨 있던 한국 최초의 월간잡지 곧 〈가뎡잡지〉 발간에 대해서는 간단한 설명이 필요하다. 이 잡지는 광무 10년(1906) 6월 창간호를 내어 1907년 청년학원과 엡윗청년회가 폐쇄될 때까지 속간되었는데, 사장은 유성준, 편집·발행인은 유일선, 회계는 전덕기와 유진태, 교보원은 주시경과 김병현, 발행소는 남대문 안 상동청년학원 안 가뎡잡지사였다.

순 한글로 된 이 한국 최초의 월간잡지는 1908년 창간된 육당 최남선의 〈소년〉에 비해 여러모로 앞선다. 〈소년〉이 문장에서 과거의 문주언종체(文主言從體)를 언주문종체(言主文從體) 또는 국주한종체(國主漢從體)로 개혁하는 동시에 국한문 혼용을 한 데 비해 〈가뎡잡지〉는 국한문혼용도 아닌 순 한글이며, 쉬운 민중의 언어로 된 언주문종체였다.

이 잡지야말로 개화기 기독교의 새로운 가정 윤리·민주화 및 새 문화 창조의 획기적인 계기가 되었으며, 이준·양기탁·장지영·이동휘·박용만 같은 당시 항일투사와 언론인이 총망라되어 후원회를 조직하는 동시에 저 멀리 만주와 하와이까지 지사를 설치하여 널리 보급했다.[77]

(3) 연합운동

이미 말한바 1903년부터 1910년까지의 부흥운동은 초교파적이며 초인종적인 연합운동의 산물이다. 그리고 1907년 일본 도쿄에서 열린 제7회 세계기독학생연맹(WSCF) 세계대회와 1910년 에든버러대회에 윤치호가 한국 대표로 참석한 것이 연합운동의 결과다. 이보다 앞서 1905년 선교사들이 발족한 '재한 복음주의 선교단체 통합공의회'는 장로교회 빈톤(C. C. Vinton)의 〈코리아 필드(The Korea Field)〉와 감리교회 존스의 〈코리아 메토디스트(The Korea Methodist)〉라는 두 잡지를 하나로 묶어 〈코리아 미숀 필드〉라는 월간잡지를 기관지로 발간하기 시작했다. 1897년 장로교회 언더우드가 창간한 〈그리스도신문〉과 감리교회 아펜젤러가 창간한 〈죠선 크리스도인 회보〉는 1905년부터는 하나로 묶여 〈그리스도신문〉이라는 제호의 연합 기관지로 나오기 시작했다.

이와 같이 한국 교회의 연합운동은 교파와 인종을 초월하여 언론·출판까지 손을 뻗게 되었는데, 또 하나의 특기할 사실은 서민층으로 구성된 상동교회의 이른바 상동파(尙洞派) 세력과 상류 지식층으로 구성된 황성기독교청년회 세력이 합류하여 하나의 연합세력을 형성한 것이다. 더 자세히 말해서 상동파의 전덕기·최병헌 등과 천민 출신의 고찬익(高燦益)·송순명(宋淳明) 등과 고아 출신의 김규식 등과 왕족인 조남복(趙南復) 등이 이상재·윤치호·이원긍 등 독립협회 계통 지도자들과 YMCA라는 국제기구 속에서 합류되어 연합전선을 형성하게 된 것이다.[78]

7) 옥토에 떨어진 복음의 씨, 그 성장과 발전

한국인에게 그리스도의 복음을 전해 준 사람은 외국인이지만 그 복음을 받아 한국 땅에 심은 사람은 한국인 자신이다. 천주교의 경우도 마찬가지다. 1784년 천주교의 이승훈(李承薰)이 중국 땅에서 그리스도의 복음의 씨를 받아가지고 입국하여 한국 땅에 심었고, 개신교의 이응찬·백홍준·이성하 등은 1876년에(세례 받음), 서상륜 등은 1879년에(세례 받음) 각각 씨를 받아가지고 입국하여 한국 땅에 심었다.

　　그러면 그들이 씨를 떨어뜨린 땅은 과연 옥토였던가, 박토였던가? 씨란 돌짝밭이나 길가나 가시밭에 떨어지면 뿌리를 내린다 해도 쉬 말라 죽기 마련이다. 따라서 씨의 종류에 따라 밭의 성질도 달라야 한다. 가령 볍씨는 물밭 곧 물이 항상 고여 있는 논에서라야 잘 자랄 수 있고, 감자 씨는 물기가 없는 모래 섞인 밭에서라야 잘 자랄 수 있다. 또한 씨가 잘 자라려면 땅이 비옥할 뿐 아니라 기후 조건이 좋아야 하고, 그 씨를 가꾸는 농부의 솜씨도 좋아야 한다.

　　그리스도 복음의 씨의 밭은 마음밭이다. 마음밭은 사람에 따라 옥토가 될 수도 있고 가시밭·돌짝밭·길과 같이 단단한 밭이 될 수도 있다. 또한 이스라엘 민족의 마음밭과 로마인의 마음밭이 다르듯이 한민족의 마음밭과 서구인의 마음밭이 각각 다르다. 중국인과 일본인과 한국인은 한자 문화권에 속한 민족이지만 마음밭은 각각 다르다.

　　이는 민족에 따라 역사와 언어와 문화적·정치적 배경이 다르기 때문이다. 그러므로 마음밭은 각 개인의 타고난 성품과 자질을 포함하여 그 개인의 국적·민족·역사·언어·풍속·고유 종교·시대적 정치적 상황 등에 따라 옥토가 될 수도 있고 박토가 될 수도 있다.

　　이미 말한 바와 같이 한국 땅에 떨어진 복음의 씨는 중국이나 일본에 비해 연대는 제일 늦었지만 제일 빨리 뿌리를 내렸다. 그리고 제2부 제2장 1절에서 말한 바와 같이, 서간도 한인 마을을 비롯하여 평북 의주, 황해도 소래마을, 그리고 경남 부산 등지에 먼저 복음의 씨가 뿌려졌다. 그렇다면 그 땅에 사는 사람들은 과연 어떠한 마음밭의 소유자였던가? 그 마음밭이 모두 옥토였던가, 아니면 박토였던가? 도대체 마음밭은 어떤 요소를 갖추어야 옥토라 일컬을 수 있는가? 이에 대하여 다음 네 가지로 구분해서 말하고자 한다.

　　첫째로 그들은 '호국의식'의 소유자였다. 호국의식의 원천은 멀리 1,300여 년 전까지 거슬러 올라간다. 우리 민족의 각성기, 즉 수(隨)나라의 침략을 받자 을지문덕을 중심으로 똘똘 뭉쳐 외침을 물리쳤을 때부터 호국의식은 깊이 뿌리내리기 시작했다. 그 뒤 고려시대에는 몽고족의 침공을 받았을 때, 그리고 조선시대에는 임진왜란과 병자호란 때 호국의식이 더욱 굳어져 갔다. 그러다가 복음의 씨가 뿌려지기 시작한 19세기말과 20세기초에 이르러서는 러시아와 일본의 외침(外侵)과 함께, 또 우리 정부의 부패와 무능에 대한 개혁의식과 함께 더 굳게 다져졌다.

둘째로 그들은 '개화의식'의 소유자였다. 이웃 나라 중국은 1842년부터, 일본은 1854년부터 쇄국을 푼 데 비하여 우리 한민족은 1876년에야 비로소 개국했다는 점, 그것도 중국이나 일본처럼 서구 세계에 대하여 개국한 것이 아니라 개명도상국(開明途上國)이며 우리 민족에게 악의를 품은 일본에 의해 강제적으로 개국됐다는 불운이 함께 작용했다.

우리 민족의 개화의식은 이미 1700년대부터 싹트기 시작한 것이 사실이다. 다시 말해서 역사가 이능화가 말한 바와 같이 정약용의 "본회(本懷)는 즉 욕이신학신교(欲以新學新敎)로 개물성무(開物成務)ᄒ야 화민성숙(化民成俗)"[79]이었지만, 당시 국가 사회는 수구(守舊)를 정인군자(正人君子)로 여기고 개신(改新)을 무조건 흉적사당(凶賊邪黨)으로 몰아침으로써, 싹트기 시작했던 개화의식은 무참히도 짓밟히고 말았다. 그러므로 19세기말~20세기초 사이의 선각자들은 너무 조급한 나머지 개화의식이 곧 기독교 신앙인 양, 그리고 미국 문명이 곧 기독교인 양 착각하는 오류까지 범했던 것이다.

셋째로 그들은 '하나님 의식'의 소유자였다. 하나님 의식은 우리 민족 고유의 종교의식과 통한다. 민족 고유의 종교의식이란 모든 국민의 공통된 잠재의식이며, 비록 약하고 보잘것없는 것 같지만 일단 그것이 어떤 계기에 촉발될 때는 무서운 힘을 발휘하게 된다. 이에 대하여 한국의 교회사가들은 그다지 주요시하지 않지만 유동식(柳東植)만은 "한국인에게 인격적인 존재로서의 하나님을 받아들이게 한 데는 유교의 성리학보다 한국의 민족 신앙인 샤머니즘이 더욱 큰 역할을 했다"[80]라고 단언했다. 여기서 샤머니즘은 우리 민족 고유의 '하나님 의식'을 가리킨 말이다. 이 하나님 의식은 불교 신앙보다도 앞선다. 예를 들어 아무리 독실한 스님이라도 위급할 때는 "하느님 맙소사"라는 말을 무의식중에 하게 된다. 다시 말해서 하나님 의식은 모든 국민의 마음 깊이 깔려 있는 기초 의식으로 존재한다. 이 사실은 불교에서 기독교로 개종한 김계안(金桂顔)[81] 장로의 경우에서 찾아볼 수 있다. 위에서 말했거니와 한국 최초 오순절 역사의 주역이며 부흥 운동의 선구자이던 함경도 원산의 전계은 목사와 평안도의 길선주 목사는 다 같이 민속 신앙에 심취했던 사람들, 다시 말해 강한 하나님 의식의 소유자들이다.

넷째로 그들은 '나라말, 글 의식'의 소유자였다. 다시 말해 우리 민족 고유의 말과 글이 옥토로서 마음밭의 중요한 요소가 된다. 이에 대해서는 교회사가들은 거의 언급하지 않는다. 기독교가 한글 보급에 다대한 공헌을 했다는 점은 다소 언급할 뿐, '한글 의식' 차원에서는 거의 언급하지 않으며, 더욱이 나라말 즉 우리 민족 고유의 '언어의식'에 대해서는 거의 무관심한 상태인 것이 사실이다. '우리나라 말소리는 중국과는 다르다'라는 세종대왕의 우리 민족 고유의 나라말 의식, 그리고 '나라 글자가 없기 때문에 백성들이 자기 뜻을 나타낼 수 없다 ……'는 '나라글 의식', 이러한 '나라말 글 의식'으로 한때 불교 경전을 쉬운 민중의 말과 글로 번역케 한 예도 있으나 이제껏 흐지부지한 상태이며, 강한 '하느님 의식'으로 출발한 동학의 창도자 수운(水雲) 최제우(崔濟愚) 선생 역시, "지기금지 원위대강(至氣今至 願爲大降) 시천주 조화정(侍天主 造化定) 영생불망 만사지(永世不忘 萬事知)"라는 무슨 뜻인지 알 수도 없는 순 한자말로 주문을 외우게 했기 때문에 그 신앙의 씨는 큰 열매를 맺지 못하고 말았다(*이 말은

"지극한 기운(한울님)이시여 지금 여기에 임하시어 원컨대 크게 내려주소서. 한울님을 모시며 조화에 참여하라. 영원토록 잊지 않으면 천하만사를 꿰뚫어 알리라"로 풀이된다.) 반면 기독교는 처음부터 "하늘에 계신 우리 아버지 일홈을 거룩하게 ᄒᆞ옵시고 나라이 임ᄒᆞ옵시며" 하는 식의 순 민중의 말과 글로 기도하게 했기 때문에 그 신앙의 씨가 마음속 깊숙이 자리 잡게 했던 것이다.

그러면 말과 글이 신앙과 무슨 관계가 있기에 그처럼 나라말과 글을 쓰는 종교는 흥하고 그렇지 못한 종교는 흥하지 못하는가? 이에 대하여 한 언어학자는 이렇게 말했다.

"언어는 그 겨레의 얼이라 …… 언어에는 한 겨레의 문화적인 전통 속에서 자라난 얼이 담겨 있다. …… 언어는 창조적인 힘이 있으며, 이 힘이 발휘되는 광장을 우리는 세계상(世界像, Weltbild)이라고 한다 …… 영어에는 앵글로 색슨의 세계상이 있고, 독일어에는 독일 민족의 전통적인 세계상이 있다."[82]

그러므로 한민족의 말에는 우리 민족 고유의 얼이 담겨 있고, 우리말에는 우리 고유의 세계상이 깔려 있다고 볼 수 있다. 이 얼과 세계상이 개신교의 '하ᄂᆞ님' 사용, 즉 천주교에서 쓰던 천주(天主)라는 한자말을 물리치고 우리 민족 고유의 '하ᄂᆞ님'이란 말을 채용한 데서 복음의 씨가 깊이 뿌리박게 된 연유를 찾게 되는 것이다.

이상 네 가지 요소를 고루 갖춘 상태를 옥토로서의 마음밭이라고 할 수 있다. 네 가지 중 어느 하나가 결핍되어도 아니 되며, 어느 하나가 너무 드세어도 아니 된다. 일등 옥토가 되려면 위 네 가지 요소의 조화 있는 구성이 필요하다.

"가령 장로교의 도별 세례교인 통계에 의하면 …… 1900년부터 서북에 비중이 크게 기울기 시작하고, 1910년에는 결정적인 차이가 나타난다. 곧 그해 평북의 신도 수 7,901명, 평남 10,842명, 황해 4,740명이고, 기청(畿淸, *서울, 경기, 충청도)이 2,975명, 경상 5,726명, 전라 제주 5,509명이다. 다시 말하면 황평(黃平, *황해도와 평안도)이 23,483명인 데 반하여 기청(畿淸)이 2,975명으로 대비된다. 8대 1의 비율이다. 1907년에도 그 비율은 거의 같았다."[83]

이와 같이 기청지방은 선교사들이 먼저 점거하여 선교한 곳임에도 황평지방에 교세가 뒤지게 된 까닭은 어디 있는가? 이에 대하여 민경배는 기청형(畿淸型)과 서북형(西北型)의 신앙 형태 연구에서, 기청형의 특징을 개화지향적이라 지적하는 동시에 "현금(現今) 영미법덕(英美法德)이 야소교로 종교를 슴는 자, 그 국보(國步)와 영광이 과여하재(果如何哉)아, 오(吾) 동포도 차를 선(羨)커든 그 제국(諸國)의 승봉하는바 종교를 종(從)홀지어다"라는 〈대한매일신보〉 "서호문답(西湖問答)"의 기사를 인용했고, "기독교 문명의 우세와 그 합리성에 대한 견인, 그것에 기초한 민족 역사의 확보와 국권 회복이란 대망의 실현 풍토가 이들을 기독교로 전향하게 했음이 명백하다"[84]라고 했다.

서북인들에게도 이와 동일한 전향 동기, 즉 "기독교국이 대개 다 강대국인 것을 보고, 그 고도의 문명과 문화에 끌려 전향해 오는 것이라"[85] 보겠지만, 그보다 먼저 서북지방에는 선교사들이 입국하기 전에 한국인에 의해 복음의 씨가 뿌려져 있었다는 사실, 즉 "1885년 현재로 성서는 5,944권이 퍼지고 있었으며, 1888년에는 누가복음, 곧 보편적 세계적 특성을 가진 복음서가 5만여 부가 퍼지고 있었다"[86]는 사실이 중요하다. "이것은 기청형의 개화지향적 기독교 수용과는 판이한, 내실(內實)의 신앙 형성을 가능하게 했다. 더구나 성서 번역 작업을 거치면서 정리해야 했던 한글에 대한 체계적 접촉이 민족의식의 역사적 전형(轉形)에 끼친 영향은 실로 지대한 것이었다."[87]

따라서 서북인들은 기청인들과 달리 개방적이며, 전통적인 유교의 폐쇄성에서 벗어나 근대적인 의미의 중산층으로 발전하며 시민의식 여론이 각성할 수 있었다는 점이 중요하다. 더 중요한 것은 1903년의 오순절 역사와 1907년의 대부흥을 가능케 한

내재적인 마음밭이다. 이에 대하여 민경배는 "그것은 투입된 것이 아니고 소산된 것이다"[88]라고 표현했으며, "감리교의 하디와 장로교의 마페트, 리(Graham Lee) 및 전계은·길선주·채정민(蔡廷敏) 등이 …… '죄의 회개'란 통회에서 출발하였다"[89]라고 지적했는데, 이미 말한 바와 같이 전계은·길선주·채정민 등은 입교 이전에 하느님 숭배의 민속 신앙적 체험이 많았다는 점이 중요하다.

이에 대하여 이만열(李萬烈)은 "순수한 신앙적 동기"[90]라는 표현을 했는데, "정대위(鄭大爲) 박사의 '한국 사회에 있어서의 종교혼합'(《사상계》 1960년 3월호)이라는 논문의 견해대로 한국의 종교혼합 현상(Syncretism)을 문제의 해결점으로 지적할 수 있을 것이다. 사실 초대교회 지주의 한 사람인 길선주의 경우를 보면 그는 기독교에 입교하기 전에 선교(仙教)에 심취한 적이 있고, 종교적인 고민을 많이 했다는 점에서 이러한 지적은 정곡을 찌른 것이라 할 수 있다"[91]라고 말했다.

말하자면 기청형은 위 네 가지 요소 중 구국·개화의식에 더 치중했으며, 서북형은 하나님과 우리말·글 의식에 더 치중했던 것이다.

8) 교회의 폭발적 성장

흔히 역사가들은 1895년부터 1910년까지 약 15년간을 한국 교회 최초의 폭발적인 성장기로 간주한다. 1889년부터 1893년까지 장로교 세례교인이 불과 100~150명이던 것이 1895년에는 거의 300명으로 늘었으며, 1905년에는 약 9,400명으로 껑충 뛰었다. 이에 대하여 선교사들이 미국 장로교 선교본부에 보고한 바에 의하면, "한국의 실정은 변해 가는 것이 보인다. 오랫동안 무관심하던 백성은 이제 각성의 징조를 나타내는 것 같다"[92]라고 했는데, 여기서 각성이라 함은 초대교회 신자들

의 마음밭 곧 위 네 가지의 의식화를 의미한다. 그리고 그 선교
사는 "우리가 기뻐해야 할 이유는 세례교인과 초신자들이 모두
열렬한 복음 전도 활동을 했기 때문이다. 그들은 전도 활동을 하
고 우리 선교사들은 그들의 활동을 뒷받침해 주어야 했다"[93]라고
했는데, 초창기부터 토박이 신자들은 선교사들이 입국하기 전
에 믿기 시작했다는 사실, 그리고 선교사들은 토박이 신자들이
닦아 놓은 길을 걸어가기만 하면 되었다는 사실, 옥토로서의 마
음밭은 이미 마련되어 있었고 거기에 씨도 뿌려져 있었기 때문에
선교사들은 그 씨가 잘 자라도록 도와주고 열매를 거둬들이기만
하면 되었다는 사실을 의미한다.

　　아무튼 한국 기독교의 성장은 근세사의 신비였다. 교세 조
사 통계는 아직 초보적인 것이어서 완전한 것을 발표할 수는 없다.

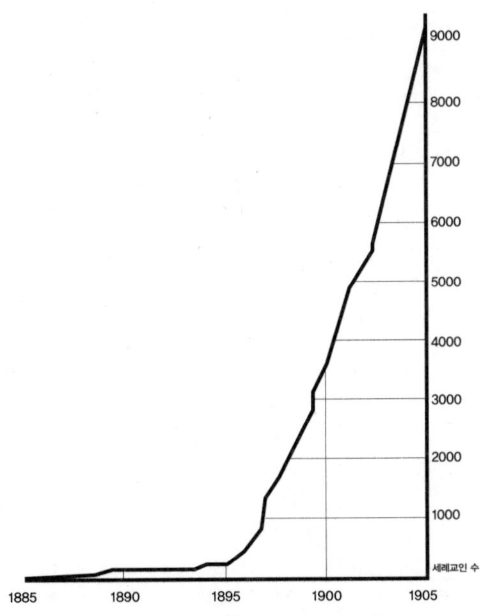

도표 1. 한국 장로교회 세례교인 수(1885~1905)

그러나 서명원의《한국교회성장사》를 비롯한 학자들의 조사 통계
를 기초로 교회 성장의 급격한 상승 추세를 도표로 그려 보면, 우
선 장로교의 경우, 도표 1은 1885~1905년까지 교인 증가 추세이
며, 도표 2는 1905~1935년대까지의 동태를 보여 준다.[94]

　　　　이 도표에서 보면 1895년부터 1905년까지 교인 수는 급
격한 상승세를 보이는데, 이만열의 집계에 따르면, 1897년 9월
장로교 교인이 3,000명이고 교회가 운영하는 학당은 16개이며,
전국에서 전도가 이루어지고 있는 곳이 30여 곳이었다. 그리고
1899년부터 1900년 현재 교적에 등록한 입교인은 3,946명, 교
회에 나오는 사람은 14,509명으로 되어 있는데,[95] "교회에 나오는
14,509명의 사람"이란 교회가 운영하는 학교 학생과 주일학교 학
생 수를 포함한 것인지는 알 수 없으나 아무튼 굉장한 수라 아니

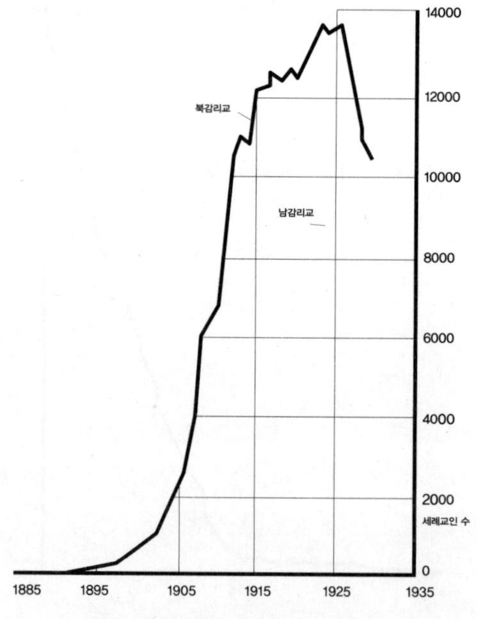

도표 2. 한국 장로교회 교인과 세례교인 수(만주에 있는 한국 장로교회 포함)

할 수 없다.

그런데 1904년 러일전쟁과 1905년 을사늑약 이후부터 한민족의 마음속에는 큰 변화가 일어났다. "모든 사람의 눈은 이제 그 시야가 변화되었고, 많은 기독교 신자는 이 나라의 유일한 소망을 교회에서 찾으며, …… 이 민족은 어떤 지도자가 나타나기를 고대하였고, 교회는 가장 강하고 영향력이 큰 단일한 조직체가 되었다."[96] 그리고 사경회와 저녁 집회에 참석했던 어떤 지방의 감사(監司)는 "지금 우리는 기독교의 하나님을 믿는 길 외에는 달리 아무 도리도 없는 처지에 있다"[97]라고 고백하리만큼 큰 변화가 일어났던 것이다.

그러다가 1907년의 부흥운동과 아울러 사경회가 불 일듯 일어나게 되었는데, "1909년에 북장로교 선교구역에는 참가자 5만 명에 이르는 약 8백 개의 사경회가 있었다. 이는 당시 세례 교인의 두 배에 달하는 수효였다."[98] "이 부흥운동은 비기독교인들을 신자화하려는 운동이라기보다 이미 신자가 된 사람들의 영적인 생활을 소생시키려는 부흥이었다"[99]라고 백낙준은 말했는데, 그 의미는 두 가지 측면에서 엿볼 수 있다. 첫째로 이 운동은 길선주·채정민 같은 한국인의 영적 지도력의 발현에서 볼 수 있으며, 둘째로 이 운동이 지닌 통회(痛悔)와 자복(自服)의 특징은 이미 원산 지방의 전계은 같은 한국적 신앙의 성숙에서 찾아볼 수 있다.

그 증거는 1907년 장로교 독로회 조직과 7인의 한국인 최초의 목사 안수에서 찾아볼 수 있다. 즉 1907년 9월 17일 "평양 장딕재 례빙당에서 미국 북장로회·남장로회·캐나다장로회·호주장로회 등 4개 장로회가 합해서 '대한 예수교 장로회'를 구성하게 되었다. 여기 참석한 38명의 선교사와 40명의 한국인 장로들은 '신령ᄒ고 크도다, 이 아름다온 로회에 교회의 머리 되시ᄂ 예수 그리스도ᄭ셔 일즉이 ᄉ도와 문도를 퇴뎡ᄒ야 세우샤 텬국의 복음을 텬하에 견ᄒ야 만민의 령혼을 구원케 ᄒ셧스니

…… 이는 실로 대한국 로회로다. 할넬누야 찬숑으로 셩부 셩즈 셩신님의 셰셰토록 영광을 돌리세 아멘'"[100] 했던 것이다.

이 독로회 탄생이야말로 '선교부에서 독립하게 된 한국 교회'의 당당한 모습이며, 초대 회장이 한국인이 아닌 마페트 선교사가 된 것은 일본 사람들의 박해가 있을 가능성이 있다는 이유 때문이다.[101] 이때부터 한국 장로회는 하나의 장로회로서 양적 발전보다는 질적 발전과 내실화에 주력한 것이 사실이다. 다시 말해서 양적 발전은 1907년경 일단 종지부를 찍고 그때부터 1910년까지는 교인 수의 급격한 상승세보다는 점진적이며 꾸준한 발전상을 보여 주었다. 그 점은 1907년 독로회 조직으로부터 1912년 총회 조직까지의 다음 통계를 보면 알 수 있다.

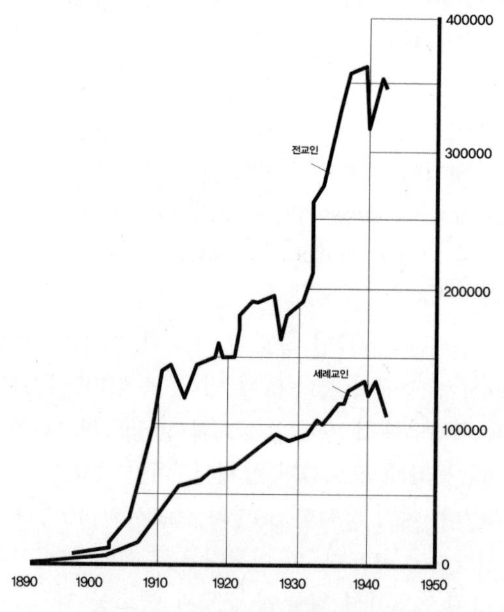

도표 3. 한국 감리교회의 세례교인 수

종별＼연도	1908	1909	1910	1911	1912
1. 목사	60	63	75	95	128
2. 장로	73	108	133	159	225
3. 전도인 총수	316	366	390	452	480
조사	161	171	224	205	230
남전도인	68	73	48	41	46
여전도인	48	50	44	71	70
매서인	39	72	74	129	128
강도사				6	6
4. 의사	12	15	17		
5. 교인 총수	94,981	119,273	140,470	144,261	127,228
세례 교인					(53,008)
아기 세례					(5,431)
원입교인					
6. 장립집사	9	9	17	18	19
7. 신학생	99	205	154	158	180
8. 학교 수	561	719	707	655	566
대학교					
남중학교					
여중학교					
남소학교					
여소학교					
9. 학생 수	13,750	17,026	16,341	15,131	14,804
대학생					
남중학생					
여중학생					
남소학생					
여소학생					
10. 예배처소	1,119	1,580	1,632	1,685	2,054
11. 예배당	887	1,193	1,157	1,448	1,438

* 위 통계 중 학교와 학생 수의 감소는 1908년 사립학교령 공포 이후의 전반적인 현상이다(위 통계는 〈대한예수교 장로회 로회회록〉에 의한 것임).

　　다음은 감리교의 경우, 214쪽의 도표 3이 보여 주듯, 감리교회도 교인 수의 급격한 증가를 보여 준다. 즉 북감리교와 남감리교는 다 같이 1905년까지는 느린 성장세를 보이다가 1905년부터 1915년까지는 급속한 성장세를 보이는데, 이성삼(李成森)이 집계한 아래 1908년도 북감리교만의 세례 교인 수는 1,524명이던 것이[102] 1910년에 이르러서는 도표 3과 같이 북감리교 세례 교인 약 6,700명, 남감리교는 약 5,700명, 합계 12,400명을 헤아리게 되었으며, 1912년에 가서는 북감리교 12,600명, 남감리교 7,000명, 합계 19,600명으로 늘었다.[103]

| 지방 | 선교사, 교역자 | | | | 원입인 | 교인 | | | 수세자 | | 주일학교 | 주일학교 및 교사, 학생 |
	남	여	목사	전도사		입교인	학습인	계	장년	유년		
서울	5	13	9	37	5,525	2,531	5,624	8,115	906	175	57	6,195
공주	4	4		4	6,536	454	9,616	10,070			79	1,780
평양	6	11	1	19	7,259	2,154	3,218	5,372	298	37	89	5,934
영변	1	2	1	6	500	159	159	647	100	8	16	508
계	16	30	11	66	19,820	5,298	18,617	24,204	1,304	220	241	14,417

(1908년도 연회 회록에서)

　　감리교의 1912년도 세례교인 총수 19,600명은 장로교의 같은 해 총수 53,008명에 비하면 엄청난 약세를 보이기는 하지만 다 같이 놀라운 성장세라 아니할 수 없다. 그러면 어찌하여 꼭 같이 출발한 감리교가 장로교에 뒤지는가? 이 물음의 답을 찾으려면 장로교와 감리교의 특징을 비교 연구할 필요가 있다.

　　첫째로 감리교는 처음부터 기관사업에 중점을 두었다. 장로교의 언더우드 목사는 동료 장로교 선교사인 알렌 의사와 헤론 의사의 맹렬한 반대에도 불구하고 위험을 무릅쓰고 직접 전도를 강행한 데 비해 아펜젤러 목사는 전도보다 교육에 주력했다. 그리고 평양에서도 장로교의 마페트 목사는 교회를 먼저 세운 데 비해 감리교의 홀(W. J. Hall, 胡乙) 목사는 병원사업을 먼저 개척했다. 그리고 언더우드 목사는 교육사업을 하되 전도의 방편으로 했지, 아펜젤러 목사처럼 교육 그 자체를 위해 하진 않았다. 이 전통은 1884년 6월 매클레이 목사가 처음 입국하여 학교사업과 의료사업의 윤허를 받았을 때부터 있었다. 그러므로 감리교 출신 중에서 한국 최초의 철학박사와 여의사가 배출되었으며,[104] 1893년의 각 사업에 대한 선교사 인원 배치상황을 보면, 감리교가 얼마나 기관사업에 치중했는지 알 수 있다.[105]

교파별	전도사업	교육사업	의료사업	출판사업	부녀사업	합계
감리교 남자	1.5*	2	3.5*	1	8	16
장로교 남자	8	1	2		9	20
감리교 여자	3		2			5
장로교 여자	3					3

* 한 사람의 의사가 복음 전도사업과 의료사업에 절반씩 관여함을 뜻함.
Chales D. Stokes, *History of Methodist Missions in Korea, 1885-1930* 중의 기록.

둘째로, 장로교는 보수적이며 근본주의 신앙을 위주한 데 비해 감리교는 진보적이며 자유주의 신앙을 위주한 데서 그러한 차이를 발견하게 된다. 장로교의 신앙 형태는 선교정책에서 찾아볼 수 있는데, 대표적인 것이 네비우스(Nevius) 정책이다. 흔히 장로교 선교사들은 자체의 놀라운 성장의 이유로 "우리는 네비우스 방법을 사용했기 때문"이라고 설명한다. 네비우스 방법의 이른바 3자정신(3Self) 즉 세 가지 자립정신인 자력 유지(自力維持)·자력 치리(自力治理)·자력 전도(自力傳道)는 그 방법을 채용한 장로교로 하여금 급속한 성장과 토착화에 큰 구실을 하게 한 것이 사실이다. 사랑방 전도 방법도 큰 구실을 했다. 이에 대하여 백낙준도 "사실상 자립 운영의 원칙은 한국 교회의 급속한 성장의 주요 원인이 되었다"[106]고 시인했다.

그러나 네비우스 방법의 소극적인 면, 즉 한국인 목회자의 교육 수준을 일반 한국인의 평균 교육 수준보다 약간 높게 하고 대학 교육이나 외국 유학을 금한 것은 복음의 대중화에는 주효했을는지 몰라도 기독교 엘리트 양성에는 큰 걸림돌이 된 것이 사실이다. 반대로 감리교는 대중보다 인물 본위의 교육을 했다. 보다 진취적이며 자유로워서 유능한 청년들을 해외에 유학시켰고, 이 효과는 컸다. 보수와 진보, 근본주의와 자유주의는 양과 질의 대비와 통하는 법이다. 감리교가 장로교보다 자립정신에서 뒤진 것이 사실이지만, 그 진보적이고 자유적인 신앙 형태는 윤치호, 최병헌 같은 한국 신학의 개척자를 배출한 것이다.[107]

셋째로 장로교는 1907년에 이르러 네 파 장로회가 하나의 '대한예수교장로회'로 합동된 데 비하여, 감리교는 1930년까지 북감리회와 남감리회가 따로 있었다는 데 그 이유를 찾아볼 수 있을 것이다.

끝으로 "장로교와 감리교는 꼭 같은 때에, 그리고 꼭 같은 서북지방에서 출발했음에도 1930년대에 이르러 장로교는 감리교의 8배의 성장을 하게 되었는가?"라는 물음에 베어드(R. H. Baird) 박사는 선교정책, 지역적 특색, 정치·경제·사회적 환경 등보다는 한국인 평신도들의 예배 공동체(The Worship Initiative)를 강조했다.[108] 다시 말해서 선교사들이 입국하기 전에 벌써 한국인 평신도들은 자력에 의한 예배 공동체를 형성했기 때문임을 강조한 것이다.

기타 개신교 교파들의 성장도 마찬가지였다. 성공회의 경우, 1889년 최초의 한국 교구 감독 코르프가 임명된 때부터 전도를 개시하였는데, "영국 교회는 전 세계 거의 구석구석에 선교사를 보냈지만 한국에 보낸 선교사는 결코 만족할 만한 수가 되지 못했으나"[109] "1899년부터 1915년 사이에 강화도의 교인 수는

20명에서 899명으로 증가했다. 10년간 무려 200퍼센트 이상의 증가율을 보인다."[110]

구세군교회는 1908년부터, 성결교회는 1905년부터, 침례교회는 더 일찍이 1895년부터 선교를 개시했다고 볼 수 있는데, 이들 군소 교파의 성장세도 상당한 것이었다.

제 3 부

일제 치하의 한국 교회

1.

무단정치하의
수난과 투쟁(1910~1919)

1) 한국 천주교의 교세 일반(1910~1919)

조선 왕조에서 일본 식민지 통치로 들어서는 1910년의 교세를 보면, 뮈텔 민 주교 주관하의 조선교구는 외국인 신부 46명과 한국인 신부 15명, 모두 61명의 성직자가 있었으며, 성당 69개, 교인 총수는 7만 3천 명이었다. 그러다가 망국의 울분과 함께 1911년에는 갑자기 3천여 명의 입교자가 생겨 전국 교인 총수가 거의 8만을 헤아리게 되었다. 따라서 입교 예비 교인도 날로 늘자 로마 교황은 1911년 4월 2일을 기하여 조선교구를 경성(京城)교구와 대구(大邱)교구로 나누고 뮈텔 민 주교로 하여금 충청도 이북의 교회를 다스리는 경성교구의 교구장으로 머물게 하는 한편, 그해 6월 11일에는 경상도와 전라도 교회를 다스리는 대구교구장에 경향신문사 사장이었던 드망즈 안(Florian Demange, 安世華) 신부를 임명했다.

그로부터 10년 뒤인 1920년에는 242곳에 성당이 서고 거의 9만 명의 교인을 헤아리게 되어 그해 8월 25일 경성교구로부터 원산교구를 떼어, 앞서 우리나라에 들어온 독일의 성 분도회(St. Benedict, 聖芬道會)로 하여금 함경도와 간도 지방의 교회를 다스리게 했다. 성 분도회는 뮈텔 민 주교의 요청에 따라 1909년 독일에서 입국하여 서울 혜화동에 수도원을 세우는 한편 직업교육에 손을 대기 시작했다. 따라서 원산교구는 덕원(德源)에 수도원을 비롯하여 신학교·병원 등을 세우고, 초대 교구장으로는 사우에르 신(Bonifacius Sauer, 辛) 주교를 맞이했다.

1923년에는 미국으로부터 메리놀(Maryknoll) 외방전교회(外邦傳敎會)의 번 방(J. Byrne, 方) 신부를 비롯한 여러 신부들이 입국하고, 다음 해에는 동 전교회 수녀들이 입국하니, 1927년 3월 17일에는 경성교구 안에 평양 감목 대리구(監牧代理區)가 설치되어(1939년 정식 교구로 승격) 초대 교구장에 방(方) 신부가 취임했고, 1928년에는 황해도 감목 대리구가 생겨 한국인 김명제(金命濟) 베드루 신부가 교구장에 취임했다. 그해에는 원산교구에서 연길(延吉)교구가 분립되어 스위스 출신 브레헤르 백(Breher, 白) 주교가 교구장으로 임명되었고, 1931년에는 전라북도 전주에도 조선인의 감목 대리구가 설치되어(1937년 정식 교구로 승격) 김양홍(金洋洪) 스데파노 신부가 초대 교구장에 임명되었다.

그리하여 1931년 9월 26일에는 일본에 주재하던 로마 교황 사절을 맞이하여 조선교구 설정 100주년 기념 제전을 서울에서 거행했다. 이때 조선 교회 네 교구의 주교와 세 감목 대리교구의 교구장은 조선 천주교회의 지도서를 고치는 한편, 중앙 출판부와 가톨릭운동부를 두어 전교활동을 힘차게 벌였다. 이어 1933년에는 아일랜드의 성 콜롬바노(St. Columban) 외방전교회 신부 10명이 입국하여 전라남도에서 전교하게 되니, 1937년에는 드디어 대구교구로부터 광주교구가 분립되어 맥폴린 임(Owen McPolin, 林) 신부가 초대 교구장에 임명되었다.

이보다 앞서 뮈텔 민 제8대 주교가 1933년 1월 23일, 43년에 걸친 큰 업적을 남기고 서울에서 선종했다. 그의 업적에 대해서는 이미 언급한 바 있거니와, 그는 1920년 원산교구를 설립한 공로로 로마 교황으로부터 백작(伯爵)의 훈장을 받고, 1925년 3월에는 조선 교회 주교로선 처음으로 명의 대주교(名義大主敎)라는 칭호를 받게 되었다. 바로 그해 7월 5일에는 로마 성베드로 대성당에서 조선 순교자 79위에 대한 시복식(諡福式)이 교황 비오 11세의 집전으로 거행됨으로써 조선 교회의 순교자들도 큰 영광을 누리게 되었다.

1933년 뮈텔 민 주교가 선종하자 부주교로 있던 라리보원(Adrien Joseph Larribeau, 元亨根, 아드리아노)이 후임 주교가 되었는데, 그때 조선 천주교회에는 7곳의 교구와 312곳의 성당과 3곳의 신학교와 98명의 외국인 신부와 85명의 한국인 신부와 263명의 수녀와 284명의 신학생과, 127,643명의 교인이 있었다.[1]

1940년에 이르러서는 경성교구로부터 춘천교구가 세간 나와 아일랜드의 성 콜롬바노 전교회가 이 지방을 맡게 되고, 원산교구를 함흥과 덕원수도원교구로 나누었으며, 1941년에는 전주교구장이던 김양홍 신부가 사임하매 주재용(朱在用) 신부가 후임 교구장이 되었다.

이리하여 이때의 조선 교회는 ① 프랑스인 주교가 다스리는 서울·대구교구 ② 독일인 주교가 다스리는 덕원·함흥·연길교구 ③ 미국인 주교가 다스리는 평양교구 ④ 아일랜드인 교구장이 다스리는 광주·춘천교구 ⑤ 조선인 교구장이 다스리는 전주교구를 갖게 되었는데, 이들 9개 교구는 5명의 주교와, 4명의 교구장과, 169명의 외국인 신부와, 139명의 한국인 신부와, 68명의 외국인 수녀와, 315명의 한국인 수녀와 279명의 신학생과, 거의 20만 명을 헤아리는 교인을 갖게 되었다.[2]

그러나 이때부터 일본의 탄압이 심해지기 시작했다. 외국인 신부들은 거의 다 일본과 전쟁을 하는 나라 사람들이었으므로 무슨 구실로라도 내어 쫓기고 연금당하기 일쑤였다. 특히 진주만 공격과 때를 같이하여, 1941년 12월에는 평양교구의 미국인 주교를 비롯한 미국인 신부 35명과 광주·춘천 교구의 아일랜드인 신부 32명이 잡혀갔다. 1942년 1월에는 경성교구의 라리보원 주교도 교구장 직책에서 떠나게 되매 노기남(盧基南) 바오로 신부가 후임 교구장이 되었고, 그해 12월에는 한국인으로서는 처음으로 주교에 올림을 받는 노기남 교구장의 성성식(成聖式)이 거행되었다.

천주교는 신사참배 강요도 받았는데, "프로테스탄트 지도자들 가운데는 끝내 신사참배를 거부하고 투옥되어 고문으로 숨져 간 이도 나왔으나, 가톨릭은 그것은 개국 선조를 모시는 일본의 전통적 예속(禮俗) 생활이지 또 하나의 절대자를 섬기는 종교체제는 아니라고 보는 까닭에 이 점에서 큰일은 없었다."[3]

끝으로 해방 직전(1944년 말 현재)의 교세는 다음과 같다.

① 교구 수: 9. 주교 7명, 교구장 2명.

② 신부: 한국인 132명, 프랑스인 38명, 독일인 54명, 아일랜드인 10명.

③ 수사: 한국인 13명, 독일인 43명.

④ 수녀: 한국인 332명, 프랑스인 13명, 독일인 37명.

⑤ 교인: 186,666명.

⑥ 사회사업기관: 신학교 1, 수사원 2, 수녀원 6, 유치원 19, 소학교 50, 중학교 2, 보육원 5, 병원 9, 시약소 9, 인쇄소 3.

2) 한일합방과 무단정치의 본질

1910년 8월 29일 한일합방 조약이 체결됨과 동시에 대한제국은 단순한 조선으로 격하되고 일본의 식민지 통치기구인 조선 총독부가 등장하게 되었다. 조선 총독부는 1905년 11월 17일 을사늑약 체결과 동시에 등장한 조선 통감부의 발전적인 후

신인데, 1909년 10월 이토 히로부미 통감이 안중근 의사에게 암살당했으므로 그 후임으로 데라우치 마사다케(寺內正毅)가 2대 통감으로 부임한 것이다.

데라우치 통감은 1910년 7월, 일본 정부에 '병합 처리방안'이라는 한국 침략안을 제시하고 그해 9월 "조선 총독부 및 그 소속 관제"를 발표하여 10월 1일부터 한국 통치를 시작했다. 이때 규정된 조선 총독의 권한 규정을 보면 다음과 같다.

> 천황에 직소하여, 조선의 안녕 질서를 유지하기 위하여 필요한 때는 조선에 배치된 육군 부대와 해군 방비대를 사용할 수 있다. 또 필요에 따라 조선에 주둔한 군인 군속을 만주·북청(北淸, 화북華北을 뜻함)·노령(露領)·연해주에 파견할 수 있다.[4]

이는 조선 총독이 일본 천황제의 간판 아래 한국에 배치된 일제의 군사력으로 만주와 저 멀리 러시아 영토에 산재한 한국인 독립운동 세력을 분쇄하기 위해 마련된 것이다.

데라우치는 통감시대 이후 1911년 8월까지 일본 육군대신을 겸하고 있던 자로, 이는 일제의 한국 지배를 군사력에 의존했다는 증거이며, 이것이 곧 무단정치의 기본적인 성격이다. 데라우치는 1910년 8월 29일 합방조약 공포와 함께 10월 5일 "총독부를 개시함에 있어 각도 장관에 대한 훈시"에서 이렇게 엄명을 내렸다.

> 첫째로 경찰제도이다. 이는 도장관에게 부속됨이 보통이나 조선에서는 일종의 특별한 경찰 조직을 두는데, 이는 조선의 현상으로 볼 때 지방이 다 조용하지 못하며 불량한 무리, 초적(草賊)들이 양민을 위협하여 그 재물을 약탈하는 자 흔하여 치안 유지를 확실히 하기 위하여 상하소통, 민활한 수단을 취할 필요를 인정, 경무총감은 총독에 직속하며 지방 경찰기관을 일관하여 명령할 수 있는 방법을 택했다.[5]

이리하여 데라우치는 경찰 통치를 하게 되었는데, 일본 헌병의 한국 침입은 1896년 1월 임시 헌병대 주둔에서 시작되었다. 이것이 러일전쟁 때는 한국주차(駐箚)헌병대로 개편되어 한국 주차군 사령관에 예속되었으며, 통감부 시대에는 고문 경찰이라는 이름으로 의병 세력 진압에 동원되었다. 한국주차헌병대 초대 대장은 아카시 모토지로(明石元二郎)란 자로, 그는 1910년 1월 당시 통감 데라우치에게 '한국에서는 헌병과 경찰을 통합하여 육군 장관이 통솔하는 것이 이상적인 경찰정치를 실현할 수 있다'는 악법을 제시하여 헌병 경찰 제도를 도입하게 되었다. 이리하여 통감부는 한국 경찰을 폐지하고 한국주차군참모장으로 있던 아카시로 하여금 헌병대장 겸 경무총감 자격으로 한국 내 모든 헌병과 경찰에 대한 지휘권을 갖게 되었다. 이 자가 한국인을 제일 많이 학살한 사람이며, 데라우치가 그 우두머리였다.

이것이 곧 무단정치의 본질인데, 한일합방 조약 체결 직후, 그해 9월 일제는 친일단체인 일진회(一進會)마저 해산시킴과 동시에 조선주차헌병조령(朝鮮駐箚憲兵條令)을 공포했고, 10월에는 조선 총독부 관제를 공포했으며, 다시 10월에는 조선 귀족 76명에게 작위를 수여했고, 11월에는 한국인이 쓴 교과서를 몰수했다. 그러다가 12월 데라우치는 안명근(安明根) 의사에게 암살당할 뻔했으나 살아남아 무단정치를 강행해 나갔다. 무단정치란 헌병이 행정을 하는 정치로, 초등학교 교사까지 제복과 칼을 차고 교육을 하게 했다.

3) 정치적 탄압과 교회의 항거

일제가 한일합방을 단행하기까지는 몇 단계의 과정을 밟았다. 즉 일제는 "보안법(1907. 7)·사립학교령(1908. 8)·학회령(1908. 9)·출판법(1909. 3)·집회결사 엄금법(1910) 등에 의하여

…… 드디어 모든 사회단체를 해산시키기에 이르렀다."[6] 그리하여 1910년 한일합방이 되기까지는 〈대한매일신보〉, 〈만세보(萬世報)〉, 〈대한민보〉 등 언론기관을 비롯하여 헌정연구회, 대한구락부, 십삼도유약회(十三道儒約會), 대한자강회, 국채보상기성회, 동우회, 대한협회, 국민대연설회, 청년학우회 등 약 160개의 각종 사회단체[7]를 모조리 해산했으며, 한일합방 직후인 그해 9월 26일에는 그네들이 7년간이나 어용단체로 써먹던 일진회마저 해산시켜 버렸다.[8]

사실 일제는 1905년 을사늑약 때 아주 한국을 병탄할 예정이었다. 그러나 한민족의 항거가 뜻밖에 완강했고, 도처에서 의병 세력과 교육열이 불 일 듯 일어나는 바람에 주춤했다가 1907년 헤이그 밀사사건과 1909년 이토 히로부미의 피살에 자극받아 한일합방을 강행한 것이다.

그러나 데라우치에게는 눈엣가시 같은 존재가 남아 있었다. 기독교회와 선교사들의 세력이었다. 더욱이 황성기독교청년회는 하나의 사회단체임에도 국제 조직이었기 때문에, 데라우치는 기독교 파괴를 위해 세 가지 방법을 쓰게 되었다. 폭력으로 파괴하는 방법, 합법적으로 어용단체화하는 방법, 압력으로 예속단체화하는 방법이다.

(1) 105인 사건

이 사건은 기독교회와 교회기관과 선교사 세력 전체를 파괴하기 위해 조작된 폭력 사건이다. 1910년 11월 5일 압록강 철교 가설공사를 마치고 준공식에 참석하러 신의주로 가는 데라우치 총독을 기독교인들이 도중에서 죽이려 했다는 구실로 일제는 약 700명의 기독교 신자와 학생을 잡아다 고문했다.[9] 이 사건은 1911년 11월 11일 평북 선천 신성학교(信聖學校) 학생 20명과 선생 7명을 검거하여 서울로 압송함으로써 시작되었다.[10] 이보다 앞서 서울에서는 10월 12일 경신학교 학생 3명이 검거되었고,

2주일 뒤에는 모든 교사와 몇몇 초등학교 교사와 많은 학생이 검
거되었으며, 몇몇 선교사들도 이 사건에 관련되었다고 주장되기
까지 했다.[11]

당시 검거된 사람이 700명이지만 실제로 고문을 받고 기
소된 사람은 123명이며, 이들이 거의 전부가 기독교인 아니면 준
기독교인인데, 조합교회 신자 2명, 감리교 신자 6명, 장로교 신자
89명이었다.[12] 이 모두가 서울로 압송되어 1912년 6월 28년 첫
공판이 열렸는데, 그중 105인이 실형을 선고받아 105인 사건이
라 부르게 되었다.

일제가 노린 궁극 목적은 기독교 세력 파괴였으나 그중에
도 세 가지 세력을 중점적으로 파괴하려 했다. 선천 지방의 교회
세력, 서북 지방의 신민회 지하 세력, 황성기독교청년회 세력이
다.[13] 그중 신민회는 형식상 해산되었으나 뿌리는 지하에 살아 있
었고, 교회와 황성기독교청년회는 해산은커녕 더욱 왕성해 가는
것이 일제에게는 큰 증오의 대상이었다. 또한 데라우치가 압록강
철교 준공식에 참석차 가는 길이 경의선(京義線)을 통해서였기에
서북지방, 그중에도 기독교 세력이 가장 왕성한 선천과 정주 지
방을 택할 수밖에 없었다.

우선 122명의 기소자 명단을 분석하면, 평북도인 87명,
평남도인 25명, 황해도인 5명, 함남도인 1명, 경성(서울)인 4명으
로 되어 있는데, 경성인 4명 중의 윤치호는 명목상 신민회 회장
이기 때문에 주모자로 몰린 것 같으나,[14] 직접적인 동기는 황성
기독교청년회 제2회 학생 하령회의 대회장이었기 때문이다. 즉
1911년 6월 개성에서 제2회 하령회가 모였을 때 총독부 경찰은
"윤치호는 이 하령회의 대회장이었으며, 에디(G. Sherwood Eddy)
·화이트(H. C. White)·와이어(H. H. Wier)·이승만·브로크만(F.
M. Brockman) 등 기타 명사들이 참석했다는 사실이 중요하다.
마지막 세 사람은 처음부터 나중까지 학생들과 숙식을 같이하며
모사했다"[15]라고 고발했으며, 이에 대하여 당시 황성기독교청년

회 총무 질레트는 "작년도 대회장이던 우리의 존경하는 윤치호 선생은 지나간 두 차례 하령회를 통하여 우리에게 깊은 감명과 기운을 불어넣어 주었으며, 양전백 목사와 작년도 학생 대표 양준명(梁濬明) 씨 등도 총독 살해 음모의 주모자였다는 이유로 체포되었다"[16]라고 총독부의 조작극을 폭로했다.

결국 "일본의 통치는 한국이 다른 나라에게 통치되는 것보다 훨씬 낫고, 또 한국이 자기 손으로 다스리는 것보다 낫다"[17]고 생각하며 한일합방 이후 일본의 선정을 기대하던 국내 선교사들마저 일제히 반기를 들고 데라우치 총독에게 각서를 발송하는 한편, 미국 기독교계와 영국 에든버러에 있는 세계선교협의처(INC)의 에든버러대회 계속위원회(Continuation Committee)에 이 사실을 폭로했다. 그러다가 질레트 총무는 국외로 추방당하기까지 했는데, 일제는 선교사들이 종교 탄압에 완강하게 항거했기 때문에 105인의 기소자 중 99명을 무죄로 석방했으며, 질레트 총무에게는 "총독부가 선교사들의 요청을 수락하여 고등법원에서 심리를 받은 105명 중 99명을 석방했으니, 그 대신 선교사 측에서는 일본 국민에 대한 총독부의 체면을 세워 줄 일을 좀 해 주어야 하겠습니다"[18]라며 체면 유지에 급급했던 것이다.

그러나 질레트 총무는 이를 단호히 물리치는 한편, 총독부가 조건부 재입국을 허용했으나 "죄 없는 윤치호 부회장을 석방하면 다시 한국으로 가겠다"[19]며 거부했다.

(2) 유신회 사건

유신회(維新會)란 동학의 반동세력인 일진회와 같이 기독교를 파괴하기 위해 만든 일제의 어용단체다. 다시 말해 일진회는 손병희(孫秉熙)·이용구(李容九)계의 진보회(進步會)와 윤시병(尹始炳)·유학주(兪鶴柱)계의 일진회가 1904년 8월에 합하여 발족하는 동시에 회장 윤시병, 13도 총회장 이용구, 평의원장 송병준(宋秉畯)이 취임했으며, 1905년 11월에는 이용구가 회장, 송병준이 지방 총회장이 되면서 "일본군으로부터 막대한 액수의 자금 원조를 받는 한편 …… 일제의 한국 침략의 앞잡이 역할을 했으니 ……."[20] 일진회는 처음부터 조선 통감부의 비호하에 탄생하여 동학 세력의 내부 분열과 한국 침략의 친일 어용단체로 육성된 단체다.

꼭 같은 술법으로 유신회는 기독교 내부 분열과 파괴를 위해 만들어진 어용단체다. 그러므로 105인 사건이 총독부의 폭력에 의한 종교 탄압인 데 비해 유신회 사건은 일제가 기독교인들을 매수하여 합법적으로 말살하려 한 사건이다.

그런데 일제는 유신회를 만들기 위하여 일본인 조합교회(組合敎會)를 동원했다. 즉 일본인 조합교회가 조선인 전도를 구실로 1899년, 그 교회 창립 25주년을 계기로 손을 대기 시작한 것이다.[21] 그리고 1910년 한일합방 이후 고베(神戶)에서 개최된 제26차 총회에서 조선인 전도의 필요성을 강조한 다음,[22] 그 교회 담임 목사이던 와다세 쓰네요시(渡瀨常吉)를 한국에 파송하여 아즈마(東學淵)·류일선(柳一宣) 등을 포섭하는 동시에 ① 조선인을 회개시켜 하나님의 자녀가 되게 하며, ② 조선인을 일본인과 동화시킨다는 두 가지 목표 아래 총독부로부터 거액의 기밀비를 타 쓰면서 유신회 창설에 성공하게 되었다.[23]

이보다 앞서 1910년 4월에는 조합교회 출신인 니와 세이지로(丹羽淸次郎)가 한국에 파송되어 왔다. 그는 도쿄 YMCA 최초의 유급 간사로서 일본인 경성 YMCA 초대 총무로 파송되어 내한하게 되었는데, 이 사람의 눈부신 활동으로 한국 교회의 어용화 공작은 급속도로 진전되었다. 당시 간부로는 와다세·니와·아즈마 등 일본인과 류일선·사일환(史一煥)·김린(金麟) 등이 이에 가담하게 되었는데, 이들이 교회 내의 불평분자와 순수한 교인들을 매수하여 유신회 조직을 강화하게 된 것이다.

그중 김린은 황성기독교청년회, 즉 YMCA의 부총무로, 일본인 경성 YMCA 총무 니와와 같이 한일합방 후 일본시찰단 즉 '조선 목사 시찰단'을 조직했다. 감리교 측 지도자 18명, 장로교 측 지도자 11명, 도합 29명의 지도자들로 구성된 이 시찰단은 1911년 7월 2일 도쿄에 도착하여 13일 귀국했는데,[24] 그 모두가 당시 한국 기독교의 최고 지도자들이다. 특히 그중에는 YMCA 지도자들이 다수 있었는데, 그만큼 일제는 집중적으로 YMCA를 노린 것이다.

마침내 1913년 6월 정기 총회가 열렸을 때, 유신회 측은 투표 싸움으로 YMCA헌장을 개정하는 동시에 외국인 세력을 몰아내고 주도권을 장악하려 했다. 그러나 "한국인 4인, 서양인 4인, 일본인 4인으로 이사회를 구성하자"던 국제 YMCA 대표 모트 박사의 절충안마저 무시된 채 일본인은커녕 유신회 측 한국인이 하나도 없는 이사회로 낙착된 것이다.[25]

한편 일본 조합교회 측은 1911년 7월 서울에 한양교회를, 평양에 기성(箕城)교회를 설립하는 것을 비롯하여 "1912년에는 전라도에 10여 교회, 평북 3교회, 충남에 2교회 …… 1914년에는 전국 45교회와 4천 교인"[26]을 포섭하기에 이르렀으며, YMCA 계통의 이원긍 장로마저 그 술책에 넘어가 1916년 그가 속했던 서울의 "묘동(妙洞)교회가 경성 일본 기독교회와 합병 동맹"[27]하는 사건이 일어나 그 교회가 경기 충청 노회에서 제명되는 소동까지 일기도 했다.[28]

이상 모든 교회의 일본 교회와의 합병은 한국 교회에 대한 일제의 어용화 정책에 앞잡이로 나선 일본 조합교회의 결과였다. 일본 조합교회는 "국운대발전(일본)의 시제(時際)에 …… 조선 동포 교화에 착수해서 …… 오등(吾等) 일본 국민의 대책임을 완성할 것을 기함"[29]과 동시에 이른바 순종교적 입장에서 "이들(조선인)을 동화해서 아(我) 충량(忠良)한 신민으로"[30] 만드는 데 있다고 떠들었던 것이다.

그러나 이 모든 한국 교회 어용화 공작은 수포로 돌아가고 말았으며, 황성기독교청년회도 파괴되지 않은 채 무단정치하의 유일한 민간단체로 살아남아 1914년에 조선 기독교청년회 연합회를 조직하게 되었다. 이는 동학이 일진회의 어용화 장난으로 천도교와 시천교(侍天敎)로 분열된 것과는 크게 대비되며, 한국교회는 유신회의 교활한 어용화 공작에 말려들지 않았다. 유신회와 일진회는 똑같이 해산되고 말았다.

(3) 개정 사립학교 규칙

앞에서 말한 바와 같이 1905년 을사늑약이 체결될 무렵, 비 온 뒤의 죽순처럼 일어난 사립학교는 사립학교령이 공포된 1908년 현재 5천 개 교를 헤아리게 되었다. 그 후 1910년 현재 2,250개로 감소했으며, 그중 기독교계 학교가 796개(1910년 2월 현재)였다. 종파별로 보면, 장로교계 학교가 501개로 제일 많고, 감리교계 158개, 성공회계 4개, 안식교계 2개, 종파 미상이 84개, 각 교파 합동이 1개, 천주교계 46개로, 기독교계 학교 수는 전체 학교의 3분의 1을 훨씬 넘는 엄청난 수였다.

한일합방 후 1911년 11월, 총독부는 1908년에 공포한 사립학교령을 개정하여 '사립학교 규칙'을 새로이 공포함으로써 사립학교에 대한 감독권을 강화했다. 그리고 1915년 3월에는 '개정 사립학교 규칙'을 공포하여 종래의 감독권을 한층 강화했다. 다시 말해서 까다로운 설치 규정을 비롯하여 인가 규정, 교과과정, 교사 자격 규정 등을 만들어 가지고 사립학교가 자연 도태되게 하거나 일제 지배하에서 꼼짝 못하게 하자는 것이었다. 더욱이 기독교계 학교에 대해서는 사립 중학교를 사립 고등보통학교로 승격시킨다는 구실 아래 성경과목과 기도회 시간을 없애는 동시에 "일어를 보급하고 이른바 충량(忠良)한 황국 신민을 만들자는 것이며 …… 인격 양성이나 지식 보급에 대해서는 말도 없고, …… 한국인에게는 고등교육이나 외국어는 필요 없고, …… 교육은 무단정치의 한 부분이 되게 하자는 것이었다."[31]

개정 사립학교 규칙의 실시는 공포일로부터 10년 이내의 유예기간을 둔 것이므로 얼핏 보기에는 완화해 준 것 같으나 실은 정반대였다. 그해 11월 14일 당시 총독부 외사국장 고마쓰(小松)가 한 선교사에게 보낸 서한에는 "조선 내의 기독교 학교는 실험적인 임시교육에 불과하다. 총독부의 모든 교육시설이 완성되면 기독교 학교 수는 격감하고, 6~7년 사이에 조선에는 기독교 학교가 하나도 남아 있지 못할 것이다"라고 장담했으며, 이보다 앞서 4월 3일자 〈경성일보〉에는 사학 단속 방법을 천명하는 다음과 같은 글을 썼다.

> 우리 학교의 목적은 신민(臣民)의 지식과 윤리를 발전시키는 것만이 아니고 우리 제국(帝國)의 존재와 안녕에 공헌할 국민정신을 그 마음 속에 계발하는 데 있다. …… 우리는 당신들이 이 시대의 변천에 눈이 어두운 사람이 되지 말고 지금까지 교육에 써오던 돈과 노력을 종교적 교육에만 국한시킴으로써 교육사업은 완전히 총독부 손에 맡기는 것이 좋다는 사실을 깨달아 주기 바란다. …… 교육은 절대적으로 국민적이어야 한다. 세계적인 정신과 통하는 종교와 혼동되어서는 아니 된다.[32]

아무리 분석해도 이 발언은 기독교 교육의 말살을 목적한 것이지, 10년의 유예기간 사이에 준비를 통하여 육성되라는 것이 아니다.

이 때문에 선교사들은 크게 당황했다. 그리하여 선교사들은 모든 사립학교에 대해 승격·비승격의 두 가지 의견으로 갈리게 되었다. 비승격을 주장하는 측은 고등보통학교로 승격했다가는 완전히 총독부 지배하에 들어가게 되는 것이니 사립 중학교로 남아 있자고 했고, 승격을 주장하는 측은 고등보통학교로 새로 인가받지 않으면 무자격 학교로 전락되어 졸업생들이 상급 학교에 진학도 못 하고 그렇게 되면 입학생이 모이지 않을 터이니 결국 폐교되고 말 거라고 했다.

이에 대하여 처음에는 대부분의 사립학교 당국자들은 응하지 않았다. 특히 성경 과목과 기도회를 정규 과목으로 넣지 못할 바에는 차라리 폐교하자며 완강히 거부했다. 예를 들어 평양 숭실학교의 마페트 교장은 "좀더 하나님께 의지하고 기다려 봅시다. …… 우리로서는 성경을 가르치지 못하고 하나님을 반대하는 학교는 할 수 없다는 것을 솔직히 말합시다"[33] 하며 완강히 반대했다.

그러나 문제는 간단치 않았다. 기독교계 학교들은 현실론과 비현실론, 이른바 지정론(指定論)과 인가론(認可論)으로 의견이 갈라졌다.

감리교의 배재학당 같은 학교는 이 두 가지 상반된 논의를 다 같이 구현시킨다는 뜻에서 학교를 둘로 병립시켰다. 종래의 3년제 배재학당과 5년제 배재고등보통학교로 나누어 학생들에게 선택의 자유를 준 것이다. 그 결과로 첫해에는 졸업반 학생 21명 중 불과 5명만이 고등보통학교(고보)로 넘어갔는데, 해마다 많은 학생이 고보로 넘어가는 현상이 벌어졌다.[34] 그리하여 서울 이화학당은 1918년에, 평양 광성학교와 개성 호수돈여학교는 1918년에, 정의(正義)여학교는 1920년에, 배화학당과 원산 루씨여학교는 1925년에 각각 고보 인가를 받게 되었다.

한편 고보 인가를 받지 않은 장로교계의 "선천 신성(信聖)학교에서는 선교사 배척, 경신학교와 숭실학교에서는 한국인 무자격 교사 배척 같은 일도 일어났으므로,"[35] 캐나다 장로교계의 함흥 영생여학교는 1929년에 여자고등보통학교로, 영생남학교는 1931년에 고등보통학교로 인가를 받게 되었다. 정주 오산학교도 1926년에 고등보통학교 인가를 받았으나 총독부 당국에서는 조만식 교장의 사퇴를 조건부로 받았기 때문에 그해 봄 700명의 학생들이 동맹휴학을 일으키기도 했다.[36]

결국 거의 모든 사립학교가 인가 또는 승격으로 낙착되긴 했으나, 그동안 기독교 학교의 고통은 이만저만한 것이 아니었으며, 종교와 국가·기독교 교육과 정치·현세와 내세와 같은 신학적 갈등 속에서 한국 교회는 심각한 고통을 겪었다.

한 예로 장로교계의 언더우드는 1915년 연희전문학교, 즉 오늘날의 연세대학교를 시작하자마자 개정 사립학교 규칙의 철퇴를 받았다. 그해 여름 미국 장로교 해외선교본부 스피어(R. E. Speer) 총무가 내한하여 이 문제에 관한 회의를 주재했을 때, 그를 포함한 모든 선교사가 반대했으나 언더우드 목사는 전문학교 설립을 밀고 나갔다.[37] 그리고 그는 총독부 방침에 어긋나지 않게 하려고 일본말을 배우러 도일(渡日)까지 했다.[38] 그러다 결국 극심한 고민 끝에 1916년 10월 12일 작고했다. 그러나 연희전문학교는 1917년 4월 7일자로 재단법인 인가와 더불어 한국에서는 처음으로 전문학교 설치 인가를 받아 오늘에 이르렀다. 세브란스 의학전문학교도 1917년에 전문학교 설립 인가를 받았다. 반면 1912년 정식 인가를 얻은 평양 숭실대학은 1914년에 전문학교로 자진 격하되어 1922년에 가서야 전문학교 인가를 받았으며, "사립학교 규칙에 허용된 10년 유예 기간의 마지막 해인 1925년에 가서야 법인 구성"[39]과 함께 정식 인가를 받았다. 서울의 이화대학은 1910년부터 대학 교육을 시작했으나 1922년에야 전문학교 인가를 받았다.

한편 연희전문학교 산실의 역할을 다한 조선 중앙기독교 청년회, 즉 서울 YMCA는 105인 사건과 유신회 사건을 겪은 뒤 윤치호를 총무로 맞아들이면서 일대 변혁을 일으켰다. 신임 총무 윤치호는 총독부의 교육 정책과 정면충돌을 피하기 위해 아깝지만 인문계 중학부를 폐지하고 그 대신 공업교육과 체육에 주력했는데, 이것도 하나의 슬기요 투쟁방법이었다.[40]

결국 총독부 당국의 교육 탄압은 효과를 거두어, 1910년 전국에 2,080개였던 사립학교가 1916년에는 1,045개로 감소했으며, 한 해 뒤인 1917년에는 868개, 1923년에는 649개로 더 감소했다.[41]

4) 각파 교회의 선교활동과 정책

일제의 그 무시무시한 종교 탄압에도 불구하고, 또한 그 교활하고도 잔악한 어용화 술책에도 불구하고 한국 개신교는 조심스럽고도 슬기로운 방법으로 선교활동을 계속했다. 이미 말한 바와 같이 일제의 잔악한 105인 사건과 유신회 사건을 용하게 이겨 낸 한국 교회는 교회 내실화 및 조직화의 방향으로 발전을 계속했다.

(1) 장로교

1910년에 일어난 백만 명 구령운동은 그다지 큰 성과 없이 끝났다. 더욱이 105인 사건 이후 교인 수는 대폭 감소 현상을 보였다. 이런 현상은 1905년 이후 처음이며, 한국 교회의 방향 전환을 의미한다. 이를 통계로 보면 다음과 같다.

종별(명) \ 연도	1911	1912
목사	95	128
장로	159	225
조사	205	230
당년 세례교인	9,713	8,836
세례교인 총수	46,934	53,008
아기세례	4,598	5,431
당년 학습교인	15,708	10,049

종별 \ 연도	1911	1912
학습교인 총수	35,508	26,400
교인 총수	144,261	127,228
신학생 수	158	180
예배당(개)	1,448	1,438
예배처소(개)	1,685	2,054
학교(개)	655	566
경비 총액(원)	136,535	158,764

이 통계에서 우선 교인 수가 약 2만 명 감소했고, 당년 세례 교인과 당년 학습 교인이 약 1천 명씩 감소했으며, 전체 학습 교인 수는 거의 1만 명이 감소했음을 알 수 있다.

반면 증가 현상도 보이는데, 우선 목사가 95명에서 128명, 장로가 159명에서 225명, 조사가 205명에서 230명으로 늘어난 것을 비롯하여 세례 교인은 6천여 명이 늘었음을 본다. 그리고 예배당은 10개 감소했으나 예배처소는 369개가 증가했고, 전도비·교육비·운영비 등 지출금액은 22,000여 원의 상승세를 보인다. 이는 곧 양적 성장에서 질적 성장으로 전환했음을 의미하며, 종래의 사회적·시대적 바람을 타고 입교했던 교인들은 떨어져 나가고 진짜 교인들만 남아 있게 되는 징조인 것이다. 따라서 신앙의 비정치화·비사회화 현상도 일어나게 됨으로써 교회는 이때부터 보다 내향적·내실적 조직화로 나아간 것이다. 이 경향은 장로교만 아니라 감리교를 비롯한 모든 교회에 공통된다.

이 경향은 우선 장로교 총회 조직에서 볼 수 있다. 이미 말한 바와 같이 장로교는 1907년에 4개 장로회가 하나의 독로회(獨老會)로 뭉치게 되었다. 다시 말해서 장로교는 당회(堂會)·노회(老會)·총회(總會) 등 3단계 치리기관이 있게 마련인데, 당회는 이미 1887년 새문안교회 당회 조직에서 출발했고, 1907년에 이르러서는 새문안 당회를 비롯한 전국 3개 지당회의 총대 40명과 선교사 38명, 도합 78명의 총대가 모여 '대한 예수교장로회 로회' 즉 대한국 독립노회를 조직하게 되었다. 그때 편의상 7개 지방별 지교회로 묶어 노회 대신 대리회(代理會) 제도를 두었는데, 이 대리회를 노회로 개편하는 동시에 이 7개 노회 총대가 모여 총회를 구성하게 된 것이다.

즉 1912년 9월 1일, 평양신학교 강당에서 7개 노회에서 파견된 한국인 목사와 선교사 96명, 장로 125명, 합계 221명의 총대가 모여 '예수교 장로회 조선총회'를 조직하게 되었다. 이로써 장로교 최고 기관의 초대 회장에는 언더우드 선교사, 부회장에는 길선주 목사, 서기에는 한석진 목사, 부서기에는 김필수 목사, 회계에는 베어드 선교사, 부회계에는 김석창(金錫昌) 목사가 각각 선임되었다.

이 총회 조직 때의 특징은, 초대 회장으로 언더우드 목사를 선임한 것이 선교사 위주의 정신이라기보다 일제의 탄압에 대한 방위책에 불과했다는 점인데, 그는 총독부와 관계가 좋았다.[42]

그는 총회장 취임 설교에서 "구주의 존재를 우리 신자들이 그 행위로 이 악한 세상에서 나타내야 할지니 …… 겟세마네 동산과 같은 곳을 향해"[43] 가야 할 한국 교회의 무단 정치하의 현실이 얼마나 험난했는지를 말했다. 여기서 당시 장로교의 현실 타협과 투쟁의 역설적 신앙 태도를 엿볼 수 있다.

한편, 이 총회 때 중국인 선교를 결의했다. 1907년 독로회 창설 기념사업으로 제주도 선교와 일본 유학생 선교를 개시한 데 비하여 1912년 총회 기념사업으로는 중국 산동(山東) 선교를 결의한 것이다. 다시 말해서 장로교는 1907년 이기풍 목사를 제주도에 파견했고, 1909년 한석진 목사를 일본에, 최관흘(崔寬屹) 목사를 시베리아(해삼위)에, 1910년 김영제(金永濟) 목사를 북간도에 파견하여 해외 동포 선교를 개시한 데 비하여 1912년 총회 조직 때는 외국인 선교, 즉 산동 성의 중국인 선교를 개시했다. 이는 "한국 교회가 피선교국에서 선교국으로 위치를 바꾸는 중대한 모멘트가 되는 데서 매우 의의가 크다"[44]고도 볼 수 있으나, 그보다 국내의 정치적·사회적 탄압 속에서 돌파구를 찾으려는 신앙적 비약을 의미하며, 한국 교회의 신앙이 선교사들의 비정치화 정책에 말려들었다고 보는 일반적인 견해에 대해 그렇지 않다는 것을 보여 준 좋은 사례라고 볼 수도 있다.

(2) 감리교

장로교의 당회·노회·총회 등 3단계 치리기관에 해당하는 감리교의 구역회(區域會)·지방회(地方會)·연회(年會)의 구성은 1905년과 1918년 양년에 걸쳐 완성되었다. 장로교와 달리 감리교는 북감리회와 남감리회로 분립되었다가 1930년 하나가 되었다. 북감리회는 1901년 남지방회(서울·수원 등 5개 구역)·북지방회(평양·진남포 등 10개 구역)·서지방회(제물포·부평 등 8개 구역) 등 3개 지방회가 구성되었다가, 그것이 합하여 1905년 한국 연회로 발전했으며, 남감리회는 1897년에 서울구역과 개성구역으로 하나의 지방회를 조직했다가 원산·춘천·철원구역 등을 합하여 1918년에 한국연회를 구성했다.

그러나 감리교는 신학 연구지를 발행하는 데는 장로교(《신학지남(神學指南)》은 1918년부터)보다 훨씬 앞섰다. 1900년부터 내기 시작한 〈신학월보〉의 후신 격으로 협성신학교는 1916년 2월부터 〈신학세계(神學世界)〉를 내기 시작했다. "조선 교역자의 지식을 증진케 할 책임"[45]을 지고 탄생한 이 〈신학세계〉는 창간호 발행사에서 "본보의 성질은 순전한 종교적 잡지인 고로 정치에 관한 언론이나 사건을 결코 불게재할 것이며, 타인과 시비 논쟁하는 문자 역시 불게재하겠습니다"[46]라고 했는데, 이는 당시 선교사들의 비정치화 정책의 발로이며, 하디·케이블 같은 선교사들이 신약서론·히브리인의 역사·성경주석을 쓴 데 반하여, 양주삼(梁柱三)·강매(姜邁)·최병헌·손정도(孫貞道)·백형련(白瀅鍊) 같은 한국인 신학자·법학자·유학 출신 학자들은 기독교의 재정론·조선 교회의 재정 자유 문제에 대하여, 종교변증론·조선의 변천을 논함·야소 공자 양교병론(耶蘇 孔子 兩敎並論) 같은 한국 교회의 토착화 문제, 타종교와의 대화 문제, 현실 문제 등을 다루었다. 그래서 선교사들과 한국 교인은 입장 차이가 컸음을 알 수 있다. 특히 백형련의 "야소 공자 양교병론" 같은 논문은 장로교회에서는 생각도 못할 논문이며, 강매의 "조선 교회의 재정 자유 문제에 대하여"(제3호) 같은 논문은 한국 교회의 자립과 선교사들의 독점적 재정관리에 대한 반발이라고도 볼 수 있기에 자못 의의가 크다.

만주와 시베리아 선교에도 손을 대었는데, 1908년 처음으로 이화춘(李和春) 목사를 만주에, 1910년에 배형식(裵亨植) 목사와 손정도 목사를 남북 만주에 파송하여 한국 동포에게 복음을 전하기 시작했다. 이것이 결국 시베리아 만주선교회(1921년)로 발전했다. 그러나 장로교의 산동 선교 같은 순 외국인 상대의 선교와는 성질이 다른 것이다.

(3) 장·감 두 교파의 연합사업

이미 말한 바와 같이 선교사들은 1905년 '재한 복음주의 선교단체 통합공의회(The General Council of Evangelical Missions in Korea)'를 조직하여 하나의 기독교회를 지향하는 동시에 병원·학교 등의 합동 경영, 주일학교 공과와 찬송가의 통합, 특히 공의회 기관지로서 〈코리아 미숀 필드〉와 교회신문까지 협동사업으로 추진했다.[47] 그리고 '백만인 구령운동'도 교회연합 사업으로 추진했다.

더욱이 교회신문의 연합운영은 놀라운 발전을 했다. 1905년 7월 1일부터 〈그리스도신문〉이라는 제호로 두 교파의 연합신문이 나오게 되었고, 그 뒤 제호를 〈예수교회보〉로 고쳐 1910년까지 속간했다.

그러나 일제의 교활한 교회 분열공작에 말려들어, 장로교는 1910년부터 〈예수교회보〉라는 제호로, 감리교는 1911년부터 〈그리스도회보〉라는 제호로 따로 따로 내었는데, 초교파 조직체인 '죠선예수교서회'(오늘날의 대한기독교서회)가 "각 교회의 통신은 초교파로만 한다 …… 본 서회가 발행하는 〈예수교연합회보〉 외에 다른 회보는 발간치 못한다"는 몇 가지 신문 발행 방침을 작성해 가지고 장·감 두 교파 선교사들로 구성된 '선교사연합공의회'와 장로교 및 감리교 측의 동의를 얻어 1915년부터 하나의 신문 즉 〈긔독신보(基督申報)〉를 창간했다. 그램(W. G. Gram, 奇義男) 선교사와 당시 예수교장로회 총회장 김필수가 공동 사장으로 취임했는데, 이것이 1937년까지 속간된 기독교신문 중 최장수 연합신문이 되었다.

또 하나의 연합운동은 1918년 조직된 '조선예수교장감연합협의회'에서 찾아볼 수 있다. 이미 말한바 '재한 복음주의 선교단체 통합공의회'의 목적은 '한국에 단일 복음주의 교회를 조직'[48]함에 있었지만, "1911년 7회 회의에서는 재한 복음주의 선교단체 연합협의회(Federal Council)로 명칭을 바꾸는 동시에[49] "분열보다 연합에서 더 좋은 사업을 할 수 있고, 그 권한은 자문에만 있으며, 동일한 신조와 치리기구 또는 동일한 예배에 대한 권한은 없는 것"[50]으로 규정하여 통합에서 연합으로 후퇴하기에 이른 것이다. 그 뒤 일제의 탄압으로 이 연합협의회는 "1913년부터 일본 연합협의회에 대표를 파송하기로 하고, 그 대표를 받아들이기도 했는데,"[51] 때마침 일어난 제1차 세계대전(1914)과 일제의 탄압으로 그 세력은 약체화의 길을 걸을 수밖에 없었다.

이때 선교사들은 자기들만으로는 정치적 압력을 감당하기 어렵다는 판단 아래 "1916년 선교사연합협의회 총회에서는 한국 교파 지도자들로 하여금 연합협의회에 발언권을 갖게 하기 위한 연구위원회를 조직하게 되었다."[52] 그리하여 1917년 평양에서 장로교 대표위원 4인, 남북감리교 대표위원 7인, 모두 11인의 위원이 모인 가운데 1918년 3월 26일 서울 중앙YMCA 회관에서 역사적인 '조선예수교장감연합협의회'를 창설하게 되었다. 이때 참석한 각 파 대표는 북감리회에서 10명, 남감리회에서 10명, 북장로회에서 12명, 남장로회에서 4명, 캐나다장로회에서 3명, 호주장로회에서 1명, 모두 40명이며, 초대 회장에는 남장로회 김필수 목사, 서기는 북감리회 오기선(吳基善) 목사, 회계는 남감리회 저다인(J. L. Gerdine, 전요섭全約瑟) 목사 등이 피선되었다. 이로써 한국 에큐메니칼 운동의 첫 장을 열게 되었는데, 이 회의 목적은[53] 다음과 같다.

> ① 양 교회가 예수 그리스도 안에서 일치되는 정신을 증진케 하며, 친목하는 정의(情誼)를 돈독케 함.
> ② 양 교회가 단행하기 어려운 일이 있을 경우에는 협력 진행하기를 힘써 도모함.
> ③ 양 교회가 교역상 경험과 지식을 교환하여 그리스도의 사업을 확장함에 유조(有助)케 함.

　　위 목적 규정에서 우리는 당시 한국 교회가 일제의 무시무시한 종교탄압에 견디려면 각 교파와 선교사들이 단합해야 한다는 단결정신을 찾아보게 된다. 이 단체가 1924년 조직된 ‘조선기독교연합공의회(National Christian Council)’의 전신이며, 8·15해방 후 한국 기독교연합회(N. C. C.) 및 오늘날의 한국기독교교회협의회로 이어졌다.

　　(4) 소수파들의 선교활동
　　장·감 두 교파 외에 이미 여러 소교파들이 뿌리를 내리고 선교활동을 벌이고 있었다.

　　a. 침례교
　　1890년 독립 선교사로 내한한 캐나다 선교사 펜위크는 미국에 갔다가 재입국하여 1896년 원산에 정착했다. 그는 농장용 토지를 매입하고 축산·과수·원예·채소밭 가꾸기에 힘쓰면서 “선교사로서의 실패를 솔직히 고백하고 선교방식의 지침으로서 외국인에 대한 복음 전수를 선발된 본국인 신자들이 가장 잘할 수 있다”[54]는 확고한 신념 아래 1903년 최초로 신명균(申明均)·황상필(黃相弼) 두 사람을 교사로 선발하여 전국 선교를 개시, 원산을 선교본부로 하여 충청도부터 함경도 북간도까지 선교 범위를 넓혀 갔다. 1906년 강경교회에서 첫 대화회(大和會)를 열고 교단 명칭을 ‘대한기독교회’라 정하고 초대 감목(監牧, 현재의 총회장)으로 펜위크가 취임했으며, 1914년에 가서야 한국인 이종덕(李鍾德)이 감목(제2대)을 맡게 되었지만 “대한 기독교 일은 대한인이 전담하여 하는 것이 민족성으로 보거나 자주성으로 보거나 장래 자립을 위하여 타당하다”[55]는 신념은 더욱 굳어갔다. 펜위크는 처음부터 성경과 찬송가 번역을 단독으로 추진하여 1899년에는 요한복음과 빌립보서를 단권으로 출판했고, 14장으로 된 복음 찬미와 전도용 소책자 〈만민 좋은 기별〉을 출간했

으며,[56] 1919년에 이르러 신약전서를 완역 출간했다.[57]

전도에서 신명균 안사(목사)는 1917년 만주에 가서 "귀리밥 한 그릇으로 요기하며 1,400여리를 보행, 옷 한 벌로 과동(過冬)하는 핍박 속에서도 만주의 길림성과 노령(露領)에서 해외 전도에 전심"[58]했으며, 노재천(盧載天) 안사는 서간도를 중심으로 가시밭길을 걸었다. 그리고 1918년 10월 20일 박노기(朴魯琦) 안사, 김희서(金希西) 교사, 전영태(全永泰) 총찰, 최응선(崔應善) 각노(집사) 4인은 시베리아 전도 중 풍랑을 만나 순교했다.[59] 1916년부터 '대한 기독교회'라는 명칭 때문에 많은 박해를 받았으나, 1921년 제16회 대화회에서 교단 명칭을 '동아기독교회'로 고치게 되었다.

b. 성공회

영국인 코르프 주교가 1896년 입국, 서울과 인천에 교회를 설립함으로써 선교의 터전이 닦였다. 그리고 1905년 제2대 주교로 서품된 터너(A. B. Turner, 1862~1910, 端雅德) 주교가 교회 자립과 여성교육에 주력한 끝에 한국 성공회는 급속한 성장과 토착화의 길을 걷게 되었다. 그리고 그는 1908년부터 〈종고성교회월보(宗古聖敎會月報)〉라는 월간지를 내기 시작하여 우리나라 월간지 사상 최장수지가 되게 했으며(1939년까지),[60] 일진회에 가담하라는 일제의 강요를 물리치고 항일정신에 투철한 신앙을 키워 갔다.[61]

성공회는 영일동맹하에서 영국 선교사들이 배일(排日) 태도를 취할 수도 없었고 일제가 함부로 성공회를 탄압할 수도 없었기에 비교적 평탄한 가운데 선교활동을 계속할 수 있었다. 그런데 1910년 터너 주교의 작고 후 제3대 주교가 된 트롤로프(M. N. Trollope, 趙馬可) 주교는 종전대로 성서번역·YMCA 활동 등 연합사업에 계속 가담하는 동시에 1915년에는 한국에서 첫 성인 영세자였던 강화인 김희준에게 제1착으로 사제 서품을 베풀었

으며, 1916년 교구회의에서는 한국성공회 헌장과 법규를 통과시
켰다. 이 헌장의 특징은 ① 성직자로 구성된 교구회의가 최고 권
위를 가지나 주교의 협의기구 성격을 띠며, ② 각 전도구나 연합
회는 민주적인 대의기구로서 신자들의 의견을 집약할 수 있도록
규정하고 있었다.[62] 그러나 신자 수는 1900-1910년의 성장보다
둔화하여 1917년 현재 5,455명이었다.[63]

c. 구세군

1908년 호가드(Robert Hoggard) 정령(正領, 오늘의 대령大
領) 부처가 내한하여 서울 구세군영(營)을 개관함으로써 선교가
개시되었다. 구세군은 본래 사회악 제거와 인간 죄악과의 전투
를 표방하고 나서서 군대식 선교를 했기 때문에 일제의 미움을
많이 샀다. 그러나 영일동맹하의 구세군은 큰 탄압은 모면하면
서 1910년부터는 사관양성소를 세우고 황종률(黃鍾律) 등 21명
을 양성·임관하여 임지에 파송했다.[64] 1911년에는 구세군 소년사
업을 시작했고, 1912년에는 구세군 군가(찬송가)를 출판했다. 그
해 8월 20일 구세군 창설자 부스(William Booth) 대장이 서거했
을 때는 YMCA 강당에서 성대한 추도회를 열었으며, 1914년에
는 제4차 구세군 만국총회에 호가드 사령관 인솔하에 황종률 등
8명의 한국인 사관이 참석했다.[65]

1916년 제2대 사령관에 취임한 프렌치(G. French) 정령
은 1917년부터 여자사관을 양성하기 시작했다. 러시아 2월 혁
명 피난민 구호를 위해 1918년 로드(A. Lord)와 힐(A. W. Hill, 許
一) 사관을 러시아의 블라디보스토크로 파송했으며, 그해 10월
10-17일 한국구세군 개전(開戰) 10주년 기념회 때는 악대를 선
두로 YMCA회관에 행진하여 1천여 명의 대집회로 기세를 올렸
다.[66] 자선냄비 운동은 1928년부터 시작하여 1929년에는 1,868
원 23전을 모금했다.[67] 1921년에는 〈금주신문(禁酒新聞)〉 2만 부
를 발행했고, 서울에서는 황토현(현 세종로)을 중심으로 북 치고

찬송 부르며 노방전도에 힘썼다.

d. 성결교회

미국 무디 신학교 졸업생 카우만(C. E. Cowman)·킬볼룬 (E. A. Kilbolune) 등이 맨손으로 일본 도쿄에 와서 '동양선교회 복음전도관' 간판을 붙였는데, 그 전도관의 일본 성서학원 졸업생 김상준(金相濬)·정빈(鄭彬) 두 사람이 1907년 귀국하여 서울 종로 염곡(소금골, 현 중구 무교로 24, 성결교 중앙교회 자리)의 헌집 몇 칸을 사 가지고 '동양선교회 복음 전도관'이란 간판을 건 것이 한국 성결교회의 시초이다.[68] 그 뒤 1910년 미국에서 토마스 (John Thomas) 목사가 내한하여 초대 감독이 되는 동시에 1911년에는 무교동 전도관 안에다 '경성성서학원'을 설치하고 교역자를 양성하기 시작했는데,[69] 1912년 최초의 졸업생 이명헌(李命憲) 한 사람을 내었으며, '동양선교회 시대'가 끝나는 1920년까지 남자 39명, 여자 17명의 졸업생을 배출했다.[70]

동양선교회의 신조는 세계 복음주의파 교회의 신조를 발췌한 것이며, 신학계통은 아르메니아 계통인 웨슬리안 체험주의에 입각한 복음주의에 속한다. 카우만과 키볼룬 두 사람은 심프슨(A. B. Simpson)의 4중 복음 즉 ① 중생하게 하는 그리스도, ② 성결케 하는 그리스도, ③ 치료케 하는 그리스도, ④ 재림하는 그리스도에서 감화 받은 사람들이다.[71]

선교 전략으로는 장로교의 네비우스(Nevius) 방법을 모방했으며,[72] 선교활동은 주로 무단정치 기간 중에 했기 때문에 그다지 큰 성과는 거두지 못했다. 1907년부터 1920년까지 13년간 전국에 28개 교회가 있었으며, 1919년도의 교인 총수는 850명에 불과했다.[73]

e. 안식교

'제7일 안식일 예수 재림교회'는 일반적으로 이단으로 꼽히는데, 1904년 하와이 이민 도상의 손흥조(孫興祚)와 하와이 개발공사 계몽원이던 임기반(林基盤)에 의하여 국내에 전래되었다.[74] 손흥조는 1904년 5월 하와이로 가는 배를 기다리다 고베 항에서 '제7일 안식일 기독 재강림교회'라는 간판을 보고는 그 교회 전도사 구니야 히데(國谷秀)에게 침례를 받고 한국 최초의 안식교인이 되었다.[75] "이리하여 이들 양인의 활동으로 전국에 200여 명의 안식일 준수자가 생겨났으나, 신앙의 조리와 교훈의 정확한 내용에 무지했던 까닭에 결국 이들은 구니야 전도사를 초청할 수밖에 없었다."[76] 구니야 전도사는 그해 8월 내한했고, 그 뒤 일본 선교부 책임자 필드(F. W. Field) 목사는 9월에 내한했다. 그리고 정식 선교사로 스미드(W. R. Smith) 목사가 1905년 미국 본부에서 내한하여 평안남도 순안(順安)에 선교본부를 차림으로써 안식교의 토대가 다져졌다.[77]

　　　　1909년 일본 교회에서 인쇄기를 기증받아 1910년 〈시조(時兆)〉의 전신인 〈세 천사의 기별〉을 창간했으며, 1915년에는 이근억(李根億)·정문국(鄭文國) 두 사람이 최초로 한국인 목사가 되었다.[78] 그리고 1917년에는 '조선선교지'가 대회(Conference)로 승격되는 동시에 이른바 '선일만(鮮日滿)연합회'를 조직하고, 1919년에는 조선연합회를 서선(西鮮) 대회, 중선(中鮮) 개척지, 남선(南鮮) 개척지로 분할 조직했다.

　　　　(5) 각 기독교 기관들의 활동
　　　　이 기간 중에 각 기독교 기관들도 교단별 활동 못지않게 눈부신 선교 활동을 계속했다.

　　　　a. 성서공회
　　　　1887년 스코틀랜드 성서공회가 《예수성교견셔》 출간을 계기로 국내에서 성서위원회와 성서번역위원회를 조직하게 되었고, 1893년 영국성서공회 대표로 입국한 켄뮤어(A. Kenmure)

가 국내 선교사들의 요청에 따라 1895년 영국성서공회 한국지부를 설치하는 동시에 초대 총무가 되었다. 한편 미국성서공회도 1895년부터 피터스(A. A. Pieters)를 매서인 자격으로 서울에 상주케 하여, 이때부터 이들 세 성서공회의 국내 활동이 본격화되었다. 1900년 7월에는 신약전서가 발간되었고,[79] 1904년에는 영국·미국·스코틀랜드 성서공회가 2:2:1로 경비를 분담하면서 국내 성서사업을 추진했다.[80]

1905년 켄뮤어 후임으로 영국성서공회의 뮬러(H. Muller)가 제2대 총무로 들어서면서 1908년부터 위 3개 성서공회가 경비 비율 문제로 1919년까지 성서 번역만 공동으로 하고 출판과 반포는 독자적으로 하게 되었다. 그러나 영국성서공회는 1910년에 구약성서를 완역 출간하는 데 성공했고, 1911년 서울 종로 2가에 대지를 마련하고 그해 7월에 벽돌 건물을 짓고 '대영성서공회'란 간판을 걸게 되었으며, 1915년에는 처음으로 매서인 총회를 열어 200명의 매서인 중 177명이 모여 기세를 올렸다.[81] 1919년 미국성서공회가 철수함으로써 이때부터 한국 성서사업은 영국성서공회가 독점했다.

b. 기독교서회

1890년 '대한셩교셔회(The Korean Religious Tract Society)'란 이름으로 창설된 기독교서회는 초대 회장 올링거(재임 1890-1892, 이하 연도는 마찬가지)로부터 게일(1901-1905), 벙커, 언더우드(1908-1915), 저다인(J. L. Gerdine, 1915-1919) 순으로 회장직이 이어졌다. 실무 총무직은 빈톤(-1907), 본위크(G. Bonwick, 1907-1922) 등으로 이어졌는데, 문서사업의 첫 열매로는 이른바 개혁당 사건으로 1902년부터 옥중에 있던 이상재·김정식·이원긍·유성준·홍재기·이승인 등 독립협회 관계 인물들이 옥중에서 기독교 신자가 되게 한 사실이다. 요컨대 언더우드·에비슨·벙커·게일 등 선교사들이 새로 번역된 신약성서와 종교서적 그리고 영어잡지·영어사전 등 150여 권의 종교서적을 감옥에 가지고 들어와서 전도한 결과[82] 그들이 한목에 기독교 신자로 변화되어 이른바 관신사회 신교지시(官紳社會 信敎之始) 및 지옥 즉 천당(地獄卽天堂)의 현상을 자아내게 되었으며,[83] 그중 김정식 같은 지사는 선교사들이 차입한 무디(Moody)의 설교집을 읽고 신자가 되기도 했다.[84]

이미 말한 바와 같이 서회가 창설되자 제일 먼저 《성교촬요(聖敎撮要)》·《장원양우상론》·《인가귀도》·《그리스도 문답》·《천로역정》 등에 이어 전도지·찬송가·신문까지 출판하여 "창설 후 10년이 지난 1900년에는 총 판매 부수가 90,743부에 이르렀으며,"[85] "1903년에 이르러서는 출판하여 판매된 서적이 25만 부에 달했다."[86]

사옥으로는 다른 건물을 빌려 쓰다가 1907년에 이르러 현 서회 건물 터에 있던 목조 기와집을 1,586원에 사서 쓰기 시작했으며, 1911년에는 그 건물을 헐어 버리고 2층 벽돌집을 지었다. 그리고 1919년부터는 최초의 명칭인 대한성교셔회를 죠선예수교셔회(The Christian Literature Society)로 바꾸는 동시에 처음으로 편집위원 제도를 채택했다.[87]

c. 기독교청년회

위 두 단체, 즉 성서공회와 기독교서회는 주로 선교사 중심으로 창설되고 경영된 데 비해 기독교청년회는 한국인 위주였다는 데 특색이 있다. 물론 초대 회장과 초대 총무가 모두 외국인이지만 그것은 일제 탄압하의 호신책으로 된 결과이며, 1904년부터 김정식이 부총무(외국인 총무에 대하여 '한인 총무'라고도 했음), 1913년에는 이상재가 총무가 되면서 다른 기독교기관에 비하여 독특한 양상을 보여 주었다.

한편 105인 사건과 유신회 사건을 통해 YMCA 세력을 말살하려다 실패한 일제는 황성기독교청년회와 모종의 타협을 할 수밖에 없었다. 그 타협의 결과로 나타난 현상이 곧 1913년 YMCA 측이 '황성(皇城)' 두 자 대신 '조선 중앙(朝鮮中央)'을 넣어 명칭을 바꾸게 된 것과, 1914년 조선기독교청년회연합회를 조직할 때 그 헌장에다 일본 YMCA와의 합병(合倂) 또는 산하기관이란 말 대신 연락(聯絡)이란 문구를 삽입한 사실이다.[88]

다시 말해 YMCA는 생존을 위해서는 어느 정도 타협할 수밖에 없었으며, 총독부는 전국연합회 조직을 허용한다는 조건하에 미국 YMCA와의 관계를 약화시키고 일본 YMCA와 관계 맺게 한 것이다. 이는 피차간의 양보에서 이루어진 현상이다. 그럼으로써 YMCA는 무단정치하의 유일한 민간단체로서 민중의 공구가 될 수 있었다.

1915년에는 윤치호가 출옥하여 총무가 되었다. 그는 새로 조직된 YMCA 연합회와 조선중앙청년회의 총무를 겸했다. 그는 뱀 같은 슬기와 비둘기 같은 부드러움으로 난국을 헤쳐 갔다. 1915년 개정 사립학교 규칙이 공포되었을 때는 YMCA학관의 중학부는 폐지했으나 기술 직업 교육은 강화했으며, 군사 훈련식 체조과목은 폐지할 수밖에 없었으나 1916년 사상 최초의 실내 체육관을 개설했으며, YMCA의 세계적인 조직망을 이용하여 회원 확대운동·음악회·환등회·강연회·토론회·일요강화 등을 계속했다. 그럼으로써 YMCA는 무단정치하의 유일한 민간단체로 남아 있게 됐으며, 민중의 친구·애국지사들의 만남의 장, 청소년들의 실력 배양의 장의 구실을 할 수 있었던 것이다.

5) 3·1운동과 한국 교회

(1) 준비와 배경

무단정치의 주역 데라우치는 1916년에 물러나고 하세가와 요시미치(長谷川好道)가 후임 총독으로 부임했다. 이보다 앞서

1914년에는 제1차 세계대전이 일어났고, 1917년에는 제정 러시아의 10월 혁명이 터져 소비에트 공화국이 수립되는 등 국내외의 정치 형세는 자못 험악했다. 특히 하세가와 총독은 부임과 동시에 무단통치 강화를 위하여 일본 육군의 조선상치군(朝鮮常置軍) 2개 사단을 편성했으며, 1918년에는 한국 침략의 기본사업으로 추진해 오던 '토지조사사업'을 완료했다.

이 같은 상황에서도 한국 교회는 자유의 숨결을 죽이지 않고 있었다. 예를 들어 1916년 장로교 황해노회 소속의 김장호(金庄鎬) 목사는 비정통적인 성서 해석을 들고 나섰다. 그는 1914년 평양신학교를 졸업한 뒤 봉산(鳳山) 신원(新院)교회에서 시무하던 중 자유주의적인 성서 해석 때문에 1916년 노회에서 총대권을 박탈당했으며, 1918년 총회에서는 이단으로 정죄 처분을 당하여 결국 '조선기독교회'를 창설했다. 그 동기는 ① 조선 백성의 영혼 구제사업은 당자인 조선 백성의 능력과 책임 아래 조선의 주권과 이익을 외국의 주권이나 이익보다 소중히 여기면서 운영하기 위하여, ② 각국 각파 선교사가 들어와서 제각기 제 교파 세력을 증강시키느라 분쟁이 벌어져 민족을 분열 이간하는데, 이 폐단을 막고 우리나라 사람끼리 교파를 세워 민족정신을 통일하기 위하여, ③ 과학은 진보하고 지식은 넓어지는데, 그러한 양상을 뒷받침하는 종교를 갖기 위하여[89] 등이었다.

그러나 불행히도 그의 반선교사·반교권 정신이 나중에 가서는 일제의 어용교회인 조합교회(組合敎會) 술책에 말려들고 말았다. 이러한 동기와 결과는 선교사 배척·천민 출신 장로 문제 등의 이유로 서울 연동교회에서 갈라져 나와 묘동교회를 세운 이원긍이 1916년 '경성 일본기독교회'와 합병하게 된 것과 거의 같은 동기와 결과였다.[90]

그러나 기성 교회의 보수주의 신앙과 후진성에서 헤어나려는 그들의 자유정신만은 자못 독특한 것이었다. 이러한 해방과 자유정신은 해외선교 면으로도 발전되었다. 이미 말한 바와

같이 1912년 길선주 목사의 제창으로 장로교는 산동 선교를 개
시했으며, 1917년에는 또다시 방효원(方孝元)·홍승한(洪承漢) 등
을 산동 선교사로 파송했다.

　　한편 감리교는 1916년부터 〈신학세계〉를 내기 시작함으
로써 자유신학의 길을 터놓았다. 그리고 1903년 원산 오순절 성
신강림의 주역이던 전계은 목사의 전도 구역에서는 신비주의 신
앙과 반교권정신이 성장함으로써 무교회주의 신앙이 싹트기 시
작했다. 즉 함남 영흥(永興) 출신의 최태용과 함흥(咸興) 출신의
김교신은 다 같이 전계은 목사의 영향하에 성장한 인물들이다.
이들은 기성 교회의 배타성·비과학성·후진성에 반기를 들고 고
등학문을 통한 성서 연구에 몰두했다. 당시 똑똑한 청년들은 이
광수(李光洙)의 이른바 "금일 조선 예수교회의 결점"[91]에 공감했
기 때문에 무리지어 일본 유학을 떠난 것이다.

　　이런 경향은 YMCA에서도 찾아볼 수 있다. 1916년 미
국의 유명한 인류학자 스타(Star) 박사는 YMCA 강당에서 "인
류 역사를 돌이켜 볼 때 약한 민족이 반드시 강한 민족에게 완
전히 삼킴을 당한 예는 없다. 큰 고목나무가 거꾸러졌지만 그 뿌
리에서 싹이 나오는 것처럼 약한 민족이 다 죽은 것 같지만 소생
할 날이 있는 것이다. 그때 약한 민족은 칼을 들고 일어나야 한
다"[92]고 외쳤으며, 정춘수(鄭春洙) 목사는 같은 YMCA 강당에서
1918년에 "백골의 새 생명"이란 제목으로 "아무리 약한 이스라엘
민족이라도 다시 죽음에서 새 생명이 솟아나 살아날 것이다"[93]라
고 외침으로써 청년들의 마음을 부풀게 했다.

　　더욱이 1918년 11월 10일부터 YMCA 강당에서는 6일간
세계 기도주간 행사가 있었는데, 제1일에는 오긍선(吳兢善)의 '인
도주의', 제2일에는 신흥우의 '인생과 최고 이상', 제3일에는 김필
수의 '사회 개량의 요소', 제4일에는 박희도(朴熙道)의 '생활난의 원
인', 제5일에는 정춘수의 '현대인이 요구하는 종교', 마지막 제6일
에는 신흥우의 '평화의 주인'이란 제목의 강연이 있었다.[94] 이에

대하여 그 뒤 신흥우 박사는 "그런데 1918년 11월 11일은 공교롭게도 구라파에서는 독일 황제가 휴전조약을 하는 날이었고, 또 여기 YMCA에서는 전제정치는 아니 된다고 하는 연설을 대대적으로 하는 날이었다. 사람이 굉장이 많이 왔는데 어쩌면 그렇게 시간의 일치가 되었던지 참말 이상하다"[95]라고 했다.

(2) 2·8선언에서 3·1선언까지

말하자면 3·1운동은 우발적이며 즉흥적으로 일어난 것이 아니라 오랜 동안의 민중의 의식화 과정과 잘 준비된 터 위에서 일어난 운동이다. 거두절미하고 3·1운동의 횃불은 일본 유학생들에 의해 발화되었다. 당시 도쿄 유학생은 592명(1918년 현재)으로, 이들은 거의 다 '호랑이를 잡으려면 호랑이 굴에 들어가야 한다'는 생각으로 배움의 길을 떠난 젊은이들이다. 그들은 고국을 떠난 객고와 애국심을 달래기 위하여 대한흥학회(大韓興學會)의 후신인 '학우회(學友會)'와 '재일본 동경 조선기독교청년회'에 적을 두고 있었다.[96] 특히 전자인 학우회 회원들은 건물이 없었기 때문에 "한일합방 뒤 …… 대사관 구실을 하고 있던"[97] 후자인 재일 한국 YMCA에 자주 드나들게 되었다.

그러다가 1918년 11월 제2차 세계대전 종전 소식과 함께 윌슨(W. Wilson) 미국 대통령의 민족 자결주의 정신에 의하여 "미주에 있는 조선인 중 이승만·민찬호·정한경 등 세 사람이 조선 민족 대표로 독립을 호소하기 위하여 파리강화회의에 파견되었다"[98]는 〈재팬 아드버타이저(Japan Advertiser)〉의 기사와 "미국 샌프란시스코에 거주하는 조선인들이 독립운동 자금으로 30만 원을 모금했다"[99]는 일본 〈아사히신문(朝日新聞)〉의 기사를 보자 그들은 비밀회의를 갖고 세 가지 계획을 짰다. 첫째는 1919년 2월 8일을 기하여 재일 한국 YMCA회관에서 학우회 총회를 한다는 구실로 모였다가 '조선청년독립단' 발기대회를 열고 독립선언을 하자는 것이고, 둘째는 이 운동을 하다가 주모자 전부 희생될 것이 분명하므로 뒤를 이어 운동을 계속할 수 있는 후속부대를 마련한다는 것이며, 셋째는 이 운동을 유학생들만이 아니라 전 민족이 다 같이 하게끔 국내와 상하이에 연락원을 파송하기로 한 것이다.[100]

드디어 기약한 2월 8일이 왔다. 수많은 정사복 경찰관이 경계망을 편 가운데 학우회 총회가 개막되었다. 회장 백남규(白南奎)가 개회를 선언하자 최팔용(崔八鏞)은 재빨리 긴급동의를 하며 등단하여 '조선청년독립단' 발족을 선언함으로 만장의 박수를 받았다. 이어 백관수(白寬洙)[101]를 지명하여 준비된 독립선언문을 낭독케 하고 김도연(金度演)[102]으로 하여금 결의문을 낭독케 했다. 그러자 학생들과 경찰관 사이에 난투극이 벌어졌고, 독립선언문에 서명한 학생들은 모조리 체포되었다.

이보다 앞서 1919년 1월 초순께 송계백(宋繼白)[103]이 국내에 밀파됐다. 그는 서울에 도착한 즉시 은사 최린(崔麟, 전 보성중학 교장)과 송진우(宋鎭禹)·현상윤(玄相允) 등을 찾아가 쓰고 있던 모자 속에 감추어 둔 비밀문서, 즉 백관수가 짓고 이광수가 탈고한 2·8독립선언서를 끄집어내어 보이면서 국내외 모든 국민이 거족적으로 일어날 것을 호소했다. 한편 국내에서는 YMCA를 중심한 사람들이 선교사들과 외국인들을 통하여 윌슨 대통령의 민족자결주의 제안을 제일 먼저 듣고 웅성거리고 있었다. 특히 YMCA 회우부 간사 박희도는 1919년 1월 23일경 회우부 위원이던 연희전문 학생 김원벽(金元璧)과 의논하고 각 학교 대표[104]들을 시내 대관원(大觀園)에 초치하여 국내 청년 학생들을 중심으로 독립선언을 하자고 주장했다.

그러므로 3·1운동은 천도교계와 기독교계에 의하여 처음에는 따로따로 추진되던 것이다. 우선 천도교의 경우, 최린 등을 통하여 2·8선언 사실을 들은 교주 손병희는 "청년 학도들이 발 벗고 나서는데 우리가 가만있을 수 있겠나" 하며 찬동했다. 그러나 그의 참모들은 천도교만으로는 동원력이 부족하다는 판단 아래 기독교와의 합동운동을 제안했다. 당시 천도교 신도는 무

려 300만 명을 장담했으나, 동원력이나 조직력에서는 기독교보
다 훨씬 약했기 때문이며,[105] 기독교인은 불과 234,703명이었으
나,[106] 조직력이나 의식화에서나 동원력에서는 천도교를 훨씬 능
가했기 때문이다.

　　우선 천도교 측의 최남선은 기독교 측의 이승훈(李昇薰)
을 만나 합동운동을 제의했는데, 이승훈도 이 문제는 혼자 결정
할 수 있는 문제가 아니라며 동지들과 비밀회의를 했다. 이 회의
에는 오화영(吳華英)·박희도·정춘수·이필주·이갑성(李甲成)·김
창준(金昌俊)·최성모(崔成模)·함태영(咸台永)·현순(玄楯)·오기선
등이 모였는데, 그중 정춘수는 "천도교와 합동하는 것은 불가하
다. …… 우리는 기독교 목사 신분이므로 감정으로 일하면 안 된
다. …… 그러나 나는 무엇이든 경성에서 오화영·박희도의 통지
에 따르겠다"[107]고 하고 원산으로 내려갔으며, 오화영은 "우리는
이 기회에 종교와 관계없이 국민 자격으로 할 것이다"[108]라는 강력
한 발언을 하여 2월 22일 최종회의에서 합동을 결의하게 되었다.

　　이때 합동 제의가 받아들여지지 않았던들 3·1운동은 거
족적인 운동이 못 되었을 것이며, 따라서 초교파·초종교적 이념
으로 하는 오화영·이승훈 같은 YMCA 지도자들이 없었던들
합동은 불가능했을 것이다. 그러므로 3·1운동은 에큐메니칼 운
동사 차원에서 이해되어야 한다. 33인 민족 대표 중 기독교 대표
가 16명인데, 그중 YMCA 관계 인사가 9명이었던 것이다.[109]

(3) 무저항 비폭력 정신

　　끝으로 무저항 비폭력 정신 문제인데, 1957년 월남 이상
재 선생의 유해를 충남 한산(韓山)에서 경기도로 천묘(遷墓)할 때
쓴 변영로(卞榮魯)의 비문이 문제되었다. 그 비문에 "그중 특기할
것은 3·1운동의 방법을 지정한 것이다. 그때 천도교주 의암 손
병희 선생과 모의를 거듭하실 때, 다수인은 한결같이 살육을 주
장했으나, 오직 선생이 남을 살육하느니보다 우리가 죽기로 항거

하여 대의를 세움만 같지 못하다 제의하시었다. 그리하여 무저항 비폭력 혁명이 처음으로 전개되어 인류 역사상 우리가 영광스러운 사적을 갖게 된 것이다"[110]라는 문구가 있었다.

이 비문이 발표되자 천도교 측은 크게 반발했으나 무저항 비폭력 정신은 천도교 사상이 아닌 것은 틀림없었다. 동학 교조(教祖) 수운 최제우 선생의 안심가(安心歌)에는 "내가 또한 신선 되어, 비상천(飛上天)한다 해도, 개 같은 왜적놈을 하나님께 조화(造化)받아, 일야간(一夜間)에 소멸하고 ……"[111]라는 구절이 있으며, 그 교도들은 "개 같은 왜놈들 우리의 원수로다. 기왕의 임진(壬辰) 그시(其時)부터 …… 개 같은 놈들, 한 칼로 대보단(大報壇)에 제(祭)하여, 무궁의 행복을 누리리로다"[112]라고 저주했다.

그러나 월남 이상재 선생은 "네 원수를 사랑하라. 칼을 쓰는 자는 칼로 망한다"는 성경 말씀을 청년 지도의 이념으로 가르쳤으며, 영계(靈溪) 길선주 목사는 수감 중 검사의 심문을 받았을 때 "금번 우리가 요구하는 것은 비유컨대 동생이 형에 대하여 여차히 교육을 성취했으니 나는 형에게서 분리하여 독립 자영하겠다고 요구함이요, 결코 하등의 반항심으로 요구함이 아닌즉 결코 중대한 죄라 할 수 없는 것이요"[113]라고 대답하여 신앙 양심과 독립운동이 결코 배치되지 않는다는 것을 주장했다.

기독교의 이런 무저항 비폭력 정신은 국제적으로 큰 파문을 일으켜 중국의 5·4운동의 정신이 되었으며, 인도의 간디가 4월 5일부터 개시했던 비폭력운동의 정신이 되었다. 이때 기독교가 받은 피해상황에 대하여 민경배는 아래와 같이 집계했다.[114]

(1919년 5월 8일 현재)

단체	기소피고인	불교	유교	천도교	시천교	기독교						무종교	불명
						장로교	감리교	조합교회	불명	천주교	기타		
인원	6,417	72	11	1,156	2	1,154	290	3	96	18	1	2,659	955
백분비(%)		1	0.17	18	0.03	18	4.5	0.04	1.5	0.28	0.01	41	15

이만열은 "1919년 3월에서 4월 중에 전국적으로 1,214회의 모임이 있었는데, 그중에서 큰 운동이 일어난 것이 340회 정도이고, …… 실제로 체포된 사람들의 종교별 분류를 보니 기독교인이 3,373명·천도교인이 2,283명·유교가 346명·불교가 220명·무종교가 9,304명, 그다음 미상이 390명"이라 집계했는데, 여기서 우리는 기독교와 천도교의 사회 참여도를 알 수 있다. 기독교인 수는 천도교인의 12분의 1 또는 4분의 1밖에 안 되었지만 체포된 교인 수는 3,373명 대 2,283명꼴로, 약 3대 2의 비례를 보여 준다.

끝으로 3·1운동 당시 종파별 통계를 비교해 보면 대략 다음과 같다.

표1 장·감 두 교파와 기타 교파의 교세 비교

(1918년 현재)

종류 \ 교파	예수교장로회	북감리회	남감리회	성공회·구세군 안식교·성결교	합계
교회 수	2,005	652	238	?	2,895
목사 수	169	70	14	?	253
전도사 수	659	263	32	?	952
교인 총수	160,919	41,044	10,740	12,000	234,703
주일학교 수	2,655	412	138	?	3,205
(직원)	(13,756)	(2,133)	(482)		(16,371)
(학생)	(147,953)	(26,640)	(5,911)		(180,504)
남학교 수	423	75	26	?	524
(학생)	(15,573)	(4,070)	(986)		(20,629)
여학교 수	132	58	40	?	230
(학생)	(5,041)	(3,214)	(1,145)		(9,400)
신학생 수	174	?	20	?	
성경학생 수	1,476				
연보액(원)	282,948	75,809	15,995	?	374,743

* 성공회 등 소교파 교인 총수의 통계는 표2에 나타난 장·감 두 교파의 감소율에 준한 것임.

표2 각파 선교회의 교세 비교

(1919년 현재)

종류＼교파	예수교장로회	북감리회	남감리회	성공회
교회 수	1,935	472	217	71
교인 수	144,061	35,482	9,460	4,264

종류＼교파	구세군	안식교	성결교	합계
교회 수	97	44	16	2,852
교인 수	4,725	839	850	199,681

＊장·감 두 교파의 통계는 본인 집계이고, 성공회 등 소교파의 통계는 안수훈 저 《한국성결교회사》, 기독교미주성결교회 출판부, 1981, 107면의 통계를 인용한 것임.

＊1918년도에서 1919년도의 감소율은 11%임.

2.

문화정치하의
선교활동(1919~1934)

1) 3·1운동과 그 직후의 계속운동

1919년 3·1운동의 충격으로 일제는 한국 지배의 방법을 무단정치에서 문화정치로 바꾸었다. 이로써 세 번째로 지배 방법을 바꾸게 되었는데, 최초의 보호정치는 1904년 이후 일제가 약체 한국을 보호해 주지 않으면 어느 강적에게 먹힐지 모르니 그들이 보호해 주겠다며 이른바 '을사보호조약'을 체결하게 된 것이며, 무단정치는 1907년을 전후해서 수많은 의병의 궐기, 헤이그 밀사 사건, 안중근 의사의 이토 히로부미 저격 사건 등을 당하고서 한민족은 무력으로 다스리지 않으면 안 되겠다는 생각으로 만든 정책이며, 문화정치는 3·1운동 이후 일제가 큰 충격을 받고 한민족은 무력으로는 다스릴 수 없는 민족이니 슬슬 달래면서 다스리자 해서 만든 지배 방법이다.

제2대 총독 하세가와가 3·1운동으로 책임지고 물러나자 사이토 마코토(齊藤實)가 제3대 총독으로 부임했다. 때는 1919년 9월 2일, 사이토 일행이 서울역에 내려 마차에 바꿔 타려는 순간 우리의 용감한 강우규(姜宇奎) 의사[1]가 폭탄을 던졌다. 이 사건으로 사이토는 옷이 조금 탔을 뿐 무사했으나 수행원 중 2명이 즉사하고 신임 정무총감 미즈노 렌타로(水野 錬太郎)[2] 등 30여 명이 중경상을 입었다. 그 뒤 사이토는 무단정치를 버리고 문화정치를 내세우게 되었는데, 그때의 충격이 얼마나 컸던지 당시 와병 중이던 무단정치의 원흉 데라우치는 충격 끝에 죽고 말았다. 이에 대하여 영친왕(英親王) 이은(李垠)의 전기작가 오카자키 기요시(岡崎清)는 이렇게 썼다.

> 일본 지도층이 받은 충격 또한 심각했다. 일한합병의 주역으로서 또한 초대 조선 총독으로서 사사건건 권세를 부리고 그것을 큰 자랑거리로 삼고 있던 데라우치는 그때 와병 중이었다. 그런데 소란사건(3·1만세 소동)의 소식을 듣고는 심장이 뛰기 시작하여 병세가 악화된 것이다. 뒤이어 9월 2일 사이토 신임 총독이 착임할 때 남대문역에서 일어난 폭탄사건 소식을 전해 듣고는 "만사휴(萬事休)라" 하며 장탄식을 했다. 그때부터 그의 병세는 더 악화되어 드디어 11월 3일 서거했던 것이다.[3]

다시 말해서 3·1운동의 위력은 일제로 하여금 정책을 바꾸게 했을 뿐만 아니라, 무단정치의 원흉이 저절로 거꾸러지게 했던 것이다. 그리고 국제적으로도 큰 파문을 일으켜 중국 베이징대학을 중심해서는 이른바 5·4 학생혁명이 일어나게 되었고, 이보다 앞서 4월 5일부터는 인도의 간디(Mahatma Gandi)가 영국에 대한 저항 방법으로 3·1운동을 모방하여 비폭력 불복종 운동을 선언했다.

국내의 계속운동은 더 말할 나위도 없다. 이 계속운동은 그 직후의 운동과 그 이후 서서히 전개된 계속운동으로 구분할 수 있는데, 우선 그 직후의 운동만을 들면 다음과 같이 분석된다.

(1) 미국위원단 내한과 제2차 독립운동

미국 정부는 윌슨 대통령의 민족 자결주의 원칙이 아시아 여러 약소민족 사이에 얼마나 잘 구현되고 있는지 조사하기 위하여, 더군다나 일본 식민주의의 잔악상과 한민족의 3·1 의거에 자극받아 1920년 8월 상하 양원 국회의원으로 구성된 시찰단을 극동에 파송하게 되었다. 이 소식을 들은 상하이 임시정부의 안창호·여운형(呂運亨) 등은 그들을 맞이하여 외교활동을 펴게 되었으며,[4] 국내에서는 〈동아일보〉·경제회(經濟會)·조선중앙기독교청년회 등 세 단체가 손잡고 일대 시위를 계획했다.[5] 시찰단 환영대회는 종로 YMCA 강당에서 하기로 계획했는데, 이 기미를 미리 알아챈 일경의 방해로 수포로 돌아가고 그중 캘리포니아 출신 국회의원 허스맨(H. S. Hersman)이 성조기를 달고 YMCA 강당에 나타났다.

이때 환영대회가 유회되는 줄 알고 해산했던 군중이 다시 모여들어 비공식 환영대회가 이루어졌다. 대회장 윤치호의 사회와 통역으로 개회된 이 환영대회에서 허스맨은 "조선 청년 여러분, 어디까지나 정의와 인도로 향상 발전하도록 분투하시오"[6]라는 요지의 연설을 했고, 이상재는 "우리가 미국을 친애하는 것은 그 나라가 부해서도 아니며, 강해서도 아니다. 오직 하느님의 뜻을 받들어 정의와 인도를 제창하기 때문이다"[7]라는 요지의 답사를 함으로써 우레 같은 박수를 받았다.

그러자 수백 명의 경찰이 달려와서 군중을 몽둥이로 치고 발로 차고 하여 일대 수라장이 되었는데, 〈동아일보〉, 〈조선일보〉 등은 '제2차 독립운동'이란 제목으로 8월 중순부터 9월 초까지 연속적으로 이 운동을 대서특필했다. 김동성(金東成)·양기탁 등 언론인들은 철도연변과 만주까지 가서 시위를 했으며, 시찰단 단장 스몰(J. H. Small), 포드(A. H. Ford), 허스맨 등은 미국에 돌아가서 "조선인이 개 취급을 당했다"라는 보고 기사를 씀으로써 국제 여론을 환기시켰다.

(2) 물산장려운동

이 운동은 제일 먼저 평양에서 일어났다. 1920년 7월 30일, 조만식·김동원(金東元)·김성업(金性業) 등 50명이 평양 예수교서회에서 '조선물산장려회' 발기대회를 열고 취지문을 발표했다.[8] 이것이 서울로 번져 1922년 1월 20일, 유성준·김윤수(金潤秀)·백관수 등이 무두회(無頭會), 즉 회장이 없는 '조선물산장려회 창립총회'를 엶으로써 범국민운동으로 발전했으며, 그 뒤 무두회에 대한 반성과 함께 1923년 1월 25일 전국 각 지방단체 대표 150여 명이 모인 가운데 유성준을 이사장으로 선출함으로써 그야말로 범국민적 운동으로 발전했다.

이 운동의 창시자 조만식도, 초대 이사장 유성준도 장로이고, 그 밖의 주동인물이 거의 다 교계 지도자이며, 이 운동에는 서울의 YMCA를 비롯한 교회 청년회, 부인회 등이 적극 가담했다. 더욱이 각 지방 교회의 부인회에서는 1923년 음력 초하루(양력 2월 16일)를 기하여 조선물산장려 선전대회를 가지려 했으나 경찰의 저지로 실패했지만, 그해 1월 1일 함흥 YMCA는 회원 1천 명이 무명 두루마기를 입고 가두행진을 벌여 국산품 애용정신을 크게 일으켰다.[9]

이 운동은 1907년 국채보상운동의 계속운동인 동시에 멀리는 1800년대 실학운동의 계속운동이다. 다시 말해서 물산장려운동은 개신교의 실학운동이라 할 수 있다.

2) 공산주의의 등장, 반(反)기독교운동의 동기가 된 주일학교운동

3·1운동 이후의 사회상은 처참하고도 복잡다단했다. 이에 대하여 작가 오상순(吳相淳)은 〈폐허〉 창간호에서 "우리 조선은 황량한 폐허의 조선이요, 우리 조선은 비통한 번민의 시대이

다. 이 말은 우리 청년들의 심장을 삭이는 듯한 아픈 소리다. 그러나 나는 이 말을 아니할 수 없다. 엄연한 사실이기 때문에 ……부정할 수 없다. 폐허 속에는 우리들의 내적 외적 물질적인 모든 불행·결핍·결함·공허·불만·우울·한숨·걱정·근심·슬픔·눈물·멸망과 사(死)의 제악(諸惡)이 쌓여 있다"[10]고 했으며, 백철(白鐵)은 "3천만 민족이 순정을 모아 고이 바친 꽃다발은 야만스런 일본 제국주의의 진흙 묻은 군마의 발굽 아래 여지없이 유린되어 3·1운동은 실패로 돌아가고 말 것이다"[11]라고 평했다.

이런 민족의 좌절과 절망 속에서 공산주의가 싹트기 시작했다. 공산주의는 3·1운동 이후 세 경로, 즉 러시아·중국·일본을 통해 침투했는데, 러시아계는 이르쿠츠크파, 중국계는 상하이파 또는 서울파, 일본계는 일본 유학생파라 했다. 이 세 파가 때로는 힘을 합하기도 하고 때로는 서로 치고받고 사투를 벌이면서 1925년 제1차 조선공산당 조직에 성공했다.[12]

조선 공산주의 세력은 지하부대와 지상부대로 나눌 수 있다. 지하부대는 문자 그대로 철저히 숨어서 투쟁했고, 지상부대는 합법적인 민족진영과 섞여서 투쟁했다. 전자는 러시아계 즉 이르쿠츠크파 중심으로, 후자는 주로 중국계와 일본계 중심으로 형성되었다. 그리고 1925년 제1차 조선 공산당이 결성되었을 때는 주동 세력이 러시아계였는 데 비하여 민족진영 청년단체나 우익진영에 침투했던 공산주의 세력은 대체로 중국계와 일본계였다.[13]

이와 같이 공산주의운동은 지하부대와 지상부대의 합작으로 추진되었는데, 1924년 4월 이른바 좌익전선의 확대를 위하여 '조선청년총동맹(朝鮮靑年總同盟)' 임시대회가 열렸을 때 채택한 13개 문제의 이념과 전략 중에는 '종교 문제'가 있었다. 그것은 "종교를 원리상으로 부인하지만 실제에 있어서 적극적으로 배척치 말고 다만 종교가 민중을 마취케 하여 그 참다운 각성을 방조하는 폐단만 일반 청년들에게 이해케 한다"[14]는 것이었다. 그리고 "타협적 민족운동은 절대로 반대하며 혁명적 민족운동을 찬성한다"[15]라고 했다. 그러나 그해 5월에는 레닌 동무의 의견이라 해서 전해 온 것이 있는데, "물론 사회운동이 우리의 목적이지만 아직 산업이 발달되지 못한 조선에 있어서는 먼저 민족운동을 일으켜야 된다"[16]는 것이었다. 즉 레닌은 타협적 민족운동이든 혁명적 민족운동이든 반대하지 말고 그와 합작해서 운동을 해야 한다는 것이었다.

여기서 우리는 조선공산당의 초기 이념과 전략이 대체로 레닌의 지령에 의해 결정되었다는 사실을 알 수 있다. 그런데 1925년 10월에 이르러서는 갑자기 정책을 바꾸어 가지고 반기독교운동을 일으키기 시작한 것이다. '조선청년총동맹' 산하의 '한양청년연맹'이란 좌익단체는 제2차 '조선주일학교대회'가 한창 열리고 있을 때 '반기독교 강연회'를 열고자 했으며, 1년 뒤인 1926년 12월 8일 서울 와룡동에서 긴급 집행위원회를 열고 20여 개 산하 세포단체 대표들과 연합해서 대강연회를 여는 동시에 중대한 결의를 하게 되었다. 그 결의 내용은 12월 25일(성탄일)을 '반기독교데이'로 제정하고 맹렬한 반기독교운동을 조직적으로 한다는 것이었다.[17] 따라서 "금후 조선청년운동은 무산청년의 투쟁적 교양에 힘쓰는 동시에 전 민족을 잘 포용할 새로운 방침을 수립하지 않으면 안 될 것이므로 민족운동과 제휴한다"[18]는 새 전략을 세운 것이다.

이때부터 한국 공산주의운동은 반기독교·친민족주의 노선으로 굳어지게 되었다. 따라서 공산주의 지상운동은 계급투쟁을 위해서는 사회 혁명전선과 국제 프롤레타리아 계급과 손잡아야 한다는 '인터내셔널리즘' 노선을 취하게 된 것이다. 다시 말해서 반기독교 노선, 친민족주의 노선, 인터내셔널리즘 노선 등이 초기 공산당의 3대 노선이다.

그러면 어찌하여 공산주의자들은 갑자기 반기독교운동을 일으키기 시작했는가? 그 동기는 무엇인가? 이것을 알기 위해 우선 주일학교운동을 언급할 필요가 있다. 이미 말한 바와 같이 1907년 로마에서 열린 제5차 세계 주일학교대회에 윤치호가 개인 자격으로 참석했으며, 1908년에는 브라운(F. L. Brown)이 내한하여 국내 주일학교운동에 큰 자극을 주었다. 1910년 워싱턴에서 열린 제6차 세계대회에는 이승만이 개인 자격으로, 1912년 취리히에서 열린 제7차 세계대회에는 신흥우가 한국 정식 대표로 참석하여 기세를 올렸다.

제8차 세계대회는 제1차 세계대전으로 중단되었다가 1920년 동양에서는 처음으로 일본 도쿄에서 열리게 되었는데, 이때 한국 교회는 일제의 압력 때문에 정식 대표를 파송할 수 없었으나 박정찬 목사와 교계 지도자·평신도·유학생 등 44명의 한국 대표가 개인 자격으로 참석하여 일대 선풍을 일으켰다.[19]

이 8차 세계대회에 참석했던 세계 지도자들이 내한하기 시작하여 1921년까지 각국 지도자 수가 무려 3백여 명을 헤아리게 됐다. 1921년 내한을 계기로 모였던 환영대회가 곧 제1차 전조선주일학교대회로 발전하게 된 것이다. 이때 참가자는 한 주일학교에서 대표 5명씩 하여 1천 명이 넘었다.[20] 그러나 이 대회는 전국 조직이 아직 갖춰지지 않은 상태에서 이루어진 것이므로 1922년 11월 1일 장로교·감리교 등 두 교파와 각파 선교부 및 주일학교 대표 등 10개 단체의 정식 대표 27명이 모인 가운데 '조선주일학교연합회'를 창설하는 동시에 '세계주일학교협의회'에 정식으로 가맹하게 되었다.[21]

그리고 '조선주일학교연합회'는 1921년 제1회 '전조선주일학교대회'를 기점으로 4년마다 주일학교 4년대회를 열기로 결의하고 1925년 11월 21일부터 28일까지 서울에서 역사적인 '제2회 전조선주일학교대회'를 열기에 이르렀으며, 여기에는 1천여 명의 정식 대표를 합한 총 참석자가 수천 명에 달했다. 서울 인사동 승동교회와 종로 YMCA회관에서 장홍범(張弘範)과 허대전(許大殿, J. G. Holdcroft) 양 씨의 사회로 개회된 이 대회의 정신과 목적은 "기독교 교육을 주일학교로 말미암아 새 조선의 생명이 되게 하고 또한 개인이나 사회나 전 민족의 품성을 양성함에 일대 세력이 되게 한다"[22]는 것이었다. 그 목적을 다시 분석하면 ① 한국 기독교 세력 과시, ② 교파간 교육 정보 및 기술 교환, ③ 민족 정기 함양, ④ 교회 연합 운동 강화, ⑤ 국제 기독교기관과 유대 강화 등 다섯 가지였다.

이 대회는 8일간 계속되었는데, 11월 27일 갑자기 공산계열 반기독교운동의 광고가 나붙고 전단이 뿌려지는 바람에 주일학교 대표들은 순서 진행을 중단하고 반기독교 강연장으로 몰려가서 광고물을 찢어 버리고 그들과 충돌하는 큰 소동을 일으켰다.[23]

결론적으로 공산주의자들의 반기독교운동이 일어난 것은 이러한 기독교의 민중 세력과 동원력에 일종의 위협을 느꼈기 때문이다. 다시 말해서 "3·1운동 이후 주일학교는 크게 발전되어 1921년 통계는 주일학교 3,899, 학생 223,732명을 산(算)하게 되었으며,"[24] 1924년 3월 12일자 〈기독신보〉 사설은 "금일 조선기독교회 대발전의 주요 원인은 주일학교의 발전에 있다. 주일학교는 교회 기관 중에서 가장 필요한 기관이다. 주일학교가 가장 필요한 이유는 교회 발전에 큰 도움을 주기 때문이 아니다. 주일학교를 통하여 제2세 국민들이 하나님의 말씀을 바로 이해하고, 그리스도의 사랑의 정신을 실천하여 이 땅 위에 복지사회를 건설할 수 있기 때문이다"[25]라고 했다. 또한 "1925년 통계는 5,061교에 학생 수는 107,350명으로 되어 있다. 그리고 그들이 교인 되는 비율은 10대 1로 보고 있다. 그렇다면 그들 중 약 2만 명은 불신 가정의 아동이겠고, 또한 약 2천 명은 교인으로부터 성장했을 것이다. 1925년부터 1934년까지 약 10년간 한국 교회의 수세자는 매년 평균 1만 2천 명이었으니, 수세자의 6분의 1이 주일학교를 거친 불신 아동들이었음을 짐작할 수 있다."[26]

3) 기독교 청년들의 사회운동

3·1운동 이후 밀어닥친 온갖 외래 사조와 공산주의(그때
는 공산주의를 사회주의라고 불렀다)의 물결은 교회 청년들에게도 많
은 문제를 던져 주었다. 이에 대하여 1923년 3월 14일 〈기독신
보〉 사설은 "청소년들의 신앙이 냉각했다 하나, 그들의 신앙의
정열이 식은 것은 아니다. 신사조 대두로 교회 안 청소년들의 사
상에 큰 변화가 일어났기 때문에 그들은 실은 크게 번민하고 있
으며, 올바른 길을 찾아보려고 애쓰고 있다"27라고 했다. 이는 기
독교 청년의 부정적인 면보다 긍정적인 면을 더 많이 드러낸 것
으로 보아야 할 것이다. 각 기관별 운동을 약술해 보면 다음과
같다.

(1) YMCA

제2차 독립운동을 주도했던 YMCA는 그해 9월 윤치호
총무의 후임으로 신흥우를 임명했다. 그는 1921년부터 종래의
기관지 〈중앙청년회보〉를 월간 〈청년〉으로 바꾸어 내기 시작하
는 한편 1923년부터 "우리는 모든 국민의 경제적 향상과 사회적
단결과 정신적 소생을 도모한다"는 3대 강령을 내걸고 농촌운동
을 시작했다. 이후 1925년 1월 1일 신흥우 총무는 "금년부터는
노동 야학을 확장해서 노동자와 무산자를 위해 고등한 것보다
보통교육을 실시해서 대다수의 편의를 주려고 합니다. 그리고 금
년부터는 사업의 입장을 바꾸어 도시를 버리고 전체의 8할 이상
이나 되는 농촌의 계발을 표준하고 일을 하려 합니다"28라고 발
표했는데, 이에 대하여 〈동아일보〉는 '농촌에다 천당 건설'이란
제목 아래 "조선인의 10분의 8까지 농촌의 소작인이다. 조선인
은 무엇보다도 농촌 계발에 힘써야겠다는 취지로 시내 종로에 있
는 중앙기독교청년회에서는 농촌사업을 새로 계획 ……"29 운운
하는 기사를 썼다.

농촌운동은 덴마크식 협동조합, 소비조합, 농민회 조직, 양돈·양계·양토법 훈련, 양곡 증산법, 비료 주는 법, 토지 개량법, 농민 강습회 등 다양한 방법으로 추진되었으며, 그 운영은 국제 YMCA와 국내의 지방 YMCA, 학생 YMCA, 농촌 YMCA 등의 긴밀한 협조 아래 진행되었다. 출판물로는《농촌청년》·《농촌총서》·《농촌지남》·《농촌요람》 등을 발행·배부했으며, 단행본으로는《농촌협동조합연구법》(홍병선)·《정말과 정말농민》(홍병선)·《이동(里洞)과 기독교청년회》 등이 있었다.(*'정말'은 덴마크를 가리키는 말)

농촌운동은 YMCA 단독으로 한 것이 아니라 국제적으로는 미국과 캐나다 YMCA와의 인적·물적 협조하에 이루어졌으며, 국내적으로는 장·감 두 교파와 각 선교부의 긴밀한 협력하에 진행되었다. YMCA의 이러한 연합 운동은 일본 제국주의에 위협적인 존재가 되었고, 공산주의에 대해서도 무시할 수 없는 세력으로 보였다. 그래서 1930년 부임한 새 총독 우가키 가즈시게(宇垣一成)는 YMCA 세력을 꺾는 방법의 하나로 '농어촌 진흥과 갱생'을 꾀하는 체했으며,[30] 공산주의자들은 기독교인으로 위장하고 농민강습회에 숨어든 것이다.[31]

3·1운동 직후 국제무대에도 진출하기 시작했다. 제일 먼저 신흥우 총무는 미국 하와이 주재 범태평양협회(The Pan-Pacific Union)와 접촉을 통해 범태평양협회 한국지부[32]를 설치하는 동시에 이 협회 주선으로 1921년 8월 하와이에서 열린 제1회 범태평양협회 교육대회에 한국 대표로 참석했으며,[33] 1921년 10월에는 제2회 세계기자대회에,[34] 1922년 10월에는 범태평양산업대회에,[35] 1925년 6월에는 범태평양 문제 연구회에[36] 각각 한국 대표를 파송했다. 그리고 YMCA는 1922년 도쿄에서 열린 한·일 두 나라 YMCA 대표자 회담, 같은 해 중국 베이징에서 열린 세계기독학생연맹(WSCF) 세계대회 등을 거쳐 1924년에는 일본 YMCA와의 관계를 끊고 독자적으로 세계 YMCA 연맹에

가입하게 되었다.[37]

(2) 엡윗청년회[38]

"교회의 목적을 왜곡하고 정치 목적으로 이용한다" 해
서 1906년 일제에 의하여 해산되었던 감리교의 엡윗청년회는
1908년 재건을 시도했으나 해리스 감독의 거부로 실패했다가[39]
3·1운동 이후부터 모습을 드러내기 시작했다. 1920년에는 북감
리회 엡윗청년연합회가, 1925년에는 남감리회 엡윗청년연합회
가 각각 결성됨으로써 감리교청년회는 크게 발전했다. 그리하여
1929년부터는 기관지 〈종교교육회보〉를 내었고, 유형기(柳瀅基)
주간의 〈신생(新生)〉을 내기 시작하여, 1930년 남·북감리회가
합동되어 조선감리회가 창립된 뒤에는 조선 엡윗청년회연합회가
이를 인계·발전시켰다. 이때 회장은 홍병선(洪秉琁), 총무는 김기
연(金基演)이다. 사업은 교회 및 사회봉사를 했으나 초창기의 투
쟁적 성격은 퇴색한 채 온건주의 노선을 걷게 되었다.

(3) 면려청년회[40]

1921년 장로회 제10회 총회 때 면려회(勉勵會)란 명칭을
'면려청년회'로 통일하자는 건의안이 상정되었고,[41] 1924년 제1
회 연합회 때 '면려청년회 전국연합회'가 결성되었다. 그리하여
1925년부터 기관지 〈진생(眞生)〉을 내기 시작했다. 1928년 연희
전문학교에서 제3회 연합대회가 열렸고, 1930년에는 부회장 조
희염(曺喜炎)과 총무 안대선(安大善, W. J. Anderson)을 베를린에
서 열린 세계면려청년대회에 한국 대표로 파송하는 동시에 세계
연합대회에 가입했다.[42] 1933년에는 이대위(李大偉)가 총무로 취
임했고, 1934년에는 전국에 지회 1,067개, 지방연합회 26개, 회
원 31,394명이 되었다.[43] 사업은 교회 안의 사업과 교회 밖의 사
회운동으로 나누어 볼 수 있는데, 교회 내 사업은 주로 헌신예배
가 대표적이고, 사회운동으로는 강연·금주 금연·물산장려 등

에 중점을 두고 크게 공헌했다.

(4) YWCA[44]

한국 YWCA는 1922년 4월 중국 베이징에서 열린 세계
기독학생연맹(WSCF) 세계대회에 여성 대표로 참석했던 김활란
(金活蘭)·김필례(金弼禮) 등이 60명의 여성 지도자들을 초청하
여 그해 6월 12일부터 제1회 여성하령회를 가짐으로써 창설되었
다.[45] 처음부터 여권신장과 여성 해방을 목적으로 탄생한 이 단체
는 금주 금연·물산장려·공창 폐지 등을 주요 사업으로 추진했
고, YMCA와 긴밀한 연락을 취하면서 1923년부터는 제1회 전
국 남녀 기독교청년 하령회를 시작했다. 1925년부터 YMCA 기
관지 〈청년〉을 공동 운영했으며, 농촌운동도 공동사업으로 추진
하여 1926년에 이르러서는 지방 YWCA 6개, 학생 YWCA 15개
로 확장되었고, 1932년에는 지방 YWCA가 12개로 늘어났다.
YM-YWCA 연합학생운동은 대외적으로도 뻗어나가 "1928년
12월 인도 마이솔에서 열린 세계기독학생연맹 총위원회에 조선
남녀 기독교청년회 대표로 김필례를 출석케 했는데,"[46] 이것이 곧
제13회 세계기독학생연맹 총회다.

4) 교회의 합동운동과 에큐메니칼 운동

이미 말한 바와 같이 장·감 두 교파는 1905년부터 교
육·의료·출판·문서선교 등을 공동 운영하기 시작했다. 1907년
에는 대부흥운동이 일어나서 교회의 통일이 잘 돼가는 듯싶었으
나 그 뒤 장로회 측 선교사들의 반대로 끝내 하나의 '기독교회'[47]
는 이루어지지 못했다. 그리고 "3·1운동 직후 장·감 양 교회의
합동운동은 재개되어 수년간 연회(年會)와 총회에서 논의되었으
나 그때는 장로회 측 한인 지도자들의 반대로 이루어지지 못하

였다."[48]

(1) 기독교 조선감리회 창설

그러나 감리교 두 파의 한인 지도자들은 꾸준히 합동 노력을 계속했다. "미국 남북 감리교회의 현상을 관찰할 것 같으면 …… 20년이 지나가더라도 통합될 소망이 별로 보이지 아니하므로 …… 조선 남북 감리교회에서는 폐일언하고 통합하자는 운동이 생겼다. …… 통합의 초보로 1924년 3월 5~6 양일 동안 경성에서 북감리교회 진흥방침 연구회와 남감리교회 진흥방침 연구회가 연합 회집하여 전도사업과 교육사업과 출판사업과 공동 예문 사용과 직임(職任) 명칭을 통일할 것 등"[49]을 토의했다. 그러나 "1925년에 그것이 미국에서 부결되어 조선 남북 감리교회는 불가불 단독으로라도 통합해야겠다는 것을 각오하고 1926년 6월에 회집했던 미 감리교회 조선 매년회(每年會)와 동년 9월 회집했던 남감리교회 조선 매년회에서 …… 위원을 각 5인씩 택했으며, 그것이 남북 감리교회 통합운동의 공식 발표였다."[50]

드디어 1927년 5월에 이르러 통합에 대한 최종안과 통합 청원서를 작성하게 되었다. 이때 통합방침 연구 연합위원들은 "선교부나 선교사들이 하는 사업에 대하여 감사하는 마음이 부족하다든가 미국에 있는 교회와 조선에 있는 교회와 둘 사이에 친밀한 관계가 있는 것을 단절코자 한다든가 하는 것이 아닌 것을 분명히 양해시켰던 것이며 …… 연(然)이나 조선 교역자들과 평신도들은 남북 감리교회를 통합하여 일개 단체를 조직하는 것이 마땅하겠다고 확신할뿐더러 조선에 감리교회 양 파가 존재할 이유를 불신자에게도 항상 구구히 설명"[51]하게 된다는 것을 역설했던 것이다.

그들의 청원서의 골자는 ① 조선에 있는 두 매년회를 합하여 한 연회를 만들 것, ② 합한 후에는 '미 감리회'라든지 '남 감리회'라든지는 못할 터이니 합당하게 새 명칭을 지을 것, ③ 교

회에서 사용하는 예문과 직원의 명칭이 동일하게 한 교회법전을
제정할 것, ④ 조선 교역자들은 남북 감리교회의 관계를 물론하
고 어디든지 파송하게 할 것, ⑤ 조선에 있는 남북 감리교회의 모
든 사업을 합동 연락하여 감리교회는 일치한 행동을 취할 것 등
이었다.[52]

드디어 청원서는 미국 북감리교 총회와 남감리교회 총회
에 이송되어 1928년과 1930년에 각각 승인받게 되었으며, 위 두
미국 교회의 조언에 따라 임명된 5명씩의 전권위원과 5명씩의 특
선위원이[53] 1930년 11월 18일 서울에서 정식 회합을 갖고 동월
29일 다음과 같은 합동 성명서를 발표하게 되었다.

> 가. 미 감리회 조선연회와 남감리회 조선연회가 합동하여 자치하는 조
> 선감리교회를 창립하며, 조선감리교회 제1회 총회 개회 초에 이 성
> 명서를 제출하는 즉시 재래(在來) 두 연회는 폐지됨을 선언한다.
> 나. 조선감리교회 제1회 총회는 두 조선연회가 정식으로 택정한 회원
> 으로 조성할 것이며, 그 회는 1930년 12월 2일(화요일) 오전 10시에
> 경성 냉천동 협성신학교 내에서 개회될지니 교회 조직을 완전히
> 하며 모든 사무를 처리할 권한을 그해에 위임한다.
> 다. 전권위원들이 조선감리교회 헌장안과 입법안을 협정하여 제출함.

그리하여 역사적인 창립총회가 1930년 12월 2일 협성신
학교 강당에서 열려 초대 총리사로 양주삼 목사가 선출되었으며,
'조선감리교회 교리적 선언'을 하게 되었다. 이때 총대는 남감리
교회 교역자 대표와 평신도 대표 각 21명씩, 미 감리교회 교역자
와 평신도 대표 각 21명씩 모두 84명이었다.

(2) 조선예수교연합공의회 창설

이미 말한바 '조선예수교연합협의회'[54]는 1923년 3월 25
일 발전적인 해산을 하는 동시에 조선예수교연합공의회(Korean

National Christian Council), 즉 한국 NCC를 조직하기로 결의했다. 이 결의는 세계 에큐메니칼 운동에 호응하는 것으로, 1910년 에든버러 선교대회 이후 "1912년 10월부터 1913년 5월 사이에 모트(상설 계속위원회 위원장) 박사는 18개국을 순방하면서 회의를 가졌으며, …… 한국을 위해서는 자문위원회 설치를 추천했다."[55] 그는 우선 1921년 10월 미국 레이크 모혼크(Lake Mohonk)에서 14개국 61명 대표들이 모인 가운데 역사적인 국제선교협의회(International Missionary Council)를 창설하고 회장이 되었다. 그리하여 중국 NCC는 1922년에, 일본 NCC는 1923년에 각각 창설되는 동시에 IMC에 정식 가맹하게 되었다.

이러한 세계적인 추세에 따라 서울에서 한국 NCC 즉 조선예수교연합공의회가 창설되었는데, 때는 1924년 9월 24일, 참가 단체는 장로교 대표 19명, 북감리교 대표 11명, 남감리교 대표 6명, 북장로회 선교부 대표 8명, 남장로회 선교부 대표 5명, 캐나다장로회 선교부 대표 2명, 호주장로회 선교부 대표 2명, 도합 53명이며,[56] 초대 회장은 장로교의 차재명 목사, 부회장에는 북감리교의 김종우(金鐘宇) 목사가 당선되었다.

그리고 '장감연합협의회'와 '조선예수교연합공의회'의 관계에 대해서는 다음과 같은 공식 기록이 있다. 즉 "본회의 전신인 장감연합협의회는 1918년 3월 26일 경성 종로 중앙기독교청년회 회관 내에서 제1회로 개최하여 1922년 10월 26일에 신문내예배당에서 제6회까지 모였다. 그리고 1924년부터는 협의회를 야소교 연합공의회로 변경 조직하게 되었는데, 협의회 회장과 서기의 씨명(氏名)은 여좌(如左)하다"[57]고 했다. 이 두 단체의 목적을 대비해 보면 다음과 같다.

　가. 장감연합협의회(1918)의 경우

　(a) 두 교회가 예수 그리스도 안에서 하나 되는 정신을 증진케 하며 친목케 하는 정의를 돈독케 함.

(b) 두 교회가 홀로 행하기 어려운 일이 있는 경우에는 합력 진행하기
를 힘써 도모함.

(c) 두 교회가 교육상 경력과 지식을 서로 교환하여 그리스도의 사업
을 확장함에 유조케 함.

나. 예수교연합공의회(1924)의 경우

(a) 협동하여 복음을 전파함.

(b) 협동하여 사회 도덕의 향상을 계도함.

(c) 협동하여 그리스도 문화의 보급에 계도함.

예수교연합공의회 가맹단체와 가맹 연도, 그리고 총대 비율은 다음과 같다.

단체 \ 연대	1918~1923	1924	1926	1930	1931	1935	1937
1. 장로회	20	20	20	20	20	10	10
2. 미 감리회	10	10	10	10	20	10	10
3. 남감리희	10	10	10	10			
4. 북장로회선교사회		6	6	6	6	3	3
5. 남장로회선교사회		3	3	3	3	2	2
6. 캐나다장로회선교사회		2	2	2	2	1	1
7. 호주장로회선교사회		2	2	2	2	1	1
8. 미감리회선교사회		4	4	4	4	2	2
9. 남감리회선교사회		3	3	3	3	2	2
10. 기독교청년회연합회		1	1	1	1	1	1
11. 영국성서공회		1	1	1	1	1	1
12. 여자기독교청년회연합회			1	1	1	1	1
13. 주일학교연합회			1	1	1	1	1
14. 재일캐나다장로회선교사회				1		1	1
15. 예수교서회					1	1	1
16. 기독교여자절제회연합회					1	1	1
합 계	40	62	64	65	67	38	38

역대 임원은 다음과 같다.

시대	회수 · 연대	회장	서기	총무	간사
장감연합협의회	제1회, 1918. 3	김필수	오기선		
	제2회, 1918. 10	최병헌	양주삼		
	제3회, 1919. 10	양주삼	현석칠		
	제4회, 1920. 10	김성탁	김인영		
	제5회, 1921. 9	강조원	차재명		
	제6회, 1922. 10	김종우	김영구		
예수교연합공의회	제1회, 1924~25	차재명	홍순탁		
	제2회, 1925~26	노보을	홍순탁		
	제3회, 1926~27	한석진	홍순탁		
	제4회, 1927~28	양주삼	홍병선		
	제5회, 1928~29	정인과	전필순		
	제6회, 1929~30	박용희	김활란		
	제7회, 1930~31	김영섭	김응태		
	제8회, 1931~32	김관식	장병익		
	제9회, 1932~33	김종부	나시산	김관식	구자옥
	제10회, 1933~34	함태영	이동욱	김인영	
	제11회, 1934~35	김길창	이동욱	김인영	
	제12회, 1935~36	양주삼	류형기		
	제13회, 1936~37	양주삼	구자옥		

　　장감연합협의회 창립임원, 연합공의회 조직 임원, 그리고 최종 임원(13회)은 다음과 같다.

임원 ＼ 연도	1918	1924	1936
회장	김필수	차재명	양주삼
부회장		김종우	방혜범
서기	오기선	홍순탁	구자옥
부서기		홍종필	
회계		김성탁	백낙준
통계서기		오화영	
영문서기			강운림
부회계			유각경

　　사업과 활동으로는 제일 먼저 1928년 예루살렘 선교대

회에 대표 파송과 IMC 가맹을 들 수 있다. 예루살렘 선교대회의 특색은 ① 타종교에 대한 올바른 선교 태도를 위한 신학적 투쟁, ② 세속화에 대한 자각의 확산과 사회·정치·경제 문제에 대한 선교사들의 관심 증대, ③ 선교 위주의 사고에서 교회 위주의 사고에로의 추이 등이다.[58] 대표로 참석했던 신흥우·양주삼·정인과·김활란·노블(W. A. Noble)·마페트 등은 귀국하여 전국적인 보고대회를 갖는 동시에 YMCA 중심의 농촌운동을 1929년부터는 범교회적으로 발전시켰다.[59] 1932년에는 '재일본 조선기독교회' 헌법을 통과시킴으로써 재일동포의 교회를 단일 기독교연합교회로 구현시켰으며,[60] 인권·정의·자유·사회 복지에 관한 '사회 신조'를 제정 발표했다.[61] 1931년 제20회 총회에서는 1934년 한국 선교 50주년 기념대회를 목표로 하여 "제1년은 헌신·성서 연구·특별기도 등의 해요, 제2년은 대부흥 전도 운동의 해요, 제3년은 1935년까지 2년간으로 하되 기독교 문화 운동의 해로 삼는 등"[62] 교회의 진흥·토착화 운동을 위한 선구자 구실을 했다.

5) 기성 교회에 대한 비판세력과 혁신운동

3·1운동 이후 기성 교회에 대한 비판과 교회 혁신운동의 동기 및 경로를 더듬어 볼 필요가 있다. 1925년에 이르러 "금일의 조선 교회는 그리스도에게서 떨어져 세상에 관한, 그 본의를 잃어버린 사람에게 밟히는 무용한 것이 되었다. …… 조선 사람의 영혼이 어디 가서 구원의 복음을 들으며, 어떻게 구원을 얻는단 말인가? 아, 망한 …… 저희의 영도 부활할 길이 보이지 아니하니, 아, 이 나라가 어찌 될 것인가? 이 백성이 어찌 될 것인가? 아, 통탄의 극이로다"[63]라고 외친 교인이 있는가 하면, "① 기독교는 영토 확장 제국주의의 수족이 되고 자본주의적 국가 옹호의

무기가 되었다. ② 기독교 파괴 운동이 곧 계급 해방인 동시에 인간 자체를 미신적 관념에서 해방하는 일이다. ③ 기독교가 서양 문명 수입에 얼마간 공헌이 있으나 대중으로 하여금 현실을 등한히 할 수 없게 한다"[64]라고 공산주의는 교회를 비판하고 나섰던 것이다.

교회에 대한 비판의 소리는 이미 1917년 이광수의 〈금일 조선 야소교회의 결점〉이란 논문이 발표된 이래 노골화되었거니와, YMCA를 중심으로 교회 개혁운동에 앞장섰던 신흥우 박사는 "오늘날의 반기독교운동은 현재 조직되어 있는 기독교단이나 개인에 대하여 절요(切要)한 반성제가 되는 동시에 사실로 반성하지 않으면 안 될 것이며"[65]라고 했으며, 교회 출신 작가인 전영택(田榮澤) 목사도 "교회가 생명이 없어지고 차차 타락하고 부패 가운데 들어갈 염려가 있습니다. 이에 오배(吾輩)는 조선에도 종교개혁의 급무(急務)를 절규합니다"[66]라고 호소했던 것이다.

이 무렵 기성 교회는 '부흥' 대신 '진흥'이란 새 말을 쓰기 시작했다. '진흥운동' 역시 물량주의 개념에서 완전히 탈피한 것은 못 되지만 교회 개혁정신의 산물임은 틀림없다.

이 진흥운동은 장로교회가 1919년 10월 총회에서 '진흥부'를 신설하는 동시에 "각 노회 3인씩 36인을 선정함"[67]으로써 개막되어 에큐메니칼 운동으로 발전되었다. 이 운동은 3·1운동 이후 1925년까지의 제1차 진흥운동과 1929년부터 1934년까지의 제2차 진흥운동으로 구분되는데, 1925년 12월 IMC 회장 모트 박사의 내한을 계기로 모인 "조선 기독교계 대표자 회의"[68]는 제2분과 "조선 기독교 사업에 대한 재평가"에서 "과거의 선교방법을 그대로 오늘에 적용해서는 아니 된다. 선교사들 중에는 현 상황에 맞지 않는 방법을 씀으로써 한국인 선교사들 간에 소외 현상을 빚어내고 있다."[69] "한국 교회 지도자들의 질을 향상시켜야 한다. 모든 남녀 청년을 지도할 수 있는 유능한 지도자가 양성되어야 한다."[70] "교회학교의 질이 저하되었기 때문에 기독교 가

정의 자녀들마저 교회학교를 버리고 관립학교에 들어가고 있다. 이 현상은 초기와는 정반대의 중대한 현상이므로 하루 빨리 문제의 핵심을 파악하는 동시에 그 대책을 강구해야 한다."[71] "우선 선교사들과 한국인 교회 지도자들이 성신을 받아야 한다"[72]는 등의 열띤 논쟁이 있었다.

그리하여 여기 참석했던 한석진 목사는 "지금 그들(선교사들)이 조선 교회를 위하여 일하고 있는 방법이나 생각하고 있는 것은 도저히 교회 발전에 도움이 되지 못함은 물론, 도리어 해독을 끼치고 있다고 생각한다. …… 진심으로 전 조선 교회의 발전을 위한다면, 그들이 모두 본국으로 가든지 ……"[73] 운운하며 공박했다. 그리고 원산 오순절 성신강림(1903년)의 주역이던 전계은 목사는 선교사들의 불경건한 태도를 보면 그들의 책상을 둘러엎기도 했으며,[74] "교회 밖에는 구원이 없다. 또는 그리스도를 통하지 않고서는 구원이 없다"는 기성 교회와 무교회주의자들의 주장에 반대하며 "하나님께서는 구약시대에는 모세의 율법을 통해, 그리스도의 복음을 못 들은 이방사회에서는 유교 같은 타종교를 통해 구원의 역사를 행하셨다"[75]라고 폭탄선언을 함으로써 당시 보수 고정주의 신앙과 자유주의 신앙의 무교회주의자들까지 당황케 하여, 이때부터 벌써 선교신학 토론이 전개되었다.

그리고 '조선예수교연합공의회'는 각 교파별 진흥운동을 종합 지원하는 입장에서 1933년 총회 때 장·감 두 교회가 연합하여 선교 50주년 기념 축하식을 갖기로 하는 동시에 각 교파 진흥운동의 조직적인 추진을 위하여 "불신자를 상대로 현대 사조에 적절한 문제를 다룬 소책자 10종을 출판하여 전국적으로 보급할 것, 하기 휴가 때 순회 전도 강연대를 조직하여 각 지방을 순회케 하되 강사는 현대 사조의 전문가를 채용할 것"[76] 운운하며 반기독고운동에 대한 이념 투쟁에 관심을 쏟았으며, 이보다 앞서 YMCA는 1926년 제5회 전국대회 때 '교화(敎化) 진흥(振興)의 건'이란 주제 아래 ① 1927년엔 평신도로 하여금 조선

교회에 큰 운동을 일으키게 하여 현재의 배 이상의 신자를 얻도록 힘쓸 것, ② 교파를 통일케 하도록 힘쓸 것, ③ 교회는 조선적 정신의 교회로 이루도록 노력할 것, ④ 교파 진흥 연구위원 선정 건, ⑤ 준회원 대회 개최 건[77] 등 한국 교회의 토착화, 조선적 기독교, 교파 통일과 같은 새로운 신학적 이념을 들고 나섰다.

　　한편 평신도 출신 교회 지성인들과 일부 교회 지도자들 중에는 기성 교회에 대한 맹렬한 비판 세력이 서서히 형성되어 갔다. 이 세력을 순 평신도 운동과 교역자 출신의 두 계열로 나눌 수 있지만, 대충 가려내 보면 다음과 같다.

(1) 김교신 등의 무교회주의운동

　　김교신[78]은 일본 유학 중 우치무라 간조(內村鑑三)의 영향을 받아 일본에서는 '최선의 무교회주의자'로 지칭되었고, 국내에서는 '이사벨의 무리'로 비난받았다. 그는 철저히 "성서 본문 연구와 주해에 전력을 경주하는 평신도로 출발했다."[79] 그는 1927년 일본 도쿄 고등사범학교 박물과를 졸업하고 귀국한 뒤 정상훈(鄭相勳)·함석헌(咸錫憲)·송두용(宋斗用)·류석동(柳錫東)·양인성(楊仁性) 등 6인의 우치무라 문하 동지들과 〈성서조선(聖書朝鮮)〉을 창간했다. 1930년 주필이 되었으며, 1942년 3월 제158호 권두언으로 쓴 "조와(弔蛙): 개구리의 죽음을 슬퍼함"이 조선 민족의 고난과 소생을 암시했다는 이유로 피검·폐간된 이 〈성서조선〉은 철저한 무교회주의 입장의 성서 연구지였다.

　　그는 "성서사관에 입각하여 하나님이 우리 민족에게 주신 고유한 세계사적 사명이 무엇인지 자각·정립하는 것을 중요한 신앙적 과제로 삼았다. 이념은 이들 무교회 클럽의 민족 정신사적·민족 교회사적 성격으로 평가된다. 이런 자세는 필연적으로 우리 민족의 신앙이 외국의 교파 교리신학으로부터 독자노선을 가능케 하며, 외국의 선교기금에 의해 경영되는 '눈으로 보이는 교회'의 존립 여부에 회의를 불러일으키며, 민족의 토착적 기독교의 이념과 그 신앙 양식을 존중하게 하며, 또 민족의 존재 이유를 탐구케 함으로써 민족의 정신적·경제적·정치적 자유와 독립의 진정한 신앙적 기반을 공고히 한다고 믿었다."[80]

〈성서조선〉 필진과 독자들로 구성된 무교회주의 클럽 회원들은 만인사제의식(萬人司祭意識)과 직업성소의식(職業聖召意識)에 투철했으며, 김교신 자신도 함흥 영생여고, 서울 양정고보에서 교편을 잡고 있으면서 성서 연구·강해·집회·잡지 편집을 겸했다. 1942년 〈성서조선〉이 폐간될 때 김교신은 함석헌·송두용·류달영(柳達永) 등 12명의 동지들과 피검되었는데, 그들 역시 교편 또는 농장 경영 등 직업이 있는 평신도들이었다. 김교신은 어느 교회에 속하지 않고 철저히 교회 밖에서 활동했기 때문에 교권상의 징계 또는 이단 처분을 받지는 않았으나, 1932년 12월 〈기독신보〉 사설은 그를 '이사벨의 무리'로 몰았다. 그러나 한국에 무교회주의 신앙을 제일 먼저 소개한 김정식·류영모(柳永模) 등을 비롯하여 관북의 전계은 목사, 평북의 이승훈 장로, 경남의 손양원(孫良源), 서울의 김우현(金禹鉉) 목사 등은 그들 무교회주의 신앙 운동을 직·간접으로 육성해 준 교회 지도자들이다.

(2) 최태용 등의 교회혁신운동

최태용[81]도 김교신과 마찬가지로 일본 유학 당시 우치무라 간조 문하의 무교회주의자로 출발했다. 그도 당시에는 지성인 출신 기독교인이었다. 수원 고등농림학교(현 서울 농대 농과)를 졸업한 뒤 서울 배화여고, 연희전문 등에서 교편을 잡다가 1921년 도일했다. 귀국 후 1925년 6월 그는 "도덕은 무력해지고 종교는 부패했으며 생명은 죽은 껍질이 되었고 진리는 그 소리를 잠잠히 했습니다. 생명은 어데 있는지 온 땅은 빽빽한 암흑이올시다. 아, 무서운 세대를 당했습니다. 생명을 구원하는 당신의 말씀의 능력 있는 운동이 온 땅을 덮어 행하시옵소서!"[82]라는 '발간 기도'를 하면서 〈천래지성(天來之聲)〉이란 월간지를 창간했다.

'예언자의 소리'의 성격을 띤 이 잡지는 "조선아. 들으라
…… 너희는 망국의 유전, 그 도덕은 오만, 종교는 사리(私利)를
모(謀)하는 기관이 되었고, …… 실(實)은 없으면서 허세 부리기
를 칠면조같이 하며, 지식은 없으나 교활함에는 특등이며, ……
용기는 잃어버린 지 오랜 백성이다. 진(眞)이 없고 정신은 빠졌고
사상은 죽었으니 너희는 때려눕힌 장사(長蛇)와 같다 ……"[83]고
외치기도 했다. 이 잡지는 통권 24권, 1927년 5월호로 폐간되었
는데, 1925년 12월 6일에는 YMCA 강당에서 "신앙 혁명 선언
문"을 발표하기에 이른 것이다.

1929년 1월부터는 〈영과 진리〉라는 월간 잡지를 내기 시
작, 7월부터 14회에 걸쳐 "영적 기독교"라는 논문을 발표했는데,
거기서 그는 "영적 기독교는 과거 기독교의 헌옷을 벗기고 그 순
진한 데를 살리고, 현금(現今)의 인(人)의 영혼에 임하는 하나님
의 말씀을 전하는 것이다. 즉 영적 기독교는 기독교의 진수의 계
시요, 지금 산 경험을 사람의 영혼에 재래(齎來)하는 종교요 진리
이다"라고 갈파했다. 그리고 그는 "나의 신앙 이상은 …… 아무
권위의 위협을 받음이 없는 독립적이요 자유스러운 이론임에 있
다"(〈영과 진리〉 제9호, "나의 신앙이상에서")라고 선언하는 동시에 "내
가 변할 때에 믿음은 새로워지고 나의 영혼은 밝아진다"(〈영과 진
리〉 제8호, "변함의 변명에서")라고 하면서 종래의 반신학적인 태도
를 버리고 1928년 일본 메이지학원 신학부에 입학했으며, 그러
면서 〈영과 진리〉를 속간했다.

이때부터 그는 "무교회주의라는 용어가 다분히 우치무라
간조의 개인적인 것이며 비성경적인 것으로, 타락한 교회주의와
교권주의를 비판하는 일에 있어서 적당하지 못한 말이라고 보고
오히려 굳이 표현한다면 '비교회주의'가 타당하다고 생각했다."[84]
또한 "신비주의는 끝없는 바다를 정처없이 배회하는 것 같은 종
교 만유(漫遊)다"[85]라고 평했으며, "학문에 견디지 못하는 신앙은
참신앙이 아니다. …… 신앙은 학문적인 사색과 비판 앞에서 견

디지 못하는 것이어서는 아니 된다. …… 신앙이 참신앙임에는 신학을 통과한 위에 선 것이어야 하며, 신앙은 언제든지 신학에 관심을 갖지 아니하면 아니 된다. 신학을 통과한 신앙이 아니면 현재적 세력이 될 수 없다"[86]라고 갈파하면서 조선의 신학, 교회주의로 전향을 감행했다.

드디어 그는 1935년 12월 22일 '기독교 조선복음교회'를 창설하고 초대 감독에 취임했다. 이때 그는 "신앙은 복음적이요 생명적이어라", "신학은 충분히 학문적이어라", "교회는 조선 사람 자신의 교회이어라"라는 3대 표어를 발표했다. 복음교회 창립 동지들은 백남용(白南鏞)·이덕봉(李德鳳)·박림하(朴林夏)·김원준(金元俊)·홍순용(洪淳用) 등 11명이며, 이 교회는 지동식(池東植) 목사가 후계자가 되어 한국 역사상 최초의 순 한국인의 힘으로 한국 땅에서 태어난 교회로 등장했다.

(3) 신흥우 등의 적극신앙단 운동

김교신과 최태용 등의 혁신운동이 일본적·동양적 사고에서 출발한 데 비하여 신흥우[87] 등의 적극신앙단 운동은 미국적·서구적 조류를 타고 출발했으며, 지방적으로는 위 두 운동이 함경도와 평안도, 전라도계인 데 비해 후자는 서울과 경기계였다. 이는 우연적으로 이미 깊이 뿌리박고 있던 안창호 등의 흥사단 및 신민회계와 이승만 등의 동지회 및 흥업구락부계와의 대립, 그리고 서북계와 기호계의 교회 대립 현상과 묘한 대비를 이룬다.

적극신앙단을 조직함에 신흥우는 ① 너무 보수적이 아닌 선교사들, ② 진보적인 교회 목사와 지도자들, ③ 교회의 공적 관계가 적은 다른 한국인 지도자들과 만나 1932년 아래와 같은 "5개조의 적극 신앙 선언"을 발표했다.[88]

가. 나는 자연과 역사와 예수와 경험 속에 계시되는 하나님을 믿는다.

나. 나는 하나님과 하나가 되고, 악과 더불어 싸워 이기는 것을 인생

생활의 제일 원칙으로 믿는다.

다. 나는 남녀 차별 없이 인간의 권리, 의무 행위에 있어서 완전한 동
　　등권이 보장되어야 하며, 타인의 권리를 침해하지 않는 완전한 자
　　유가 있어야 한다고 믿는다.

라. 나는 신사회 건설을 위하여 개인적 취득욕이 인간적 공헌욕으로
　　대치되어야 된다는 것을 믿는다.

마. 나는 사회가 많은 사람에게 경제적·문화적 생활에 있어서 승등적
　　(昇登的) 균형과 안전이 보장되어야 한다는 것을 믿는다.

이 신앙 선언과 아울러 "21개 실천 강령"도 발표했는데, 이보다 앞서 그는 1926년 YMCA 회원 중심으로 기독교 연구회를 조직함에 ① 기독교의 민중화, ② 생활의 간소화, ③ 산업기관의 시설, ④ 조선적 교회 건설이라는 대목표 아래 ① 교조 교파 의식의 둔화, ② 산업기관의 적극적 개발 운영, ③ 교회 제도 및 운영과 복음 선포의 토착화 등을 들고 나섰다.[89]

또 이보다 앞서 1925년 제1차 공산당의 조직과 함께 노골화된 북으로부터의 공산주의로 인한 정치적 불안, 그리고 날로 심해지는 남으로부터의 일본 제국주의 침략의 자극을 받아 그는 1928년 예루살렘 선교세계대회에 참석하고 돌아와서부터는 한국 교회의 토착화·독립과 세속화 등에 확신을 가지고 적극신앙단을 조직하게 되었다. 최초의 단원은 정춘수·유억겸·신공숙·김인영·박연서·최석주·엄재희·김태원·정성채·이건춘(李建春)·홍병덕(洪秉德)·구자옥(具滋玉)·김종우·함태영·박용희(朴容羲)·권영식·김영섭 등 20여 명이다.

이 운동도 평신도들의 하나의 교회 혁신운동으로 출발하여 한국적 독립 교회 수립, 기독교적 사회 윤리 실현, 한국적 신학의 토착화를 표방하고 나선 역사적인 운동이었음에도, 또한 "신흥우에게는 왠지 나타나기로는 안티노미날리즘을 방불케 하는 자유분망과 세속성이 있었으며, 신흥우에게 일신상의 스캔들

이 없었던들 적극신앙단이 그처럼 대놓고 여기저기서 반박받지 않았을지 모르고, 그래서 신학적 논쟁이나 신앙의 토론이 어느 만큼 건전하게 발전될 수 있지 않았을까"[90] 아쉬워하는 학자가 있을 정도로 역사적인 선언이다.

그럼에도 그가 속했던 YMCA와 감리교 측에서 먼저 반기를 들고 나서게 되어 마침내 YMCA 총무직을 떠날 수밖에 없었다.[91] 그리고 장로교에서도 1935년 "적극신앙단은 우리 장로교회에서 용납치 않기로 함"[92]이라고 단죄 판결을 내렸다.

이와 같이 적극신앙단 운동이 된서리를 맞게 된 이면에는 박용희 목사 등 기호파의 교파 분열 작용이 있었으며,[93] 아울러 일제의 교회 내분과 분열 작용도 많았다고 볼 수 있다.

(4) 이용도, 백남주 등의 예수교회운동

1928년부터 1933년까지 5년간 활동하다 폐결핵으로 작고한 감리교의 이용도[94] 목사는 "무기력한 교회의 재생은 부흥운동으로 가능하고, 부흥의 시작은 회개와 기도와 사랑의 실천으로 가능하다고 보았다." 광신주의자라는 비평까지 받았던 그는 감리교 부흥사로 출발하여 1930년 목사 안수를 받은 후 1931년에 20회, 1932년에 23회, 1933년에 2회 부흥집회를 인도했다. 그는 "40년 교역생활 중에 설교 2만여 회, 청강자 연 380만여 명, 교회 설교 60여 곳, 그에게서 세례받은 이가 3천여 명, 개종자 7만여 명을 낸"[95] 장로교의 부흥사 길선주 목사에 비해 양적으로는 뒤지지만, 길선주 목사마저 다른 7~8명의 거물 목사들과 함께 "무교회주의자 이용도를 책잡으러 왔다가 뜻밖에 이 목사의 설교를 듣고 가슴의 찔림을 받아 통회하고 말았던 장면"[96]이 있었으리만큼 이용도 목사는 위대한 설교자요 부흥사였다.

'광야의 소리'로 알려진 이용도 목사의 소리 내용은 회개·기도·사랑 세 가지였다.[97] 그리고 그의 예리한 공격 대상은 형식화된 기성 교회, 거만한 목사, 직업적 부흥사와 선교사, 한국의 예루살렘이라고 알려진 평양지방 교회였다.[98] "교회의 내용을 들여다보면 분쟁·시기·냉정·탐리·마(魔)가 횡행하오니 어찌 그 속에서 천국을 찾아보며 또 신성을 보겠나이까? …… 아, 선교사들의 교만함이여. 너희가 다 화 있으리로다 …… 예수를 잡아 죽인 유대교의 대제사장과 장로와 영수들이 곧 너희들이었느니라."[99] 이런 식으로 공격했기 때문이다. 그리하여 그는 기도에 미친 사람, 사랑의 화신이란 평을 받았으며, 그의 신비주의 경향에 대해 민경배는 "오, 주여. 나는 공(空)이요 무(無)로소이다. 무언(無言), 이것이 나의 좌우명, 언(言)을 버리고 행(行)에 삽시다"라는 그의 말을 인용하면서 감탄했던 것이다.[100]

한편 헬라어와 히브리어 연구와 요한복음 사역(私譯) 등으로 첫 출발을 한 백남주[101] 목사는 원산 마르다 윌손 여자신학교 교수로 있으면서 수도원식 신학산(神學山) 기도소를 차렸다. 여기서 그는 자기가 번역한 요한복음, 토마스 아 켐피스의《그리스도를 본받아》, 성 어거스틴의《참회록》등을 강의했으며, 이때 스베덴보리와 인도의 선다싱 연구에 몰두했던 북간도 지방의 한준명·박승걸(朴承傑)·박계주(朴啓柱)·유명화(劉明花) 등의 입류접신(入流接神) 기도파들과 합류되어 1933년〈새 생명의 길〉이란 소책자를 내게 되었다. 이 책에서 그들은 ① 예수님은 마리아의 태를 빌려 세상에 태어났지만 사람의 피는 한 방울도 받지 않았다. ② 예수님의 생일은 1월 3일이다. …… 등 예수님과 직접 대화에서 계시된 내용을 실었던 것이다.[102]

결국 이용도·백남주·한준명·유명화 등은 1933년 3월 평양에서 "예수교회"의 창립을 선언하는 동시에 선도감(宣道監) 겸 포교 관리자에는 이용도, 헌장과 세칙 위원에는 이용도·이호빈(李浩彬)·백남주·신학산 수도감에는 백남주 등을 선출했으며, 10월 5일 원산에서 열린 임시공의회는 11월 1일을 기하여 정식으로 예수교회의 설립을 선포하기에 이른 것이다.

(5) 조선기독교회와 조선 하나님의 교회운동

'조선기독교회'라는 이름의 새 분파는 감리교의 만주 지역 선교 과정에서 창설되었다. 1935년 2월 "만주 선교연회 북만 지방의 현성원(玄聖元)·한동규(韓東圭)·우인철(禹仁哲)·박세평(朴世平)·변성옥(邊成玉) 제씨가 연명, 한국 모교회에서 사임하여 조선기독교회를 창설한 것이다."[103]

이들은 분파의 이유로 ① 북만 지방 전도상 교파 초월의 필요성, ② 자작 자급의 필요성, ③ 기성 교회의 부패 등을 들었는데, 이에 대하여 감리교 총리원에서는 1935년 2월부터 4월까지 총리원 전도국장 오기선 목사와 교육국 총무 류형기(柳瀅基) 등으로 하여금 만주 사평가·장춘(신경)·하얼빈·영안(寧安)·해림(海林)·길림(吉林)·공주령(公主嶺) 등 전 지역을 순회 조사케 한 바 있다.[104] 이 조사원들의 질문에 '조선기독교회' 측 인사들은 "지나간 장로교 총회(23회, 1934년)의 분쟁과 감리교 총회(2회 1934년)와 중부연회(4회 1934년)를 어지럽게 한 사람들의 비기독교적 행위와 현재 신문에 보도되는 청년회 사건 같은 것을"[105] 들어 초교파운동의 필요성을 강조했다.

'조선기독교회'는 '예수교회'와도 밀접한 관계가 있었다. 왜냐하면 1937년 '예수교회' 제5회 공의회 때 '조선기독교회'는 '조선기독교회' 대표로 참석하여 "귀 교회의 근본주의와 우리의 근본주의가 일치되는 줄로 믿으므로 금번 귀 공의회에 치하 겸 양 교회의 협동을 축성하려는 목적으로 변성옥 목사를 대표로 파견한다"는 공문을 발송했고, 변성옥 목사는 공의회에 참석하여 "우리 '조선기독교회'의 이름은 문자상 조금 다를지 모릅니다만 내막에 있어서 여러분과 꼭 같습니다" …… 라고 천명했으며, 1937년 7월에 열린 '조선기독교회' 교역자 수양회 때는 '예수교회'의 이호빈 목사가 강사로 초빙되어 가기도 했기 때문이다.[106]

'조선 하나님의 교회'는 성결교가 중심이 되어 결성되었다. 이 교회는 성결교회의 1936년 제3회 총회 때 지방 교역자들이 단결하여 교단 세력을 잡아 보려고 지방 출신을 총회장으로 뽑게 된 데서 시작되었다. 이때 정남수·곽재근·변남성·오계식·안형주·서재철·김광원 등의 쟁쟁한 젊은 층 교역자들로 하여금 한꺼번에 성결교회를 이탈케 했으며, 이때 이탈한 9개 교회 대표들이 1935년 11월 1일 평양 상수리교회에서 '조선 하나님의 교회'라는 새 교단을 만들게 되었다.[107]

'하나님의 교회'라는 명칭은 〈성화(聖火)〉의 주필이던 송태용(宋台用) 목사가 일본에서 '하나님의 교회'라는 새 교파를 도입했다는 설도 있었는데,[108] 그 뒤 이 교파에는 장로교에서 이탈한 구성교회의 이원균(李元均) 목사가 가담하여 교회 분열의 새로운 양상을 보이기 시작했다.

(6) 교회의 민중 세력과 반기독교운동

한국 기독교에 대한 탄압 말살 반대 운동의 동기는 크게 두 가지로 볼 수 있다. 하나는 1905년 을사늑약 체결과 동시에 불 일 듯 일어난 항일정신, 망국의 한이 엉키고 엉켜서 번져 나간 교회의 사경회·부흥회·백만 명 구령운동 등에 자극받아 노골화되었고, 또 하나는 1920년 일본 도쿄에서 열린 동양 최초의 세계 주일학교대회를 계기로 조직된 '전조선주일학교대회'에 자극받아 반기독교운동이 노골화되었다. 이를 몇 가지로 구분해 보면 다음과 같다.

a. 장로교

1903년 원산의 이른바 '오순절 성신 강림'은 어느 교파에 국한된 것이 아니라, 남녀 선교사들과 한국 토박이 초대교인들의 '연합 통회자복기도회' 형식으로 출발했으며, 그 주역은 하디 같은 선교사만 아니라 그 저변에 전계은 같은 토박이 개척 전도인들의 신앙정신이 깊이 깔려 있었다.[109]

이 '통회자복기도회'의 바람이 평양장로교회로 넘어가,

길선주 목사가 1907년부터 대부흥운동의 인도자가 되었다. 민경배는 길선주 목사가 "통성 기도라고 해서 교인이 예배 도중 함께 소리내기도 하는 의식도 그의 창안"[110]이라 했지만, 그것은 이미 4년 전부터 원산에서 일어난 것의 연장에 불과했고, 새벽기도회와 그의 독특한 유행의 부흥회만은 실질적으로 그의 창안이라 볼 수 있다.[111] 그리고 "그는 요한계시록만도 1만 2백 회 독파하여 거의 암기했고, 신약성서는 1백 회, 구약성서는 30회 이상, 그리고 요한 1서 같은 것은 5백 회나 독파했던 것이다."[112]

"소망의 소재를 먼 미래에 두고 '주 예수의 강림이 불원(不遠)하니'라는 찬송가가 영가처럼 늘 울려 퍼져 나오는 독특한 그의 신앙 부흥회,"[113] 중간 또는 맨 나중에 요한계시록을 독특한 가락과 운음으로 내리 암송하며 진행시키는 그의 부흥집회는 모든 교인을 신비와 영감의 도가니로 몰아넣었다.

선도(仙道)를 바탕으로 출발한 그의 부흥집회는 모든 교인으로 하여금 새 하늘 새 나라의 지상 실현을 선뜻 믿게 했으며, 그럼으로써 김인서(金麟瑞)는 이러한 그의 신앙 형태를 조선신학(朝鮮神學)이라고 단정케 했다. 이러한 영계 지도자가 3·1운동의 민족대표로 앞장설 수 있게 했던 내적 영력도 이런 현세적 선도정신을 바탕으로 한 독특한 토박이 신앙 때문이라고 볼 수 있다.

이미 말한 바와 같이 그는 "40년 교역생활 중에 설교 2만여 회, 청강자 연 380만여 명을 내었는데,"[114] 이것이 기독교 민중세력의 원동력이 되어 천도교가 3·1운동을 단독으로 할 것을 포기하고 기독교와 합동으로 할 수밖에 없게 했던 것이다.[115]

한편 김익두(金益斗, 1874~1950) 목사의 부흥회는 또 다른 양상으로 민중 세력을 형성했다. 그로 인해 형성된 기독교의 민중 세력은 길선주 목사의 선도(仙道) 정신을 바탕으로 한 내적 영력인 데서보다 그의 기도 능력과 가슴을 칼로 찌르는 듯한 성령의 내적 임재 체험과 신유(神癒)의 은사에서 기인한 것이다.

그런데 그에게 실질적인 신유의 은사가 나타나기 시작한
것은 1919년 12월, 경북 달성군 현풍(玄風)교회 사경회 때 턱이
떨어진 박수진(朴守鎭)이란 걸인을 기도의 능력으로 고친 데서
비롯했다.[116]

그의 이적은 그 뒤 계속되었는데, 이에 대하여 민경배는
"1919년! 심각한 민족적 좌절의 아픔, 몰려드는 세속 문명의 도
덕적 황잡(荒雜), 신성한 기풍으로 휩쓸려 넘친 사회주의의 무신
론적 투쟁 감각, 여기에 신앙의 동요는 격류에 휩쓸리는 듯 걷잡
을 수 없었다. 그날의 김익두, 저 지평선에 거인처럼 선 것이다. 기
미 이후 만일 김익두 아니라면! 그는 하나님이 보내신 독특한 사
명을 지고 나선 한국 교회 전환기의 인도자였다"[117]고까지 경탄
했다. 그리고 〈동아일보〉도 1920년 6월 30일자에 평양에서 열린
그의 대부흥회에 관하여 다음과 같이 대서특필하며 보도했다.

> 수천 명 군중은 미친 듯, 취한 듯 흥분한 신경을 걷잡지 못하여 ……
> 기부했는데 월자(月子)가 7백여 쌍이요, 금반지가 5십여 개요, 은장도
> 가 2십여 개요, 기타 시계와 의복과 유기(鍮器) 반상(盤床) 별별가지 기
> 부가 산같이 쌓여 현금과 합하여 계산하니 거의 육만 원에 달한지라,
> 실로 공전(空前)의 대성황을 이루었더라.[118]

그가 인도한 부흥회는 전국을 비롯하여 만주 시베리아에
걸쳐 776회에 이르렀고, 설교 횟수는 2만 8천여 회, 새로 세워진
교회가 150여 개, 신유 인원이 1만여 명, 그의 설교로 회개하여
목사가 된 사람이 2백여 명에 이르고 있었다.[119]

그러나 이러한 놀라운 능력과 기적에 감탄을 금하지 못
하던 〈동아일보〉는 "조선 기독교도의 각성을 촉구하노라"라는
글을 실었고, 일부 장로교계 지도자들 중에서도 비판의 소리를
심상치 않게 했다.[120]

그중에도 강하게 비판한 것은 공산분자들이다. 그들은

기독교의 민중 세력을 시기했기 때문이다. "1926년 3월 간도 용
정(龍井) 중앙교회에서 일부 반종교가들의 폭행을 당했고 ……
특히 전라북도의 좌익계 '전북 민중 운동자연맹'과 '이리청년회'
에서는 1926년 5월 21일 김익두를 '고등 무당'이라 하여 6명의
비판 연사로 비판대회를 개최한 일도 있다."[121]

b. 감리교

같은 부흥회지만 장로교와 감리교의 부흥회는 성격상 차
이가 있었다. 그 차이점을 대강 열거해 보면 ① 전자는 대규모이
며 초교파적인 데 비해 후자는 소규모이며 감리교만의 부흥회였
고, ② 전자는 목사와 큰 인물 중심인 데 비해 후자는 평신도와
서민 중심이었고, ③ 전자는 회개와 내적 변화와 신유의 은사가
주요 동기가 되어 전개된 데 비해 후자는 호국과 독립정신이 주
요 동기가 되어 전개되었다.

감리교의 대표적인 부흥회로는 강화도 평신도들이 시작
한 '마리산 부흥회'를 들 수 있다. 이 부흥회는 1910년부터 싹터
1915년부터는 매년 정기 부흥회로 발전했으며, 1950년경까지
계속되었다. 이 부흥회의 태동은 강화 본도에서 서쪽으로 약 30
리 떨어져 있는 옹암(甕岩)교회의 새벽기도회에서였으며,[122] 이것
이 차츰 정기부흥회로 정착하여 마지막 날에는 반드시 강화도의
성산 마리산[123]에 올라가 정상에 있는 참성단에서 노천 기도회를
하면서 폐회했기 때문에 마리산 부흥회로 발전되었다.

초창기 주요 인도자들은 김순서·정윤화(丁允和)·염순일
(廉淳一)·전병규·이양기·이양은·이원선·장동식(張東植)·장동
운(張東雲)·염현수·황유부(黃有富)·유봉진(劉鳳鎭)·김유리쓰 부
인 등 강화 토박이 평신도들이며, 초창기 참가 교회는 장봉도의
옹암교회와 진천(鎭川)교회를 비롯하여 강화 본도의 두곡(頭谷)·
선두(船頭)·흥천(興天)·잠두(蠶頭)교회 등이다. 이후 참여 교회
가 차츰 늘어나 음력 3월 28일이 되면 아무런 집회 통지가 없어

도 동네 모든 교인이 식량을 싸들고 장봉도 옹암교회로 모여들었으며, 마지막 날에는 반드시 마리산 참성대에 올라가 노천 기도회를 하고 각처로 헤어져 전도를 했다.

이 부흥회는 예수님의 행적과 초대교회의 행적을 그대로 재현하는 식으로 진행되었다.[124] 예를 들어 사도행전 2장 1-13절의 오순절 광경을 그대로 모방하여 다음과 같이 하였다.

불 갓흔 혀가 좌우로 갈나졋으니 스도 전 2장에 긔록된 요엘에 말슴과 가치 너히 절문이는 이상홈을 보고 늘근이는 꿈을 꾸리라 흔 말슴이 부합ᄒ엿고, 그 째에 남녀반이 물론ᄒ고 감스ᄒ며 희락혼 마음이 흔량읍셔 깃버 뛰며 찬숑ᄒ며 헌화ᄒ니 쥬 말슴ᄒ스되 교당에서 이와 가치 헌화ᄒᄂᆞ 박게ᄂᆞ가 드르면 희미ᄒ게 들리리라 ᄒ시거늘 즉시 나가 드르니 과연 쥬의 말슴과 갓더라 ……

부흥회가 진행되는 동안에는 모두가 방언·신유·이적이 행해져서 스스로 "옹암교회 부흥은 오순절 성신이 강림ᄒ셧스니 죠션 닉디에 뎨일 부흥이라" 장담했으며, 옹암교회에서 배타고 본도에 있는 두곡교회로 갈 때는 "힝션ᄒ다가 희즁에셔 쥬ᄭᅴ셔 멋ᄂᆞ 스자와 가치 주무시더니 스자는 몬저 이러ᄂᆞ고 쥬는 오히려 쥬무시ᄂᆞᆫ지라 …… 쥬 이러나 안즈시ᄂᆞᆫ지라, 그 째에 풍세가 불슌ᄒ야스니 이것은 마틱복음 8장 23-27절이 응ᄒ엿고 …… "라고 했으며, 육지에 올라가 목적지 두곡교회에 당도한 것은 마치 이스라엘 백성이 애굽 땅에서 해방될 때 홍해를 무사히 건너 구원받는 광경을 "그 째 배가 폭쥬ᄒᄂᆞᆫ고로 …… 이싈렬(이스라엘) 빅셩이 익급도에셔 나올 째의 모셔의 밋음이 집픵이로 홍히를 쳐서 물이 벽과 가치 갈나 륙디가치 건넌 거슬 가르침이요, …… 익급병정이 홈몰홈을 보고 하ᄂᆞ님ᄭᅴ셔 즈긔 빅셩 구원ᄒ야 쥬심을 감스긔도하는 표요 …… "하는 식으로 표현했다.

그런데 이 부흥회의 특징은 무엇보다 폐회 기도회를 마리산 참성단에서 한 데 있다. 일제는 한민족의 얼과 고유정신을 말살하는 방법의 하나로 참성단을 계획적으로 파괴하고 각종 유적지를 음폐했는데, 이 부흥회에 참석한 교인들은 마니산에 올라갈 때는 남자들은 돌 하나씩 지고 여자들은 돌 하나씩 이고 올라가서 헐어진 참성단을 보수하거나 새로 쌓아 올리면서 부흥회를 했다.[125] 다시 말해서 감리교의 마리산 부흥회는 단군의 건국정신 즉 '하느님 숭배'와 '홍익인간' 정신을 존중하는 동시에, 조상 때부터 하느님께 제사 드리던 참성단을 보수 재건하는 것을 도리어 기독교인의 마땅한 의무로 확신했던 것이다. 단군정신과 기독교 신앙의 공존 지대로는 마리산 부흥회을 제일 먼저 꼽아야 할 것이다. 그들은 단군시대부터 전승되었다는 참성단을 미신시하기는커녕 도리어 존중시하고 보존하는 데 지성을 다하였다.[126]

이러한 정신과 부흥회로 강화도 선교는 가장 성공적인 선교로 발전되었다. 위에서도 말한 바와 같이 강화도 교인들은 해마다 봄에 부흥회를 마친 다음에는 각자 소속 교회로 돌아가서 전도에 힘썼다. 전도만 아니라 신교육(개화교육)에도 힘썼다. 예를 들어 "한 동네에 학교 하나씩"(一里에 一學校)이란 구호 아래 합일(合一)학교를 각처에 설립한 것이라든지,[127] 교인들이 예수를 믿고 새로 이름을 지을 때 한 일(一) 자 또는 믿을 신(信) 자를 달아 지은 것이라든지,[128] 옹암교회에서 시작된 마리산 부흥회의 주된 동기가 1907년 군대 해산과 망국의 한 때문이었다[129]는 것 등을 들 수 있다.

그럼으로써 강화도의 기독교회는 가장 건전한 교회, 가장 주체성이 뚜렷하고 단결력이 강한 인물들을 많이 배출한 교회로 평가받게 되었다.[130] 다시 말해서 인구 비례로 보거나 연보액, 교역자 수와 교인 수의 비례, 교역자의 수준, 교세 평준화 등에서 다른 도시나 농촌보다 월등한 우세를 보였기 때문이다.

c. 전조선 주일학교대회

한국 교회의 부흥운동은 3·1운동 이후 민중 세력의 기본적 요인이 됐고, 일제와 공산당에게는 큰 위협적인 존재로 간주되어 그들의 탄압과 반대의 대상으로 등장했다.

그러나 공산당으로 하여금 반기독교운동을 일으키게 한 주된 동기는 제2절 '공산주의의 등장'에서 말했거니와, 1925년 10월 21일부터 8일간 서울 인사동에 있는 승동교회와 종로 YMCA 강당에서 모인 조선 주일학교연합회 주최의 '전조선 주일학교대회'에 있었다. 참석한 정식 대표는 1천여 명, 참석 인원은 수천 명이었다. "출석자는 조선 내지(內地)에 훗터저 잇는 예수교회서 쑨만 아니라 멀리서 북간도와 만주와 또는 하르빈 등디에서도 출석하야 전에 업는 성황을 이루엇던 것이다."[131]

여기서 〈동아일보〉가 "전에 없는 성황"이라고 크게 보도한 것은 기독교의 동원력·조직력·물량적 성장세 같은 것, 다시 말해 이것도 하나의 또 다른 형식의 대부흥회·사경회와 같은 세력을 보여 줬기 때문이지, 초창기 기독교가 보여 준 개혁적이며 신문화 창조적인 세력 때문이 아니었다. 가령 독립협회 지도자들이 거의 다 기독교 신자였다든가, 〈독립신문〉이 성경 언어의 영향으로 창간되었다든가, 그 밖의 신문화운동이 기독교의 영향 밑에서 성장 발전된, 그러한 문화적·이념적인 것이 아니라 단순한 물량적인, 또 다른 형식의 대부흥회로 비쳤기 때문이다.

그리하여 〈동아일보〉는 그 대회 광경을 연일 상세히 대서특필하며 지면을 많이 할애했는데, 두 대회장에서 진행된 순서와 내용과 담당 강사 등을 종합해 보면 설교(기도회) 10회, 교수법과 심리학 강의 16회, 각과관리(各科管理) 10회, 성경 연구 4회, 강연회 5회, 음악회 2회, 활동사진 감상회 2회이며, 동원된 강사는 연인원수 40명 정도였다.[132]

그러나 이 대회에서는 일제 치하의 정치·경제 등 당면 문제는 말할 것도 없고, 당시 사회 문제로 크게 대두된 사상 문제,

사회주의·공산주의 문제 등은 일체 외면되었다. 다시 말해서 당시 기독교회는 초대교회와 달리 비사회적이며 비문화적이며 보수적인 교회가 된 지 이미 오래였다. 때문에 기독교 출신의 신문학 선구자인 이광수 같은 사람은 이를 통탄하며 1917년 "금일(今日) 조선야소교회(朝鮮耶蘇敎會)의 결점"이란 글에서 이렇게 말했다.

> 목사, 전도사 …… 같은 교역자는 최저계급의 민중과 접하는 동시에 최고계급의 민중과도 접하며, 접할뿐더러 종교적 의미로 보아 지도하는 자요, 그리하면 상당한 학식이 있어야 할 것은 물론이요, 신구약 성경만 2, 3차 맹독(盲讀)하고 백혈(百頁)가량 되는 설교학이나 배워 가지고는 부족할 것이 분명하오. 적어도 기독교의 대표적 수종(數種)의 신학서를 열람하고 고래(古來)로 저명한 철학설(哲學說)이며, 종교 문학을 열람하고 그중에도 현대의 철학의 대강(大綱)과 과학의 정신을 이해하여서 현대문명의 정신과 현대사조의 본류(本流)와, 현대문명과 종교의 관계를 이해해야 할 것이오 …… 그런데 현금(現今) 교역자는 어떠한가요?[133]

그는 기독교의 저질성을 이렇게 폭로하면서 마침내 기독교를 떠나 불교로 전향했다. 한편 진보적인 신학은 말할 것도 없이, 보수적인 신학이라도 장로교의 평양신학교 출신이 아니면 목사 안수를 불허했던 장로교회에 대하여 최태용 같은 사람은 이렇게 갈파하면서 토착적인 복음교회를 창설했다.

> 신앙은 학문적인 사색과 비판 앞에서 견디지 못하는 것이어서는 아니 된다 …… 신앙이 참 신앙임에는 신학을 통과한 위에 선 것이어야 하며, 신앙은 언제든지 신학에 관심을 갖지 아니하면 아니 된다. 신학을 통과한 신앙이 아니면 현재적 세력이 될 수 없다.[134]

1925년 한국 NCC는 12월 18일부터 2일간 조선호텔에서 '조선기독교계 대표자회의'를 개최했는데, 당시 제2분과에서 '조선 기독교 사업에 대한 재평가'를 토론할 때 한국 교회의 저질화 현상, 후진적 이념과 사상, 이데올로기 문제에 무능했던 사실을 이렇게 지적했다.

교회학교의 질이 저하되었기 때문에 기독교 가정의 자녀들마저도 미숀 학교를 버리고 관립학교에 들어가고 있다. 이 현상은 초기와는 정반대의 중대한 현상이므로 하루 빨리 문제의 핵심을 파악하는 동시에 그 대책을 강구해야 한다.[135]

이런 상태였으므로 3·1운동 이후 급격히 성장한 공산주의·사회주의자들은 기독교를 무식 대중의 집단으로 여기거나, 부흥 목사들을 '고등 무당'으로 무시해 왔다. 그리하여 위에서 언급한 바와 같이 조선공산당의 실질적인 전위부대였던 '조선청년총동맹'[136]이 1924년 4월 24일 창립과 동시에 채택한 13개 이념과 전략[137] 중 몇 가지를 간추려 보면 다음과 같다.

첫째, 청년 문제: 대중의 역사적 사실을 완성함에 필요한 새 세력을 가진 청년의 조직적 단체에 대하여 민중적 정신을 고무하고 계급적 의식을 주입한다.
둘째, 교양 문제: 강연회·독서회·연구회·강습회·잡지·팸플릿·순회원고, 연주 등으로 청년의 계급적 자각을 촉진한다.
셋째, 이류(異流) 청년단체: 종교적 색채를 띤 청년단체나 순연한 종교적 단체 등의 이류 청년단체에 대하여 당연한 적대적 태도를 취하지 말고, 그들로 하여금 계급적 의식을 고취하고 …… 관계 청년단체에 대해서는 배척을 기한다.
넷째, 종교 문제: 종교를 원리상으로는 부인하지만 실제에 있어서 적극적으로는 배척치 말고 다만 종교가 민중을 마취케 하며 참다운 각성을 방조하는 폐단만 일반 청년들에게 이해케 한다.

다섯째, 타협민족운동: 이것은 반대하자. 즉 타협적 민족운동은 절대로 반대하며, 혁명적 민족운동을 찬성한다.

위와 같은 공산주의 이념과 정책에 따라 당시 공산주의자들은 기독교에 극히 우호적인 태도를 취했다. 예를 들어 전조선 주일학교대회가 열리기 전과 한창 열리고 있을 때에도 그 간부들은 주일학교대회 간부들을 찾아와 식사에 초청도 하고 친교를 나누기도 했다.[138]

그런데 갑자기 반기독교운동이 일어나게 된 것이다. "조선청년총동맹 산하의 '한양청년연맹(漢陽靑年聯盟)'은 주일학교대회가 한창 열리고 있던 1925년 10월 27일 갑자기 반기독교운동의 기치를 들고 나섰다. 그들은 몇몇 사회단체와 같이 반기독교 강연회를 열기로 결의하고 강연회 장소 앞과 거리에 광고판을 내걸었다. 그리하여 마침 주일학교대회에 왔던 교인들이 쇄도하여 대혼잡을 이루었던바 정복 순사는 그 광고판을 떼어 버리고 그 광경을 사진으로 촬영한 사진사는 종로서에 불리어 가는 등"[139] 대소란이 일어났고, 강연회는 경찰의 저지로 정지되고 말았다.

그러나 이미 위에서 언급한 바와 같이 한양청년연맹은 1년 뒤인 1926년 12월 8일 서울 와룡동에서 긴급집행위원회를 열고 20여 개 산하 세 단체 대표들과 연합하여 '한양 세포단체 연합 대간담회'를 가진 자리에서 중대 결의를 하게 되었다. 즉 매년 12월 25일(크리스마스)을 '반기독데이'로 제정하는 동시에 "연맹이 해금(解禁)이 못 되는 동시에는 강연 혹은 선전삐라 등을 배포할 것"[140]을 결의한 것이다. 따라서 "금후 조선청년운동은 무산청년의 투쟁적 교양에 힘쓰는 동시에 전 민족을 잘 포용할 새로운 방침을 수립하지 않으면 안 되겠으므로 민족운동과 제휴한다"[141]는 새로운 전략을 세웠는데, 이것은 공산주의 지상 운동은 계급투쟁을 위해서는 사회혁명전선과 국제 프롤레타리아계급과 손잡아야 한다는 '인터내셔널리즘'의 투쟁노선을 취했기 때문이다.

　　이와 같은 상황에서 〈개벽〉은 그해 11월호에 이 문제에 대한 특집호를 냈다. 10여 명의 필진을 동원하여 "종교·반종교", "기독교인 급(及) 비기독교인의 반기독교운동관"을 주장케 했다. 그중 비기독교 사회주의자 한위건(韓偉健)은 "등한시할 수 없다"[142]라는 제목 아래 다음과 같이 과격하게 말했다.

> 보라, 조선의 예수교인치고 보수적이 아닌 자가 누구 있는가? 거개(擧皆)는 극단의 개인주의자로 유혈(流血)이라면 성지(聖旨)의 위반이라고 구실조케 회피하는 자들뿐이니 이 엇지 역사적 사명을 다하랴는 오인(吾人)으로서 등한시할 바이랴? 하로밧비 그들 ××××하는 것이 급무 중 하나인 줄 안다.

　　반면 주일학교대회 총무의 한 사람이던 한석원(韓錫源) 목사는 "금후의 주의(注意)는 되겠습니다"[143]라는 제목 아래, 이렇게 무관심한 태도를 취했다.

> 반기독교운동에 대하야는 우리는 별로 생각되는 바가 업습니다. 그들은 그들이오 우리는 우리외다 ……

　　또한 당시 YMCA 총무 신흥우는 "사실인즉 우리도 고려 중에 있습니다"[144]라는 제목 아래, 기독교에 대한 서로 엇갈린 태도를 취했다.

> 지금까지 되여 온 역사를 보면 교회라는 그 자체가 자본주의화한 것은 아니나 자본계급이라는 그 사람들이 교회를 이용하고 조종하는 것은 사실입니다. …… 반기독교의 운동이야 잇던 업던 오늘의 기독교회는 확실히 변해야 합니다. …… 그겨 민중을 위하야 잇을 것이라기보다 무산계급의 운명을 개척키 위하야 있는 것이 아니면 안 될 것입

니다. …… 오늘의 반기독교운동은 현재 조직되어 잇는 기독교단이나 쏘는 개인에 대하야 절요(切要)한 반성제가 되는 동시에 사실로 반성하지 안흐면 안 될 것이며 …… 우리 교회 안에는 사실 이 문제(교회의 민중화)를 위하여 고심하는 동무가 적지 아니합니다.

그런데 반세기 이상이 지난 오늘날에 와서는 이에 대하여 아주 매서운 태도를 취하며 이렇게까지 혹평하는 기독교 학자들도 있다.

한국에서 기독교 선교가 서구적 문화의 도입으로 한국의 근대화 이행에 크게 기여한 공로는 충분히 인정되지만, 1920년대에 이르러 민족사로부터 한국 교회의 이탈은 오늘까지 그 전통의 명맥을 이어 가고 있으니 그야말로 한국 교회사에서 이 시대는 '암흑시대'였다"[145]

그러나 공산주의자들이 기독교에 대한 종래의 우호적이며 온건적인 태도를 작별하고 과격하고 파괴적인 태도를 취하게 된 데는 나름대로의 중대한 이유가 있었기 때문이다. 즉 당시 기독교는 이념이나 이데올로기 면에서는 빈약했지만 동원력과 조직력을 겸비한 민중 세력에서만은 만만치 않은 존재였다. 기독교의 바로 이 점을 공산주의자들은 무시할 수 없었기 때문에 그러한 '반기독교'의 정책 변화를 감행했던 것이다.

6) 50주년을 맞는 교회의 이모저모

한국 개신교 선교 50주년 기념 준비는 1933년부터 서둘러졌다. 장로교는 1933년 9월 8일 열린 제22회 총회에서 50주년 기념식을 "감리교와 교섭하여 성대히 거행하기로 하고 실행 방법은 진흥부에 위임하기로 가결"했으며, 감리교는 1933년 9월

7일 모인 전국연합 감리사회의에서 계획안을 작성하여, 1934년 1월 27일 총리원 이사회에서 "1934~1935년 2년간 감리교회가 조선에 들어온 지 50주년 된 것을 기념한다"는 등의 10개 항의 실천 내용을 결의함으로 추진되었다.

선교 개시 기점은 양 교파 최초 선교사들의 입국 연도를 기준으로 한 것인데, 감리교는 1884년 6월 24일 매클레이 목사 내외가 입국한 것을 대중 삼았고,[146] 장로교는 1884년 9월 20일 알렌 의사가 입국한 것을 대중 삼았다.[147] 그리하여 장로교 선교사들은 1934년 6월 30일부터 7월 3일까지 4일간 서울에서, 감리교는 그해 6월 19일부터 20일까지 2일간 서울에서 기념행사를 가졌는데, 당시 감리교 총리사이던 양주삼 목사는 기념사업 위원장으로서 기념식 때 "50주년 기념식은 선교부보다 교회 주최로 거행되어 이 부족한 사람이 위원장이 된 것을 영광으로 생각한다"[148]는 감격 어린 발언으로 시작하여 기념 목적으로 ① 우리는 과거 50년에 하느님께서 이룩하신 것에 감사하고, ② 과거 희생적인 개척자들에게 사의를 표하는 동시에 새로운 영감을 얻으며, ③ 이를 기회 삼아 한국 교회 초석을 다지는 동시에 장래의 미완성된 과업을 성취하기를 원한다는 세 가지 목적을 천명했다. 이때 감리교는 선교 50주년 기념 노래 제정·기행렬(旗行列)·기념예배 등 다채로운 행사를 가졌다.

장로교회 총회는 1934년 9월 8일(제23회 총회) 평양 숭실학교 운동장에서 2만여 교인이 모인 가운데 기념예배를 거행한 것을 비롯하여 기념 강연회·음악회·축하회 등 다채로운 기념행사를 가졌다. 그러나 이러한 행사 위주의 장로교의 기념행사는 장로교 선교사들이 17명의 개척 선교사·역사가들의 강연 및 연구 발표와 진지한 토론 내용을 한 권의 서적으로 펴낸 것과는 대조적이며, 감리교 선교사도 이와 비슷한 서적을 펴냈다.

1934년도 두 교파의 교세를 통계로 보면 다음과 같다.

종목 \ 단체	감리교	장로교	양 교파 연합사업	합계
1. 교회 수	767	2,731		3,498
2. 한국인 전도인 수	970	488		1,458
3. 선교사 수	119	216		335
4. 교인 총수	68,789	298,431		367,220
입교인 수	18,675	108,392		127,067
세례아동 수	8,782	24,320		33,102
학습인 수	5,940	38,752		44,692
입교인 수	26,303	126,989		153,292
5. 주일학교 수	561	3,198		3,719
직원 수	3,800	26,810		30,610
생도 수	50,040	293,816		343,856
6. 학교 수	85	1,557	2	1,644
직원 수	531	2,108	123	2,762
생도 수	17,649	49,104	525	67,278
7. 신학교 수	1	1		2
생도 수	67	159		226
8. 성경학생 수	239	2,467		2,706
9. 유치원 수	107	143		250
10. 병원 수	6	13	1	20
의사 수	29	68	27	124
간호원 수	90	130	32	252
환자 수	126,039	87,768	93,745	307,552
11. 기독교 청년회 수	*	23		23
회원 수		5,350		5,350
12. 여자기독교청년회 수		25		25
회원 수		3,134		3,134
연보액(한국인, 원)	294,822.00	1,037,396.79		1,332,218.79

*위 통계는 1934년 조선기독교연합공의회 제11회 회의록 부록에 발표된 통계인데, 11번 기독교 청년회 난에는 감리교의 엡윗청년회 통계가 빠져 있다. 양주삼 감리사는 50주년 기념식 개회사에 서 엡윗청년회 수는 280, 회원 수는 7,033명으로 집계·발표했다.

이상 통계에서 제외된 성결교회·침례교회·구세군·성공

회·복음교회 등 군소교파의 통계까지 합산하면 다음과 같다.

종목 \ 단체	장·감 두 교파	군소 교파	합계
교회 수	3,498	911	4,409(개)
전도인 수	1,458	1,195	2,653(명)
교인 수	367,220	74,180	441.400(명)

* 이때 한국 총인구는 21,125,827명, 불교도는 146,000명으로 집계됨.

　　이때를 전후하여 보수 대 자유의 신학논쟁이 시작되었다. 이미 말한 바와 같이 한국 신학은 1916년 창간된 감리교의 《신학세계》에서 싹트기 시작하여, 1918년에는 장로교의 신학 전문지 〈신학지남〉이, 1923년에는 민간 평신도 단체인 조선 기독교 창문사(彰文社)의 《신생명(新生命)》이 창간되어 신학계에 활기를 띠게 했다. 그리하여 1930년대를 일컬어 한국 신학의 정초기(定礎期)라 하게 되었는데,[149] 그 이유를 유동식은 ① 1933년을 전후하여 보수주의적 성서관과 진보주의적 성서관 그리고 자유주의적 성서관의 대두, ② 신학 논쟁의 표면화, ③ 한인 신학자들의 신학적 저서 출현[150] 등 세 가지 현상을 지적했다.

　　이때의 대표적인 장로교 신학자로는 남궁혁(南宮爀)·백낙준(白樂濬)·박형룡(朴亨龍)·이성휘(李聖徽)·송창근(宋昌根)·채필근(蔡弼近)·김재준(金在俊)·윤인구(尹仁駒)·박윤선(朴允善)·김관식(金觀植) 등이 드러났고, 감리교 신학자로는 변홍규(卞鴻圭)·한치진(韓稚振)·정경옥(鄭景玉)·류형기·김인영(金仁泳)·김창준·김영희(金永義)·이환신(李桓信)·정일형(鄭一亨)·갈홍기(葛弘基) 등이 드러났다.

　　장로교의 신학논쟁은 이혼 문제 및 여권 문제와 더불어 불붙기 시작했다. 성서 무오를 주장하는 전계은 목사는 "하나님이 짝지어 주신 것을 사람이 나눌 수 없다"는 성경 말씀을 위배하는 총회를 맹렬히 비판하면서 '귀정원서(歸正願書)'를 총회에 제출한 바 있는데, 이에 대하여 김춘배(金春培) 목사는 "여자는 조용하라, 여자는 가르치지 말라 한 것은 2천 년 전 지방 교회의 교훈과 풍습이요, 만고불변의 진리는 아니다"라고 주장했다. 1934년 장로교총회에서는 김영주(金英珠) 목사가 모세의 창세기 저작을 부인한 것에 대하여 박형룡 등을 중심한 위원회가 "모세의 창세기 저작을 부인하는 목사는 정확무오한 성경을 모독한 자인 고로 우리 교회의 교역자 됨을 거절함이 가하다"라고 고발했다. 그리고 박형룡은 감리교 류형기의 《단권성경 주석(*Abingdon Bible Commentary*)》 번역판이 나오자 1935년 총회에서 장로교총회는 그것을 강독하지 말 것과 장로교 집필자들은 공개 사과할 것을 결정·선언했다.

그 뒤 박형룡 등의 근본주의 신학과 김재준 등의 진보주의 신학의 대립, 정경옥 등의 자유주의 신학 등의 대립은, 김교신·최태용·이용도 등의 개혁주의 신앙과 더불어 1930년대의 쟁점으로 부각되었다. 이와 같이 선교 50주년을 전후하여 신학논쟁이 활발해진 것은 한국 교회의 앞날을 위하여 실로 다행한 일이 아닐 수 없었다.

3.

동화정치하의
한국 교회(1936~1945)

　　1929년 광주 학생 항일운동과 세계적인 경제공황으로 신경질적이 된 일본 군벌 세력은 1931년 9월 일본 관동군과 한반도에 주둔 중이던 군대로 하여금 만주 봉천 근방 유조구(柳條溝) 철도를 자기네가 폭파하고도 그것을 구실 삼아 만주를 침공했다. 당시 일본 정부의 육군대신 미나미 지로(南次郎)는 중앙정부의 지령이나 내각의 결정도 없이 그러한 불법 행위를 감행해 가지고 청조(淸朝) 최후의 황제 푸이(溥儀)를 시켜 괴뢰정부 만주제국을 세우게 했다. 그리고 1930년에는 당시 온건파이던 이누가이 쓰요시(犬養毅) 수상 등 수뇌급 정치인들을 살해하려는 이른바 5·15사건을 일으켰으며, 1933년 10월엔 만주 침략이 국제연맹에서 문제화되자 일본은 국제연맹에서 탈퇴했다. 1935년 11월에는 소련의 진출을 막는 방법으로 몽골국 정부를 수립했고, 1936년에는 이른바 2·26사건으로 군사 쿠데타가 발생했으며, 1937년 7월에는 노구교(蘆溝橋)사건을 조작해 가지고 드디어 중국 침략을 감행한 것이다.

　　중국 침략 즉 이른바 지나사변(支那事變)이 일어나기 한

해 전인 1936년에 미나미가 조선 총독으로 부임해 왔다. 그는 전쟁 확대론자의 거두로서 군국주의를 지상과제로 하여 총독 취임 즉시 "일본 교육 즉 황국신민 교육은 세계 무비(無比)의 교육이다"라고 호언한 다음, 이른바 국체명징(國體明徵)·내선일체(內鮮一體)·인고단련(忍苦鍛鍊)을 내세워 1937년 10월 2일 이른바 "황국신민의 서사(誓詞)"를 만들었다. 즉 초등학교 아동에게는 "① 우리는 대일본제국의 신민입니다. ② 우리는 마음을 합하여 천황폐하에게 충의를 다합니다. ③ 우리는 인고단련하여 훌륭하고 강한 국민이 되겠습니다"를, 중고등학교 학생과 일반인에게는 "① 우리는 황국신민이다. 충성으로써 군국(君國)에 보답하리라. ② 우리 황국신민은 서로 신애(信愛) 협력하여 단결을 굳게 하련다. ③ 우리 황국신민은 인고단련, 힘을 길러 황도(皇道)를 선양하리라"를 낭송하게 한 것이다.

이 구호는 일본 본토에도 없는 것으로 한국민에게만 강요했고, 모든 집회에서도 제창하게 했으며, 모든 출판물에 첨부하게 했고, 일반 부녀자들도 줄줄 외울 수 있어야 배급도 타고 기차도 탈 수 있었다. 이 방침에 따라 1938년 2월에는 '육군지원병제도'를 실시했으며, 8월에는 일본어 상용(常用) 및 학교에서 조선어과 폐지를 단행하여, 1940년 2월에는 우리 성명을 일본식으로 고치게 하는 이른바 창씨개명을 강요했다. 이것이 곧 미나미 총독정치의 극치이며, 한민족을 완전히 일본 민족화하려는 이른바 동화정치(同和政治) 구현의 작폐였다.

이 동화정치 구현에서 미나미 총독에게 가장 눈엣가시 같은 존재가 기독교회였다. 이 때문에 한국 교회는 수모를 당하기도 했고, 질질 끌려다니기도 했고, 변질 또는 변절하기도 했고, 결사 항거하다 순교하기도 하는 여러 가지 모습을 나타냈다. 이 모습을 크게 나누어 보면 다음과 같다.

1) 기독교 연합단체의 붕괴 모습

한국 교회 말살 방법으로 일본은 교회 연합단체를 집중 공격하기 시작했다. 우선 한국 NCC 즉 '조선기독교연합공의회'가 당했는데, 1936년 9월 22일 서울 예수교서회 회의실에서 모인 제13회 총회는 마침내 해산 총회가 되고 말았다. 회장 양주삼은 '본회의 장래'라는 제목으로 다음과 같은 의미심장한 연설을 할 수밖에 없었다.

> 1918년 3월 경성 종로 중앙기독교청년회 회관에서 장감연합협의회를 처음으로 조직했는데, 본인이 당시 회원의 1인으로 참여하는 영광을 가졌습니다.
> 그 회는 제6회로 끝마치고 1924년에 장·감 양 교파 외에 각 선교사회와 기독교 사업단체들을 포함하여 기독교 연합공의회를 조직했는데, 금번이 제13회로 모이게 된 것입니다. 금번 회집이 연합공의회로는 최종인 것 같으니, 그것이 하나님의 예정하신 섭리로 인함인지, 인간의 죄악으로 인함인지 모르거니와 하나님께서는 무엇이든지 이용하여 하나님의 뜻이 실행됨으로 인간에게 유익을 끼치게 하실 줄 믿습니다. 그런 고로 우리는 통회하는 마음으로 하나님께 간절히 기도합니다.
> 그간 본 공의회에서 대회 본부에 매년 미화 25불씩 부송(付送)하는 부담금이 있는데, 1934년도부터 미납이라 하므로 금년에 1935년과 1936년까지 전부 납부한 것은 회계가 보고하려니와, 본회가 대회에 대한 의무는 그것으로써 행했습니다. ……[1]

결국 '조선기독교연합공의회'는 고별사를 듣게 된 것이다.

그 대신 조직된 것이 '조선기독교연합회'다. 일제는 1938년 5월 8일 서울 부민관으로 교계 지도자들을 초치하여 "이 시국을 극복하자면 내선(內鮮)교회가 일치단결해야 한다"는 구실 아래 '조선기독교연합회'라는 어용단체를 조직케 했다. "본회는

기독자의 단결을 도모하고 상호협조하여 기독교 전도의 효과를
올려 성실된 황국 신민으로서 보국(報國)함을 목적으로 한다"는
목적 조항을 포함한 11조로 된 간단한 회칙을 통과시킨 뒤 위원
장에 일본 교회의 니와 세이지로, 부위원장에 아키쓰키(秋月致)·
정춘수, 서무위원에 사메시마(鮫島盛陸)·김우현, 재무위원에 가
사야(笠谷保太郎)·차재명, 평의원에 야마구치(山口重太郎) 등 3명
의 일본인과 김종우·원익상(元翊常) 등 한국인 4명이 선출되었
다.[2] 이때 니와는 식사(式辭)에서 기독교인의 내선일체와 일본의
무운장구·제국 신민으로서의 충성을 다짐했으며, 미나미 총독
이 축사를 했다.

그다음 일제는 YMCA에 손을 대었다. 우선 일제는 이 단
체의 파괴를 위하여 그 단체 회원으로 구성된 흥업구락부(興業俱
樂部)[3]에 손을 대었다. 1938년 여름, 돌연히 서대문경찰서는 경
관들을 풀어 신흥우를 비롯하여 이건춘·구자옥·이관구(李寬求)
·최두선(崔斗善)·홍병덕·정춘수·구영숙(具永淑)·박승철(朴勝哲)
·이만규(李萬珪) 등을 체포하여 이승만과의 연락관계를 캐는가
하면, YMCA 장부를 압수하여 독립운동 자금의 해외 유출 관
계 등을 엄중 조사하여 이를 말살했다.

이어 6월 7일에는 조선기독교청년회(YMCA) 연합회로 하
여금 긴급 실행위원회를 소집케 하여 "조선에 있는 기독교 청년
회는 연합단체로서 일본기독교청년회 동맹에 가맹하고, 세계기
독교청년회 동맹 및 세계학생기독교 연맹에서 탈퇴하고, 또한 동
청년회가 북미기독교청년회 동맹과의 관계를 끊고 …… 금후 외
국과의 관계는 전적으로 일본기독교청년회 동맹에서 이를 관장
한다"는 등 3개 항의 결의를 하게 하고 일본기독교청년회 동맹에
가맹 신청서를 내게 했다.[4] 이로써 종래의 "조선기독교청년회 연
합회"는 그 회명을 "일본기독교청년회 조선연맹"으로 바꿈으로써
한국 YMCA는 일본 YMCA 산하에 들어가고 말았다.[5]

이때 한국 YMCA 이사 중의 한 사람이던 김창제(金昶濟)

는 "무상(無常)의 감 …… 그런즉 여기서 오인(吾人)의 각성할 바
는 무엇인가? …… 소란한 것은 무릇 파괴적 죄악적 야만적 사상
(事象)뿐이라 …… 그리스도는 '너희는 기도할 때에 골방에 들어
가서 문을 닫고 은밀한 중에 계신 너희 아버지께 기도하라' 하셨
다. …… 우리는 더욱더욱 정적리(靜寂裏)에 침잠하는 것이 필요
하다. 이 침묵의 무성의 성(聲)은 오등(吾等)에게 오등을 해방하
여 주는 진리를 고지(告知)할 것이다"[6]라는 글로써 철저히 침묵을
지킬 것을 주장했으나, 당시 회장 윤치호는 보호관찰소의 엄중한
감시 아래 전쟁 포로 같은 신세로, 집에 들어앉아 침묵을 지킬
수 없이 이리저리 끌려다니는 불쌍한 신세가 되었다.

그 밖의 연합단체도 이와 비슷한 운명이 될 수밖에 없었
다. 가령 성서공회는 1940년을 기하여 헌장이 바뀌어 선교사들
은 이사 명단에서 제거되었으며, 1942년 5월 23일을 기하여 그
재산이 총독부에 의하여 몰수되었다. 예수교서회도 1940년을
기하여 이와 비슷한 과정을 밟게 되었다. 그리고 여자기독교청
년회(YWCA)도 1938년 6월 8일 실행위원회에서 회장 김활란은
"비상시국에 있어 기독교 여자 청년들도 내선일체의 깃발 아래로
모이지 아니하면 안 되겠으므로 시국을 재인식하는 동시에 황국
신민으로서 앞날의 활동을 자기(自期)하는 의미에서 금번 제네
바동맹을 탈퇴하고 도쿄에 있는 기독교 여자청년회 일본동맹에
가담케 되었다"[7]라는 발언을 하기에 이른 것이다.

2) 각 교단의 굴욕의 모습

(1) 장로교
1935년 11월, 장로교 선교사들은 기독교회가 경영하는
각급학교에 대한 신사참배를 강요받게 되었다. 이때 선교사들은
평양 시내 27개 교회 목사들과 노심 협의한 끝에 한 사람을 제외

하고는 다 신사참배에 반대했으므로, 이에 용기를 얻어 "신사에서 신을 참배하는 것은 하나님의 계명에 반대된다"[8]라고 선언하였다.

그러나 일제의 강압정책은 날로 심각해졌다. 일제는 1938년 9월, 총회를 대비하여 노회별로 신사참배 결정을 강요했다. "이리하여 동년 2월 19일 평북노회를 비롯하여 총회 전까지 전국 23노회 중 17노회로 하여금 신사참배 문제를 가결시켰다. 한편 친일적인 기독교친목회의 오문환(吳文煥)은 신사참배를 적극 반대하던 이승길(李承吉) 목사를 포섭하고, 5월 24일 이승길·김응순(金應珣)·장운경(張雲景) 세 목사에게 일본 각 교회를 시찰케 하고 일본기독교대회 의장 도미다 미쓰루(富田滿) 목사를 초청하여(6월 29일), 신사참배는 종교행사가 아니라 국민의례임을 강연케 했다."[9]

이 총회에 대하여 이영헌(李永獻)은 다음과 같이 소상하게 서술했다. "총회가 임박하자 전국 경찰은 총대들에게 신사참배 결의에 찬성할 것과 불응하는 자의 총대 사퇴를 강요했다. 총회 개회 전날에는 평양노회장 박응률(朴應律)로 하여금 신사참배를 제안케 하고 평서노회장 박임현(朴臨鉉)은 동의, 안주노회장 길인섭(吉仁燮)은 재청하도록 각본을 꾸며 주었다. 선교사들에겐 미리 압력을 넣어 신사참배안이 총회에 상정될 때 침묵할 것을 요구하다 거부당했다. 신사참배를 맹렬히 반대하던 주기철(朱基徹)·이기선(李基宣)·김선두(金善斗) 목사 등은 미리 검속되었다."[10]

드디어 9월 9일 오후 8시, 총회는 평양 서문밖교회에서 개최되었는데, "다음 날 신사참배 문제가 상정되었을 때 교회당 안팎에는 수백 명의 사복 경찰관이 둘러싸고, 강대상 아래는 평남 경찰부장 등 수십 명의 고위 경찰들이 칼을 찬 채 자리 잡고 있었다. 총대들 사이 사이에는 각기 그 지방에서 올라온 경관 2명이 끼어 앉아 있고, 총대석 좌우와 후면에도 무술경관 10명이 삼엄하게 둘러싸자, 각본대로 전기(前記) 세 노회장들의 제안, 동의, 재청이 있었을 때 회장 홍택기(洪澤麒)는 수백 경관의 위압하에 떨리는 목소리로 가(可)만 묻고 부(否)는 묻지 않은 채 신사참배의 만장일치 가결을 선언했다."[11] 그러고는 "아등(我等)은 신사가 종교가 아니고 기독교 교리에 위반하지 않는 본의(本意)를 이해하고 신사참배가 국가 의식임을 자각하여 이에 신사참배를 솔선 여행(勵行)하고 추이(追而) 국민정신 총동원에 참가하여 비상시국하에서 총후(銃後) 황국신민으로서 정성을 다하기로 기(期)함"[12]이라는 결의를 선포하게 되었다.

(2) 감리교

감리교회는 1938년 9월 3일 총리사 양주삼 목사 명의로 "연전에 총독부 학무국에서 신사참배에 대하여 조회한 바를 인쇄 배부한 일이 있거니와, 신사참배는 국민이 반드시 봉행할 국가의식이요, 종교가 아니라는 것을 잘 인식하셨을 줄 압니다. 그런고로 어떤 종교를 신봉하든지 신사참배가 교회에 위반이나 신앙에 구애됨이 추호도 없는 것을 확실히 알 수 있습니다"라는 신사참배 여행(勵行)의 성명서를 통고한 일이 있다.[13] 그리고 양주삼 총리사는 그해 10월 5일 제3차 연회에서 "기독교회로서는 정치 문제에 직접으로 정당하게 들어갈 수 없는 것이 사실입니다. 그러나 우리가 기독교회 신자인 동시에 신민인 것을 망각해서는 아니 됩니다. 지금은 내선일체라는 말이 있는데 …… 우리 교회의 유력한 목사들과 평신도들이 서명 날인하여 우리 교회에서 그 일을 실행코자 합니다"[14]라고 말했던 것이다.

여기서 감리교회의 노선은 분명하게 드러나 있었다. 실로 이 말은 그가 4년 전에 나치의 기독교 박해를 신랄하게 비판한 발언, 즉 "자고로 집권자들이 교회의 영적 세력을 이용하여 자기 욕망을 이루고자 하므로 교회에 치명상을 주었다"[15]라는 발언과는 격세의 감이 있는데, 이와 같은 감리교의 태도 변경은 그 뒤에 있었던 일제의 악질적인 파괴공작 때문이다.

드디어 1941년 3월 10일 서울 정동 제1교회에서 "임시 특별총회를 개(開)할새 회장 정춘수 감독이 승석(昇席)하여 개회를 선언하고 국기경례와 궁성요배와 묵도와 황국신민의 서사를 재송한 후 ……"16 회의에 들어가 '기독교 조선 감리교단'이 조직되었는데, 새로 통과된 회칙에 따라 총리원 간판이 없어지고, 감독 대신 통리자(統理者)로 선출된 정춘수 목사는 다음과 같은 결의문을 낭독하게 되었다.

> 국제정세의 긴박함을 감(感)하여 일억일심(一億一心)으로 신동아 건설에 급급히 매진할 필요를 일층 더 느끼게 되었다. 각자의 의무를 다하여 만난을 극복함으로써 국운을 융창케 하고 오억 성령의 행복을 증진케 함이 국민의 영광이요 특전이라고 신(信)하야 하기(下記)를 결의한다.17

(3) 중소 교단

제일 먼저 성결교회는 1943년 5월 24일 '재림'이라는 용어가 문제화되어 경찰 당국으로부터 예배 중지령을 받았으며, 그해 12월 29일에는 전국 교회가 해산 명령을 당했다. 이때 교역자 및 평신도 약 3백 명이 검거되었는데, 그중 철원의 박봉진 목사, 군산의 정태휘 장로, 신의주의 김봉진 집사 등은 고문 받는 도중 순교했다.18

구세군은 그 명칭에 있는 '군(軍)'이 가장 증오의 대상이 되었다. 우선 황종률 부령이 1938년 10월, 간첩 혐의로 10일간 구금되었다. 1939년 일본 구세군이 구세단으로 개명됨에 따라 조선 구세군은 1940년 11월 9일자로 구세군을 구세단으로 개명하여 성명서를 내었다.19 즉 ① 조선 구세군을 '조선 구세단'으로 개칭한다. ② 일본 구세단과 긴밀한 제휴 협력을 유지한다. ③ 구세군 만국 본영의 지도 감독을 받지 않는다. …… ⑥ 순 일본적 지도 이념과 기구를 확립하고, 기타 혁신적 실천 강령을 정한다[20]……는 등의 성명을 내는 동시에 사령관 위일선(Thomas Wilson) 부장은 추방되고 그 대신 일본인이 단장에 취임했다.

1939년 현재 성공회의 한국인 성직자는 18명이었다.[21] 그러나 일본은 '대동아 공영권'이라는 미명 아래 탄압하기 시작했다. 1940년 평양 교회의 차애덕(Chadwell) 신부는 투옥되었고, 1941년 초에는 모든 주교를 포함한 선교사들이 추방당했다. 그중 민재은(Drake) 신부는 70세 고령으로 끝까지 남아 있다가 결국 1942년 7월에 이 땅을 떠나게 됨으로써 교회는 완전 해산 상태에 들어가고 말았다.[22]

성결교회의 경우, 1942년 6월 26일 일본 성결교회 목사들은 모두 "예수 재림을 믿는다" 하여 감옥에 잡아 가두어졌는데, 한국에서는 1942년 12월, 창간 20년의 한국 성결교단 기관지 〈활천(活泉)〉이 통권 제241호로 강제 폐간되었고, 1943년에는 교단신학교인 '경성신학교'가 폐쇄되었으며, 그해 12월 29일에는 교단도 강제로 해산되고 말았다.[23]

3) 교회 지도자들의 이질화 현상

연합 단체나 교단의 공식 입장으로서가 아니라, 개인 자격으로 일제의 강요에 못 이겨 끌려다니거나 부역한 교회 지도자들이 있다. 그들은 중일전쟁 발발 직후인 1937년 7월 15일을 기점으로 시국 강연회 연사로 끌려다니기 시작한 것을 비롯하여, 이듬해에는 장로교 총회가 비극적인 신사참배 결의를 하기 5개월 전인 4월 25일, 류형기·최석모(崔錫模)·김응조(金應祚)·장정심(張貞心)·박연서(朴淵瑞)·김유순(金裕淳)·김종우 등 여러 교파 지도자들이 서대문경찰서에 끌려갔다. 그리하여 본의 아니게 신사참배는 물론, 기타 총후 보국 강조주간 행사에 참가할 것과 "일본적 기독교에 입각하여", "황도정신을 발양(發揚)하겠다"

는 요지의 선언문을 발표했으며,[24] 일제는 기독교인 가정이나 교회당 안에다가는 가미다나(神棚)라는 일본 신사의 모형을 설치하거나 아마데라스 오오미가미노미야(天照大神之宮)라는 푯말을 써 붙이게 했다.[25] 이 때문에 어떤 교회 지도자들은 지하로 숨어 들어가기도 했지만, 그렇게 하지 않았다고 해서 그들을 너무 나무랄 수도 없는 형편이었다.[26]

이에 관하여 민경배는 〈매일신보〉·〈동아일보〉·임종국(林鐘國)의 "친일문학론(親日文學論)" 등의 기사를 근거로 다음과 같이 의미심장한 표현으로 논평했다.

이처럼 황량한 교회의 비극은, 세상에 알려져 있는 몇몇 기독교 인사들을 비굴과 잔인의 새끼줄로 묶어 쳐 앞세워서, 국민 의식의 부식과 그 와해에 비인도적으로 이용한 데서 더욱 서글프게 나타났다. 괴산(槐山)의 남기종(南基宗) 목사와 박규호(朴圭浩) 장로는 '황국 신민으로서의 핵심을 관철할' 구실로 기독교 황도선양연맹(基督教皇道宣揚聯盟)을 결성했으며(〈매일신보〉 기사), 시국대응 전선사상보국연맹(時局對應 全鮮思想報國聯盟)이라든가 황도문화관(皇道文化舘)이라는 어용단체에는 얼마 전 감옥에서 견딜 수 없는 체형을 겪고 사상 전향을 강요받고 나온 유형기 목사와 갈홍기가 있었고("친일문학론"), 국민총력조선연맹(國民總力朝鮮聯盟, 1940. 10. 16)에는 정춘수·정인과 목사가 문화부에서 '구라파 문화적인 요소를 일본적인 것으로 순해 가는' 국책에 계몽하도록 소임을 부여받고 있었다. 이른바 비밀결사 흥업구락부(興業俱樂部) 사건으로 1938년 9월 기소 유예 처분을 받았던 YMCA의 구자옥은 황도학회(皇道學會)에, 그리고 임전대책협의회(臨戰對策協議會)와 조선임전보국단(朝鮮臨戰報國團, 1941. 8. 20)에는 윤치호와 구자옥을 비롯하여 동우회 사건으로 몰렸던 정인과, 그리고 장로교의 채필근, 감리교의 정춘수·양주삼 제 목사들과 신흥우 제씨가 동원되고 있었다("친일문학론"). 더구나 일본은 '칠인전도대(七人傳道隊)'의 주 멤버로서 '성경의 진리를 해석하여 민족의 살길을 보여 주는' 전도에 몸 바쳤

을 뿐 아니라, 1922년 YWCA를 김필례 여사와 함께 창설하고, 1928
년 예루살렘 국제선교협의회(I.M.C.)에서 일본 대표인 우가키와 논쟁
을 벌여, 한국 여인의 기상으로 독일 대표를 깜짝 놀라게 한 바 있는
김활란 박사를 치눌러, 조선 임전 보국단의 지도위원으로 동원하고,
조선언론보국회(朝鮮言論報國會) 이사로 징용하는 악덕을 부렸다. 더구
나 1943년 11월에는 징병과 학병(學兵) 독려를 목적으로 조선 전시 종
교보국회(朝鮮戰時宗敎報國會)를 조직했는데, 여기에 감리교의 갈홍기,
장로교의 채필근, 천주교의 김한수(金翰洙)가 각각 용역(用役)되고 있
었다. …… 그러나 십자가가 아닌, 이들의 인간성이 당한 마음의 형극
은 제2차 세계대전 말기 전 세계가 겪었던 '인간성의 강간'의한 통절
한 영상이었다.[27]

1942년 일제는 신흥우·전필순·이용설·정춘수·정인과·
김인영·최동·한석원·양주삼·윤치영·박희도·윤일선·박인덕·
최순주·이훈구 등을 징발하여 미영타도(美英打倒) 좌담회를 갖
게 했으며,[28] 신흥우로 하여금 "우리의 위대한 구주 예수는 먼저
그 나라를 사랑하자 가르치셨다 …… 우리의 나라는 대일본제
국이다. 우리는 종교인이기 전에, 또 조선인이기 전에 먼저 제일
도 일본인이라는 것을 잊어서는 아니 된다. 천황폐하의 충성스러
운 이것이 우리들 조선 기독교에 주어진 하나님의 명령이다. 나
는 감히 이렇게 확신한다"[29]라는 글을 강제로 발표하게 했다.
이와 같은 강압적인 조작극을 막바지로 하여 만든 것이
이른바 조선혁신교단(朝鮮革新敎團)이란 어용단체다. 때는 1942
년 3월, "당시 경기도 경찰국 보안과장이던 야쓰기(八木)란 자가
이들을 사주하여 한국 교회의 일본화를 노린 이른바 '혁신교단'
의 각본을 연출시켰다. …… 왜경이 이미 대한성결교회를 폐쇄
시킨 이후 장로교회와 감리교회를 한데 묶어 일인들의 손아귀
에 넣으려 했고, 그러한 합동의 구실로 기독교를 혁신한다는 것
이었다. 혁신의 신학적 조건은 확실치 않으나 당시 가장 뚜렷하

게 표현된 것으로는 나치 독일의 반 유대인운동에 편승하여 구약 종교를 말살하고 신약의 종교로만 대치해 보자는 것이었다. 구약 종교는 민족주의 색채가 너무 짙다고 일경이 꺼리는 눈치를 알자, 시세에 재빠른 친일 목사들은 구약 종교는 버려도 무방하다고 주장하고 나선 것이다."[30]

그 주동인물은 감리교 측의 김인영·이동욱·심웅섭 목사 등이고, 장로교 측의 전필순·윤인구·최석주 목사 등인데, "통리에 전 모, 총무부장에 이 모, 교학국장에 윤 모, 재무국장에 최 모, 서무국장에 임 모 등으로 조직했다."[31]

위에서 전 모는 전필순 목사인데,[32] 그는 당시 장로교 경성노회(京城老會) 회장 겸 장로교총회 부회장으로, "위선 새문안교회에서 경기노회를 열어 혁신교단에 가입하는 형식을 취하여 새로운 혁신교단을 출범시켰던 것이다. …… 그러나 그 조직 발표가 난 지 한 달도 못 되어 장로교 경기노회는 당시 남대문교회를 시무하던 김영주 목사를 주동으로 혁신교단에 반기를 들어 경기노회를 재조직하여 가지고 장로교회로 환원했다. 전자의 노회에는 일경의 형사진이 혁신교단 가입 결의를 강요하여 협박적 분위기를 조성했고, 후자의 노회에서는 그 환원 결의를 못하도록 위협했다."[33]

어쨌든 이 혁신교단의 탄생은 군국주의와의 야합에서 이루어진 것이다. 다시 말해서 "혁신교단을 일으켜 보겠다는 한국 교회 측 인사들의 내심은 이북 세력에 대한 이남 세력의 승리를 이러한 기회로써 다짐해 보자는 교권욕에서였고, 그것이 어떻게든 한국 교회와 민족 세력의 본고장인 서북 세력을 뿌리 뽑아 보려는 총독부의 정책과 일치되었던 것, …… 그것이 결국 혁명이 못 되고 만담으로 끝나고 만 것이다."[34]

그러나 이 때문에 받은 한국 교회의 상처는 너무나 컸다. 우선 교회는 사도신경 중에서 "전능하사 천지를 만드신 하나님 아버지를 내가 믿사오며"와 "저희로써 산 자와 죽은 자를 심판하러 오시리라"를 삭제하게 되었다.[35] "또 찬송가 중에서는 '내 주는 강한 성이요'와 '믿는 사람들아 군병 같으니'가 삭제되었다."[36] 그리고 "성서 중에서 유대민족에 관계된 부분, 곧 출애굽기와 다니엘서를 비롯한 대부분의 구약성서와 신약의 요한계시록 …… 이상의 성서는 떼어 버리든지 눈에 안 보이게 먹으로 칠해 버리든지 하라고 지시했다."[37]

그리고 "예배는 시작 전 5분간 동방 요배, 전몰 용사들의 영혼을 위로하는 묵념을 하고, 출정 장병의 무운장구를 기원하며, 황국신민의 서사를 제창하게 했다. 주일학교는 일요수련회로, 수양회와 부흥회는 연성회(鍊成會)로 개칭했고, 1943년 9월부터는 주일 오후, 야간집회, 수요일 밤 기도회 등을 금지했으며, 예배당 안에서는 일어 강습, 근로작업을 강행시켰다. 도시에서는 교회들을 폐합시켜 한 곳에서만 예배 보게 하고 나머지는 군수공장으로 징발했다."[38]

1944년 9월에는 서울 상동교회에다 이른바 황도문화관(皇道文化舘)의 간판을 걸고, 감리교 교단본부 연성국장 갈홍기 목사가 관장이 되었다. 그는 교역자들을 징발하여 일본정신과 문화를 가르치고 '미소기' 즉 머리에 수건을 두르고 물을 끼얹어 사죄하는 형식의 이른바 신도(神道) 세례식을 솔선수범했다.

4) 신사참배 강요와 항거

일본의 신사(神社)는 불교의 절이나 사원(寺院)처럼 한 종교의 종교 의례 행사의 장소이며, 기독교의 성당이나 예배당에 해당하는 곳이다. 그렇다면 그 종교는 무엇인가? 그 종교를 흔히 신도(神道)라 일컫는데, 먼저 신도가 무엇인지 짚고 넘어가야 할 것이다.

일본인 학자들에 따르면, "신도란 일본인들의 신 관념에 입각하여 종교 의례를 행하는 생활원리요 토착신앙이다. 신도는 크게 신사신도(神社神道)·교파신도(教派神道)·국가신도(國家神道) 등으로 나뉜다. 그러나 그 중심이 되는 것은 신사신도이다"[39] 라고 분석했다. 민속 종교학자 유동식에 따르면, 일본의 원시 신도시대(神道時代)의 신은 다양한 것이었다. 산·물·바람·번개 등을 신격화한 자연신도가 있고, 생식력을 신격화한 관념신(예컨대 '이사나기', '이사나미' 등)도 있고, 지배자나 영웅을 신격화한 인간신도 있고, 씨족 공동체의 조상신(氏神)도 있었다.

그 신당의 원시적 모습은 제사 때만 신이 내리는 숲속의 신목(神木) 같은 것에 불과했는데, 차츰 그것이 신당(神堂)으로 발전하여 그 신당 속에 신이 상주하는 집으로 여겨지기 시작했다. 그리하여 신도는 신사신도 중심으로 발전하게 되었으며, 이 신사신도의 중심 신격(神格)은 씨신이었다. 이 씨신은 각자의 씨족을 수호하는 조상신과 동일시되기 때문에, 씨족과 혈연에 따라 서로 다른 신사를 갖게 되었다. 예컨대 후지하라씨(藤原氏)는 '야스카진자(春日神社)'에다 자기네들의 씨신을 모셨고, 황실은 '이세진구(伊勢神宮)'에다 자기네들의 씨신인 아마데라스 오오미가미(天照大神)를 모시게 되었다. '아마데라스 오오미카미'를 모시게 된 것은 7세기경 천황 중심의 통일국가 이념이 구체화된 때부터였다.

신도의 이러한 통일국가 이념 때문에 일본의 이른바 메이지유신 운동은 "불교·유교 등 외래종교로부터 신도의 복구(復舊), 정치와 사회를 통일하는 기본정신으로서 신도의 부흥이었다. 따라서 메이지 이래 신도는 국교가 된 것이다."[40]

이와 같이 신도가 국교가 된 이상 모든 국민에게 신도의 신앙을 의무화시켜야 했다. 그러나 위정자들은 신교의 자유가 헌법으로 보장되어 있기 때문에 신도 신앙을 모든 국민에게 강요할 수 없었다. 그리하여 "신사참배는 애국적 국가의식"이라는 구실을 만들게 된 것이다. 이 구실은 군국주의 위정자들의 탈바꿈에

불과했다.[41]

　이 탈바꿈 현상은 한국 민족의 침략정책에서 뚜렷이 나타났는데, 한국 침략의 원흉 데라우치 제1대 총독 때부터 구체화되었다. 즉 "경신숭조(敬神崇祖)는 우리나라 정교(政敎)의 기초가 되는 일대(一大) 신사(神社)의 창건을 위하여 …… 이미 제1기 시대에 결정한 바 있으며, 제2대 하세가와 총독 시대에는 구체적 계획을 수립하여 총공사비 예산 150만 원으로 다이쇼 7년(1918) 이후 8개년 계획으로 추진되었다."[42] 그리하여 일본 정부는 1919년 3·1운동 직후인 "7월 18일 내각고시(內閣告示)에 따라 신사를 창립하여 그 위치를 경성부(京城府) 남산(南山)에다 정하는 동시에, 제신(祭神)은 천조대신(天照大神, 아마데라스 오오미카미)과 메이지천황의 이좌(二座)로 하고, 사격(社格)은 관폐대사(官幣大社)에 열(列)하기로 한 것이다."[43]

　이것이 곧 조선신사(朝鮮神社)인데, "1925년 6월 27일 내각고시 제6호에 의하여 …… 조선신사를 조선신궁(朝鮮神官)으로 개칭하기로 한 것이며,"[44] 이때부터 한국 땅에는 일본 민족의 씨신인 아마데라스 오오미카미와 군국주의의 천황신(天皇神)인 메이지천황의 영이 모셔지게 되었다. 이리하여 일본 천황은 만세일계(萬世一系)의 천황인 동시에 현인신(現人神)이라는 일본인들의 씨족 신앙을 한국 민족에게 강요했으며, 그 신앙 고백의 장소가 조선신궁으로 굳어진 것이다.

　신사참배 강요는 1931년 만주 침략 이후부터 노골화되었다. 내선일체(內鮮一體), 내선동조론(內鮮同祖論), 국체명징(國體明徵)의 미명 아래, "신사참배는 애국적 국가의식"이니 "모든 국민이 지켜야 할 마땅한 생활규범"이니 하는 따위의 이론을 내세워 우선 학교 학생들에게 이를 강요했다. 그러나 "신도(神道)는 일본 조상의 영(靈)과 국가공로자의 영 또는 순국 군인들의 영을 숭배하는 종교인데, 조선 사람이 제 조상의 영 또는 종교를 버리고 어떻게 신사에 참배할 수 있다는 말인가?"[45] 하는 것이 한민족 전체의 동일 감정이었다.

신사참배 문제의 발단은 1932년 9월, 평양 교회가 서기산(瑞氣山)에서 거행된 만주 출정(出征) 전몰(戰役) 전사자 위령제에 기독교 학생들의 참여를 요청한 데서부터 일어났다.[46]

그러나 본격적인 강요의 마수가 뻗친 것은 1935년 11월 평양 숭실전문학교 교장 매큔(G. S. McCune, 尹山溫) 박사와 숭의여학교 교장 스누크(V. L. Snook) 여사가 신사참배를 요청받은 데서였다. 때는 미나미 총독이 부임하기 1년 전, 평양의 삼숭(三崇) 즉 숭실학교, 숭실전문, 숭의여학교가 이 같은 신사참배 강요를 받자 단호히 거절했다. "이에 평안남도지사 야스다케 미치오(安武道夫)는 두말하지 않고 60일간의 여유를 주면서 회답하라고 하고, 만일 그때 참배를 거부하면 학교 폐쇄와 강제추방을 불사하겠다고 협박했다. 매큔은 물러나와 평양 시내 27개 교회 목사들과 협의했다. 그런데 한 사람을 제외하고는 모두 참배에 반대했다. 그 근거로 한 목사는 '신사에서 신에 참배하는 것은 하나님의 계명에 반대된다'고 했다. 선교사들은 한국 교회의 이 심각한 반응에 놀라면서 이 결정을 받아들일 수밖에 없었다. 이 소식을 들은 도지사는 스누크와 매큔을 면직시키고 미국으로 출국시킨 다음 대대적인 신사참배 강요에 나섰다."[47]

"그 뒤 대구 계성·신명, 서울 정신, 재령 명신, 선천 신성·보성, 강계 영실학교 등 각 학교와 세브란스 의학전문학교도 같은 운명을 걸었고, 연희전문학교는 1941년까지 버티다가 어쩔 수 없이 총독부에 넘어가고 말았다."[48]

"신사참배 문제에 대한 남장로회 선교부의 태도는 북장로회 선교부보다 훨씬 강경했다. 이는 동 선교부 총무 풀턴(Foulton Darby) 박사가 본래 일본 간사이신학교장 풀턴 박사의 아들로 일본에서 나고 자라 신사를 너무도 잘 알던 자였기 때문이다. …… 1937년 7월 중일전쟁이 터지자 당국은 9월, 일본의 승리를 기원하는 신사참배를 강요했는데, 이를 계기로 광주 숭일남중학교, 수피아여학교, 목포 영흥 남중학교, 전주 신흥중학교, 기전 여학교는 자진하여 문을 닫았고, 군산 영명학교 등 모두 10개 학교가 폐교되었다.”[49]

장로교회는 1938년 9월에, 감리교회도 1938년 10월에 신사참배를 결의했고, 성결교회는 1943년에 해산당했으며, 천주교는 그 장정에서 누차 신사참배를 단죄했음에도 당시 독·이·일 3국 동맹관계로 태도를 돌변하여 1936년 5월 25일 교황 비오(Pius) 12세는 포교성성(布敎聖省)을 통하여 “신사 참배는 종교적 행사가 아니고 애국적 행사이므로 이를 용허한다”[50]고 했다.

이와 같이 천주교도 신사참배 강요에 굴하고 말았는데, 이때마다 공교회는 “신사참배는 종교행위가 아니라 국가의식”이라는 종래의 신도 해석을 구실로 삼았으며, 1938년 말 일본 제국의회에서 통과된 ‘종교법’ 즉 “신사는 종교가 아니고 오히려 종교를 초월하는 우리나라(일본) 고유의 교(敎)와 일치하는 것”[51]이라는 공식 발표에 속아 넘어갔거나, 아니면 그것이 종교인줄 알면서도 박해가 두려워서 그 발표를 묵인했든지 어쨌든지 그 강요에 굴하고 만 것이다. 이는 신도(神道) 자체의 가면성(假面性) 또는 군국주의자들의 기만성 때문이다. 이 가면성과 기만성을 이용한 교회는 한국 교회만이 아니라 일본 교회도 마찬가지였다. 일부 교인들 중에는 거센 반발이 일었다. “그중 숭실전문과 숭실중학의 교장 직에서 파면당한 뒤 한국 교회의 당면한 고난을 위로 격려하는 장문의 메시지를 남기고 1936년 3월 21일 미국으로 돌아간 윤산온(G. S. McCune) 박사는 그곳에 가서도 신사참배의 부당성을 역설하는 장문의 논문을 선교부에 보냈으며,”[52] 1938년 평북노회가 제일 먼저 신사참배를 결의한 데 격분한 동노회 소속 학생들이 동 노회 회장의 기념식수를 찍어 버린 것이 도화선이 되어 신사참배 반대운동은 더욱 번지게 되었다.[53]

감리교의 항거는 1942년 10월 2일 총회에서 정춘수 통리자(統理者)의 불신임안이 통과되었기 때문에 일본 경찰이 정춘수로 하여금 총회 해산을 공포케 한 데서 시작되었다.[54] 이때 주동인물인 류형기·구성서·전효배·정일형·송홍국 등 5명의 목사가 검거되었고, 월간지 〈신생〉의 집필진이던 이환신·배덕영·임영빈 등은 면직되었으며, 이규갑(李奎甲)·홍현설·이진구·변홍규·권성집·강종근 등 교역자와 김찬선(신도) 등이 투옥되어 그 중 강종근 목사는 옥사했다.[55]

이때 강제로 해체된 교회도 많았다. 가령 동아기독교(침례교)는 재림 신앙 때문에 1942년 6월 11일 전치규(田稚珪)·김영관(金榮官) 목사를 비롯한 32명의 지도급 목사들이 검거되어[56] 마침내 1943년 5월 10일 강제 해산의 비운을 겪게 되었다.

성결교회는 "중생·성결·신유·재림의 4개 교리 가운데 넷째의 '재림' 교리는 일본 천황의 존엄에 비례(非禮)가 된다 하여 1943년 5월 24일에는 전국 성결교회 교역자·장로·집사 등 300여 명을 검거했다. 이때 박봉진 목사와 정태희 장로와 김지봉 집사는 너무 심한 고문을 받고 옥중에서 순교했으며 …… 1943년에는 교단 신학교인 '경성신학교'를 폐쇄하고, 그해 12월 29일에는 교단도 강제 해산시키고 말았다."[57]

장로교 주기철 목사의 항거는 한국 교회 순교의 꽃다운 상징이 되었다. "주 목사는 신사참배를 적극 반대했기 때문에 1938년 2월 초에 제1차 검속 투옥된 것을 비롯하여, 그해 가을에 제2차, 1939년 8월에 제3차, 1940년 5월에 최후로 검속 투옥되어 1944년 4월 21일 오후 9시 평양 감옥에서 순교할 때까지 전후 7년간 옥중에 있었다."[58] 1938년 6월 일본 장로교 총회장 도미다와 히다카 젠이치(日高善一) 등이 시국강연 차 한국에 와 평양 산정현(山亭峴)교회 교인들 앞에서 "신사참배는 기독교에 배치되지 아니하는 황도주의 국가 의식일 뿐이므로 국민으로서 당연히 해야 한다"[59]는 요지의 설교를 했을 때, 그는 도미다 목사를 향하여 하나님의 계명 중 "나 외에 다른 신을 네게 두지 말라" 하신 것을 가지고 반대했다.[60] 이때를 기점으로 그는 한층 더 반

대운동을 용감하게 했는데, 죽음에 임박하여 "하나님 아버지, 의
에 살고 의에 죽게 하소서 …… 내 여호와 하나님이시여, 나를 붓
드시옵소서 …… 주님 나 위해 십자가에 돌아가셨는데, 내 어찌
죽음을 무서워 주님을 모른 체하오리까. 일사각오(一死覺悟) 있을
뿐이외다"[61]라고 기도하며 순교했다.

　　　신사참배 반대운동의 주동적인 인물로는 평북의 이기선
목사, 경남의 한상동(韓尙東) 목사, 평남의 이주원(李朱元) 전도사
를 들 수 있으며, 이기선 목사는 1939년 4월 하순경 평양의 채정
민 목사와 더불어 신사참배를 결사반대하는 동지들을 전국적으
로 획득하여 ① 신사참배하는 학교에 자녀를 입학시키지 말 것,
② 신사 불참배 운동을 일으켜 현실 교회를 약체화 내지 해체시
킬 것, ③ 신사 불참배 신도를 규합하여 가정예배를 드리며, 그것
을 육성하여 교회를 신설할 것 등의 기본방침을 구체화했다. 이
때부터 만주와 평남·경남에 신사 불참배 신도들의 교회 이탈과
그룹 예배가 성행했다.[62]

　　　한상동 목사는 1939년 12월, 위 기본방침에 따라 ① 현
노회 해체 운동, ② 신사참배 목사의 수세불긍(授洗不肯), ③ 신사
불참배주의 신도들만의 신노회 조직, ④ 신사 불참배 동지의 상
호원조 도모, ⑤ 그룹 예배의 여행(勵行)과 함께 동지 획득에 주
력할 것 등의 더 강력하고 광범위한 운동 방법[63]을 추진했다.

　　　선교사들의 지원도 있었는데, 평양의 해밀톤(F. E.
Hamilton, 咸日頓)과 말스버리(D. R. Malsbury, 馬斗元), 만주의 헌
트(B. F. Hunt, 韓富善) 선교사 같은 분이 대표적인 인물이며, 위
그룹 운동에 가담하지 않고 개인적으로 반대운동을 계속한 사
람도 많았는데, 전남 순천 나병원 애양원(愛養園)교회의 손양원
목사가 그 예의 하나다.

　　　신사 불참배 운동은 전국으로 번져, 그중 평북에서는 신
의주·강계·선천·정주·박천·영변 등지에서, 평남에서는 평양,
경남에서는 부산·마산·함안·거창·남해·진주·하동·창녕·통영

·합천·산청 등지에서, 만주에서는 하얼빈·봉천·무순·안동 등
지에서 제일 거세게 일어났다.[64]

　　그러나 "순교자들의 정확한 명단을 제시하기는 어렵다.
최봉석(崔鳳奭) 목사, 박관준(朴寬俊) 장로, 박의흠(朴義欽) 전도
사, 그리고 감리교 이영한(李榮漢), 동아기독교 전치규, 성결교회
손갑종, 안식교 최태현 목사 들은 다만 빙산의 일각에 불과한 고
난의 종들이다. 이들의 장한 항거와 소박한 신앙의 결단은 순교
의 형극 앞에서 오히려 줄기차게 뻗어 갔다. …… 이렇게 해서 신
사참배 문제로 평양신학교가 폐쇄당했고, 2백여 교회가 문을 닫
았으며, 2천여 신도가 투옥되었고, 50여 교역자들이 순교의 면
류관을 썼던 것이다."[65]

5) 일제 패망 직전 교회의 모습

　　패망 직전 일제의 발악상은 친미적인 교회 지도자들과 선
교사 추방에서 노출되었다. 그리하여 주(駐)경성(京城) 미국공사
마쉬(G. Marsh)는 선교사들의 완전 철수를 명령했고, 따라서 강
요에 못 이겨 1940년 말경까지 9분의 5에 해당하는 선교사들이
본국으로 귀환하게 되었다. 1941년에 들어서서는 미·영 선교사
중심의 이른바 '반전기도일사건(反戰祈禱日事件)'이 조작되는 바람
에 마지막 철수가 불가피해졌는데, 선교사들은 그해 9월 필리핀
이나 미국 본국으로 떠날 수밖에 없었으며, 1942년 6월 초대 선
교사 원두우(元杜尤, H. G. Underwood) 목사의 아들 원한경(元漢
慶, H. H. Underwood)의 부산항 출항을 끝으로 선교사들의 철수
는 마감되었다.

　　이와 같은 선교사들의 완전 철수와 1938년 5월부터의
평양신학교 무기 휴학사건 사이에는 미묘한 현상이 일어났다.
1939년 3월 '조선신학교'(현 한국신학대학의 전신) 기성회가 조직되

자 같은 해 평양신학교 재건운동이 시작되었고, 그리하여 평양
신학교는 1940년 2월 9일 총독부의 설립인가를 받았으며, 조선
신학교는 '조선신학원'이란 이름으로 경기도 지사의 강습소 인가
를 받아 1940년 4월 9일 서울 승동교회 아래층에서 역사적인
개원, …… 이와 같이 폐교되었던 학교의 재인가, 신학교의 신학
원으로 격하 등의 이면에는 남북 교회 간 갈등과 일제의 교활한
분열 공작 등이 주효했던 것이 사실이다. 그러나 일제는 한국 교
회를 손아귀에 넣기 위해서는 분산된 교회 기구를 하나로 통제
하는 것이 유리하므로 나중에는 한국 교회의 통일을 위하여 조
선신학원과 감리교신학교의 통합을 강요했다. 이에 대하여 당시
조선신학원 재학생이던 조향록 목사는 일제의 어용단체인 혁신
교단에 대하여 다음과 같이 말했다.

> 혁신교단의 첫걸음으로 신학교를 합동하자는 것이었다. 당시 서울에
> 있는 감리교 협성신학교와 조선신학원을 하나로 뭉치자는 것이었다.
> 감리교회 측으로는 김 모·이 모·심 모 목사들이 주동했고, 장로교 측
> 으로는 전 모·윤 모·최 모 목사들이 주동이 되었다. 신학교는 합동의
> 전제조건으로 위선 합동 교수하기로 하여 1942년 겨울학기를 감리교
> 신학교에 몰려가서 함께 공부했다. 한 교실 한 기숙사 안에서 두 학교
> 를 함께하는 것이었다. 이때 학생 측으로는 나이가 오히려 교수들보다
> 몇 살씩 더한 분들, 그중에서도 박창국 목사 등은 윤 모 목사와 전 모
> 목사님을 찾아가서 그들의 혁신교단을 함께 만류했다. 그러나 그때마
> 다 이 일은 성공한다는 그분들의 당당한 대답을 듣고서는 사제 간이
> 라 해도 뒷일이 믿어지지가 않아 조용히 물러나오곤 했다.[66]

그래서 조선신학원 설립자 김영철 장로와 김재준 목사 등
은 신학교를 정치적 과정에서 끌어내기 위하여 당시 일본인 교
회이던 정동교회(현 덕수교회)로 정하고 강의를 계속했는데, 이 때
문에 학생들이 개학 통지서를 조선신학원 측과 혁신교단 측에서

따로따로 받는 사태까지 벌어졌으며,[67] 이로 인하여 일제의 흉계는 자연 실효를 거두지 못하고 말았다.

한편 일제는 모든 교파의 통일을 획책했다. 그래서 이루어진 것이 1945년 7월 19일의 이른바 '일본 기독교 조선교단'인데, 이 교단은 일제의 강요에 못 이겨 조직된 것이긴 하나 "장로교의 전필순, 감리교의 이동욱 목사 등 분파가 주동되어 만들어진 이른바 조선혁신교단과는 달리 …… 장로교 대표 27, 감리교 대표 21, 구세군 대표 6, 그리고 소교파 다섯 군데에서 대표자 한 명씩 모여 성립"[68]된 것이다. 그리고 이 교단 통리(統理)에는 장로교의 김관식(金觀植), 부통리에는 김응태(金應泰), 총무국장에는 송창근 목사 등이 선임되었다. 그들은 다 비보수계 교회 연합 운동에 앞장섰던 지도자들로, 그중 김관식 목사는 일제 말기 목회 일선에서 물러나 농촌에 숨어 있다가 "그래도 한국 교회를 살리는 길은 다 하나가 되는 길밖에 없다"는 소박한 생각에서 통리직에 앉게 된 것이다.

어쨌든 8·15해방이 며칠만 늦어졌던들 한국 교회 지도자들은 몰살되었을 것이다. 일제는 8월 18일을 기하여 전 기독교인의 몰살을 계획하고 명단을 작성해 놓았기 때문이다.[69]

제4부

8·15 해방 후의 한국 교회

1.

6·25 직후까지의
교회의 모습(1945~1950)

　　골고다 언덕 위의 치욕과 아픔이 그토록 컸던 만큼 사흘 후의 부활도 찬란하기 그지없었다. 8·15해방! 온 겨레는 기쁨을 이기지 못해 만세를 부르고 거리를 누볐다. 더구나 신앙의 지조마저 빼앗기고 짓밟혔던 교회의 기쁨과 기독교인의 감사는 컸다. 예배당의 빗장은 풀리고 열어젖힌 옥문으로는 믿음으로 승리한 산 순교자들이 쏟아져 나왔으며, 전국의 교회는 재건의 깃발을 높이 들었다.

　　그러나 역사의 시련은 끝나지 않았다. 강대국 간의 협정에 의한 국토 양단(兩斷)이 그것이다. 소련군이 진주하고 공산정권이 수립된 북한 지역 교회의 수난은 존폐 위기까지 직면할 지경이었다. 이로써 남북한 교회는 그 혈맥이 차단되었고, 많은 성직자와 교인이 참혹한 수난에 목숨을 잃거나, 사선을 넘어 월남했다. 이러한 역경 가운데 신학의 차이와 경건 불경건 등이 복합되어, 교회는 내적 분열의 아픔까지 낳고야 말았다. 이러한 고통을 이고 교회는 재건의 길을 걸어야 했다. 이 시기, 교회가 안팎으로 직면한 문제는 첫째, 밖으로부터의 정치적 위협, 곧 38선에 의한 분단과 북한 공산주의자들의 교회 말살정책 문제, 둘째, 일제 말기 신사참배 강요의 굴복 여부에서 출발한 신앙의 내적 시비 문제, 셋째, 신학사조와 조선신학교를 둘러싼 신학 방법론 문제 등이었다.

이렇듯 일제라는 거대한 박해의 휘장이 벗겨진 한국 교회는 새로운 역사의 시련에 시달려야 했다. 해방 이후 교회의 역사는 통일보다는 분열, 협조보다는 대립을 감추지 못했다. 그러나 "국토와 민족의 통일은 반드시 있을 것과 마찬가지로 우리 교회의 통일이 반드시 있을 것을 믿는 바다. 오늘의 대립과 분열은 한 가지 과도적 현상이요, 우리 교회 안에 영속할 특수성이라고 믿지 아니한다. 해방 10년사의 주류에서 표면적 분열의 저부(底府)에는 통일이 있고, 전면적 대립의 내부에는 협조가 있고, 냉혹한 입론(立論) 안에는 공정한 양해가 있음을 발견코자 한다. 이 어찌 사가(史家)의 착안점(着眼點)이 아니며 독사자(讀史者)의 발견할 바가 아니리요!"[1]

1) 한국 천주교의 재건운동

일제치하 36년 동안 사실상 개신교회보다 박해와 수난을 덜 받은 한국 천주교회는 태평양전쟁(1941년) 이후에는 사태가 여의치 못했다. 1941년 12월 8일로 평양교구의 오세아(O'Shea) 주교[2]를 비롯한 미국인 신부 35명과, 광주교구와 춘천교구의 아일랜드인 교구장 및 신부 32명이 잡혀 갔고, 그 이듬해에는 미국인 신부가 모두 본국으로 추방됐으며, 프랑스인 성직자들은 대외적 활동이 중지되고 교구장 등은 사임당했다.[3] 이어 서울교구장 라리보 주교[4]가 물러나고, 한국인 노기남 주교와 대구교구장 무세(Mousset, 文濟萬) 주교[5]가 물러났으며, 일본인 하야사카 큐베이(早坂久兵衛)가 착좌하는 등 자주성을 박탈당하여 교세는 크게

위축된 바 있었다. 그뿐만 아니라 서울의 대신학교까지 폐쇄되었
다.[6]

　　마침내 해방을 맞았다. 당시 한국 천주교회는 서울·대
구·평양·함흥·덕원·연길·전주·광주·춘천의 9개 교구와 7명
의 주교, 2명의 교구장이 있었고, 신부는 프랑스인 38명, 독일인
54명, 아일랜드인 10명, 한국인 132명, 수녀는 프랑스인 13명,
독일인 37명, 한국인 332명이었으며, 교인 수는 183,666명을 헤
아리고 있었다. 신부가 주재하는 곳은 163곳이며 그보다 많은 성
당 그리고 1천 곳이 넘는 공소(公所)가 있었다.[7] 해방 이후 남한에
진주한 미군과 함께 온 스펠만(F. Spellman) 대주교[8]는 한국 천
주교 재건에 큰 도움을 주었다. 그는 해방되던 해 9월 9일, 명동
대성당에서 한국의 민족해방과 천주교의 발전과 연합군의 승리
를 축복하는 미사를 드리고 강론을 했다.[9] 그는 6·25 때 미국 천
주교 기관을 통해 전쟁 이재민 구호운동을 크게 펴기도 했다.

　　한편 노기남 주교는 교회 재건과 독립정부 수립에 교회와
교인이 협조할 것을 고유(告諭)를 통해 발표한 바 있고,[10] 물러났
던 교구장들이 돌아오고 일제에 의해 간첩 누명을 쓰고 감금되
었던 몇몇 신부들[11]도 모두 돌아와 교회 재건 기운은 높이 솟았
다. 접수되었던 평양 주교좌성당, 영등포성당, 명동성당, 대구신
학교, 경주신학교, 덕원신학교, 원산수녀원, 목포주교관 등을 되
찾았고, 1946년 8월 1일 폐간되었던 〈경향잡지〉[12]를 속간했다.
또한 좌익 출판시설인 ‘정판사’를 미군정당국에 교섭, 불하받아
‘대건인쇄소’를 차리고 그해 10월 6일 양기섭(梁基涉) 신부를 사
장으로 정론의 〈경향신문〉[13]을 재창간했으며, 1936년 이래 중단
되었던 〈가톨릭청년〉[14]도 1947년 4월 복간했다.

　　그러나 이러한 재건의 활발한 기운 가운데에서도 북한에
있는 교구에는 공산당의 핍박이 시작되고 있었다. 먼저 만주지역
을 관할하던 연길교구에서는 소련군 진주와 함께 독일인 첼너(E.
Zellner) 수사와 루드비히(S. Ludwig) 신부가 총살되고, 브레헤르

(T. Breher, 白)[15] 주교 등 모든 성직자가 체포되었으며, 덕원·함흥 교구에서는 신학교·수도원이 모두 접수되고 사우에르(B. Sauer, 辛)[16] 주교와 많은 내외국인 성직자가 체포되어 일부는 순교하고, 나머지는 '죽음의 행진'이라 불리는 혹독한 포로생활을 치렀다.[17] 그뿐만 아니라 이미 메리놀회(미국인) 성직자들은 일제 말기 모두 추방되고 한국인 신부들에 의해 관할되던 평양교구에도 핍박이 가해져 홍용호(洪龍浩) 주교 외 모든 성직자[18]가 거의 순교한 것으로 보인다. 공산당의 이러한 천주교 핍박은 6·25 때 남한으로까지 확산되어 춘천교구의 아일랜드인 신부, 대전교구의 프랑스인 신부, 서울교구의 한국인 신부 등 여러 사람이 학살되거나 납북되는 수난을 겪게 되었다. 6·25를 전후한 교구별(연길교구 제외) 성직자의 체포(학살당한 이 포함) 상황은 다음과 같다.[19] (아래 도표에서 *은 교황 사절)

신분·국별 교구	주교		신부		수사		수녀		신학생		계	
	외국인	한국인	외국인	한국인	외국인	한국인	외국인	한국인	외국인	한국인	외국인	한국인
덕원·함흥	1		21	8	25		20	2		2	67	12
평양		1		14				2				17
서울	1*		5	15			7	3			13	18
춘천	1		5	2							6	2
대전			9	1							9	1
광주	1		2							2	3	2
계	4	1	42	40	25		27	7		4	98	52

　　한편 남한 천주교회는 6·25 전까지는 급격한 성장을 거듭하고 있었다. 1947년 8월에는 일제 때 평양교구장을 지낸 바 있는 번(Byrne) 신부[20]가 초대 교황사절에 임명됨으로 교황청은 정부 수립 이전에 벌써 한국의 독립을 승인한 것이 되었다. 1948년 8월 15일 남한만의 대한민국 정부가 수립되고 천주교인 장면(張勉)을 수석대표로 하는 대표단의 활약으로 그해 12월 UN총

회에서 독립국가 승인을 얻었다.[21] 이러한 국가적 기반하에 철저한 신교(信敎)활동의 자유가 보장된 남한 지역 천주교회는 교회 안팎으로 큰 성장을 이룰 수 있었다. 6·25 1년 전인 1949년 6월 현재, 남한만의 천주교 교세를 살펴보면 다음과 같다.[22]

교구 수		6
주 교		3
교구장		3
신부 수	한국인	144
신부 수	외국인	58
신학생		184
본당 수		131
공소 수		1,243
수녀 수	한국인	385
수녀 수	외국인	16
교인 수		157,668
(북한 교인 10만 포함)		

예비자		8,516
구호기관	보육원	9
구호기관	양로원	2
구호기관	병원	7
출판사업	신문사	2
출판사업	잡지사	3
출판사업	인쇄소	4
유치원		30여 개
초등학교		26
중·고등학교		14
대학		1

2) 한국 개신교의 재건운동

(1) 북한 교회의 재건과 수난

기독교가 전래된 이래 한국 기독교의 중심지는 사실상 북한 지역이고, 그중에서도 평양, 선천 등을 중심으로 하는 관서지방이었다. 이에 따라 일제의 수난 폭도 다른 지방보다 그 지방이 더 컸으며, 해방에 따른 감격도 남달랐고, 교회 재건 의욕도 드높았다. 평양 감옥에서는 전후 7~8년 동안 옥고를 겪으며 일제의 신사참배 강요를 물리치고 신앙을 지켜 오던 이기선·채정민 목사 등 20여 명의 교직자들이 풀려났고, 지하에 숨어 있던 교역자들도 모두 풀려나 교회 재건을 서둘렀다. 그리고 일찍이 한국 교회의 성지로 알려진 평북 선천을 중심으로 한 평북노회는 혹심한 탄압에도 불구하고 이른바 '일본 기독교 조선교단'

에 가입하지 않았기 때문에 동(同)노회 소속 교회들은 특별한 재건 절차도 필요 없었다.[23] 그 뒤 북한 지역 장로교회의 다른 노회들과 그 지교회, 감리교회의 지방회와 지교회, 성결교회 등 기타 소교파들은 1945년 9월 말까지는 일본화되기 이전 혹은 폐쇄(성결교, 동아기독교 등)되기 전의 조직으로 모두 복구, 재건되었다.

한편 일제 말기 신사참배 반대로 투옥되었던 70여 명의 교직자 중 주기철 목사처럼 순교하거나 병사한 50여 명을 제외한 20여 명의 생존자, 즉 출옥성도(出獄聖徒)[24]들은 그립던 교회나 가정으로 즉시 돌아가지 않고 순교자 주기철의 시무 교회이던 평양 산정현교회에 모여 2개월여 동안, 기도하며 한국 교회의 제반 문제를 토론했다. 이들은 그해 9월 20일경 5개 항의 한국 교회 재건 기본원칙[25]을 발표하는 등 나름대로의 강력한 교회 재건 의지를 표명했다. 그러나 사실 출옥성도들 사이에서도 몇몇 신앙노선의 차이로 입장을 달리하는 요소가 있었고, 이에 따라 재건 방법론도 서로 달랐다.

첫째, 옥중에서 이미 강요에 못 이겨 신사참배를 시인한 인사들로, 이들은 출옥 후 기성 교회인과 함께 교회 재건에 참여했다. 둘째, 신사참배는 죄이나 황성요배(皇城遙拜) 및 묵도나 국기배례는 양심의 문제로 규정하고 시인한 인사, 즉 이기선·한상동 목사 등 7인이 이에 속한다.[26] 이들은 출옥 후 재건 원칙에 입각하여 기성 교회에 들어가 재건운동을 전개했으나 뜻이 맞지 않자 별도로 북한에서는 독립노회(혁신 복구파, 이기선 중심), 남한에서는 법통노회(한상동 중심)를 조직했다. 셋째, 신사참배는 물론 일제의 국민의례도 완전 거부한 인물들로 김린희, 최덕지 등이다. 이들은 처음부터 기성 교회와는 별도의 재건교회를 북한(김린희)과 남한(최덕지)에서 세운 바 있다.[27] 출옥성도들의 이러한 의견 차이로 재건 5원칙에서도 화합을 이루지 못하고, 그것이 발표될 때 이미 별도의 장로교(재건파)는 조직되고 있었다.[28]

그뿐만 아니라 기성 교회와의 재건운동 노력이 거북해진

이기선 목사 측도 1946년부터 평북 일대에 30여 교회를 설립하고 별도의 재건운동을 시작했다.[29] 한편 재건 원칙을 발표한 출옥 성도 측과 기성 교회 인사들의 견해 차이가 노출되기 시작한 것은 1945년 11월 14일부터 일주일간 선천 월곡동(月谷洞)교회에서 열린 평북노회 주최의 평북 6개 노회[30] 교역자 퇴수회(退修會)에서였다. 이 모임은 해방 잔치를 겸한 심령부흥회인바, 멀리 함경도 지역 교역자들도 대거 참여하여, 약 200명이 모이는 성황을 이루었다.

이 집회의 특별강사는 출옥성도 이기선 목사와 만주신학원장 박형룡 박사였다. 이기선 목사의 신앙 간증은 큰 감동을 불러일으켰으나 박형룡 박사가 앞서 언급한 재건 5원칙을 발표하자 신사참배 결의 총회장이던 홍택기 목사 등 기성 교회 인사들의 큰 반발을 샀다. 즉 "그들의 주장은 옥중에서 고생한 사람이나 교회를 지키기 위하여 고생한 사람이나 그 고생은 마찬가지고, 교회를 버리고 해외로 도피생활을 했거나 혹은 은퇴생활을 한 사람의 수고보다는 교회를 등에 지고 일제의 강제에 할 수 없이 굴한 사람의 수고가 더 높이 평가돼야 한다"[31]는 것이었다. 또한 "신사참배에 대한 회개와 책벌은 하나님과의 직접관계에서 해결될 성질의 것"[32]이라고 덧붙였다.

한편 퇴수회에서는 당시 분단으로 인한 남북 교회의 단절, 이로 인한 북한 지역 교회의 행정적 공백에 대한 대책 문제가 거론되고, 공산당의 탄압이 시작되는 마당에서 북한 교회의 전체적인 조직체의 필요성도 논의되었다. 이에 따라 추진된 것이 '북한 5도연합노회(北韓五道聯合老會)'다. 평양노회가 중심이 되어 북한 5도(평안남·북도, 함경남·북도, 황해도)의 16노회[33]와 연락을 취하여 연합노회 조직에 관한 절차를 결정한 뒤 1945년 12월 초 평양 장대현교회에서 첫 회집이 성립되었다. 회장에는 김진수(金珍洙) 목사가 선임되고 주요 간부로 김철훈(金哲勳)·이유택(李裕澤)·김길수(金吉洙) 목사 등이 나서서 큰 활약을 보였다.

　　연합노회는 조직의 성격과 방침 등을 6개 항의 결의안[34]
으로 정하고 구체적 활동을 시작했다. 제일 먼저 평양신학교 재
건을 서둘러 김인준(金仁俊) 목사에게 책임을 맡겼고, 해방을 기
념하는 전도운동을 일으켰다. 종전 총회에 소속되었던 희년 기
념 전도회와 같은 성격으로 ‘독립 기념 전도회’를 조직하고 희년
기념 전도회 총무를 지낸 바 있는 전재선(全載先) 목사에게 역시
총무의 중임을 맡겼다. 이를 통해 북한 지역에서는 대대적인 선
교 성과가 있었다. 또한 연합노회는 남한 교회와 연락하기 위해
사절단 파송을 결정했다. 공산당과 소련 점령군 당국에 대해서
는 해방을 성취시킨 연합군 사령부에 대한 감사의 사절단으로
표명했지만, 실상은 남한 교회와의 연락, 남한에 귀국한 해외 독
립지사 및 기독교 지도자들과의 접촉, 그리고 북한 교회 실정에
대한 보고 등이 주목적이었고, 그 임무는 증경총회장 이인식(李
仁植)·평동노회장 김양선 목사에게 맡겼다.

　　이러한 활동들을 과감히 벌인 연합노회는 첫째, 그들 스
스로 독립된 총회를 구성치 않고 일개 협의기관으로 형성하여
남북 교회의 엄연한 동일체를 염원한 점과 둘째, 대행기관으로서
일제에 의해 치리강령이 개정되었던 당시의 헌법을 버리고 본래
의 총회 헌법을 복구하여 사용한 점과, 그 헌법을 남북통일 총회
시까지는 절대 개정치 않기로 한 점 등에서도 조직의 한계와 복
구·재건의 뜻을 분명히 하는 현명한 판단을 내린 바 있다.[35]

　　한편 ‘북한 교회’는 공산주의에 의한 직접적인 수난의 길
로 접어들었다. 앞서 언급한 바와 마찬가지로 북한의 기독교세와
영향력은 남한의 그것에 비길 바가 아니어서, 해방 직후만 해도
모든 고을의 자치회(自治會)니 건국준비위원회 등이 모두 그 고
을, 마을마다 교회를 중심으로 형성되는 등, 정치·경제·사회 문
화 모든 면에 걸쳐 큰 영향력을 미치고 있었다.

　　이러한 점은 특히 소련 점령군이나 공산주의자들에게 탄
압의 필요성을 자극했다. 사실상 기독교를 말살하거나 손아귀에

넣기만 하면 북한 전역을 먹는 것은 식은 죽 먹기와 같은 것이었다. 그리하여 공산 측은 이미 이북 연합노회가 형성될 즈음 교회 탄압을 궁리하고 실행 단계에 들어가고 있었다.[36] 그뿐만 아니라 북한에는 기독교인을 중심으로 한 두 개의 정당 즉 '기독교 사회민주당'[37]과 '기독교 자유당'[38]이 결성된 바 있는데, 이는 북한 교회의 탄압을 가중시키는 요소의 하나가 되었다.

신의주에서 윤하영(尹河英)·한경직(韓景職) 두 목사에 의해 비롯된 기독교 사회민주당의 조직이 확대되자 공산 측은 각 지방 공산당원과 불량배를 동원해서 방해공작을 일삼았고, 평북·용암포 조직대회의 무력 난동의 결과로 유명한 '신의주 학생 의거사건'[39]이 일어났다. 결국 많은 우익 기독학생이 희생되었고, 기독교 사회민주당 관계 인사도 총검거되었다. 또한 평양에서 김화식(金化湜) 목사를 중심으로 형성된 기독교 자유당은 1947년 11월 19일을 결당식 거행일로 정하고 준비하던 중, 그 하루 전날 관계 인사가 모두 검거되어 무산되고 말았다.

이와는 별도로 1946년 3·1절 기념행사를 계획하던 북한 교회에 기념예배 금지령이 공산 당국으로부터 떨어졌다. 3·1운동의 주역으로서 교회는 해방된 마당에서 첫 3·1절 기념일을 맞아 뜻깊은 감회를 느끼며 행사를 준비하고 있었다. 북한 교회는 공산 측의 방해에도 기념예배를 전격적으로 거행할 것을 결의했다. 이는 공산 측과의 정면충돌을 피할 수 없게 하는 조치였다. 그중 먼저 평양의 교회는 그해 2월 21일 서문밖교회에서 모인 평양 시내 교역자회의에서 3·1절 기념예배 단행과 그 절차를 의논했다. 이에 공산 측은 동 25일 교역자들을 '마포삼열 기념관'에 모아 교회의 기념예배를 중지하고 공산 측 기념식에 동참할 것을 종용했다. 그러나 교역자들은 3·1절의 역사적 의의를 설명하며 교회 나름의 기념 예배 필요성을 역설했다. 마침내 26일 새벽을 기하여 평양 시내 교역자 60여 명이 총검거되었다.

이러한 방해 공작과 위협 속에서 체포를 모면한 교회 지도자들에 의해 행사는 추진되었고, 3월 1일 3·1운동의 진원지 중 하나인 장대현교회로 수많은 기독교인이 몰려들었다. 교회는 무장 군인들에게 포위되고 예배 중지가 강요되었으나 수천 기독 청년들의 호위 속에서 예배는 진행되었고, 김길수 목사는 사회를, 황은균(黃殷均) 목사는 강연을 각각 맡았다. 예배가 끝나자 참석한 5천 교인은 그 자리에서 한국의 완전 독립을 위한 3일간의 금식기도를 선언하고 자리를 뜨지 않았다. 기도 중에 공산당 내무서원들은 황은균 목사를 체포했다. 이에 성난 신도들은 일제히 몰려들어 십자가와 태극기를 휘두르며 만세를 부르고 시위했다. 무장병들은 실탄 발포를 서둘렀으나, 소련 당국이 말려 유혈사태는 모면했다. 이어 일단의 신도들은 '신앙의 자유와 신탁통치 반대'를 부르짖으며 소련군 사령부를 향해 시위했으며, 평양 역전의 공산 측 3·1절 기념식장은 원인 모를 수류탄 폭음 등으로 방해받고 일찍 해산되는 등 교회의 저항은 컸다.

그뿐만 아니라 3·1운동의 또 하나의 중심지였던 의주에도 3·1절 기념예배 금지령을 묵살하고 수천 신도가 동(東)교회에 회집, 김석구(金錫九) 목사의 사회하에 기념예배를 거행했다. 그러나 공산당원과 불량배들이 동교회에 난입, 기물을 부수고는 김석구 목사를 달구지에 강제로 태우고 "민족 반역자", "미국의 주구(走狗)" 등의 문구를 목에 매달아 시내를 일주하며 희롱하기도 했다.[40]

그러나 북한 교회에 대한 공산 측의 본격적인 탄압과 장악 책동은 저 유명한 주일 총선거 실시와 공산 어용단체인 '기독교연맹' 결성에서였다. 3·1절 기념식 시비 이후 공산 당국은 북한의 모든 공식적 행사를 주일날 개최하여 교회와 계속 마찰을 일으키더니, 1946년 11월 3일 주일날 김일성 괴뢰정권의 총선거일을 정했다. 계속되는 주일 행사 반대 투쟁으로 신앙생활 고수를 위해 노력해 온 교회는 주일 선거 결정에도 크게 반발하여, 10월 20일 5도연합노회를 회집하고 대책을 논의했다. 동 노회석상에서는 주일 선거 반대를 위한 5개 항의 결의문[41]을 채택하고, 이를 공산당국에 제출함으로 강경한 대응책을 마련했다.

북한 교회의 강력한 결의문에 접한 공산 측은 물리적 탄압만의 교회 말살책으로는 실효를 거두기 어려움을 인정하고 새로운 대책을 마련하기에 이르렀다. 어용 기구 조직으로 교회 처리권 장악과 대외적 명분 확립의 일거양득책을 노리기에 이른 것이다. 이 일에 앞장선 자는 전직 목사로 김일성의 외종조부이면서 비서 노릇을 하고 있던 강양욱(康良煜)이다. 이 공작의 주요 내용은 신앙에 불철저한 교역자들을 매수하여 교회기관을 만들고 그들에게 교권을 보여, 내분을 초래하고 교회가 자멸토록 하는 것이다.

이러한 계략하에 '기독교연맹'이 조직되었다. 처음에 참여한 인사는 곽희정(郭熙貞)·이웅(李雄)·신영철(申英徹)·심익현(沈益鉉)·나시산(羅時山)·배덕영(裵德永)·김치근(金致根) 등이다. 그러나 평양 시내 교역자 대부분이 동(同) 연맹을 외면하자 강양욱은 목사 김응순에게 구원을 청하고 원로목사 김익두, 전 산동(山東) 선교사 박상순(朴尙純)을 감언이설로 가입시켜 박상순을 연맹위원장에 앉힘으로 조직의 권위를 세웠다. 황해도와 함경도 지역 교역자를 대거 위협하여 가입시킨 이들은 5도연합노회에 정면 공세를 펴 4개항의 반대 성명[42]을 발표하고 이 결의문을 각 교회에 낭독, 채택토록 했다.

그러나 평안남북도 지역 대부분 교회는 이를 거부했고, 11월 3일의 주일 선거도 거부했다. 이들은 모두 순교를 각오한 터였다. 그러나 기독교도연맹은 조직 강화와 탄압을 노골화하여 1948년부터는 교직자뿐만 아니라 일반 신도의 가입도 종용하고 면·군·도 단위 연맹을 확립했다. 그 후 1949년에는 도연맹 대표를 모아 이른바 기독교도연맹 총회를 결성하여 강력한 조직체[43]를 구성했고, 이북 5도연합노회의 주요 간부[44]를 모두 검거, 투옥시켰다.

　　그뿐만 아니라 1950년 4월에는 연합노회가 경영하는 장
로회신학교와 평양에 소재한 감리교의 성화신학교[45]를 통폐합하
여 연맹 직영의 '기독신학교'로 개교하고 김응순으로 하여금 교
장으로 관할하게 했다. 이로써 연합노회 소속 지교회·노회는 물
론 기타 교파의 교회 모두를 임의 관리하는 것 등을 포함하여,
북한 교회의 실권을 장악하고 연맹 가입을 끝내 거부하는 교역
자들[46]을 투옥·처단했다. 이로 인해 6·25 직전까지는, 요행히 투
옥되지 않고 강단을 지킨 몇몇 교역자[47] 외에는 연맹을 반대하는
교역자 대부분이 검속되었으며, 교회당은 정치 계몽 장소로 사
용되는 등 북한 교회는 파멸 지경에 있었다.[48]

　　(2) 남한 교회의 재건과 혼란

　　해방된 남한 교회는 북한 교회의 활발한 재건운동에 비
해서는 박력이 부족했다. 그 이유는 첫째로 손양원 목사 외에는
출옥성도가 없었고, 둘째로 "남북통일과 신앙 통일을 거의 하나
와 같이 염원"하던 교회 청년들의 운동, 특히 일본 기독교 조선교
단 통리(統理)이던 김관식 목사를 비롯, 장로교의 송창근·김영
주, 감리교의 김인영·박연서, 심명섭(沈明燮) 목사 등은 1945년 9
월 8일 서울 새문안교회에서 교단 연합 그대로의 남부대회를 개
최한 바 있다.[49] 무엇보다 해방된 남한의 정치 주도권은 모두 기독
교인인 이승만·김구·김규식 등에 의해 행사될 것이 예견되는 상
황에서 교회는 그들에게 건국이념을 제공하며 적극 지원할 당면
성에 입각해 있었다. 이러한 역할 수행에서 교회의 자파 환원보
다는 연합된 통일 조직 형성이 유리했다는 판단도 가능했다.

　　그러나 이러한 뜻이 담긴 남부대회는 개회 벽두에 변홍
규·이규갑 등 감리교 목사 일부가 자파 감리교회의 재건을 선언
하고 퇴장하면서 무산되고 말았다. 이로써 한국 교회 70년의 숙
원이던 하나의 교회에 대한 열망은 열매가 맺기도 전에 산산이
부서지고 말았다. 교파를 교회보다 더 높은 것으로 훈련받아 온

터에 일제의 산물이라는 혐오가 엇섞여 이 엄숙한 대업(大業, 한국 단일교회)은 단절되고 만 것이다.[50] 이후 남한 각 교파들은 재건, 복구를 서둘렀다. 먼저 장로교회를 보면 재건의 시작은 부산을 중심으로 한 경남노회에서 비롯했다.

이는 역시 순교자 주기철·최상림(崔相林) 목사, 출옥성도 손양원·주남선·한상동 목사 등의 출신지가 경남으로 그들이 이곳에서 다년간 목회한 사실이 크게 작용했던 것이다. 1945년 9월 2일 부산시 교회 연합예배 석상에서 최재화(崔載華)·노진현(盧震鉉)·심문태(沈文泰) 등 20여 명의 교직자들이 신앙 부흥운동 준비위원회를 조직하여 과거의 온갖 잘못을 회개 청산하고 정통 신앙에 의한 교회 재건에 정진할 것을 결의하고, 동(同)회 대표 최재화·심문태 두 목사 명의로 교회 재건과 노회 복구를 선언했다. 이어 동 18일 부산진교회당에서 경남 재건노회가 조직되고, 그해 11월 3일에는 제47회 경남노회가 개최되어 주남선 목사가 노회장에 선임되었다. 이를 신호로 남한 각 노회가 재건의 기치를 들어 1946년 초까지는 모든 노회가 재건되었다.

마침내 1946년 6월 12일부터 4일간 서울 승동교회에서 장로교 남부총회가 열렸다. 북한 교회가 불참한 가운데 열린 총회여서 명칭을 남부총회라 했다. 이 총회에서 배은희(裵恩希) 목사가 총회장에, 함태영 목사가 부총회장에 각각 선임되었으나 이들은 실제의 목회자는 아닌바[51] 교권은 그대로 일제 말기의 기존 교권자들에게 있었다. 한편 남부총회에서는 4개항의 결의안[52]을 채택한바, 주요 내용은 총회 헌법 개정 보류,[53] 신사참배 결의 사실의 취소,[54] 조선신학교의 직영 신학교 지정,[55] 여장로직 승인 유보[56] 등으로 요약할 수 있다. 이러한 남부총회의 결정들 중에는 임시 총회가 취해야 했을 당연한 결정도 있는 반면, 이후 총회 분열의 불씨를 남긴 요소도 없지 않았다.

1947년 4월 대구제일교회에서 회집된 제2회 남부총회는 남북 분단의 장기화를 감안하여, 1942년 일제에 의해 해체된 바

있는 장로교총회(31회)의 계승을 결정하고, 제33회 총회로 속개
(제1회 남부총회를 제32회 총회로 인정)했다. 이 총회에서는 이자익(李
自益) 목사를 총회장에, 함태영 목사를 부총회장에 뽑았고, 특히
신앙의 자유를 찾아 월남한 북한 출신의 많은 교역자에 관한 문
제를 협의했다. 북한 노회 출신 피난 교역자들을 대우하여 각 노
회 목사 3인의 추천으로 노회에 가입시키고 교회를 담임케 하거
나 개척전도에 임하도록 함으로 수백 월남 교역자의 힘을 더해
남한의 교회 발전을 도모하게 했다.[57] 그러나 1946년 시작된 고
려신학교, 1947년 제33회 총회에 제출된 조선신학교 김재준 교
수에 대한 진정서[58] 등으로 이미 장로교회는 교단 분열 조짐이
보이기 시작했다.

　　　한편 '감리교회'는 1945년 9월 8일 남부대회 석상(새문안
교회)에서 퇴장한 이규갑·변홍규·김광우(金光宇) 목사 등이 같
은 날 동대문교회에 모여 감리교 재건중앙위원회(위원장 이규갑)를
조직하는 동시에 감리교회 재건을 대외에 선언했다. 그러나 서울
시내 주요 교회 교역자 등 많은 감리교 인사들은 남부대회에 남
은 교단 측 지도자들과 이 움직임을 관망만 하고 있었다. 이에 굴
하지 않고 재건위원회 인사들은 동(東)·중(中)·서(西) 3부연회를
조직하고 변홍규(동)·이규갑(중)·이윤영(李允榮, 서) 목사를 각각
연회장에 선임했다. 3부연회를 조직한 뒤에는 전국 감리교회의
동참을 의도하여, 1946년 1월 14일 동대문교회에서 연합연회를
개최했다. 여기서 감리교회의 완전 재건과 신학교 재개를 결정했
다. 당시 재건 연합연회에 참가한 교회는 70여 교회밖에 없었다.
그러나 재건연회는 총리원을 점유하고 있었으므로 신학교 재건
은 용이하게 되어 곧 신학교는 개교되고 변홍규 목사가 교장에
취임했다.

　　　하지만 이렇듯 일제 말기에 교권을 멀리했던 지도자들에
의한 강력한 재건운동의 전개에도 불구하고 재건 방침이 다소 극
단적인 측면이 있는 점 등을 이유로 이에 참여한 교회가 워낙 부

족했다. 감리교회는 이때를 고비로 재건위원회 측에 주도권을 주어 명실상부한 감리교회 재건을 완성하느냐, 아니면 양 세력이 대립되어 분쟁과 분열을 일으키느냐 하는 중대한 국면에 직면했다.[59] 마침내 1946년 4월 7일 강태희 목사를 중심으로 하는 반대 측(일명 부흥파)은 수표교교회에서 '기독교 조선감리회 부흥신도대회'를 열고 "감리회 부흥 급(及) 수습 대책에 있어 감리회의 전통 헌장과 신도의 여론을 존중하여 합리적이고 타당한 방도를 취하되 양심과 이론에 호소하여 실시되기를 희구한다"[60]라는 성명을 발표함으로써 사실상 두 개의 감리교회가 되고 말았다.

'성결교회'는 주장하는 교리 중 재림사상이 강조된 점 등이 문제되어 동아기독교, 안식교와 함께 일제 말기인 1943년 12월 29일 완전 해산된 바 있다. 해방 후 북한·만주 지역 교회가 재건된 데 이어 1945년 11월 9, 10일 양일간 서울에서 재건총회를 개최했다. 총회원 70명이 참석한 가운데 북한 교회 대표로는 이성봉·조기함·조한수·이용선·최학철 등이 38선을 넘어 참석했다. 재건 의장에 천세광(千世光) 목사, 부의장에 김유연(金有淵) 목사를 각각 선임하고 총회장으로는 박현명(朴炫明) 목사를 뽑았다. 교단 명칭을 '기독교 대한성결교회'로 변경 확정하고, 폐교되었던 경성신학교를 재건하며, 교단 지관지 〈활천〉 복간, '신생부인회' 조직, 완전 대의제에 입각한 방향으로 교단헌법 개정 추진을 결정하는 등 재건에 필요한 모든 조처를 취했다.[61] 이와 함께 재건에 따른 5개 항의 강령도[62] 채택한 바 있다.

한편 '동아기독교회'도 해산되었던 교단 재건을 서둘렀다. 1946년 2월 9일 충남 부여 칠산교회에서 교단 재건회의(임시 의장 김용해, 대리 감목 노재천)를 개최했고, 그해 9월 제36회 대화회(1940년 대화회의 속회)가 열려 종전의 감목 정치를 평민적인 회중 정치로 변경하는 것을 골자로 한 안건이 채택되고, 교단은 새로운 모습으로 재건되었다. 그러나 1947년 경북 지역(예천) 교회 일부가 초기 교단 명칭이던 '대한기독교회'로 환원 등을 선언하여 분열의 수난을 겪었다. 이와 별도로 1947년부터 비롯된 미국 남침례회와 제휴 문제가 우태호(禹泰浩) 목사 등의 노력으로 급진전, 1947년에 남침례회 동양 총무 코든(Cauthen)이, 그리고 1950년에는 선교사 애버내티(Abernathy)가 내한하는 등, 이후 '대한기독교 침례회연맹'으로서의 발전 기틀을 마련했다.[63]

　　1940년에 '조선구세단'으로 강제 개편되었던 '구세군'도 재건을 서둘러 1945년 10월 18일 사관급 지방관 회의를 열었다. 여기서는 구세단을 본래 명칭인 구세군으로 하느냐 아니면 구세교회로 하느냐 하는 문제를 논의하다 결정을 못 보았고, 1946년 9월 14일 사관 총회에서 재론한 끝에 구세군으로 환원을 선언하게 되었다.

　　마침내 1947년 4월 27일 재건 한국 구세군 사령관 로드(H. A. Lord) 참장이 내한하면서 재건운동이 활발해졌고, 그해 8월 8일 그 재단마저 구세군으로 환원하는 법 절차까지 마쳤다. 그 뒤 구세군은 놀라운 발전을 거듭하여, 1949년 5월에는 지방 영문이 지영, 본영을 합쳐 57개소에 이르게 되었다.[64]

　　'성공회'는 일제 말기 추방되었던 쿠퍼(Cooper) 주교가 1946년 1월 21일 다시 내한하여 위축된 교회를 수습해 나가 1947년 성미가엘 신학원을 재개하고 성 베드로 수녀회의 정비(마리아 클라라 수녀 내한) 등을 서둘렀다.[65]

　　'안식교회'도 재림사상 강조 등으로 1943년 12월 27일 해산되었으나 경성 요양병원(*이후 '위생병원'으로 바뀌었다. 현재는 삼육서울병원) 등 선교부 기지 회수와 함께 재건운동을 전개, 1945년 10월 18일부터 신도대회(제14회 합회총회, 참석자 146명)로 재건의 기틀을 다졌다. 일제 말기 추방되었던 선교사들[66]이 귀환하고 1948년 5월 제15회 협회총회 때 교단 정비를 완료했는데, 당시 안식교회 총 교인은 1,992명이었다.[67]

　　'복음교회'는 8·15 해방과 함께 사회 참여에 독특한 양상을 보여 주었다. 즉 동 감독 최태용 목사는 강단을 지동식 목사에게 맡기고, 자신은 1946년 2월 이승만 박사가 영도하는 '독립촉성국민회'에 가담했으며, 그해 9월에는 미소공동위원회 대책총연맹 최고위원이 되었고, 1947년 1월에는 모든 교인이 국민회 운동에 가담했다. 8·15해방 직후 백남용 목사가 제2대 감독으로 취임했으나 6·25 당시 납북되었다.

이러한 각 교단의 재건운동과 때를 맞추어 일제 말기에 강제 추방되었던 각 교파 선교사들이 다시 내한했고, 철수했던 선교부도 다시 설치되기 시작했다. 먼저 북장로회는 1946년 1위 그룹으로 불리는 해방 후 최초의 재내한 선교사가 입국한바, 플레처(A. G. Fletcher)·코엔(R. C. Coen)·램프(H. W. Lampe)·아담스(E. Adams)·보켈(H. Voekel)·로드(H. A. Rhodes)·블레어(W. N. Blair) 등이다. 이들에 의해 선교부 재건 사업이 서둘러졌고, 1948년 1월 21일에는 재건 한국선교회가 회집, 선교활동이 정상화되었다.[68] 또한 남장로회는 1945년 선교본부에서 크레인(Crane) 등이 파견되어 한국 실정을 조사한 데 이어 1946년 1월 윌슨(R. M. Wilson) 의사를 필두로 린톤(Linton)·커밍(D. J. Cumming)·하퍼(J. Hopper) 등이 속속 재내한하여[69] 선교부를 재건했다. 1948년까지 내한한 남장로회 선교사는 모두 29명[70]에 이르렀다.

한편 감리교회 선교사들도 해방 후 즉각 내한했는데, 진주하는 미군과 함께 온 윌리엄스(F. E. C. Williams) 목사를 비롯, 1946년 2월 아펜젤러(H. D. Appenzeller)에 이어 빌링스(B. W. Billings)·베커(L. H. Becker) 등이 계속 내한, 선교활동을 재개했다.[71] 그뿐만 아니라 본래 선교지역이 함경도·간도 등지로, 옛 선교지에서 선교 재개가 불가능해진 캐나다 연합교회 선교사들도 다시 내한하여 서울에 근거지를 두고 교육·사회사업·기관사업·교회 봉사 등으로 선교활동을 재개했다. 활약한 인물로는 프레이저(E. J. O. Fraser)·스코트(W. Scott) 등을 들 수 있다.[72]

그 밖에도 구세군·성공회·침례회·동양선교회(O. M. S.)·
안식교 선교사들이 속속 내한하여 선교활동을 서둘렀다. 그리
고 1947년 7월 14일 이화여고 강당에서는 장·감, 성결, 구세군
등의 주한 선교사들과 각파 선교본부 대표자들이 모여 각파 연
합선교협의회를 개최하고 재건 선교사업을 각 교파 나름의 책임
하에 실시할 것과, 재건 주체인 한국 교회 스스로의 재건사업을
적극 지원한다는 것 등을 결의했다. 이들 선교사들의 활동은 한
국 교회 재건을 크게 활성화시켰고, 물심양면으로 기여한 바가
컸다.

이렇듯 해방의 기쁨 뒤에 적극 추진된 각 교파의 재건운
동, 선교사들의 활동 재개 등에 힘입은 한국 교회는 몇몇 부정적
요소에도 불구하고 6·25 직전인 1950년에 총 신자 수가 85만
명(신·구교 합산)[73]을 넘어서는 교세 신장을 보였다.

그러나 이 시기 남한 교회는 재건 과정에서의 교회 내적
혼란을 감출 수 없었고, 더불어 사회 혼란에 편승한 공산주의자
들의 만행 때문에, 북한 교회만큼은 아니지만 꽤 큰 피해를 입었
다. 1948년 10월에 발생한 여·순 반란사건,[74] 같은 해 11월의 대
구 반란사건[75] 등이 대표적 예이며, 그 밖에도 각 기독교 학교에
서 일어난 좌익 테러사건 등으로 많은 우익 기독청년이 피해를
입었다.

특히 여·순 반란사건에서는 출옥성도 손양원 목사의 두
아들 동인·동신이 피살된 것[76]을 비롯하여 많은 호남 지역 교인
이 화를 입었다.

각 교회기관의 재건에서 YMCA는 1945년 11월 17일 첫
위원회를 소집하여 구자옥을 YMCA연합회와 중앙 YMCA의
겸임 총무직에 복귀시키고, 1946년에 다시 변성옥을 후임 총무
로 임명하여 회의 기능을 회복시켰다.[77] 1948년 5월에는 제1회
'조선기독교청년회' 연합회 3년 대회를 개최했으며, 이보다 앞서
1946년 8월 해방 후 제1회 YMCA·YWCA 남녀 기독청년회를,

1947년 8월에는 제2회 하령회를 각각 개최하여 모든 기능을 회복시켰다.

그리하여 1950년 초까지 남한에서 재건 또는 새로 창설된 YMCA가 모두 19개에 이르게 되었는데(북한에서는 평양 YMCA, 함흥 YMCA, 신의주 YMCA, 선천 YMCA가 재건되었으나 쉬 해산되고 말았다.) 전주 YMCA를 제외한 서울·대구·광주·김천 등 4개 YMCA가 재건되었고, 여수·순천·부산·거제·마산·해남·대전·진주·목포·청주·인천·경주·군산·춘천·밀양 등 15개 YMCA가 새로 창설되어 YMCA연합회의 정식 가맹단체가 되었다.[78]

학생운동도 본궤도에 오르게 되어, 1948년 4월 대한기독학생전국연합회(KSCF)가 결성되기까지 연희전문을 비롯하여 세브란스 의전·경북대 치과대학 등 18개 대학 YMCA(SCA)가 재건되거나 창설되었으며, 고등학교는 배재·경신·신흥(전주)·숭일(광주)·계성(대구)·경기공업(서울) 등 54개 학교에 조직되어 활발한 움직임을 보였다.[79]

1947년 현동완(玄東完)이 중앙 YMCA 총무가 되면서 활기를 띠기 시작하여 종교부·교육부·회우부·체육부·소년부 등 5개 부서가 되살아나 이른바 4중 프로그램이 되살아나게 되었으며, 주일 오후의 일요 강화(講話)를 비롯하여 각종 교양강좌, 학술 강연회가 열리게 되었다. 지방 YMCA에서도 이른바 3애(三愛, 즉 애신愛神, 애인愛人, 애토愛土)학교, 농민학교, 영어학교 등을 경영했다.

한편 1947년에는 YMCA 국제위원회로부터 피취(George A. Fitch) 박사가 파송되어 와서 '세계 청소년기금(World Youth Fund)'의 원조가 시작됨으로써 10년간이나 중단되었던 국제적 협력관계가 회복되었으며, 임정 요인 김구 선생의 도움으로 난지도 땅 백만 평을 사들여 캠프사업과 삼동소년촌(三同小年村) 사업의 터전을 마련하게 되었다.

YMCA는 1946년 3월 김성실·신의경·홍은경 등이 YMCA연합회 재건을 서둘렀다. 1947년 8월에는 해방 후 최초의 전국 대회와 하령회를 개최하여 재흥을 도모했다. 또한 그해 미국에서 박에스더[80]를 초빙하여 총무로 선임했다. 6·25의 전화(戰火)로 수난을 겪었으나 전쟁 미망인 사업 등 프로그램이 활성화되고 연합회 회관, 서울 YMCA회관 등의 건립이 추진되며, 지방 YMCA의 계속적인 조직으로 큰 발전을 거듭한 바 있다.[81]

그 밖에 각 교회 청년회는 종전의 면려(장)·엡윗(감)·성화(성결)청년회 등의 개별 조직을 지양하고 연합 조직인 '한국 기독교청년회'로 재건을 서둘렀으나 1948년, 각 교회의 교파 환원 원칙에 따라 개별 교파 기독청년회로 돌아갔다. 그러나 연합 조직의 협력 체제는 유지하고 있었다. 그 뒤 장로교회가 분열될 때는 청년회에도 심각한 분열 여파가 몰아닥쳤다.[82] 한편 기독학생단체들은 1948년 4월 25일 '대한 기독학생회 전국연합회'(KSCF, 총무 강원용)를 조직했다. 그러나 그 뒤 함께 참가했던 YMCA 학생회가 탈퇴하고 6·25사변 중에는 황성수가 이끄는 보수계 학생운동자들이 이탈함으로 학생운동에서도 분열 조짐이 커져, 교파 배경에 영향을 입은 분열·통합 과정이 노출되었다.[83]

한국 교회 문서사업의 양대 중추인 대한성서공회와 대한기독교서회도 일제 말기의 정체를 벗어나 재건을 서둘렀다. 1942년 5월 23일 일제의 적산으로 편입되었던 대한성서공회의 모든 재산이 1945년 9월 말 미군정청 당국에 의해 대표자 정태응(鄭泰應)의 명의로 되돌려졌다. 1946년 미국 성서공회에서 한국어 신약전서 등 54,321부의 성서를 보내옴으로 일제 말 이래 성서 기근에 굶주리고 있던 한국 교회에 양식을 제공했다.

1948년 영국 성서공회도 한국어 성경전서 등 5,170부를 보내와 해갈되게 했다. 한편 독지가 이풍한(李豊漢)[84] 소유 토지의 기부로 1947년 8월 19일에는 재단[85]을 설립, 당국의 인가까지 얻었다. 그러나 6·25사변으로 성서공회 건물이 완전 소실(피난지 부산의 임시 사무소도 화재로 소실)되는 등 모든 자료가 없어지고 사업이 중단되는 수난을 겪은 뒤 1954년 환도하여 사업을 재개했다.[86] 사변 후 몇 년간 성서공회가 주관한 성서 반포 현황을 보면 다음과 같다.[87]

연도	성경전서	신약성서	단편성서	합계
1953	36,955	160,507	502,566	700,028
1954	35,420	188,394	388,127	611,941
1955	32,656	151,090	343,096	526,805
1956	34,075	214,027	561,158	809,260
1957	28,865	172,060	555,341	756,266
1958	28,436	143,695	635,488	807,619
1959	28,342	158,631	525,768	712,741
합계	224,749	1,188,404	3,511,507	4,924,660

　　　모든 재산이 적산으로 압류되었던 기독교서회도 해방 후 양주삼 목사와 프레이저(E. J. O. Fraser, 캐나다 연합교회) 선교사를 복구 준비위원으로 선정하고 재산 회수 등 재건활동을 벌였다. 1948년 3월 27일 해방 후 첫 이사회가 소집되고, 이사장에는 남궁혁 박사, 부이사장에는 감리교 여선교사 아펜젤러(A. R. Appenzeller)를 각각 선임했으며, 실행 총무로는 김춘배 목사를 뽑았다. 그 밖에 조직을 재편성하고 10명의 편집위원[88]도 구성했다. 곧 미국 뉴욕의 극동위원회(Korea Committee, Far East Joint Office)[89]가 1946년에 보내 준 각종 찬송가 8만 부로 사업을 재개했고, 1949년 8월에는 한국 교회의 명실상부한 《합동찬송가》[90]를 출판하는 개가를 올렸다. 이어 1949년 3월부터 시작된 미국 프린스톤신학교 교수 어드맨(C. Erdman)의 《성서강해》 번역 간행, 1949년 1월 월간 〈기독교가정(基督敎家庭)〉[91] 창간 등 6·25 전까지만 해도 50여 종의 출판물을 내놓았다. 그뿐만 아니라 부대사업의 일환으로 1947년 가을부터 계명 운동[92]을 일

으켜 문맹 퇴치·독서 보급·생활 교육운동에 크게 이바지했다.
6·25사변으로 회관은 큰 화를 입었고 사업은 위축되었지만, 전
란 중에도 몇몇 출판물이 간행되어 1952년 1월에는 어린이 잡
지 〈새벗〉[93]이 창간되기도 했다. 휴전 후 사업의 안정을 되찾고
1954년부터 《기독교대사전》[94] 편집을 시작하는 등 한국 기독교
문서사업의 핵심체로서 성장을 거듭했다.[95] 전란 후 몇 년간의 기
독교서회 사업 통계를 보면 다음과 같다.[96]

연도	서적부수	잡지부수	계	신간 종수	전도지	성화	출석부 용지	월력	총면수	수입	지출
1951	202,000	78,000	280,000	8	400,000	-	-	-	57,195,000	5,948,856	5,728,750
1952	206,000	156,000	362,000	14	50,000	80,000	16,000	-	91,336,000	16,681,095	16,824,501
1953	337,000	288,000	625,000	23	110,000	5,000	-	10,000	141,492,000	24,162,417	21,216,107
1954	437,500	216,000	653,000	26	150,000	5,000	56,000	10,000	159,260,000	60,600,774	57,918,799
1955	364,500	163,700	528,200	25	150,000	-	82,000	10,000	152,250,000	86,636,919	85,087,426
1956	381,000	126,500	507,500	26	70,000	-	18,000	15,000	157,549,000	102,659,672	102,596,416
1957	303,000	92,700	395,700	28	200,000	300,000	16,000	8,900	105,445,900	103,705,157	105,375,690
1958	275,840	92,700	368,540	22	100,000	-	25,000	10,000	118,772,600	103,372,847	103,164,239
1959	170,700	74,000	244,700	18	150,000	10,000	-	10,000	96,775,000	121,512,170	121,381,096
합계	2,677,540	1,287,600	3,965,140	190	1,380,000	400,000	213,000	73,900	1,080,075,500	625,279,907	619,293,024
연평균	297,504	143,067	440,571	21	153,330	44,444	23,667	8,211	120,008,389	69,475,545	68,810,336

한편 폐교되거나 정통성을 상실했던 기독교 학교들이 재
건되고 북한 지역의 많은 기독교 학교는 남한으로 옮겨 재건되는
등, 한국 교회의 한 주력사업인 교육 활동도 크게 기를 폈다. 먼
저 일제 말기 경성공업전문학교로 강제 개편되며 정통성을 잃었
던 연희전문학교는 1945년 9월 25일 접수위원[97] 명의로 모든 재
산과 운영권을 인수하고, 1946년 종합대학인 '연희대학교'(초대
총장 백낙준)로 승격, 인가되었다.[98] 일제에 의해 아사히(旭) 의학전
문학교로 강제 개편되었던 세브란스의학전문학교도 1947년 미
군정청으로부터 세브란스의과대학(초대 학장 최동)으로 승격, 인
가되었다.[99] 그 후, 설립 이념과 계통이 같은 두 학교는 6·25 이
후인 1957년 1월 5일 숙원이던 두 대학 합동안을 실현하여 한국
최고 최대 사학인 '연세대학교'로 발전하기에 이르렀다.[100]

그 밖에 경성여자전문학교로 강제 개편되어 명맥만 이어 오던 이화여자전문학교도 1946년 8월 15일자로 종합 여자대학인 '이화여자대학교'로 승격, 인가되어 한국 최대의 여자대학으로 발돋움했다.[101] 그러나 1938년 비운의 폐교를 경험해야 했던 숭실전문학교는 해방 후 곧 소재지 평양에서 재건 움직임을 보였지만 공산정권 수립으로 좌절되고, 월남한 동문 및 관계자들에 의해 6·25 이후인 1954년 4월 서울에서 재건되었다.(초대 이사장 배민수, 초대 학장 한경직)[102]

이와 함께 일제 말기 신사참배강요 등으로 폐교된 중등학교인 광주 숭일·수피아, 전주 기전·신흥, 목포 정명, 순천 매산 등 남장로회 계통 학교들이 모두 재건되었으며, 크게 위축되었거나 겨우 명맥만 유지하던 학교들이 기지개를 켜고, 북한 지역에 소재하던 기독교 중등학교들이 거의 남한에서 재건되었다. 그뿐만 아니라 해방 후 많은 각급학교가 기독교계 재단과 개인에 의해 새로 설립되어 한국 교회의 학교 교육은 활기를 되찾았다. 그러나 대부분 학교가 6·25사변의 큰 화를 입었고, 이를 복구하는 데는 또 다른 재건의 수고가 따라야 했다.[103] 해방 이후 기독교 학교들(중등학교 이상)의 재건 설립 상황은 다음과 같다.

폐교되지 않고 정비·재건된 학교

교명	설립 연도	소재지	교파
연희대학교	1915	서울	기독교연합
세브란스의과대학	1885	서울	기독교연합
연세대학교	1957	서울	기독교연합
이화여자대학교	1886	서울	감리교
배재중·고	1885	서울	감리교
이화여중·고	1886	서울	감리교
경신중·고	1886	서울	장로교
정신여중·고	1887	서울	장로교
영화여중·고	1892	인천	감리교
배화여중·고	1898	서울	감리교
매향여중·실고	1903	수원	감리교

삼일중 · 실고	1903	수원	감리교
계성중 · 고	1906	대구	장로교
신명여고	1907	대구	장로교
신명여중 · 남산여고	1907	대구	장로교
성북중 · 고	1932	서울	
남성여중 · 고	1941	부산	

일제 말기 폐교되었다가 재건된 학교

교명	설립 연도	재건 연도	소재지	교파
숭일중 · 고	1907	1945	광주	장로교
수피아여중 · 고	1908	1945	광주	장로교
기전여중 · 고	1904	1946	전주	장로교
신흥중 · 고	1900	1946	전주	장로교
정명여중 · 고	1902	1947	목포	장로교
영명중 · 고	1906	1947	공주	감리교
창신중 · 공고	1908	1948	마산	장로교
매산중 · 고	1913	1950	순천	장로교

해방 후 남한에서 재건된 학교

교명	설립 연도	재건 연도	원소재지	재건지	교파
숭실대학	1897	1954	평양	서울	장로교
중실중 · 고	1897	1948	평양	서울	장로교
숭의여중 · 고	1903	1950	평양	서울	장로교
보성여중 · 고	1907	1950	선천	서울	장로교
광성중 · 고	1894	1952	평양	서울	감리교
호수돈여중 · 고	1904	1953	개성	대전	감리교
송도중 · 고			개성	인천	감리교

해방 후 설립된 학교

국제대학(1947) · 계명대학(1954) · 한성여자전문대학(1955) · 대전대학(1956) · 서울여자대학(1957) · 대전보육초급대학

부산금성중 · 고(1945), 건국중 · 상고(1945), 신광여중 · 고(1946), 영신중 · 고(1946), 이천양정여중 · 종고(1946), 은광중 · 고(1946), 거제중 · 고(1946), 대광중 · 고(1947), 균명중 · 고(1947), 영등포중 · 공고(1947), 계명중(1948), 대동중 · 고(1948), 한영중 · 고(1948), 부산계성여중 · 상고(1948), 문화여중 · 종고(1949), 삼성중(1949), 세광중 · 고(1949), 영광중 · 고(1951), 성주중 · 고(1951), 영락중 · 상고(1952), 인성여중 · 고(1952), 성광중 · 고(1952), 광성공고(1952), 서울예고(1953), 거창고(1953), 인천중앙여중(1953), 숭덕중(1953), 경안중 · 고(1953), 대성중 · 고(1954), 기민중(1955), 이대부속중 · 고(1955), 경안여중 · 상고(1957), 광주숭의중 · 실고(1958), 신일중 · 고(1959), 성지중 · 공고(1959), 금란여중 · 고(1960), 대성여중 · 실고(1962), 성남중 · 고(1962), 염광여중 · 고(1962), 오산중(1963), 한일중(1963), 이사벨여중 · 고(1964), 대명중(1965), 파주중 · 공고(1965), 염광중 · 상고(1965), 인실여중 · 종고(1966), 성일중(1967), 경민중(1967), 경민여중(1968), 영란여중 · 상고(1968), 정원여중(1968), 태광중 · 상고, 동산여중, 평택성지중, 대구정화여중, 한광중 · 고, 한광여중 · 고, 한샘여중, 명지여중 · 고, 예일여중 · 고, 신의여중 · 고, 대일고 등.[104]

한편 기독교 의료기관들도 활발히 재건되었다. '아사히의학전문학교' 부설병원으로 곤욕을 치르던 세브란스병원은 1947년 학교의 대학 승격과 함께 한국 굴지의 병원으로 발전했다. 6·25사변 중 큰 피해를 입었으나 거제도 피난병원을 운영하는 등 전상자(戰傷者) 치료에 눈부신 공헌을 했다. 1957년 연희대학교와 연합한 뒤 연세대학교 의과대학 부속병원으로 발전하고, 1962년에는 현 위치인 신촌에 대규모 메디칼센터를 마련했다.[105]

그 밖에 감리교의 동대문병원은 1945년 이화여대의 의학부 창설과 함께 부속병원으로 발전했으며,[106] 성모병원(가톨릭)도 크게 성장했다. 지방에는 대구 동산기독병원, 안동(安東)병원 등 북장로회가 경영하는 병원들이 재건됐고,[107] 남장로회 지역 각 선교부(Station)에서 운영되다가 일제 말기 폐쇄되었던 병원들은 기구와 기능을 통합하여 전주 예수병원과 광주병원만 확장·재건되었다.[108] 그 밖에 감리교회의 원주 기독병원, 인천 기독병원, 그리고 수원 기독병원 등이 타교파와 연합으로 재건되거나 새로 설립되었다. 또한 여수(애양원), 대구(애락원), 부산(상애원) 등의 나병원들도 모두 재건·발전했고[109] 구세군의 영동(충북)병원도 확장·발전했다.[110]

이와 함께 몇몇 사회사업기관도 활기를 되찾았는데, 오긍

선 박사에 의해 설립, 운영되던 안양보육원(경성보육원의 후신)은
일제 말기 경영난에 봉착하여 오긍선의 사재에만 의지하는 등 어
려움을 겪다가 해방 이후엔 서울시 지정 후생시설, 그리고 1949
년에는 미국 기독교 아동복리회(The Christian Children's Fund)
의 지원 등으로 정상화되었고,[111] 신의주에서 보린원을 운영하던
한경직 목사는 해방 후 월남, 일제 때의 가마쿠라보육원(일본인 소
다 씨가 운영해 옴)을 인수하여 영락 보린원으로 재건했다. 이들 기
관은 6·25사변 당시 전쟁 고아 구제에 큰 몫을 했다.[112]

한편 해방 직전 크게 위축되었던 기독교 언론·출판활동
이 재흥되어 〈기독공보〉, 〈기독신보〉, 〈교회연합신보〉, 〈크리스찬
신문〉 등의 교계 신문과 각종 잡지, 그 밖에도 각 분야 신학서적
들이 기독교서회나 개인 출판사들에 의해 계속 간행되었고, 이
는 6·25사변 이후 확연한 발전을 보인 바 있다.[113]

3) 분열하는 교회

(1) 감리교의 분열상

한국 감리교회는 미국 남·북감리교회와 달리 1930년에
이르러 2개의 감리교회를 먼저 하나로 통합, 기독교 조선감리회
(초대 총리사 양주삼)[114]를 조직한 빛나는 화합의 전통이 있다.[115] 그
러나 일제 말기 일제의 교회 합동에 대한 참여 여부, 즉 교권 가
담 여부로 인한 분열의 씨앗을 지니게 되었고, 해방 후 1945년 9
월 8일 새문안교회에서 열린 남부대회 석상에서 이규갑·변성옥
등 비교권파가 퇴장하면서 분열의 조짐이 노출되고 말았다. 조선
기독교단 유지를 반대한 이들은 개교파 환원을 선언하고 감리교
회의 재건을 도모하는 데서 한 걸음 더 나아가 일제 말기 교권에
참여했던 '일본 기독교 조선교단' 측 인사[116]들과의 제휴조차 거
부했다. 이로써 재건 측으로 불리는 비교권파는 별도로 재건중

앙위원회를 조직하여 동·중·서 3부연회를 조직했다.

이를 관망하던 교권 측 인사들은 마침내 1946년 6월 11일 별도의 중앙연회를 조직하고 그해 9월 6일에는 연합연회를 열어 강태희[117]를 감독에 선출했다. 이것이 곧 부흥파 감리교회이다. 이로써 한국 감리교회는 일단 재건파와 부흥파로 완전 분열되었다.[118] 재건 측의 교회 재건 목표는 완전 재건으로 일제의 잔재와 부역 교역자들의 완전 퇴진을 주장했고, 부흥 측의 재건 목표는 죄가 많고 적음을 논할 것이 아니라 누구나 죄를 통회하고 신앙 부흥을 통하여 교회를 재건하자는 것이었다.

사태가 여기에 이르자 이를 해결코자 나선 이들이 평신도들이다.[119] 이들은 남산·삼각산 등지에서 회합과 부흥집회를 갖고 양 측의 타협을 모색했다. 이에 극적인 합동[120]안이 마련되고, 1947년 1월 7일 합동총회를 종교교회에서 개최했다. 이 총회에서 주도권은 재건 측에 있었으나[121] 소수 교권파 세력도 만만치 않았다. 오히려 간부 선임에서 부흥 측 인사들의 진출이 두드러졌다. 이에 불만을 품은 재건 측 인사들이 총회석상에서 퇴장하여 합동 노력은 물거품이 되고 말았다.

그 뒤 부흥 측은 종전의 합동안 실행을 다시 약속했고, 막후 설득으로 다시 연합연회를 열고 회의 명칭을 남부 총회로, 감독을 의장으로 바꾸었다. 그리고 의장에는 강태희 목사를 뽑았다. 이때 조직한 상부기관인 실행위원회(위원 10명)에는 연회에서 6명, 양 파에서 2명, 선교회에서 2명씩 위원으로 채우도록 했다. 그러나 문제는 다시 야기됐다. 친일 성직자 제거 모습은 찾아볼 수 없고 감리사 등의 요직에 교권파의 진출이 압도적이었다. 그해 2월 3일 홍현설, 변홍규 등 40명 목사와 문창모, 박현숙 등 평신도 56명의 명의로 된 성명서가 발표되었다. 이 성명서는 권력을 잡은 교권파가 교회장정을 유린하고 불법적인 방법으로 연합을 가로막고 친일파를 두호하고 있다고 전제하고, 대략 4개 항의 조목[122]을 들어 죄상을 공박했다. 특히 이들은 19명의 친일 교역자 추방을 주장하고, 일제 말기 교회와 목사관 매각 대금 중 절반만 일제에게 국방헌금으로 헌납한 사실을 지적하며 나머지 대금의 행방을 추궁했고, 은퇴 교역자를 위한 농지 매각 처분(1945년 9월)도 따졌다.[123]

이런 상황에서 속속 다시 내한한 선교사들은 상세한 내막도 몰랐으나 중립을 지키기에 안간힘을 썼다. 당시만 해도 교회 유지는 선교비에 크게 의존했으므로 양측의 선교사 포섭전은 치열했다. 이런 이유로 분열은 더욱 심했고, 마침내 1948년 1월 14일 재건 측은 다시 동대문교회에 모여 총회를 열고 당시 연희대학교 신과대학장 장석영(張錫英) 목사를 감독으로 추대했다. 이로써 합동은 다시 좌절되고 두 개의 감리교회가 엄연했다.

이 와중에 평신도들의 합동 노력은 다시 시작되었는데, 어떤 이는 가산을 바쳐 합동운동에 전력했는가 하면, 또 어떤 이는 혈서를 써들고 합동을 호소하며 다녔다. 마침 선교사 존스(E. S. Jones)의 내한과 합동 노력 등에 힘입어 새로운 합동안[124]이 마련되었다. 1949년 4월 20일 정동교회에서 합동총회가 모여 양측 모두에게 신임받는 김유순 목사를 새 감독에 추대함으로써 완전 합동이 실현되었다.[125]

이렇게 이룩된 감리교회의 합동은 6·25사변 중에 또 다른 문제를 낳게 되었다. 김유순 감독이 납북되어 그 자리가 비자 1950년 7월 10일 피난지 부산에서 긴급대책으로 감신 교장 류형기를 감독 대리로 지명했다. 이어 그해 9월 부산 수정동 감신 임시교사에서 전국 감리사 및 이사 연석회의를 열었고, 동 11월 1일 부산 중앙장로교회에서 임시총회를 개회하여 연회를 재조직하는 한편 류형기를 새 감독에 뽑았다. 일부 총회원은 류 감독의 자격규준 미달[126]을 구실 삼아 불복을 선언했으나 무어 선교사의 유보안이 채택되어 무마되었다.

그러나 1953년 3월 18일 대전 총회에서 류 감독 재선 문제를 둘러싼 재건·부흥 측의 대립이 격화되었다. 부흥 측은 미국 교회의 원조 시기임을 이유로 미국통인 류 감독의 재선을 지지했고, 재선 불법인 경우를 개헌을 통해 관철하려 했다. 그러나 그 반대의 주장인 재건 측 안과 부흥 측 안이 모두 부결되어 이 문제는 보류되었다.

1954년 3월 16일 서울 정동교회에서 열린 총회는 마침내 류 감독의 재선을 강행했으나 이에 반대한 인사들이 퇴장하여 교회는 다시 갈라졌다. 반대 측 주장은 개헌이 전체 교회를 위함이 아니고 일부 인사의 교권 유지에 있다는 것이었다. 그 후 정동·동대문·인천 내리교회 등이 반대 측에 가담하여 총회의 불법을 비난했다. 이들 호헌파는 그해 6월 4개 항의 성명서[127]를 발표했고, 1955년 3월 1일 천안에서 신도대회를 개최한 뒤 연회·총회를 소집하여 김응태 목사를 감독에 추대했다.

김 목사는 취임사에서 "서로 평화를 위해 노력했으나 이루어지지 않았다. 한 조직 안에서 서로 불편한 마음으로 싸우기보다는 나뉘는 것이 오히려 불행을 적게 하는 것이라고 믿어 부득이 새로이 총회를 조직한 것이니 별개의 조직으로 나뉜 이상 피차 논쟁 없이 지나가기를 바라며, 상대편을 축복하는 중에 지나기를 희망한다"[128]라고 했다. 그러나 이러한 분열은 류 감독 은퇴시의 호소 등에 힘입어 3년 뒤인 1958년 8월에야 재통합되었다.[129]

(2) 장로교의 분열상, 신학교의 대립상

한국 개신교 최대 교파인 장로교회는 이미 재건 과정에서 분열 조짐을 잉태했고, 더구나 교회 정치적인 주도권 문제와 지역·파벌 간 갈등이 세계 교회사상 최대의 분열상을 자초하기에 이른다. 물론 이러한 분열 과정의 한편에는 놀라운 성장세를 엿볼 수도 있고, 또 언젠가는 화해와 화합으로 통일을 성취해 낼 희망이 없는 것은 아니다. 그뿐만 아니라 신앙과 신학의 성숙, 교회 윤리와 공동체의 성숙을 향한 과도기의 필연으로 볼 수도 있다.

먼저 출옥성도들이 재건의 기치를 높이 든 북한 지역에서 대립의 서막이 열렸지만 기성 교회와 재건 원칙에 뜻이 맞지 않았고, 공산주의의 위협을 느낀 이기선 목사계가 선천을 중심으로 독립교회를 세우기 시작했다. 정주·선천·신의주·강계 등지에 새로 선 30여 교회로 독노회를 구성했다.

그 밖에 옥중에서도 가장 강력한 반참(反參)운동을 일으켰던 김린희·최덕지 전도사 등은 각각 북한과 남한에서 기성 교회와는 완전 별개의 재건 교회를 세워 갈라졌다.[130] 그러나 이후 재건교회 안에도 함경도 출신 이계실 목사[131]가 중심이 된 순장로회가 따로 분립된바, 그 노선은 재건교회보다는 온건했다.[132]

그러나 한국 장로교의 본격적인 대분열은 경남노회에서였다. 경남노회는 남한에서 재건운동의 최선봉에 섰으며, 많은 출옥 성도를 배출한 노회였다.

1945년 9월 18일 재건노회가 열리고 2개 항의 자숙안[133]을 정했다. 그러나 곧 기성 교회 인사들과 주남선 목사 등 출옥 성도와 마찰이 빚어졌는데, 10여 명의 기성 교회 목사들은 "신사참배는 이미 우리 양심으로 해결한 것이며, 해방되었다 하여 죄로 운운함은 비양심적이다"[134]라고 주장했고, 1946년 12월 3일 진주에서 열린 제48회 노회에서는 신사참배가 죄냐 아니냐의 논쟁까지 빚어 말썽을 일으켰다.

한편 경남노회에 속한 고려신학교의 경우, 출옥한 뒤 평양 산정현교회에서 시무하던 한상동 목사는 1946년 4월 공산당을 피해 월남하여 부산으로 가는 도중 서울에서 전 봉천신학교 교수인 박윤선 목사를 만났다. 그 둘은 자유주의 신학노선인 조선신학교를 반대하고 전통적인 보수 정통신학의 신학교를 설립하자는 데 뜻을 합쳤다. 곧 한상동은 웨스터민스터신학교 출신 박윤선, 같은 출옥성도 주남선과 부산에서의 신학교 설립안을 확정하고 기성회를 조직했다. 이어 1946년 6월부터 3개월 동안은 진해에서 하기신학강좌를 개최했는데, 이것이 곧 고려신학교의 전신이다. 이는 출옥성도들이 옥중에서, 해방이 되면 한국 교회 재건을 위해 계획한 3가지 일[135] 중 하나라고 믿은 것이다.

그러나 신학교가 한국 교회를 주도하기 위해서는 아무래도 보수신학의 권위자 박형룡 박사를 교장으로 추대해야겠다고 판단한 기성회는 당시 만주에 머물러 있던 박 박사와 교섭차, 그 해 7월 남영환 전도자를, 이듬해 4월에는 송상덕(宋相德) 목사를 파송한 바 있는데, 박형룡 박사의 귀국이 늦어지자 1946년 9월 20일 박윤선 목사를 교장에 선임하고 개교했다. 메첸파[136]로 알려진 극단적 보수주의 선교사 헌트,[137] 해밀톤 등과 손잡으면서부터 일부 보수를 지향하던 인사들까지도 우려를 표명하는 지경에 이르렀다. 그리하여 고려신학교와 기성 교회의 대립 감정은 곧 폭발했고, 1946년 48회 경남노회는 고려신학교 인정 취소, 학생 추천 취소를 결의했다. 이에 한상동 목사는 "불순한 태도를 고치지 않고 그대로 나아가는 경남노회가 바로 설 때까지 탈퇴한다"[138]는 선언을 남기고 퇴장했다. 이때 노회 소속 67개 교회는 48개 노회 결정에 항거, 한상동 목사 지지성명을 발표했다.

그 후 1947년 9월 20일 귀국한 박형룡 박사는 한상동 목사와 고려신학교는 '전국 교회의 지지를 얻을 것, 메첸파 선교회만 아니라 미국 남·북장로회, 캐나다·호주장로회 선교부 모두의 인정을 받을 것' 등을 조건으로 교장 직을 수락하고 취임했다. 이로써 한상동 목사는 제49회 경남노회에 복귀하고 박형룡 박사는 선교부와 총회 승인을 위해 노력했으나, 고려신학교와 밀착해 있던 메첸과 선교사들의 배타적이고 비타협적인 태도는 이를 불가능하게 했고, 신학교 측은 박 교장에게 기존 교회·선교회와 결별을 종용하여, 박 교장은 자신의 노력을 접고 1948년 4월 고려신학교를 떠나 서울로 왔다. 드디어 1948년 7월 "고려신학교의 이른바 신성파에 대하여"라는 성명서[139]가 발표되었고, 그해 9월 21일 노회는 다시 고신의 인정 취소를 결의했다.

　　한편 고신 문제는 경남노회의 문제만은 아니었다. 1948년 5월 제34회 대한예수교장로회 총회에서는 전남노회가 고신에 신학생을 추천함이 옳은가 하는 질문을 제기했다. 이때 정치부 장 김관식 목사는 고신은 우리 총회와 아무 관련이 없으니 노회 추천은 필요 없다고 답변했다.[140] 이듬해 제35회 총회에서 헌트파나 고신과의 관계를 각 노회가 삼감이 옳다는 요지의 결정사항이 나오게 되었다.[141] 또한 총회는 고신과 경남노회 분규의 제 문제를 심사할 5인의 전권위원[142]을 선정했고, 1950년 4월의 제36회 총회는 고신파 문제로 난항과 유회를 거듭했으며, 6·25사변 중인 1951년 5월 25일 부산에서 속개된 36회 계속 총회에서 고신 측이 아닌 경남노회 측을 총대로 인정[143]함으로써 일단락지어졌다.

　　　이에 고신 측은 따로 나가 경남 법통노회(회장 한상동)를 조직하고 교회와 교인 포섭에 나섰다. 경남노회 지경만 아니라 한국 장로교회 전체가 대상이 되었고, 그 과정에서 많은 잡음과 마찰을 빚어 이른바 법정 투쟁으로 비화했다. 오랫동안 처절한 분규를 겪은 마산 문창교회가 대표적 예다. 그뿐만 아니라 국회로 비화한 용공 시비,[144] 순수 출옥성도의 강직한 신앙을 제외한 많은 기회주의 인사들의 추태 등이 얼룩지며 분열은 굳어져 갔다. 1951년 12월 25일부로, 총회 안에서 재건과 회개를 호소하는 고신 측에 대한 박형룡 박사의 호소문도 덧없이 1954년 4월 29일 제37회 총회의 고신 측 관계 절연 성명의 재확인, 고신 측 대표자 엄주신 장로의 고별사로 고신파는 완전히 총회와 분립했다. 이미 고신 측은 1952년 9월 11일 법통노회를 발전시킨 총노회를 구성한 바 있고, 1956년에는 경남·부산·진주·경북·전라·경기 등 6개 노회로 총회를 구성했다. 이로써 한국 장로교회의 대분열이 진행된 것이다.[145]

　　　한편 신학사상의 차이에서 비롯된 한국 교회의 갈등은

마침내 해방 이후 장로교회의 또 하나의 대분열을 일으키기에 이르렀다. 선교 개시 이래 한국 개신교회는 신학사상과 신앙적 태도는 보수적 입장을 지켜 왔다. 이는 한국에 개신교회를 전래한 선교사들의 신학적 입장에 기인하며, 한국 교회 지도자들(특히 장로교)이 세계적인 여러 신학 조류에 접할 기회가 적었다는 데에도 이유를 찾을 수 있다. 이는 선교사들의 한국 선교 방법과도 통하는 사실이다.[146] 더구나 1920년대부터 한국 신학을 대표해 온 박형룡 박사는 미국 유학 시절에도 근대 보수신학의 대표자 메첸을 사사한 신학자로, 귀국 후 한국 신학의 개척자 구실을 하는 등, 모두가 한국 신학을 더욱 한 방향에 고착시키는 원인이 되었다. 그러나 한국에 진출한 몇몇 개신교파 중 감리교회의 신학적 입장은 자못 자유로웠고, 장로교회 중에서도 함경도 일대에서 선교한 캐나다장로회 구역에서는 비교적 자유로운 신학방법론을 용인하여, 그 소속 선교사들에게 훈련된 한국인 지도자들도 그러한 경향을 띠고 나타났다.

그뿐만 아니라 이미 1930년대 이후 한국의 새로운 신학 사조 도입의 주체가 되는 김재준 박사를 비롯, 송창근·한경직 등이 일본·미국 유학을 마치고 귀국하여 신학적 갈등이 엿보이기 시작했으며, 연이어 1934년 장로회 총회에 제출된 창세기의 모세 저작 의심설(김영주 목사)[147]과 여권 인정 발언(김춘배 목사)[148]에 대한 진정서, 1935년의 단권 성경 주석 문제[149] 등으로 갈등은 표면화되고 있었다. 기관지 〈신학지남〉에 실린 김재준·송창근 목사의 기고 내용이 평양신학교에 계속 문제를 일으켰고, 끝내 기고를 중지당하기도 했다.

한편 일제 말기 평양신학교가 폐쇄당하기 직전, 채필근 목사의 새로운 신학교 설립안이 〈기독교보〉를 통해 발표되자 서울의 김영주·차재명 목사 등이 찬동을 얻고, 독지가 김대현(金大鉉) 장로의 거액 회사금으로 1939년 3월 27일 조선신학교 설립 기성회가 조직되었다. 그리하여 총회의 승인을 얻은 새 평양신학

교(초대 교장 채필근)와 조선신학교는 은연중에 대립하게 되고, 조
선신학교 교수진으로 김재준·송창근·윤인구 목사 등이 결정되
어 신학사조에 의한 대립이 노출되었다. 특히 김재준 교수가 밝
힌 신학교육의 5개 이념 목표에는 세계적 수준의 신학, 자유로
운 연구, 성경 연구의 예배 지식을 통한 비판학의 도입 등으로 새
로운 사조의 신학교육 의욕이 반영되었다. 이런 배경에서 불거져
오던 신학적 갈등은 해방 이후 교회 재건운동이 진행되면서, 그
리고 남북 교회가 양단되고 출옥성도와 기성 교회 인사 간의 교
권 파동과 경건 시비가 번지면서 구체화되기 시작했다. 각 장로
회 선교부도 캐나다 연합교회 선교부를 제외하고는 조선신학교
의 신학교육 내용이 달갑지 않았고, 이사와 교수 청원에서도 남
장로회 선교부는 몇 가지 조건[150]을 제시했다.

　　이러한 경로를 지나오면서도 김재준 교수는 소신대로 강
의를 계속했다. 신신학으로 지칭되는 성서의 고등 비평학이 포함
된 신학 강의였다. 이러한 강의가 전통적 보수 신앙 환경에서 성
장해 온 학생들에게 혼란과 반감을 일으킨 것은 당연한 일이었
다. 마침내 몇몇 학생들[151]은 김 교수의 강의와 종전 박형룡 교수
의 강의록을 비교해 보다가 1947년 4월 대구에서 열린 제33회
총회에 51명의 연서로 진정서를 제출했다. 이보다 앞서 학교에서
는 역시 조선신학교 학생이던 이일선이 《이상촌》이란 책을 써서
학생들에게 배포했는데, 그 내용 중 안식일론이 문제가 되었다.
농번기에는 새벽과 밤에 예배드리고 낮에는 일하자는 것이었다.
이는 보수 신앙의 학생들에게는 납득이 안 갔고 항의 대상이 되
었다.

　　이로써 학생들은 양 파로 나뉘었고, 마침내 반대 측 학생
들이 본시 계획한 진정서를 총회에 제출하게 되었다. 진정서의
골자는 자유주의 신학사상에 대한 우려, 학교 경영에 관한 문제,
호소문과 탄원 등으로 갖추어져 있는바, 김 교수의 강의 내용을
구체적으로 예를 들어 공박했다.[152] 이에 대해 김 교수는 자신의

성경관과 교리 문제에 대한 진술서[153]를 썼다. 총회는 8인의 심사 위원을 선정했고, 이들은 그 진술서를 검토하는 한편 김 교수와 면담했다. 여기서 김 교수는 성서에 관한 자신의 입장은 성서에 다소 오류가 있으나 그 속에 구속하는 이치가 있다고 믿는 것이라는 요지의 답변을 했고, 심사위원회는 김 교수의 성서 무오설은 진정한 무오설이 아니라고 총회에 보고했다.[154] 이에 당시 총회장 이자익 목사는 김재준 교수와 면담하고[155] 사태 수습을 의도했으나, 그해 7월 김 교수는 자신의 성서관에 대한 간략한 성명서[156]를 전국 교회에 발표했다.

한편 이때 서울에서는 원로 목사들[157]을 중심으로 장로회신학교 재건 운동이 일고 있었고, 1948년 부산 고려신학교 측의 문제, 박형룡 목사의 고신 교장 사임 등의 사태에 직면하여, 그 작업이 즉시 개교의 방향으로 추진되었다. 그해 3월 15일 대전 제일교회에서 다수 교역자가 참석하여 신학 문제 대책 전국위원회를 구성했으며, 개교안은 즉시 보류하고 먼저 조선신학교 개혁안을 마련했다. 김재준 교수의 진술서에 대한 박형룡 박사의 비판문[158]과 함께 그해 4월 서울에서 열린 제34회 총회에 이 개혁안을 제출했다. 내용은 이사 재선정과 현 교수진의 총퇴진이었다.

이 안은 총회에서 일단 부결되었으나 제안자들은 다시 김재준 교수를 휴직시켜 미주에 1년간 유학케 하고 박형룡·명신홍·김진홍·심문태 등을 새로운 교수진으로 보강하자는 개정안을 다시 상정하여, 이번에는 통과시켰다. 이 안은 총회에서 통과되기는 했으나 조선신학교 측에서 받아들이지 않았다. 이에 격분한 조선신학교 측 젊은이들이 총회장에게 달려드는 등 사태는 험악했다. 한편 김재준 교수는 "편지에 대신하여"[159]라는 장문의 신변 해명서를 〈조선신학보〉에 게재하여 주의를 환기시켰다. 그전에 조신 측은 총회에 진정서를 제출함으로써 제적된 51명의 학생을 복교시켰으나 이들 대부분은 자퇴해 버렸다.

이로써 사태는 악화일로로 치달았다. 1948년 5월 20일 별도의 장로회신학교 개교가 결정되어 이정로 목사를 이사장으로, 박형룡을 임시 교장으로 하고 6월에 문을 열었다. 1949년 4월 19일 서울의 제35회 총회는 장로회신학교의 총회 직영을 결정했다. 이 순간 총회 내에는 2개의 직영 신학교가 존재하는 셈이었다.(아직 조선신학교의 직영 취소 결정은 내려지지 않음). 이어 두 신학교 합동안이 제출되었다. 6명의 합동위원[160] 명의로 제출된 합동안은 양교의 무조건 합동, 주요 과목 교수의 선교사 담당, 기존 교수진은 무효로 하고 합동이사회가 새로 선임할 것 등을 내용으로 했다. 이어 연석 이사회를 소집하여 원칙적 합의를 보고, 다시 순복음주의에 기초하며, 장로회 신조 준수, 직원 총퇴진, 이사회 결정 정족수 3/4, 교장은 한인 원로목사, 교수는 북장로회 3인, 남장로회 2인, 캐나다·호주 각 1인을 선택하여 주요 과목을 위탁한다는 것 등을 골자로 한 7개 항의 합동시안을 정했다.

그러나 이 시안은 양교의 주장과 거리가 멀어 합동 가능성만 희박하게 했다. 이에 대해 조선신학교 측은 양교 직원은 무조건 합동하고, 교수 채용은 선교사나 한인 학자를 막론하고 적재적소에 배치하며, 의결 정족수는 과반수로 하자는 등의 주장을 폈고, 장신 측은 자유주의 신학과 그 신학자의 척결, 김재준 교수의 절대 제외와 정족수 2/3를 주장했다. 이 논의는 결렬될 것이 뻔했고 문제의 선택과 해결은 총회로 되돌려졌으며, 양측은 총회에서 승리하기 위해 사전 공작에 골몰했다.[161]

마침내 1950년 4월 대구에서 열린 제36회 총회는 이 문제로 혼전만 거듭했고 9월까지 정회되었다. 이후 1951년 5월 부산에서 열린 36회 총회 속회에서는 두 직영 신학교를 모두 취소하고 대구에 새 신학교를 설립한다는 안을 결의하는 과정이 있은바, 다시 유례없는 혼전이 빚어졌다. 아무튼 1951년 9월 18일 대구에서는 새로운 총회신학교(교장 켐벨, 후임 박형룡)가 설립되었다. 조선신학교 측의 심경은 날카로웠고 1952년 제37회 총회에 비장한 대비까지 하고 있었다. 마침내 제37회 총회는 김재준 교수의 목사직 제명처분을 단행했고, 그와 동조하던 스코트 선교사(캐나다)도 처단했다. 더구나 조선신학교 졸업생에게는 교역자 자격 부여가 곤란하다는 결정을 내렸다. 이는 분열의 결정적 조치였다.

총회 직후인 그해 5월 13일 조선신학교 측 세력이 우세한 경기노회가 열려 총회 불법 결의 취소를 성명했고, 전권위원 9인[162]을 뽑아 사후책을 맡겼다. 동년 9월 경기·전북·군산·충남·경남·경북·경서 등 제노회 조신 측 회원 30명이 부산에 모여 장로회 호헌 전국위원 총회 소집을 결정하여, 9월 17일 대구 남산교회에서 목사 35명, 장로 12명이 모여 호헌대회를 열고 "총회의 불법 결의가 취소되지 않는 한 교회의 평화와 통일은 영구히 실현될 수 없다"고 성명했다.[163]

1953년 제38회 총회에서 다시 김세열(金世烈, 조선신학교 측) 목사 외 80명의 총회 대책위원회 명의로 시정을 요하는 긴급건의서가 제출되었으나, 오히려 총회는 양분된 노회들의 언권을 봉쇄하고 제37회 총회 결정을 재확인하는 등 강경책을 폈다.[164] 그해 5월 경기노회는 총회에 총대 파송 중지를 결의했고, 6월 10일 서울에서는 분립된 전북노회 등 9개 노회 대표 47명이 모여 제38회 법통 총회를 열고, 개최 이유[165]와 새 총회의 지도 이념[166]을 밝혔다. 분열은 기정사실화 되고 1954년 6월 10일 제39회 법통 총회가 열렸는데, 여기서 교단 명칭을 '대한기독교장로회'(이후 한국기독교장로회로 됨)로 바꾸었고, 캐나다선교부가 가담했다. 당시 기장 측에 가담한 교회는 568개, 목사는 291명, 세례 교인 수는 20,937명이었다. 이로써 한국 장로교회의 또 하나의 대분열이 결정된 것이다.[167]

2.

6·25와 4·19 전후 사이의
교회의 모습(1950~1964)

6·25사변으로 한국 교회가 겪은 환란은 근대 세계 기독교사에서도 비슷한 예를 찾아볼 수 없을 만큼 비참했다. 수많은 신도들이 묶여서 끌려갔고, 교회당이 불타 버리는 아픔도 컸지만, 그보다 더한 것은 민중의 심정에 얼룩진 비탄과 허탈감, 자포자기였다. 이 때문에 극단적인 신비주의 신앙이나 일시적 위안, 신앙의 이질화 현상이나 무속화 물결에 휘말리게 되었으며, 기성 교회는 자선과 구제, 외적 시련과 내적 아픔을 아울러 경험하면서 피난민으로 구성된 교회 성장을 자위 거리로 삼았다.

4·19혁명 이후에는 기성 교회 내에서 자성의 기미가 나타나면서 평신도운동, 민족복음화운동, 한국적 신학의 의식화 경향이 돋보이게 되었으며, 한국 개신교 80주년을 맞이하는 천주교회에서는 바티칸 공의회의 선언[1]이 나옴으로써 한국 천주교와 개신교는 처음으로 서로 만남의 장을 펴기 시작했다.

1) 교회의 피난과 수난

1950년 6월 25일 주일 새벽, 북한 공산군의 남한 침략은 국내외를 막론하고 누구도 예측하지 못한 사태였다.[2] 당시 남북한 군대의 군사력을 비교해 보면 다음과 같다.[3]

종별 / 군별	보병 병력				보병 장비			해 · 공군 전력			
	보병 사단	전차 사단	기타 여단	병력 총수	전차	장갑차	각종포	해군 함정	해군 병력	전투기	공군 병력
공산군	10	2	3	15만 4천	242	208	2,540	30	1만	230	2,000
국 군	8	0	0	10만	0	27	840	30	1만	10	100

이러한 군사력의 차이는 북한의 남한 선제공격을 가능케 했다. 엎친 데 덮친 격으로 그날은 주일이었고 많은 국군이 외출 중이었다. 전 전선에서 국군은 마른 가랑잎처럼 날리며 후퇴를 거듭했고, 공산군은 파죽지세로 남으로 남으로 내려왔다. 그러나 한 가지, 쓰러져 가는 국군의 혼은 투혼으로 바뀌어 패전 속에서도 조국을 수호해야 한다는 의기만은 충천했고, 맨주먹으로라도 몸 바쳐 단 한 치, 단 1분이라도 무자비한 적의 탱크와 말굽의 유린을 더디게 붙들었다. 주미 대사 장면(천주교인)의 긴급 연락을 접한 미국 정부와 한국위원단의 급보를 접한 UN은 6월 25일 낮 2시 공산군의 즉각 철수를 결의하는 한편, 우선 미국은 일본 주둔 맥아더 사령부의 한국 주둔과 해·공군의 즉각 참전을 명령했다.

이러한 미국 정부의 결정에 음으로 기여한 잊을 수 없는 은인은 당시 미국에 체류하던 한국 선교사 원한경(H. H. Underwood, 元漢慶, 원두우의 아들)이다. 이어 UN은 6월 30일까지 32 개국의 한국 원조를 결정했고, 7월 7일에는 영국·프랑스 공동 제안으로 한국 출전 UN군 총사령부 설치 및 UN기(旗) 사용을 결의함으로써 UN 창설 이후 처음으로, UN 이름으로 국제 평화를 위한 경찰군대가 편성되었다. UN군 총사령관에 맥아더 원수가 결정되고, 미국에서 208,000명을 비롯하여 자유 우방 16개국에서 총 254,200명이 파병되었고, 한국군도 UN군 산하에 편입되어 싸우기 시작했다.

한편 6월 28일 서울을 점령한 공산군은 7월 20일 대전을 공략, 곧바로 추풍령을 넘어 낙동강 전선에 집결했고, 전라도 전역은 무혈 진군했으며, 강원도 전체도 그들 수중에 들어갔다. 한국의 임시 수도는 수원·대구·부산으로 계속 옮겨졌고, 낙동강 이남의 경북 일부와 경남 지역을 제외하곤 한반도 전체가 공산군 치하에 들어갔다. 그러나 국군과 UN군은 전열을 정비하여 낙동강을 최후 방어선으로 총공세를 취했고, 마침내 9월 15일 인천 상륙작전 감행에 이어 9월 28일에는 3개월 만에 서울을 탈환했다.

그후 곧 38선을 넘어 북진했고 10월 19일에는 평양 수복에 성공했으며, 그달 하순 일부 아군이 압록강가에 이르러 전쟁 종식과 국토 통일이 눈앞에 보이는 듯했으나 역사의 향방은 여의치 못했다. 대규모 중국 공산군의 개입이 시작된 것이다. 중공군 17만 대군의 인해전술에 힘입어 12월 2일에는 평양이 그들 수중에 들었다. 중공군의 파죽지세에 눌려 1951년 1월 4일 서울을 다시 빼앗겼으나 오산 전선을 방어선으로 재진격, 3월 14일에 서울을 다시 탈환했다. 이후 38선 주변에서 상호 공방전을 벌이다가 1953년 7월 27일 휴전협정이 조인되었다.

이로써 민족간의 이데올로기 전쟁으로 엄청난 비극을 남긴 전쟁은 끝나게 됐으나 파급 영향은 모든 면에 걸쳐 엄청났고 국토는 폐허가 되었다. 대체적인 피해 상황을 보면 한국을 포함한 UN군의 총 사상자 33만여 명, 공산 측은 그 5배가 넘는 180만여 명, 3년 동안 가옥 피해 60만 채였고, 산업시설의 45퍼센트가 완전 파괴되었으며, 전쟁 비용은 제1차 세계대전을 능가하는 150억 달러였다. 그뿐만 아니라 전쟁미망인 20만 명, 전쟁고아 10만 명이 생겼으며, 십수만 명의 양측 포로가 고생했다.[4] 형제와 부자

간에 총부리를 겨눈 민족적 아픔이 그 얼마이며, 자유를 찾아 남부여대하고 남으로 밀려온 실향민의 고통은 또 얼마인가? 게다가 이산가족이며 생이별의 슬픔은 말할 것도 없다. 민중은 허탈에 빠져 종교적 의식이나 양심도 크게 변하고 있었다.[5]

천주교회는 앞서 언급한 대로 6·25 이전부터 북한 지역에서 성직자의 체포, 구금, 행방불명, 성당 폐쇄 등으로 계속 수난을 겪고 있었다. 특히 덕원수도원과 신학교는 완전 폐쇄되고 사우에르 주교 등 성직자 전원이 체포되어 옥사하거나 고통을 겪었다. 평양교구의 한국인 성직자들도 모두 구금되고 성당은 폐쇄되었다.[6] 이어 6·25 바로 전날인 1950년 6월 24일에는 요행히 체포되지 않고 있던 평양교구의 조인국(趙仁國)·이경호(李京鎬)·강영걸(康永杰)·김교명(金敎明) 신부를 비롯, 함흥·덕원교구 김봉식(金奉植)·이재철(李載喆)·이춘근(李春根) 신부, 춘천교구 이광재(李光在), 황해도 은율성당 윤의병(尹義炳), 장연성당 신윤철(申允鐵), 겸이포성당 유재옥(劉載玉) 신부 등이 잡혀 거의 순교한 것으로 보인다.

남침 이후에는 6월 27일 강원도 소양성당에서 아일랜드인 콜리어(Collier) 신부가 총살된 것을 비롯, 7월 2일 영등포성당의 이현종(李顯鐘) 신부가 총살되고 퀸란(Quinlan, 춘천교구장) 주교, 크로스비(Crosvie) 신부가 잡혔으며, 레일러(Reiller), 마긴(Maginn) 신부 역시 총살되었다.

교황사절 번(Byrne) 주교, 부스(Booth) 신부, 유영근(兪榮根) 신부, 광주교구장 브레넌(Brennan)뿐만 아니라 대전교구의 프랑스인 신부 9명 등도 체포되었다. 6·25를 전후하여 남북한 일대에서 학살, 체포된 가톨릭 성직자는 150여 명에 이른다. 잡힌 외국인 성직자들은 서울 소공동 삼화빌딩에 감금되었다가 북으로 압송, 평양·만포진 등으로 끌려 이동하며 북한에서 체포된 인사들과 함께 '죽음의 행진'이라 불리는 민간인 포로 학대 행렬에 합류했다. 이곳에서 추위와 굶주림·학살 등으로 11명[7]이나 죽었다.

　　한편 노기남 주교는 후방의 성직자와 성당, 교인들을 돌
보면서 부산을 중심으로 활동했고, 1951년 1월 17일에는 교인
1,800명을 모아 제주도로 피난시켰다. 수복된 서울이 안정을 되
찾자 명동성당 주임 장금구(蔣金龜) 신부가 1951년 3월 25일 먼
저 서울에 도착하여 교회 재건을 위해 애썼다.[8]

　　한국 개신교회는 교회사상 최대의 비극과 수난을 6·25
에서 경험했다. 이미 북한 교회의 압박과 피해는 해방 직후부터
시작되었고, 6·25를 전후해서는 모든 교회가 폐쇄·접수되었다.
공산주의자로 전향하여 협조치 않은 모든 성직자가 체포되어 순
교하거나 행방불명되고 말았으며, 일반 기독교인까지 신앙 하나
만의 이유로 학살 혹은 강제 노역에 처해져야 하는 교회 말살의
상황이었다.[9]

　　이러한 북한 교회의 잔혹한 시련은 6·25와 함께 남한 교
회에 옮겨졌고, 공산군 점령 지역에서는 교회와 기독교인이 제일
큰 수난의 표적이 되었다. 이미 남한에서도 공산 테러단에 의해
자행된 여수·순천 반란사건, 대구 반란사건 등으로 교회와 기독
교인이 부분적 희생을 치렀다. 6·25 발발 이후 남침 속도가 워낙
빠르고, 특히 교회와 교인을 두고 피난 갈 수 없다는 사명감 때
문에 성직자들의 피난률은 무척 낮았다. 서울만 해도 6월 26일
각 교파 교역자들이 승동교회에 모여 국군 원호회를 결성하고
서울 사수에 비장한 결의를 보였으나, 이틀 후인 28일 서울이 공
산군 점령하에 듦으로써 한강을 넘어 남으로 피난길에 오른 교
역자보다 서울에 남아 고초를 겪은 교역자가 훨씬 많았다. 공산
군은 가는 곳곳마다 이렇게 해서 남은 교역자와 교인들을 체포,
학살하거나 감금하고 교회당을 접수했다.

　　서울에서는 그해 7월 7일경 경동교회 교인이던 김욱(金
旭)이란 자가 이른바 '기독교민주동맹'이라는 간판을 기독교서회
건물에 걸고 교인들을 위협하며 김일성 환영 대회를 강요했고,

대구 반란사건의 주모자로 복역 중이던 목사 최문식은 의기양양하게 옥문을 나서자마자 교역자 회유에 나서 그들을 선전도구로 이용했다.

그러나 교역자들을 자신들의 목적에 이용하기가 용이하지 않다는 결론에 이른 공산 측은 갖가지 죄목을 뒤집어 씌워 교역자들을 대거 투옥시켰다. 그중에는 옥사한 이[10]들도 있다. 이때 서울에서만 60여 명의 교역자와 교인이 검속되었으나 지방의 사정도 이에 못지않았다. 특히 호남 지역의 교회 피해는 알려지지 않은 것까지 포함하면 엄청난 규모이며, 이름이 밝혀진 순교자도 수십 명에 이른다.

이렇듯 호남 지역에 수난이 많은 이유는 국군과 UN군의 인천상륙작전으로 후퇴로가 차단된 공산군이 산중에 은거하며 치안이 허술한 틈을 타서 갖가지 만행을 저질렀으며, 도주해야 할 길이 멀고, 길이 가로막혔다는 절망감에서 구금했던 우익·기독교 인사들을 납북해 가기보다 집단 처형한 사례가 적지 않았기 때문이다. 그 유명한 예가 충남 병촌교회(66명), 호남 원당(73명)·봉남(73명)·신관·해성(5명)·만경(10여 명)·덕암(22명)·제네리(21명)·영암읍(24명)·도암(30명)·야월리(65명)·백수(53명)·임자(443명)·죽동·대동·복길(30여 명)·진도읍·오산교회 등의 교인 집단학살 사건이다.

이들 죽은 교인 중에는 일가족 전체가 몰살된 경우도 있는데, 공산군은 어린아이, 칠순 노인 등 남녀노소를 가리지 않고 우물이나 구덩이에 집단 생매장하거나, 돌과 몽둥이로 타살하거나, 죽창이나 대검으로 난자하는 등 이루 형언할 길 없는 잔인한 방법을 동원했다.[11]

또한 북한 지역 중 아군의 북진에 의해 미처 탈환치 못하고 중공군 개입으로 영영 남겨졌던 지역 내 교회와 교인들은 국군과 UN군의 후퇴에 따라 월남하지도 못하고 전멸 상태였다고 전한다. 즉 아군의 미수복으로 월남 기회를 놓치고 그대로 남아

있던 사람의 절대다수가 기독교인이었고, 쫓기던 공산군의 적개
심과 화풀이가 한층 거세져 수천 교인이 집단 학살된바, 북한 기
독교 중심지의 하나이던 의주·용천 지역이 대표적 예다.

　　　　교회는 이토록 처참한 박해에 몸서리치며, 섭리에 의한 재
건을 간구했다. 일부 피난 교역자들은 '전시 비상대책 위원회' 등
을 조직하여 교회로서 행할 길을 찾아 나섰다.[12] 6·25로 말미암
은 교회 수난상을 구체적으로 살피기 위해, 이름이 밝혀진 수난
자와 그 밖의 피해상을 몇몇 도표로 살펴보자.

6·25를 전후한 북한 지역 교역자의 수난 상황

이름	교파	교직	출신지	순교 당시 시무지	순교연월일
신석구(申錫九)	감리교	목사	충북	진남포	1950. 10. 10
이정심(李淨心)	장로교	목사	부산	청진	1947. 12. 8
김화식(金化湜)	장로교	목사	평남	평양	1947. 12
이유택(李裕澤)	장로교	목사	경북	평양	1949. 12
김진수(金珍洙)	장로교	목사	평북	선천	1950. 6
김길수(金吉洙)	장로교	목사	평남	평양	1947. 4
박응률(朴應律)	장로교	목사	평남	영유	1950. 6
배덕영(裵德榮)	감리교	목사	경기	평양	1949. 12
안석준(安錫俊)	감리교	목사	평남	강서	1947. 12. 25
현병찬(玄炳燦)		목사	서울	진남포	1949. 3
이학봉(李學鳳)	장로교	목사	평북	평양	1947. 12
김철훈(金哲勳)	장로교	목사	경기	평양	1948. 6
지형순(池亨淳)	장로교	목사	평남	평양	1950. 10. 2
김인준(金仁俊)	장로교	목사		평양	1947. 1
이성휘(李聖徽)	장로교	목사		평양	1950. 10
최택규(崔宅奎)	장로교	목사	평북	정주	1949. 12. 19
석옥린(石玉麟)	장로교	목사	평남	평원	1950. 10
문명선(文明線)	장로교	목사		정주	1949.
허천기(許天機)	장로교	목사	평북	철산	1950. 10. 9
조석훈(趙錫勳)	장로교	목사	황해	장연	1950. 6
조한수(趙漢璹)	성결교	목사		북청	1949. 11
이정순(李禎淳)	성결교	목사	함남	종성	1950. 6
오덕삼(吳德三)	성결교	목사	평남		1950.
전기찬(全基瓚)	성결교	목사	함남	혜산진	1948. 12
강축수(姜丑洙)	감리교	목사	함남	원산	1950.

이름	교파	직분	출신	지역	일자
조만식(曺晩植)	장로교	장로	평남	평양	1950. 10
문봉교(文鳳郊)	장로교	장로	황해	신천	1950.
김호련(金鎬連)	장로교	장로	함남	함흥	1950.
조희염(曺喜炎)	장로교	목사	함남	원산	1950. 10. 9
권의봉(權義奉)	장로교	목사	경북	원산	1950. 10
박경구(朴敬求)	장로교	목사	황해	장연	1950.
김익주(金翼柱)	장로교	목사	평남	진남포	1950. 9
서기훈(徐琦勳)	감리교	목사	충남	철원	1951. 1. 1
한사연(韓士淵)	감리교	목사	평남	철원	1950. 10
송정근(宋貞根)	감리교	목사	황해	평양	1950. 10. 9
김홍식(金弘植)	감리교	목사	평남	강서	1950. 6
정일선(丁一善)	장로교	목사	황해	안악	1950. 10
김의근(金義根)	감리교	목사	평남	평양	1950. 10
조춘일(趙春一)	감리교	목사	경기	금화	1950. 6
김영윤(金榮潤)	장로교	목사	경북	안악	1950. 10
김영범(金永範)	성결교	목사	함남	청진	1950. 10. 18
강운영(姜運榮)	장로교	목사	전북		1950. 10. 15
김익두(金益斗)	장로교	목사	황해	안악	1950. 10
김인실		목사		평양	1950. 10
변천식		목사		평양	1950. 10
최감은		목사		평양	1950. 10
강광범		목사		평양	1950. 10
유계준(劉啓俊)	장로교	장로	평양	평양	1950
박덕수(朴德秀)	장로교	전도사	경북	원산	1950. 9. 30
김태운(金泰雲)	감리교	전도사		평양	1950. 10
이도영(李道榮)	감리교	전도사	경북	연천	1950. 10. 10
이응교(李應敎)	감리교	전도사	황해	평양	1950. 10. 10
김경순(金慶淳)	장로교	여권도사	함남	함흥	1950. 10
백인숙(白仁淑)	장로교	여권도사	평북	평양	1950
김수은(金受恩)	장로교	여전도사	황해	평양	1950
김순효(金順孝)	장로교	여전도사	황해	평양	1951
한의정(韓義貞)	예수교회	복음사	경북	평양	1950
김성찬(金聖燦)	장로교	학생	함남	원산	1950. 10
외 5인					

실종자

윤동철 · 은경락 · 강문구 · 조순전 · 김봉규 · 이순도 · 김익선 · 백낙선 · 원춘도 · 오기원 · 임기주 ·
김은국 · 문신규 · 강도신 · 황도익 · 김태봉 · 권성준 · 곽희정 · 이창실 · 김준봉 · 진학철 · 조기수 ·
김인도 · 정송학 · 김준걸 · 오계준 · 기주복 · 서학연 · 서동원 · 백승건 · 김영훈 · 김익재 · 조석훈 ·
전용헌 · 오영백 · 전창원 · 민병순 · 김성재 · 조봉석 · 김윤성 · 조은대 · 배재명 · 민용철 · 장규명 ·
홍택기 · 백봉빈 · 한순옥 · 이순도 · 최완복 · 김석창 · 김병조 · 이춘삼 · 김병규 · 신영옥 · 박공길 ·

문준희 · 김광세 · 김남호 · 유정칠 · 나시산 · 송영길 · 김덕모 · 한덕교 · 이정흠 · 장윤홍 · 길인섭 ·
안병호 · 임영묵 · 박승용 · 유동철 · 박성화 · 정상인 · 김광현 · 박성모 · 김상철 · 장기송 · 정경희 ·
김순호 · 최문성 · 임창윤 · 이덕재 · 장형일 · 유재면 · 임홍주 · 최원조 · 엄창주 · 임현식 · 조석훈 ·
서용문 · 이창재 · 박용근 · 이병임 · 지세연 · 박기주 · 이해영 · 정관백 · 이용직 · 박문일 · 전혁신 등

6 · 25를 전후한 남한 지역 교역자의 수난 상황

이름	교파	교직	출신지	순교 당시 시무지	순교연월일
W. 언더우드	장로교	선교사	미국	서울	1949. 3. 17
김도종(金道宗)	장로교	목사	제주	제주	1948. 3
손양원(孫良源)	장로교	목사	경남	여수	1950. 9. 28
손동인 · 동신	장로교	학생	경남	순천	1948. 10
김예진(金禮鎭)	장로교	목사	평남	서울	1950. 8
박연서(朴淵瑞)	감리교	목사	경기	서울	1950. 8
김윤실(金允實)	장로교	목사	평남	서울	1950. 9
전인선(全仁善)	장로교	목사	충북	서울	1950. 8
배영석(裵永石)	장로교	목사	전남	강진	1950. 8
백남용(白南鏞)	복음교회	목사	전북		1950. 9. 27
전용섭		목사	충북	청주	1950. 9. 25
김병구(金炳球)	장로교	목사	전북	예산	1950
김주현(金周鉉)	장로교	목사	함남	전북 삼례	1950
이용선(李用善)	장로교	목사	평남	전남 구례	1950. 12. 9
이종덕(李鍾德)	침례교	목사	충남	강경	1950
전병무(全秉武)	침례교	목사	강원	울진	1950
김인석(金仁錫)	성결교	목사			1950
곽경한(郭敬漢)	장로교	목사	충북	청주	1950. 10
김병화(金炳樺)	장로교	목사	전북	신태인	1950. 10. 10
박석현(朴錫鉉)	장로교	목사	전남	광주	1950
임종헌(林鍾憲)	장로교	목사	충남	고창	1950. 9. 28
안덕윤(安德潤)	장로교	목사	전남	김제	1950. 9
원창권(元昌權)	장로교	목사		영광	1950
김종인(金宗仁)	장로교	목사		법성포	1950
김방호(金邦昊)	장로교	목사	경북	영광	1950. 9. 28
최명길(崔明吉)	장로교	목사	전남	목포	1950. 8. 1
김정복(金正福)	장로교	목사	충남	소록도	1950. 9. 28
노영수(盧永守)	구세군	고등참령	경북	진주	1950. 9. 5
김응락(金應洛)	장로교	장로	평북	서울	1950. 9. 24
최지한	장로교	장로	경남		1950
장석팔(張錫八)	감리교	장로	충남	예산	1950
김두병(金斗炳)	장로교	장로	전북	전주	1950. 9
김계수(金桂水)	장로교	장로	전남	목포	1950

조경선(越景宣)		장로		서울	1950
조홍식(曹弘植)	장로교	전도사	전북	진안	1950
임수열(林壽烈)		전도사	경기	강릉	1950
조상학	장로교	목사	전남	광양	1950. 9. 28
도복일(都福一)	장로교	전도사	경북	삽교	1950. 9. 20
김동훈(金東勛)	감리교	전도사	함북	조치원	1950. 9. 27
문준경(文俊卿)	장로교	여전도사		증도	1950. 9
허상(許詳)	장로교	장로		영광	1950. 9
노병재(盧炳在)	장로교	잡서		영광	1950. 9
김평국(金平國)	장로교	장로	전남	영광	1950. 9. 18
김윤환(金允煥)	장로교		전남	영광	1950. 9. 18
조흥식(趙興植)	장로교	전도사	전북		1950. 8. 21
김용준(金容俊)	장로교	집사	전북	전주	1950. 9
조용택(越龍澤)	장로교	전도사		광주	1950
최병호(崔秉浩)	장로교	장로	전남	완도	1950
이덕봉(李德奉)	장로교	장로	충남	금산	1950
김재준	장로교	장로	충남	금산	1950. 8. 22
송병덕(宋炳德)	장로교	집사	전북	완주	1950

납북자

장로교: 송창근(한신대학장) · 남궁혁(한국기독교연합회 총무) · 주재명(잔다리교회) · 장덕노(효자동교회) · 김영주(새문안교회) · 송태용(계명협회) · 김연 · 박상진(형목) · 주채원(향화교회) · 김경종(세브란스병원 원목) · 김태주(성북교회) · 허은(해방촌교회) · 김동철(서소문교회) · 안길선(신당동교회) · 오택관(제헌국회의원) · 정치호 · 현석진 · 유재헌(부흥사) · 최상은(응암교회) · 김두석(봉일천교회) · 조희철(신암교회) · 임주선 · 김성원 · 김종은 · 김병열 · 장순예 · 이상해 · 오병길 · 김종찬 · 이선웅 · 윤형숙 · 김재탁 · 이재규 · 고영호 · 박경한 · 최병길 · 김재신 · 김경진 · 권태희 등

감리교: 잭슨(선교사) · 김유순(감독) · 방훈(자교교회) · 김회윤(중앙교회) · 조상문(북아현교회) · 심명섭(교육협회) · 박만춘(교육국) · 양주삼(적십자사 총재) · 서태원(감신) · 정달웅(청파동교회) · 차경찬(수표교교회) · 황덕주(공주교회) · 김원규(대성교회) · 정건주(성동교회) · 전효배(금호동교회) · 박선제(경동교회) · 최정복(궁정동교회) · 김원규(개성남부교회) · 유석호 · 김상식 · 정긔남 · 홍병기 · 박학선 · 김경만 · 천진규 · 전경배 · 최기목 · 김상준 · 송원영 · 조원여 · 장기영 · 이명재 · 송정근 · 이상선 · 배영조 · 유득신 · 한사연 · 이도영 · 서기훈 · 황용식 · 유종학 · 이찬주 · 김유해 등

성결교: 이건(성결교신학교장) · 박현명(총회장) · 김유연(신공덕동교회) · 최성모(아현교회) · 박현(신학교) · 서두성(독립문교회) · 조한주(백암교회) · 유세근(돈화문교회) · 임수열 · 김봉규 · 임광우 등

구세군: 로드(사령관) · 김삼석 · 김진하 · 지용성 부인

성공회: 이원창 · 조용호 · 윤달용(세 사람 모두 순교한 것으로 전함)
복음교회: 최태용(복음교회 감독)
일반교인: 조현자(신암교회 집사) · 박보렴(일신여학교 교원) · 임종식(대한금융 조합이사) · 이필빈(판사) · 고명우(의사) · 이정진(조흥은행원) · 조민영(군수) · 홍순옥(제헌국회의원) 등

교파별 건물 파괴 상황[13]

교파	전소된 건물	반소된 건물	합계
장로교	113	418	531
감리교	84	155	239
성결교	27	97	124
구세군	1	3	4
재림교회	16	30	46
연합기관	2	2	4
	(서울YMCA, 성서공회)	(세브란스병원, 기독교서회)	4
합계	243	705	948

2) 교회 복구와 구제활동

전란 직후 서울을 탈출한 일부 교역자는 1950년 7월 3일 대전에 모여 '대한기독교구국회'(회장 한경직 목사)를 조직했다. 이 단체는 우선 국방부·사회부 등과 협력하여 선무(宣撫)·구호·방송사업, 지원병 모집에 앞장섰다. 그 뒤 본부를 대구·부산으로 옮기며 수천 명의 기독청년들을 훈련시켜 전선으로 내보냈다.[14] 9·28수복 후에는 아군을 따라 서울에 입성했고, 선무공작 대원 약 1천 명을 훈련시켜 국군과 UN군이 점령하는 북한 지역 곳곳에 파송, 활동케 했다.

한편 10월 19일 평양이 탈환되자 북장로회 선교부와 한국 장로교 대표들이 남한 교회 사절단[15]으로 동 25일, 아직 전운이 가시지 않은 평양에 입성했다. 이들은 곧 평양 각 교회를 재개하고 2천 명의 신도를 모아 서문밖교회에서 대예배를 주도했으며, 평양 선교부 부활 계획, 신학교와 숭실대학 재건, 북한 타지역 전도 계획 등을 정했다. 그러나 중공군 개입으로 곧 철수했고

다만 수만 명의 신도들이 월남하는 과정을 도왔다.

1·4후퇴 시 교계 지도자들은 대거 부산으로 내려가 1951년 1월 9일 부산 중앙교회에서 교파 연합으로 '기독교연합 전시비상대책위원회'(회장 한경직, 부회장 류형기·김창근·황종률, 총무 김양선)를 결성하고 미국 대통령, UN 사무총장, 맥아더 사령관에게 메시지를 전하는 한편, 교회의 총력을 기울여 구호사업에 매진하기로 했다. 이에 한경직·류형기 두 목사가 미국에 파송되어 한국 원조 여론을 환기시켰고, 이에 힘입어 제주도와 거제도에 2만여 명의 신도와 1천여 명의 교직자들을 피난·수용시킬 수 있었다.

비상대책위원회는 제주도에 지부를 설치하고 피난민 구호 지도와 전도 사업도 병행하며 10여 개의 교회도 신설했다.[16] 이어 1952년 1월 14일에는 역시 각 교파를 망라한 재건연구위원회가 결성되어 교회와 주일학교, 교육과 문화, 사회의 후생, 농촌, 경제, 산업 등 6개 부문에 걸친 폭넓은 재건사업을 선교부의 협조를 얻어 추진했다. 곧 이 재건연구위원회는 세계 교회들이 한국 교회를 원조할 수 있는 기틀을 마련했고, 기독교 세계봉사회(CWS)[17]·국제선교협의회(IMC)[18] 등의 대표들이 이 기구와 접촉하여, 한국을 시찰하고 세계 각국의 원조금품을 모아 한국 교회로 보내왔다. 이와 함께 전쟁이 소강상태에 빠지고 휴전 논의가 진행될 무렵부터 교회는 폐허가 되다시피 한 곳곳의 교회당과 교회기관을 복구하기에 안간힘을 썼다.

장로교회는 1953년 6월 2일 선교협의회를 열고 재건사업을 구체적으로 결정·추진했고, 감리교회도 그해 6월 22일 미국 선교본부로부터 복구위원이 내한하여, 활발한 복구운동을 벌였으며, 성결교회 등 그 밖의 소교파들도 활발한 복구작업을 벌였다. 여기에다 앞서 언급한 CWS 등 각종 지원기관과 UN, 미군 당국 등의 협조가 큰 기반이 되었고, 모든 교인이 합심하여 복구사업은 비교적 순조롭게 진행되면서 불타거나 부서진 교회당들이 새로 건축되었다. 또한 전소되거나 전파(全破)되었던 YMCA·성서공회·기독교서회 등의 연합기관이 재건되고 연희대학·세브란스의대·이화대학, 서울과 각 지방의 기독교 각급학교들이 복구되었으며, 그 밖에 병원·집회시설·수용시설 등이 복구, 증축되었다.

한편 교파별 전도 부흥운동도 전개되었는데, 이는 전쟁통에 자연적으로 확장되는 교세에 편승하여 큰 성과를 올렸다. 장로교 총회는 1952년을 전도의 해로 정하고 교인들을 총동원하여, 첫째 1~3월은 자체 신앙부흥, 둘째 4~5월은 개인전도, 셋째 집단전도, 넷째 교회 지도 등의 단계로 구분하여 부흥운동을 진행했고, 감리교회는 1953년 웨슬레 탄생 250주년 기념 대부흥운동을 전개했으며, 성결교회도 이미 1952년 3월에 대부흥운동을 벌였다.

더 구체적으로는 1954년 장로교회는 선교 70주년 기념사업으로 전국 500 무교회 면(面)에 교회 세우기 운동을 전개했고, 감리교회는 100교회 세우기 운동을 실천했다.[19] 6·25 이후부터 1955년 말까지 약 5년간 새로 설립된 교회 수를 교파별로 보면 다음과 같다.[20]

교파	장로교	감리교	성결교	기타 교파	합계
신설된 교회당	약 1,200	약 500	약 250	약 100	약 2,050

이러한 교회 내적인, 혹은 기독교인들만을 대상으로 한 복구와 구호사업에서 한 걸음 나아가 교회는 사랑과 구제의 기능을 사회에 심기 시작했다. 이는 교단별 또는 개인의 힘으로, 혹은 기독교 구호단체별로 진행되었다. 전쟁의 폐허 속에는 수많은 전상자(戰傷者)와 고아, 미망인, 빈민들이 몰려다녔다. 교회의 구제사업은 우선 이들을 대상으로 한 보호, 수용, 치료 활동으

로 모아졌다. 먼저 고아 구제사업은 기존 수용시설을 활용하는 한편, 새로운 시설이 계속 증가하여 1953년에 벌써 기독교계 고아원, 영아원이 440여 개에 이르렀다. 그러나 1955년을 고비로 고아원 시설은 증가 추세를 멈추고 오히려 줄어드는 경향을 보이는데, 이는 군소기관이 합쳐져 규모를 늘리기도 했고, 수용보다 입양 알선 등으로 방법을 달리하기도 했기 때문이다.

1951년 밀스(V. J. R. Mills) 선교사에 의해 조직된 기독교아동복리회는 고아사업에 주력하여 미국 교인들의 많은 헌금을 각 시설 기관에 쏟아넣었다. 이어 같은 목적으로 1952년에는 스완슨 복음전도회(현 컴패션), 1953년에는 세계 기독교선명회가 설립되어 한국에서 사업을 개시했다. 고아 수용 양육보다는 정상적인 가정으로 입양사업을 서두르는 기관으로 1955년에 홀트아동복지회(주로 해외 입양사업), 1962년에 개혁선교회가 창설한 기독교 양자회(국내 입양사업) 등이 눈부신 활동을 했다.

또한 화이트너(G. Whitner) 선교사의 활동은 1964년부터 세계선교회(United World Mission)의 지원으로 활발해졌다. 이와 병행하여 불우여성이나 전쟁미망인을 위한 사업은 YWCA를 주축으로 감리교회의 여성관·사회관, 그리고 기독교 여자절제회, 각 교파별 여성단체 등이 하고 있었는데, 직업교육과 취업 알선, 계몽사업 등이 주가 되었다. 전쟁 이재민들의 빈곤 문제 해결을 위해서는 CWS와 감리교 해외구제회(MCOR)의 원조, 구세군의 무료 급식 등에 힘입은 바 큰데, 1947~1955년 CWS의 빈곤자 지원사업 내역을 보면 다음과 같다.[21]

지원 품목	수량	지원 품목	수량
의류	37,329점	쌀	122,017섬
분유	16,326식(食)	식용 기름	3,382상자
밀가루	12,510포	현 금	1억 달러

또한 세브란스 병원 등 기존 기독교 의료기관들은 피난 중에도 전상자 치료와 임시 순회진료 활동에 여념이 없었다. 전영창(全永昌)·장기려(張起呂) 등에 의한 부산 복음병원, 침례교 선교부에 의한 부산 침례병원 등도 새로 설립되어 진료활동을 활발히 전개했다. 특히 CWS는 팔다리가 절단되거나 마비된 전상자를 위한 의수족 및 재활사업에 크게 관심을 두어 많은 지원을 아끼지 않은바, 연세대 의대 부속 세브란스 병원 내 재활센터의 기초가 되었다. 또한 한국 기독교의 전통적 사업의 하나이던 구라(救癩)사업도 여수 애양원, 대구 애락원, 부산 상애원 등을 중심으로 계속되었고, 이영식 목사의 대구 맹아학교, 이덕홍 목사의 라이트하우스(Light House) 등에 의한 맹·농아사업도 활발했다.

1951년 김영환 목사에 의해 조직된 '상이군인 신생회'는 전쟁 이후 가장 큰 사회 문제의 하나인 상이군인 문제에 뛰어들어 그들을 대상으로 한 전도·자활·권익 보호운동에 적극적이었다. 그 밖에 장로교회의 성경구락부, 감리교회의 웨슬레구락부 등 불우 소년 교육사업도 크게 확산되었고, 많은 이들이 농촌 계몽, 지역사회 정화운동에 앞장섰다.

이렇듯 눈에 보이는 구제활동 외에도 윤락행위자 선도, 금주·금연, 도박 추방, 마약 금지 등의 절제운동과 윤리의식 회복을 위해 혼신을 다했으며, 전쟁 혼란기의 사회에 대해서도 다음 몇 가지에 주의를 기울여 공헌했다. 첫째, 반공사상의 이론과 체험적 정립을 제공하여 국민의 이데올로기적 민주 기반을 도왔고, 둘째, 우상과 미신 타파 등을 통해 비과학적이고 비합리적인 소극적 의식을 몰아내었으며, 셋째, 국군의 정훈·홍보·선무활동 일선에 서서 사기 앙양과 정신무장 완비에 협력한 점 등을 들 수 있다.[22]

6·25 이후 기독교계 사회사업기관의 운영 상황을 표로 정리하면 다음과 같다.

기관별 통계[23]

(1955년 현재)

기관	수
고아원	560
모자원	49
나환자 수용소	25
노인관	25
영아관	14
결핵요양원	4
전쟁미망인 직업보도소	17
합계	694

지역별 시설기관 및 수용 인원[24]

(1957년 현재)

지역	시설기관 수	수용인원
서울	117	13,367
경기	66	6,244
강원	17	1,137
충북	14	1,422
충남	40	3,729
경북	80	5,087
경남	68	8,071
부산	49	6,895
전북	30	4,230
전남	49	12,323
제주	9	1,282
합계	539	63,787

3) 새 교파·종파, 선교기관의 등장

(1) 루터교회 등의 선교활동

개신교 중 제일 먼저 교파를 형성했고 유럽에서는 단연 최고 교세를 자랑하던 루터교회지만, 한국 진출은 늦어서 1958년부터였다. 루터교회 측은 그 이유를 이렇게 밝힌다.

"루터교회가 세계 여러 지역에서 활발한 선교를 하고 있

었음에도 한국에 늦게 관심을 갖게 된 것은 해외 선교부의 방침
이었다. 즉 한국은 이미 다른 개신교 교파들의 선교활동이 성공
적으로 되어 있는 지역으로 알려져 있어서 새로운 선교사를 보
낼 필요를 느끼지 않았기 때문이다."[25]

특히 루터교회는 '루터란 아워'[26]라는 선교 방송 프로그
램 보급으로 세계에서 이름나 있는데, 1948년 주미 한국대사관
에 한국에서의 루터란 아워 선교 방송 가능성을 타진한 바 있다.
이어 전란 중인 1952년 가을, 루터란 아워 본부 책임자 버털만
이 내한하여, 당시 공보실장 갈홍기를 만나면서 국영방송을 통
한 루터란 아워 방송을 확정했다. 1953년 미국 루터교회 미주리
시노드[27] 총회가 휴스턴에서 열리고, 여기서 한국 선교를 정식으
로 결정했다. 이어 1954년 6월 일본 선교부장 댕컨 목사와 방송
책임자 글로크 목사가 한국을 방문하여, 마침내 1958년 1월 13
일 바틀링(L. P. Battling)·도로우(M. Dorow)·보스(Voss) 등 세
선교사가 처음으로 한국에 정착했고, 미국 유학 중이던 지원용
(池元溶) 박사 내외도 그해 9월 귀국, 루터교회의 구체적인 선교
계획을 실행에 옮겼다.

그러나 처음에는 당시 여러 교파의 난립과 교회 간 분쟁
등을 감안, 자파 교회 설립과 교세 확장에 목표를 두기보다 초교
파적 자세를 지키며 방송 등 매스 미디어를 통한 선교활등에 주
력했다. 특히 루터란 아워는 1959년 11월 6일 작가 주태익(朱泰
益)이 집필한 선교 드라마 "이것이 인생이다"를 방송하자 청취율
과 호응도가 예상외로 높았고, 프로그램 수와 방송 시간을 점차
늘려 가며 새로운 차원의 선교 가능성을 열어 주었다.

그 밖에 1960년 5월에는 기독교 통신강좌를 시작했는데,
보통반·연구반·점자반(역시 보통과정과 연구과정으로 구분됨)으로
구분되었다. 보통반에는 12과,[28] 연구반에는 6과[29]로 된 교재가
마련되어 있었다. 여러 계층의 대상자들이 이 과정을 수료했는
데, 특히 맹인반을 통한 점자 통신강좌에 시각장애인들의 호응

이 컸다. 1959년에는 종합문서 선교사업과 신학교재 공급을 위하여 '컨콜디아사'를 설립했으며, 1961년 3월에는 일반 신앙 교양잡지 〈새생명〉을 창간했다. 그리고 1974년부터는 초교파적으로 '베델 성서 연구강습'[30]을 시작하여 한국 교회에 새로운 성서 연구 방법을 소개했다. 이와 함께 서서히 개교회를 설립하기 시작하면서 신학원을 설치하고 연세대학교 신과대학과 제휴, 성직자 양성을 시작함으로써 교단 형성이 구체화되었다. 1971년 헌법 제정과 함께 제1회 총회(회장 지원상)를 연 이후 새로운 발전을 추진하고 있다.[31]

이러한 대교파의 한국 선교 개시 외에도 1954년에 진출한 '성서침례교회'(포스터F. Foster 선교사), 일제 때부터 선교를 시작했으나 1953년 정식으로 교단 창립총회를 가진 '하나님의 성회', 1965년 진출한 '오순절교회'와 '하나님의 교회', 동석기 목사에 의해 일제 때 소개되었다가 1954년 본격적인 선교가 개시된 '그리스도의 교회'(리치슨 선교사), 같은 해에 전래된 '나사렛교회' 등이 활발한 포교와 교단 설립을 서둘러 1950년대에서 60년대 사이의 한국 교회는 세계 개신교파의 작은 전시장같이 되었다.

이 밖에 '모르몬교', '여호와의 증인' 등 이단 외래 종파도 새로 소개되거나 본격적인 포교활동을 벌여 교회 혼란을 부채질했다.[32]

(2) 군종제도·기독교방송·크리스찬 아카데미 등

한국의 군목제도는 1951년 2월 7일 대통령 특별령으로 시행되었다. 그전에는 부대 내에 임시 군인교회 등이 운영되기도 했으나 6·25 이후 감리교 선교사 쇼우와 천주교회의 케롤 신부 등의 노력에 힘입어 1950년 9월 18일에는 장로교·감리교·천주교·구세군·성결교회가 군종제도를 위한 연합집회를 가져 추진위원회를 구성했다.

창설 이후 초기에는 무보수 촉탁 군목과 군종 신부들이

모집되어 초대 군종으로 장로교 14명, 감리교 10명, 성결교 4명, 천주교 1명[33]이 활약했다. 이어 1952년 6월 16일 139명의 군종관이 첫 유급 군목으로 임명되어 활동을 시작하면서 기틀이 확립되었다. 이어 1954년 7월 2일 초대 육군군종감 김형도 목사가 취임했으며, 해·공군에도 군목제도가 자리를 굳히기 시작했다. 그 뒤 이 제도는 전란을 치른 국군의 정비와 발전에 기여한 바가 크며, 제도 자체도 계속 개선·발전했는데,[34] 1955년 8월 현재 군목 수는 다음과 같다.[35]

군별 교파	육군	해군	공군	합계
장로교	139	16	4	159
감리교	61	6	4	71
성결교	41	4	2	**47**
가톨릭	16	3	3	22
합계	257	29	13	299

이 밖에도 미 군정 당시부터 권연호(權連鎬) 목사 등이 시작한 형목(刑牧)제도가 현재의 교도소 선교로 발전했으며, 6·25 당시 실시된 포로 선교,[36] 원산 마르다 윌손 신학원 동창생들이 시작한 상이군인 대상의 병원 전도 등도 특수영역 선교사업으로 놀라운 성과를 거둔 바 있다.[37]

한편 시대적 요청에 의한 새로운 선교영역이 대두된바, 방송을 통한 전도와 교육활동이다. 이미 1948년 12월 내한한 선교사 디캠프(O. E. Decamp)에 의해 준비작업이 서둘러졌고, 1949년 6월 15일에는 정부로부터 '기독교방송' 설립안이 승인되었다. 그러나 모든 방송기재가 미국으로부터 인천항에 도착했을 때 6·25가 터졌기 때문에 그 계획은 보류되었다가 휴전 후인 1954년 4월 2일 호출부호 HLKY, 주파수 700khz, 출력 5kw의 기독교방송이 기독교서회 건물 옥상에서 정식 출범하여 마침내 그해 12월 15일 첫 방송을 시작했다. 이는 한국 최초의 민간

방송이기도 한데, 선교 효과는 물론 언론 문화 창달에도 선구적 역할을 했다. 아울러 1959년 대구 기독교방송국을 필두로 부산·광주·이리 등의 지방 방송망이 계속 설립되었으며, 출력도 점차 증폭되었다.[38]

1956년 12월 복음주의 연맹선교회(TEAM)가 인천에 설립한 '극동방송'은 북한과 중국을 중심으로 한 대 공산권 선교를 주목적으로 했다. 이어 오키나와로부터 한국으로 송신소를 옮긴 '아세아방송'은 극동방송과 같은 목적을 실현하는 기구로 조직을 계속 확충했다.[39] 그 밖에 각종 시청각 매체와 예술 분야에서 1963년 강원용(姜元龍) 목사에 의해 설립된 '크리스챤 아카데미'가 있다. 대화를 통한 중간집단 교육 및 사회 의식화 교육이 주요 내용인데, 이는 독일 아카데미운동의 한 영향이다. 이 기관은 한국 교회의 포용적 자세를 견지하며, 타종교·타문화의 제형태, 심지어 유사종교 문제까지도 대화와 이해, 자체적 교육의 노력으로 해결·극복하려는 시도를 해왔다. 서울 수유리에 '아카데미 하우스'를 마련하여 만남의 장소를 제공하는 한편 초기부터 기관지 〈대화〉를 발간하여 목표 실현을 도운 바 있다.[40]

(3) NCC의 재현, NAE·ICCC 등의 등장

한국 교회의 에큐메니칼 운동 역사는 개신교 선교 역사와 그 시작만큼 길다. 특히 1905년 9월 15일 장·감 6개 선교부가 연합하여 결성한 '재한복음주의 선교단체 통합공의회'는 한국 교회의 단일교회 형성을 시도할 만큼 교회 일치 정신이 드높았다. 한편 교회연합 정신으로 진행된 1921년 이래의 국제선교협의회(IMC) 운동에도 계속 참여하여, 1924년 9월 24일에는 한국 NCC 즉 조선예수교연합공의회(Korean National Christian Council, 회장 차재명)를 정식으로 조직하기에 이르렀다.

그러나 에큐메니칼 신학에 입각한 본격적인 에큐메니칼 운동이 전개된 것은 해방 이후부터이며, 1948년 8월 네덜란드 암스테르담에서 개최된 WCC 창립총회에 한국 대표단[41]이 참석하면서부터 사실상 비롯된다.[42] 즉 해방 이후 재건된 한국 NCC는 합동찬송가, 주일학교 공과, 기관지 〈기독공보〉 등의 발행, 부활절 연합예배와[43] 3·1절 기념 연합행사 등을 주도하면서 한국 교회의 일치·협력에 크게 기여해 왔다. 그러나 곧 한국 교회 내에 WCC의 에큐메니칼 신학노선에 대한 회의(懷疑)의 움직임이 일기 시작했고, 향후 한국 교회의 한 논란점으로 부상할 조짐이 보였다.

그 초점은 곧 용공성 혹은 신신학 노선에 관한 것이었다. 구체적 표명은 예장·기장 분열 이후 더욱 뚜렷해졌고, 1954년 미국 에반스톤 WCC대회 참가 여부로도 예장 측은 내적 갈등을 겪어야 했다. 이어 1961년 뉴델리대회에는 이미 그 문제로 또 한 차례 분열을 겪은 예장 측이 WCC를 탈퇴, 옵서버만 참가시키고 기장과 감리교회만 정식 대표단을 보냈다.[44] 이 시기 세계 교회의 추세는 WCC 가입이 확산되고 있었는데, 한국 교회의 반(反)에큐메니칼 파동은 하나의 기현상으로 나타나고 있었다.[45]

한편 조선신학교에서 김재준 교수에 대한 반대운동을 전개하고 자퇴한 51명의 신학생과 보수적 여신학생 10명이 연합하여 1948년에 조직한 '신앙동지회'는 6·25사변 당시 미국의 보수적 교회 연합체인 '복음주의협회(National Association of Evangelicals, NAE)' 운동과 접촉할 기회를 가짐으로 제휴를 모색하기에 이르렀다. 이어 1952년 7월, 조직(회장 정규오)을 결성하고 박형룡을 고문에 추대하여 처음부터 반 에큐메니칼 신학, 반 자유주의 신학을 표방하기에 이르렀다. 이들은 미국 NAE와 복음주의 단체들의 세계 조직인 '세계복음주의협회(WEF)' 등에 제휴와 가입을 추진, 1955년 8월 WEF 회원으로 가입하기에 이르렀다.

국내 조직도 장로교 일부만 아니라 감리교·성결교·하나님의 성회 등으로 초교파적 참여[46]를 이루었다. 이로써 NCC 계

열의 에큐메니칼 노선과 대립하는 한 세력권이 형성되었고, 그 갈등은 심각하게 대두되기 시작했다.[47]

이와 함께 또 하나의 보수적 연합기관 곧 '국제기독교연합회(International Council of Christian Churches, ICCC)'가 형성되었다. 자유주의 신학 노선에 반기를 든 극보수주의 연합체로 1942년 미국에서 결성된 '미국기독교연합회(ACCC)'를 모체로 했는데, 한국에는 ACCC 계통 선교사로 고신 측과 관계하고 있던 말스버리 등에 의해 소개되었다. 1954년 8월 ICCC 제3차 세계대회에 한상동·박윤선·이약신·박손혁 목사가 옵서버로 참석한 것이 공식적 첫 인연이 되어 ICCC 국제회장 매킨타이어(C. McIntire)와 관계를 맺기 시작했다. 이후 ICCC의 경제적 원조 등의 과정에서 한국 교회 혼란·분열의 불씨로 작용하기에 이르렀다. 이는 자기와 비슷한 보수 측 연합기구인 NAE마저 경계하고 나선 ICCC의 한 특성으로, '비사교적 독선행위와 투쟁적 경향'[48]에 기인한다. ICCC와 연관된 각 교파 분열이 진행된 이후인 1965년 5월에는 ICCC 가입 교단들에 의해 '한국예수교협의회(KCCC)'가 조직되기에 이르렀다.[49]

이렇듯 NCC가 재건되고 WCC와 관계맺는 것과 병행하여 진행된 다른 두 개의 반 에큐메니칼 연합체 형성은 이후 1950년대 후반에서 1960년대에 걸쳐 한국 교회에 거센 혼란의 회오리바람을 일으켰고, 많은 교파 분열과 난립의 원인이 되었다. 그중 최대의 분열은 WCC의 노선에 대한 NAE계의 도전으로 말미암은 예장 합동측과 통합측의 분열이다. 이 분열의 원인에는 더 직접적인 것으로 신학교 기지 매입을 둘러싼 3천만 환 사건과, 이어 제44회 예장 대전 총회 시 경기노회 총대 선정 문제 등이 얽혀 있다.

3천만 환 사건의 내막은 장로회신학교 남산 기지 불하 문제와 연루되었다. 당시 장로회신학교는 한신대·감신대와 달리 학교 부지 미비 등으로 대학 인가를 받지 못하고 각종 학교에 머물러 있었다. 이에 박형룡 교장은 불하 주선 조건으로 3천만 환을 불법 지출하기에 이른다. 그러나 불하는 실행되지 않고 주선비 3천만 환은 온데간데없어졌다. 이 사실이 학교 이사회에 전해지자, 1958년 3월 7일 실행이사회는 박형룡 교장의 사표를 수리했다. 이후 학교 유지 운영과 재정 내막의 조사, 비법 행위 등으로 집약되는 상호 형사 소송사건 등으로 1959년 제44회 총회까지 혼란이 거듭되었다. 마침내 예장 내에서 박형룡 박사의 과실을 주 내용으로 하는 보고문[50]을 제출하기에 이르렀고, 이로써 총회 분위기가 험악해졌다.[51]

이는 신신학과 에큐메니칼 운동에로의 화살로 전환되었다. 이미 1958년 박형룡은 〈신학지남〉 지면을 빌려 "에큐메니칼 운동의 교리와 목적"이라는 논문을 발표했는데, "…… 이 운동은 교리적으로는 혼란한 자유주의의 지도하에 움직이며 정책적으로는 세계 단일교회 구성을 최종 목표로 한다는 것을 부인하기 어렵다. 그런 고로 복음주의에 입각한 교회의 전통적 신앙을 존중하며 보수하려는 교회와 신도로서는 이 운동에 방심하고 따라갈 수는 없는 것이다"[52]라고 선언했다.

이에 NAE계 인사들은 적극 찬동했고, 이들은 곧 3천만 환 사건이 터진 이후 박형룡 박사의 옹호권에 몰려 WCC 비판의 기치를 높이 들었다. 곧 박형룡 박사는 NAE 고문이 됐다.[53] 여기에 고신 측 목사들과 일부 NAE 인사들은 ICCC 회장 매킨타이어와 교분을 갖고 그 세력도 총회 내의 한자리를 차지하고 있는 터였다.

또한 제44회 총회의 다른 쟁점은 경기노회 총대 문제였다. 1958년 5월 경기노회에서 제44회 대전총회 파송 총대 선정 투표가 있었으나, 다수표를 얻은 황금천 목사가 개표 과정의 실수로 총대에서 누락되었다. 임원진[54]의 책임하에 새로 검표를 하여 당락 번복이 야기되었다. 그러나 문제는 여기서부터 발생하여, 임원진의 검표 권한 부여 여부가 논란이 되었다. 임원진은 총

사퇴했고 6월에 임시노회가 열렸다. 이 노회 석상에서도 안건 선정 문제,[55] 의사 진행 문제,[56] 항의 시정 문제[57] 등으로 회의는 우왕좌왕했다.

이런 복잡한 문제를 안은 채 1959년 9월 24일 대전 중앙교회에서 제44회 예장 총회가 개최되었는데, 개회 벽두부터 이중으로 제출된 경기노회 총대 명단(경기노회 선정 명단과 임시 노회 선정 명단)을 놓고 격론이 벌어지다가, 표결 결과 임시노회 측 명단이 채택되었다.[58] 이어 보수 측 인사들[59]이 에큐메니칼 운동 지지자들을 '독사의 자식들'이라는 극단적인 발언으로 칭하면서 에큐메니칼 운동은 용공적이고 신신학, 단일교회 운동체임을 주장하는 비판 토론이 벌어졌다. 다시 경기노회 총대 문제를 증경 총회장단에서 해결키로 한 것으로 옥신각신, 소란과 촌극이 거듭된 뒤 총회는 정회되고 말았다.

이 총회에서 축출당한 149명의 총대들과 선교사들은 따로 모여 증경총회장 전필순 목사를 회장으로, 김광현 목사를 서기로 선임하고 상경하여 연동교회에서 회집, 다시 회장에 이창규 목사, 부회장에 김석진 목사를 뽑고 4개 항의 결의문[60]을 채택했다. 또한 신학교 교장 대리 노진현 목사 대신 계일승 박사를 임명했으며, NAE 연구 발표위원,[61] 교회 평화위원[62] 등을 선정했다.

한편 보수 측 인사들도 그해 11월 24일 서울 승동교회에서 또 하나의 총회를 개최했다. 새 임원으로 회장 양화석, 부회장 나덕환, 서기 박찬목 등을 뽑고 10개 항의 결의사항[63]을 발표했다. 이로써 총회는 완전히 두 동강 나고 연동총회가 통합 측, 승동총회가 합동 측으로 굳어진 것이다.

이렇게 나뉜 총회에 남장로회는 대체로 중립적인 입장이었고, 연합장로회와 호주장로회는 통합 측의 정당성을 성명했다. 총회의 분열이 기정사실화된 후에도 한남노회·제주노회 등은 교회 합동을 호소하고 나섰고, 한남노회는 교섭위원[64]을 선정, 양측의 화해를 도모했다. 또한 3개 외국 선교부도 양측을 재통합시키기 위한 노력을 계속했다. 1959년 12월 18일 피어선 성경학교에서 3개 선교부의 주선으로 양측 대표자[65]가 모여 합동안을 모색했다. 마페트 선교사가 제안한 7개 항[66]의 안건을 놓고 토론하며 우여곡절을 겪었으나 일단 합동에 관한 기본 입장에 동조하는 공동 성명만 발표했을 뿐, 그 뒤 WCC·ICCC와의 관계, 신학교 문제 등에 관한 공동 입장 형성이 무산됨으로 합동 노력은 전면 와해되고 말았다.

한편 통합 측은 총회 합동의 전제 조건에 수락하는 뜻으로 WCC 탈퇴를 성명하고 거리 조정에 나섰으나 모두 실패했다. 1960년 양측은 각기 제45회 총회를 영락교회(통합)와 승동교회(합동)에서 개최했다. 그 뒤 1967년, 1968년 각각 한 번씩 재차 합동 노력을 시도했으나 실패했다. 합동 측은 1960년 12월 13일 일찍기 갈라졌던 고신 측과 극적인 재통합을 이루어 하나의 총회를 구성했으나 지속되지 못하고 1963년 9월 17일 원상태로 환원, 고신 측이 분립했다.[67]

그 밖에 앞서 언급한 ICCC는 장로교회뿐 아니라 각 교파 내에서 의견 차이를 초래하고 분열의 소지를 낳고 있었다. 먼저 장로교회에서의 여파로는 고신과 일시 합동한 승동 측(합동 측)이 1961년 ICCC와의 단절을 결의하자, 대한신학교를 운영하면서 ICCC의 경제 원조를 받고 있던 김치선 목사는 승동 측에서 분립하여 1961년 6월 '대한예수교 성경장로회'(대신 측)를 조직했고, 역시 ICCC와 깊은 우호관계를 맺어 오던 박병훈 목사도 승동 측에서 탈퇴하여 1962년 11월 호헌 총회를 조직했다.

한편 감리교회 내에도 ICCC와 관계 맺은 인사들이 보수신학과 정통 웨슬레주의를 표방하고 1962년 8월 '예수교 감리회'를 조직·분열했으며, 성결교회 내에도 총회 불법을 규탄하는 '진리 수호동지회'가 발전하여 1962년 ICCC 제휴의 '예수교 성결교회'로 분열했다. 그 뒤 1965년 7월 갈라진 두 성결교회의 극적인 합동이 이루어졌으나 일부 잔존 세력은 계속 예성 측을 유

지해 오고 있다.[68]

4) 신앙의 무속화 현상

(1) 박태선의 전도관

박태선(朴泰善)은 평북 영변 출신의 서울 남대문교회 집사, 창동교회 장로로, 1955년 1월 무학교회 부흥집회를 인도한 것을 필두로 부흥강사로 등장했다. 그해 3월 남산에서 미국 스완슨 박사 전도집회의 보조 강사로 나서서 치병 집회를 인도한 것을 비롯하여 수많은 부흥회를 인도했다. 곧 그의 부흥회는 교리적·윤리적 탈선을 노출시켜 1956년 2월 경기노회는 그를 이단으로 규정했다. 이보다 앞서 1955년 6월에 그는 자신의 소속인 장로교회를 탈퇴하고 7월 1일에는 '한국 예수교 전도관 부흥협회'를 조직했다. 그 뒤부터 기성 교회에 대한 공격을 감행하여, 자신이 하늘의 권세를 부여받은 '동방의 의인', '감람나무'라고 억지를 부렸다.

그는 1957년 9월부터 자신을 추종하는 신도들이 집단 거주할 제1신앙촌을 경기도 소사에 마련했다. 이는 자급자족의 종교적 경제 공영사회 '천년성'을 목표한 것으로, 이후 경기도 덕소, 경남 기장에 제2, 제3의 신앙촌을 마련했다. 그러나 "성신(聖神)은 피이다"[69]라고 선언하고 "내 신(身)이 그리스도의 신으로 화해 버린다"[70]라고 덧붙인 박태선의 신앙 행태는 극단적 신비주의와 '피가름'의 교리에까지 이르게 되었다. 그리하여 박태선의 혼음사건 시비가 1957년 3월의 신문가[71]를 휩쓸었고, 1958년과 1961년에는 혼음이 포함된 죄목으로 경찰에 입건되는 사태도 빚었다.

피가름 교리는 박태선을 훨씬 거슬러 올라가 원산의 접신파나 '성신신학'의 김백문, 통일교회의 문선명과도 연결되는 것으

로, 대체로 추적된 계보[72]까지 있었다. 아울러 박태선은 성령의
은혜를 물질적 해석에 붙여 냄새나 빛으로 나타난다는 엄연한
이단극을 연출했다. 심지어 성령의 빛을 촬영했다는 사진을 선전
하기도 했다.

특히 그는 물에 자신이 안수한 이른바 생수[73]를 제조하여
만병통치약으로 선전하기도 했다. 그 밖에도 광신적 안수, 안찰,
성례 거부 등 비성서적 이단 행위를 자행했다. 신도들 중에는 자
신의 실수를 자각하고 개인 혹은 집단으로 전도관을 이탈하는
경우가 많았으나, 유사한 사교(邪敎)집단을 다시 이루고 계속 방
황하는 경우도 허다했다.[74] 교세는 문공부 측, 전도관 자체, 이탈
신도, 신흥종교 전문가 등의 통계가 모두 다른데, 그중 1969년
문공부 집계[75]는 다음과 같다.

구분 시도별	전도관 수	교직자 수	신도 수		
			남	여	합계
서울	164	147	14,800	44,240	59,040
부산	38	39	3,500	11,360	14,860
경기	372	322	44,000	132,520	176,520
강원	138	110	12,520	37,560	50,080
충북	99	82	10,000	26,630	36,630
충남	186	157	17,000	51,820	68,820
전북	135	115	12,800	38,000	50,000
전남	273	250	24,000	76,000	100,000
경북	183	133	16,500	51,210	67,710
경남	176	156	19,800	56,820	76,620
제주	4	4	30	210	240
합계	1,768	1,515	174,150	526,370	700,520

그러나 이는 이탈 간부[76]의 총 교인 통계인 26,300명, 신
흥 종교 전문가[77]의 통계인 35,000명에 비하면 허구성이 엄청나
게 크다.

(2) 문선명의 통일교

문선명(文鮮明)은 평북 정주 출신으로, 1946년에《성신신학》의 저자 김백문의 '이스라엘수도원'에서 원리 교리를 공부했다. 6·25 당시 월남하여 부산에서 독립된 집회를 시작, 1953년 12월 동향 친구 유효원을 입교시켜 그의 조력으로 자파 교리인 '원리 해설'을 체계화, 1954년 5월 10일 서울 성동구 무학동에서 '세계기독교 통일신령협회'를 창설(교주 문선명, 협회장 유효원)하고 포교에 나섰다. 곧 그의 피가름·혼음 시비가 일어 1955년 7월 문선명과 측근 간부가 구속되는 사태를 빚었고, 몇몇 대학교수와 대학생이 이와 관련하여 면직되거나 퇴학하는 일이 벌어졌다. 그러나 교리에 현혹된 인사들과 기성 교인들이 불어나 1957년에는 그 교리서《원리해설》이 출판되었으며, 1958년 일본에 선교사를 파송한 것을 필두로 세계 여러 나라를 대상으로 포교 활동을 시작했다.

1960년, 41세의 문선명은 성신의 계시를 내세워 18세 처녀 한학자와 네 번째 결혼식을 올렸다. 1963년 문교부에 재단법인 등록을 마쳤고, 1966년에는《원리해설》을 수정한《원리강론》을 출판했다. 예배 의식은 기성 교회와 유사했으나 성탄절 행사와 성례전을 거부하고 피가름 교리들을 실천했는데, 이 모든 것은 문선명의 신격화로 집약되었고, 대규모 합동결혼식,[78] 교인들의 희생으로 축적된 경제력과 기업 확장,[79] 승공 운동 등으로 정부의 환심을 사는[80] 등, 색다른 단체 운영을 지속해 왔다.

교리의 주축은 창조론·타락론·복귀 섭리론 등으로 집약된다. 이들 교리의 가장 큰 과오는 예수 그리스도의 구원 사건을 부분적 구원으로 본 점이며, 그 밖에 신론·기독론·부활관 등 기독교 교리 전반에 걸친 변형을 시도했다. 더구나 인간 문선명의 신격화는 이교 집단으로 못 박을 수밖에 없는 치명적 문제를 노출했다.[81] 교세 역시 정확히 파악되고 있지 않으나 1969년 당시 문공부 통계는 다음과 같다.

구분 시도별	전도관 수	교직자 수	신도 수		
			남	여	합계
서울	10	21	2,542	2,245	4,787
부산	4	7	672	590	1,262
경기	103	115	16,224	11,024	27,248
강원	135	140	25,150	25,007	50,157
충북	86	90	10,124	5,489	15,613
충남	106	117	17,420	13,440	30,860
전북	103	110	11,203	12,250	23,453
전남	117	131	26,438	25,759	52,197
경북	146	152	39,136	36,934	76,070
경남	123	124	11,758	9,765	21,523
제주	3	6	923	657	1,580
국내 합계	936	1,013	161,590	143,160	304,750
일본지역	101	145	20,800	20,200	41,000
미국 · 유럽 · 남미	40	48	2,010	1,540	3,550
해외 합계	141	193	22,810	21,740	44,550
총계	1,077	1,206	184,400	164,900	349,300

(3) 각종 기도원과 사이비종교

한국 개신교 기도원의 시작은 훨씬 위로 거슬러 올라간
다. 기도원 자체가 전부 비신앙적·비성서적이라고 볼 수는 없으
며, 최초의 규모는 극히 미미한 것으로 일반의 이목을 끌지 못했
다. 그러나 교계의 큰 사건으로 등장한 것은 나운몽(羅雲夢)이 세
운 용문산의 애향숙에서 비롯된다. 1947년 4월 재건된 애향숙
은 새로운 형태의 기도원 전도운동의 불길을 타고 확산되었다.
나운몽은 갖가지 신비 체험을 주장하며 부흥회적 전도운동을
일으켰으며, 용문산의 기도원 성경학교와 신학교에서 훈련된 전
도자들은 이른바 '삼겹줄 전도 방법'[82]을 동원하여 전도했으며,
이에 기성 교회는 대단한 위협을 느끼게 되었다.

한편 나운몽의 신앙 태도의 혼합주의적 경향을 들어 장
로교 고신 측에서는 이단 규정을 단행[83]했다. 그 뒤에도 용문산
기도원운동은 이단 시비 대상으로 논란이 계속되었으나, 그의
입장을 옹호하는 교계 일각의 움직임[84]도 있었다. 그래도 이 운

동은 교리와 신앙의 탈선으로 완전 선회한 몇몇 종파운동과 달리 대체로 기성 교회 언저리를 맴돌아 온 것은 사실이다.[85]

그러나 이 시기 길을 잘못 든 부흥회적 신앙을 타고 저질러진 사이비 종파운동이 횡행했다. 기도원을 가장한 악덕 교주의 신흥종교는 종교적 이단을 넘어서서 범죄 소굴로 둔갑하여 갖은 비리가 자행되었다. 대표적 군소 사교집단이 노광공의 '동방교'이고, 그 밖에 이유성의 '여호와 새일교단', 신동수의 '신권도학연구소', 양도천의 '세계일가공회', 안영숙의 '삼광수도원', 방수원의 '세계종교 연합법황청', 계정열의 '산성기도원', 김성복의 '일원산 기도원', 김용기의 '호생기도원', 유재열의 '대한기독교 장막성전', 구인회의 '새마을 전도회', 전병도의 '팔영산 기도원', 박동기의 '시온산 제국', 김옥순의 '대한 기독교 천도관', 김동현의 '영생 천국본부', 김인영의 '세계 순금등대교회', 이순화의 '정도교', 박연용의 '그리스도 구원선 신생원', 정다윗의 '하나님의 성전', 정한나의 '귀일원' 등이 이에 속한다.[86]

그중 비교적 건전한 잡단도 있으나 대부분 교리적으로는 물론 윤리적 측면에서도 많은 문제점을 내포한 바 있다.

5) 신앙의 토착화 운동

(1) 평신도 신학

면면히 이어온 성직자 중심의 교회 운동이 평신도 운동으로 옮겨진 것은 20세기 기독교회의 대단한 전환이었다.

1940년대 미국 평신도 부인들 사이의 사회봉사와 전도운동은 개신교 평신도 운동의 새 국면을 보여 주었고, 로마 가톨릭교회도 제2차 바티칸 공의회에서 평신도 사목의 중요성을 천명하기에 이르렀다. 한편 평신도 운동은 제2차 세계대전 이후 뚜렷이 형성된 에큐메니칼 신학과도 연결되어, 1954년 마침내 미국

에반스톤의 WCC대회로 하여금 그 산하에 평신도부를 설치케
했다.

한국 교회는 해방 이후 감리교회에서 평신도 역할의 중요
성이 나타나기 시작했다. 재건 과정에서 재건파와 부흥파의 일치
운동에 유력한 평신도들이 나섰다.

이어 1953년 3월에는 각 지방 평신도 대표 44인으로 감
리교 평신도 운동 추진위원회가 결성되었고, 마침내 1954년 3월
21일 감리교회 평신도 전국연합회(회장 홍병선)를 결성, 전도·사
회 개량·농어촌 협동조합운동 등 여러 사업에서 평신도들이 조
직력을 발휘했다.[87]

그러나 평신도 운동이 한국 교회의 하나의 신학적인 배
경을 형성한 것은 1960년대에 접어들면서다. 1963년 〈기독교사
상〉은 평신도 운동에 관한 특집을 마련했는데, 먼저 유동식은 평
신도를 "이 세상에 침투해 있는 교회의 대표자이며 교회 자체"[88]
라고 정의했고, "성도(교회)로서의 평신도(그리스도인)는 마땅히
복음운동에 참가하여 인간의 진정한 사귐을 가로막는 모든 장벽
을 헐고 화평을 이루지 않으면 아니 된다"[89]라고 규명했다. 이어
강원용은 같은 특집에서 평신도 운동의 배경을 "전 교회(Whole
Church)가 전 복음(Whole Gospel)을 전 세계(Whole World)에 증
거한다는 사상"[90]으로 집약했고, 조향록은 "평신도 운동이라 함
은 교직계급에 대항하는 운동이 아니며, 교회운동은 교직을 제
쳐놓고 평신도로만 한다든가 하는 상대적 운동이 아니다"[91]라고
못 박았다.

이러한 견해와 입장은 성서적이다. '평신도'란 말의 본래
의미는 라틴어의 'Laos', 즉 '하나님 백성인 전체 신도'를 의미하
기 때문이다. 따라서 그 운동이 성직자 아닌 일반 신도가 성직자
를 제쳐 내며 하는 운동은 결코 아니다. 그 줄기 속에는 '디아스
포라의 교회(Diaspora Church)'가 바탕이 되어 이 시대, 각 영역
으로 복음의 사명자들이 파고들어 가고 흩어져서, 하나의 일관

된 체계나 형식보다는 복음의 생동적인 증거가 확산되는 운동을 의미한 것이다.

이러한 운동이 한국 교회의 새로운 활력으로 피어나기 시작했고, 여러 구체적 분야에서 그리스도인의 숨결이 드높아졌다.[92] 그 일환으로 각 교단에서는 평신도 중심 프로그램이 개발되고 그 이론과 훈련을 기획한 문서 시리즈[93]도 발간되었다.

(2) 토착화 신학

평신도 운동이 활발히 진행됨과 거의 동시에 한국 신학계에는 토착화론의 물결이 일었다. 사실 한국 개신교회는 신학체계의 미성숙, 절대 보수주의 신앙, 선교사 중심의 교회 행정 등으로 오랫동안 침묵을 지켜 왔다.

그러나 1962년 윤성범은 "현대신학의 과제, '토착화 문제'"[94]라는 기고를 통해 이 문제를 터트렸고, 1963년에는 〈사상계〉에 "환인·환웅·환검은 곧 하나님이다"[95]라는 논문을 발표하여 단군신화의 그리스도론적 해석을 시도했다. 그해 전경연과 유동식은 신앙과 문화의 양면성과 불가분성으로, 나아가 문화만의 토착화와 진리 자체의 토착적 이해로 엇갈려 논쟁을 벌였고,[96] 마침내 이장식은 은연중 유동식의 편을 들어 기독교의 절대적 역사성, 곧 신앙과 문화의 양면 구분이 불가능함을 들고 나왔다.[97]

먼저 윤성범의 토착화 신학에는 단군신화 문제가 짙게 깔려 있다. 그는 단군신화의 몇몇 사실을 기독교의 삼위일체 신론과 비교하는데, "첫째는, 단군 신화에는 3신이 등장한다. 곧 환인·환웅·환검(단군), 이 세 분이다. 이 3자는 다 남성적인 것으로 표현되는 것이 주목되는 점이다. 기독교 삼위일체론에서도 아버지 되시는 하나님, 아들 되시는 하나님, 성령 되시는 하나님, 이렇게 부·자·영으로 세분되는데, 환인은 아버지 되시는 하나님에, 환웅은 성령 되시는 하나님에, 그리고 환검은 아들 되시는 하

나님에 각각 대응한다고 볼 수 있다. 기독교 신학에서도 부·자·
영 모두 남성으로 표현되었다"[98]라고 분석했다.

이런 주장에 전경연은 불완전한 토착적 가설이라고 몰아
붙였고, 윤성범은 다시 〈기독교사상〉을 통해 "기독교 토착화에
대한 문제는 직접적으로 나의 단군신화론과는 관계가 없는 것이
다. 있다면 간접적으로만 관련된다"[99]라고 전제하면서 "우리는 기
독교 신학의 전통을 무시해서는 안 될 것이다. 그러나 그러한 전
통을 횡으로 하고 우리의 사상적 전통을 종으로 해서 기독교 복
음을 새롭게 이해하게 될 때, 이것이야말로 금상첨화가 아니라
할 수 있겠는가?"[100]라고 하여 그의 강력한 토착화 신학 의지를
피력하기도 했다. 윤성범의 단군신화 해석은 박봉랑·전경연으로
이어지는 토착화 신학 논쟁의 불씨가 되어, 이 방면의 큰 관심과
호응을 불러일으켰다.

한편 앞서 언급한 전경연과 유동식의 공방 내용을 보면
"그리스도 신앙의 표현은 신학적이어야 한다. 그리스도 초기로부
터의 전통에 모순되지 않고 그것을 밝혀 주는 것이어야 한다. 이
러한 표현이 나오지 않는 한 그리스도인은 더 신학적이고 신앙
내용을 잘 나타낸 서구의 표현방식을 번역하여 음미할 수밖에
없다"[101]라는 전경연의 논리에 반해 유동식은 "서구인이 있듯이
한국인이 있다. 따라서 서구인에게는 서구인으로서의 그리스도
신앙과 이를 토대로 한 교회가 있을 것이며, 한국인에게는 한국
인으로서의 신앙과 교회가 있어야 한다. 한국 그리스도교가 서
구적 전통과 형식을 단순히 모방하고 맹종해서는 안 된다. ……
여기 토착화에 대한 하나의 형식적인 원칙이 있는 것이다. 곧 토
착화는 초월적인 진리가 일정한 역사적 정황에 적용하도록 자기
를 변화시키는 것이다. 그리하여 구체적·역사적 현실 속에서 살
고 작용하는 것이다. 말씀이 육신 되심은 이 때문이다. 그러나 이
는 그 역사적 현실과 타협함으로써 진리가 자기 본질을 잃는 것
이 아니다"[102]라고 했다.

이렇게 시작한 논의는 그 후 여러 각도에서 계속되며, 이를 지켜본 이장식은 그리스도교 역사의 일면이 토착화의 역사이며 그리스도교가 역사적인 종교인 이상 역사의 조건인 시간과 공간을 무시할 수 없으며 …… 한 민족의 종교 사회의 특수성을 모든 민족 사회에 강요하거나 이식함으로써 그것을 세계화하려는 것은 무모한 것임을 주장하여 토착화의 당연론을 제시했다.[103]

그 후 이종성 같은 학자는 '토착화'라는 의미의 재정립을 일깨우고, "복음이란 일회적인 동시에 반복적이며 시간적인 동시에 영원적이며 개별적인 동시에 보편적이기 때문에 때와 장소에 따라 형과 질이 다른 기독교 문화가 형성되며 그것이 발전·쇠퇴의 역사가 있는데 비해 복음에는 그러한 역사가 없다"[104]라고 지적, 토착화 신학의 신중성을 고려하고 있다. 이러한 토착신학 논의의 과정을 정리한 이영헌은 그의 저서에서 이렇게 피력했다.

"기독교 역사는 토착화의 역사라고 인정해야 한다. 그러나 토착화의 역사가 다 옳다고 할 수 있는가는 별문제다. 때문에 기독교 역사는 개척운동이 늘 있었다. 거기에는 생활의 순수화를 위한 개혁도 있었지만, 진리의 순수화를 위한 노력도 있었다.

복음과 문화는 일단 분리되면서도 실제적으로 분리될 수 없었다는 점이 문제였다. …… 토착화는 목적이 아니라 과정으로 보아야 한다. 그러므로 문제는 토착화를 구호로 삼을 것이 아니라 복음의 순수성과 문화의 구원을 외쳐야 할 복음화가 구호가 되어야 한다."[105]

(3) 민족 복음화운동

한국 교회의 복음화운동의 연원은 초기의 부흥운동이나 사경회까지 올라갈 수 있다. 내면 신앙의 승화를 이룬 1903년부터 1907년까지의 신앙운동을 비롯하여 거듭된 사경회, 부흥회, 1909년의 '백만 명 구령운동'[106]으로 불리는 대전도운동 등이 모두 교파를 초월한 한(韓)민족의 복음화운동이며, 하나의 교회를 위한 한국 교회의 일치운동이며, 이를 통해 놀라운 교세의 성장을 이룬 것이 사실이다.

이는 해방 이후 북한 교회의 독립기념 전도대,[107] 6·25를 전후한 각 교파 나름의 부흥 전도운동과도 맥이 통했고, 특히 해방 이후에는 대규모 집회를 통한 부흥 전도운동의 모델을 형성하기 시작했다. 세계적인 대부흥사들의 내한과 대규모 집회의 시작이 그것이다. 1949년 피어스(B. Pierce) 목사가 내한하여 집회를 열었고, 6·25 중인 1952년과 1956년, 1973년에 한국을 방문한 금세기 최고 부흥사 빌리 그래함 목사의 집회는 세계 대중 집회 사상 최대 군중의 운집을[108] 기록하는 등 큰 성황을 이루었다. 이러한 대군중집회는 대학생선교회(CCC)가 주최한 1974년의 '엑스플로 74대회', 1980년의 '세계복음화 대성회'로도 연결된다.

그러나 한국 교회 지도자들 자신의 손으로 교회의 모든 부정적 요소와 혼란을 뛰어 넘어 오직 단합된 마음으로 한 가지 목표, 곧 민족을 그리스도에게 인도하고자 하는 열망이 움튼바 그것이 1964년 발기된 '한국 복음화운동 추진회'이다. 그해 10월 16일 이화여자대학교에서 김활란 박사 주동으로 75명의 교계 지도자들이 회합을 가졌다. 이 자리에는 NCC 가입 교단은 물론 보수 측 교단과 나중에는 천주교회 인사까지 참여하여 한 가지 목표에 몰두했고, 종합적이고 적극적인 민족 복음화 방안을 검토했다. 이 모임은 거듭 회합을 갖고 "3천만을 그리스도에게로!"라고 운동 표어를 정하는 등 조직·활동 순서와 분야 등을 확정했으며, 그해 12월 3일 서울 YMCA에서 발기인총회와 창립총회(위원장 홍현설)를 열었다. 이날 결정된 복음화운동 전국 위원회 회원 300명의 교파별 참여 상황은 다음과 같다.[109]

교파	회원 수	교파	회원 수
천주교	35	예장 통합	30
예장 합동	30	예장 고려	10

기독교 장로회	30	성경장로회	5
감리교	32	구세군	15
기독교 성결교	15	예수교 성결교	10
성공회	8	희랍정교회	5
침례회연맹	5	침례회총회	5
하나님의 성회	5	오순절교회	5
그리스도의 교회	5	루터교회	5
나사렛교회	5	복음교회	15
기독교기관	20	합계	300

이 모임에서는 대회 임원진[110]을 조직하고 구체적 활동에 들어갔다. 1965년 들어 분야별 활동이 활발히 진행되어, 지도자 훈련, 전도집회, 월간지 발행 등이 계획·추진되었다. 그해 5월 1일부터는 중국인 부흥사 조세광을 초청하여 집회를 시작했는데, 전국 주요 도시와 기관을 순회하여 대성황을 이루었다. 그 외에도 한경직·김활란·이기혁·이권찬·이상근·김옥길·조동진·명신익·지원용·강원용 등이 강사로 나섰다. 그해 11월 5일에는 서울운동장(*현재의 동대문 역사문화공원)에서 홍현설 대회장의 사회로 전국 신도대회[111]가 열려, 참가한 전 교단의 단합을 과시했다. 그해 12월 30일 서울에서는 후암교회에서, 각 지방은 지역별로 복음화운동 봉헌예배를 드렸다. 이로써 전국 복음화운동은 일단 막을 내렸고, 그간 동원된 인원이 1백만 명이 넘었다.[112]

6) 1970년대 교회의 모습: 각종 신학의 등장

한국 기독교가 전래 80주년(1964년)을 넘어서서 100주년을 향하는 1970년대에는 자못 놀라운 여러 가지 현상이 일어났다. 우선 한국 교회의 폭발적인 양적 성장을 들 수 있다. 교인 수·교회 수의 경이적인 증가와 이에 따른 교회의 외형적 비대 현상을 이른다. 이는 1965년 민족 복음화운동에 이어 1970년대 여러 차례 계속된 대규모 대중 집회와 대전도 운동[113]의 성과, 그리고 이 시기에 계속된 경제 성장 과정의 부산물인 사회 불안과 불균형, 남북한 긴장과 군사적 대치, 일련의 정치적 불안과 장기 집권에 대한 정치적 반발 등이 모두 교회 현상의 한 요인들로 작용했다.

그러나 70년대 한국 교회는 성장과 부흥이라는 측면에서는 여러 가지 문제점을 안고 있었다. 우선 몇몇 교회가 지나치게 비대해졌고, 특정 지역에 교회가 난립하는 현상을 보였다. 이는 교회의 대규모 물질주의적 풍조를 수반하는데, 이 시기에 증가한 수만, 수십만 신도는 몇몇 교회로 집중되어 한국에 세계 제일의 장로교회, 세계 제일의 감리교회, 세계 제일의 성결교회를 이루어 놓았으며, 교파를 초월한 명실공히 세계 제일의 교회까지 나타나게 되었다.[114]

1983년에 이르러서는 세계 10대 교회 중에 순복음중앙교회가 1위, 영락교회가 6위에 랭크되는 영광(?)을 안았다. 이는 물론 교인 수, 교회당 규모 혹은 헌금 액수로 비교한 것이다.[115] 비대화된 교회는 교회 고유의 사명 중 하나인 사회적 관심과 문제 등에는 오히려 소홀한 경향을 보이고, 대규모 교회당 건축과 호화로운 장식 등에 온갖 역량을 집중함으로 사회적 지탄의 대상이 되기도 했다. 자연히 교회의 발전이나 목회의 성공이란 더 큰 교회당을 건축하고 더 화려하게 교회를 치장하고 더 많은 교회 재정을 집행하는 것으로 인식되어 가기 시작한 것이다.[116]

한국 교회 성장의 또 다른 특징은 예배와 신앙의 무속화 현상에서 찾을 수 있다. 치병과 기복 위주의 분위기가 짙으면 짙을수록 신도는 대규모로 운집하고 교회의 양적 성장은 빨랐다. 물론 예외적인 사례도 있긴 하지만 대부분의 교회당은 기적 중심적 현상 증거의 방향에 기울고, 목회자가 카리스마적 권능을 표방키 위해 온갖 수단을 동원하는 경우도 많았다. 전통적 예배 형태를 고수하는 교회는 교인이 점차 주는 경우도 있고, 이들이 모두 열정적 분위기로 옮아가는 모습도 보여 주었다. 이런 교회

일수록 기복적 요소가 강조되어 헌금의 성격도 기형화하는 경향을 띠었다.[117]

한편 기성 교회의 무속적 경향과 그 문제성은 제외하더라도 1970년대에 심화되어 간 기독교계 신흥종교의 난립상은 더욱 깊은 회의를 노출시켰다. 6·25를 전후한 민족 수난기보다도 경제적 번영과 사회적 진보가 이루어졌다고 볼 수 있는 1970년대에 그 현상은 두드러지고, 기성 교회는 별다른 대책을 강구치 못한 게 사실이다.[118] 그리고 계속된 교파간 경쟁과 난립, 이에 따른 시설과 자격 미달의 무인가 신학교 문제는 교역자 질의 저하 및 신학 교육의 저질화는 물론 대사회적인 교회 이미지 문제에서도 심각성을 나타냈다.[119] 그러나 모든 부정적 현상을 감안하더라도 1970년대 한국 교회의 역동적인 현상은 무시할 수 없는 것이며, 교계 일각에서 일어난 각성운동, 비대한 교회와 구별되는 작은 교회 공동체 지향, 도시 교회의 화려함을 외면한 채 농어촌 각지에서 전도와 복음에 충실한 목회자들, 젊은 성직자·신학생들의 불 붙은 성서 연구열, 해외 선교사업 활성화, 대공산권 선교 방향 모색 등 바람직한 노력도 없지 않았다.

한편 연합운동에서 1970년대 최고의 성과는 역시 신·구교 협력체제 조성과 공동번역 성서 간행을 들 수 있다. 1964년 로마 가톨릭의 제2차 바티칸공의회에서 화해 선언[120] 이후 한국 신·구교 간 단절의 벽도 깨어졌으며, 1968년에는 NCC가 주도하는 특별기도 주간에서 신·구교가 강단을 교류하는 일까지 일어났다.[121] 그리고 1971년에는 공동번역 신약성서가, 1977년에는 구약성서가, 그리고 1978년에는 외경까지 포함된 공동번역《성경전서》가 완간되는 개가를 올림으로써 세계 성서출판사상 하나의 신기원을 이룩했다.[122]

그러나 한국 교회 연합정신의 보루요 주체였던 NCC는 1970년대에 들어 일련의 후퇴 조짐을 보이기도 했다. 1970년부터 헌장을 개정하여, 종래의 '한국 기독교연합회(National

Christian Council)'에서 '한국 기독교 교회협의회(National
Council of Churches)'로 명칭이 바뀌면서 회원 범위를 신교 각
파·재(在)한국 선교사회·국내 기독교 단체(전국적인 기독교 협동
단체)에서 한국에 있는 교회로 제한시킨 데서 후퇴성을 찾아
볼 수 있을 것이다. 이에 따라 각 선교단체, 기독교 세계봉사회,
YMCA·YWCA, 성서공회, 기독교서회, 기독교 교육협회, 절제
회, 기독 학생회, 크리스찬 아카데미 등의 단체가 모두 NCC를
떠났고, 진보 진영 교파인 장로교 통합 측, 기독교장로회, 기독교
감리회, 구세군, 복음교회, 성공회 등 6개 교단만이 NCC에 가
담하게 되었다.

　　　　이는 곧 연합정신과 그 사업의 후퇴이며 70년대 에큐메니
칼 정신의 약점이기도 했다.[123] 한편 YMCA는 자체 내실화 및 조
직화를 위해 정비 작업을 강행했다. 지방 YMCA 기준 헌장 작
성, 유자격 간사 양성, YMCA 이념 연구사업 등을 강행함으로
써 8·15해방 이후 덩달아 일어났던 지방의 무자격 YMCA를 정
비해 갔다. 그리하여 27개 지방 YMCA 중 거의 절반인 13개
YMCA는 무자격 YMCA로 판정을 내리고 14개 YMCA만을
유자격 YMCA로 인정했다.[124] 1970년대에 들어서서는 파리 기
준 외에 한국 YMCA 목적문을 채택하여 YMCA운동의 활성화
및 내실화 방향을 견지해 갔다.

　　　　그 밖에 YMCA를 비롯한 각종 기독교 연합기관, 교육·
의료기관 등도 1970년대의 지속적인 성장과 함께 규모와 역할이
커졌다. 그리고 각종 기독교 문서·언론 매체들의 성장 또한 특기
할 만하다. 이 시기에 수십 개에 이르는 기독교 출판사가 설립되
어 많은 신학·교리·전도 서적들이 출판됐고, 창간된 잡지·신문
들도 많았다. 그러나 이들 출판사 대부분의 영세성, 양산된 기독
교 서적의 내용적 문제, 신문·잡지들의 소규모 운영과 난립상 등
짚고 넘어가야 할 몇몇 문제점이 드러난 것도 사실이다.

　　　　한편 이 시기 한국 기독교회는 앞서 언급한 평신도 신학

이나 토착화 신학 외에 안팎으로 수용된 여러 가지 신학 사조, 즉 세속화론, 비교 종교화론, 신의 죽음의 신학, 희망의 신학, 미래의 신학, 도시화의 신학, 혁명의 정치신학 그리고 해방신학, 민중신학 혹은 한(恨)의 신학 등 수많은 신학 사조[125]가 등장했고, 보수적 신학과 진보적 신학사상, 현실 참여적 신학 사조 등의 다양화 현상은 이 시기의 특징이다.

그뿐만 아니라 현실 참여 입장을 옹호하는 교파나 교회, 그 학교를 중심으로 진행된 정치적 개혁운동이나 인권운동은 1970년대에 절정을 이루어 유신정권에 정면 도전했다. 사실 5·16 군사정변 이후 군사정권과 정면 대결하기 시작한 교회는 이미 1962년 7월의 굴욕적인 한일 국교 정상화에 대해서는 한국 교회의 전통적인 항일정신을 앞세워 그해 240여 지도적 교역자들이 구국위원회를 조직하고 조직적인 반대운동을 벌인 바 있다.[126]

무엇보다 공화당 정권이 정권 연장을 위해 자행한 불법적인 3선 개헌 시도에 대해서는 예언자적 항거를 계속했다. NCC는 여러 차례 성명을 통해 개헌은 "신의(神意)에 어긋난 일이며 더구나 강행 방법이 비민주 국가를 방불한다"라고 성토했다. 반면 일부 보수 교단은 정치적 중립성과 정교분리를 내세워 NCC의 처사를 나무랐고, 오히려 강력한 지도력과 박정희 대통령의 영단(英斷)을 환영한다는 정치적인 발언을 표방하기도 했다.[127]

이는 1970년대 초의 유신헌법과 긴급조치에 대해 더욱 두드러진 투쟁으로 계속되었다. 더구나 도시산업선교회로 대변되는 교회 인권운동가들과 기업주·정부의 대립상은 심각했고, 민주화 운동에 나선 많은 성직자·신학생·교회 청년들이 투옥되어 옥고를 치렀다. 그리고 민주화운동이나 민권운동에서, 1960년대부터 고조된 신·구교의 연합정신이 작용하여 매사에 협력했다. NCC 인권위원회, 신·구교 연합의 한국 교회 사회선교협의회 등이 괄목할 만한 활동을 벌인 것도 이 시기이다.

1960~70년대 개신교 주요 교파의 연도별 교인 수를 살펴보면 다음과 같다.[128]

연도 \ 교파	예장(통합)	예장(합동)	예장(고신)	기장	기감	기성	침례교	구세군	성공회	안식교
1961		286,524		131,192	279,282		21,639	45,008		71,704
1962				130,346	338,145	90,674	20,950	46,101		82,495
1963		442,488		129,332	355,091	82,406	26,874	43,157		84,064
1964				162,275	381,800	93,348	26,811	46,901	6,387	91,994
1965		590,870	47,336	200,213	377,108		27,313	48,176		94,018
1966			59,786	202,167	419,948		24,514	40,209		64,054
1967			60,510	212,287	286,165	126,150	29,275	47,952		46,247
1968		484,270	61,264	194,188	261,702		47,329	55,463	7,937	29,257
1969		499,540	63,112	187,761	300,088	144,360	55,840	57,697	9,826	28,183
1970	504,728	530,600	64,209	194,794	289,024	127,340	65,959	62,805	9,926	29,849
1971		590,870	95,459	191,804	301,810	150,064	57,264	68,314	10,214	30,301
1972		607,870	105,179	197,807	314,143	155,499	71,768	71,161		31,112
1973		608,908	111,344	204,912	338,145	182,479	65,964	53,140	25,389	29,743
1974	639,605	615,000	105,941	209,084	374,710	182,864	82,216	72,854	30,000	32,337
1975	697,948	668,618	116,370	216,068	377,108	201,623	86,902	73,810	42,102	33,581
1976	757,845	730,682	121,586	222,593	419,948	231,148	87,262	74,008	30,000	34,935
1977	811,737	837,473	114,152	229,784	580,110	265,415	110,586	83,009	43,110	35,912
1978	902,125	1,015,500	183,490	214,347	597,691	293,410	155,700	90,382	43,110	38,914
1979	968,402	1,090,309	183,488	212,044	590,730	314,962	185,450	94,426		42,743

한편 한국 천주교회도 1960년대 이후 놀라운 교세 성장을 이루었는데, 1962년에 인천교구·대전교구·부산교구·청주교구·전주교구·춘천교구, 1963년에 수원교구, 1965년에 원주교구, 1966년에 마산교구 등이 각각 주 교구로 승격, 독립된 바 있다. 1970년대 문턱의 한국 천주교 교세 상황(1968년 12월 총계)을 보면 본당 384개, 공소 1,904개, 총교인 수 766,991명에 이르고 있다.[129]

3.
해외 한인사회와
그 현황

1) 미주 지역 한인사회

만주나 시베리아가 아닌 미주 지역으로의 이민은 1903년
의 하와이 이민 101명으로 시작되었다. 첫 이민 중에는 초대 기
독교인이 많았고, 이민 추진에서 미 감리회 존스(G. H. John, 趙
元時) 선교사 등의 힘이 컸는데, 그때부터 전도 활동이 개시되었
다.[1]

이들은 1903년 1월 13일 하와이에 도착하여, 이후 1905년
까지 7,226명의 한국인이 왔다.[2] 물론 한미조약 이후 1883년 미
국을 방문한 사절단 민영익 일행 12명이 한국인 최초의 미국 입
국자였고,[3] 그 후로도 서재필(1885년) 등의 정치적 망명객, 안창호
(1902년)·이승만(1904년)·박용만(1905년), 또한 몇몇 유학생[4]이 미
국에 왔으나, 이는 모두 일시적 체류인바 한인사회 형성의 뿌리는
하와이 집단 이민으로부터라고 볼 수밖에 없다. 그리고 이미 정착
한 초기 이민자들의 결혼상대로 이른바 '사진 혼인'에 의해 건너간
1,066명(1910~1924년)의 처녀들이 한인사회 형성에 크게 기여한

바 있다.[5] 한일합방 이후 한국을 탈출, 상하이를 거쳐 도미한 정치적 망명객들이 미국 한인사회의 한몫을 차지했는데, 1910~1919년만 해도 그런 입국자가 541명에 달했다.[6] 이어 1921년부터 많은 유학생이 도미하여 1940년까지 289명에 달했다.[7]

　　한편 하와이 이민자 중 많은 수가 본토로 진출, 태평양 연안인 로스앤젤레스나 샌프란시스코 등에 정착하여 서부 중심의 한인사회를 이루기 시작했다. 1908년에는 친일 외교관 스티븐스(Stevens) 암살사건이 재미 독립운동가 전명운·장인환에 의해 일어났는데, 이는 한인사회의 단결을 촉진했으며,[8] 이를 계기로 1909년 재미동포를 대표하는 국민회가 조직되었으나 독립운동의 방법론을 달리하는 세 단체, 즉 박용만의 대한독립단, 이승만의 동지회, 안창호의 흥사단이 별도로 조직된 바 있다.[9]

　　해방이 되자 이민·국제결혼·유학 등으로 한인 입국자는 계속 늘어나, 1950~1969년 사이 미국에 입국한 사람만도 33,518명에 이른다. 더욱이 1968년 시행된 케네디 이민법 이후 한국 이민은 1970년대에 폭발적인 성장세를 보여 1966~1976년 사이 영주권을 받은 한국인이 17만 5천 명에 달했고, 그 후 계속 증가를 보였다.[10] 현재 미국 거주 한국인은 40만을 넘어섰고[11] 그중 40퍼센트 정도가 서부지역에 몰려 있다(*2014년 통계로 미국 거주 한국인은 약 220만 명으로 추산된다.)

　　한편 1905년 하와이 이민과는 다른 불법적인 모집으로 멕시코에 1,033명의 한국 노동자들이 건너갔다. 정부의 무성의, 외국인 업자들의 농간 등으로 한국인들이 노예처럼 팔려간바 이는 곧 또 하나의 집단 이민이다. 이들은 비참한 생활을 겪다가 미국 한인국민회 등의 주선으로 대부분 미국으로 이주하는 경로를 거쳤다.[12]

　　그 밖에 캐나다의 본격적인 한인 거주는 해방 이후로, 현재 4만 명 이상이 살고 있으며, 브라질 등 남미 지역에는 5·16 이후 정부 정책사업의 일환으로 이민이 추진되어 브라질에 1만 7천

명, 파라과이·우루과이 등지에 약간명이 거주하고 있다.[13]

　　이러한 미주 지역 이민사와는 별도로 근래 한국의 국력 신장과 국제적 지위향상 등에 힘입어 유럽·아시아·중동은 물론 아프리카에 이르기까지, 유학을 비롯하여 무역·건설·어업 등의 산업, 스포츠·예술 등 문화, 그리고 의료와 선교 등의 분야까지 많은 한국인이 진출했다. 이로써 전 세계 각지에 한국인이 깔려 있으며 곳곳에 한인 나름의 사회가 형성되어 있다. 또한 대부분 지역에 한인교회가 세워져 한인사회의 구심체로서 단단히 한몫을 하고 있다.

2) 한인교회

　　한국 교회의 외지 선교는 크게 둘로 나눌 수 있다. 한국인을 상대로 한 선교와 외국 현지 토착민을 상대로 한 외국인 선교다. 그중에서 외국인을 상대로 한 선교는 1913년 장로교 총회가 3명의 선교사를 중국 산동성에 파견하여 중국인을 상대로 선교활동을 시작한 것을 필두로, 일본·만주·몽고·시베리아 등지에서 교포 선교사업의 일부 활동으로 현지인에 대한 선교를 한 역사가 있다.[14] 그리고 해방 이후, 특히 1960년대 이후 대만·태국·인도네시아 등 동남아 지역과 파키스탄·방글라데시 등의 중부 아시아, 그리고 아프리카 일부 지역에까지 현지인을 위한 선교사를 파송하여 큰 성과를 올렸거나 현재도 활동하고 있다.[15]

　　그러나 역시 한국 교회 해외 선교사업의 주류는 여러 지역에 산재한 한국인을 위한 선교사업으로, 이는 곧 세계 여러 나라에 설립된 한인교회로 나타났다. 그중에서도 이민의 역사와 함께 시작된 미주 지역 한인교회는 한국 이민사의 가장 중요한 것이며, 한인사회 형성의 핵이 되었다. 최초의 하와이 집단 이민 101명 중에는 존스 선교사의 권고로 참여한 이가 태반이고 교인도 많았다. 그리하여 살피면 "1902년 조원시의 운동으로 하와이 이민회사가 조직되매 조선인이 다수 건너가는 중에 교인들도 적지 않게 갔는데, 이 일로 말미암아 본 교회뿐 아니라 각처 교인의 수가 많이 감소됨으로 서양 선교사들이 조원시를 칭원(稱寃)함이 대단했더라. 본처 전도사 장경화(張景化) 씨는 이민회사 총무가 되어 이민하는 일에 종사하므로 복정채(卜正采) 씨가 전도 사무를 대리하고 본 교회 권사 안정수(安鼎洙) 씨도 이민회사 일로 하와이로 건너가고 본 교회 홍승하(洪承河) 씨를 하와이 한인에게 전도사로 파송했더라"[16]라고 했다.

1903년 7월 하와이 모쿨리아(Mokulia) 사탕수수 농장에서 김이제 전도사의 인도로 첫 예배가 시작되었으며,[17] 오아후(Oahu) 섬의 가호구, 일루아에서도 홍치범·임정수·현순 등이 합심하여 집회를 시작한 것[18]으로 보인다. 홍승하는 1903년 8월 7일 교인 중심의 한인 구국단체인 신민회를 조직했다는 설도[19] 있으며, 그해 11월 10일에는 호놀룰루에서 한인전도회를 형성했다. 이는 하와이 한인감리교회(Korean Methodist Church)의 시작이자 미국 한인교회의 효시라고 볼 수 있다. 이 교회는 안수정·유병길 등이 미국 감리교 하와이 지방 감리사 피어슨 목사와 교섭하고 리버(River) 스트리트에 건물을 빌려 시작한바 인도자는 홍승하였고, 1904년 3월 2일에는 엠마(Emma) 스트리트에 더 큰 건물을 빌려 집회를 계속했다.

그해 5월부터는 유병길·이교담·임형주 등을 각 농장에 보내 전도했고, 12월 27일부터 감리사 와드맨이 예배당을 관리했다. 1905년 4월 1일 전도회를 한인교회로 승격시키는 한편, 그해 7월에는 누아누 스트리트의 새 건물로 이전했다.[20] 이를 모체로 예와(1905. 4), 와이파후(1905. 8), 모쿨리아(1905. 10), 리휘(1906. 11), 힐로(1907. 2), 부네네(1907. 3), 와일루아(1907. 9), 와아와(1909. 5), 가후구(1911. 5), 코나(1911. 7), 파팔로아(1913. 8), 호노가(1914. 6) 예배당 등이 계속 설립되었다. 그 밖의 작은 예배처소까지 합치면 24개의 한인교회가 이 시기에 형성되었다.[21] 그 후에도 하와이 한인감리교회는 하와이 지역 한인교회의 모교회로 꾸준히 발전했고 현재까지 존속하고 있다.[22]

한편 1905년 2월 10일에는 호놀룰루에 한인성공회(Korean Episcopal Church of Restarchs)가 창립된바, 정현구·김익성 등이 주동이 되어 성 앤드루스성당을 빌려 집회를 하기 시작했다. 1916년부터 한국인 신부[23]가 담임했고, 1925년 단독 성당을 카노아레인에 건축하는 등 성장을 보였다. 고할라 섬에도 한인성공회가 하나 더 설립된 바 있다.[24]

한국인들의 미국 본토 진출과 함께 1905년 10월 8일 샌프란시스코 지역 한인들이 주동이 되어 한인전도회(전도사 문경호)를 조직했는데, 이것이 샌프란시스코 한인감리교회(Korean Methodist Church of San Francisco)의 시작이다. 이미 1904년 9월부터 초기에 정착한 한인 25명을 대상으로 도산 안창호 선생이 친목회를 조직하고, 각 가정을 순회하며 예배를 드린 바 있다. 1906년 7월 15일부터는 전도사 방화중이 예배를 인도했으며, 1911년 8월 5일 정식 교회로 승격했고, 1928년 6월에는 선교부 보조와 교인들의 헌금으로 새 예배당을 지었다. 이는 미국 본토 최초의 한인교회다.[25]

1906년 초 샌프란시스코에 있던 방화중 전도사가 로스앤젤레스로 자리를 옮겼다. 그때 마침 북장로회 한국 선교사 마페트가 안식년으로 귀국 중인바, 그는 방화중 전도사를 만나 로스앤젤레스에 한인 장로교회를 설립할 것을 상의하여 곧 나성 노회에 이를 청원했고 노회에서는 지원을 약속했다. 그 담당으로 프리차드(A. B. Pritchard) 목사가 선임되고, 1906년 5월 10일 나성 벙커힐(Bunker Hill)에 2층집을 빌려 첫 예배를 드린바, 참석교인은 18명이다. 곧 나성 한인연합장로교회(Korean Presbyterian Church of Los Angeles)의 시작이다. 이 교회는 프리차드 목사 관할하에 방화중 전도사 등이 설교를 담당했고, 1921년에 이르러 정식 교회로 승격했다. 그러나 1928년까지 미국노회에서 관할 목사를 파송해 왔는데, 1929년 김중수 목사가 부임하면서 완전한 한인 자치교회가 되었다. 이 교회는 집회 장소를 1921년 4월 알리버콜로 옮겼다가, 1929년 선교부 보조와 교인 헌금으로 자체 건물을 구입했고, 1937년에는 제퍼슨 블루버드에 대지를 마련, 예배당 건축을 시작하여 1938년 5월 1일 헌당 예배를 드린 바 있다.[26]

로스앤젤레스에서는 한인감리교회도 시작되었는데, 1904년 3월 한국 선교사로 활약한 바 있는 쉬맨 부인에 의해서였다. 이 부인은 맥놀리아 스트리트에 한인 미션을 설립하고 한인들을 기숙시키며 영어를 가르치고 전도도 했다. 여기에 남가주대학 재학 중이던 신흥우가 전도사 직책을 수행하며 집회를 인도했다. 그가 귀국한 뒤에는 염달욱 전도사가 봉사했으나 1910년 6월부터 하와이의 민찬호 목사가 부임, 시무했다. 그 뒤 1924년 나성 한인장로교회에서 분파하여 자유교회를 설립했던 인사들[27]이 1930년 7월 10일에 이르러 감리교 선교부에 청원하여 나성 한인감리교회(Korean Methodist Church of Los Angeles)를 재건했다. 집회 장소를 여러 번 옮기다가 1945년 10월 7일 웨스트 29스트리트에 교회당을 완공했다.[28]

또한 1914년 6월 5일에는 오클랜드 한인감리교회(Oakland Korean Methodist Church)가 현지 거주 한인 문원칠·조성학 등이 중심이 되어 순회목사 황사용을 인도자로 창립되었다. 1929년 정식 교회가 되고 1938년 자체 건물을 마련하는 등 발전을 거듭했으나, 1959년경부터 교세가 쇠퇴했다.[29]

한편 하와이 자유교회(1911-1925), 디뉴바장로교회(1912-1958), 롬폭장로교회(1907-1918), 쌘타아나장로교회(1913-1918), 하와이 구세군교회(1931-1937), 엎랜드장로교회(1907-1918), 피야블로 감리교 미션(1917-1919) 등은 한때 교세를 떨쳤으나 모두 폐

쇄되었다.[30]

　　그 밖에 1918년 7월 하와이 한인감리교회에서 분립한 신도를 중심으로 설립한 하와이 한인기독교회(Korean Christian Church of Hawaii)가 있다. 이 교회는 이승만이 인도자로 시작한 독립교회로, 그 제도는 감리교회의 형태를 띠었다.[31] 또한 미국 동북부 최초의 한인교회로는 1919년 3월, 독립운동가이며 흥사단원이던 곽림대가 중심이 되어 설립한 시카고 한인감리교회(Korean Methodist Church of Chicago)가 있다. 당시 시카고에는 약 200명의 한인이 거주하고 있었는데, 첫 인도자는 최능익 전도사였다. 레익팍 애버뉴·옥데익 애버뉴·조지 스트리트 등으로 처소를 여러 번 옮겼다.[32] 그리고 리들리 한인장로교회(Korean Christian Church of Reedly)는 1919년 전용성의 집에서 감리교 전도사 임정구를 초청하여 감리교회로 출발했으나, 선교부와 불화로 1939년 장로교회로 전향했다가 1950년대에 폐지되었다.[33]

　　1921년 4월 18일에는 임종순 목사의 주도로 뉴욕 한인감리교회(Korean Methodist Church of New York)가 설립되었다. 장로교 목사인 임 목사는 감리교회 김영섭 목사와 상의하여 뉴욕에 한인교회를 계획했다. 그러나 장로교 선교부가 비협조적인 관계로 감리교 측과 교섭, 웨스트 21스트리트에 건물을 구입하고 교회를 시작했다.[34] 그뿐만 아니라 나성 한인장로교회를 사임한 김중수 목사가 1936년 9월, 동지회 계열인 황휴·송창근·안격호·김순권·전진·현승걸·김재신·송헌영 등과 예배드림으로 나성 한인기독교회(Korean Christian Church of Los Angeles)를 시작했고,[35] 역시 같은 해 김중수 목사가 올리브 스트리트에서 집회를 인도한바, 곧 로스앤젤레스 가정교회(Korean Christian Home Church of Los Angeles)의 시작이다.[36] 이상 교회들이 1945년 이전에 설립된 미국의 한인교회다.

　　해방 이후에는 재미 한인사회가 고국과 교류의 맥을 다시 통하고, 이주 한인이 점차 늘면서 한인교회의 큰 발전

도 함께 이루어졌다. 1951년 10월에 세워진 워싱톤 한인교회
(Korean Church of Washington)가 해방 후 설립된 첫 교회가 되
었고, 이어 1953년 11월에 보스톤 한인교회(Korean Church of
Boston), 1956년 워싱톤 한인침례교회(Korean Baptist Church
of Washington), 1957년 필라델피아 한인교회(Korean Church
of Philadelphia), 나성 한인침례교회(Korean Baptist Church of
Los Angeles), 1962년 8월 뉴욕 한인중앙교회(Korean Central
Church of New York), 1964년 3월 시카고 한인장로교회(Korean
Presbyterian Church of Chicago), 1965년 워싱톤 한인장로교회
(Korean Presbyterian Church of Washington), 그해 8월 달라스
한인연합교회(Korean United Church of Dallas), 1966년 시카고
한인복음교회(Gospel Church of Chicago), 시카고 한인중앙교회
(Central Church of Chicago), 1967년 3월 볼티모어 한인연합교
회(Korean United Church of Baltimore), 그해 4월 나성 한일제일
장로교회(First Korean Presbyterian Church of L. A.), 5월 디트
로이트 한인연합장로교회(Korean United Presbyterian Church
of Detroit) 등이 계속 설립되었다.[37]

　　　1968년 7월부터 케네디 이민법이 시행되고 한국 이민이
폭발적인 증가를 보이자 재미 한인 중의 기독교인과 교회도 엄
청나게 늘기 시작했다. 특히 미국 한인교회가 이민사회의 구심점
역할을 계속하고, 이민자들의 문화 충격을 해소하는 중요한 기관
으로 자리 잡자 종교 외적 이유에서도 교세 성장을 도왔고, 재미
동포 대부분이 기독교도이거나 이에 관련되어 있다고 해도 지나
친 말이 아닐 정도에 이르렀다.

　　　그러나 1970년대에 들어서면서 미국의 한인교회는 교인
사이의 분쟁, 교직자들의 무분별한 개척, 교파 난립 등의 불합
리한 요인에 의해 동일 지역에 여러 한인교회가 난립하는 현상을
보이게 되었다. 이는 표면적인 수적 증가는 가능할지언정 교회의
본래 기능, 특히 이민교회의 내면적 의의나 사명이라는 점에서는

많은 문제가 있었다. 대표적인 지역의 하나가 남가주로, 1970년 당시 로스앤젤레스 시내에 약 20개이던 한인교회가 1978년 4월 현재는 165개로 나타났다.[38] 이는 물론 이민 증가와 한국인 집중으로도 원인을 살필 수 있으나, 대부분은 앞서 언급한 불합리한 요소들에 따른 현상이었다.

그 밖에 뉴욕·워싱턴·시카고 등 한국인의 진출이 빈번한 여러 지역에서 한인교회의 갑작스런 증가를 읽을 수 있다. 이 시기가 재미 한인교회의 전성기라 아니할 수 없다. 미국 한인교회가 1977년 당시 약 400개에서 1978년에는 500여 개, 1979년 700여 개에 이르고 1981년에는 미조직 교회를 합쳐 총 1천 개를 넘어서기에 이르렀다. 이는 거주 한인 수에 비해 봐도 다른 어느 동양 민족보다 두드러진 점유율을 지닌다.[39]

이에 따라 각 교파들은 미주 지역의 별도 총회를 조직하거나 그에 준한 조직을 서두른 바 있다. 또한 감리교회나 침례교회 등은 처음부터 미국 내 교단에 소속되는 형식을 취하여 조직 교회로서의 발전을 도모했다. 현재는 장로교회도 미국 연합장로교회나 남장로교회에 많은 교회가 속했고, 미주 한인 예수교장로회 총회가 조직되자 이에 속하여 한인교회 별도의 운영을 계속하는 교회도 많다.

이러한 교회 연합, 상부 조직기관 외에도, 교육기관으로는 로스앤젤레스 한인장로회신학교(Los Angeles Presbyterian Theological Seminary, 1976년 11월 설립), 개혁장로회신학교(Reformed Presbyterian Seminary, 1977년 9월 설립), 남캘리포니아 장로회신학교(School of Theology in Southern California, 1977년 9월 설립), 로스앤젤레스 성서신학대학(Los Angeles Bible College and Seminary, 1971년 4월 설립), 로스앤젤레스 성서학원(Los Angeles Bible Institute, 1976년 9월 설립), 시카고 선교대학과 시카고 성서학원(Chicago Institute of Theology and Mission, 1978년 3월 설립), 워싱턴 한인성서학원(Korean Bible Institute of Washington, 1975년 설립), 뉴욕지구 한인성경학교(Korean Bible School of New York, 1977년 2월 설립) 등을 비롯한 많은 학교가 있고, 선교기관으로는 세계 선교전도회(World Missionary Evangelism Inc., 1965년 1월 설립), 장명선교재단(Chang Myung Missionary Foundation, 1970년 3월 설립), 국제 틴라이프선교회(Teen Life International, 1971년 5월 설립), 십자군선교회(Compassion Crusade, Inc., 1973년 11월 설립), 복음선교회(The Korean Gospel Mission, Inc., 1975년 9월 설립), 재미 한인 기독교 세계선교회(The World Evangelical Mission, U. S. A., 1976년 설립), 아세아선교회(Asian Evangelical Mission Foundation, 1976년 설립), 한인 크리스챤선교센터(Korean Christian Mission Center, 1976년 8월 설립), 재미 한인 기독교선교회(Korean Christian Mission in America, 1977년 6월 설립), 한인연합선교회(United Korean Mission, 1977년 8월 설립) 등이 있다.

그 밖에 재미 한인 기독교학자회의(Conference For Korean Universityman), 한미기독실업인회(Korean-American Christian Businessmen's Committe of S. C.) 등의 특별 단체가 조직되어 있고 〈복음신보 복사판〉, 〈크리스챤 헤럴드〉, 〈기독신보 미주판〉, 〈미주기독신보〉, 〈크리스챤신문〉 등의 한인 기독교 신문이 발간된다. '워싱턴 한국어 기독교 방송', '기독교세계방송회' 등의 방송국이 세워졌으며, 〈복음의 전령〉, 〈광야의 소리〉, 〈한미 헤럴드〉, 〈월간설교〉, 〈장로교생활〉 등의 잡지도 발간되고 있다.[40]

한편 캐나다, 브라질 등 남북미 지역 한인교회들은 1960년대 이후 한국 이민이 시작되면서 동포 선교가 이루어지고 여러 한인교회가 설립, 발전되고 있다. 이에 반해 오랜 역사를 지닌 중국·만주·일본 등지의 한인교회들은 일본을 제외하고는 공산주의자들에 의해 모두 말살되었고, 한때 부흥했던 흔적조차 현재는 찾기 어렵다. 그 밖에 최근에야 한국인의 진출이 활발해진

아시아·유럽·중동 지역에도 지금은 한인교회가 크게 번창하고 있다. 그러나 한국군 파병과 함께 시작된 베트남 지역의 동포 선교는 공산화와 함께 중단되었다.[41] 1981년 현재 조직 교회로 세계에 흩어져 있는 한인교회의 통계를 지역별·교파별로 살펴보면 다음 표과 같다.[42]

미국

지역＼교파	장로교계	감리교계	침례교계	연합·초교파·기타교파	합계
앨라배마주	3	1	3		7
알래스카주	2		1	2	5
애리조나주	2	1	1	2	6
캘리포니아주	78	23	24	129	254
콜로라도주	2	1	3	9	15
코네티컷주	1	1		1	3
댈라웨어주		2	1	1	4
컬럼비아 특별구				4	4
Maryland Suburbs	6	2	7	10	25
Virginia Suburbs	9	3	5	7	24
플로리다주	3	2	2	2	9
조지아주	6	2	2	4	14
괌	1				1
하와이주	4	3	2	6	15
일리노이주	36	15	11	48	110
인디애나주	3	1		1	5
아이오와주		3			3
캔자스주	1		2		3
켄터키주	1			2	3
루이지애너주	2	1			3
메릴랜드주	5	2	2	7	16
매사추세츠주	1	2		2	5
미시간주	2	3	1	5	11
미네소타주	2	1	1		4
미시시피주			1		1
미주리주	1		1	4	6
네브래스카주				2	2
네바다주	2	1			3
뉴저지주	8	7	1	10	26

뉴멕시코주			1		1
뉴욕주	23	8	3	39	73
노스캐롤라이나주	4	1	1	4	10
오하이오주	1	4		8	13
오클라호마주			1	3	4
오리건주	1	2	3	2	8
펜실베이니아주	10	1	2	31	44
로드아일랜드주		1			1
사우스캐롤라이나주	1	1		1	3
테네시주		2	3	4	9
텍사스주	7	5	16	5	33
유타주			1	1	2
버지니아주	1	1	3	3	8
워싱턴주	3	1	1	9	14
웨스트버지니아주		1			1
위스콘신주		2		4	6
미국 전체	232	106	107	372	817

기타 국가

미국령 사모아			2		2
아르헨티나				9	9
오스트레일리아	1			1	2
방글라데시				1	1
볼리비아		1			1
브라질	10			6	16
캐나다	14	1	5	30	50
독일	2			11	13
이집트	1				1
프랑스				1	1
홍콩				1	1
인도네시아				2	2
일본				122	122
말레이시아		1			1
파라과이	1			4	5
필리핀	3				3
싱가포르				1	1
타이완				3	3
타일랜드	1			1	2
*총계	265	109	114	565	1,053

* 총계는 미국 전체 한인교회 수와 합한 것임.

결론

한국 기독교 100년을 앞둔 교회의 현황

결론

한국 기독교 100년을 앞둔 교회의 현황

신·구교 교세 통계를 중심으로

이 땅에 복음의 씨가 떨어진 지 2세기의 획을 긋는 1980년대가 밝았다. 이제 1984년이면 한국 천주교회 200주년과 개신교회 100주년을 동시에 맞게 된다. 천주교회는 진작부터 200주년 기념사업을 구상하여 적극 추진하고 있으며, 개신교 또한 대망의 100주년을 예비하여 숨 가쁜 준비 작업을 서두르고 있다. 교파별 기념사업은 물론 이미 한국 기독교 100주년 기념사업회(총재 한경직)가 구성되어 분야별 사업을 분담하고 구체적 활동을 시작한 바 있다.

한편 1980년대로 접어든 한국 교회는 교회의 체계적 발전과 신학의 정립, 교파간 화해와 협력 증진, 한국 교회사에 대한 관심 고조와 역사적 반성 분위기, 무자격 신학교 정비와 각 신학대학의 괄목할 만한 발전, 대형교회들의 사회적 책임 감수와 농어촌 교회 육성책 마련, 교회 재정의 합리적 운용을 위한 노력과 일부 교단의 목회자 생활 보장안 마련, 신흥 사이비 종파에 대한 조직적 대응 등등 긍정적이고 적극적인 현상들이 성숙된 교회를 위한 발돋움인 양 나타났다. 그러나 1970년대 말부터

1980년대 초에 걸쳐 야기된 일련의 정치적 혼란, 즉 10·26 사태와 12·12 사건으로 말미암은 극적인 정치적 전환, 광주항쟁과 제5공화국 출범 등의 과정에서 교회는 고유의 예언자적 자세를 가다듬기에 여념이 없었다. 그 가운데 교회가 겪어 낸 양심과 정의 편에서의 노력은 먼 훗날 역사의 눈으로 다시 살펴보아야 할 것이다.

오늘의 교회는 한국 정신의 거대한 맥으로 흘러넘치고 있다. 지속적인 부흥을 계속한 한국 교회의 교세 즉 창설 100주년이 되는 1984년 말 현재 교세를 양적·수적 측면에서 간추려 정리하면 다음과 같다.

한국 천주교회의 교구별 교세 상황[1]

(1984년말 현재)

교구	본당	공소	신부	수사	수녀	교인 수
서울대교구	122	18	338	89	1,140	606,393
대구대교구	75	139	172	43	588	177,703
광주대교구	56	129	89	22	219	119,685
춘천교구	32	95	41	3	48	42,803
대전교구	54	270	103	14	267	96,696
인천교구	47	63	76	15	264	134,199
수원교구	58	361	108	18	466	145,010
원주교구	27	79	36	4	59	38,312
부산교구	58	40	104	19	407	180,760
청주교구	26	109	40	1	89	53,099
마산교구	41	102	71	9	172	70,594
안동교구	23	109	32	7	66	35,225
전주교구	42	196	90	0	107	82,122
제주교구	12	21	17	2	39	21,143
합계	673	1,731	1,317	246	3,931	1,803,684

한국 개신교회의 교파별 교세 상황[2]

(1984년말 현재)

교파	교단	교회수	교직자수			교인수
			남	여	계	
장로교	대한예수교연합장로회	59	65	34	99	16,420
〃	대한예수교장로회(개혁)	920	–	–	–	–
〃	대한예수교장로회(개혁정통)	76	106	76	182	12,908
〃	대한예수교장로회(계신측)	66	86	23	109	–
〃	대한예수교장로회(고려)	97	185	31	216	–
〃	대한예수교장로회(고신)	1,011	1,433	168	1,592	259,838
〃	대한예수교장로회(근본)	57	79	24	103	19,842
〃	대한예수교장로회(대신)	410	932	196	1,128	103,930
〃	대한예수교장로회(독노회1)	30	33	4	37	8,122
〃	대한예수교장로회(독노회2)	40	49	3	52	9,417
〃	대한예수교장로회(로고스공의회)	24	29	5	34	5,385
〃	대한예수교장로회(법통)	62	303	42	345	–
〃	대한예수교장로회(보수)	68	–	–	109	106,623
〃	대한예수교장로회(보수재건)	37	41	2	43	5,703
〃	대한예수교장로회(보수측)	98	157	95	252	29,055
장로교	대한예수교장로회(보수합동)	408	424	38	462	101,107
〃	대한예수교장로회(성합)	136	305	64	369	46,421
〃	대한예수교장로회(성합측)	86	107	59	166	9,148
〃	대한예수교장로회(순장)	19	–	–	42	7,128
〃	대한예수교장로회(장신)	101	115	39	154	–
〃	대한예수교장로회(장신측)	115	149	76	225	30,048
〃	대한예수교장로회(재건)	102	–	–	–	–
〃	대한예수교장로회(정립)	315	271	53	324	56,400
〃	대한예수교장로회(정통)	30	27	11	30	10,200
〃	대한예수교장로회(종합)	192	393	71	464	–
〃	대한예수교장로회(중립)	294	–	–	742	108,978
〃	대한예수교장로회(중앙)	135	134	19	153	40,859
〃	대한예수교장로회(총신)	113	224	4	128	5,190
〃	대한예수교장로회(총합)	20	–	–	45	5,000
〃	대한예수교장로회(통합)	4,114	5,570	791	6,361	1,400,167
〃	대한예수교장로회(합동)	4,360	6,330	1,567	7,897	–
〃	대한예수교장로회(합동보수)	1,480	–	–	–	800,000
〃	대한예수교장로회(합동정통)	427	384	70	454	–

〃	대한예수교장로회(합동총회)	183	221	18	239	21,582
〃	대한예수교장로회(합동환원)	40	38	15	53	7,797
〃	대한예수교장로회(협동)	258	257	263	520	70,010
〃	대한예수교장로회(호헌1)	91	177	–	177	–
〃	대한예수교장로회(호헌2)	206	229	56	275	–
〃	대한예수교장로회한국총공회	86	101	–	101	123,574
〃	한국 기독교장로회	1,021	1,800	245	2,045	282,067
감리교	기독교대한감리회	2,832	–	–	3,837	909,183
〃	예수교대한감리회1	156	258	65	323	82,859
〃	예수교대한감리회2	50	37	13	50	–
〃	예수교대한감리회(전통)	240	335	154	489	–
성결교	기독교대한성결회	1,223	1,354	258	1,612	–
〃	예수교대한성결회	343	436	39	475	114,668
〃	예수교대한성결회(연합)	78	97	10	107	–
침례교	기독교한국침례회	1,016	1,465	164	1,629	418,056
〃	대한기독교침례회	28	26	2	28	11,150
〃	대한선교침례회연합회	25	24	2	26	3,900
〃	성서침례교회	125	214	–	214	–
오순절교	국제순복음교단한국총회	64	76	114	190	–
〃	기독교대한하나님의성회	495	285	49	334	–
〃	기독교한국성서하나님의교회	65	92	25	117	–
오순절교	기독교한국하나님의교회	85	93	10	103	20,137
〃	대한기독교하나님의교회	64	83	14	97	15,486
〃	대한예수교오순절성결회	302	339	270	609	71,606
〃	예수교대한하나님의성회	225	350	320	670	700,000
〃	한국연합오순절교회	29	22	2	24	–
구세군	구세군대한본영	179	185	211	396	–
그리스도의교회	그리스도의교회협의회	270	282	33	315	–
복음교회	기독교대한복음교회	27	32	1	33	–
루터교	기독교대한루터교회	20	–	–	20	5,000
나사렛교	대한기독교나사렛성결회	172	204	17	221	41,250
성공회	대한성공회	76	74	27	101	–
예수교회	예수교회공의회	22	31	2	33	2,425
중화기독교	중화기독교연합회	7	6	4	10	–
합계		25,639				5,337,308

한국 종교인구 현황[3]

(1984년 현재)

지역\종파	불교	개신교	천주교	유교	원불교	천도교	기타	종교인구	전체인구
서울	1,714,647	1,938,595	559,755	95,505	23,873	17,360	40,718	40,718	9,204,344
	(39.05)	(44.15)	(12.75)	(2.18)	(0.54)	(0.39)	(0.93)	(0.93)	
부산	995,828	265,647	98,932	23,086	5,285	2,989	13,789	13,789	3,395,171
	(70.85)	(18.9)	(7.04)	(1.64)	(0.37)	(0.21)	(0.98)	(0.98)	
대구	477,416	204,339	102,601	14,884	2,806	1,894	12,005	12,005	1,958,812
	(58.51)	(25.04)	(12.57)	(1.82)	(0.34)	(0.23)	(1.47)	(1.47)	
인천	155,827	235,055	82,995	13,258	2,303	1,764	3,644	3,644	1,220,311
	(31.49)	(47.5)	(16.77)	(2.68)	(0.46)	(0.36)	(0.74)	(0.74)	
경기	754,388	704,458	229,487	214,493	7,840	6,656	43,986	43,986	4,358,199
	(38.46)	(35.92)	(11.70)	(10.94)	(0.40)	(0.34)	(2.24)	(2.24)	
강원	328,224	188,101	57,088	35,287	1,663	1,971	9,813	9,813	1,824,324
	(52.76)	(30.63)	(9.17)	(5.39)	(0.27)	(0.32)	(1.58)	(1.58)	
충북	194,921	108,782	41,131	6,861	766	471	2,160	2,160	1,424,915
	(54.89)	(30.63)	(11.58)	(1.93)	(0.22)	(0.13)	(0.61)	(0.61)	
충남	513,675	411,861	102,095	57,243	4,895	3,972	17,028	17,028	3,038,829
	(46.24)	(37.08)	(9.19)	(5.15)	(0.44)	(0.36)	(1.53)	(1.53)	
전북	193,421	370,121	67,154	38,213	27,462	2,723	9,931	9,931	2,302,589
	(27.28)	(52.2)	(9.47)	(5.39)	(3.87)	(0.38)	(1.4)	(1.4)	
전남	301,338	419,480	87,863	133,119	11,280	3,705	26,260	983,095	3,817,763
	(30.66)	(42.67)	(8.94)	(13.54)	(1.15)	(0.38)	(2.67)		
경북	752,918	254,549	69,588	101,444	2,561	2,038	17,376	1,200,474	3,128,876
	(62.72)	(21.2)	(5.8)	(8.45)	(0.21)	(0.17)	(1.45)		
경남	986,260	209,712	75,383	48,230	5,005	6,518	17,302	1,348,410	3,518,401
	(73.14)	(15.55)	(5.59)	(3.58)	(0.37)	(0.48)	(1.28)		
제주	138,146	26,608	16,553	5,332	584	465	2,797	190,485	477,861
	(72.52)	(13.97)	(8.69)	(2.8)	(0.31)	(0.24)	(1.47)		
총계	7,507,059	5,337,308	1,590,625	786,955	96,333	52,526	216,809	15,587,615	40,107,535
	(48.16)	(34.24)	(10.2)	(5.05)	(0.62)	(0.34)	(1.39)		

주

서론

1) 서명원 저, 이승익 역,《한국 교회 성장사》, 대한기독교서회, 1979, 53쪽.

2) 위의 책, 5쪽.

3) 김광수,《아시아기독교확장사》, 기독교문사, 1981.

4) "동학사상",《세계철학대사전》, 교육출판공사, 1980, 233쪽.

제1부-1

1) 이원순,《한국천주교회사》, 탐구당, 1980, 14쪽.

2) 박종홍, "서구사상의 도입 비판과 섭취",《실학사상의 탐구》, 고대 아세아문제연구소, 1974, 175쪽.

3) 이성배,《유교와 그리스도교》, 분도출판사, 1979, 120쪽.

4) 이원순, 앞의 책, 13쪽.

5)〈경향잡지〉1962, 12, 44-48쪽; 샤르트 달레, 안응렬·최석우 역주,《한국천주교회사》상권, 분도출판사, 1979, 300-301쪽.

6) 위의 책, 302-303쪽.

7) 위의 책, 304쪽.

8) 위의 책, 307-308쪽.

9) 이원순, 앞의 책, 24쪽.

10) 민경배,《한국기독교회사》, 대한기독교서회, 1972, 56쪽.

11) 이원순, 앞의 책, 26쪽.

제1부-2

1) 이원순,《한국천주교회사》, 탐구당, 1980, 45쪽.

2) 위의 책, 63쪽.

3) 위의 책, 64쪽.

4) 이에 대한 이론 전개는 김옥희,《광암(曠菴) 이벽(李蘗)의 서학사상》, 가톨릭출판사, 1979, 32-33쪽과 이성배,《유교와 그리스도교》, 분도출판사, 1979, 38-43쪽 참조.

5) 이성배,《유교와 그리스도교》, 분도출판사, 1979, 47쪽.

6) 김옥희, 앞의 책, 44쪽.

7) 위의 책, 45쪽.

8) 위의 책, 44-45쪽. 《성교요지》는 다산 정약용의 손으로 된 것으로 짐작되는 이승훈(李承薰)의 유고, 즉 〈만천유고(蔓川遺稿)〉에 수록된 것으로, 서두에는 "성교요지(聖敎要旨) 독천학초함(讀天學初函) 이광암작주기문(李曠菴作註記文)"이라는 글이 있고, 한글 번역본 서두에는 이 "성교요지는 리벽션셩씨옵서 텬학쵸함닐그신 후 작ᄒᆞ심이라"라는 글이 있다.

9) 하성래·이성배 공역, 《성교요지》, 가톨릭출판사, 1976, 5쪽.

10) 독자들의 편의를 위하여 원문을 알기 쉽게 현행 철자법으로 고쳐 적은 것이다. 원본은 1897년에 나온 활판본.

11) 최석우, "사학징의(邪學懲義)를 통해서 본 초기 천주교회", 〈교회사연구〉 제2집, 한국교회사연구소, 1979, 46쪽.

12) 최석우, 위 논문, 30쪽.

13) 최석우는 신유박해의 중요 자료인 사학징의(邪學懲義), 즉 정부 관헌들이 신도들로부터 압수한 책과 보고서를 연구한 뒤 그 결과를 〈교회사연구〉 제2집에 발표했다.

14) 최석우, 위 논문, 47쪽.

15) 불경의 한글 번역을 연대순으로 몇 개 열거하면 다음과 같다. 《능엄경 언해》(1462), 《묘법연화경 언해》(1463), 《금강반야바라밀경》과 《불설(佛說) 아미타경언해》(1464), 《원각수다라료의경(圓覺修多羅了義經) 언해》(1465), 《금강경삼가해(金剛經三家解)》(1467), 《남명집(南明集)》(1482). 그리고 이미 세종 대에 삼강행실(三綱行實) 등 유교 경전을 해석하는 책을 만들었지만, 모두 흐지부지되고 말았다. 허웅, "한글과 민족문화", 《교양국사 총서》 1, 세종대왕기념사업회, 1974, 142-143쪽.

16) 천관우, 《한국사의 재발견》, 일조각, 1974, 100-101쪽.

17) 천관우, 위의 책, 101, 137, 138쪽.

18) 같은 책, 207쪽.

19) 같은 책, 205쪽 "성호사설 변법(星湖僿說 變法)".

20) 이원순, "성호 이익의 서학세계", 〈교회사연구〉 제1집, 한국교회사연구소, 1977, 39쪽.

21) 이원순, 위 논문, 38쪽.

22) 박종홍, "서구사상의 도입 비판과 섭취, 기일(其一) 천주학", 《실학사상의 탐구》, 현암사, 1974, 178쪽, "中國自漢帝以前 死而還生者 幷無天堂地獄之可證則何獨輪廻爲非 而天堂地獄爲是耶"(跋天主實義).

23) 박종홍, 《한국에 있어서의 근대적인 사상의 추이》 제1집, 대동문화연구소, 1963, 26쪽.

24) 김양선, "한국실학발전사", 〈숭대학보(崇大學報)〉 제5집, 1955, 45-46쪽.

25) 이을호, "다산 실학의 수사학적(洙四學的) 구조", 《실학사상의 탐구》, 현암사, 1974, 285쪽.

26) 이을호, 위의 책, 287쪽.

27) 김옥희, 앞의 책, 67-77쪽.

28) 이성배, 앞의 책, 105쪽.

29) 김옥희, 앞의 책, 129쪽.

30) 김옥희, 위의 책, 129-130쪽.

31) 박종홍, "서구사상의 도입 비판과 섭취", 《실학사상의 탐구》, 현암사, 1974, 177쪽.

32) 이성배, 앞의 책, 120쪽.

33) 위의 책, 특히 제3장 "이벽의 새로운 그리스도교 신학", 107-138쪽.

34) 김옥희, 앞의 책, 77쪽.

35) 박종홍, "서구사상의 도입 비판과 섭취", 《실학사상의 탐구》, 현암사, 1974, 259쪽.

36) 한국 교회사 연구소 편, 《순교자와 증거자들》, 한국 교회사 연구소 출판부, 1982, 132쪽.

37) 위의 책, 135쪽.

38) 유홍렬, 《한국천주교회사》, 가톨릭출판사, 1962, 344-345쪽.

39) 이능화, 《조선기독교 급(及) 외교사》 상편, 1928, 조선기독교창문사, 104-105쪽. "先生之本懷는 則欲以新學新敎로 開物成務ᄒᆞ야 化民成俗이로다. 奈見當時國家社會는 以守舊爲正人君子ᄒᆞ고 而以改新爲凶賤邪黨일ᄉᆡ 故로 出於不得己之擧者矣라 ……"

40) 이능화, 위의 책, 146쪽. "無論男女老少ㅎ고 同聚一處ㅎ야 生産이 漸至繁盛ㅎ야 生生不已, 則
此尤種得怨國之種子니 此는 不可者四也라."

41) 같은 책, 179쪽.

42) 같은 책 하편, 57쪽.

제1부-3

1) 유홍렬,《한국천주교회사》, 가톨릭출판사, 1962, 241쪽.

2) 샤를르 달레 저, 안응렬 · 최석우 역주,《한국천주교회사》중권, 분도출판사, 1980, 21, 24쪽.

3) 위의 책, 30-37쪽.

4) 같은 책, 39쪽.

5) 같은 책, 85-86쪽.

6) 같은 책, 100쪽.

7) 같은 책, 104, 105쪽.

8) 같은 책, 212쪽.

9) 같은 책, 212-215쪽.

10) 같은 책, 223-231쪽.

11) 같은 책, 234-236쪽.

12) 그의 유해는 1931년 파리 외방전교회가 조선 포교 100주년을 맞이할 때 우리나라에 이송되었다.

13) 유홍렬, 앞의 책, 287, 289쪽. 그는 주교의 추방 음모까지 했다(291쪽).

14) 浦川和三郞,《朝鮮殉教史》, 大阪 全國書房, 1944, 1쪽.

15) 위의 책, 4쪽.

16) 유홍렬, 앞의 책, 90쪽.

17) 이능화,《조선기독교 급(及) 외교사》상편, 조선기독교창문사, 1928, 61쪽. "傷毁人家祠版이라
도 其罪 與殺人同이어든 又況自其手而燒毁其父祖祠版ㅎ니 則是與弑逆之變으로 少無異同이라
設令持忠輩喪性狂易爲此變이라도 亦不可饒其一律也온 況假托邪說ㅎ고 力抗吾道ㅎ야 仇視先
王之制禮ㅎ야 甘心凶悖之擧措者오 究其罪惡이면 又是百億於凶逆이니……"

18) 유홍렬, 앞의 책, 122쪽.

19)《순조실록》권2, 원년(元年) 정월 정해조(丁亥條); 이능화, 앞의 책, 115쪽.

20) 유홍렬, 앞의 책, 126쪽.

21) 같은 책, 208쪽.

22) 1925년 5월 12일 최종 결의에 의하여 동 7월 5일 교황 비오 11세의 집전으로 성 베드로 대성
당에서 시복식이 거행됨으로써 추존되었다.

23) 유홍렬, 앞의 책, 711쪽.

24) 같은 책, 462쪽.

25) 심문 내용은 유홍렬, 같은 책, 473쪽.

26) 편지 내용은 같은 책, 478-482쪽.

27) 같은 책, 484쪽.

제1부-4

1) 유홍렬,《한국천주교회사》, 가톨릭출판사, 1962, 514-515쪽.

2) 유홍렬, 위의 책, 514-515쪽.

3) 이홍직,《국사대사전》하권, 지문각, 1963, 1084쪽.

4) 신학교는 1853년 메스트르 이(李) 신부가 먼저 충청도 제천 배론에서 시작하여 푸르티에 신
(申) 신부가 계승했으나, 1866년 병인박해로 중단되었다가 1885년 블랑 백 주교가 원주 부흥골
(현 여주군 부평리)에 신학교를 설립, 1887년 서울 용산으로 옮겨왔다.

5) 雖殄滅此邦, 亦無害於聖敎文云云……

6) 정하상, 《상재상서(上宰相書)》, 한국교회사연구소, 《순교자와 증거자들》, 한국교회사연구소 출판부, 1982, 119쪽.

7) 샤를르 달레 저, 안응렬 · 최석우 역주, 《한국천주교회사》 중권, 분도출판사, 1980, 33쪽.

8) 백낙준, 《한국개신교사》, 연세대학교출판부, 1973, 31-32쪽.

9) 민경배, 《한국기독교회사》, 대한예수교서회, 1972, 65쪽.

10) 유홍렬, 앞의 책, 862-867쪽.

11) 같은 책, 같은 곳.

12) 같은 책, 같은 곳.

13) 같은 책, 872-875쪽.

14) 같은 책, 868-869쪽; 이원순, 《한국천주교회사》, 탐구당, 1962, 213쪽; 유홍렬, 같은 책, 879쪽.

제2부-1

1) 이능화, 《조선기독교 급(及) 외교사》 상편, 조선기독교창문사, 1929, 40-41쪽.

2) 이능화, 위의 책, 40-41쪽.

3) 같은 책. 같은 곳.

4) 유홍렬, 《한국천주교회사》, 가톨릭출판사, 1962, 172쪽.

5) 김득황, 《한국사상사》, 백암사, 1978, 185쪽.

6) 샤를르 달레 저, 안응렬 · 최석우 역주, 《한국천주교회사》 상권, 분도출판사, 1980, 266-274쪽.

7) 위의 책, 166-185쪽.

8) 같은 책, 218-219쪽.

9) 같은 책, 117-118쪽, 135-136쪽.

10) 같은 책, 273쪽.

11) 이능화, 《조선기독교 급(及) 외교사》 하편, 조선기독교창문사, 1929, 36쪽.

12) 레드야드 편, 박윤희 역, 《하멜 표류기—조선왕국견문록》, 삼중당, 1975, 5-6쪽. 편자 레드야드(Grai Ledyard)는 미국 콜롬비아대학 교수로, 동남아시아 언어문화연구소장이며 한국학 권위자다. 이 책은 The Dutch to Korea-An Account of the Life of the First Westerner in Korea(1653-1666)라는 이름으로 발간된 것인데, 하멜 표류기 원본과 그것에 대한 수정 · 보완 · 해설을 붙여 낸 것이다. 편자는 이 장문의 책 이름은 출판업자들이 책 선전을 위해 조작한 이름이었다는 사실을 언급했고, 그 속의 한국인들을 야만인이라 한 것은 1920년에 발견된 정본에는 없고 도리어 한국인들에게 융성한 대접을 받았다는 사실과, 하멜은 한국을 "꼬레"라는 이름으로 처음 부르기 시작한 최초의 서구인이라는 사실 등을 지적했다.

13) 민경배, 《한국기독교회사》(개정판), 대한기독교출판사, 1982, 135쪽.

14) 민경배, 위의 책, 135쪽.

15) 그 밖에 박윤(朴潤) · 박연(朴延) · 박인(朴仁) 등의 이름으로 통했다.

16) 레드야드 편, 박윤희 역, 앞의 책, 55쪽.

17) 위의 책, 45-46쪽. 한편 심일섭, 《한국민족운동과 기독교수용사고(考)》, 아세아문화사, 1982, 48쪽에는 그가 기독교 신앙 전도에 현저한 공헌을 한 것으로 평가되어 있다.

18) 같은 책, 54쪽.

19) 같은 책, 52쪽.

20) 같은 책, 57쪽.

21) 정재륜(鄭載崙)이 박연에 대해 언급한 《한거만록(閑居漫錄)》 중에. "朴淵 南蠻國人也 崇禎戊辰年間."

22) 민경배, 앞의 책, 136쪽; 심일섭, 《한국민족운동과 기독교수용사고(考)》, 아세아문화사, 1982, 49쪽에는 그가 독일 매리니아 지방의 루터교 가정에서 태어났다고 했다.

23) 《한국천주교회사 논문선집》 제2집, 한국교회사연구소, 1977; 楠田三郎, 《Gützlaff의 조선연안

항해기》, 234-235쪽. 동일한 조선연안항해기의 초역은 오문환, 《해변에 뿌려진 복음의 씨》(도마스 목사 순교 기념 전도회, 1956)도 있다.

24) 민경배, 앞의 책, 137쪽.

25) 《한국천주교회사 논문선집》 제2집, 한국교회사연구소, 1977, 235쪽. 이에 대하여 백낙준은 홍주만, 달레(Dallet)는 원산도(元山島), 민경배는 홍주 고대도(古代島)라 했는데, 어쨌든 그는 여기 저기 옮겨 다닌 듯하다.

26) 샤를르 달레, 앞의 책, 194-195쪽.

27) 《한국천주교회사 논문선집》 제2집, 한국교회사연구소, 1977, 236-237쪽.

28) 사실 브뤼기에르 소(Bruguiere 蘇) 신부는 조선 대리 주교로 임명되어 1832년 임지를 향해 가던 때였다.

29) 《한국천주교회사 논문선집》 제2집, 한국교회사연구소, 1977, 235쪽.

30) 위의 책, 242쪽.

31) 이에 대하여 귀츨라프는 주기도문을 한글로 번역, 보급했다는 설도 있다.

32) 《한국천주교회사 논문선집》 제2집, 한국교회사연구소, 1977, 243쪽.

33) 위의 책. 246쪽.

34) 민경배, 앞의 책, 139쪽; S. Neill, *A History of Christian Mission*, p.285.

35) 《한국천주교회사 논문선집》 제2집, 한국교회사연구소, 1977, 248-249쪽.

36) 민경배, 앞의 책, 140쪽, The Candidates Answer to the Question, R. J. Thomas, The Record of the Rev. R. J. Thomas, London Missionary Society. Livingstone House Library 소장. 이 기록은 민경배가 토마스 목사의 모교인 런던대학교 뉴 칼리지에 유학 중 발굴, 연구한 것이다.

37) 오문환, 《해변에 뿌려 진 복음의 씨》, 토마스 목사 순교기념전도회, 28, 31쪽.

38) 위의 책, 같은 곳.

39) 위의 책, 31쪽; 1865년 "스코틀랜드성서공회 보고문".

40) 위의 책, 28쪽; 민경배, 앞의 책, 141쪽.

41) 위의 책, 32쪽. 이에 대하여 《고종실록》, 고종2년 을축(乙丑) 8월 20일 임자(壬子) 甕津府 異船瞭望另加操飾에 다음과 같은 기록이 있다. "黃海監司洪淳穆狀啓以爲 水使尹錫九馳報內三竹淸船一隻到干紫羅里近浦 …… 人九名而俱是淸人也 其中一人 …… 英吉利人一塊紙擲下沙場 …… 紙塊殷邪書十六卷曆書一卷 ……"

42) 민경배, 앞의 책, 142쪽.

43) 오문환, 《토마스 목사전》, 토마스목사 순교기념전도회, 1928, 29쪽.

44) 민경배, 앞의 책, 143쪽. 그러나 오문환은 "박규수(朴珪壽)씨가 본년(本月) 2월에 평안감사로 내임(來任)했다는 소식을 문(聞)한 그는 …… 서해안 즉 거년(去年)에 다녀온 기(其) 지방에 지(至)하야는 상륙하야 혼자 전도하면서 더 방언을 연구하다가 마지막에는 박규수 감사까지 만나보고 그의 편의를 엇고저 함에 불과한 것이다 ……"라고 다른 이유를 내세우고 있다. 오문환, 《토마스 목사전》, 35쪽.

45) 백낙준, 《한국개신교사》, 연세대학교출판부, 1973, 48쪽; J. S. Gale, "The Fate of the General Sherman", *The Korean Repository for July, 1895*, pp.252-254.

46) 토마스 목사가 제너럴 셔먼호의 통역 또는 선목(船牧)이 아니었다는 것은 오문환, 위의 책, 35, 39, 41쪽 등에 자세히 설명되어 있다.

47) 오문환, 위의 책, 같은 곳.

48) 오문환, 같은 책, 46쪽. 그때 뿌린 성경책이 5백여 권이나 됐다고 했다.

49) 같은 책, 49쪽.

50) 같은 책, 58쪽.

51) 이 책 80쪽 참조. 또한 "丙寅七月二十七日癸未, 平安監司 朴珪壽, 狀啓以爲, 平壤府所泊異船은 益肆猖狂ᄒ야 轟砲放銃ᄒ야 殺害我人ᄒ니 其所制勝之策은 莫先頭火攻일시 一齊放火ᄒ야 延燒彼船ᄒ니 彼人 崔蘭軒 趙凌奉이 跳出船歌ᄒ야 始請救生이어늘 即爲擒捉ᄒ야 縛致岸上矣러

니 軍民이 憤怒ㅎ야 齊會打殺ㅎ고 其余는 殲滅無遺ㅎ야 全省騷擾를 始可鎭定이라 ……" 이능화, 위의 책, 151쪽.

52) 위의 책, 같은 곳. 예를 들어 조선 기독교의 원로인 동시에 현재(1928) 평양부 외 별촌교회(鼈村教會) 장로 최치량(崔致良), 평양 부인, 최초 교인 이신행씨, 평양장대현교회 장로를 거쳐 사리원교회 장로로 있는 김창구, 토마스 목사를 죽일 때 앞장섰던 부교(府教) 박춘권(朴春權)은 후일 평양장로교회 장로가 되었다.

53) 오문환, 《토마스 목사전》, 부록 1-4쪽; 또한 〈복음의 씨〉, 30쪽. 이능화도 "崔蘭軒之稱은 疑赤非其實名이요 而似指船號而爲己名者然이니 蓋其所乘之船號曰 General Sherman(쎄네랄 서어맨)則 崔蘭軒與 쎄네랄로 音相類故也"라 했다. 이능화, 위의 책, 143쪽.

54) 오문환, 《복음의 씨》, 34쪽(일성록日省錄 기이其二).

55) 백낙준, 위의 책, 44쪽.

56) 백낙준, 위의 책, 49쪽.

57) 오문환, 《해변에 뿌려진 복음의 씨》, 토마스 목사 순교기념전도회, 1957, 31쪽(1865년 스코틀랜드성서공회 보고문).

58) 민경배, 《한국기독교회사》 개정판, 대한기독교출판사, 1982, 146쪽; Alexander Williamson, *Journal in North China, Manchuria, and Eastern Mongolia; with some Account of Corea*, London, Smith, Elder & Co., 1879, Vol. II. p.310.

59) 민경배, 위의 책, 145쪽.

60) 그 책 이름은 *Journey in North China, Manchuria, and Eastern Mongolia; with some Account of Corea*, London, Smith, Elder & Co., 1879.

61) 김정현, 《羅約翰(John Ross), 한국의 첫 선교사》, 1982, 계명대학교 출판부, 19-26쪽. 저자 김정현은 그레이슨(J. N. Grayson)이란 이름의 미국인으로, 에든버러대학 비교종교학 박사. 1871년부터 한국 선교사, 대구 계명대학 교목, 서울 감리교신학대학 교수를 역임했다.

62) 김양선, "Ross Version과 한국 Protestant", 〈백산학보〉 제3호(1967. 11); 원봉(圓峯) 유봉영(劉鳳榮) 선생 고희기념사학논총; 김정현, 위의 책, 84쪽,

63) 김정현, 위의 책, 85쪽.

64) 김정현, 위의 책, 85, 88쪽.

65) 김양선, 앞의 책, 95쪽. 앞의 4명은 매킨타이어 목사에게, 뒤의 2명은 로스 목사에게 세례를 받았다.

66) 김양선, 위의 책, 100쪽. 이때 한국인 변역자들이 사용한 한문 성경은 중국어 문법 중 가장 학식이 높은 사람들이 쓰는 문리신약(文理新約)이라고 했다(김정현, 위의 책, 40쪽 참조).

67) 이에 대하여 와그너(Ellasue Wagner)는 1938년 5월호 *The Korea Mission Field*에 쓴 "Through the Hermit's Gate with Suh Sang Yun"이란 논문을 참조, "We continue to speak of the 'Ross Version.' Would it not be more correct to say 'Suh Version'?"이라 했다.

68) 이 책 28쪽 참조.

69) 김정현, 앞의 책, 42-45쪽. 그리고 *The Origin of the Chinese People* 같은 중국 관련 저서 외에 순 한국에 관한 저서로 *The Visit to Corean Gate*(1874), *Corean Primer*(1879), *Korean Speach with Grammar and Vocabulary*(1882), *and Customs*(1880), *History of Corea, Ancient and Modern* 등 저서와 논문이 있다.

70) 김정현, 위의 책, 68쪽.

71) 김양선, 앞의 책, 80-83쪽에 그 비문 전문과 번역문이 실려 있다.

72) John Ross, *The Christian Dawn in Korea*, "The alphabet in which the language is phonetic, and so beautifully simple that any one can easily and speedily master it." 또한 민경배는 *Quarterly Review*, Jan. 1883, London 및 *The Encyclopaedia of Mission*, New York, 1904, 등을 인용하여 "한국의 글자는 현존하는 가운데서는 가장 완전한 문자"라고 썼다. 민경배, 《한국기독교회사》(개정판), 169쪽 참조.

73) 김양선, 〈Ross Version과 한국 Protestantism〉; 김정현, 앞의 책, 119쪽.

74) J. E. Pearson, *American Bible Society's Historical Essay #15, VI-F-6, Korea, 1901-1920*,

1쪽.

75) J. E. Pearson, 위의 책, Part V. F-6-11.

76) 김양선, 앞의 책; 김정현, 앞의 책, 88쪽.

77) 같은 책, 같은 곳.

78) 같은 곳.

79) 같은 책, 95쪽.

80) 김정현, 위의 책, 27쪽. 김양선은 1875년으로 보나, 김정현은 로스 목사가 이응찬을 1876년에 처음 만났기 때문에, 그리고 또 다른 기록으로 보아 1877년부터 이응찬 등과 같이 성서 번역을 시작했다고 주장한다.

81) 서상륜(1848. 7. 26~1926. 1)은 의주 태생이나 1883년 말부터 황해도 소래로 이사하여, 그곳을 거점으로 서울·경기 지방의 개척전도를 개시했다.

82) 서상륜, "예수성교(聖敎)가 조선에 시입(始入)한 역사"(《평양신학교 학우회보》 제2호, 1921); 김양선, 앞의 책, 91쪽.

83) 이 책 82쪽 참조.

84) 이 책 84쪽 참조.

85) E. Wagner, Through the Hermit's Gate with Suh Sang Yun, *The Korea Mission Field*, May 1938.

86) 이 책 84쪽 참조.

87) 김정현, 앞의 책, 43쪽.

88) 김정현, 같은 책, 101쪽.

89) 이수정에 관한 본격적인 연구는 이광린의 《한국 개화사 연구》에서 최초로 시도되었고, 그다음에는 1983년에 나온 오윤태의 《한국기독교사》 중 이수정 편이 있다. 그런데 거기서도 그의 출생지·생일 등이 아직 밝혀지지 않고 있다. 그의 이름 '樹廷' 또는 '樹庭'도 아호(雅號)이지 본명은 아니라는 설도 있다(1956년 본인과 최남선 선생과의 면담에서).

90) 오윤태, "개신교 전래사"-선구자 이수정 편, 《한국기독교사 IV》, 1983, 혜선출판사, 53쪽; 이광린, 《한국개화사연구》(재판), 일조각, 1970, 223쪽.

91) 오윤태, 위의 책, 56-57쪽.

92) 같은 책, 59쪽.

93) 같은 책, 61쪽.

94) 이광린, 앞의 책, 225쪽. 루미스(Henry Loomis)의 기록인 "The First Protestant in Japan", *The Korea Mission Field*, Vol. 33, Seoul, July 1937, p.140 참조. 필자는 최남선 선생과의 쪽담을 통하여 그는 한국근대문학의 시조이며 진화론의 최초 소개자라는 것을 알게 되었다. 그리하여 그는 일본 문부성(文部省) 고용 한국어 교사로 도쿄대학에서 가르치기도 했으며, 《朝鮮·日本善隣互話》라는 한국어학습서를 내기도 했다.

95) Henry Loomis, 위의 글, p.140; 이광린, 위의 책, 227쪽; 오윤태, 앞의 책, 29쪽에는 "자기 숙부가 천주교를 믿기 때문에 대원군에 의하여 죽임을 당했다"고 했다.

96) 오윤태, 위의 책, 69쪽. *The Missionary Review* 1883년 11월호에 보면 "A few days before my visit he received a call from a representative of the Japanese Government, who informed him that an officer newspaper was about to be started and the Government desired to care his services to edit a Corea Department. He replied that his time was pledged to other work and he could not change……"라는 기사가 있다.

97) 예를 들어 마태복음 5장 3절의 8복을 "虛心者ᄂ福矣ㄴ以天國ᄂ乃其國也全" 하는 식으로 번역했는데, 여기서 ᄂ·ㄴ·全 등의 기호가 토(吐)이며, 이것은 신라 때부터 쓰여온 이두(吏讀)에서 기인한 것이다.

98) 오윤태, 앞의 책, 71-72쪽.

99) 오윤태, 위의 책, 75쪽.

100) "Presbyterian Missionary in Japan Rev. G. W. Knox, Sep. 1884." *The Foreign Missionary*,

Vol. XLIII, 1884-1885, p.168.

101) 오윤태, 앞의 책, 85쪽.

102) 'Rijutei'는 이수정의 일본어 발음이며, 이 호소 편지의 발송 날짜와 장소는 1883년 12월 13
  일 일본 요코하마로 되어 있다. 그 호소문은 오윤태, 위의 책, 85-87쪽 참조.

103) 오윤태, 앞의 책, 272쪽. 그때 그의 나이는 50세 미만이었다.

104) 이광린, 앞의 책, 234쪽.

제2부-2

1) 이 책 114쪽 참조.

2) 김양선의 논문〈Ross Version과 한국 Protestantism〉; 김정현, 羅約翰,《한국의 첫 선교사》, 계명
  대학교 출판부, 1982, 106-107쪽.

3) John Ross, *A Bright Light in Northern Korea*, Foreign Missionary, September 1886, p.150-
  152.

4) 김양선, 위 논문; 김정현, 앞의 책, 109쪽.

5) 차재명,《조선예수교장로회사기(史記)》, 조선기독교창문사, 1928, 8쪽.

6) 차재명, 위의 책, 8쪽.

7) 차재명, 같은 책, 8쪽. "胃然自慰하고 寬貸而言曰 聖經漂濯의 水를 飮하난 高麗人의게 必히 生
  命이 될 것이며, 聖經燒燼의 灰를 蒙하난 高麗人의게 必히 肥料가 되야 來頭 高麗敎會의 發展을
  可期라."

8) 같은 책, 같은 곳을 보면 "이성하는 신병(身病)으로 사면(辭免)하고"라 했는데, 그의 생일과 작
  고 연대는 알 길 없고, 1884년경 전도사업에서 손을 뗀 것만 알 수 있으며, 김정현은《한국의 첫
  선교사》43쪽에서 "이때에 이응찬 씨는 죽었던 것 같다"고 했다.

9) 김광수,《한국기독교인물사》(제3판), 기독교문사, 1981, 23-24쪽. "물론 정식 교회라기보다 일
  종의 기도처였다. 몇 해 후 백홍준은 이곳 의주교회의 초대 조사가 되었으며, 그가 순교한 1893
  년부터는 그의 사위 金灌根이 조사가 되어 그의 복음사업을 계승했다. 김 조사가 주일에 세 번
  드리는 예배와 수요일 밤의 기도회를 설정했는데, 이때부터 전국 교회에 이 제도가 퍼지게 되었
  다"고 했는데, 이에 대하여 차재명, 앞의 책 상권 22쪽에도 "是時로부터 主日에 三次 禮拜와 水
  曜日夕 祈禱會 設行하기로 規定하니 此例가 거의 全國에 通行되니라"라고 했다.

10) 백홍준의 죽음에 대하여는 차재명, 위의 책 상권, 21쪽; C. C. Vinton, *Missionary Review of
  the Year*, The Presbyterian Mission; *The Korean Repository*, Vol. 2, 1895, p.20.

11) 소래마을은 소나무 숲에서 샘이 솟아나왔기 때문에 본래 '솔샘' 또는 '솔내'였으며, 한자로
  는 '松泉里' 또는 '松川里'로 표기하다가 그것이 '소래'가 됐다. 구석마을 · 중간마을 · 아랫마
  을 · 밧뜸 등 네 개의 조그만 마을로 구성되어 있으며, 70호 가량의 잡성이 살고 있었다.

12) Ellasue Wagner, "Through the Hermit's Gate with Suh Sang Yun," *The Korea Mission
  Field*, May, 1938, p.94-95; 차재명, 앞의 책 상권, 8쪽.

13) 서경조, "신도(信道)와 전도 · 송천(松川)교회 실립역사", 〈신학지님〉(1925. 8), 89쪽; 백낙준,
  《한국개신교사》, 연세대학교출판부, 1973, 161쪽에는 당숙이 아니라 삼촌이라 했는데, 서병호
  장로는 당숙이었다고 했다.

14) 소래마을의 구석마을에는 광산 김씨, 밧뜸에는 김해 김씨, 중간마을에는 조씨 · 최씨 등이 정
  주했다.

15) 차재명, 앞의 책 상권, 8쪽. 여기서 목협판(穆協辨)은 묄렌도르프(Paul Georg von Möllendorff,
  穆麟德)로, 그는 1882년 12월 9일 내한하여 1885년 12월 5일 한국을 떠났다. 최종고,《한덕(韓
  德)교섭사》, 홍성사, 1983, 114-115쪽 참조.

16) 1970년 10월 3일, 서병호 · 김명선 등과의 면담.

17) 백낙준, 앞의 책, 161쪽.

18) 같은 책, 161쪽. "Report of the Foreign Mission Board of the United Presbyterian Church

in Scotland for 1886-1889" pp.71-72.

19) 〈신학지남〉(1925. 8), 89쪽.

20) 1970년 10월 3일, 서병호 및 김명선 등과의 쪽담.

21) 〈신학지남〉(1925. 8), 90쪽.

22) 위의 책, 같은 곳.

23) 서병호는 1885년 7월 7일생이므로 난 지 석달 만에 유아 세례를 받았다는 설은 확실한 것이다. 필자도 그가 난 지 석달 만에 받았다는 말을 수차례 직접 들었으며, 그의 이력서에도 그렇게 쓰여 있다.

24) 차재명, 앞의 책 상권, 9쪽.

25) 김양선, 앞의 논문; 김정현, 113-114쪽; *The Missionary Review of the World*, Nov., 1885, p. 495.

26) 김양선, 위 논문; 김정현, 위의 책, 116쪽.

27) 김정현, 앞의 책, 117쪽.

28) 백낙준, 앞의 책, 57쪽. 대영성서공회는 1882년 누가 · 요한복음 출판비의 일부를 대어줌으로써 한국 선교에 손을 대기 시작했다.

29) 백낙준, 위의 책, 75쪽; *The Foreign Missionary for January*, 1884. p.335.

30) 백낙준, 위의 책, 75-76쪽; *The Foreign Missionary for August*, 1884, pp.131-132.

31) 전권대사 민영익, 부대사 홍영식, 종사관 서광범, 서기관 고영희, 주사 유길준.

32) 백낙준, 앞의 책, 82쪽; 문일평, 〈호암전집〉 제1권, 조선일보 출판부, 1934, 97쪽.

33) 이수정은 1883년과 1884년 두 차례 편지를 썼는데, 이 책 121쪽 참조.

34) 백낙준, 앞의 책, 82쪽.

35) 이성삼, 대한감리회총리원 교육국 편,《한국감리교회사》상권, 36쪽.

36) 백낙준, 앞의 책, 82쪽.

37) 이성삼, 앞의 책, 38쪽; 김영희,《좌옹 윤치호선생 약전(略傳)》, 1928, 서울감리회총리원, 41쪽. 여기서 김옥균씨와 그 밖의 한두 인사라는 것은 윤치호를 두고 하는 말이다.

38) 백낙준, 앞의 책, 85쪽.

39) 백낙준, 위의 책, 86쪽.

40) 알렌의 이름은 Horace Newton Allen, 한국명은 안련(安連)이다. 1858년 4월 23일 미국 오하이오주 델라웨어 출생, 1881년 오하이오주 웨슬리언대학 졸업(B.S.). 1883년 같은 주 마이아미 의과대학을 졸업하고 그해 10월 11일 중국 선교사로 상하이에 도착했다. 1905년 6월 9일 귀국할 때까지 20년간 한국을 위해 봉사했다. 1932년 12월 11일, 74세로 오하이오주 도레도에서 작고했다.

41)《연세대학교사》, 연세대학교 출판부, 1969, 39-41쪽. 최초의 병원 건물은 갑신정변 때 살해된 홍영식의 집이다. 백낙준, 앞의 책, 112쪽.

42) 백낙준, 위의 책, 101쪽; "The Theological Students and Foreign Mission", *The Missionary Review*(Princeton), Vol. 3, No. 2(March, 1880), pp.131-138.

43) 위의 책, 같은 곳.

44) Address and Papers of John R. Mott, Vol. I., *The Student Volunteer Movement for Foreign Mission*, p.3.

45) 위의 책, 같은 곳; 전택부,《한국 기독교청년회 운동사》, 정음사, 1978, 40쪽.

46) 언더우드는 1859년 7월 19일 영국 런던에서 출생. 1872년 미국으로 이민 가서 1881년 뉴욕대학을, 1884년에 New Brunswick Theological Seminary을 졸업하고 목사 안수를 받았다. 그해 7월 28일 한국 선교사로 피명되어 12월 16일 샌프란시스코를 떠나 1885년 1월 일본에 도착했다. 거기서 이수정을 만나 그에게 한국말을 배우다가 그가 번역한 마가복음을 가지고 한국으로 왔다. 그때 그는 27세의 총각이었다.

47) 아펜젤러는 1858년 2월 6일 펜실베이니아 주 손더톤(Sonderton)에서 태어났고, 1882년 Franklin and Marshall College를 졸업했다. 그 후 Drew Theological Seminary에 재학 중

1884년 한국 선교사로 피명되었다. 그해 12월 17일 결혼하고, 부인과 한국으로 가는 배를 타기 전날인 1885년 2월 2일 밤 샌프란시스코에서 목사 안수를 받았다. 한국으로 올 때는 26세의 청년이었다.

48) 백낙준, 앞의 책, 113쪽.

49) *The Gospel in All Lands for 1885*, p.328; 백낙준, 위의 책, 119쪽.

50) 《새문안 85년사》, 1973, 54쪽, *Annual Report of the Board of Foreign Missions of Presbyterian Church, U.S.A.*, 1902년 9월 참조. 'Parent Church'라는 말은 우리말 '어머니교회'의 영역인 듯싶다.

51) Spencer J. Palmer, *Korea and Christianity*, 1967, p.73.

52) John Ross, "The Christian Dawn in Korea", *TMRW*, 3(1890), pp.241-248.

53) 위의 책, 같은 곳.

54) 위의 책, 같은 곳.

55) 《새문안교회 70년사》, 1958, 63쪽; 민경배, 《새문안교회 80년사》, 1973, 49쪽도 이를 시인하고 있다.

56) 민경배, 《새문안교회 80년사》, 50쪽; *Annual Report of the Board of Foreign Missions of the Presbyterian Church, U.S.A.*, p.124.; The Report of the British and Foreign Bible Society, Vol. 84-85(1888-1889), p.287.

57) 최초에는 그의 집 식당에서였다는 설도 있다. 민경배, 위의 책, 54쪽; *The Korea Mission Field*, Vol. VII No. 7(1910. 7), p.168.

58) 송길섭, 《정동제일교회 90년사》, 1977, 50쪽.

59) F. A. McKenzie, *The Tragedy of Korea*, pp.54-55.

60) 송길섭, 앞의 책, 54쪽; 김세환, 《배재 80년사》, 88, 110쪽.

61) 송길섭, 위의 책, 57쪽; S. H. Moffett, *The Christian of Korea*(New York: Friendship Press, 1962), p.38.

62) 송길섭, 위의 책, 58쪽.

63) C. A. Sauer, *Within in the Gale*, p.10; 송길섭, 위의 책, 61쪽.

64) 송길섭, 앞의 책, 58쪽; *Minutes of the Korean Mission of M.E.C.*, 1887년 4월 4일.

65) 송길섭, 위의 책, 62쪽; *Annual Report of M.E.C.*, 1887, p.314.

66) 송길섭, 위의 책, 63쪽.

67) *The Korean Repository*, Vol. 2, 1895, p.382.

68) 송길섭, 앞의 책; *Annual Report of M.E.C.*, 1887, p.314.

69) *Annual Report of M.E.C.*, 1888, p.337.

70) 백낙준, 《한국개신교사》, 연세대학교출판부, 1973, 59쪽.

71) 샤를르 달레, 안응렬·이석우 역주, 《한국천주교회사》 상권, 1979, 분도출판사, 464쪽.

72) 이 보고서는 *First Annual Report of the Korean Government Hospital, Seoul*이란 제목으로 알렌 및 헤론이 작성한 것으로, 전문은 재단법인 한국연구원(The Korean Research Center)이 1975년 12월 42호로 출판한 *Journal of Social Sciences and Humanities*에 수록되어 있다 (105-129쪽).

73) 이성삼, 《한국감리교회사》, 기독교대한감리회 총리원 교육국, 1975, 168쪽.

74) 이성삼, 위의 책, 168쪽.

75) 김세환, "배재학당", 《배재 80년사》, 동아출판사, 1965, 100-110쪽. 학교의 창립이념을 한학자 조한규(趙漢奎)는 '욕위대자 당위인역(欲爲大者當爲人役, 크게 되려는 사람은 남을 섬기는 자가 되어야 한다)'이라 번역했고, '培材學堂'이란 액자는 당시의 명필 정학교(丁學喬)의 글씨로 된 것을 외무아문독판(外務衙門督辨) 김윤식(金允植)이 학당에 전달했다.

76) 이성삼, 위의 책, 63쪽. 이 학교의 벽돌집은 한국 역사상 최초의 서양식 건물이다.

77) 이화학당이란 교명은 명성황후가 지어 내린 것을 김윤식이 전달했다. 창설자 스크랜튼 부인은 1832년 12월 9일 미국 매사추세츠주 벨처타운에서 출생, 아들을 따라 53세 때 내한했다. 정

충량(鄭忠良), 《이화 80년사》, 이대출판부, 1967년, 31-51쪽.

78) 《경신 80년 약사(略史)》, 경신중고등학교, 1966, 30-31쪽; 손인수, 《한국근대교육사》, 연세대
학교 출판부, 1971년, 21쪽.

79) 김영삼, 《정신 75년사》, 계문출판사, 1962, 57쪽. 창설자 애니 엘러스는 1886년에 내한한 한국
최초의 여의사이며, 명성황후의 총애를 받아 그의 시의(侍醫)가 되었다. 1887년 감리교 선교사
벙커(D. A. Bunker)와 결혼했으나 본래는 장로교 선교사다.

80) 이 책 24쪽 참조.

81) 전택부, "기독교와 유행어", 〈기독교사상〉 1958년 7월호, 62-67쪽.

82) '쟁이'는 '장이'의 사투리인데, 사람의 직업 · 성질 · 습관 또는 행동 모양 등을 나타내는 말에
붙는 말로, '장인(匠人)' 또는 '장색(匠色)'에서 온 말이다. 나는 여기서 사투리 그대로 '쟁이'로
쓴다.

83) 칠천역(七賤役)은 광대 · 백정 · 무당 · 갓바치 · 고리장 · 기생 · 포졸을 일컫는 말이며, 노비는
주인의 소유물과 같은 존재였기 때문에 천민에도 못 드는 계층이었다.

84) 흔히 '꾼'이란 말은 한자어 '군(軍)'에서 온 말로 여기지만, 순수한 우리말이다. 이에 대하여 국
어학자 김윤경(金允經)은 '장꾼'과 장군(將軍)의 경우를 가지고 설명한다. 다시 말해서, 만약
'꾼'이 '軍'에서 왔다면 어찌하여 장보러 다니는 사람을 '장군'이라 하지 '장꾼'이라 하겠느냐
는 것이며, 또 '개화군'이라 하지 않고 '개화꾼'이라 하는가 하는 논리로 '독립꾼'은 '독립군(獨
立軍)'과 다르게 이해되어야 한다고 했다.

85) W. B. Scranton, "Historical Sketch of the Korea Mission of Methodist Episcopal Church",
The Korean Repository, Vol. 5, June, 1898, p.260.

86) 백낙준, 앞의 책, 154쪽.

87) "The Translation of the Scriptures," *The Korean Repository*, Vol. 2, 1895, p. 195.

88) 백낙준, 앞의 책, 156쪽.

89) *The Korean Repository*, Vol. 3, October, 1896, p.414.

90) 백낙준, 앞의 책, 156쪽; M. E. North, Report for 1891, p.272

제2부-3

1) 뮈텔 민 주교는 1854년 프랑스에서 출생, 1877년 사제 서품을 받음과 동시에 한국 전교 신부로
피명되었다. 처음에는 만주에서 배회하다가 1880년에 입국했으나 1885년 파리 외방전교회 신
학교 교감으로 임명되면서 한국을 떠났다가 1890년 8월 조선교구 제8대 주교로 임명되어 1891
년 2월 22일 제물포에 상륙했다. 1933년 1월 23일 80세로 서울에서 작고했다.

2) 유홍렬, 《한국 천주교회사》, 가톨릭출판사, 1962, 881쪽.

3) 유홍렬, 위의 책, 889쪽.

4) 같은 책, 922쪽.

5) 같은 책, 924쪽.

6) H. G. Underwood. *The Call of Korea*, pp.107-108.

7) 이 연대는 *The Call of Korea*의 저자 언더우드(H. G. Underwood)의 증언이다. 그때 소래마을의
서경조(서상륜의 친동생)는 1885년이라 증언했는데 이것이 옳은 것 같다. 이 책 129쪽 참조.

8) H. G. Underwood, 위의 책, p.108.

9) 그 부인은 호튼(Lillias S. Horton). 여의사로 1888년 국립병원(광혜원) 부인과 과장이 되었다가
1889년 3월 언더우드와 결혼했다. 그의 여행기는 *Fifteen Years among the Top-Knot*.

10) G. H. Jones, *Pioneering in Korea, The Gospel in All Lands for November, 1889*. pp.526-
527.

11) S. A. Moffett. *Evangelistic Tour in the North of Korea, The Church at Home and Abroad
for October*, 1891, pp.329-331.

12) Richard Rutt, *A Biography of James Scorth Gale and His History of the Korean People*,

p.20.

13) 《상동교회 90년사》(송길섭, 1980)에 의하면. 상동교회는 병원교회로 출발했다. 정동에 있던 병원을 상동으로 옮긴 1889년 10월 9일을 창립 기념일로 잡았다. 이 책 185쪽 참조.

14) 《인천 내리교회 95년사》(홍기표, 1980)는 내리교회 창립 연대를 1885년 9월 17일, 즉 아펜젤러 목사가 상륙하여 종교집회를 가진 날짜를 기준으로 삼았다. 위 책 62-64쪽 참조. 또한《인천내리교회, 교회역사》도 창립 연대를 1885년으로 잡았다.

15) 백정 등 천민들로 구성된 교회로, 승동교회의 전신이다. 이에 관해서는 Richard Rutt, *A Biography of J. S. Gale and his History of the Korean People*, p.21; 전택부,《토박이 신앙산맥》제1권, 143-144쪽.

16) 빈튼(Vinton)이 말하는 'East Gate Church'는 평양 대동문(大同門) 안의 판교(板橋) 또는 판교동(板橋洞)에 세워진 교회로, 본래 명칭은 널다리골교회. 후일의 대(大)장대현교회 또는 장대현교회다. 채필근,《한국기독교개척자 한석진 목사와 그 시대》, 대한기독교서회, 1971, 54-55쪽 참조.

17) 부산교회는 초량교회와는 다른 교회다.

18) 창앞교회 또는 창앞예배당 또는 창전교회(倉前敎會)에 관해서는 전택부,《토박이 신앙산맥》제1권, 152-153쪽 참조.

19) 약연교회는 약현교회(藥峴敎會)의 오기인 듯하다.

20) 소래교회는 이 책 126쪽에서 언급한 바와 같이 1884년 평신도교회로 출발했으나, 언더우드는 그 교회를 1894년부터 새문안교회의 지교회로 삼았다. C. C. Vinton, "Statistics of the Protestant Churches in Korea," *The Korean Repository*, Vol. 2, 1895, 382쪽.

21) 연못골교회는 서울 연동교회의 본래 명칭.《연동교회 80년사》(1974) 참조.

22) C. C. Vinton, Statistics of the Protestant Churches in Korea, *The Korean Repository*, Vol. 2. Jan-Dec., 1895, p.382.

23) C. C. Vinton, 위의 책, 385쪽.

24) 《조선예수교장로회사기》(상)는 1928년 차재명 저작 겸 발행으로 되어 있는데, 서언에 나타난 대로 양전백(梁甸伯)의 저작으로 봄이 가당하다.

25) 위의 책, 19-73쪽 참조.

26) 같은 책, 13-14쪽.

27) 같은 책, 12쪽.

28) L. H. Underwood, *Fifteen Years among the Top-Knots*, pp.15-16; *Underwood of Korea*, p.74.

29) 천주악쟁이란 말은 '천주학'이란 말과 '장이'란 말의 합성어인데, 예수교 신자는 악당이라는 뜻에서 학(學)이 악(惡)으로 변하여 '천주악장이'가 되었다.

30) 전택부,《토박이 신앙산맥》제1권, 191쪽.

31) 차재명, 앞의 책, 15쪽.

32) 차재명, 위의 책, 75-76쪽.

33) 서경조, "서경조의 신도(信道)와 전도와 송천교회 설립 역사", 〈신학지남〉 7권 4호(1925, 8), 103쪽.

34) 차재명, 앞의 책, 79쪽.

35) 민경배,《한국기독교회사》(개정판), 대한기독교서회. 1982. 182쪽; 서경조, 앞의 논문.

36) 차재명, 앞의 책, 74쪽.

37) 차재명, 같은 책, 74-75쪽.

38) 백낙준, 앞의 책, 209쪽.

39) 민경배, 앞의 책, 192-193쪽.

40) 차재명, 앞의 책, 12쪽.

41) H. G. Underwood, *The Call of Korea*, pp.109-110.

42) 백낙준, 앞의 책, 170쪽.

43) W. D. Reynolds. "The Native Ministry", *The Korean Repository* for May 1896, p.202.

44) 민경배, 앞의 책, 195쪽.

45) C. C. Vinton, "Presbyterian Mission Work in Korea". *The Missionary Review of the World*, N. S., Vol. 6. No. 9(September, 1893), p.671.

46) 백낙준, 앞의 책, 168-169쪽.

47) 같은 책, 같은 곳.

48) 민경배, 앞의 책, 198쪽.

49) 신용하, 《독립협회연구》 재판(再版), 일조각, 1979, 머리말.

50) 신용하, 위의 책, 머리말.

51) 문일평, 《독립협회와 민권사상, 한말50년사》, 조광사, 1945, 208쪽.

52) 문일평, 위의 책, 208쪽.

53) 이광린, 《한국개화사상연구》, 일조각, 1979, 139쪽.

54) 이광린, 위의 책, 222쪽.

55) 이광린, 같은 책, 225쪽.

56) Channing Lien, 6, 1952, *America's Finest Gift to Korea*, New York, 34; 이광린, 위의 책, 103쪽.

57) Channing Lien, 위의 책, p.40.

58) 〈독립신문〉 1897년 3월 9일자 논설의 한 구절.

59) 같은 신문, 동년 3월 18일자 논설의 한 구절.

60) 《윤치호 일기》, 1897년 11월 30일; 신용하, 앞의 책, 67쪽.

61) 이광린, 위의 책, 141-142쪽.

62) 문일평, 앞의 책, 208-209쪽.

63) "The Corner Stone of Independence Arch", *The Korean Repository*, Vol. 3. 1896. pp.457-458.

64) The Independence Club, *The Korean Repository*, Vol. 5, 1898, p.286.

65) 전택부, "관자골의 박가 성춘", 《토박이 신앙산맥》 제1권, 35-41쪽.

66) 정교(鄭喬), 《대한계년사(大韓季年史)》 상권, 282쪽; 신용하, 앞의 책, 387쪽.

67) 위의 책, 같은 곳.

68) W. D. Reynolds, "The Contribution of the Bible Societies to the Christianization of Korea", *The Korea Mission Field*, Vol. 11, No. 5(May, 1916), p.127.

69) M. E. North, *Report for 1900*, p.281.

70) H. G. Appenzeller, The New Testament in Korea, *The Gospel in All Lands for August 1900*, p.384; 백낙준, 앞의 책, 359쪽.

71) 이 책 165쪽 참조.

72) 백낙준, 앞의 책, 172쪽. 이 문장이 다소 본문과 다른 것은 그의 원문을 재번역했기 때문이다.

73) 백낙준, 위의 책, 356쪽.

74) *The Korean Repository*, Vol. 1, January-December. 1892, p.37.

75) *The Korean Repository*, Vol. 1, January-December. 1892, p.92.

76) 백낙준, 앞의 책, 263쪽.

77) *The Korean Repository*, Vol. 3, January-December, 1896, p.171.

78) 이 모든 쪽성서 원본이 미국성서공회 도서관에 보관되어 있음을 필자가 직접 확인했다.

79) 이에 대해서는 전택부, "기독교와 한글", 〈나라 사랑〉, 1980, 130-144쪽 참조.

제2부-4

1) 한국에서 최초로 찬송가가 발간된 것은 1892년이지만 그 이전에 중국어 찬송가가 불리고 있었다. 예를 들어 백홍준의 딸 백권성은 그의 아버지가 지은 "예수 사랑하심"을 "주 예수 아이워(愛我)"라는 중국어 발음으로 불렀다. 이유선, 《한국양악백년사》, 중앙대학교출판국, 1976, 35쪽;

Horace Underwood, "Saemoonan Church", *Korea Calling*, July-August, 1894.

2) *The Korean Repository* for September, 1896, p.376.

3) 이유선, 앞의 책, 36쪽.

4) 김양선,《한국기독교사연구》, 기독교문사, 1980, 75쪽.

5)《대한기독교서회 약사(略史)》, 대한기독교서회, 1960, 51쪽.

6) 이성삼,《감리교신학대학사》, 한국교육도서출판사, 1977, 88-94쪽.

7) 유동식,《한국신학의 광맥》, 전망사, 1982, 44쪽.

8) 최병헌의 호는 탁사(濯斯), 1858년 1월 16일 충북 제천 생. 1889년 배재학당 한학부 교원이 되어 신약성서 번역에 조력했다. 1893년 입교, 1902년 목사 안수 이후 12년간 정동교회 목사로 봉직했고, 1927년 5월 13일 작고했다.

9) 신홍식,《인천내리교회사》, 1924, 14쪽. 이에 대한 보충 설명은 이성삼, 앞의 책, 98쪽 참조.

10) 최병헌은 가친상(家親喪)을 당하여, 그리고 이은승(李殷承)은 다른 이유로 그때 같이 안수받지 못했다. 이성삼, 위의 책, 100쪽 참조.

11) 양주삼,《조선남감리교회 30년기념보》, 1930, 26쪽.

12) 김양선, 앞의 책, 88쪽.

13) 백낙준,《한국개신교사》, 연세대학교출판부, 1973, 317쪽.

14) 백낙준, 위의 책, 317쪽.

15) 〈대한예수교장로회 로회 회록〉, 1907, 8쪽.

16) *The Koea Review*, Vol. 1, Jan-Dec., 1901, p.411.

17) 위의 책, p.412.

18) 이 책 제2부 2장 4항에서 언급한 것처럼 한국 개신교 초대 신자들은 대개 천민이나 평민 출신이지만 이번에 처음으로 양반들과 고관 출신 인사들이 신자가 되었다는 말이다. 이능화,《조선기독교급(及)외교사》하편, 203-204쪽.

19) 위의 책, 같은 곳; 전택부,《인간 신흥우》, 대한기독교서회, 1971, 60-64쪽 참조.

20) 이는 〈대한매일신보〉가 초대 사장으로 영국인 베델(E. T. Bethel)을 세운 것과 동일한 경우다.

21) 황성기독교청년회에 집단 가입하게 된 동기에 대해서는 전택부,《한국 기독교청년회 운동사》, 80-82쪽 참조.

22) 전택부, 위의 책, 79-84쪽.

23) 같은 책, 59-60쪽.

24) 일제는 36년간 통치하는 가운데 보호 · 무단 · 문화 · 동화 등 네 가지 다른 정치를 했다.

25) L. H. Underwood, Min Young Whan, *The Korea Review*, Vol. 6, January 1906, p.9.

26) 백낙준, 앞의 책, 281-283쪽. 당시 국내에는 약 250명의 미국 시민이 있었다.

27) 위의 책, 같은 곳; T. Dennett, "President Roosevelt's Secret Pact with Japan", *The Current History Magazine*, Oct., 1924, pp.15-21.

28) 이 진정서는 하와이 교민 대표 이승만 · 윤병구 명의로 발송되었는데, 이승만은 하와이의 누아누 YMCA 창설자이기도 하다. 전택부, 앞의 책, 73-74쪽 참조.

29) 전택부,《월남 이상재》, 121-122쪽.

30) 김구,《백범일지》, 백범김구선생기념사업회, 1969, 180쪽.

31) 김구, 위의 책, 195-201쪽.

32) 전택부,《토박이 신앙산맥》제2권, 대한기독교서회, 1982, 144-145쪽.

33) 백낙준, 앞의 책, 210쪽.

34) 백낙준, 위의 책, 397쪽.

35) 같은 책, 같은 곳.

36) *The Korea Review*, July 1905, pp.249-254.

37) 백낙준, 앞의 책, 397-398쪽; *Official Minutes of the Korea Mission Conference*, 1905, pp.20-21.

38) 백낙준, 위의 책, 399쪽.

39) 같은 책. 같은 곳.

40) 같은 책, 400-401쪽.

41) 김양선, 《한국교회사》; "개신교사", 고려대학교 민족문화연구소, 《한국문화사대계 Ⅵ》, 618쪽.

42) 민경배는 《한국기독교회사》에 이어 1974년 《한국민족교회형성사론》을 내기도 했다.

43) 민경배, 《한국민족교회형성사론》, 3쪽.

44) 이관구, "월남 선생의 정치 구국활동", 〈나라 사랑〉 제9집, 외솔회, 1972, 36쪽.

45) 전택부, "토박이 신앙산맥-강화와 기독교", 〈교회연합신문〉 1981. 11. 8, 11쪽.

46) 주병교회(走兵敎會)는 새문안교회의 별명인데, 군대 해산 때문에 강제로 무장 해제당해서 예수 믿고 교회에 들어왔으나 탈주병이 아니냐라는 식의 별명이며, 양반교회는 안동교회의 별명인데, 그 교회에는 박승봉을 비롯하여 민준호(閔濬鎬)·한필상(韓弼相)·박주완(朴柱浣)·박준우(朴準禹) 같은 고관대작 양반들이 모여들었기 때문이다(《토박이 신앙산맥》 제1권 74쪽 참조).

47) 이재형(1871~1947)은 철종의 5촌 조카이며 선조의 10대손이다. 첩장교회는 승동교회의 별명. 이재형의 생가인 승동대감 댁이 바로 승동교회 뒤에 있었기 때문에 그가 목사가 된 뒤에는 일시 그 교회에서 목회를 했다. 부친 이세보(李世輔)는 유명한 시조작가이기도 했다(진동혁, 《이세보 시조연구》, 집문당, 1983).

48) 손인수, 《한국근대교육사》, 1971, 연세대학교 출판부, 63쪽.

49) 이에 대해서는 전택부, 《토박이 신앙산맥》 제2권, 69-72쪽 참조.

50) 전택부, 같은 책, 147쪽.

51) 이동휘(1873~1934)는 함남 단천군 파도면 대성리 태생. 소년 시절 상경하여 관비생으로 군관학교를 졸업한 뒤 참위(參尉)로 임관, 1902년 참령(參領)으로 껑충 승진됨과 동시에 강화진위대장(江華鎭衛隊長)에 임명되었다. 1905년경부터 기독교 신자가 되어 전도사까지 되었다. 자세한 것은 〈교회연합신보〉 1981년 11월 8일자; 전택부, 《토박이 신앙 산맥》(제3권) "강화와 기독교" 참조.

52) 전택부, 위의 책, 같은 곳.

53) 백낙준, 앞의 책, 342-343쪽.

54) 같은 책, 343-344쪽.

55) 같은 책, 72쪽.

56) Address and Papers of John R. Mott, Vol. I, *The Student Volunteer Movement for Foreign Mission*, p.28.

57) William Scott, *Canadians in Korea*, 1975, Toronto, p.55; 백낙준, 앞의 책, 384쪽 참조. 그리고 맥컬리(L. H. McCully)가 중국에서 온 친구들과 기도회를 가졌다고 했는데, 그는 본래 중국에 있다가 1900년 의화단 사건 때 한국으로 피난 왔기 때문이다.

58) William Scott, 위의 책, p.56.

59) 차재명, 《조선예수교장로회사기(史記)》(상), 179-180쪽.

60) 백낙준, 앞의 책, 385쪽.

61) 전계은과 같이 민간 신앙의 경험을 거쳐 신자가 된 교인은 선교사들이 금식기도나 백일기도를 게을리하는 불경건한 태도를 보고 가끔 꾸짖었다.

62) 차재명, 앞의 책, 179쪽.

63) William Scott, 앞의 책, p.47.

64) 차재명, 앞의 책, 37쪽.

65) 전계은의 약력은 전택부, 《토박이 신앙산맥》 제1권, 174-205쪽 참조.

66) 김교신 주필, 〈성서조선〉 제158호, 1942년 3월 1일 발행. 25쪽. 전계은은 무교회주의 신앙가들만 아니라 흔히 관북의 용자 또는 성웅으로 추앙받는 인물이다.

67) 길진경, 《영계(靈溪) 길선주》, 종로서적, 1980, 183쪽.

68) 백낙준, 앞의 책, 402-403쪽.

69) 전택부, 《한국 기독교청년회 운동사》, 131쪽; 《한국 에큐메니칼 운동사》, 78쪽.

70) 황현, 《매천야록》, 441쪽.

71) G. A. Gregg's Annual Report for Year Ending Sep., 30, 1909.

72) 전택부, 《월남 이상재》, 137-138쪽.

73) 전택부, 위의 책, 134-138쪽.

74) 같은 책, 138쪽.

75) 《육당 최남선 선생 유고(遺稿)》, 고려대학교도서관 소장; 전택부, 《한국 기독교청년회 운동사》, 224쪽, 227-228쪽 참조.

76) 김구, 앞의 책, 180쪽.

77) 이 잡지의 창간호는 1906년 6월 25일 발행, 국판 32쪽으로, 내용은 논설 · 생활상식 · 위생 그리고 국문 · 역사 · 산술 · 이과 등 강의로 짜여 있는데, 1907년 일제의 탄압으로 폐간되었다.

78) 전택부, 《한국 기독교청년회 운동사》, 99-103쪽 참조.

79) 이능화, 앞의 책, 104-105쪽.

80) 유동식, 《한국종교와 기독교》(8판), 대한기독교서회, 1973, 93쪽.

81) 김계안 장로에 대해서는 전택부, 《토박이 신앙산맥》 제2권, 103-108쪽 참조.

82) 이규호, 《말의 힘》(증보 제6판), 1978, 제일출판사, 93-94쪽.

83) 민경배, 《교회와 민족》, 대한기독교출판사, 1981, 106쪽.

84) 민경배, 위의 책, 108쪽.

85) 같은 책, 115쪽.

86) 같은 책, 110쪽.

87) 같은 책, 110쪽.

88) 같은 책, 114쪽.

89) 같은 책, 114쪽.

90) 이만열, 《한말 기독교와 민족운동》, 평민사, 1980, 70쪽.

91) 이만열, 위의 책, 70쪽.

92) 서명원 저, 이승익 역, 《한국교회성장사》(5판), 1979, 53쪽; S. F. Moore, *Letter to the Board of Foreign Missions of the Presbyterian Church U.S.A.* (Seoul, Korea: January 15, 1895.

93) 서명원 저, 이승익 역, 위의 책, 54쪽.

94) 같은 책, 52쪽과 56쪽.

95) 이만열, 앞의 책, 66쪽 통계표 및 67-68쪽 기사.

96) 서명원, 앞의 책, 59쪽; William N. Blair, *God in Korea*, 3rd ed, 1957, p.61.

97) 서명원, 같은 책, 59-60쪽; C. E. Sharp, *Letter to the Board of Missions of the Presbyterian Church* (Seoul, Korea, January 10, 1906).

98) 서명원, 같은 책, 61쪽. 서명원은 세례 교인 수의 두 배라 했지만 당시 세례 교인 수는 30,337명이므로 5분의 3 이상이 된다.

99) 백낙준, 앞의 책, 395쪽.

100) 〈대한예수교장로회 로회 회록〉(1908), 서문의 첫 마디 말.

101) 위의 자료, 65쪽. 그리고 1903년 창설된 황성기독교청년회가 초대 회장에 미국인을 내세웠고, 1904년 창간된 〈대한매일신보〉가 사장에 영국인을 내세운 것이 다 일제의 탄압을 막기 위한 하나의 방어수단이지 결코 비주체적인 처사가 아니었다. 이에 대해서는 전택부, 《한국 기독교청년회 운동사》, 422-423쪽 참조.

102) 이성삼, 앞의 책, 129쪽.

103) 서명원, 앞의 책, 207-208쪽.

104) 예를 들어 배재 출신 이승만은 1910년 한국 최초의 Ph. D이고, 박에스더는 1900년 한국 최초의 여의사가 되었다.

105) 서명원, 앞의 책, 226쪽.

106) 백낙준, 앞의 책, 307쪽.

107) 이에 대해서는 유동식, 앞의 책, 45-60쪽 참조.

108) R. H. Baird, *William M. Baird of Korea*, A profile, 1968, p.232.

109) 서명원, 앞의 책, 240쪽.
110) 같은 책, 238쪽.

제3부-1

1) 유홍렬, 《한국천주교회사》, 서울 가톨릭출판사, 1962, 1000-1001쪽.
2) 유홍렬, 위의 책, 1000-1001쪽.
3) 이원순, 《한국천주교회사》, 탐구사, 1980, 3판, 246쪽.
4) 홍이섭, "나라 잃고 36년, 조선총독부", 《한국현대사 4》, 신구문화사, 1969, 23쪽.
5) 위의 책, 26-27쪽.
6) 조항래, "구한말 사회단체의 구국활동", 〈성곡논총〉 제7집, 성곡학술문화재단, 1976, 598쪽.
7) 위의 책, 577쪽.
8) 이홍직, 《국사대사전》 하권, 1267쪽.
9) 국사편찬위원회 편, 《한국독립운동사》, 142쪽.
10) 선우훈, 《민족의 수난, 백오인의 눈물》, 세광출판사, 1953, 35-36쪽.
11) 곽안전(Allen D. Clark), 《한국교회사》, 대한기독교서회, 1961, 142-143쪽.
12) F. A. McKenzie. *Korea's Fight for Freedom.* p.221.
13) 이에 대하여 윤경로는 "첫째 신민회의 근절, 둘째 기독교 탄압과 선교사 추방, 셋째 애국지사 및 청년의 사기 제압 등을 들고 있다." 윤경로, 《백오인사건의 일(一)연구》, 한성대학사학회, 1983, 31쪽 참조.
14) 윤경로, 위의 책, 63쪽. 최고형은 10년 구형의 6년 징역으로 낙착된 윤치호, 안태국, 양기탁, 임암정(林岩正), 유동열(柳東悅), 이승훈(李昇薰) 등 6명이었다.
15) P. L. Gillett's Report, date unknown; 전택부, 《한국 기독교청년회 운동사》, 165쪽.
16) The 1912 Student Summer Conference, writer and date unknown; 전택부, 위의 책, 166쪽.
17) Letter of Arthur J. Brown to Masanao Hanihara, 1912. 2. 16; 윤경로, 앞의 책, 56쪽.
18) 윤경로, 앞의 책, 59쪽.
19) P. L. Gillett's Letter, Not for Publication, Mokanshan China, July 14, 1913.
20) 이홍직, 앞의 책, 1267쪽.
21) 吳允台, 《日韓キリスト教交流史》, 165쪽.
22) 위의 책, 165쪽.
23) 같은 책, 166-167쪽.
24) 〈開拓者〉(1911) 54쪽 기사, 그 명단은 감리파의 장락도, 손승용, 최병헌, 신흥우, 이경직, 현순, 현석칠, 이지성, 이찬홍, 이익모, 안창호, 정태웅, 김린, 최상호, 박원백, 고종철, 오기선, 오화영 등 18명, 장로파의 양전백, 주공삼, 이원민, 김천일, 한석진, 이여한, 이명혁, 김창건, 이상재, 김일선, 이원긍 등 11명이다.
25) 전택부, 《한국 기독교청년회 운동사》, 177-182쪽.
26) 민경배, 《한국기독교회사》(개정판), 대한기독교출판사, 1982, 291-292쪽.
27) 〈경기 충청로회 데11회 뎡기 회록〉, 1916년 8월, 7쪽.
28) 위의 자료, 8쪽.
29) 민경배, 앞의 책, 291쪽; 湯淺興三, 《日本組合教會史》, 326쪽.
30) 신흥우, 《살길을 찾자》, 원문각(源文閣), 1953, 30쪽.
31) A. J. Brown, *The Mastery of the Far East*, 1919, p.591.
32) F. A. McKenzie, *Korea's Fight for Freedom*, Reprinted, 1969, p.214.
33) 손인수, 《한국근대교육사》, 연세대학교 출판부, 1971, 118쪽.
34) 전택부, 《인간 신흥우》, 대한기독교서회, 1971, 106-107쪽 참조. 이를 통계로 나타내면 다음과 같다.

학교별 \ 연도	1917	1918	1919	1920	1921	1922	1923	1924	1925
배재학당	16	20	10	0	8	27	7	0	30
배재고교	5	18	25	30	28	67	44	68	108

35) 손인수, 앞의 책, 118쪽.

36) 같은 책, 119쪽.

37) L. H. Underwood, *Underwood of Korea*, 1918, New York, p.320.

38) L. H. Underwood, 위의 책, p.326.

39) 《숭실대학교 80년사》, 숭전대학교 출판부, 1978, 212쪽.

40) 전택부, 《한국 기독교청년회 운동사》, 214쪽.

41) 손인수, 앞의 책, 124쪽.

42) 이 책 183쪽 참조.

43) 《선교 70주년 기념 설교집》, 대한예수교장로회총회 종교교육부, 1955, 19, 22쪽.

44) 김양선, 《한국기독교사연구》(재판), 기독교문사, 1980, 109쪽.

45) 〈신학세계〉 제1권 제1호, 경성협성신학교, 3쪽.

46) 위의 책, 4쪽.

47) 이 책 188쪽 참조.

48) 백낙준, 앞의 책, 399쪽.

49) Harry A. Rhodes, *History of the Korea Mission, Presbyterian Church*, p.453.

50) Harry A. Rhodes, 위의 책, 454쪽.

51) 같은 책, 454쪽.

52) 같은 책, 454쪽.

53) 〈조선야소교 장감연합협의회 제1회 회의록〉, 4-6쪽.

54) 백낙준, 앞의 책, 202쪽.

55) 김용해, 《대한기독교침례회사》, 서울 대한침례회총회, 1964, 28쪽. 그리고 감목(監牧)이라 함
은 목사라는 뜻이 아니라 관장 또는 감독과 같은 직책이며, 안수 받은 목사는 안사, 집사는 감
노, 교인은 당원, 지방교회 무리들은 당회라 했다.

56) 김갑수, 《한국침례교인물사》, 시와 시론사, 1981, 181쪽.

57) 김갑수, 위의 책, 186쪽.

58) 김용해, 앞의 책, 31-35쪽.

59) 김갑수, 앞의 책, 185쪽.

60) 이재정, 《한국성공회사개관》, 대한성공회 출판부, 1980, 18쪽.

61) 이재정, 위의 책, 19쪽.

62) 같은 책, 31-32쪽.

63) 같은 책, 같은 곳.

64) 장형일, 《한국구세군사》, 구세군 대한본영, 1975, 43쪽.

65) 장형일, 위의 책, 51쪽.

66) 같은 책, 64쪽.

67) 같은 책, 421쪽.

68) 안수훈, 《한국성결교회 성장사》, 기독교 미주 성결교회 출판부, 1981, 93-94쪽.

69) 안수훈, 위의 책, 160쪽. 감독제는 일본에서 카우만(C. E. Cowman) 목사가 먼저 택한 것으로,
그는 본시 감리교 신자였기 때문이다.

70) 같은 책, 108쪽.

71) 같은 책, 97-98쪽.

72) 같은 책, 99쪽.

73) 같은 책, 106-107쪽.

74) 이영린, 《한국재림교회사》, 시조사, 1965, 12-15쪽; 오영규, 《재림교회사》(재판), 성광문화사, 1982, 330쪽.
75) 이영린, 위의 책. 12-15쪽.
76) 오영규, 앞의 책, 330쪽.
77) 오영규, 같은 책, 330쪽.
78) 이영린, 앞의 책, 33쪽.
79) 이 책 173쪽 참조.
80) 《기독교대백과사전 Ⅰ》, 128쪽.
81) 위의 책, 129쪽.
82) 전택부, 《인간 신흥우》, 대한기독교서회, 1971, 62쪽.
83) 이능화, 《조선기독교급(及)외교사》(하편), 조선기독교창문사, 1928, 203-204쪽.
84) *Fiftieth Anniversary Celebration Korea Mission, Presbyterian Church, U.S.A.* Seoul, Chosen, 1934, p.80.
85) 위의 책, p.74.
86) 《대한기독교서회 약사》, 대한기독교서회, 1960.
87) 위의 책, 52-54쪽.
88) 전택부, 《한국 기독교청년회 운동사》, 197쪽.
89) 민경배, 앞의 책, 359쪽.
90) 이 책 233쪽 참조.
91) 〈청춘〉 1917년 11월호; 《이광수 전집》 제17권, 삼중당, 23쪽.
92) 전택부, 《한국 기독교청년회 운동사》, 230-231쪽.
93) 전택부, 위의 책, 230-231쪽.
94) 같은 책, 같은 곳.
95) 같은 책, 232쪽.
96) 같은 책, 233, 239쪽.
97) 같은 책, 같은 곳.
98) 같은 책, 같은 곳.
99) 같은 책, 같은 곳.
100) 같은 책, 같은 곳.
101) 백관수는 1916년 YMCA회원 확대운동 때 표창까지 받은 열성 회원이다. 같은 책, 225-227쪽.
102) 김도연은 당시 재일 한국 YMCA 평의원이었다. 같은 책 241쪽.
103) 송계백은 YMCA 영어과 제6회 졸업생이다. 같은 책 같은 곳.
104) 같은 책, 같은 곳.
105) 같은 책, 245쪽. 육당 최남선의 증언 참조.
106) 위 통계는 이 책 비교표 제1, 2 참조.
107) 전택부, 앞의 책, 248쪽.
108) 같은 책, 같은 곳.
109) 같은 책, 246쪽.
110) 같은 책, 251쪽.
111) 같은 책, 249쪽.
112) 같은 책, 같은 곳.
113) 같은 책, 같은 곳.
114) 민경배, 앞의 책, 314쪽.

제3부-2
1) 강우규 의사는 1856년 평남 덕천 태생으로, 어려서 함남 홍원에 이주하여 장로교 전도사가 되

었다. 1917년 북간도로 망명했고, 노인동맹단원으로 있을 때 국내에 잠입하여 거사, 1919년 11
월 29일 서대문 감옥에서 사형에 처해졌다.

2) 1923년 관동대지진 때 일본 정부의 내무대신으로, 그는 이때 양심을 품고 유언비어를 날조하여
수천 명의 무고한 조선인을 학살했다. 최승만, 《2·8독립선언과 관동진재(關東震災)의 실상과
사적(史的) 의의》, 기독교문사, 1984, 99-100쪽.

3) 岡崎清, 《英親王 李垠傳》, 日本 東京, 共榮書房, 1978, 175쪽.

4) 〈동아일보〉 1920년 8월 17일자 기사.

5) 이때 선두에서 활동한 인물은 〈동아일보〉의 장덕준, 경제회의 이풍재(李豊載), YMCA의 신흥우
등이다.

6) 〈동아일보〉 1920년 8월 26일자 기사.

7) 전택부, 《월남 이상재》, 한국신학연구소 출판부, 1977, 184쪽; 《한국 기독교청년회 운동사》,
255-259쪽.

8) 그 취지문은 〈동아일보〉, 〈신동아〉 1972년 1월호 부록, 한국현대명논설집, 36-38쪽.

9) 김양선, 《한국교회사 제2, 개신교사》, 고려대학교 민족문화연구소, 〈한국문화사대계 VI〉, 662쪽.

10) 백철, 《신문학사조사》(5판), 민중서관, 1962, 124-125쪽.

11) 백철, 위의 책, 120쪽.

12) 제1차 조선 공산당의 조직 경로에 대해서는 Dae-Sook Suh, The Korean Communist
Movement, 1918-1948, Princeton University Press, New Jersey, 1967, pp.55-77 참조.

13) 위의 책, pp.55-77.

14) 〈동아일보〉 1924년 4월 26일자 기사. 조선청년총동맹은 1924년 4월 21일, 참가단체 224개,
대표 251명이 모여 창설되었다. 동년 4월 24일 임시대회가 열렸는데, 그때 결의된 13개 문제
는 청년·교양·단체·이류청년(異流青年)·청년운동일·노농(勞農)·부인·동척(東拓)·교육·종
교·반동·형평·타협민족운동 등이다. 김준엽·김창순, 《한국공산주의운동사(2)》(4판), 고려대
학교 출판부, 1973, 136-149쪽.

15) 위의 책, 136-149쪽.

16) 〈동아일보〉 1924년 5월 8일자 기사. 해삼위에서 열린 레닌 탄생기념일 행사 때 레닌과의 대담
내용.

17) 〈동아일보〉 1926년 12월 28일자 기사.

18) 〈동아일보〉 1926년 12월 28일자 기사.

19) 최효섭, "대한기독교교육협회 약사", 《한국기독교교육사》, 대한기독교교육협회, 1974, 249쪽.

20) 김양선, 《한국기독교사연구》(재판), 기독교문사, 1980, 137쪽.

21) 최효섭, 앞의 책, 249쪽. 회장은 오천향(吳天卿), 서기는 변성옥(邊成玉), 총무는 허대전(許大
殿)이었다.

22) 〈동아일보〉 1925년 10월 23일자 기사.

23) 〈동아일보〉 1925년 10월 27일자 기사.

24) 김양선, 앞의 책, 137쪽.

25) 같은 책, 135쪽.

26) 같은 책, 135쪽.

27) 같은 책, 128-129쪽.

28) 전택부, 《한국 기독교청년회 운동사》, 343쪽.

29) 〈동아일보〉 1925년 2월 14일자 기사.

30) 전택부, 《한국 기독교청년회 운동사》, 399쪽.

31) 전택부, 같은 책, 403쪽, 번스(A. C. Bunce)의 증언 참조.

32) 〈동아일보〉 1923년 5월 25일자 기사; 전택부, 같은 책, 289-290쪽 참조. 그리고 하와이의 The
Pan-Pacific Union은 1920년 미 국회의원 시찰단원의 한 사람인 포드(A. H. Ford)가 조직한 것
이다.

33) 전택부 같은 책, 290-291쪽.

34) 같은 책, 같은 곳. 이때 한국 대표는 〈동아일보〉의 김동성.

35) 같은 책, 292쪽. 이때 한국 대표는 김윤수 · 이정범.

36) 같은 책, 293쪽. 이때 한국 대표는 신흥우 · 김양수 · 송진우 · 유억겸 · 백관수 · 김동철 · 윤활란 등이며, 서재필은 미국 대표로 왔다가 한국 측에 가세했다.

37) 같은 책, 281-287쪽.

38) 본명이 The Epworth League인 엡윗청년회는 1889년 미국 오하이오주 클리브랜드 감리교회에서 발족되어, 한국에는 1897년 5월 5일 정동감리교회에서 첫 출발을 보게 되었다(김주병, 《감리교 청년운동지침》, 18쪽).

39) 이성삼, 《한국감리교회사 I》, 대한감리교회교육국, 1975, 257-258쪽; 민경배, 《한국기독교회사》(개정판), 대한기독교출판사, 1982, 228쪽.

40) 본명이 The Young People's Society of Christian Endeavor인 면려청년회는 1881년 미국 포트랜드시 회중교회 목사 클라크(F. E. Clark)가 창설했다. 한국에서는 1916년부터 새문안교회 · 선천북교회 등에서 단순히 면려회란 명칭으로 발족되었다(김양선, 앞의 책, 133쪽).

41) 〈조선 예수교장로회 총회 제10회 회록〉(1921. 9. 10), 56쪽.

42) Harry A. Rhodes, *History of the Korea Mission, Presbyterian Church, USA*, 1884-1934, pp.528-529.

43) 김양선, 앞의 책, 134쪽.

44) 본명이 Young Women's Christian Association인 이 여성단체는 1885년 영국 런던에서 발족되었다.

45) 김현자, "기독교여성운동사", 《한국기독교교육사》, 1974, 140쪽.

46) 〈제6회 조선기독교청년회 연합회 정기대회 회록〉(1929), 6쪽.

47) 〈조선예수교장로회 총회 제8회 회록〉(1919. 10), 12쪽과 57쪽.

48) 김양선, 앞의 책, 162쪽.

49) 양주삼, 《조선남감리교회 30년기념보》, 조선남감리교회 전도국, 1930. 140-141쪽.

50) 양주삼, 위의 책, 142쪽.

51) 같은 책, 144-145쪽.

52) 같은 책, 147쪽.

53) 성명서에 서명 날인한 위원 명단은 아래와 같다.
① 미 감리교회 총회 대표: 웰치(Bishop H. Welch) 감독, 니콜슨(Bishop T. Nicholson) 감독, 쇼(Dr. W. E. Shaw) 박사, 서들랜드(Dr. G. F. Shuthland) 박사, 에밴 부인(Mrs. J. M. Avann)
② 남감리교회 총회 대표: 커언(Bishop P. B. Kern) 감독, 크램(Bishop W. G. Cram) 감독, 무어 박사(Dr. J. W. Moore), 매딘 박사(Dr. P. D. Madin), 하웰 부인(Mrs. M. K. Howell).
③ 미 감리교회 조선연회 대표: 신흥우, 변성옥, 오기선, 노보을(W. A. Noble, 魯普乙), 김종우.
④ 남감리교회 조선연회 대표: 양주삼, 윤치호, 정춘수, 위임세(C. N. Weems, 魏任世), 왕래(Miss. Wagner. E, 王來)
⑤ 미 감리회 조선 주재 감독: 베이커(Bishop James C. Baker).
⑥ 남감리회 조선 주재 감독: 커언(Bishop Paul B. Kern).

54) 이 책 243쪽 참조.

55) Ruth Rouse and S. C. Neil, *A History of the Ecumenical Movement*, S. P. C. K. London, 1967, p.363.

56) 〈조선예수교장로회 총회 제14회 회록〉(1925), 42-43쪽. 남북감리교 대표에 포함되어 있기 때문에 생략되었다.

57) 〈조선예수교연합공의회 제4회 회록〉(1927. 9), 연혁(1쪽).

58) Hans Ruedi Weber, *Asia and the Ecumenical Movement, 1865-1961*, pp.155- 156.

59) 이는 1929년 9월 14일 조직된 Mission Agriculturist Association으로 더욱 활성화되었다. 전택부, 《한국 기독교청년회 운동사》, 393쪽.

60) 〈조선예수교연합공의회 제7회 회록〉(1930) 15쪽; 전택부, 위의 책, 127-132쪽.

61) 전택부,《한국 에큐메니칼 운동사》, 139-141쪽.

62) 김양선,《한국문화사대계》VI. 629-630쪽.

63) 전병호, "최태용의 생애와 사상",〈천래지성(天來之聲)〉No. 14, 성서교재간행사, 1983, 37쪽
    참조.〈천래지성〉은 1925년 6월 10일 창간된 월간 개인지.

64) 같은 책, 47쪽(〈개벽〉1925년 11월호), 반기독교운동에 대한 것은 이 책 265쪽 참조.

65)〈개벽〉1925년 11월호, 71쪽.

66) 채훈(蔡壎),《1920년대의 한국 작가 연구》, 일지사, 1978, 39-40쪽.

67)〈조선 예수교장로회 총회 제8회 회록〉(1919), 9쪽.

68) 전택부,《한국 에큐메니칼 운동사》, 98-99쪽 참조. Conference of Representation Christian
    Leaders of Korea, With Dr. John R. Mott, Seoul, December 28-29, 1925. 여기 모인 사람은
    한국인 30명, 선교사 35명이다.

69) 위의 책, 100쪽.

70) 같은 책, 같은 곳.

71) 같은 책, 같은 곳.

72) 같은 책, 101쪽.

73) 채필근,《한국기독교 개척자, 한석진 목사와 그 시대》, 대한기독교서회, 1971, 229쪽.

74) 전택부,《토박이 신앙산맥》제1권, 194쪽.

75) 전계은 목사가 시무하던 문천교회에서 최태용·백남용 등을 강사로 초청하여 1931년 11월
    22일 사경회를 연 자리에서 백남용이 "그리스도의 십자가를 본받아 우리도 하루하루가 십자
    가의 길이어야 하며, 그리스도를 통하지 않고서는 구원받을 길이 없다"는 말에 반론을 제기하
    여 큰 물의를 일으켰으며, "북선(北鮮)의 영계(靈界)의 웅자(雄者)" 또는 "북선의 성웅(聖雄)"
    이란 칭호를 받던 전계은 목사와 그의 제자들 사이에 열띤 논쟁이 있었다. 전병호, 위의 책, 79
    쪽 참조. 그리고 그 집회에 참석했던 박임하(朴林夏) 장로의 증언(1975년 8월 면담).

76)〈조선 예수교장로회 총회 제21회 회록〉(1932), 31-32쪽.

77)〈제5회 조선기독교청년회연합회 정기대회 회록〉(1926), 5-6쪽.

78) 김교신은 1901년 함남 함흥 출신으로, 1918년 함흥농교를 거쳐 일본에 건너가 1927년 도쿄고
    등사범 박물과를 졸업했다. 12년간〈성서조선〉을 속간했으며, 1942년 "조와(吊蛙): 개구리의
    죽음을 슬퍼함"이란 글로 말미암은 필화사건으로 피검되었으며, 1945년 4월 25일 작고했다.

79) 민경배, 앞의 책, 363쪽 참조. 그는 기성 교회 교적이 없어서 교회의 정식 징계는 받지 않았다.

80)《기독교대백과사전 3》, 기독교문사, 166쪽.

81) 최태용은 1897년 11월 25일 함남 영흥 태생으로, 1916년 수원농림학교(그 뒤 수원고농水原高
    農, 현 서울대학교 농과대학)를 졸업했다. 1919년 연희전문 조교수로 있다가 도일(渡日), 1932
    년 메이지(明治)학원 신학부 졸업. 1950년 9월 11일 공산군에게 체포·피살되었다.

82) 최태용,〈천래지성〉1925년 6월 10일 창간호의 발간 기도 내용.

83) 최태용, 위의 책, 같은 곳, 맨 나중 "조선아 들으라"는 글의 한 구절.

84) 전병호, 앞의 책, 58쪽.

85) 최태용, "신학상으로 본 조신교회",〈영과 진리〉93호(1936. 12); 민경배, 앞의 책, 367쪽.

86) 최태용, "나의 확신",〈영과 진리〉74호(1935. 5).

87) 신흥우는 1883년 3월 26일(음) 충청북도 청원 태생으로, 배재학당을 거쳐 1903년 미국 남가
    주대학에 입학하여 8년 만인 1911년 귀국했다. 1959년 3월 15일 작고.

88) 전택부,《인간 신흥우》, 225쪽.

89) 전택부, 위의 책, 222-223쪽.

90) 민경배, 앞의 책, 377-378쪽.

91) 이에 대해서는 전택부,《인간 신흥우》, 249-259쪽 참조.

92)〈조선 예수교장로회 총회 회록〉(1935. 9), 18, 54쪽.

93) 이에 대하여 김우현 목사는 1983년 12월 필자와의 면담에서 장로교의 분열 책임은 박용희 목
    사가 많이 져야 한다고 증언했다.

94) 이용도는 1901년 4월 6일 황해도 태생으로, 1928년 협성신학을 졸업했다. 1933년 10월 2일 작고.

95) 《기독교대백과사전 3》, 153쪽.

96) 송길섭, 《일제하 감리교회 3대 성좌》, 성광문화사, 1982, 238쪽.

97) 송길섭, 위의 책, 236쪽.

98) 같은 책, 237쪽.

99) 같은 책, 236-240쪽.

100) 민경배, 앞의 책, 388쪽 참조.

101) 백남주는 1902년 함남 갑산군 출생으로, 1930년 평양신학교를 졸업했고, 1949년 봄 공주에서 작고했다.

102) 필자도 원산 지방에서 스베덴보리 연구에 심취했으며, 《새 생명의 길》(신생명의 도)을 애독했다.

103) 민경배, 앞의 책, 371쪽.

104) 이성삼, 《한국감리교회사》, 대한감리회 교육국, 1980, 90쪽.

105) 이성삼, 위의 책, 91쪽.

106) 민경배, 앞의 책, 372-373쪽.

107) 안수훈, 《한국성결교회 성장사》, 기독교 미주 성결교회 출판부, 1981, 165쪽.

108) 민경배, 앞의 책, 378쪽.

109) 이 책 207쪽 참조.

110) 민경배, 앞의 책, 350쪽.

111) 새벽기도회의 효시는 1906년 처음 시작한 그의 새벽기도회로 잡고 있다. 김인서, 《한국 교회 순교사와 그의 설교집》, 부산, 신앙생활사, 1962, 74-75쪽; 민경배, 앞의 책, 351쪽.

112) 〈영계선생소전(靈溪先生小傳)〉, 《김인서 저작 전집 V》, 67쪽; 민경배, 앞의 책, 351쪽.

113) 민경배, 위의 책, 352쪽.

114) 《기독교대백과사전 3》, 153쪽.

115) 1956년 2월 육당 최남선과 본인의 면담 중, 그는 본인에게 "당시 천도교 신도 수는 3백만을 과시하고, 기독교 신도 수는 불과 30만 정도였지만, 교회당 수나 의식화된 민중 세력은 천도교보다 훨씬 우세했고, 더욱이 길선주 목사의 인기는 대단한 것이었다"라고 말한 바 있다.

116) 《기독교대백과사전 3》, 271쪽.

117) 민경배, 앞의 책, 354쪽.

118) "사립 숭덕(崇德)학교를 위한 기금 마련을 위한 부흥회 광경", 〈동아일보〉 1920년 7월 3일자; 민경배, 앞의 책, 354쪽.

119) 《기독교대백과사전 3》, 271쪽.

120) 위의 책, 같은 곳.

121) 같은 책, 같은 곳.

122) 옹암리는 본래 장봉도 안의 한 동리였지만 현재는 옹진군 북도면에 속해 있다. 이에 대해서는 전택부, "토박이 신앙산맥-강화와 기독교", 〈교회연합신보〉 1981년 8월부터 1982년 6월까지 32회에 걸친 연재 참조.

123) 마리산을 지금 한자로는 '摩尼山'으로 쓰지만 본래는 '摩利山'으로 표기했던 것을 《동국여지승람》 간행 시 고친 것이다. 이에 대해서는 전택부, 위의 자료 참조.

124) 이 기사는 본인이 "토박이 신앙산맥-강화와 기독교"를 쓸 때 발견한 "마리산 부흥회 일기"에 준한 것이다. 이 부흥회 일기는 "부흥회 일기 第二次 抄셔"라는 제호 아래, "주강생(主降生) 1915년 9월 10일에 장봉 옹암교회의셔 부흥회를 여러 15일에 폐회되엿으니 그 부흥된 스실은 좌와여흠"이란 설명이 붙어 기록된 것이다.

125) "토박이 신앙산맥-강화와 기독교" 제19회(〈교회연합신보〉 1982. 2. 28)

126) "토박이 신앙산맥-강화와 기독교" 제10회(〈교회연합신보〉 1981. 10. 25)

127) "토박이 신앙산맥-강화와 기독교" 제11회.

128) 강화도 초대교회 지도자들 중에는 '일(一)' 자를 달아 이름을 가진 김경일(金敬一)·박능일

(朴能一) · 김봉일(金奉一) · 권신일(權信一) · 정천일(鄭天一) 등이 있고, 방합신(方合信) · 방
도신(方道信) · 방족신(方足信) · 황초신(黃初信) · 안낙신(安樂信) 등, 일(一) 자와 신(信) 자를
달아 새 이름을 가진 경우를 얼마든지 볼 수 있다. "토박이 신앙산맥-강화와 기독교" 제25,
26회 참조.
129) "토박이 신앙산맥-강화와 기독교" 제11-13회 참조.
130) "토박이 신앙산맥-강화와 기독교" 제9회 참조. 그중 통계표만 재록한다.

(1) 강화도 교세 현황(1980년말 현재)

종별	동지방	서지방	합계
교회 수(개)	41	42	83
교인 수(명)	6,818	7115	13,933
교역자 수(명)	42	41	83
1년 예산9원)	258,840,701	258,142,610	516,983,311

(2) 전국 인구와 개신교인 수 대비(1979년 현재)

종별	전국 인구	개신교 총 교인	장로교인	감리교인
인구(명)	34,706,620	4,867,658	2,798,191	721,168
비례(%)	100	0.14	0.08	0.02

(기타 교파는 제외)

(3) 강화도 인구와 감리교인 수 대비(1980년말 현재)

종별	강화도 인구	강화도 감리교인 수	비례
인구(명)	90,859	13,933	0.15

(4) 교인당 평균 연보액

종별	1년 연보액(원)	교인 수(명)	교인 1인당 연보액(원)
개신교	134,162,389,796	4,867,658	27,560
감리교	20,255,540,970	721,168	28,100
강화 감리교	516,983,311	13,933	37,100

131) 〈동아일보〉 1925년 10월 23일자 기사.
132) 〈동아일보〉 1925년 10월 23-28일 기사 내용의 종합.
133) 이광수, "금일 조선야소교회의 결점", 〈청춘〉 1917년 11월호.
134) 이 책 282-283쪽 참조.
135) Conference of Representation Christian Leaders of Korea With Dr. John R. Mott, Seoul,
     Dec. 28-29, 1925; 전택부, 《한국 에큐메니칼 운동사》, 98-100쪽.
136) 조선청년총동맹은 우익 계열인 조선청년회연합회에서 갈라져 나온 서울청년회의 좌익 계열
     뿐만 아니라 무산청년회 · 북성회(北星會) · 토요회 · 신흥청년단 · 신흥청년동맹 등 공산계열
     의 많은 세포 단체들이 합류되어 조직된 단체다.
137) 〈동아일보〉 1924년 4월 26일자 기사 참조. 조선청년총동맹은 한국 좌익청년운동의 실질적인
     영도세력이었다. 김준엽 · 김창순 공저, 《한국공산주의운동사》 제2권(4판), 고려대학교 출판
     부, 1973, 146쪽 참조.
138) 당시 주일학교대회 총무의 한 사람이던 한석원(또 한 분은 정인과) 목사는 그들의 빈번한 친
     선방문과 초대를 받으면서 아주 가깝게 지냈다고 했다. 1982년 2월초 필자가 한석원 목사를
     인천 주안 자택으로 찾아가 당시 상황을 물었을 때 필자에게 말한 사실.
139) 〈동아일보〉 1925년 10월 27일자 기사. 이때 반기독교 대강연회는 불법집회로 저지되었고,

주일학교대회는 합법집회로 허가되었기 때문에 피차 미묘한 해석이 엇갈렸다.

140) 〈동아일보〉 1926년 12월 18일자 기사.

141) 〈동아일보〉 1926년 12월 18일자 기사.

142) 〈개벽〉 1925년 11월호, 73쪽.

143) 위의 잡지, 72쪽.

144) 같은 잡지, 71쪽.

145) 전병호, 앞의 책, 40쪽.

146) *Within the Gate*, p.2.

147) 위의 책, 3쪽; Fiftieth Anniversary Celebration, Korea Mission, Presbyterian Church, U. S. A., 1934, p.24 참조.

148) *Within the Gate*, p.1.

149) 유동식, 《한국신학의 광맥》, 전망사, 1982, 133쪽.

150) 세 가지 저서란 백낙준, The History of Protestant Mission in Korea, 1832-1910; 박형룡, 《기독교근대신학 난제선평(選評)》(1935); 정경옥, 《기독교 신학개론》(1939)을 대표적인 것으로 들 수 있다.

제3부-3

1) 〈조선기독교연합공의회 제13회 회의록〉(1936), 15-16쪽.

2) 〈청년〉 1938년 7월호, 18-19쪽.

3) 흥업구락부는 1921년 신흥우가 범태평양교육대회 한국 대표로 하와이에 갔다가 이승만을 만나 동지회의 국내 지하조직으로 만든 것이다. 초대 회장은 이상재, 2대 회장은 윤치호이며, 주요 회원은 신흥우, 유억겸, 유성준, 장두현, 정춘수, 신흥식, 신석구, 구자옥, 최두선, 김윤수, 김동성, 이관구 등 30여 명이다. 전택부, 《인간 신흥우》, 243쪽.

4) 奈良常五郞, 《日本YMCA史》, 日本YMCA同盟, 1959, 18-19쪽.

5) 10월 14일 모인 제1회 위원회에서는 새 회칙에 따라 회장에 윤치호, 부회장에 니와 세이지로 (丹羽淸次郞), 회계위원에 하세베(長谷部嚴), 기록위원에 구자옥, 총무에 가사다니 호타로(笠谷保太郞), 명예 총무에 반하트(B. P. Barnhart) 등을 선출했다.

6) 김창제, "추야유감(秋夜有感)", 〈청년〉(1939. 11) 5쪽.

7) 이효재, 《한국YWCA 반백 년》, 1976, 80-81쪽.

8) W. N. Blair, *Gold in Korea*, p.98.

9) 이영헌, 《한국기독교사》(재판), 컨콜디아사, 1980, 203쪽.

10) 이영헌, 위의 책, 203쪽.

11) 이영헌, 같은 책, 203쪽. 민경배는 경관 97명이 193명 총대 사이사이에 끼어 앉았다고 했다. 민경배, 《한국기독교회사》(개정판), 대한기독교출판사, 1982, 430쪽.

12) 〈제27회 조선예수교장로회 총회록〉(1938), 9쪽.

13) 김양선, 《한국기독교사연구》(재판), 1980, 189-190쪽.

14) 〈기독교조선감리회 제3회 총회록〉(1938), 68쪽. 이 총회에는 미나미 총독까지 나와서 축사를 했다.

15) 〈기독교조선감리회 제2회 총회록〉(1934), 67쪽.

16) 심명섭, 〈기독교조선감리교단 제1회 총회록〉(1941), 49쪽.

17) 심명섭, 위의 자료, 76쪽. 이 특별 총회에는 총독부 경무국 고급 관리가 참석했으며, 교단 규칙은 미리 일본에서 작성되어 온 것을 전격적으로 통과시켰다. 이성삼, 위의 책, 198쪽.

18) 한국기독교교회협의회 편, 《기독교연감》(1976), 99쪽.

19) 장형일, 《한국구세군사》, 구세군대한본영, 1975, 145쪽.

20) 장형일, 위의 책, 152쪽.

21) 이재정, 《한국성공회사 개관》, 대한성공회 출판부, 1980, 38쪽.

22) 이재정, 위의 책, 38쪽.

23) 안수훈《한국성결교회 성장사》, 기독교미주성결교회 출판부, 1981, 176-177쪽.

24) 임종국, "일제말의 친일 군상", 월간 《대화》(1977. 8) 188쪽.

25) 서명원, 《한국교회성장사》(5판), 대한기독교서회, 1979, 89쪽.

26) 서명원, 위의 책, 89쪽.

27) 민경배, 앞의 책, 441-443쪽.

28) 이영헌, 앞의 책, 204쪽.

29) 〈동양지광(東洋之光)〉(1942년 2월 창간호) 74쪽. 〈동양지광〉은 1939년 1월 박희도가 창간한 월
간 잡지로, 조선어 사용이 전폐된 후 최초로 나온 친일잡지다.

30) "조향록의 목사 반세기"-33회.〈크리스챤신문〉 1971년 2월 20일자.

31) 위의 자료. 필자는 이 글에서 전 모, 이 모 등 이름 밝히기를 삼갔다.

32) 위의 자료.

33) 위의 자료. 여기서 '경기노회'는 '경성노회'의 잘못일 것이다.

34) "조향록의 목사 반세기"-34회.〈크리스챤신문〉 1971년 3월 6일자.

35) 이영헌, 앞의 책, 205쪽.

36) 이영헌, 위의 책, 205쪽. 이성삼은 신정 찬송가에서 전부 삭제당한 것이 21개 장, 부분적으로 삭
제당한 것이 10개 장이었다고 했다. 그리고 '구주'를 '주님'으로, '대왕'을 '주님'으로, '만왕의
왕'을 '구원의 주' 등으로 가사를 고친 것이 49개나 있다고 했다. 이성삼, 앞의 책, 277-278쪽.

37) 민경배, 앞의 책, 446쪽(G. Fitch, What happen to the Korean Church, *The Christian Century*,
Vol. 62, No. 39, p.1093).

38) 이영헌, 앞의 책, 205쪽.

39) 유동식, 《민속종교와 한국문화》, 현대사상사, 1978, 189쪽.

40) 이영헌, 앞의 책, 198쪽.

41) 이 탈바꿈을 위해 일본 정부는 1900년 신도국(神道局)과 종교국을 분리했고, 13년 후에는 종
교는 문부성에서, 신도(神道)는 내무성에서 관장케 했다. 이영헌, 같은 책, 198쪽.

42) 《施政二十五年史》, 朝鮮總督府, 昭和10年(1936), 474-475쪽.

43) 위의 책, 291쪽.

44) 같은 책, 475쪽.

45) 김성식, "다시 보는 태극기", 《한국현대사 5》, 신구문화사, 1969, 463쪽.

46) 민경배, 앞의 책, 426쪽; 〈기독신보(基督申報)〉 1932년 12월 4일자.

47) 민경배, 앞의 책, 426쪽.

48) 이영헌, 앞의 책, 201쪽.

49) 같은 책, 같은 곳.

50) 같은 책, 같은 곳.

51) 민경배, 앞의 책, 427쪽.

52) 김양선, 《한국기독교사연구》(재판), 기독교문사, 1980, 183쪽.

53) 김양선, 위의 책, 190쪽. 그때 학생은 장홍민(張弘珉), 동 노회장은 김일선 목사였으며, 박형룡
교수 등이 검속·투옥되었다.

54) 이성삼, 앞의 책, 290쪽.

55) 같은 책, 같은 곳.

56) 김갑수, 《한국침례교인물사》, 시와 시론사, 1981, 63쪽. 김영관 목사의 두 형은 1932년 공산당
에 의하여 순교했다.

57) 안수훈, 앞의 책, 176-177쪽.

58) 김양선, 앞의 책, 195쪽.

59) 김충남, 《순교자 주기철 목사의 생애》(3판), 백합출판사, 1972, 186쪽.

60) 김충남, 위의 책, 187쪽.

61) 같은 책, 208쪽, 266쪽; 〈신앙생활〉 1951년 9월호 12쪽.

62) 이기선(李基宣) 예심종결서(豫審終結書); 김양선, 앞의 책, 195-196쪽.
63) 김양선, 위의 책.
64) 같은 책, 198-199쪽.
65) 민경배, 앞의 책, 434-435쪽.
66) "조향록의 목사 반세기"-34회. 〈크리스챤신문〉 1971년 3월 6일자.
67) 위의 자료. 이 개학 통지서는 조선신학원 측에서는 임시 원장 김재준 목사 명의로, 혁신교단 측에서는 윤인구 목사 명의로 각각 발송되었다.
68) 전택부,《한국 에큐메니칼 운동사》, 233쪽.
69) 문정창,《군국일본조선강점 36년사》중권, 서울 백문당, 1966, 550쪽; 민경배, 앞의 책, 451쪽.

제4부-1

1) 김양선,《한국기독교해방 10년사》, 대한예수교장로회총회 종교교육부, 1956, 29-30쪽(용재 백낙준 박사 서문에서).
2) 오세아(O'Shea)는 1884년 미국 뉴욕 출생. 1917년 미국 메리놀 외방전교회 신부로 서품된 뒤 몇몇 전교지역에서 활동하다 곧 메리놀회 본부 총장 비서로 10여 년간 봉직했다. 1938년 6월 일본 쿄오도교구에 부임하여 잠시 재직했으며, 한국 천주교회에 대해서는 생소한 채 평양교구장에 임명되었다. 1939년 10월 29일 주교로 축성되었고, 평양교구의 교황 대리 주교로 사목했다. 1941년 일제에 의해 구금되어, 이듬해 본국으로 추방되었다.
3) Father Joseph Chung-Mun Kim, Catechist John Jae-sun Chung(ed.), *Catholic Korea Yesterday and Today*, 1964, Catholic Korea Publishing Co. Seoul, Korea, p.324.
4) 1883년 프랑스 출생. 파리 외방전교회 신학교를 마치고 사제 서품을 받았다. 서울 교구 뮈텔 교구장 당시 부교구장으로 봉직하다 1933년 뮈텔 주교 별세 이후 뒤를 이었다. 일제 말기인 1942년 1월 서울교구장 자리에서 강제로 물러났고, 해방 후인 1948년 5월 8일 대전교구 분립과 함께 초대 교구장이 되었다. 1965년 현직에서 은퇴하여 귀국했다.
5) 1876년 프랑스 성 람벨 출생. 파리 외방전교회 신학교를 마치고 사제 서품을 받았다. 1901년 제주도 전교 신부로 부임했으며 1902년 마산, 1907년 대구로 옮겨 각각 사목했고, 1939년 대구교구장에 착좌했다. 1942년 일제에 의해 강제 사임, 추방되었다. 해방 후 다시 내한하여 대구교구에서 활동했다.
6) Chung-Mun Kim, 앞의 책, p.324.
7) 유홍렬,《한국천주교회사》하권, 가톨릭출판사, 1975, 439-440쪽.
8) 1935년 9월 9일 로마에서 교황 비오 11세에 의해 대주교 성성식을 받았고, 2차 대전을 전후해서는 루즈벨트 대통령 특사 자격으로 세계 각국을 순방하며 평화 노력에 심혈을 기울였다. 태평양 전쟁 때는 군종 신부 총괄 직책을 수행했다. 그 뒤 추기경으로 서임되었다.
9) 유홍렬, 앞의 책, 442쪽.
10) 같은 책, 443쪽.
11) 라이안(Thomas Ryan, 羅) 신부 외 성 콜롬바노회 신부 10여 명.
12) 1910년 창간된 주간지. 1945년 7월 휴간되었다가 1946년 8월 월간으로 복간되었다. 6·25전란 당시 다시 휴간되고 1953년 7월 복간되어 현재도 발행되고 있다.
13) 1906년 창간. 1910년 부록 "보감"을 〈경향잡지〉로 발전시키고 폐간되었다가 1946년 10월 재창간되었다. 자유당 말기인 1957년 1월 정부 비판 사설 때문에 시비의 대상이 되어 폐간되었으며, 1963년 천주교계에서 분리되어 현재에 이르렀다.
14) 1933년 6월 10일 대구교구의 〈천주교 회보〉와 서울교구의 〈별〉을 합하여 창간되고, 1936년 12월(통권 43호) 폐간되었다가 1947년 4월 복간되었다. 6·25사변 때 다시 중단되었다가 1955년 1월 재복간되고 1971년 9월부터는 제호를 〈창조〉로 변경, 간행하고 있다.
15) 1888년 독일 출생. 성 베네딕트회에서 사제로 서품되고 만주지역 전교 신부가 되었다가 1929년 연길 교구가 독립될 때 초대 교구장에 임명되었다. 1937년 주교로 승품되고 1946년 5월 20

일 소련군에게 검속되었다가 본국으로 추방되었다.

16) 1877년 독일 훌타 출생. 1903년 성 베네딕트회에서 사제 서품. 1909년 내한하여, 1913년 혜화동 대수도원장, 1920년 초대 원산교구장, 그 뒤 덕원수도원장을 지냈다. 1949년 5월 8일 공산당에 피체되고 1950년 2월 7일 옥사, 순교했다.

17) Chung-Mun Kim, Jae-Sun Chung(ed.), 앞의 책, p.460.

18) 홍용호·김필현·최환준 신부, 강유선 전교회장, 한윤승·박용옥·서운석·이재호·장두봉·석원섭·홍건환·홍도근 신부(이상 6·25 이전 체포), 이순성·양덕환·이여구·박우철·서기창·김경문·김덕표(이상 6·25 이후 피체됨).

19) Chung-Mun Kim Jae-Sun Chung(ed.), 앞의 책, p.344.

20) 1888년 미국 워싱턴 출생, 1915년 사제 서품. 1923년 메리놀회 선교사로 내한하여 1927년 평양교구 초대 교구장, 1929년 메리놀회 부총장, 1947년 8월 초대 한국 주재 교황사절 등을 지냈다. 1949년 주교 서품. 6·25 때 공산군에 피체되어 납북, 포로생활 중 1950년 11월 25일 순교했다.

21) 유홍렬, 위의 책, 448쪽.

22) 같은 책, 450쪽.

23) 김양선, 앞의 책, 44쪽.

24) 같은 책, 45쪽.

25) 1. 교회 지도자(목사 및 장로)들은 모두 신사에 참배했으니 권징(勸懲)의 길을 취하여 통회 정화한 후 교역에 나아갈 것. 2. 권징은 자책 혹은 자숙의 방법으로 하되 목사는 최소한 2개월간 휴직하고 통회 자복할 것. 3. 목사와 장로의 휴직 중에는 집사나 평신도가 예배를 인도할 것. 4. 교회 재건의 기본원칙을 전한(全韓) 각 노회 또는 지교회에 전달하여 일제히 실행케 할 것. 5. 교역자 양성을 위한 신학교를 복구·재건할 것.

26) 최종규,《한국 기독교 재건운동사》, 부산재건교회 출판부, 1955, 32쪽.

27) 최훈,《한국교회박해사》, 예수교문서선교회, 1979, 74쪽.

28) 민경배,《한국기독교회사》(개정판), 대한기독교출판사, 1982, 453쪽.

29) 민경배, 위의 책, 454쪽.

30) 평동(平東)·평북·용천(龍川)·의산(義山)·산서(山西)·삼산(三山) 노회.

31) 김양선, 앞의 책, 46쪽.

32) 같은 책, 같은 곳.

33) 황해·황동·평양·안주·평서·평북·삼산·용천·의산·산서·함북·함종·함남노회 등등.

34) 1. 북한 5도연합노회는 남북통일이 완성될 때까지 총회를 대행할 수 있는 잠정적 협의기관으로 한다. 2. 총회 헌법은 개정 이전 헌법을 사용하되 남북통일 총회가 열릴 때까지 그대로 둔다. 3. 전교회는 신사 참배의 죄과를 통회하고 교직자는 2개월간 근신할 것. 4. 신학교는 연합노회 직영으로 한다. 5. 조국의 기독교화를 목표로 독립기념 전도회를 조직하여 전도 교화운동을 대대적으로 전개한다. 6. 북한 교회를 대표한 사절단을 파견하여 연합국 사령관에게 감사의 뜻을 표하기로 하다.

35) 김양선, 앞의 책, 48-49쪽.

36) 민경배,〈한국 교회 해방 25년사〉(《한국 기독교 선교 100주년 기념 한국설교대전집》, 성서교재간행사, 1979, 부록, 528쪽).

37) 1945년 9월초 윤하영(신의주 제1교회 목사), 한경직(신의주 제2교회 목사)을 중심으로 조직된 한국 최초의 정당. 기독교 정신에 입각하여 사회 개량과 민주주의 정부 수립을 표방했다. 각 지역 교회를 중심으로 조직활동이 활발했으나, 1945년 11월 23일 신의주 학생의거로 당 간부들이 총검거되면서 폐쇄되었다.

38) 1947년 11월 19일 창당 예정이던 기독교 정당. 1945년 11월초 김화식(평양 장대현교회 목사)은 정주 옥호동 약수터에서 몇몇 동지들과 강력한 민주정당의 정강을 작성했다. 김관주·황봉찬·우경천 등과 함께 고한규 장로를 당수로 추대하는 등 준비를 서둘렀으나 창당 하루 전 모두 검거·처형되거나 행방불명되었다.

39) 1945년 11월 16일 기독교 사회민주당 용암포 조직대회 석상에서 공산분자들에 대한 무력 난동(홍석황 장로 피살, 장원봉 집사 등 중상)을 발단으로 신의주 시내 각급학교의 우익 학생 약 5천 명이 궐기했다. 소련군은 이를 무력 진압하여 50여 명의 어린 학생들이 죽거나 부상했고 80여 명이 검거되었다. 이를 이유로 사회민주당 간부들도 검속되고 그 조직은 해체되었다.

40) 김양선, 앞의 책, 65-67쪽.

41) 〈결의문〉. 북한의 2천 교회와 30만 기독교도들은 신앙의 수호와 발전을 위하여 다음 5조항의 교회 행정 원칙과 신앙생활의 규범을 결정 실시 중에 있사온바 자(玆)에 귀 위원회의 적극적인 협조를 바라 마지않는 바입니다. 1. 성수주일(聖守主日)을 생명으로 하는 교회는 주일에는 예배 이외의 여하한 행사도 참가하지 않는다. 2. 정치와 종교는 이를 엄격히 구분한다. 3. 교회당의 신성을 확보하는 것은 교회의 당연한 의무요 권리이다. 예배당은 예배 외에는 여하한 경우도 이를 사용함을 금지한다. 4. 현직 교역자로서 정계(政界)에 종사한 경우에는 교직을 사면해야 한다. 5. 교회는 신앙과 집회의 자유를 확보한다.

42) 1. 우리는 김일성 정부를 절대 지지한다. 2. 우리는 남한 정권을 인정하지 않는다. 3. 교회는 민중의 지도자가 될 것을 공약한다. 4. 그러므로 교회는 선거에 솔선 참가한다.

43) 총회장 김익두, 부총회장 김응순(金應珣), 서기 조택수(趙澤洙).

44) 김진수 회장 이하 김인준 · 김철훈 · 이유택 · 허천기 · 김길수 등.

45) 1946년 9월 송정근 · 배덕영 · 박대선 등에 의해 평양시 수옥리 334번지에 설립된 신학교. 서부연회 소속으로 운영되었고, 예과 2년 · 본과 3년의 학제로 1949년 제1회 졸업생(20명), 1950년에 제2회 졸업생을 배출했으나 공산당에 의해 해체되었다. 이 학교 관련자들(교수 · 졸업생) 중 월남한 인사들이 이후 한국 감리교단 내 한 세력이던 성화파를 형성한 바 있다.

46) 김철훈(산정현교회), 이유택(신현교회), 장성도(고정교회), 문진규(장대현교회), 김길수(신암교회) 등 연합노회 중심인물.

47) 정일선(산정현교회), 백성덕(명촌교회), 계창주(창광산교회), 김용진(신흥리교회) 등이다. 이들 중 계창주 · 김용진 두 목사는 6 · 25 때 월남하여 남한에서 교역에 종사했다.

48) 김양선, 앞의 책, 68-70쪽; 민경배, 《한국기독교회사》, 1982, 455쪽; 이영헌, 《한국기독교사》, 컨콜디아사, 1978, 234쪽; 김성준, 《한국기독교사》, 한국 교회교육연구원, 1980, 188-189쪽.

49) 김양선, 위의 책, 50쪽. 교회 청년들의 하나의 교회운동에 대해서는 전택부, 《한국 에큐메니칼 운동사》, 218쪽 참조.

50) 민경배, 〈한국 교회 해방 25년사〉, 530쪽.

51) 배은희 목사는 일제의 강압으로 1943년에 이미 교회를 사면했고 해방 이후에도 정치 일선에서 활약, 6 · 25 이후에는 자유당 국회의원으로 재직했다. 함태영 목사도 당시 목회 일선에서는 물러나 있었으며, 이후 한국신학대학장을 거쳐 1952년 제3대 부통령에 당선된 바 있다.

52) 1. 헌법은 남북이 통일될 때까지 개정하지 않고 그대로 사용한다. 2. 제27회 총회가 범과(犯過)한 신사참배 결의는 이를 취소한다. 3. 조선신학교를 남부총회 직영 신학교로 한다. 4. 여자 장로직 인정 문제는 남북통일 총회 시까지 보류한다.

53) 총회원 3분의 2 이상 찬성을 얻어야 헌법 개정이 가능하다는 법적 제약 외에도 동참치 못한 북한 교회에 대한 적절한 예우로 볼 수 있다.

54) 1938년 제27회 장로회 총회 때 가결된 신사참배안은 진행상 문제가 있는 불법 결의(의장이 회중에게 '부좀'를 묻지 않음)였으나 그 후 정식 결의 이상으로 실효된 것을 감안하여 취소를 결의한 것으로 보인다. 그러나 과오에 대한 진정한 통회가 부족한 것을 이유로 이후 제34회 총회는 신사참배 결의를 재취소하고 신사참배 결의에 해당하는 주일을 통회자복일로 정한 바 있다. 또한 1954년 제38회 총회는 출옥성도 이원영 목사의 총회장 취임을 계기로 신사참배 결의를 재삼 취소한 바 있다. 그러나 이는 총회가 신사참배의 과오를 진정으로 뉘우치지 못했다는 반증이기도 하며, 일부 교권자들의 자기 명예를 위한 의도도 있음을 부인할 길 없다.

55) 남부총회의 이 결의는 이후 신학사상의 문제, 총회 내 직영 신학교의 이중 문제 등으로 교단 분열의 불씨를 야기한 원인이 되고 만다.

56) 유각경, 한영신, 김필례, 신애균, 김말봉, 신의경, 김성모 등 선구적 여성 지도자들에 의해 남부

총회에 제출된 의안이었으나 유보 결정이 난 후 미결로 남은 바 있다.

57) 김양선, 앞의 책, 54쪽.

58) 이영헌, 앞의 책, 242쪽.

59) 김양선, 앞의 책, 55쪽; 김성준, 앞의 책, 177쪽.

60) 기독교대한감리회(부흥 측) 중부연회록, 1946, 37-38쪽.

61) 이천영,《성결교회사》, 기독교대한성결교회 출판부, 1970, 94-96쪽.

62) 1. 신구약 성경이 하나님의 말씀인 것을 믿으며 이를 향상적 활동적 신앙으로 추진하기를 기한
다. 2. 우리 신앙의 체험을 증거하여 기독교화운동에 노력한다. 3. 인류를 위하여 몸을 바치신
예수의 사랑을 본받아서 이웃을 사랑하며 협조하며 포용하는 덕성을 함양한다. 4. 의뢰심 · 나
태 · 무지 · 질병을 4대 적으로 하여 자주 · 근면 · 문맹 퇴치 · 보건운동에 노력한다. 5. 우리 생
활에 도덕적 문화적 가치를 결한 풍속 · 습관 · 제도 등을 타파 또는 개선하기를 노력한다.

63) 김용해,《대한기독교침례회사》, 대한기독교침례회총회, 1964, 71-87쪽.

64) 장형일,《한국구세군사》, 구세군대한본영, 1976, 170-173쪽.

65) 이재정,《한국성공회사개관》, 대한성공회 출판부, 1980, 41-42쪽.

66) 미국인 선교사 원류상 · 유제한 · 이제명 등.

67) 이영린,《한국재림교회사》, 시조사, 1965, 79-85쪽.

68) Harry A. Rhodes, Archibald Campbell, *History of the Korea Mission Presbyterian Church
in the U.S.A.* (Vol. Ⅱ), 1964, pp.26-30.

69) George Thompson Brown, *Mission to Korea*, 1962, pp.173-176.

70) 호남 지역 5개 선교부에 나뉘어 주재한바, 전주선교부에 크레인 부부 등 7명, 군산 텔미지(J.
Talmage) 목사 등 5명, 광주 녹스(R. Knox) 부부 등 7명, 목포 하퍼 부부 등 4명, 순천 보이어(E.
T. Boyer) 목사 등 6명이다.

71) Charles August Sauer, *Methodists in Korea*, 1930-1960, 1973, pp.161-162.

72) William Scott, *Canadians in Korea*, 1975, pp.160-165.

73) 한국 기독교 사회문제연구원,《한국 교회 100년 종합조사연구》, 1982, 144쪽(한국 교회 성장통
계 일람).

74) 한국 군대 내부의 공산 프락치에 의한 반란으로 여수 · 순천 일대를 일시 공산도당이 장악했
다. 많은 우익인사와 기독교인이 학살되고, 교회당 등이 파괴되었다.

75) 역시 군부의 남로당 프락치에 의한 반란이나, 평양신학교 출신 목사이며 남로당 조직원이던
최문식과, 목사이며 공산주의자인 이재복이 배후 조종한 사건으로 유명하다.

76) 이후 손양원 목사는 아들들을 죽인 살인자 안재선을 용서하여 양자로 삼았으며, 원수를 사랑
한 본보기로 이름 높았다. 이야기는 소설《사랑의 원자탄》으로 세계에 널리 퍼진 바 있다.

77) 전택부,《한국 에큐메니칼 운동사》, 185쪽. 1950년 이후에는 장석영이 후임 총무가 됨.

78) 전택부, 위의 책, 186쪽.

79) 같은 책, 144쪽.

80) 부모와 하와이로 이민하여 성장했다. 하와이대학 · 클리브랜드대학에서 사회사업학을 전공하
고 19년 동안 호놀룰루 YWCA, 뉴욕 YWCA에서 활동했다. 김활란 등으로부터 한국 YWCA를
위해 일할 것을 수차 권유받았고, 1947년 7월 미국 YWCA 상호협조부 파견 한국 WMCA 주재
고문 총무로 임명되어 그해 11월에 귀국했다.

81) 한국 YWCA 50년사 편찬위원회,《한국YWCA 반백년》, 한국YWCA연합회 공보출판위원회,
1976, 84-116쪽.

82) 김양선, 앞의 책, 115쪽.

83) 기독교대백과사전 편찬위원회,《기독교대백과사전》제2권, 기독교문사, 1981, 1199쪽.

84) 보성전문 법과 출신이며, 구한국 정부 비서승(秘書承)을 지냈다. 성서공회 대표 정태웅의 친구
로, 공익사업에 뜻을 두어 자기 소유 토지 30여만 평을 성서공회 재단법인 설립의 기본재산으
로 기부했다.

85) 대표이사 정태웅, 상무이사 스코트(W. Scott) · 빌링스(B. W. Billings) · 이풍한, 이사 김춘배 ·

강태희 · 윤달용 · 최석모 · 겐소(J. F. Genso) · 스나이더(L. H. Snyder).
86) 《재단법인 대한성서공회 약사》, 대한성서공회, 1960, 16-20쪽.
87) 위의 책, 21쪽.
88) 아펜젤러(A. R. Appenzeller), 스코트, 언더우드(H. H. Underwood), 사우어(C. A. Sauer), 킨슬러(F. Kinsler), 유형기, 김재준, 임영빈, 김희운, 김종대.
89) 이 위원회는 미국교회연합회에 소속된 교파 중 한국 선교에 참여한 교파와 캐나다연합교회의 대표로 구성되었다.
90) 1945년 남부대회부터 거론, 1946년 찬송가합동연구위원회를 구성했다. 장로교 대표: 김관식, 김춘배, 유호준, 김종대, 정훈. 감리교 대표: 강태희, 김희운, 엄재희, 김유순, 조민형. 성결교 대표: 박현명, 김유연, 황성택, 한영환. 각 교파에서 사용 중인 찬송가 중에서 공통인 것은 한 곡만 뽑고 개별적으로 사용되는 곡은 전부 모아 총 586장으로 묶었다.
91) 기독교 여성 잡지. 1954년 1월에는 〈새가정〉으로 제호가 변경되어 발행되다가 1956년 12월에는 발행처가 KNCC 산하 한국가정생활위원회로 이양되어 현재에 이르고 있다.
92) 발기인 김춘배, 장리욱, 김윤경, 김선기, 이용설, 남궁혁, 윤하영, 홍병선, 김수철, 겐소 부인. 1949년 계명협회가 조직될 때부터 윤하영이 총무로 일했고, 그가 별세한 후에는 1955년 1월부터 안신영이 총무로 활약했다.
93) 일제강점기 기독교 어린이 잡지 〈아이생활〉의 후신이다. 한국 어린이 잡지의 선구자로 꾸준히 성장했으나, 1971년 경영난으로 강영훈에게 발행권이 넘어갔다가 휴간되고, 1978년 기독교서회에 의해 복간되었다. 그 후 1981년 12월 발행처가 성서교재간행사(대표 김영진)로 다시 바뀌어 현재에 이른다.
94) 1960년 4 · 6배판 1,500쪽으로 초판 간행, 1966년부터 개정 필요성이 대두되어 1972년에 완전 개정판 《그리스도교대사전》이 간행되었다.
95) 《대한기독교서회 약사》, 대한기독교서회, 1960, 73-95쪽.
96) 위의 책, 121쪽.
97) 이묘묵 · 김윤경(이상 동문회 대표) · 조의설(경성공업전문학교 대표), 김성권(재단 기부자), 백낙준 · 유억겸 · 이춘호(이상 구 연희전문학교 대표) 등 모두 7명.
98) 연세대학 창립 80주년 기념사업위원회, 《연세대학교사》, 연세대학교 출판부, 1969, 457-472쪽.
99) 위의 책, 182-183쪽.
100) 같은 책, 718-726쪽.
101) 이화 80년사 편찬위원회, 《이화 80년사》, 이대출판부, 1967, 277-279쪽.
102) 숭전대학교 80년사 편찬위원회, 《숭전대학교 80년사》, 1979, 391-395쪽.
103) 이봉구, 《기독교학교 교육사》, 대한기독교교육협회, 1974, 86-87쪽.
104) 이봉구, 위의 책, 86-87쪽.
105) 《연세대학교사》, 182-193쪽, 831-837쪽; H. A. Rhodes, A. Campbell, pp.282-290.
106) 《이화 80년사》, 564-567쪽.
107) H. A. Rhodes, A. Campbell, pp.145-180.
108) 김수진 · 한인수, 《한국기독교사》(호남편), 대한예수교장로회 총회교육부, 1979, 328쪽.
109) H. A. Rhodes, A. Campbell, p.338 이후 참조.
110) 장형일, 위의 책, 188쪽.
111) 해관 오긍선선생 기념사업회, 《해관 오긍선》, 연세대학교 출판부, 1977, 120-125쪽.
112) 김병희, 《한경직 목사》, 규장문화사, 1982, 48-49쪽.
113) 《기독교대백과사전》, 1123쪽.
114) 1930년 11월 18일부터 양 측(미 감리회 · 남감리회) 대표가 회합, 합동안을 심의하고 그해 12월 2일 새로운 총회를 조직, 개최했다. 양 측 대표: 미(북)감리회 총회 대표-웰치(H. Welch), 니콜슨(T. Nicholson), 쇼(W. E. Shaw), 서덜랜드(G. F. Sutherland), 애번(O. C. Avann). 남감리회 총회 대표-크램(W. G. Cram), 무어(J. W. Moore), 하웰(M. K. Hawell), 케른(P. B. Kern), 매딘(P. D. Maddin). 미 감리회 조선연회 대표-신흥우, 오기선, 변성옥, 노블(W. A. Noble), 김종

우. 남감리회 조선연회 대표-양주삼, 정춘수, 윤치호, 와그너(E. Wagner, 윔스(C. N. Weems).
미 감리회 조선 주재 감독-베이커(J. C. Baker). 남감리회 조선 주재 감독-케른(P. B. Kern).

115) 조선 남감리교회 조직에 대한 성명서, 1930. 11. 29 참조.

116) 김인영, 박연서, 심명섭 등.

117) 강태희 목사는 일제 말기 교권 장악에 가담했던 인물은 아니고 오히려 재야 인사였으나 재건
측의 극단성을 피해 부흥 측에 가담했던 것으로 보인다. 그리고 부흥 측 강태희 목사 감독의
선출은 재건 측의 비난을 피해 정통성을 표명한 방안이었던 것으로 볼 수 있다.

118) 감리교 양 파의 재건 상황에 관해서는 이 책 342-343쪽 "남한 교회의 재건과 혼란" 참조.

119) 장세환, 신창균, 문창모, 홍에스더 등.

120) 첫째, 일제 말기의 완연한 반역 행위자는 간부진에서 제외한다. 둘째, 간부진은 양 파 동수로
선임한다. 이 같은 안은 재건 측이 제출해서 부흥 측이 양해하므로 성립되었다.

121) 북한에서 월남한 교역자, 일제 말기 초야에 묻혔던 많은 교역자가 서울 교회 중심의 교권파
인사들과는 아직 아무 유대도 갖지 못했기 때문이다.

122) 1. 성서 모독-구약 · 계시록 · 복음서를 제외한 신약 모두를 거부한 행위, 2. 기독교와 신도의
결합, 3. 교회 재산 불법 처분(교회 37개, 목사관 31개, 영명학교 농지 18,360평, 은퇴 교역자용
18,360평), 4. 교권 남용-미국통 교역자 40명 해직, 강등, 자격 취소, 또는 일제와 야합, 투옥,
고문.

123) C. A. Sauer, pp.156-158.

124) 첫째, 양 파의 감독들 함께 퇴진, 둘째 양 파 모두 희생자 없도록 무조건 등용 원칙 시행.

125) 김양선, 앞의 책, 165-168쪽; 이영헌, 앞의 책, 236-238쪽; 김성준, 앞의 책, 226-229쪽 참조.

126) 6년 동안 계속 연회 회원으로 교회 시무를 해야 했으나 미국에서 귀국한 류 박사는 여기 미치
지 못했다.

127) 1. 위헌 총회가 선정한 감독의 불신임, 2. 감리사 임명제 반대, 3. 1954년 연회와 총회는 비법
적이었으므로 재소집할 것, 4. 총리원의 정치적 혼란을 일으킨 책임자 처단.

128) 김양선, 앞의 책, 172쪽.

129) 같은 책, 168-172쪽;《기독교대백과사전》제1권, 286-288쪽 등.

130) 출옥성도간의 노선 차이. 이 책 340-341쪽 참조.

131) 이계실 목사는 함경도 지역 출신으로 신앙 형성 과정에서 캐나다 선교사들의 자유로운 신앙
노선에 어느 정도 영향 입은 바 있다. 따라서 같은 재건교회 운동에 동참하고 있었지만, 자신
의 신앙 태도와 재건 입장을 관철하려 했다. 마침내 함경도 출신 교인 70여 명과 서울 신길동
에 덕천교회를 세우고 순장로회를 창설했다.

132) 최훈, 앞의 책, 129-130쪽.

133) 1. 목사 · 전도사 · 장로는 일제히 자숙에 옮겨 일단 교회를 사직할 것, 2. 자숙 기간이 종료되
면 교회는 교직자에 대한 시무 투표를 하여 그 진퇴를 결정할 것.

134) 한상동, "현하 한국 교회에", 〈신학지남〉 1950년 2월, 12쪽.

135) 1. 수도원을 건설하여 일제의 탄압에 신앙 양심을 더럽힌 교직자들을 수양시켜 새 출발을 가
지게 할 것, 2. 폐쇄된 신학교를 복구 · 재건하여 진리를 위하여 생명을 바칠 수 있는 참된 교
역자를 양성할 것, 3. 대전도운동을 일으키기 위하여 전도자를 양성할 것.

136) 프린스턴신학교 신약학 교수였다가 학교 내에 팽배해 가는 새로운 신학사조에 회의를 느껴
사직하고 웨스트민스터신학교를 설립한 보수주의자 메첸(J. E. Machen) 박사를 추종하는 세력
을 의미한다. 이들은 1933년 소교파(미국정통장로회 혹은 성경장로회) 독립 선교부를 조직하고
별도의 선교사를 파송한바, 헌트 등이 이에 속했다. 당시 미국에서 이 교파는 교세가 아주 미
미했으나, 국내 교직자 중에는 미국 교회 양대 세력의 하나로까지 오인한 사례가 있었다.

137) 신사참배 반대에서는 어느 한국인 출옥성도 못지않은 선교사로, 1938년 신사참배 결의 총회
시 크게 항의하다 무력 제지를 받았고, 그 때문에 제명처분까지 받은 인물이다. 그러나 신학
사상에서는 지나친 극단론을 펴, 화합보다 갈등을 더 많이 낳은 장본인이다.

138) 김양선, 앞의 책, 152쪽.

139) 메첸파 정체에 대한 비판, 신성파의 위선에 대한 공박 등으로 채워졌다.

140) 〈대한예수교장로회 총회 제34회 총회록〉, 1948, 23쪽.

141) 〈대한예수교장로회 총회 제35회 총회록〉, 1949, 58쪽.

142) 김세열, 송희용, 김현정, 김재석, 서정태.

143) 〈대한예수교장로회 총회 제36회 총회록〉, 1951, 109-113쪽.

144) 고신 측이 1951년 국회에, 22명 국회의원 이름으로 대한예수교장로회 총회가 용공단체임을 성명하는 각서를 제출한 사건. 대표자 이규갑의 이름으로 WCC, EACC를 용공단체로 모략하며, 그와 관련 맺은 총회의 용공성을 증거한다는 자료 유인물을 배포했다.

145) 김양선, 앞의 책, 146-165쪽; 이영헌, 위의 책, 238-241쪽;《기독교대백과사전》제3권, 834-839쪽 등.

146) 초기 장로교회 선교사들은 한국 교회 지도자들에게 고등신학 이론이나 그 신학적 훈련을 실시함에 다소 소극적이었으며, 특히 선교부의 공식적인 차원에서 해외 유학 주선 등은 하지 않았다. 선교사 개인의 배려로 해외 유학에 올라 새로운 학문에 접한 경우가 있을 뿐이다. 물론 이런 경향은 감리교회에도 있었으나 그 차이가 심해서 초기 교회 지도자 중 해외 유학(특히 구미지역)을 다녀온 인사는 감리교회에 훨씬 많았다.

147) 김정준, "한국 교회와 성서 해석 문제", 〈기독교사상〉 1967년 2월호, 45-53쪽. 남대문교회 김영주(6·25 때 납북, 일본 간사이학원 출신) 목사가 성서 비평학에 근거하여, 모세가 창세기를 저작했다는 사실을 의심하고 창세기의 후대 편집 가능성을 밝혔다. 이에 대해 강병주 목사는 제23회 총회에서 질의했고, 이를 평신 교수단 중심의 연구위원(박형룡 등)이 심사, 김 목사의 목사직 파면을 결정한 바 있다.

148) 〈기독교사상〉 1967년 2월호, 같은 곳. 김춘배 함북 성진 중앙교회 목사가 "여자는 조용하라 여자를 가르치지 말라"고 한 성경 말씀을 2천 년 전의 한 지방 풍습이지 만고불변의 진리는 아니라고 한 언급이 제소되어 역시 같은 연구위원이 심사, 공개 해명을 결정한 바 있다.

149) 〈기독교사상〉 1967년 2월호, 같은 곳. 감리교 류형기 목사가 편집·발행한《아빙돈 단권주석》이 새로운 신학사상에 입각해 있다는 이유로 이 책의 집필자로 참여한 장로교 인사인 김재준·송창근·한경직·채필근을 문책했다. 채필근은 즉시 사과했으나 나머지 세 사람은 자신들의 잘못 없음을 별도로 성명했고, 장로교 총회는 동 주석의 열람·참고를 금지했다.

150) 1. 교육 방침에서 순정통적인 해석과 신학을 가르칠 것, 2. 이를 실현하기 위하여 필요하다면 현 교수진을 총퇴진시킬 것, 3. 귀교가 전기 2개 조건을 수락한다면 본 선교회는 시험적으로 교수 1인과 이사를 파견하는 동시에 약간의 경상비를 담당할 수 있음.

151) 정규오·이노수·손치호·이성권·이치복·손두환 등.

152) 김양선, 앞의 책, 216-222쪽. 학생들의 진정서 전문이 실려 있다.

153) 같은 책, 222-225쪽. 김재준 교수의 진술서 대략이 실려 있다.

154) 같은 책, 225-226쪽. 심사위원회의 보고서 전문이 실려 있다.

155) 같은 책, 226-227쪽. 이자익 총회장과 김재준 교수의 문답 내용이 실려 있다.

156) 1. 신구약 성경은 하나님의 말씀으로서 신앙과 본분에 대하여 정확히 무오한 유일의 법칙임을 믿는 데 변함이 없음, 2. 신구약 성경에 계시된 영생의 말씀은 곧 구속의 결론인데, 이는 하나님의 독생자 예수 그리스도를 증거하는 데 목적이 있으며 이 계시로서의 신구약 성경은 절대 무오함을 믿음, 3. 본인의 강의를 들은 일부 학생으로 말미암아 교회에 물의를 초래한 데 대하여 삼가 진사(陳謝)의 뜻을 표함, 상(上)을 성명함.

157) 이정로·이인식·이재형 등.

158) 김양선, 앞의 책, 229-231쪽. 박형룡의 비판문 대략이 실려 있다. 주된 내용은 김 교수의 신학을 신앙 내용으로도 연결, 성서를 신화적인 교훈으로 본다면 성서 자체가 파괴됨을 경고했다.

159) 같은 책, 231-245쪽. 김양선의 "편지에 대신하여" 전문이 실려 있다.

160) 남궁혁·이대영·배은희·이창규·아담스(E. Adams), 린튼.

161) 조선신학교 측은 남장로회 선교사들이 선교협회에 가입치 않은 이유를 들어 총대 제외를 주장했고, 장로회신학교 측은 경남노회 등 조선신학교 측 동조 노회 총대권을 인정치 않아 격론

으로 돌입함.

162) 전필순 · 유호준 · 김종대 · 강헌집 · 유재한 · 정훈 · 나재하 · 유동붕.

163) 김양선, 앞의 책, 270-271쪽. 호헌대회 성명서 전문이 실렸다.

164) 충남 · 전북 양 노회.

165) 기존 총회의 헌법 통용 규칙 유린, 신앙 양심 유린, 편협한 당파성, 노회와 지교회의 혼란 등을 들었다.

166) 바리새주의 배격, 건전한 교회 수립, 신앙 양심의 자유 회복, 자립 자조 정신, 세계교회 대열 동참을 골자로 했다.

167) 김양선, 앞의 책, 173-273쪽; 이영헌, 앞의 책, 241-252쪽; 《한국 기독교장로회 50년 약사》, 1-50쪽; 대한예수교장로회 총회록(제33-38회 회의록 전면); 〈기독공보〉 1952-1953년치 등.

제4부-2

1) 1964년 로마 교황청 바티칸 공의회에서 개신교회와 화해와 대화의 관계를 모색하자는 결정을 내렸다. 이에 때라 한국에서도 신 · 구 양 교회간의 대화와 공동 이해, 협조 노력이 비로소 시작된 바 있다.

2) 당시 이승만 대통령은 "……우리는 김일성 도당을 산악지대로 구축(驅逐)하여 그 자들을 아사케 하고 우리의 방어선을 두만강과 압록강으로 만들 심산이오."(그의 고문 올리버R. Oliver에게 보낸 서신 중)라고까지 호언하고 있었고, 당시 육군 참모총장 채병덕 소장은 "국군이 한번 움직이는 날에는 조반은 서울서 먹고 저녁은 신의주에서 먹는다"라고까지 장담하고 있었다.

3) 오소백, 《우리는 이렇게 살아왔다》, 광화문출판사, 1962, 128-129쪽.

4) 이홍직 편, 《국사대사전》 제4권, 백만사, 1972, 1,657쪽.

5) 오소백, 앞의 책; 이상옥, 《한국의 역사》 제8권, 서하출판사, 1975; R. T. 올리버 지음, 김봉호 역, 《한국동란사》, 문교부, 1959; 《광복30년》 제3권, 전남일보사, 1975; 문일평, 《한미50년사》; 이홍직, 앞의 책; 김양선, 《한국기독교 해방10년사》, 대한예수교장로회 총회 종교교육부, 1956 등 참조.

6) 해방 이후 6 · 25 이전까지의 북한 천주교회 수난상은 이 책 332쪽 참조.

7) 베아트릭스 수녀(서울 바오로 수녀원 원장), 빌르모(M. P. P. Villemot, 바오로 수녀원 지도신부), 곰베르(A. A. Gombert, 갈멜수녀원 지도신부), 번(Byme, 교황사절) 주교 등과 신부 2명, 독일인 신부 1명, 아일랜드인 신부 1명, 벨기에인 수녀 2명.

8) Chang-Mun Kim, Jae-Sun Chung, *Catholic Korea Yesterday and Today*, 1964, pp.342 - 351.

9) 6 · 25 이전 북한 개신교회의 수난상은 이 책 333-334쪽 참조.

10) 서울에서 옥사한 이만 해도 전인선, 김윤실 목사 등.

11) 서울에서 총살당한 이만 해도 김예진 목사, 김응락 장로 등.

12) 김양선, 앞의 책, 76-81쪽; 민경배, 《한국기독교회사》(증보판), 대한기독교출판사, 1982, 463-464쪽, 김수진 · 한인수, 《한국 기독교회사》(호남편), 336-346쪽 등 참조.

13) 수난 상황표 작성에서, 《기독교연감》, 1957, 대한기독교서회; 김춘배, 《한국기독교수난사화》, 성문학사, 1965; 김양선, 오영필, 《성결교회 수난기》, 기독교대한성결교회 출판부, 1971; 민경배, 앞의 책; 김수진, 한인수, 이영헌, 《한국기독교회사(호남편)》, 1979; 《한국기독교사》, 칸콜디아사, 1978; 김성준, 《한국기독교순교사》, 한국 교회 교육연구원, 1981; 김수진, 《자랑스러운 순교자》, 범론사, 1981; 김수진, 《6 · 25 전란의 순교자들》, 대한기독교출판사, 1981; 《한국교회박해사》, 예수교 문서선교회, 1979; 이천영, 《성결교회사》, 기독교 대한성결교회 출판부, 1970; 장형일, 《한국 구세군사》, 구세군대한본영, 1975; 민경배, "한국 교회 해방 25년사", 《한국 기독교 선교 100주년 기념 한국 설교대전집》 부록, 성서교재간행사, 1979; 《기독교 대백과사전》 제1-10권, 기독교문사, 1980-1983 등 참조.

14) 김병희(편), 《한경직 목사》, 규장문화사, 1982, 64-65쪽.

15) 아담스(J. E. Adams, 북장로회 선교부 총무)·힐(A. W. Hill, 전 평양 주재 선교사)·이인식(증경총
회장)·윤하영·한경직·김양선 목사 등.

16) 김양선, 앞의 책, 79-81쪽.

17) 1946년 미국 NCC가 공동 설립한 기독교회의 외국 원조단체로, 이미 1949년 4월에 한국 지부
를 설치하여 원조활동을 시작한 바 있다. 특히 6·25 이후에는 긴급 구호활동, 고아사업, 전후
시설 복구사업, 전상자(戰傷者) 재활, 결핵 퇴치, 농촌 지원사업 등을 폈고, 1960년대에는 한국
의 가정 복지, 자조 근로, 농촌사회 개발사업을 적극 지원하여 한국 교회와 사회 발전에 크게
기여했다.

18) 1921년 창설된 International Missionary Council로서 이후 WCC에 흡수되었다. 주로 선교사
업 지원을 목적했으나 미개발국의 농촌·산업문제 등에도 깊이 관여했다. 6·25 이후 한국 교
회 복구사업 등에 일익을 감당했다.

19) 이영헌, 앞의 책, 275쪽.

20) 김양선, 앞의 책, 100-101쪽.

21) 같은 책, 130쪽.

22) 같은 책; 구자헌,《한국사회복지사》, 한국 사회복지 연구소, 1970;《한국기독교교육사》, 대
한기독교 교육협회, 1974;《기독교연감》, 1957;《한국사회복지 총람》, 한국 사회복지협의회,
1977;《기독교대백과사전》 제8권; H. A. Rhode, A. Campbell, *History of the Korea Mission
Presbyterian Church in the U. S. A.* Vol. II (1935-1959), 1964 등 참조.

23) 김양선, 앞의 책, 130쪽.

24)《기독교연감》, 1957, 234-245쪽.

25) 이경배,《한국루터교회》, 컨콜디아사, 1978, 3쪽.

26) 1930년 미국 루터교 평신도연맹이 CBS 방송을 통해 최초로 시작한 선교 방송 프로그램. 1940
년에는 미국뿐 아니라 다른 나라에서도 시작했고, 1970년대에 이르러서는 세계 68개국 1,500
개 방송망을 통해 방송하기에 이르렀다.

27) 유럽 지역의 루터교회 조직은 스웨덴과 같이 주교 계승제를 계속 유지하는 나라와 회중교회
제도로 자유로운 성직 임명을 하는 지역 등으로 병존·교차되고 있으나, 미국 루터교회는 다
른 개신교회와 마찬가지로 선출 임원을 통한 지방 조직과 전국 조직으로 구성되어 있는바, 곧
장로교회의 노회나 총회에 비견되는 조직으로 시노드가 있다. 그중 미주리 시노드는 개교회가
이를 수 없는 목적, 특히 종합적 기독교 교육 등을 연합·실현키 위해 1847년 형성한 미국 루
터교 회중교회의 대조직이다.

28) 신앙문제, 구원문제, 하나님의 은혜, 예수 그리스도, 성서-구원과 신앙의 책, 기독교와 선행,
신앙생활의 중요한 세 가지 교회에 관하여 죽은 자의 부활, 영원한 형벌과 영원한 구원, 그리스
도의 재림에 관하여, 신앙생활의 계속.

29) 인간과 그의 운명, 신의 탐구, 이 사람을 보라, 신앙의 지침, 신앙의 확증, 크리스천의 생활.

30) 1969년 2월 베델 성서 연구의 창설자 스위검(H. Swiggum) 박사의 내한을 계기로 영어 베델 성
서 연구반이 시작되고, 1974년 그 교재가 번역·출판되었으며, 곧 그 해 아카데미하우스에서
지도자 강습회가 개최됨으로 본격적인 시작을 보았다.

31) 이경배, 앞의 책; 이영헌, 앞의 책; 지원용,《기독교 통신강좌 보통반 및 연구반》, 컨콜디아사,
The Korea Bethel Series Program, A Brief Description; The Lutheran Hour, Introduction
등 참조.

32)《한국종교편람》, 문화공보부, 1979, 505-541쪽.

33) 김형도 목사(장로교)를 필두로 박대선 목사(감리교), 조인원 신부(가톨릭) 등이 각 교단을 대표
하여 1년씩 교대로 군목과장 직을 맡아 보게 했다.

34)《육군군종사》, 육군본부, 1975, 39-41쪽;《공군군종사》, 공군본부 군종감실, 1973, 등 참조.

35) 김양선, 앞의 책, 109쪽.

36) 국군과 UN군에 의해 잡힌 16만 4천명의 포로를 대상으로 북장로회 보켈(H. Vodkel, 玉鏡烈)
선교사 주도하에 약 2천 명의 목사들이 선교에 임했다. 그중 약 14만의 등록자가 생겼고 다시

6만 명은 완전히 기독교에 입신했다. 이는 반공사상 계몽에도 일익을 감당했는데, 특히 우드베리 선교사와 한병혁 목사가 2만 2천 명의 중공군 포로를 대상으로 한 선교는 예상 밖의 성과를 올린 바 있다.

37) 김양선, 앞의 책, 109-110쪽.

38) 곽안전, 《한국교회사》(개정증보판), 대한기독교서회, 1973, 334-337쪽; 《기독교 대백과사전》 제2권, 1142-1144쪽.

39) 《기독교 대백과사전》 제7권, 301-302쪽.

40) 《대화의 역사》(한국 아카데미 총서), 1975, 한국 크리스찬 아카데미; 월간 〈대화〉 1976년 11월 (증면 혁신호), 크리스찬 아카데미 등 참조.

41) 김관식(당시 한국 NCC 총무), 엄요섭(청년 대표).

42) 전택부, 《한국 에큐메니칼 운동사》, 한국 기독교 교회협의회, 1979; 백낙준, 《한국 개신교사》, 연세대학교 출판부, 1973; Ruth Rouse and S. C. Neill, *A History of the Ecumenical Movement*, 1967 등 참조.

43) 전택부, 위의 책, 222쪽. 부활절 연합예배는 1949년 4월 17일 부활절 전야, 남산광장에서 장청 경기노회연합회(회장 김병섭, 총무 전택부) 주최 촛불 예배에서 시작됨.

44) 통합·합동(반 에큐메니칼)으로 양분된 예장은 두 세력의 재통합 노력을 위해 통합 측마저 WCC에서 잠정적 탈퇴를 선언했고, 다만 정식 대표단으로는 감리교의 김활란·김광우, 기장의 강원용이 참석했다.

45) 김정준, "에큐메니칼 운동의 회고와 전망", 〈기독교사상〉 1965년 4월호(9권 4호), 32쪽; 주재용, "에큐메니칼 운동 30년 비판", 〈기독교사상〉 1975년 8-9월호 합본(19권 8호), 42쪽.

46) NAE의 초기 참여 형태는 교단 전체 혹은 개인 자격으로였는데, 1957년 당시 현황은 교단 전체로 성결교·하나님의 성회 2개 교단이고 그 밖에 가입 목사는 1,200명(장로교·감리교·성결교·구세군·하나님의 성회·침례교 등), 선교단체 5개, 학교 2개, 단체 회원 1,500명, 개인 회원 135,000명, 협력단체로는 대학생 복음신앙연맹(IVF), 복음주의 방송국(HLKX) 등이다.

47) 강인구, "한국 NAE에 대한 소고", 〈기독공보〉 1959. 11. 23; 대한 기독교 복음동지협회, 〈기독교계〉, 1957. 1; 채기은, 《한국 교회사》, 예수교문서선교회, 1977; 장희근, 《한국 장로교회사》, 아성출판사, 1970; 《기독교 대백과사전》 제7권, 1020-1021쪽 등.

48) 《기독교 대백과사전》 제7권, 1020쪽.

49) 간하배, 《현대신학 해설》, 한국개혁주의 신행협회, 1973; 마두원, 《두 길》, 국제기독교연합회 한국지부, 1966; 채기은, 앞의 책; 홍의표, 《현대교회의 동향》, 은성문화사, 1971; 《기독교 대백과사전》 제2권, 434-435쪽.

50) 1. 2,253만환을 박호근에게 부정 지출, 2. 18만환은 박내승에게 부정 지출, 3. 회계 김창준 장로의 장부 처리상 미비한 점, 4. 418만환을 김삼대 목사에게 지출하고 박호근과의 거래 2,253만환의 백지 환원이 박형룡 교장을 이롭게 한다는 사실의 무근거, 5. 임시 사무처장 김윤찬 목사의 67만환 지출이 증빙 서류가 없음, 6. 이 모든 것에 대한 박형룡 교장의 "무어라 대답할 말이 없습니다"라는 진술.

51) 김인서, 《한국 교회는 왜 싸우는가》, 신앙생활사, 1961.

52) 박형룡, "에큐메니칼 운동의 교리와 목적", 〈신학지남〉 1958년 6월호. 19-20쪽.

53) 강인구, 앞의 글, 〈기독공보〉 1959. 11. 23.

54) 회장 이환수, 부회장 강신명, 서기 서재신, 인사부장 전필순 등.

55) 총대 선정에 관한 항의 건, 임원 사임안, 노회 재단법인 건, 총회회관 건축비 건 등의 안건 중에서 제2안 임원 사임안의 정식 상정 여부가 쟁점.

56) 회의 지속에 혼란이 있을 때 이환수 노회장이 선언한 "비상정회"의 인정 여부와 속개 요구 등.

57) 안건 중 황금천 목사의 총대 선정문제 항의 건에서 '항의' 내용을 '시정'함으로 해결하자는 결정에 대한 불법 항의 소동.

58) 《경기노회 100회지》, 경기노회 100회기념사업위원회, 1973, 118-137쪽.

59) 박희몽·김자경 장로 등.

60) 1. 우리는 전 임원의 불법 처사를 불신하는 동시에 규칙을 따라 회의를 계속하여 75년의 법통을 계승한다. 2. 우리는 대한 예수교장로회의 신경과 정치를 끝까지 고수한다. 3. 우리는 종래 제휴하여 오던 각 선교회와의 관계를 굳게 지킨다. 4. 우리는 분열을 원치 않으며 총회가 하나 되기 위한 노력과 수단을 아끼지 아니할 것이다.

61) 전필순·김석찬·한경직·강신명·유호준.

62) 이기혁·유재한·전필순·김석찬·한경직·강신명·유호준.

63) 1. 미국 NCC가 결의할지도 모르는 평화운동에 대한 문제에 반대 성명을 한다. 2. WCC는 영구히 탈퇴한다. 에큐메니칼 운동을 반대한다. 3. NAE에 가입한 목사, 전도사는 탈퇴함이 좋겠다. 4. NAE 총무에게 편지한 연합장로회 선교사들을 조사한다(조사위원-권연호·김형모·이규일·심천·양성봉). 5. 총회신학교장 서리 계일승 및 동교 김윤국·박창환 교수를 해임한다. 6. 박형룡·김치선·김홍전 3인을 신학교 교수로 임명한다. 7. 노진현씨 측으로 오지 않은 신학생들을 규명, 처리한다. 8. 찬송가도 경우에 따라 별도로 출판한다. 9. 신학교 운영비로 1,500만환을 예산하고 서울 750만환, 호남 300만환, 경북 225만환, 서울 750만환, 호남 300만환, 경북 225만환, 경남 225만환을 배당하고, 모금 상임 총무로 황금천 선정. 10. 〈기독공보〉를 보지 말도록 시달한다.

64) 방지일·유재한·김오성·이기혁·최용찬·김문협·박만식.

65) 연동 측-전필순·한경직·김석찬·유호준·이창규·김광현·안광국·김봉충·최중해·김형남. 승동 측-이인식·최재화·이승길·고성모·나덕환·권연호·박병훈·명신홍. 그리고 장로교 3개 선교회 대표로 몇몇 선교사.

66) 1. 우리는 합해야겠다. 2. 우리는 다 같이 과오를 범했다. 3. 우리는 합하기 위해 그 일할 순서를 작성한다. 4. 분과 위원회가 3번 항에 대한 교섭을 담당한다. 5. 분열되지 않은 노회는 현재를 유지한다. 6. 합동 총회 전에 수양회를 한다. 7. 양측 회원들의 회합은 계속한다.

67) 〈서울노회 회의록〉 64-92회, 1969; 민경배, 앞의 책; 장희근, 앞의 책; 김광수, 〈대한예수교 장로회(통합 측) 최근사〉, 《한국 기독교 선교 100주년 기념 설교 대전집》, 부록, 성서교재간행사, 1979; 김의환, 〈대한예수교장로회(합동 측) 최근사〉, 《한국 기독교 선교 100주년 기념 설교 대전집》, 부록, 성서교재간행사, 1979; 〈기독공보〉 1959년 10월 5, 14, 19, 26일자, 1959년 11. 23, 12월 7, 28일자, 1960년 1월 11, 25일자, 2월 1, 25일자, 9. 9, 1963년 1. 21일자 등 참조.

68) 《기독교 대백과사전》 제2권, 434-435쪽; 이천영, 《한국 종교편람》, 문화공보부, 1979 등.

69) 박태선, 《설교집》 제2집, 167쪽.

70) 박태선, 위의 책, 168쪽.

71) 〈세계일보〉 1957년 3월 18일자 등. 그 후 이 사건을 추적 보도하던 〈동아일보〉에 불만을 품은 전도관 교인들은 1960년 12월 10일 동아일보사를 습격, 기물을 부수고 난동을 부린 적도 있다.

72) 백남주→ 김성도→ 정득은→ (삼각산)→ 이수완→ 원경숙→ 박태선(수색)→ 박태선의 장모와 형수, 이수완→ 박태선의 처→ 박영창, 정득은→ 김한→ 민은순→ 이태윤→ 장애삼. 이상의 계보는 김경래의 조사, 발표에 근거한 것이다.

73) 1. 박태선의 손·발을 씻은 물. 2. 세수한 물(생수로 가장 큰 효과가 있다고 선전함). 3. 물통 속에 손을 담가 기도한 물. 이 생수는 신도들이 다투어 마셨는데, 오래된 썩은 물을 강제나 맹신에 의해 먹고 죽은 신도도 몇몇 있다.

74) 김경래, 《사회악과 사교운동》, 기문사, 1957; 신사훈, 《이단과 현대의 비판과 우리의 생로》, 새싹교회, 1957; 김득렬, "한국 예수교 전도관 소고", 〈현대와 신학〉 제6집, 연세대학교 연합신학대학원, 1960; 최신덕, 《신흥종교 집단에 관한 비교연구》, 참빛사, 1965; 김백문, 《성신신학》; 탁명환, 《한국의 신흥종교(I)》, 신흥종교문제연구소, 1972, 등.

75) 《종무편람》, 문화공보부, 1969, 125-126쪽.

76) 전 전도관 총무 김우운 장로의 집계.

77) 탁명환 국제종교문제연구소장 집계.

78) 1960년 4월 16일의 3쌍 합동결혼식을 필두로 1961년 33쌍, 1962년 72쌍, 963년 124쌍, 1968년 436쌍, 1970년 777쌍 등이 이루어졌고, 그 후에도 국내외에서 여러 차례 치러지다가 1982

년 10월 14일에는 서울에서 국내외 교인 6천 쌍의 합동결혼식이 올려졌다. 문선명 교주의 주
례로 진행되는 이 결혼식은 의식 자체와 신방 꾸미는 일들에서 '탕감봉'으로 볼기를 때리는 등
기괴한 절차가 많았다.

79) 현재 국내에만도 통일산업 · 일화 · 일신석재 · 한국티타늄 · 일성종합건설 · 통일실업 · 홍영
　수산 등 대단위 기업을 거느린 재벌 그룹이며, 미국에서 몇몇 언론기관 및 숙박업체(뉴요커 호
　텔 등) 등 세계 곳곳에 영리업체들을 운영하고 있다.

80) 창설 초기 자유당 정부에서는 통일교를 강력하게 탄압한 바 있다. 그러나 5 · 16 이후 통일교
　회는 정부의 반공 국시를 앞질러 승공운동(국제승공연합회)을 일으켜 정부의 지지를 받았고,
　그 밖의 여러 종교 · 문화 · 언론 · 학술단체를 전시효과로 조직 · 지원함으로 일반인의 환심을
　노리고 있다.

81) 《원리해설》, 1957; 《원리강론》, 1966; 김경래, 문상희, "통일교회의 배경", 제3회 서울노회
　세미나, 1971; 탁명환, 《통일교의 실상과 허상》, 성청사, 1979; 김영운, 《통일신학》, 성화사,
　1979; 조태영, 《통일교 원리 비판》, 복음출판사, 1979; 박영관, 《이단종파비판》, 예수교 문서선
　교회, 1979; 신사훈, 오효진, "통일교", 〈월간조선〉 1982년 11월, 1982년 12월; 서남동, "통일
　교회 원리강론의 비판적 연구", 〈현대와 신학〉 제6집, 1970; 한철하, "통일교의 섹스 모티브",
　〈월간중앙〉 1971년 2월호 등 참조.

82) 전도서 4장 12절에서 힌트를 얻었다는 3가지 복합전도 방법으로, 부흥전도 · 문서전도 · 기도
　전도를 가리킨다. 이들 3분야의 독립된 전도단을 조직, 활동한 바 있다.

83) 나운몽의 설교 중 "1. 공자 · 석가도 신이 보내신 동방의 선지자요 신의 뜻을 나타내었다. 2. 복
　음이 전파되어 전시대인은 유교와 불교를 통해 구원받은 이가 있다. 3. 유교와 불교가 복음 안
　에서 조화되는 것이 천국이다. 4. 진리는 형에 있지 않고 질에 있으니 진리이면 유교나 불교나
　기독교가 하나가 된다"라는 언급을 꼬집어 이단으로 정죄했다.

84) 김찬국 교수 등 일부 신학자의 논문에 정당성 인정이 제시되었고, 1979년 나운몽은 미국 오순
　절 성결교회와 제휴하여 '대한 예수교 오순절 성결회'(감독 나운몽)를 조직함으로 일단 기성교
　회의 대열에 섰다.

85) 김선옥, "용문산운동과 나운몽 장로", 〈신앙세계〉 1960년 1월(창간호) · 4월호; 김찬국, "용문
　산기도원 운동의 진단", 〈현대신학〉 6집, 1970; 《용문산운동 40주년 발자취》. 애향숙 출판부,
　1980; 〈크리스찬신문〉 1965. 6. 26 등 참조.

86) 탁명환, 《한국의 신흥종교》 I, II, III, 1979.

87) 김양선, 앞의 책, 99쪽.

88) 유동식, "평신도운동의 본질", 〈기독교사상〉 1963년 2월호, 28쪽.

89) 위의 책, 30쪽.

90) 강원용, "현대교회와 신도운동", 〈기독교사상〉 1963년 2월호, 35쪽.

91) 조향록, "목사와 평신도의 관계", 〈기독교사상〉 1963년 2월호, 45쪽.

92) 서정운, "기독교 평신도론", 〈숭대논문집〉 3호, 1971; 유동식, "평신도론", 〈기독교사상〉 1964
　년 4월호; 정용철, "평신도운동에 대한 제언", 〈기독교사상〉 1964년 8-9월호 등 참조.

93) 예장(통합)총회 교육부는 평신도 운동을 위한 《평신도 총서》를 계속 발긴함.

94) 〈기독교사상〉 1962년 8 · 9월호, 4-13쪽.

95) 〈사상계〉 1963년 5월호.

96) 전경연, "그리스도 문화는 토착화할 수 있는가?", 〈기독교사상〉 1963년 11월호; 전경연, "역사
　를 무시한 토착화 이론은 원시화를 의미", 〈기독교사상〉 1963년 5월호; 전경연, "토착화냐 원
　시화냐?", 〈기독교사상강좌〉 3호, 1963년 11월; 유동식, "기독교의 토착화에 대한 이해", 〈기
　독교사상〉 1963년 4월호; 유동식, "그리스도교의 토착화에 대한 이해", 〈기독교사상강좌〉 3
　호, 1963년 11월; 한철하, "토착화 문제를 둘러싼 사상적 제혼란", 〈신학지남〉 1963년 9월호
　등 참조.

97) 이장식, "그리스도교의 토착화는 역사적 과업", 〈기독교사상강좌〉 3호, 1963년 11월.

98) 윤성범, "환인 · 환웅 · 환검은 곧 하나님이다", 〈사상계〉 1965년 5월호.

99) 윤성범. "단군신화는 Vestigium Trinitatis이다", 〈기독교사상〉 1963년 10월호, 14쪽.

100) 위의 책, 18쪽.

101) 전경연, "한국 교회와 선교", 〈기독교사상강좌〉 제3호, 1963년 11월, 221쪽.

102) 유동식, "그리스도교의 토착화에 대한 이해", 〈기독교사상강좌〉 제3호, 215쪽.

103) 이장식, "그리스도교 토착화는 역사적 과업", 〈기독교사상강좌〉 제3호, 226-234쪽.

104) 이종성, "기독교 토착화론에 대한 신학적 고찰", 〈기독교사상〉 1963년 11월호, 25-26쪽.

105) 이영헌, 앞의 책, 375쪽.

106) 이 책 200쪽 참조.

107) 이 책 336쪽 참조.

108) 2차 방한인 1956년 서울운동장 집회의 8만 군중을 비롯, 1957년 방한 때는 여의도 광장에서 열린 5일 동안의 집회에서 연 운집 인원 334만 명을 기록했다.

109) 〈크리스찬신문〉 1964. 11. 28.

110) 명예회장-한경직·김활란, 위원장-홍현설, 부위원장-강신명·김창석·김창근·김윤찬·이해영·장운용·조광원·차광석·황철도. 분과위원장-지원용(문서)·이영민(해외)·유호준(연합행사)·윤창덕(교파활동)·마경일(학원활동)·이정(사회활동)·김옥길(단체활동)·조병직(군종활동)·이권찬(특수전도)·김치묵(대북활동)·김영환(농어촌)·안길화(재정)·조동진(지방조직). 평신도 위원-곽현보 외 12명. 기관대표-고병간 외 11명. 교단대표-강태국 외 18명.

111) 한경직 목사의 주제 강연, 조향록 목사, 김옥길 박사, 고범서 교수의 "교회는 일치를, 사회는 봉사를, 민족에게는 소망을"이라는 선언, 그리고 각계의 축사가 이어짐.

112) 〈기독공보〉 1964. 12. 12, 1965. 3. 27, 1965. 11. 27; 〈크리스찬신문〉 1964. 12. 19;《기독교 대백과사전》 제7권, 1022-1023쪽, 1256, 1258쪽 등 참조.

113) 빌리 그래함 전도집회, 엑스플로 74 대회, 민족복음화성회 77, 80 등의 대규모 대회.

114) 서울 영락장로교회, 서울 광림감리교회, 서울 중앙성결교회, 서울 순복음중앙교회 등을 일컬음.

115) 미국 〈크리스찬 라이프〉 1983년 1월호에서 세계 10대 교회를 선정한바, 다음과 같다. 1위 순복음중앙교회(국적: 한국, 교파: 무소속, 25만), 2위 조타비제교회(칠레, 오순절 감리교회, 8만), 3위 콩그리카가오 교회(브라질, 브리든 오순절교회, 6만 1천), 4위 하몬드 제일침례교회(미국, 무소속 침례교회, 6만), 5위 하이랜드파크교회(미국, 무소속 침례교회, 5만 6천), 6위 영락교회(한국, 예수교 장로교회, 5만 2천), 7위 달라스 제일침례교회(미국, 남침례교회, 2만 2천), 8위 마루레이아교회(브라질, 하나님의 성회, 2만), 9위 로마스로드 침례교회(미국, 무소속 침례교회, 1만 9천), 10위 델시데 제일남침례교회(미국, 남침례교회, 1만 6천) 등이다.

116) 1979년 한국 개신교 재정수입 총액 1,329억원(2억 7천4백만 달러) 중 대(對) 사회로 환원되는 액수는 미미한 비율에 지나지 않는다.

117) 경건한 예배 분위기인 교회 교인들은 자기 교회 예배를 마치고는 오순절교회 등에 다시 출석하며, 종래는 그리로 옮아가는 현상이 많았다. 아예 기존 교인들을 대상으로 하는 새로운 전도 방법(교회 버스 이용 등)도 많이 사용된다.

118) 연대별 발생 기독교계 신흥종교 집계를 보면, 1910-1920년 3개, 1921-1945년 5개 1946-1955년 12개, 1959-1970년 36개, 1971-1980년 35개 등(국제종교문제연구소 집계).

119) 1981년 6월(정부의 관권 개입 당시) 현재 무인가 신학교 119개. 그중 대부분이 교회 지하실 등을 교실로 쓰며, 무자격 교수와 학생이 대부분이었다.

120) 여기서 공포한 에큐메니칼 율령은 교회 분열(종교개혁)의 책임이 양 교회에 똑같이 있으며, 구원의 방도와 진리의 소장(所藏)은 비가톨릭 교회에도 보류된다는 교회론의 새 해석을 내리고 있다.

121) 민경배, 앞의 책, 478쪽.

122) 《기독교 대백과사전》 제8권, 1489쪽.

123) 전택부, "한국 교회의 연합과 일치", 〈교회연합신보〉 1983년 8월 28일자 3면.

124) 제17회 대한 YMCA연맹 전국대회(1963) 보고서, 부록 지방 YMCA 명단 참조.

125) 민경배, 앞의 책, 489쪽.

126) "수난과 투쟁, 한국 교회의 항일사", 〈동아일보〉 1965년 7월 6일자 등 참조.
127) 민경배, 앞의 책, 483-485쪽.
128) 《한국 교회 100년 종합조사연구》, 1982, 한국 기독교 사회문제 연구원, 1982, 143-160쪽.
129) 《한국 천주교연감》, 한국 천주교중앙협의회, 1969, 24쪽.

제4부-3
1) 노재연, 《재미한인사략(在美韓人史略)》상, 1951, 2-3쪽. "금년(1902년)에 하와이 사탕수수 경
  주(耕主)연합회에서 한국 농민을 고용하기로 하고 그 대리인 데실러가 한국에서 농민 모집 사무
  를 주관할새 인천 제물포에 개발회사를 설립하고 부근 지방에서 이주민 101인을 모집하야 12월
  22일에 인천에서 출발하야 나가사키(長崎)에 가셔 기선 겔릭호를 타고 호놀룰루를 향하야 출범
  했는데 한인(韓人)이 만주와 해삼위 등지에는 전일부터 수십만 인이 심상(尋常)히 이주하였으
  나 태평양을 도선(渡船)하기에는 금번이 처음이 되어서 떠나가기를 주저하는 고로 인천교회의
  조지 히버 존스 목사가 열심 권고하되 하와이 사탕수수 농장에 가셔 노동하는 것이 별로 고생될
  것이 없고 기후와 풍토가 건강에 적합하다고 설명하는 고로 금번 제일차 이민에는 예수교인이
  다수를 점유하야 하와이에 도착하면서 교회를 설립하야 전도하기에 노력하니라."
2) 김원용, 《재미 한인 50년사》, 1959, 6쪽; 현규환, 《한국유이민사》 하, 삼화인쇄출판부, 1976,
  800-803쪽.
3) 노재연, 앞의 책, 1쪽.
4) 김규식 · 윤치호 · 신성구 · 이강 등.
5) Chang Soo Lee, "The United States Immigration Policy and Settlement of Koreans in
  America", *Korea Observer*, Vol. IV, Number 4, 1975, p.419.
6) 김원용, 앞의 책, 31쪽.
7) 《기독교대백과사전》 제6권, 739쪽.
8) 곽림대, 《못 잊어 화려강산》, 대성문화사, 1973, 108쪽.
9) Chang Soo Lee, 앞의 책, pp.426-427.
10) 김택용, 《재미 한인교회 75년사》, 생명의말씀사, 1979, 25쪽.
11) 황문규(이혜란 역), 《브라질의 한국인 이민교회와 선교》, 대한예수교장로회 총회 교육부,
  1983, 34쪽.
12) 김원용, 앞의 책, 10-26쪽.
13) 황문규, 앞의 책, 34쪽.
14) 김양선, 《한국기독교사연구》, 기독교문사, 1971, 108-110쪽, 139-144쪽.
15) 《세계를 향한 우리 교회》, 대한예수교장로회 총회교육부, 1982, 105-145쪽.
16) 신흥식, 《인천내리교회 역사》, 1923, 16쪽(《내리교회 95년사》, 1980, 105쪽에서 재인용)
17) 김원용, 앞의 책, 40쪽.
18) 현순, "포와유람기", 〈뿌리깊은나무〉 1978년 2월호, 180쪽.
19) 《내리교회 95년사》, 108쪽.
20) 김원용, 앞의 책, 47쪽.
21) 김원용, 같은 책, 48-49쪽.
22) 역대 교역자는 홍승하, 민찬호, 홍한식, 황사용, 현순, 변홍규, 임두화, 정이조, 안창호, 이동진,
  윤병구, 홍치범, 방화중, 송헌주, 송치순 등이다.
23) 박성중, 조광원, 김인태, 김현태 등.
24) 김원용, 앞의 책, 52-54쪽.
25) 김택용, 앞의 책, 43쪽. 역대 교역자는 문경호, 방화중, 양주삼, 양주은, 김창수 전도사와 이대
  위, 황사선, 김하태, 임두화, 안병주 목사 등이다.
26) 《나성 한인연합장로교회 70년사》, 1976, 33-116쪽. 역대 교역자는 김중수(1928-1936), 김성
  락(1937-1958), 권희상(1959-1967), 김형일(1968-1969), 백리언(1969-1972), 우상범 등이다.

27) 한승권, 김관우, 김성권, 황성택, 박재형, 이영수, 임정수 등.
28) 김원용, 앞의 책, 64-65쪽. 역대 교역자는 한승권, 황사용, 이경선, 이진목, 장기형, 김하태, 오창희, 최영용 등이다.
29) 같은 책, 59-60쪽. 역대 교역자는 황사용, 임정구, 노신대, 장기형, 박용학, 이진묵, 김태묵, 임두화, 김창수 등이다.
30) 같은 책, 72-76쪽.
31) 김택용, 앞의 책, 51쪽. 역대 교역자는 이승만·김치열·김중의 등이다.
32) 곽림대, 앞의 책, 126쪽; 김택용, 위의 책, 51쪽. 역대 교역자는 최능익, 임방현, 김창준, 갈홍기, 조성학, 한성곤, 이은택, 은준관, 차현회 등이다.
33) 김원용, 앞의 책, 67-68쪽. 역대 교역자는 권종흡, 마준홍, 한석원, 송헌영, 이살음, 윤병규, 이기준, 김종행, 김형일, 최중섭 등이다.
34) 같은 책, 61쪽. 역대 교역자는 임종순, 김영섭, 장석영, 윤병구, 김준성, 배민수, 임창영, 윤응팔, 정달빈, 김병서, 최효섭 등이다.
35) 같은 책, 70쪽. 역대 교역자는 김중수, 김형식, 송헌영, 이창성 등이다.
36) Warren Y. Kim, Koreans in America, 1971, p.39. 김중수 목사 사망 후 부인 김사라가 안수받고 교회를 담임한 바도 있다.
37) 김택용, 앞의 책, 58-65쪽; 김택용, "재미 한인교회 발전사 연구", 〈신학지남〉 1978 여름호.
38) 《남가주 한인 기독교연감》, 한미 기독실업인회, 1978, 26쪽.
39) 《기독교대백과사전》 제6권, 742쪽.
40) 위의 책, 742-747쪽; 김택용 편, Korean Church Directory Overseas(1981-1982), 생명의말씀사, 1981.
41) 황문규, 세계를 향한 우리 교회; 김택용, 앞의 책; 《기독교대백과사전》 제5-8권 등 참조.
42) 김택용 편, Korean Church Directory Overseas(1981-1982).

결론
1) 한국천주교중앙협의회, 《한국 천주교 주소록》 (1985-1986), 1985.
2) 《기독교대연감》, 기독교문사, 1986; 《한국종교편람》, 문화공보부, 1985.
3) 문화공보부, 《한국종교편람》, 1984; 연합통신사, 《연합연감》, 1984.

찾아보기

250, 281

김종대(金鍾大) 457, 460,

김종우(金鍾宇) 274, 276, 284, 307, 312, 447, 458

김진기(金鎭基) 109, 111, 115, 122

김진수(金珍洙) 335, 372, 455

김창제(金昶濟) 307, 451

김청송(金靑松) 109-111, 118, 123

김춘배(金春培) 303, 349, 361, 456, 460

김치선(金致善) 390, 463

김필례(金弼禮) 271, 314, 455

김필수(金弼秀) 182, 201, 239, 242, 276

김화식(金化湜) 372, 454

김활란(金活蘭) 271, 276, 277, 308, 314, 400, 401, 456, 462, 465

김희서(金希西) 245

ㄴ

나라말 글 의식 207

나사렛교회 383, 401

나성연합장로교회 411

나성한인연합교회 466

나운몽(羅雲夢) 394, 464

남감리회 156, 181, 197, 201, 218, 240, 243, 259, 270, 273, 275, 447, 457, 458

남궁억(南宮檍) 191

남궁혁(南宮爀) 302, 349, 375, 457, 459

남부대회 340, 342, 354, 457

남장로회 156, 158, 164, 213, 243, 274, 275, 319, 345, 351, 353, 364, 389, 459

남종삼(南鍾三) 63, 73, 76

남한 지역 교역자 수난 374-375

내리(內里)교회 159, 357, 438, 440, 466

네덜란드 선교회(Netherland Missionary Society) 16, 100

네비우스(Nevius) 방법(정책) 164-166, 217, 218, 247

노기남(盧基南) 226, 330, 331, 370

노블(W. A. Noble) 277, 457

노진현(盧震鉉) 341, 389, 463

농민회 269

농촌 YMCA 269

농촌운동 268, 269, 271, 277

뉴욕 한인 감리교회 413

니와 세이지로(丹羽淸次郎) 232, 307, 451

ㄷ

다블뤼(M. A. N. Daveluy) 64, 66, 70-74, 81

달레(C. Dallet) 32, 36, 51, 53, 72, 91-93, 99, 100, 146, 427, 429-431, 436

대성학교(大成學校) 191, 192

대학 YMCA(SCA) 137, 196, 347

대학생선교회(CCC) 400

대한 기독학생회 전국연합회(KSCF) 348

대한(한국)기독교장로회 365

대한기독교구국회 376

대한기독교서회(조선성교서회) → 기독교서회

〈대한매일신보〉 209, 229, 440, 442

대한성공회 159, 424, 444, 451, 456

대한예수교장로회(총회) 360, 453, 459, 460,

묄렌도르프(G. von Möllendorff) 127, 434

묘동교회(妙洞敎會) 233, 252

무교회주의 199, 253, 279-282, 441

무두회(無頭會) 263

무디(O. L. Moody) 138, 195, 196, 250

무어(S. F. Moore) 187, 356

무저항 비폭력 정신 256, 257

문선명(文鮮明) 391, 393, 464

문일평(文一平) 167, 171, 435, 439, 460

문창모(文昌模) 355, 458

물산장려운동 263

뮈텔(G. C. M. Mutel) 79, 82, 154, 155, 223-225, 437, 453

뮬러(H. Muller) 249

미국외지선교협회 16, 195

민경배(閔庚培) 8, 78, 103, 166, 189, 209, 210, 257, 286, 290, 313, 427, 430-432, 436, 438, 439, 441-443, 445, 447-449, 451-455, 460, 463, 465, 466

민영익(閔泳翊) 133, 136, 407, 435

민영환(閔泳煥) 181, 184, 191

민족복음화운동 366

민준호(閔濬鎬) 201, 441

민찬호(閔贊鎬) 254, 412, 466

밀스(V. J. R. Mills) 379

ㅂ

박관준(朴寬俊) 323

박노기(朴魯琦) 245

박대선(朴大善) 455, 461

박봉랑(朴鳳琅) 398

박봉진 311, 321

박성춘(朴成春) 172

박승봉(朴勝鳳) 190, 441

박에스더 348, 442

박연서(朴淵瑞) 284, 312, 340, 374, 458

박영효(朴泳孝) 119, 168, 463, 464

박용만(朴容萬) 203, 407, 408

박용희(朴容羲) 276, 284, 285, 448

박윤선(朴允善) 302, 358, 359, 387

박의흠(朴義欽) 323

박정찬(朴禎燦) 161, 266

박지원(朴趾源) 24, 44

박춘권(朴春權) 432

박치록(朴致錄) 199

박태선(朴泰善) 391, 392, 463

박태환(朴兌煥) 193

박현명(朴炫明) 343, 375, 457

박현숙(朴賢淑) 355

박형룡(朴亨龍) 302, 303, 335, 359-364, 386, 388, 451, 452, 459, 462, 463

박희도(朴熙道) 253, 255, 256, 314, 452, 462

반계(磻溪) → 유형원

반기독교데이 265, 297

반기독교운동 265, 267, 278, 279, 288, 294, 297-299, 448

방기창(邦基昌) 161, 200

방지일(方志一) 463

방효원(方孝元) 253

배민수(裵敏洙) 351, 467

피취(G. A. Fitch) 347

피터스(A. A. Pieters) 249

ㅎ

하나님 의식 206, 207

하나님의 교회 287, 288, 383

하나님의 성회 383, 401, 462, 465

하디(R. A. Hardie) 180, 196-199, 210, 241, 288

하령회(夏令會) 195, 196, 230, 231, 271, 347, 348

《하멜(Hamel) 표류기》 95, 97, 430

하비에르(F. Xavier) 16, 26

하와이 이민 248, 407-409

하와이 한인감리교회 410, 411, 413

학생 외지선교 자원단 137, 196

학생 하령회 138, 195, 196, 230

학우회 254, 255

한경직(韓景職) 337, 351, 354, 361, 376, 377, 401, 421, 454, 457, 459-461, 463, 465

한국 복음화운동 추진회 400

한글 의식 207

한불수호통상조약 74, 75, 80

《한불자전(韓佛字典)》 79

한상동(韓尙東) 322, 334, 341, 358-360, 387, 458

한석원(韓錫源) 298, 314, 450, 467

한석진(韓錫晋) 161, 162, 200, 239, 240, 276, 279, 438, 443, 448

한양청년연맹 265, 297

《한어문전(韓語文典)》 79

한영신(韓永信) 455

한준명(韓俊明) 199, 286

함석헌(咸錫憲) 280, 281

함태영(咸台永) 256, 276, 284, 341, 342, 455

합동공의회(合同公議會) 158

해밀톤(F. E. Hamilton) 322, 359

허균(許筠) 22

허대전(許大殿, J. G. Holdcraft) 266, 446

헐버트(H. B. Hulbert) 152, 153, 174, 179, 181, 182, 185

헤론(J. W. Heron) 135, 152, 153, 436

혁신교단(革新敎團) 314, 315, 324, 453

현동완(玄東完) 347

현산학교(峴山學校) 191

현석문(玄錫文) 37, 65

현순(玄楯) 256, 410, 443, 466

현실 참여(신학) 405

협동조합 269, 396

협성신학교 181, 241, 273, 324, 444, 449

협성회(協成會) 170, 171

형목(刑牧)제도 384

호가드(R. Hoggard) 246

호교론(護敎論) 38, 45-47

호국의식 205, 206

호놀룰루 한인성공회 411

호주장로회 156, 163, 164, 243, 274, 359, 389

홀(W. J. Hall) 217

홀트아동복지회 379

홍병선(洪秉璇) 269, 270, 276, 396, 457

발간사

그리스도인다운 삶을 생각하며

2008년 10월 19일 주일 아침, 아버지께서는 사흘 전부터 혼수상태였습니다. 저는 아버지의 임종을 지키면서 병상 곁에서 하박국서를 읽고 있었습니다. 그러던 중 "비록 무화과나무가 무성치 못하며 포도나무에 열매가 없으며 감람나무에 소출이 없으며 밭에 먹을 것이 없으며 우리에 양이 없으며 외양간에 소가 없을지라도 나는 여호와로 말미암아 즐거워하며 나의 구원의 하나님으로 말미암아 기뻐하리로다. 주 여호와는 나의 힘이시라 나의 발을 사슴과 같게 하사 나를 나의 높은 곳으로 다니게 하시리로다"라는 유명한 하박국 3장 17-19절 말씀이 눈에 들어왔습니다.

그보다는 바로 그 앞의 구절이 마음 깊은 곳을 때렸습니다. "내가 들었으므로 내 창자가 흔들렸고 그 목소리로 말미암아 내 입술이 떨렸도다 무리가 우리를 치러 올라오는 환난 날을 내가 기다리므로 썩이는 것이 내 뼈에 들어왔으며 내 몸은 내 처소에서 떨리는도다"라는 16절 말씀입니다. 이 말씀을 읽는 순간 "아! 이것이 바로 아버지셨구나"라는 사실이 마음 아프게 느껴졌습니다. 그래서 아버지께 "아버지, 이것이 아버지의 삶이셨군요!"라고 말씀드리고 이 구절을 읽어 드렸습니다. 온갖 환난과 역경, 수모를 당하는 삶을 살아왔기에, 그래서 '나는 여호와를 인하여 나의 구원의 하나님을 기뻐하리로다'라는 고백을 하실 수 있었음을 깨달을 수 있었습니다.

아버지께서는 그로부터 이틀 뒤, 10월 21일 새벽 0시 28분에 고요하게 소천하셨습니다. 돌아가시기 한 달 전, 미국에 살고 있는 두 딸을 포함하여 3녀 2남의 자녀들이 모두 모였을 때 이런 말씀을 하셨습니다. "애들아, 나는 앞으로 한 달 뒤에 하늘나라로 돌아가겠다. 나는 매일 아침 하늘나라를 보고 있단다. 거기는 정말로 날빛보다 더 밝은 나라더구나. 그러니 내가 죽거들랑 미국에서 다시 오지 않아도 된다." 아버지께서는 매일 새벽에 곧 가실 하나님 나라를 이미 보고 계셨습니다. 장례를 치르고 며칠 후 유품을 정리하다 아버지께서 평소 읽으시던 성경책을 보고 그 사실을 확인할 수 있었습니다. 아버지 성경책에는 에스겔서에서 말라기 사이에 나오는 '그날이 오면', '그날에'라는 말에 모조리 밑줄이 그어져 있었습니다. 그토록 간절히 하나님 나라를 그리워하셨던 심정이 그 밑줄에 담겨 있었습니다. "너희는 먼저 그(하나님)의 나라와 그의 의를 구하라"(마 6:33)는 말씀에 따라 사시다가 아버지의 나라로 훌쩍 날아가셨습니다.

《토박이 신앙산맥》 1권 서두에 아버지는 이런 글을 남기셨습니다. "'아! 나는 일평생 유린당한 생명을 찾아다니는 나였구나' 하는 사실을 새삼 깨닫게 되었다. 다시 말하면 이때까지의 '나'란 존재는 '유린당한 생명을 찾아다니는 나'였다는 자각과 동시에, 앞으로도 그러한 '나'가 되어야 한다는 자각이었다." 맞습니다. 아버지는 평생 심부름꾼으로, 머슴으로, 각설이로 사신 분입니다. 자신을 내세우는 모습을 한 번도 보여 주지 않으셨습니다. 상처받고 보잘것없는 사람들, 소중한데도 잊혀진 사람들과 그분들의 역사, 수모당한 사람들, 무시당하는 한글을 안타까워 하며, 때로는 분노하셨으면서도 약자 편에서 각설이처럼 애원하고 구걸하기조차 주저하지 않으셨던, 그런 분이셨습니다.

2013년 10월 31일, 100주년기념교회에서 있었던 '오리 전택부 선생 유품 및 기록물 기증식'에서 이재철 목사님은 "전택부 선생께서 YMCA에 재직하실 때부터 은퇴 후 그분의 행적을 돌아보면, 누군가 꼭 해야 할 중요한 일인데도 아무도 관심을 두지 않는 사람, 일, 역사의 현장에 그분은 늘 계셨습니다. 목사가 아니면서도 주님의 충실한 종으로 사신 대표적인 그리스도인입니다"라는 요지의 말씀을 하셨습니다. 그날 저는 답사에서 일평생 무시당하는 삶을 살아오신 아버지께서 오늘 이 자리가 처음으로 존중받는 것 같아 진심으로 감사드린다는 말씀을 드렸습니다.

그날 기증한 유품과 기록물 중에 흔히 말하는 값진 물건은 거의 없습니다. 굽던 중에 깨지고 터지고 구부러진 도자기들, 서민들의 땀이 배어 있는 호롱, 버림받고 잊힌 역사와 사람들을 찾아낸 기록 등이 대부분입니다. 아버지께서 언젠가 저에게 주신 이런 말씀을 기억합니다. "나는 고가구를 수집하는 취미가 있어서 지방에 다닐 때면 이를 수집했는데, 어느 날 생각해 보니 잘못하면 장사꾼이 되겠구나 하는 생각이 들어 그만두었다. 그 대신 굽다가 깨지고 터진 도자기들을 수집하는 버릇이 생겼다. 그들이 마치 내 모습 같기도 하고, 그냥 놓아두면 누군가 깨뜨려 없애 버릴 것이 분명해서 나라도 챙겨야 할 것 같아 모으기 시작했다."

아버지께서는 이런 정신으로 6·25전쟁으로 폐허가 되어 없어진 서울 YMCA 건물을 다시 세우셨고, 잊힐 뻔했던

YMCA와 기독교 역사를 되찾아 내셨고, 내팽개쳐졌던 한글날을 국경일로 회복시키셨고, 양화진선교사묘역을 지켜 내시는 일을 이루셨습니다. 크게 돋보일 일은 아무것도 없습니다. 다만 꼭 해야 할 일이고, 회복시켜야 할 일이고, 돌보아야 할 일이고, 잊혀서는 안 될 일이고, 후손에게 물려주어야 할 일이었기에 누가 알아주지 않아도, 무시해도, 외면해도, 방해해도 아랑곳하지 않고 분노하는 대신 오히려 하소연하고 애원하고 구걸까지 하는 살신성인의 삶을 사셔야 했습니다.

오늘날 당대에 큰 업적을 이룬 많은 교역자들이 저지른 잘못으로 기독교 전체가 비난받으며 심각한 위기에 처해 있습니다. 많은 사람들이 이에 크게 실망하고 분노하고 있습니다. 이러한 때 아버지의 삶은 그리스도인들이 어떻게 살아야 하는지에 대해 많은 생각과 반성을 하게 합니다.

아버지께서는 1915년 2월 12일에 태어나셨습니다. 올해가 탄생 100주기가 되는 해입니다. 이를 기념하기 위해 〈오리 전택부 선집〉을 발간하기로 했는데, 이 선집은 아버지께서 생전에 펴내신 30여 권의 책을 16권으로 집약하여 낼 계획입니다. 그 첫 번째 책으로 《토박이 신앙산맥》 제1권을 발간하게 되었습니다. 이 책에는 희생과 헌신, 섬김의 정신이 후손들에게 이어져 실현되고 결실을 맺게 하고자 말년에 뜻을 두시고 축복해 주신 '청소년과 놀이문화연구소' 후학들의 뜻과 정성이 담겨 있습니다.

이 선집 발행을 위해 편집위원이 되어 주신 김경래 상임이사님(편집위원장, 100주년기념재단), 나채운 명예교수님(장로회신학대학교), 이덕주 교수님(감리교신학대학교), 남부원 사무총장님(한국YMCA 전국연맹), 이대로 회장님(국어문화운동실천협의회), 윤재민 대표님(범우사)께 감사드리며, 홍성사 직원 여러분의 수고와 헌신에도 깊이 감사드립니다.

"너희는 먼저 그의 나라와 그의 의를 구하라 그리하면 이 모든 것을 너희에게 더하시리라."(마태복음 6장 33절)

2015년 가을
전국재
(청소년과 놀이문화연구소 소장)

전택부 선집 6
한국 교회 발전사
The History of Church
Development in Korea

Collected Works of Chun Taikpoo 6

2018. 4. 19. 초판 1쇄 인쇄
2018. 5. 3. 초판 1쇄 발행

지은이 전택부
펴낸이 정애주
국효숙 김기민 김의연 김준표 김진원 박세정
송승호 오민택 오형탁 윤진숙 임승철 임진아
정성혜 차길환 최선경 한미영 허은
펴낸곳 주식회사 홍성사
등록번호 제1-499호 1977. 8. 1.
주소 (04084) 서울시 마포구 양화진4길 3
전화 02) 333-5161
팩스 02) 333-5165
홈페이지 www.hsbooks.com
이메일 hsbooks@hsbooks.com
페이스북 facebook.com/hongsungsa
양화진책방 02) 333-5163

ⓒ 전국재, 2018

• 잘못된 책은 바꿔 드립니다.
• 책값은 뒤표지에 있습니다.
• 이 도서의 국립중앙도서관 출판예정도서목록(CIP)은
  서지정보유통지원시스템 홈페이지(http://seoji.nl.go.kr)와
  국가자료공동목록시스템(http://www.nl.go.kr/kolisnet)에서
  이용하실 수 있습니다.(CIP제어번호: CIP2018011497)

ISBN 978-89-365-1283-5 (94230)
ISBN 978-89-365-0544-8 (세트)